다문화 상담

다문화상담

COUNSELING & DIVERSITY

Devika Dibya Choudhuri · Azara Santiago-Rivera · Michael Tlanusta Garrett 지음 | 오인수 옮김

CENGAGE Learning 박학사

Andover • Melbourne • Mexico City • Stamford, CT • Toronto • Hong Kong • New Delhi • Seoul • Singapore • Tokyo

CENGAGE Learning

Counseling & Diversity

1st Edition

Devika Dibya Choudhuri
Azara Santiago-Rivera
Dr. Michael Garrett

Original edition © 2012 Wadsworth, a part of Cengage Learning.
Counseling & Diversity 1st Edition by Devika Dibya Choudhuri, Azara Santiago-Rivera and Dr. Michael Garrett
ISBN: 9780618470365

This edition is translated by license from Wadsworth, a part of Cengage Learning, for sale in Korea only.

ISBN-13: 978-89-98521-34-9

Cengage Learning Korea Ltd.
Suite 1801 Seokyo Tower Building
133 Yanghwa-Ro, Mapo-Gu
Seoul 121-837 Korea
Tel: (82) 2 322 4926
Fax: (82) 2 322 4927

Cengage Learning is a leading provider of customized learning solutions with office locations around the globe, including Singapore, the United Kingdom, Australia, Mexico, Brazil, and Japan. Locate your local office at:
www.cengage.com/global

Cengage Learning products are represented in Canada by Nelson Education, Ltd.

For product information, visit **www.cengageasia.com**

Printed in Korea
1 2 3 4 18 17 16 15

역자 서문

이 책의 저자는 서문의 첫 문장에서 다문화 상담이 상담 프로그램에서 매우 중요한 과목이 되었다고 기술하였다. 그러나 아직 한국의 경우에는 그렇지 못한 것이 현실이다. 최근 들어 다문화 인구가 늘어남에 따라 관련 연구가 많아지고, 다문화 관련 과목의 필요성도 제기되고 있지만 아직까지 상담 분야에서 필수과목으로 일반화되지는 못한 실정이다. 그러나 상담과 관련된 여러 과목을 배우고 가르치면서 다문화 상담만큼 중요한 과목이 없다는 생각을 하게 되었다. 이러한 생각을 갖게 된 나의 개인적 경험과 변화를 간단히 나눔으로써 다문화 상담의 필요성과 중요성을 설명하고자 한다. 그리고 그러한 과정에서 이 책과의 만남이 가지는 의미와 특징을 덧붙이고자 한다.

다문화를 '공식적'으로 처음 접한 것은 20여 년 전 석사과정 유학 시절에 다문화 상담 과목을 통해서였다. 백인이 다수인 학생들 틈에서 흑인 교수님을 통해 이 과목을 배웠고 나는 유일한 동양인이었다. 다양한 인종과 민족 집단의 차이에 대해 배우는 것은 재미있었고, 아시아계 미국인에 관한 발표를 하면서 동양인으로서의 자부심과 긍지를 느끼기도 했다. 생애 처음으로 다양한 인종 및 민족 집단과 함께 생활하면서 다양성에 자연스럽게 적응할 수 있었다. 백인과 그들의 문화를 자연스럽게 선호했으며 백인 룸메이트를 통해 빨리 백인의 문화에 동화되려고 했던 기억이 난다. 당시 나는 다른 인종과 민족 집단이 보이는 문화적 차이로 다양성의 의미를 생각했었다. Helm의 이론을 빌리면 만남 전(preencounter) 혹은 동화(conformity)의 단계적 특성을 많이 가지고 있었던 셈이다.

한국에 돌아온 후 학교 상담실을 5년간 운영하였는데 그 당시 나는 다문화 상담 수업에서 배운 내용을 상담에 적용하기 어렵다고 생각했다. 왜냐하면 내가 만나는 내담자는 모두 한국인이었고 초등학생이었기 때문이다. 인종, 민족성과 연령이라는 측면에서 동질 집단인 나의 내담자들에게 미국에서 배운 다문화 이론은 동떨어진 것이라고 생각했다. 또한 당시에는 '다문화'라는 용어 자체가 생소했다. 지금 생각해 보면 다문화 상담에 대해 하나만 알고 둘은 몰랐던 시기였다. 당시 나는 가정 형편이 매우 어려운 학생(사회경제 수준), 친구들로부터 여자 같다고 놀림을 받는 남학생(성적 지향성), 미국에서 이민 와서 학습 부진을 보이는 학생(언어), 휠체어를 타고 등하교를 해야만 하는 학생(장애)을 상담하였는데, 이 책은 이러한 주제들과 관련하여 어떻게 상담자가 효과적으로 상담할 수 있는지를 다양한 사례를 통해 제시해 주고 있다. 아직까지 다문화 상담이라고 하면 국제결혼 가정의 자녀로 상담의 범위를 국한하는 경향이 있는데, 사실 다문화는 인종과 민족성을 넘어 연령, 성, 사회계층, 종교와 영성 및 장애를 포함하여 매우 광범위하다.

그처럼 다문화 상담을 배웠음에도 상담에 효과적으로 적용하지 못했던 5년간의 상담 경험 이후 다시 미국에서 박사과정을 밟던 중 다문화 상담 심화 과목을 듣게 되었다. 석사과정에 비해 다루는 다양성의 범위는 보다 넓어졌고, 강의와 발표 중심이 아닌 토론과 탐색 중심의 수업을 통해 다문화를 보다 깊이 있게 이해할 수 있었다. 특히 소수민족의 억압(oppression)과 백인의 특권(privilege)을 논의할 때 흑인 학생들은 거침없이 사회적 불평등과 인종차별을 털어놓았고, 수업은 논의가 진행될수록 긴장의 연속이었다. 또한 학생 중에 커밍아웃한 레즈비언 학생이 있었고 성적 지향성을 포함한 다양한 주제에 관해 깊은 탐색과 성찰이 이어졌다. 이 당시에도 나는 유일한 동양인이었지만 동양인으로서의 자신보다는 다양한 문화적 정체성을 지닌 자신에 대해 탐색할 수 있었다. 내가 유럽계 미국인과 비교하여 얼마나 집단주의적 성향을 갖고 있는지, 이성애자로서 동성애에 대한 편견이 어떠한지, 권력과 부를 소유한 소수의 상위 계층에 대한 반감이 어디에서 기인한 것인지, 나의 기독교적 철학과 세계관이 상담에 어떠한 영향을 미치는지를 깊이 성찰하는 시간이었다.

이화여대에서 학생들을 가르치는 경험은 또 다른 다문화적 탐색의 체험이 되었다. 특히 남성으로서 누렸던 특권이 무엇이었는지를 절실히 깨닫는 시간이었다. "이화여대에는 남자 화장실이 있느냐?"는 질문을 최근까지도 받는다. 당연히 남자 화장실이 있지만 그 수는 적다. 성별 때문에 화장실을 찾으러 다녀야 하거나 한 층을 더 올라가는 나의 경험은 그동안 여성들이 남성에 비해 숱하게 겪었을 사회적 불평등에 비하면 아무것도 아니다. 이러한 다문화적 인식과 지식은 나의 행동 반응을 이끌었고, 여성의 문화적 특성을 감안하여 수업하는 기술도 습득할 수 있었다. 예를 들면 발표 수업의 경우 사실을 중심으로 평가하기보다는 여대생의 특성에 맞추어 정서적 지지에 초점을 둔다. 피드백 용지를 색지에 인쇄해 주고 섬세한 강의 계획서 제작에 주의를 기울인다.

이처럼 지난 20여 년간 일련의 다문화 상담 훈련과 경험을 통해 문화적 감수성이 높아지고 이를 통해 다문화적 인식과 지식이 향상될 수 있었다. 그리고 이러한 인식과 지식은 다문화적인 상호작용 기술 향상의 밑거름이 되었다. 평생 지속될 이러한 다문화적 여정에서 이 책과의 만남은 다문화적 역량을 한층 더 신장시키는 계기가 되었다. 기존의 다문화 교재들이 인종과 민족 집단의 차이에 중점을 둔 것과 달리, 이 책은 억압과 권력의 구조적 측면이 다양한 정체성에 미치는 영향을 심도 있게 다루고 있다. 특히 한국 사회는 인종과 민족 집단의 특성이 미국의 상황과 매우 다르기 때문에 외국 교재들로 수업을 할 때 많은 제한점이 있었다. 반면 이 책은 인종과 민족성 이외에 정체성의 보다 다양한 측면들, 예를 들어 성, 연령, 성적 지향성, 신체 및 정신 능력, 사회경제적 수준과 종교적 정체성을 다루었기 때문에 한국의 상담 상황에서 활용도가 높다고 볼 수 있다.

이 책의 가장 큰 장점이라면 이론적 내용과 상담의 실제 사이에 적절한 균형을 유지하면서 다양한 상담 사례를 제시한다는 점이다. 각 장의 주요 주제를 잘 반영하는 다양한 사례를 발굴하여 제시하였고, 사례에 숨겨진 쟁점을 파헤칠 수 있는 핵심적 사례논의 질문이 제시되어 있다. 이어서 사례의 주요 쟁점에 대한 저자의 분석 및 시사점을 제시하여 핵심 주제를 보다 현장감 있게 이해할 수 있다는 장점이 있다. 또 하나의 큰 장점이라면 매 장마다 주요 주제에 대해 깊이 생각할 수 있도록 다양한 '생각해 볼 질문'을 요소요소에 제시한 점이다. 이러한 질문에 대해 성찰하면서 자연스럽게 다문화적 인식이 깊어지고 감수성이 신장될 수 있다. 또한 이렇게 제시된 질문은 각 장의 말미에 목록으로 제시하여 실제 상담에서 적용할 수 있도록 활용도를 높였다. 뿐만 아니라 다양한 성찰 활동을 제시하여 관련 주제를 직접 자신의 삶에 적용하고 함께 나눌 수 있도록 유도한다. 이를 통해 자신의 내면에 감추어지고 숨겨져 있던 다문화적 주제들을 끄집어내어 재구성할 수 있는 기회로 활용할 수 있다.

이 책의 출판은 함께 이 책을 읽고 토론하며 초벌 번역을 도왔던 이화여대 교육심리 · 상담 박사과정의 최임순, 김남이, 이지은, 박정희, 모정은, 이수경, 전선미 학생들이 없었다면 불가능했을 것이다. 한 학기 동안 다문화 상담의 여정에 함께 참여하며 다문화적 관점에서 교학상장(教學相長)의 경험을 함께할 수 있었다. 지난 1년간 번역의 과정은 길고 힘든 여정이었지만, 한 줄 한 줄 옮기며 저자의 날선 통찰력과 섬세함에 놀랐고 스스로 성장하는 느낌을 가질 수 있었다. 부디 이 책이 다문화 상담을 시작하는 여러 예비 상담자에게 좋은 책으로 기억되었으면 하는 바람을 가져본다. 또한 나에게 다문화 상담 과목을 통해 문화적 역량을 키워 주신 웨스트체스터대학의 Dr. Lynn Spradlin 교수님과 펜실베이니아주립대학의 Dr. Christine Bischke 교수님에게 감사를 표한다.

마지막으로 원고의 교정 작업을 도와준 정민지 조교와 박정희 박사에게 고마움을 전하며, 출판의 전 과정에서 수고해 주신 박학사의 관계자 여러분께도 감사를 표한다.

2015년 2월
이화 동산에서
오인수

저자 서문

개요 및 목적

다문화 상담은 많은 상담 프로그램에서 이제는 매우 중요한 과목이 되었다. 점차 상담자 교육 프로그램에서 다문화 상담이 필수과목이 됨에 따라 다문화 상담 역량을 가르치는 것은 예전보다 더욱 중요한 일이 되었다(Ridley, Espelage, & Rubinstein, 1997).

다문화 상담과 관련된 이론, 접근 및 개입을 다루는 교재는 정말 다양하다. Sue, Arredondo 및 McDavis(1992)는 다문화 상담 역량을 세 가지 차원에서 제시하였다. 인식(awareness), 지식(knowledge) 및 기술(skills)이 그것이다. Pedersen (1993)은 다문화 훈련 과정에서 흔히 발생하는 문제를 지적하였는데, 그는 위의 세 가지 차원에서 어느 특정 차원 한 가지를 지나치게 강조하는 것을 우려하였다. 예를 들어 다문화적 인식을 지나치게 강조하면 학생들이 자신의 약점을 인식하고 동시에 환경적인 취약성을 파악할 수 있지만, 어떻게 내담자를 상담하고 옹호할 수 있는지 그 방법에 대해서는 방향을 찾기 어렵다고 지적한다. 반면에 다문화 지식에 지나치게 초점을 두어 가르치면 그러한 지식이 상담에 왜 필요하며 얼마나 필요한지에 대한 확신을 심어 주기 어렵다고 보았다.

다문화 상담 역량의 세 가지 차원 이외에 Swigonski(1996)는 다문화 상담을 가르칠 때 억압(oppression) 체제를 탐색하지 않은 채 특권(privilege)이 기존의 사회적 구조를 얼마나 강화하는지를 파악하지 않는다면 어떠한 다문화 관련 과목도 쓸모없는 것이라고 주장하였다. 이러한 기초가 없는 상태에서 다양한 민족 집단의 문화적 특징을 배우는 것은 마치 의미도 모른 채 외국 여행을 하는 행위에 불과하다고 보았다. 집단 간의 사회문화적 차이와 민족적 · 심리적 차이를 파악할 때 이들 집단에 대한 사회정치적 역사와 환경에 대한 이해가 뒷받침되지 않으면 단순히 자료를 수집하는 것 이상이 되지 못한다고 보았다.

다문화 상담이 부상하게 된 것은 기존의 상담 접근이 특정 사회적 집단의 요구를 충분히 만족시키지 못한다는 것을 알게 되고, 전통적인 형태의 상담에 의해 특정 집단이 차별받는다는 것을 인식하면서부터이다(Sue, Ivey, & Pedersen, 1996). 다문화 상담의 이론 및 연구자들은 상담의 형태를 개선함으로써 사회에 의해 차별받고 무시받던 집단들의 역량을 강화하는 것에 초점을 두었다(Pedersen, 1994). 따라서 권력 간극(power differentials)과 이로 인해 발생하는 사회적 구조에 대해 건설적인 논의를 발전시키는 것은 매우 중요하다. 그래야만 예비 상담자들이 그들이 향후 만나게 될 내담자의 다양한 요구를 충분히 반영할 수 있다(Locke & Faubert, 2003).

상담을 공부하는 학생들은 인간이 관계를 통해 성장하는 존재라고 배운다. 다문화 상담 과목에서는 인종, 민족성, 성별, 연령, 성적 지향성, 신체 및 정신 능력, 사회경제적 수준과 종교적 정체성이 한 개인의 복잡한 사회적 정체성을 형성하고 이것이 인간 사이의 관계를 규정한다고 배운다. 그러나 이러한 정체성을 배울 때 놓쳐서는 안 되는 것이 있다. 그것은 바로 사회가 정체성의 어떤 측면은 가치롭게 생각하고 다른 측면의 가치를 폄하하는 경향이 있다는 것이다. 예를 들어 미국 사회에서 유럽계 미국인(백인)의 정체성은 미국인으로서 정상적인 것으로 여겨지지만, 다른 민족의 정체성은 소외되는 경향이 있다. 유사하게 성적 지향성의 측면에서도 이성애적 정체성은 정상으로 여겨지고 특권이 주어지기 때문에 이성애적 성적 정체성의 발달에 대해서는 누구도 의심을 품지 않는다. 반면 게이, 레즈비언 또는 양성애 정체성의 경우에는 끊임없이 의심을 받게 된다.

이처럼 체제를 통해 특정 집단이 차이를 경험하면 제도, 사회구조, 지역사회, 가정 및 대인 관계에 있어서 차별을 넘어 억압의 효과가 나타난다. 이와 같이 억압받는 사람들을 효과적으로 상담하기 위해서는 상담자가 개인적 및 전문적인 차원에서 억압과 관련된 개념을 충분히 이해해야 한다(Ridley et al., 1997). 더 나아가 대부분의 상담자는 특권을 갖고 있는 집단의 구성원이기 때문에, 상담자 자신의 세계관이 어떻게 형성되었으며 이것이 내담자와의 관계에 어떠한 영향을 미치는지를 이해하는 것은 더더욱 중요하다. 이 교재의 목적은 다문화 상담 역량을 세 가지 차원에서 설명하되, 세 가지 역량을 억압과 권력의 구조라는 관점에서 다루는 것이다.

이 책의 각 장은 정체성의 각 측면에 대해 역사적 · 사회정치적 · 심리적 내용을 상담과 심리치료 측면에서 설명하였다. 이곳에서 제시한 정보와 여러 분석 내용을 여러분이 상담하는 내담자에게뿐만 아니라 여러분 자신에게도 적용해 보기를 권한다.

이 책은 다양한 문화를 지닌 내담자를 상담하는 일련의 요리법 같은 것을 제공하지는 않는다. 그러나 기술과 구체적인 전략을 적용하고 다양한 집단을 이해하는 방법을 매우 중요하게 다루었다.

구성 및 교육적 함의

각 장은 아래의 내용들로 구성되어 있다.

- 각 장에서 다루고자 하는 주제와 관련된 내용을 원문에서 인용한 도입 글
- 각 장의 소개 및 다루고자 하는 개념의 제시
- 주요 개념의 정의
- 참고문헌을 토대로 한 개념의 탐색
- 각 장에서 다룬 내용을 바탕으로 내담자와 상담할 때 도움이 될 만한 탐색 질문의 모음
- 주요 용어의 정리
- 결론 및 상담의 시사점
- 추가적 자료를 위한 참고문헌

각 장은 또한 아래의 내용들을 포함하고 있다.

- 관련된 내용의 원문을 담은 글상자
- 개념을 상담자 자신의 경험에 적용해 볼 수 있도록 반성적 질문을 담은 글상자
- 사례 토론을 위하여 질문과 요약을 포함하여 사례를 담은 글상자

감사의 글

다음에 제시된 분들은 이 책을 검토해 주신 분들로서 지면을 빌려 감사를 표한다. Jelane A. Kennedy, College of St. Rose; Aneneosa A. G. Okocha, University of Wisconsin, Whitewater; Lakota L. Brown, Northern Arizona University; Sandra

I. Lopez-Baez, University of Virginia; Carmen F. Salazar, Texas A&M University; Carlos P. Zalaquett, University of South Florida; Dana Griffin, University of North Carolina, Chapel Hill; Simone Alter-Muri, Springfield College; Sarita Sankey, Bowie State University; Shawn Patrick, Texas State University, San Marcos; Mary Fukuyama, University of Florida; John Queener, University of Akron; Chuck Reid, University of Texas, Pan American; Margaret Miller, Boise State University, Arpita Ghosh, University of Wisconsin-Milwaukee.

참고문헌

Locke, D. C., & Faubert, M. (2003). Cultural considerations in counselor training and practice. In F. D. Harper and J. McFadden (Eds.). *Culture and counseling: New approaches* (pp. 324-338). Needham Heights, MA: Allyn & Bacon.

Pedersen, P. B. (1993). *Culture-centered counseling and interviewing skills: A practical guide*. Westport, CT, US: Praeger Publishers/Greenwood.

Ridley, C. R., Espelage, D. L., & Rubinstein, K. J. (1997). Course development in multicultural counseling. In D. B. Pope-Davis and H. L. K. Coleman (Eds.). *Multicultural counseling competencies: Assessment, education and training, and supervision*. Multicultural aspects of counseling series, Vol. 7. (pp. 131-158). Thousand Oaks, CA, US: Sage.

Swigonski, M. E. (1996). Challenging privilege through Africentric social work practice. *Social Work*, *41*(2), 153-161.

Sue, D. W., Arredondo, P., & McDavis, R. J. (1992). Multicultural counseling competencies and standards: A call to the profession. *Journal of Multicultural Counseling and Development*. *20*(2), 64-88.

Sue, D. W., Ivey, A. E., & Pedersen, P. B. (Eds.). (1996). *A theory of multicultural counseling and therapy*. Belmont, CA: Thompson Brooks/Cole.

차례

CHAPTER 01

다문화 상담 입문

1. 여행 떠나기
2. 저자 소개
3. 다문화 상담의 중요성
4. 다문화주의와 상담 역사
5. 다문화 상담 접근
6. 다문화 상담 역량
7. 학습을 위한 시사점

여행의 온전한 목적은 미지의 세계에 내 발을 내딛는 것이 아니라 오히려 미지의 세계인 나 자신의 땅에 한 발을 내딛는 것이다.

— G. K. Chesterton

훌륭한 여행자는 정해진 계획을 가지고 있지 않으며 어딘가에 도착하는 것에 열중하지 않는다.

— Lao Tzu

여행을 통해 우리 주변의 세상으로 경험을 넓혀 나가는 것만큼 동시에 우리 내면의 세계로 경험을 넓혀 나가지 못한다면 어떠한 여행도 우리를 새롭게 인도하지 못한다는 것을 깨닫게 되었다.

— Lillian Smith

1. 여행 떠나기

1) 상담 여행

1900년대 초에 가장 유명한 열차 중의 하나는 유라시아 대륙을 종단하였던 오리엔트 특급열차(Orient Express)였다. 여행자들은 어떤 목적지에 가기보다는 여행 그 자체의 경험을 위해 이 열차에 올라탔다. 우리는 여행이라는 비유처럼 독자인 당신이 '다문화 특급열차(multicultural express)'에 올라탄 것을 상상해 보라고 권하고 싶다. 우리 저자들은 또는 여러분의 지도 교수는 이 열차의 차장 역할을 할 것이다. 다른 모든 여행처럼 여러분은 배낭을 가지고 온다. 그 배낭 속에는 여행의 여정에서 꼭 필요한 것이 담겨 있기도 하고, 어떤 경우에는 도움이 되기보다는 오히려 걸림돌로 여겨지는 것들이 들어 있기도 한다. 당신은 또한 여러 복잡한 감정을 안고 열차에 타기도 한다. 당신은 새로운 경험을 기대하면서 흥분을 느낄 수도 있고, 반면 새로운 장소에서 낯선 것과 마주쳤을 때의 어려움을 상상하며 걱정을 할 수도 있다. 어쩌면 당신은 효과적으로 의사소통하지 못하거나 잘 이해하지 못할 수도 있다. 또 어쩌면 당신은 떠나온 집을 그리워할 수도 있다. 이처럼 우리 앞에 놓여 있는 여행에 대해 직접 말해 봄으로써 이와 같은 감정들을 탐색해 보고자 한다.

우리는 이러한 다문화 여행을 많이 해보았기 때문에 이 여정을 통해 여러분이

다소 강한 감정을 경험하게 될 것이라고 말할 수 있다. 우리는 당신이 그러한 감정을 억압하지 않기를 바라며, 그러한 감정을 옳은 감정 혹은 잘못된 감정이라고 구분하지 않기를 바란다. 그 대신, 이 책에 제시된 자료를 통해 그러한 감정들을 인식하고, 또한 감정들을 잘 다룰 수 있기를 기대한다.

2) 다양한 감정

이 여행에서 여러분이 느낄 수 있는 몇몇 감정들을 살펴보면 다음과 같다.

(1) 흥분(excitement)

당신은 다른 여행자들처럼 다양성에 대해 배울 수 있는 기회로 이 여행을 기대할 것이다. 당신은 매우 평범한 일상을 살고 있고, 결국 좀 더 색다른 삶을 찾아 떠나고 싶어 할 수 있다. 이러한 반응의 긍정적인 면이라면 당신이 여행 그 자체에 대해 매우 개방적이라는 것이다. 반면 당신이 그 여행으로부터 뭔가를 배우는 것에는 개방적이지 않을 수도 있다. 이러한 다문화적 여행은 다양한 목적으로 전문적인 상담훈련 과정에 통합되어 왔다. 무언가를 배운다는 것은 다른 사람들을 통해서만 이루어지는 것은 아니다. 오히려 당신 스스로를 통해서 배울 수 있다는 것을 받아들이는 것이 중요하다. 오리엔트 특급열차와는 달리 이 열차는 중요한 최종 목적지가 있다. 그것은 다양성이 가득한 세계에서 유능한 상담자가 되는 것이다.

(2) 불안(anxiety)

다른 여행자들처럼, 당신은 많은 걱정을 가지고 이 여행을 시작할 수 있다. 당신은 직면하게 될 어려움을 잘 처리할 수 없을까 봐 두려워할 수 있다. 이러한 두려움은 보통 다수 집단 속에서 소수 집단으로 살아온 학생들에게서 일반적으로 볼 수 있다. 같은 반 학생들, 교수님, 그리고 앞으로 배울 내용 등을 살펴보고 두려움을 느낄 수 있다. 자신이 충분히 알고 있지 못할까 봐 두렵기도 하고, 다른 사람의 기분을 상하게 할까 봐 두려움을 느끼기도 한다. 당신의 무지가 다른 사람들에게 드러날까 봐 두려울 수도 있다. 당신은 심지어 이러한 것을 잘 견뎌내는 가장 좋은 방법이 단지 고개를 숙이고 관심을 피하는 것이라고 느낄 수도 있다. 이런 행동을 하면 문제는 안 생기겠지만 이러한 두려움은 당신에게 성공을 안겨줄 수 있는 과감한 도전을 방해하기도 한다. 함정을 살피느라 아래쪽을 응시할 때, 당신은 저 멀리 앞쪽을 바라보는 것을 잊어버릴 수 있다.

(3) 냉소(cynicism)

냉소적인 여행자들은 여행이 중요하다고 믿지만, 한편으로는 여행을 통해 바뀌는 것은 없다고 생각한다. 여러분은 자신이 냉소적인 사람이라고 생각하는가? 사회는 예전과 똑같이 그대로이고, 사람 역시 변함없이 그대로이며, 어떤 과정도 당신과 다른 사람의 인생을 변화시킬 수 없다고 믿는가? 우리는 사람들이 낙담을 경험한 후에 냉소적이 된다고 믿는다. 아마도 당신은 많은 사람들이 엄청난 노력을 하지만 여전히 가난은 존재하고 사회는 폭력적이며, 증오가 난무하는 것을 보게 될 것이다. 냉소적인 사람들은 어린 시절에는 미래의 변화에 대한 희망이 있었겠지만 변화가 일어나지 않았다는 것에 주목한다. 어쩌면 여러분은 인생의 어떤 영역에서 변화를 일으키기 위해 시도했지만, 성공하지 못했을 수 있다. 그러할 때 당신은 상처받고, 그러한 상처를 절망 앞에서 숨기게 된다. 이러한 실패가 자기충족적 예언(self-fulfilling prophecy)으로 작용할 수 있다. 결국 당신은 자신에 대해, 또래에 대해, 또는 그 어떤 것에 대해 포기하게 된다. 우리가 매일매일 싸워야 하는 다른 전쟁터가 있다는 것을 생각해 보아라. 전쟁터에서 상처 입지 않기를 원할 것이다. 그러나 전쟁터에서 물러난다고 상처가 치료되는 것은 아니다.

(4) 상처받기 쉬움(vulnerability)

어떤 여행자들은 다른 관점으로 이 여행에 접근한다. 새로운 경험에 직면한다는 불안과 달리, "거기도 가봤고 그것도 해 봤어(Been there and done that)." 식의 접근이다. 차별받은 경험이 있는 사람들은 이와 같은 여행이 비록 짧은 형식의 여행이라 할지라도 오히려 더 큰 차별을 경험할 수 있다고 느낄 수 있다. 이런 관점을 취하면 지금 이곳에서 뭔가를 배우려 하기보다는 오히려 다른 사람들을 가르치려 하는 자신을 발견할 수 있다. 이러한 당신에게 우리가 말하고 싶은 것은, 이 여행에서 도착하게 될 여러 장소 중에서 완벽한 곳은 거의 없겠지만, 이 책을 안내 책자 삼아 이 과목의 강사와 함께 다시 탐방한다면 익숙했던 것에 대한 새로운 관점과 이해를 갖게 될 것이라는 점이다.

(5) 적대감(hostility)

어떤 여행자들은 열차에 오르도록 강요를 받아 여행하기를 원치 않는다. 당신은 이러한 여행이 중요하지도 않고 소용도 없다고 생각하는가? 혹은 이러한 여행이 자신에게 비난을 가져오거나 책임을 덮어씌울 수 있다고 믿는가? 성공하지 못한 많은 실패자들이 이런 여행을 통해 불평을 쏟아낼 것이라고 느끼는가? 우리가 강조하고 싶은 것은 이 여행을 통해 우리가 얻고자 하는 것이 효과적으로 사람들을 대하는 방법이라는 점이다. 다른 과목을 통해서 지금까지 배운 것 중의 하나는 상담 직업에서 유능하려면 경청 능력이 필요하다는 것이다. 다른 관점을 주목하여 듣지 못한다면 어떻게 다른 사람에게 도움을 제공할 수 있겠는가? 또 한 가지 생각해 볼 점은 분노가 자기 자신의 고통을 방어하기 위한 수단일 수 있다는 점이다. 당신에게 도움을 주었던 바로 그 체제가 다른 사람들에게는 오히려 상처가 되고 그러한 상처가 반복적으로 일어날 수 있다는 것을 이 여행을 통해 깨닫게 된다면, 당신에게 이 여행은 무엇을 의미하겠는가? 우리 모두는 선한 의도를 가진 사람들로 다른 사람에게 상처를 주고 싶어 하지 않는다. 이 여행의 끝부분에서 여러분은 삶의 변화를 일으키고 싶은 마음이 생겨날 수 있다. 그러한 변화는 당신을 더 불편하게 할 수도 있고, 또 그렇지 않을 수도 있다. 우리가 부탁하고 싶은 것은 당신이 지닐 수 있는 적대감을 마음 한편에 치워두고 여러 가능성에 대해 개방적인 태도를 유지하라는 것이다.

당신이 이 여행에 가져온 것을 생각하면서, 동시에 여러분 주위의 동료 승객들을 주의 깊게 둘러 볼 것을 권한다. 이 경험에 의미를 부여하게 될 중요한 요소는 동료의 배낭에 담긴 경험, 의견, 가치, 태도의 다양성이다. 정직, 진정성, 조화의 환경은 성공적인 다문화 교육 경험을 촉진하는 데 매우 중요하다(Torres-Rivera, Phan, Maddux, Wilbur, & Garrett, 2001).

이에 더하여, 이 여행을 원활하게 하는 데 있어 가장 중요한 사람인 이 과목의 강사에 대한 여러분의 반응을 잘 파악해 보라고 권한다(Estrada, Frame, & William, 2004). 종종 이 과목의 강사는 유색인이다. 많은 경우 강사는 또한 여성이다. 과목 내용이 얼마나 강력한지, 또 얼마나 효과적인지, 그리고 얼마나 도전적인지는 이 과목의 강사에게 달려 있다. 종종 과목에서 느끼는 불편함을 강사에게 전이시키는 경우가 있고, 이런 경우 학생들은 결국 강사에 대해 비판적이 되기도 한다.

우리는 유색인종, 특히 유색인종의 여성이 권한을 갖거나 우리를 평가하는 권력을 갖는 상황에 처하는 것에 익숙하지 않다. 경우에 따라서 유색인종 또는 여성에 대한 숨겨져 있던 부정적인 반응들이 더해져 강사에 대한 비판과 적대감이 복잡하게 증가할 수 있다. 한편, 강사가 백인인 경우 우리는 불편한 감정을 부인하기 위해 백인 강사는 이러한 주제를 가르칠 권한이 없다고 생각할 수 있다. 이러한 일이 당신에게 일어난다면 주의 깊게 자신에게 주목하고 과목의 내용에 대해 생겨난 불편함이 강사에 대한 태도에 어떻게 영향을 미치고 있는지 곰곰이 생각해 보아라. 하나의 방법이라면 무엇이 당신의 감정을 일으키는지 당신 자신의 반응을 살피는 것이다.

활동 1.1

당신의 감정 배낭

때때로 우리는 여러분에게 자기성찰을 하라고 할 것이다. 만일 당신이 일지를 쓰면서 성찰의 내용을 기록하거나 한곳에 모아둔다면 도움이 될 것이다.

우선 다음의 질문에 대한 답을 기록하는 것으로 일지를 작성해 보아라.

열차 여행을 통해 다문화적 쟁점을 학습하는 것에 대한 아이디어를 생각해 보아라.

- 어떤 감정과 생각들을 당신의 배낭에 담을 것인가? 변화와 위기에 직면했던 과거의 경험으로부터 이러한 감정과 생각들을 확인할 수 있다. 당신은 어떻게 행동하고 반응하는 경향이 있는가?
- 당신이 배낭에 넣기를 원하는 감정과 생각 중에서 유용할 만한 것이 있다면 무엇인가? 이 과정에서 그러한 것들이 얼마나 유용할까?
- 당신이 생각하기에 버렸으면 좋았을 감정과 생각들은 무엇인가? 그러한 것들이 얼마나 방해가 되겠는가?

3) 자극과 반응

Griffin(1987)에 따르면 우리는 위축되거나 감정이 상한 경우, 또는 고정관념에 기초하여 평가받는 경우 정서 반응이 일어난다. 또한 가치를 인정받지 못하거나 비난받고 공격당하는 상황에서도 정서 반응이 일어난다. 이러한 정서 반응들에는 아픔, 혼란, 분노, 두려움, 놀람, 당황스러움이 포함된다. 우리가 반응하는 방식은 그 상황의 역동뿐만 아니라 우리의 내적 자원과 과거 경험에 근거한다. 다음에 제시한 지침은 이러한 자극에 대해 우리가 원래 보이던 반응보다 더 풍부하게 반응할 수 있도록 돕는 목록들을 제공한다. 또한 자극에 대한 당신의 습관적 반응들을 인식하도록 돕는다. 이를 통해 당신은 자극에 대해 가장 효과적으로 반응할 수 있을 것이다. 아래에 제시된 지침들은 완벽한 것은 아니고 어떤 순서가 있는 것도 아니다.

- 자극으로부터 물러나기: 자극이 있는 상황에서 신체적으로 물러난다.
- 가능한 한 자극 피하기: 자극과 마주치는 것을 가능한 한 피하고 우리를 자극시키는 사람이나 상황으로부터 정서적으로 거리를 둔다.
- 침묵으로 자극에 반응하기: 당황스러움을 느끼면서도 자극에 솔직하게 반응하지 않는다. 침묵으로, 또는 아무것도 하지 않으면서 견딘다.
- 충격을 피하기: 자극을 인식하지만 그것에 반응하지 않고 그대로 내버려둔다.
- 자극하는 사람을 공격하기: 우리를 자극하는 사람에게 피해를 입히려는 의도로 반응한다.
- 자극을 내면화하기: 자극의 내용을 받아들여 그것이 사실이라고 믿는다.
- 자극을 합리화하기: 자극에 직면하기를 회피하며 다음과 같이 생각하려고 한다: 자극을 잘못 해석했다고 믿으며 자극에 과잉반응한 것이라고 생각하고 자극하는 사람의 의도가 사실은 우리를 해롭게 하려는 것이 아니었다고 믿으려 한다.
- 자극을 잘못 해석하기: 들은 것과 일어난 일에 대해 잘못 해석하기가 쉽다. 실제로 일어난 일 그 자체보다는 우리가 잘못 해석한 것에 의해 자극받는다.
- 자극으로 인해 혼란스러워지기: 당황스러움을 느끼면서도 왜 이런 방식의 감정이 일어나는가에 대해서는 명확하지가 않다. 자신이 화가 났는지, 마음이 상했는지, 불쾌한지 아니면 이 모든 감정을 모두 느끼는지 확실하지가 않다. 뭐라고 말하고, 어떻게 해야 할지 잘 모른다.
- 자극에 대해 놀라기: 자극을 주는 사람이나 상황에 대해 준비가 안 된 무방비 상태여서 자극에 반응하는 데 어려움을 겪는다.
- 자극하는 사람을 지명하기: 당황한 이유를 자극하는 사람이나 상황에게 전가한다.
- 자극하는 사람과 토론하기: 자극하는 사람(사건)을 밝히고 그것에 대해 토론한다.
- 자극에 직면하기: 자극하는 사람이나 상황을 지목해서 불쾌한 행동이나 방식을 바꿀 것을 요구한다.

- 자극을 주는 사람을 놀라게 하기: 자극을 주는 사람을 농담으로 웃게 만드는 것처럼 예상하지 못한 방식으로 반응한다.
- 전략을 세우기: 더 넓은 맥락에서 자극을 다루면서 계획적이고 정치적인 개입으로 발전시키기 위해 다른 이들과 함께 협력한다.
- 신중하게 대처하기: 힘의 차이 또는 물리적 폭력이나 보복과 같은 상황적 역동 때문에 지금 자극에 반응하는 것이 최선이 아님을 인식하고 다른 때에 그것을 다른 방식으로 다룰 것을 선택한다.

생각해 볼 질문 1.1

- 어떤 사회적 상황에서 당신은 가장 강력한 감정의 자극을 받는가?
- 자극을 받았을 때 당신이 보이는 가장 전형적인 반응은 무엇인가?
- 어떤 반응들을 현재 사용하고 싶은가? 또는 사용하기를 멈추거나 더 효과적으로 사용하고 싶은 것은 어떤 반응인가?
- 당신이 가진 반응 목록에 어떤 반응들을 추가하고 싶은가? (Griffin & Bell, 1987)

2. 저자 소개

이 여행을 시작하면서 우리는 당신의 길잡이가 되어줄 저자들을 소개하고자 한다. 우리는 여러분에게 당신 자신에 대해 배우고 도전하는 데 위험을 감수하라고 요청했기 때문에 저자인 우리 자신들도 자기 개방의 위험을 감수하면서 시작하는 것이 공정할 것 같다. 다음 절에서 저자 개개인은 누구인지, 어떻게 이 여행에 참여하게 되었는지 함께 나눌 것이다.

1) Devika Dibya Choudhuri

나는 나 자신에 대해 많은 것들을 이야기함으로써 나의 소개를 시작하려고 한다. 나는 16개의 학교를 거치면서 성장했다. 나의 아버지는 인도의 군인이어서 거의 매해 인도의 여기저기로 이사를 다녔다. 나는 새로운 학교의 상황에 자신을 내던지는 것을 배웠고 새로운 곳에 빨리 적응했다. 유치원 시절, 내가 다섯 살 때 연극에서 어떤 역할을 맡았던 것을 자랑스럽게 생각했던 기억이 있다. 그 연극은 밤마다 빈대들에 시달리느라 잠을 잘 수 없는 어떤 왕에 대한 이야기였다. 어떤 현명한 장관의 조언에 따라 왕의 충성스런 병사들이 왕을 지키면서 밤마다 기어 나오는 빈대들을 잡아냈고, 성공적으로 빈대들을 몰아내어 왕을 구했다는 이야기다. 나는 대장 빈대의 역할을 맡았다. 엄마가 갈색으로 염색해 준 짧은 상의와 타이즈를 입은 덩치가 작은 마른 아이였고 머리에는 안테나 모양의 모자를 쓰고 있었다.

연극을 하면서 병사들이 빈대를 공격하는 클라이막스의 순간까지는 모든 것이 잘 진행되었다. 그곳에 모인 부모님들과 선생님들이 재미있게 연극을 보고 있을 때 나는 순간적으로 빈대가 당하는 부당함(injustice)과 싸우기로 마음먹었다. 나는 빈대들의 돌격을 이끌었다. 우리는 보드지로 만든 칼을 찬 병사들과 맞붙어 싸웠고, 왕의 역할을 맡은 아이는 침대 한가운데서 울부짖었다. 우리 빈대들은 연극을 난장판으로 만들었다. 승리한 빈대들이 무대에 다 모였을 때, 나는 빼앗은 검을 보란 듯이 휘두르면서 "우리 빈대들도 이 집을 차지할 권리가 있다!"고 소리쳤다. 관중들은 너무나 웃겨서 눈물을 흘릴 지경이었다. 그 전투를 마친 후 집으로 즐겁게 돌아오면서 나는 내 아버지의 얼굴이 자랑스러움으로 빛나는 것을 보았다. 나의 가족은 그 일을 결코 잊지 못한다.

나는 전통적인 인도의 다른 어머니들과는 달리 딸만 있는 것을 기쁘게 생각하는 엄마의 세 딸 중 둘째 딸로 태어났다. 나는 앞서 기술한 것처럼 부당함을 보면 참지 못하는 성격이다. 17세에 대학에 진학하기 위해 내가 아는 모든 사람들을 떠나 1만 마일 떨어진 미국에 왔다. 민족중심주의(ethnocentrism)와 관련된 나의 첫 번째 사건은 내가 엘리트 아이비리그 대학에 입학한 날 시작되었다. 학교 식당에서 일어난 일인데 당황하며 서 있는 가난한 외국 학생과 대화를 하고 싶어 하는 젊은 백인 여자가 "이 모든 음식들을 먹을 수 있다는 건 너에게는 참 멋진 일이겠구나?"라고 밝은 목소리로 말했다. 그 신성한 학교에서 인종차별은 낯선 것이 아니었고 인종에 대한 증오와 차별적 사건들이 발생하여 결국에는 FBI가 개입하고 미국인권위원회가 관여하는 일도 있었다. 나는 학생운동가였고 다른 유색인종의 사람들과 함께 활동했으며 인종차별에 대한 워크숍을 이끄는 진행자가 되었다. 졸업 후에도 이 일을 계속하였고 상담 프로그램 박사과정에 입학하였다.

상담자 훈련 과정 동안 내가 하는 모든 상담은 불가피하게도 다문화 상담이 되었다. 나는 당시 상담교육 과정에 다문화 상담에 관한 내용이 거의 없다는 것을 깨달았고 다문화 상담을 보다 잘 이해하기 위한 나름의 방법들을 고안하였다. 박사과정 동안 나 스스로를 준비시키기 원했고 또한 이러한 주제를 다른 사람들에게 가르치는 방법을 배우고 싶어서 다문화 상담에 초점을 두었다. 나는 궁극적으로 항상 내담자들에게 헌신하고자 하였다. 상담을 배우고 있는 학생들을 가르칠 때 그들에게 도전을 주고 교육하면서 강조했던 것은 그들이 미래에 상담자로서 만나게 될 내담자에게 미치게 될 영향이었다. 나는 전문직에 있는 상담자들이 내담자에게 좋은 영향을 주어야 하며 피해를 입히는 것을 막아야 한다고 믿는다. 상담자가 한 개인이 지닌 정체성의 일부분을 수용하지 못해 내담자에게 상처를 줄 수 있다는 것을 깨닫는다면, 그 상담자는 이전과는 다르게 행동하는 방법을 배워야 한다고 생각한다. 그것을 배우기 위해 우리 자신을 변화시켜야만 한다고 해도 우리는 그렇게 해야 한다. 한번은 이러한 감정을 다음과 같은 시로 표현한 적이 있다. "집(안식처)은 그 어디에 있는 것이 아니라 간절히 바라는 열망과 다른 반대편인 절망 사이의 중간쯤에 있다." 이 구절을 통해 편안함으로부터 벗어나려는 감정을 표현하고자 했다. 우리가 이 책을 통해 당신에게 요구하는 것은 상당히 어려운 것이다. 우리가 지금까지 살아오며 보호해 준 일종의 벽을 알아차리고, 직면하고, 그것을 버려야 하기 때문이다. 때로는 그러한 벽을 변형시켜 나와 잘 맞지 않는 상태로 만들어야 하는 경우도 있다. 이 책을 통해 당신과 함께 나누고 싶은 것이 있다면, 나는 지금까지 이러한 불편함의 여정을 계속해 왔고 이를 통해 타인들에게는 오히려 편안한 존재가 되기를 추구하면서 나 자신에게는 약간 낯선 이가 되어 보는 여정을 지금도 하고 있다는 점이다.

2) Azara Santiago-Rivera

나는 푸에르토리코(Puerto Rican) 태생의 라틴계 여성이며, 나의 부모님은 1940년대 중반에 미국으로 이주해 왔다. 나는 미국에서 태어났고, 아동기의 대부분과 사춘기의 초반을 미국에서 성장하였다. 지금의 나의 모습이 되기까지 나는 인생에서 많은 것을 경험하였다. 나의 아버지는 수년 동안 미국 군인으로 일하였기 때문에, 나는 자라면서 운이 좋게도 미국과 다른 나라의 여러 장소를 여행하고 그 곳에서 살 수 있었다. 어릴 때부터 나는 다양한 인종의 다양한 문화적 배경을 가진 아이들을 친구로 사귈 수 있었다. 돌이켜보면 나는 아주 어릴 때부터 언어, 전통, 음식에서의 차이, 신체적 모습에서의 차이를 많이 학습할 수 있었기 때문에 다양성은 나의 일상생활의 일부가 되었다. 비록 이러한 어린 시절의 경험이 긍정적이기는 했지만, 동시에 나는 공공연하게 인종주의와 차별을 직접 체험하였기 때문에 그것이 어떤 느낌인지 알고 있다. 나는 많은 영국계 미국인들(Anglo American)에게 spick(스페인계 미국인을 부르는 속어)이라 불렸던 것을 아직도 생생히 기억하고 있다. 다른 불쾌했던 경험으로는 영국계 미국인 고등학교 상담자가 나에 대해 '대학에 들어갈 만한 사람'이 아니라고 말하는 것을 들은 것이다. 그 결과 그 상담자는 내가 이후에 받을 수 있는 교육에 대해 적절한 지도를 해 주지 않았다. 나는 그때 느꼈던 분노, 상처, 무기력함을 아직도 기억하고 있다.

나는 세 자매 중의 첫째이다. 나는 어릴 때부터 동생들을 돌보는 것을 배웠고, 좋은 모범을 보였다. 부모님은 다정한 분이었지만 우리에게는 매우 엄격하였다. 나의 어머니는 아내, 어머니로서의 역할을 매우 진실되게 해냈으며, 여러 면에서 푸에르토리칸의 전통을 삶 속에서 전달해 주었다. 어머니는 교육의 가치를 우리에게 가르쳤고, 우리가 사회에서 유색인종 여성이라는 장벽에 부딪힐 것을 알았음에도, 성취하기 위해서는 더욱 열심히 일하는 것이 중요함을 가르쳐 주었다. 내가 우리 가족 중에서 처음으로 대학에 들어갈 수 있었던 것은 다름 아닌 이러한 어머니 덕분이었다.

나는 대부분의 사람들이 생각하듯, 사람들이 좀 더 나은 삶을 살도록 도와주기 위해 상담을 직업으로 선택하였다. 현재의 많은 상담 교육 프로그램과 달리, 나의 학업적 훈련 과정에는 다문화적 관점이 포함되어 있지 않았다. 나의 전공에 유색인종인 학생이 극히 소수였기 때문에, 교수는 종종 나를 수업 시간에 '소수의 목소리를 대변하는 자'로 택하였다. 나는 전통적인 상담 이론이 억압받고 차별받는 사람들의 독특한 삶의 경험에 어떻게 적용될 수 있는지 이해하기 위해 고심하였다. 다문화와 상담을 관련시키는 것은 쉽지 않다. 우리는 기꺼이 위험을 감수해야 하며, 우리의 믿음에 도전해야 하고, 새로운 경험에 개방적이어야 한다. 새로운 영역을 탐구하는 것보다 익숙한 것에 안주하는 편이 물론 훨씬 안전하다. 아이로니컬한 것은 상담자로서 우리는 내담자들에게 새롭게 생각하고 행동하도록 격려하지만, 정작 우리는 우리의 방식에 도전하려고 하지 않는다는 것이다. 나는 당신이 이 여행에 동참하기를 희망한다.

3) Michael Tlanusta Garrett

사람들은 나에게 종종 다음과 같은 질문을 한다. "당신의 문화는 무엇입니까?", "당신의 종교는 무엇입니까?", "미국 원주민의 영성은 무엇이며 인디언의 민간요법은 어떠한 것입니까?" 이런 질문들에 대한 적절한 답을 찾기 위해 내 삶에 의미 있는 것 그리고 나의 가족과 세대에 걸친 우리 민족의 생존에 중요했던 것을 가장 잘 설명할 수 있는 적절한 말을 찾기 위해 고심하였다. 여러분은 이 책에서 내가 쓴 부분을 읽을 때, 내가 Eastern Band of Cherokee에 속한 사람이며, 서부 노스캐롤라이나에 부족 구성원으로 등록된 Eastern Band of Cherokee의 후손이며, 독일인 태생의 아내는 감리교 목사 아버지와 오하이오에서 온, 대대로 농사를 짓는 집안의 어머니의 딸이라는 사실을 아는 것이 중요하다. 내가 누구인지, 내가 어디서 왔는지, 내가 지금 인생의 어디쯤에 있는지를 생각할 때, 내가 다시금 깨닫게 되는 것은 나의 가족들은 모두 사람을 소중하게 생각하고 땅을 소중하게 생각하며 주어진 선물로서 삶을 가치롭게 여겼다는 점이다. 그리고 내가 그러한 가족으로부터 태어났다는 점이다. 나는 여러 가지 이유로 인해 상담자가 되었다. 물론 우리 부족에게 주어지는 장학금이 나의 실제적 필요를 채워준 점도 적지 않았고, 내가 정말로 사랑하고 열정을 품고 있는 것을 선택하도록 도운 가족의 지지도 매우 중요했다. 나는 여러 다양한 지역에서 살았고, 여러 해 동안 다양한 배경을 가진 사람들과 관계를 맺어 왔으며, 학교, 지역사회, 대학에서 전문적으로 일해 왔다. 이러한 환경에서 느끼게 되는 하나의 단순한 진리가 있다면 서로 관계를 형성하고 치료하는 과정에서 배우게 된다는 점이다. 어떤 점에서 나는 여러 세계를 경험했을 뿐만 아니라 한 세계에서 다양한 삶을 살았던 것처럼 느낀다.

한 젊은 남자가 숲 속의 땅에 앉아 있을 때 만난, 그 숲을 걷는 늙은 약사에 관한 체로키족 이야기가 있다. 노인은 젊은이에게 "당신은 왜 이렇게 앉아 있나요?"라고 물었다. 노인은 젊은이가 괴로워하고 있다고 생각하였다. "나는 어느 길로 가야 할지 모르기 때문에 앉아 있습니다. 내가 어느 방향으로 가야 하는지 그 지시 사항을 들으려 이렇게 기다리고 있습니다."라고 젊은이가 대답하였다. "음, 알겠습니다." 노인은 대답하고 가던 길을 계속 갔다. 1년이 지나 노인은 젊은이가 있던 숲 속을 다시 걷게 되었고, 1년 전과 똑같은 지점에 젊은이가 여전히 앉아 있는 것을 보게 되었다. 그래서 노인은 젊은이에게 "여기 같은 지점에 앉아 있던 것인가요?"라고 물어보았다. 젊은이는 "네. 나는 여전히 나는 내가 어느 방향으로 가야 하는지 그 지시 사항을 들으려 아직까지 기다리고 있습니다."라고 대답하였다. 노인은 젊은이 옆에 앉아 네 가지 각 방향에 교훈이 있음을 상기시켜 주었다. 그는 젊은이에게 음식을 먹지 않으면서 4일 낮과 4일 밤 동안 하루에 한 방향씩 각 방향의 교훈을 찾도록 제안하였다. 다섯째 날 아침에 젊은이는 기운을 차리고, 그의 시야에서 가장 좋아 보이는 방향으로 여행을 가려 하고 있었다. 젊은이는 노인에게 다시 물어보았다. "내가 옳은 방향으로 가고 있는지 이제 어떻게 알 수 있을까요?" 노인은 웃으며 대답하였다 "당신이 어디에 있든지 그곳이 당신의 집이지요. 삶의 여행에서 조화와 균형을 추구하십시오. 그리고 도움을 주는 많은 사람들이 당신의 삶을 인도하도록 하십시오. 당신 또한 당신의 여정에서 다른 사람들을 도와주는 훌륭한 치료자(Good Medicine)의 길을 가십시오."

지금 "내가 태어난 곳의 문화와 영성이 무엇인가?"라는 질문을 받는다면, 나는 그것은 단순히 느낌(feeling)이라고 대답할 것이다. 나는 그들에게 문화와 영성은 당신을 통해 움직이는 삶의 공기와도 같은 것, 그리고 그것은 주어진 때에 사람들이 필요로 하는 것이 무엇인지 아는 것, 삶의 본질을 연결시키는 방식이라고 이야기 할 것이다.

3. 다문화 상담의 중요성

2050년경이면 미국 인구의 반이 유색인종이 될 것이다(미국 통계청, 2004). 통계청에서 사용하는 유색인종(people of color)이라는 용어는 아프리카계 미국인(African American), 히스패닉(Hispanic), 아시안(Asian), 미국 원주민(Native American) 집단에 속한 사람들을 의미하는 것이다(때때로 이 사람들을 모두 지칭하는 용어로 각 집단의 머리글자를 따서 AHANA라고 통칭하기도 한다). 이 책에서 사람을 지칭할 때 '백인이 아닌(non-White)'이라는 말을 사용하여 설명하지 않았다. 비록 많은 면에서 '백인이 아닌(non-White)'이라는 용어는 유럽인과 그들의 후손을 제외한 모든 사람들을 포함하는 말이기는 하지만, 어떤 사람을 표현할 때 다른 사람들과 비교하여 부르고 싶지 않았기 때문에 이 용어를 사용하지 않았다.

미국은 인종 집단 간 적대적 관계, 대립, 다툼의 갈등을 오랜 역사 동안 겪어왔다. 비록 우리는 미국을 이주와 기회의 땅으로 미화하고 신화화했지만, 종종 부정적인 면을 경시하고 속이기도 한다. 우리가 미국에 대해 이주의 땅으로 이야기할 때, 가장 먼저 추방당한 미국인의 후손, 미국 원주민을 인정하는 것을 잊어버린다. 우리는 또한 대부분의 아프리카계 미국인이 자발적으로 이 나라에 온 것이 아니라는 점을 잊어버린다. 아프리카인들과 그들의 후손에 대한 법적 노예제도는 1619년에 시작되었으며, 그 시기에 버지니아 주에 위치한 제임스타운에 네덜란드 노예 상인들이 들어왔고, 시민혁명이 끝날 때까지 계속되었다. 미국은 1800년대에 멕시코의 많은 땅을 사들였으며, 그 땅은 미국의 일부가 되었다. 그러나 그곳에 원래 거주하던 원주민들은 그곳의 천연자원만큼 환영받지 못하였다. 결국 우리는 중국계 미국인처럼 이곳 미국에 와서 싼 비용에 노동을 착취당하지만 정작 미국 지역 체제 안에서는 환영받지 못하는 많은 인종 집단을 잊어버린다.

여기서 중요한 점은 일련의 여러 집단들이 조화를 이루며 사는 이른바 이상화된 미국 용광로(American melting pot)는 완성되었다기보다는 기껏해야 아직도 진행 중이라고 볼 수 있다. 한편 변화하는 세계의 전반적인 상황과 급변하는 인구 속에서, 서로의 차이를 줄이고 함께 지낼 수 있는 방법을 찾아 나가는 것이 점점 더 중요해지고 있다. 서로 효과적으로 상호작용하기 위해 패러다임의 전환이 요구되고 있으며, 공통의 의견을 찾고 서로의 차이점을 통해 함께 성장할 필요성이 제기되고 있다(J. L. White, personal communication, 2003).

인종과 문화의 측면 이외에도, 다양성에 초점을 맞추는 것은 한 개인 정체성의 다른 중요한 점들을 인정하는 것을 의미한다. 이때 정체성이란 스스로 자신을 규정하는 것이며, 사회에 의해 집단으로 분류되는 것이기도 하고 자신의 집단의식에 근거한 집단적 경험을 공유하는 것이다. 개인 정체성으로 인정되는 특성에는 사회적 지위, 성, 종교, 장애, 성적 취향, 연령 등이 포함된다.

4. 다문화주의와 상담 역사

지난 수년간 전통적인 상담 이론과 기법은 다문화 주제에 대한 내용이 결여되어 있다는 비판을 받아 왔다(Robinson & Morris, 2000; Weinrach & Thomas, 1998). 전통적인 상담은 세 가지 관점, 즉 심리 내적(intrapsychic) 상담 모델, 언어 중심 상담 접근의 발달, 사회정치적인 영향력을 무시한 상담 접근으로 분류될 수 있다(Atkinson, Morten, & Sue,1993). 첫째, 전통적 상담 모델은 각 개인에 관심을 두어 병리적인 척도와 개인을 변화시키는 능력에 중점을 두었다. 둘째, 상담 기법은 언어를 중심으로 발전하였는데 이처럼 언어를 기반으로 하는 상담은 상담자와 내담자 사이에 공유된 언어를 필요로 하며 나아가 둘 사이의 공유된 믿음 체계에 대한 이해를 요구한다. 셋째, 어느 곳에서나 사회정치적인 영향력은 존재하며 상담자 역시 사회정치적으로 차별을 경험한 내담자에 대하여 편견과 선입견을 가질 수 있다(Atkinson et al., 1993). 이와 같은 편견이 체제를 통해 형성될 수 있다는 가능성을 검토하지 않았기 때문에 편향된 생각을 형성하는 과정이 더욱 확산되는 결과를 초래하였다.

전통적으로 수행되어 온 상담에 대한 비판은 주로 이러한 상담이 유럽식 미국 문화의 체제를 담고 있는 반면 다른 문화는 배제하였다는 점이다. 실제 예로 프로이트, 아들러, 왓슨, 스키너, 로저스와 같이 상담 분야에 영향을 미친 심리학자는 모두 유럽의 문화를 소유한 인물들이다. 그들의 공헌을 통해 형성되고 변화된 상담학계는 이들의 문화를 반영한다. 특정 문화유산에 근거한 모든 영역의 연구는 그 문화유산의 문화적 개념을 반영하게 된다. 현재의 상담은 이처럼 서구에서 처음 발달하였다. 따라서 문화적 가치도 서구의 신념 체계를 반영한다. 서구 문화는 여러 유럽의 전통과 신념 체계를 하나로 통일하였으며, 이러한 문화는 유럽의 식민지 개척자나 이주자에 의해 미국으로 전달되어 지금은 미국에서 문화 체계로서 굳건히 자리를 유지하게 되었다(Atkins, 2004). 이러한 문화적 가치 체계는 다른 문화를 소유한 내담자뿐만 아니라 같은 문화권에 있는 내담자라 할지라도 체제에서 부정적인 지위를 지닌 경우에는 서비스의 접근이란 측면에서 영향을 미친다. 흑인, 아시아인, 라틴계, 토착문화권의 내담자는 서양의 가치와 믿음에 동조하도록 기대되어 왔다. 이 밖에 빈곤층의 노동자, 게이나 레즈비언, 양성애자, 장애인 등 서양 전통문화에서 감추어지거나 소외되었다고 여겨지는 계층은 부적절한 대우를 받았다(Liu et al., 2004; Smart & Smart, 2006; Phillips, Ingram, Smith, & Mindes, 2003).

전통적인 발달 이론에서는 심리 발달이 선형적 방식으로 나타난다고 보았으며, 문화적 동질성을 바탕으로 보편적인 과정이 중요하다는 규칙성의 적용을 강조하였다(Berk, 2007). 콜버그의 도덕성 발달단계와 피아제의 인지 발달단계(Huit & Hummel, 2003)는 이러한 선형 단계의 한 예이다. 선형적 발달단계 이론은 특별한 문화적 맥락을 고려하지 않고 아동들을 보편적으로 예견해 왔다. 보편주의자(universalist)들이 생각하는 기본 가정이 이러한 이론적 모델과 실행에 녹아들게 되었다. 그러나 이러한 관계에 대한 구조뿐만 아니라 정신건강에 관한 서구의 규범적 기준은 소수민족 출신의 내담자에게는 도움이 되지 못해 왔다(Atkinson, 2004). 실제로 이러한 서구의 이론적 모델과 잘 맞지 않는 내담자나 '비협조적인' 내담자들은 주로 서구 문화와 다른 문화 체계로부터 온 경우이다. 이와 같은 체제는 집단주의자(collectivist), 비서양인(non-Western), 또는 아프리카계(Afrocentric) 등으로 여겨져 왔는데 이러한 세계관은 개인주의와 서양에서 형성된 선형적 상담 시각과 양립할 수 없다고 여겨졌다. 이러한 문화 체계로부터 온 내담자는 서양의 문화적 전통에서는 상담을 받으려 하지 않는 사람들로 여겨진다(Sue & Sue, 2008).

사실 상담은 역사적으로 이미 형성된 이론 체계를 통해 자연스럽게 상담이 진행되지 못하는 내담자에게 주의를 거의 기울이지 않았다. Casas(1984)는 이처럼 상담에 적응하지 못하는 이유는 다양하겠지만 미묘하고 복잡한 편견이 존재하며, 이러한 집단에 대한 선입견이 중요한 요인으로 작용함을 지적하였다. 상담자는 그들과 비슷한 특성을 지닌 내담자와 대화하는 것을 선호하는데 이는 이러한 요소가 좀 더 성공적인 결과와 관련되기 때문이다(Casas, 1984). 상담 분야의 경우 역사적으로 볼 때 이처럼 다른 문화를 지닌 사람들은 소수였기 때문에(Russo, Olmedo, Stapp, & Fulcher, 1981), 지배적인 서양 문화의 관점에 대한 도전은 거의 존재하지 않았다.

상담 분야에서 정신역동, 행동주의 그리고 인간 중심 접근에 이어 고전적 전통 영역에 따르면 다문화 상담은 '네 번째 세력(fourth force)'으로 등장하였고(Pedersen, 1990), 다문화 상담은 기존의 상담 이론이 지닌 편견과 이를 개선하기 위한 방법을 다루는 광범위한 문헌 연구를 가능하게 했다. 이러한 분야의 연구는 다른 민족, 인종, 문화, 성, 연령, 성적 성향에 대한 포괄적인 연구 형태로 진행되어 왔다. 이뿐만 아니라 다른 집단으로부터 온 내담자에 대한 관심을 증가시켰고, 이론적 발달단계에 따른 상담 기술을 변화시켜야 하는 내담자에 대한 관심을 높였다(Atkinson, Morten, & Sue, 1993; Casas,1984; Helms & Cook, 1999). 상담자의 훈련과 준비 과정에 필요한 광범위한 제안들이 제시되었고, 상담자 양성 프로그램은 이러한 점을 반영하여 교육 과정의 내용과 방법에 변화를 주기 시작하였다(Atkinson, 2004).

동성애나 양성애, 성전환 내담자의 경험은 자신의 문화 구성원과 함께 전통적인 상담에서는 효과가 없는 사례로 여겨진다. 다른 문화권의 내담자처럼, 같은 문화권이라 할지라도 기준에서 벗어난 내담자들은 상담의 도움을 받지 못해 왔다. 오랜 기간 동안 서양 사회에서는 성적 소수자를 비난해 왔다. 정신의학에서는 동성애를 심리적으로 건강하지 않은 상태로 보았으며, 정신분석과 행동주의 기법은 내담자의 성적 성향을 이성애주의자처럼 변화시키는 것에 초점을 두었다. 1973년 미국정신과협회는 양성애를 정신이상에서 제외시켰고, 성적 성향에 대해 주관적으로 심한 고통을 경험하는 내담자에게만 적용하였다. 심리적 장애를 진단하는 데 사용되는 『정신장애 진단 및 통계편람(*Diagnostic and Statistical Manual of Mental Disorder*)』의 3차 개정판에서는 성적 장애의 하위 유형으로 '자아 비친화성 동성애(ego-dystonic homosexuality)'를 제시하고, 이를 '자신의 성적 지향에 대한 지속적이며 눈에 띄는 심한 스트레스'로 설명했다(APA, 1987). 이러한 분류는 DSM의 다음 개정판에서 삭제되었다(APA, 1994). 전문가의 태도는 이러한 집단에 대해 사회의 비수용적인 면을 그대로 반영해 주며 다양한 측면을 보인다(Boysen, Vogel, Madon, & Wester, 2006). 게이와 레즈비언에 대한 사회의 이러한 부정적 태도는 이들이 드러내는 다양한 문제와 관련이 있다. 예를 들어 차별과 낮은 법적 보호조치뿐만 아니라 낮은 자아존중감, 우울, 폭행 등이 그러하다(Barret & Logan, 2002). 레즈비언과 게이는 이성애자보다 비율로 보면 2~4배 더 자주 상담을 원하는 반면, 이성애자와 비교해서 이들이 받은 치료에 대한 불만의 정도가 더 높다(Chernin & Johnso, 2002).

많은 상담 관련 문헌은 커밍아웃 문제를 다루고 있는데 이것은 자신이 게이, 레즈비언이나 양성애자의 성적 지향을 지니고 있다는 것을 자신과 다른 사람들에게 인정하고 알리는 과정을 말한다. 임상 경험과 연구에 따르면 이런 과정은 복잡하게 발생하며, 개인의 마음속과 대인관계 속에서 발생하고, 주로 청소년기에 시작해서 성인기로 이어진다(Perez, DeBord, & Pieschke, 2000).

이와 유사하게 여성에 대해 초점을 맞춘 문헌도 상당히 많은 편이다. 여성이 심리학 연구에서 무시되고, 이론적인 면에서 정형화되어 있으며, 상담의 실제에서 차별받는 상황에 대한 반작용으로서 여성 심리학 분야는 급속도로 성장하고 있다. 사회정치적 세력은 미국에서 일어났던 많은 운동과 연계되어 있다: 시민권 운동은 여성해방을 위한 투쟁에 힘을 실어 주었고 이는 결과적으로 동성애자들의 투쟁에 대한 조명으로 이어졌다. 이러한 노력에 편승하여 이론과 실제의 대안적 형태가 개발되기에 이르렀다. 이러한 집단과 관련된 내담자와 상담에 대한 인식이 증가하면서 다른 분야에 대한 관심도 증가했는데, 예를 들어 장애 내담자와 관련된 쟁점, 노인에 대한 효과적인 상담 및 다양한 영적·종교적 믿음 체계를 지닌 내담자를 돕는 것 등이 해당된다.

5. 다문화 상담 접근

다문화 상담 이론과 연구의 경우 두 가지 주요한 방식은 에틱과 에믹 접근으로 설명된다. 이 용어들은 언어학 용어인 **음성학**(phonetic, 언어의 근본적인 구조를 말함)과 **음소론**(phonemic, 언어 단위의 의미를 말함)에서 유래되었다. 에틱(etic) 관점은 문화를 보편적인 관점에서 바라보는 반면, 에믹(emic) 관점은 특수한 문화적 체계의 특징을 다룬다(Draguns, 2008). 보편적으로 모든 인간이 따르는 국면으로서의 문화(에틱)를 이해하는 것과 개인의 문화적 체계 안에서 그들의 인간성을 구성하는 특수한 방법(에믹)을 이해하는 것으로 구별할 수 있다. 첫 번째 경우의 문화는 인간의 공통점이 되는 반면, 두 번째의 문화는 인간을 구별한다. 이 두 접근은 서로 의견을 달리하면서도 같이하는 부분이 있는데, 내담자의 요구에 효과적으로 부응하면서 내담자의 문제와 쟁점을 이해하는 데 도움이 된다.

1) 에틱 접근(Etic Approach)

일관성 있고 보편적으로 적용할 수 있는 다문화 상담 이론을 겸비하기 위해서, 상담자는 조력 관계의 공통 원리, 다른 문화를 지닌 내담자에게 적용될 수 있는 보편적 원리를 알고 있어야 한다. 에틱은 상담의 치료적 특성이 어떤 독특한 이론적 요소에 의한 것이 아니라, 모든 상담 접근에 공통적으로 들어 있는 있는 요소라고 본다. Vontress(1988)는 공유되는 인간의 존재 경험을 강조하는 구조를 적용했다. 그는 경험을 물리적인(unwelt), 관계적인(mitwelt), 내면적인(eigewelt) 환경으로 구분하여 세 가지 개념으로 설명했다. 서로 영향을 미치는 이러한 요소들은 내담자의 존재 방식을 판단하는 기준을 제공한다. Sue와 Zane(1987)은 내담자에 대한 조력자의 진실성과 상담의 효과성을 상담 관계의 또 다른 공통적인 요소라고 확인하였다.

내담자의 문화와 정체성의 구인을 구체화시키는 하나의 방법은 매개변수의 성격을 지니는 문화적 세계관(worldview)을 통해서 가능하다(Ibrahim, Roysicar-Sodowsky, & Ohnishi, 2001). 세계관은 정신건강이나 정신질병과 같은 개념이 문화적으로 형성될 수 있다는 가능성을 제시한다. Sue(Sue, 1978)는 처음으로 상담의 구인으로서 세계관이라는 개념을 제안하고 그 중요성을 강조하였다. 문화적으로 상담자와 다른 내담자를 이해하기 위한 그의 모델은 내담자의 특성을 형성할 수 있는 두 가지 특성(통제 중심과 책임 중심)으로 구성되어 있다. 이 특성들의 상호작용은 네 개의 가능한 세계관을 형성한다. 일단 내담자의 세계관을 이해하면 상담자는 적당한 치료적 체계를 개발할 수 있다.

세계관에 대한 보다 넓은 개념은 Ibrahim이 개발하였는데(in Ibrahim, Roysicar-Sodowsky, & Ohnishi, 2001), 이 개념은 가치에 대한 성향과 가치의 강조점에 주목한 그의 초기 연구에 기초하고 있다. Ibrahim의 모델은 개인의 삶에서 세계관과 문화적 정체성을 매개적 힘으로 간주하는 가치 관점을 사용하여 상담자와 내담자의 정체성을 면밀히 파악하는 것을 강조하였다. 이런 정체성은 민족성, 문화, 성, 나이, 생의 단계, 사회경제적 수준, 교육, 철학과 같은 여러 영역에 걸친 복잡한 상호작용의 결합이다. 또 다른 에틱 모델은 문화적 차이를 조사하고 이를 바탕으로 공통적인 적용을 창출하는데, 다양한 집단에 속한 구성원의 정체성 발달에 주목하고 옹호와 사회적 정의에 기반하는 구체적인 상담 접근을 제시한다(Ellis & Carlson, 2009)

에틱 접근은 여러 문화를 아우르는 상담의 주요한 특성을 파악하고자 하였다. 예를 들어 효과적인 의사소통이 이에 해당된다. 보편적인 틀 안에서 다문화적 의사소통을 개념화하기 위하여 다양한 이론들이 개발되었다(Petersen, Crethar & Carlson, 2008). 다문화 상담의 가장 기본적인 요소는 언어이다. 언어는 문화적 체계에 스며들어 있고, 문화적 체계에서 발생한 것이며, 문화적 체계의 공통 부분이다. 그러므로 문화적 세계관에 따라 현실을 규정짓고 명명하는 데 있어 언어는 중요한 역할을 한다. Fukuyama(1990)는 언어를 단지 말하는 능력으로 보는 것은 충분하지 않다는 점을 기억할 필요가 있다고 주장하였다. 언어의 사용에는 미묘한 특성이 있어서 내담자와 상담자 사이에 잘못된 의사소통과 가정을 이끌 수 있다.

2) 에믹 접근(Emic Approach)

에믹 접근은 다문화 상담에서 구체적인 문화 연구를 포함하고 이전의 기술을 변용하거나 새로운 기술을 개발하여 다양한 집단에 적용하는 것들을 포함한다. 에믹 관점은 소수민족 내담자를 상담할 때 그들의 요구에 효과적으로 부응하기 위해서는 특별한 내담자 집단의 문화적 특징에 일치하는 상담 전략을 사용해야 한다고 제안한다. 비록 지금까지 다문화 연구가 많이 이루어졌지만, Ivey(1977)는 다문화 상담에서 두드러진 인물로서 문화적 전문성(cultural expertise)을 강조한 최초의 인물이었다. 이 이론에 따르면 상담자는 두 가지 문화에서 유능할 수 있다. 즉 자기 자신의 문화와 또 다른 문화를 말한다. 상담자는 모든 문화에 전문가일 수 없기 때문에 에믹 접근은 상담자의 전문성을 강조한다.

문화특수 모델(culture-specific model)의 기본 가정은 인식을 위해서는 다문화주의의 보편적인 철학이 필요하며, 그다음 단계로서 요구되는 지식과 기술은 구체적인 문화의 특수성과 관련이 있다고 본다. 에틱 접근은 모든 상담이 문화에 기초하고 있고 가치에 의해 지배받고 있다는 것을 강조한다면, 에믹 접근은 여기에서 한 걸음 더 나아간다. 에믹 접근은 상호영향을 미치는 세 가지 요소에 의존하는 다문화 상담의 가치를 강조한다. 이 세 가지 요소는 상담이 이루어지는 문화, 상담자와 내담자의 정체성과 신념, 그리고 앞의 두 요소 간의 상호작용이다(Locke, 1990). 전통적으로 상담은 보편적인 입장에서 인간 행동에 대한 질문에 답하려고 노력하는 것으로 여겨졌다(Long & Bustein, 2000). 문화적 영향의 공통적인 패턴을 강조하는 것보다 문화의 특수성을 강조하는 것이 상담에 더욱더 적합하게 보일 수 있다. 그러나 Fischer, Jome 및 Atkinson(1998)은 다문화 상담에서 공통요인 접근(common factor approach)이 효과적이라고 생각하였고 두 접근을 통합하는 것이 가능할 것이라고 가정하였다. 한 개인이 속한 주요 문화 집단의 맥락에서 개인의 특수성을 바라보면 그 내담자의 민족성뿐만 아니라 인간성을 동시에 확인할 수 있다고 보았다.

에틱 접근의 중요한 결점은 이 접근이 유럽계 미국인의 문화 구조에 기초한다는 점이다(Nwachuku & Ivey, 1991). 다문화적 · 비교문화적 접근은 다양한 문화에 대한 이론과 존재 방식을 적용하려고 노력한다. 문화특수 접근은 내담자 문화의 입장을 받아들임으로써 상담을 풍요롭게 한다. 예를 들어 인디언 문화에서는 가족과 지역사회의 맥락에서 개인적 문제를 풀어간다(Witko, 2006). 그러므로 미국 원주민 내담자에게 전통적인 모델을 적용하려는 시도 대신에 미국 원주민의 가치 구조로부터 이론과 실천을 끌어내는 편이 더 효과적일 것이다. 지역사회에 기초한 내담자에게 전통적인 개인주의적 일대일의 접근을 시도하는 대신에 개인을 포함하는 지역사회에 기반을 둔 이론을 만들 수 있다. 문화 특수성에 기초한 연구는 다른 문화에 대한 연구를 통하여 문화의 범위를 가능한 한 넓게 확장함으로써 조력 관계를 개념화하는 새로운 방법을 고취시킬 수 있다.

에믹 접근은 또한 진단과 관련된 쟁점과도 연관된다. 진단은 전형적으로 내담자의 행동을 관찰하고 해석하는 전문가에 의해 이뤄진다. 행동에 대한 해석은 내담자의 문화 구조보다 전문가의 문화 구조에 근거한다. 한 문화에서 '병적(pathological)'이라고 진단된 행동이 다른 문화에서는 '적응적(adaptive)' 행동으로 평가될 수도 있다. Ridley(1995)는 아프리카계 미국인의 '문화적 편집증(cultural paranoia)'은 적대적인 사회에서 삶의 경험에 뿌리를 두고 있기 때문에 건강한 발달이라고 주장하기도 하였다. 정상과 비정상의 결정 기준은 문화적 표준과 깊이 관련되어 있으므로 문화에 따라 상대적이라고 볼 수 있다.

Locke(1990)는 다문화 상담과 관련하여 Carl Rogers가 제안한 상담자의 공감적 이해와 무조건적인 긍정적 존중을 인지하는 내담자의 여섯 가지 조건을 재진술하였다. 상담자는 문화적으로 다른 내담자에게 "지배 집단을 보호하는 것이 아니라, 긍정적이고 진지하며 존중감이 떨어진 개인이나 집단을 도울 수 있는 유능한 사람"으로 인식될 필요가 있다(p. 21).

3) 다문화 상담 접근의 비교와 비평

에틱과 에믹 접근 모두 이에 대한 비판은 있어 왔다. 에믹 접근에 대한 하나의 비판은 상담자가 내담자를 바라볼 때 전인(whole person)으로서 바라보지 못할 수 있다는 것이다. 문화 특수성에 기초한 정보는 특정 집단의 모든 구성원을 설명하는 것으로 해석될 수 있다. 이로 인해 내담자의 개성을 축소시키고 오히려 내담자가 속한 집단에 대한 고정관념에 비춰 해석하게 만들 수 있다. 그러면 성별, 연령, 인생 경험, 성적 지향 등과 같은 내담자의 또 다른 정체성이 간과될 것이다. 에믹 접근은 이처럼 내담자에 대한 이해를 증진시키는 대신에 오히려 고정된 문화 체계의 관점에서 편협하게 인간 존재를 규정하는 위험성을 갖는다. 또 다른 비판은 에믹 접근이 너무 지엽적인 것에 초점을 맞추기 때문에 상담자가 제한된 수의 내담자만을 돕게 된다는 점이다.

한편 에틱 접근은 특수한 문화적 역동을 간과할 만큼 관심의 초점이 너무 넓기 때문에 비판받아 왔다. 상담자의 문화와 다른 문화에서 성장한 내담자를 돕는 경우 상담자는 문화의 특수성에 기초한 역동을 이해하기 어려울 것이며, 이는 치료에 영향을 미쳐 비효과적인 결과를 초래할 수 있다. 에틱 접근은 개인의 복잡성과 문화적 구성 요소를 인정하지만, 사회적 체제의 관점에서 보았을 때 문화를 일반화하는 방법에 초점을 두어 결과적으로 문화의 표면에만 초점을 둘 수 있다. 반면 에믹 접근은 행동, 관습, 관찰 가능한 특징에 초점을 두는데 이러한 특징들은 보다 깊은 체제의 반영이라고 본다. 내담자의 모든 문화적 구인을 분류하여 백인 상담자들이 받아들일 수 있는 이론적 모델을 개발할 경우, 에믹 접근 역시 문화의 표면적인 면만을 다룰 수밖에 없다(Christensen, 1989: Vontress, 1988). 표면적인 문화의 양상은 시간과 공간에 의해 변화되고 영향을 받는다(Jackson & Meadows, 1991).

6. 다문화 상담 역량

모든 분야는 다양성을 존중하고 이를 다룰 수 있는 표준화된 윤리적인 기준들을 개발해 왔다(American Counseling Association [ACA], 2005; American Psychological Association, 2003; National Association of Social Workers [NASW], 1999). 사회복지사들의 경우 문화적 · 인종적 다양성을 민감하게 받아들이고 불평등과 심한 차별을 종식시킬 수 있도록 분명한 목표를 가지고 종사할 것을 요구받는다(NASW, 1999). 전문적인 상담자들의 경우에도 다양성에 대해 제대로 인식하고 내담자가 위치하고 있는 문화적인 맥락을 민감하게 받아들이는 상호문화적 접근을 받아들일 것을 요구받는다(ACA, 2005). 심리학적 상담 분야 역시 다문화적인 역량을 키워 나가고 사회적 정의를 위해 전념하고 있다(Toporek, Gerstein, Fouad, Roysircar, & Israel, 2006). 다문화 상담 역량이란 상담자의 핵심적인 능력으로 내담자의 문화적 맥락에서 적절하고 민감하게 반응하고 인식하며 인지하는 역량이다.

영향력 있는 논문에서 Sue와 동료 연구자들(Sue et al., 1982)은 다문화 역량의 토대를 마련했다. 다문화상담 및 발달협회(Associatioin for Multicultural Counseling and Development)에서, Arredondo와 동료 연구자들(1996)은 다문화 상담의 기본적인 역량을 명료하게 정의하였다. 본질적으로 역량은 치료적인 관계, 내담자, 상담자 자신(**표 1.1**)의 세 가지 영역에 걸쳐 다문화적인 세 가지 관점(인식, 지식, 기술)을 포함하고 있다. 우리가 자신에 대한 인식을 향상시킬 때, 사회적 정체성에 대한 우리 자신의 측면을 바탕으로 우리 자신의 문화적 · 사회정치적 기반에 초점을 두어야 한다. 그런 확실한 기반에 기초할 때, 우리는 다른 문화를 지닌 내담자의 요구를 보다 잘 충족시킬 수 있다. 이때 다른 문화로는 인종, 문화, 성, 나이, 생물학적 성, 장애, 종교 등이 있으며 경우에 따라서는 사회적 정체성에 의해 형성된 독특한 경험일 수도 있다. 따라서 아프리카계 미국 여성 상담자가 아프리카계 미국 여성 내담자를 확실하게 이해하는 데 필요한 역량은 유럽계 미국인 남자 상담자가 아시아계 미국 여자를 상담할 때 필요한 역량만큼 요구된다. 이러한 다문화 상담 역량은 기본적으로 인종과 문화적 정체성에 중점을 두고 있으며 다른 면들 역시 다양한 기준을 바탕으로 적용되고 있다. 예를 들어 미국심리학회(2009)는 성 정체성과 성의 다양성에 대한 추천 사항을 정리하여 발표했는데, 이 보고서에는 전문가들이 트랜스젠더의 경험에 대한 다양한 측면을 이해하는 것이 필요하다고 지적하였다.

생각해 볼 질문 1.2

- 다문화적인 역량을 가진다는 것은 당신에게 어떤 의미인가?
- 다문화 상담을 함에 있어 역량적인 것과 효율적인 것 중 골라야 한다면, 무슨 차이점이 있겠는가?
- 당신이 생각하는 다문화적인 인식, 지식, 기술의 장점과 한계점은 무엇이라고 생각하는가?
- 당신은 어떻게 한계점을 극복하고 장점을 발전시킬 수 있을 것인가?

표 1.1 다문화 상담 역량

	인식	지식	기술
상담자	1. 문화적 역량을 지닌 상담자는 문화적으로 인식하지 못하는 상태에서 벗어나 자신의 문화적 유산을 민감하게 인식하며 다양성을 존중하고 가치 있게 여긴다. 2. 문화적 역량을 지닌 상담자는 자신의 문화적 배경, 경험, 태도, 가치와 심리적 과정에 영향을 미치는 편견이 어떠한지를 인식한다. 3. 문화적 역량을 지닌 상담자는 자신의 역량과 전문 지식의 한계점을 인식할 수 있다. 4. 문화적 역량을 지닌 상담자는 인종, 민족성, 문화, 신념의 관점에서 내담자와 자신 사이에 존재하는 차이점을 받아들일 수 있다.	5. 문화적 역량을 지닌 상담자는 자신의 인종적 · 문화적 유산에 대한 특별한 지식을 가지고 있으며 이것이 어떻게 정상과 비정상에 대한 이들의 규정과 편견에 영향을 미치는지, 또한 상담 과정에 영향을 미치는지 인식한다. 6. 문화적 역량을 지닌 상담자는 내담자가 직장이나 개인적인 상황에 고정관념, 차별, 인종주의, 억압 등이 어떻게 영향을 주는지에 대한 이해와 지식을 갖고 있다. 7. 문화적 역량을 지닌 상담자는 다른 사람에게 영향을 미치는 사회적 영향에 관한 지식을 알고 있다. 상담자들은 의사소통의 차이점에 대해 해박하며, 자신의 의사소통 스타일이 소수자와의 상담 과정에 어떠한 영향을 미치는지를 잘 알고 이것이 상대에게 어떻게 영향을 미치는지 예상한다.	8. 문화적 역량을 지닌 상담자는 다른 문화를 지닌 사람들을 도울 때 융통성 있게 그들을 이해할 수 있도록 교육과 자문 및 훈련 경험을 추구한다. 9. 문화적 역량을 지닌 상담자는 인종적 · 문화적 존재로서 자기 자신에 대한 이해를 끊임없이 추구하며 반인종차별주의적 정체성을 형성하기 위해 적극적으로 노력한다.

(다음 쪽에 계속)

표 1.1 다문화 상담 역량 (계속)

	인식	지식	기술
내담자	10. 문화적 역량을 지닌 상담자는 상담 관계에서 내담자에게 치명적일 수 있는 다른 인종이나 민족성에 대한 자신의 부정적인 감정적 반응을 인식한다. 11. 문화적 역량을 지닌 상담자는 다른 인종이나 민족들에 대한 자신의 고정관념이나 선입견을 인식한다.	12. 문화적 역량을 지닌 상담자는 이들이 돕는 특정 집단에 대한 지식과 정보를 알고 있다. 상담자는 다른 문화를 지닌 내담자가 상담자와는 다른 역사적 배경과 문화적 유산, 삶의 경험을 갖고 있음을 인식한다. 이러한 특별한 역량은 인종–민족적 소수자 발달 모델과 깊은 연관이 있다. 13. 문화적 역량을 지닌 상담자는 인종과 문화, 민족성이 어떻게 성격의 형성, 직업의 선택, 심리적 문제의 표출, 도움추구 행동 및 상담 접근의 적절성과 비적절성에 영향을 미치는지 이해한다. 14. 문화적 역량을 지닌 상담자는 인종적 · 민족적 소수자의 삶을 좌지우지하는 사회정치적인 영향에 관한 지식을 갖고 이를 이해한다.	15. 문화적 역량을 지닌 상담자는 다양한 인종과 민족의 심리 정신적인 문제, 심리 건강과 관련되어 최근에 발견되는 연구 결과들을 잘 알고 있어야 한다. 16. 문화적 역량을 지닌 상담자는 상담 장면 밖에서 소수자의 개인적인 활동(지역사회의 사건, 사회적 · 정치적 역할, 축하, 우정, 이웃 집단 등)에도 적극적으로 참여한다. 이를 통해 소수자에 대한 관점이 학문과 상담의 범위를 초월하게 된다.
상담 관계	17. 문화적 역량을 지닌 상담자는 신체적 · 정신적 기능에 대한 내담자의 종교적 · 영적 신념과 가치 체계를 존중한다. 18. 문화적 역량을 지닌 상담자는 토착적 상담 서비스를 존중하고 지역사회 자체의 조력 네트워크를 존중한다. 19. 문화적 역량을 지닌 상담자는 이중 언어의 사용을 중요하게 생각하며 다른 언어가 상담을 방해한다고 여기지 않는다(단일 언어 사용이 문제가 된다).	20. 문화적 역량을 지닌 상담자는 상담과 치료에 있어서 일반적 특성(가령 문화적 측면, 계층적 측면, 단일 언어)에 대해 명확하고 분명한 지식과 이해를 지니고 있으며 이러한 것들이 소수 집단의 문화적 가치와 어떻게 상충될 것인지 알고 있다. 21. 문화적 역량을 지닌 상담자는 정신건강 서비스를 제공함에 있어 소수자에게 방해가 되는 제도적인 요소를 인식한다. 22. 문화적 역량을 지닌 상담자는 내담자의 문화적 · 언어적 특	25. 문화적 역량을 지닌 상담자는 다양한 언어적 · 비언어적 조력 반응에 관여할 수 있다. 상담자는 언어적 · 비언어적 메시지를 정확하고 적절하게 주고 받을 수 있다. 상담자는 도움을 제공할 때 한 가지 방법에 얽매이지 말고 돕는 형태나 접근이 문화적인 내용을 포함하는지 인식해야 한다. 26. 문화적 역량을 지닌 상담자는 내담자를 돕기 위해 기관 차원의 중재 기술을 실행할 수 있어야 한다.

(다음 쪽에 계속)

표 1.1 다문화 상담 역량 (계속)

인식	지식	기술
	성에서 기인하는 평가 도구의 오류에 대해 인식하고 이를 고려하여 해석한다. 23. 문화적 역량을 지닌 상담자는 소수자의 가족 구조, 위계, 가치, 신념에 대한 지식을 지니고 있다. 상담자는 지역공동체의 특징과 가족을 포함한 지역공동체의 자원에 대해 해박하다. 24. 문화적 역량을 지닌 상담자는 심리적 복지에 영향을 미치는, 사회와 지역사회 수준에서 발생하는 차별적 관행에 대해 인식한다.	27. 문화적 역량을 지닌 상담자는 적절하다면 전통치료자나 종교적 지도자 또는 문화적으로 다른 내담자를 치료하는 또 다른 상담자에게 자문을 구할 수 있어야 한다. 28. 문화적 역량을 지닌 상담자는 내담자가 요구하는 언어로 의사소통할 책임이 있다. 이것은 외부 자원으로 적절하게 의뢰하는 것을 의미할 수 있다. 29. 문화적 역량을 지닌 상담자는 검사 도구나 전통적 평가 도구의 사용에 대한 훈련과 연습을 받는다. 상담자는 도구의 기술적인 면뿐만 아니라 문화적 한계점도 이해한다. 이러할 때 다양한 문화적 · 인종적 · 민족적 집단을 가진 내담자의 복지를 위해 평가 도구를 활용하게 된다. 30. 문화적 역량을 지닌 상담자는 차별적인 관례와 선입견, 편견을 없애기 위해 노력해야 한다. 상담자는 억압, 남녀차별, 인종주의적 쟁점을 민감하게 받아들이고 중재를 제공하고 평가를 수행함에 있어 사회정치적인 맥락을 인식한다. 31. 문화적 역량을 지닌 상담자는 심리적 개입의 과정을 내담자에게 설명할 책임이 있다. 예를 들어 상담의 목표, 기대, 법적 권리 및 상담자의 성향 등이다.

출처: Adapted from Arredondo et al. (1996).

이 역량을 쌓기 위한 노력이 얼마나 복잡한 것인지 아는 것이 중요하다. 여러 가지 면에서 이 과정을 끊임없이 추구하는 이유는 그러한 역량을 성취하였다고 여전히 말할 수 없기 때문이다. 문화와 다양성은 모두 복잡하고, 거대하며 역동적이다—이것을 우리가 말하는 사이, 역사가 진행되는 사이, 경험과 이해와 의미가 바뀌는 사이에도 계속 변화하고 있다. 받아들이기 힘들수도 있지만, 다문화 역량을 이해하는 것은 그렇게 간단하지 않다. 이는 자신이 속한 집단이 지니고 있는 행동, 가치, 사실로 구성된 단순한 목록이 아니다. 음악, 춤, 전통문화, 신화를 통해 표현되는 민족의 유산 등은 문화적 역량에 유용하며 강력한 영향을 미치지만 문화적 역량은 그 이상의 것이다. TV, 영화나 다른 매체를 통해서 표현된 지식만으로 어떤 집단에 대해 충분히 알고 있다고 생각하는 것도 적절하지 않다. 자신이 어떤 집단에 대해 잘 알고 있다고 생각하여 그 집단에 속한 사람을 편하게 대할 수는 있다. 그러나 누군가가 어떠한 집단(인종, 문화, 성별, 성적 기호, 나이, 장애, 종교 등으로 정해지는)의 일원을 돕는 경우 상담자는 자신이 그 집단에 대해 알고 있는 지식이 제한된 것임을 인지하고, 자신이 돕고 있는 개개인의 특별한 상황을 이해하려고 노력해야 한다. 상호문화적인 작업의 경우, 역량이란 것은 근본적으로 한 개인에게 주어진 상황과 그 개인이 그 상황에 대응하는 방법을 이해하는 데 기반하여 그 사람과 관계를 형성하는 것이다.

역량을 함양하기 위해서는 이 과목뿐만 아니라 다른 과목의 자원들을 통해 정보를 얻는 것이 필요하지만, 반드시 거쳐야만 하는 측면은 그러한 역량은 오직 실전에서만 검증될 수 있다는 점이다. Vereen, Hill 및 McNeal(2008)은 상담자 연수자들이 실제로 다양한 내담자를 도와 보고, 그 과정에서 수련감독을 받았을 때 훨씬 더 다문화 역량이 성장하는 것으로 자신들을 평가했다는 것을 확인하였다.

다문화 상담 역량에 관한 주제를 다룬 많은 연구들이 있다. 또한 지난 20년간 계속 증가하는 추세이다(Worthington, Soth-McNett & Moreno, 2007). 이 분야의 문제점 중 하나는 많은 연구들이 상담훈련 과정 중의 학생들에게 초점을 맞추고 있다는 것과 자기인식(self-perception) 또는 자기보고(self-report)에 의존하고 있다는 점이다. 반면 다른 연구의 경우 상담자의 내적 요소로서 인구학적 특성, 태도, 훈련 과정, 성격의 측면에서 분석하기도 했다. 또한 어떤 연구는 내담자의 상담 성과를 내담자의 만족도, 상담 포기 정도, 자기노출의 정도, 내담자가 느끼는 상담자의 역량, 신뢰도 등의 관점에서 분석하기도 하였다. 상담자가 다문화 역량을 갖게 되면 내담자는 상담자에 대해 만족스럽게 평가하고, 더 많은 상담 회기를 지속하게 되면 문화나 인종과 관련된 걱정을 보다 효과적으로 표현하게 된다. 뿐만 아니라 다양한 배경의 내담자들과의 상담 과정 및 상담 성과를 전반적으로 개선할 수 있다(Worthington, Soth-McNett, & Moreno, 2007).

다문화 역량이 있는 상담자는 내담자의 필요를 충족시키기 위해 다양한 역할을 해야 한다. 전통적인 상담자의 역할은 중립적인 위치에서 내담자 개인의 내적 문제를 인식하도록 돕는 것이었다. 또한 이러한 과정은 상담자나 내담자의 삶이 복잡하게 얽힌 곳이 아닌 다소 중립적인 공간에서 이루어졌다. 하지만 다문화 상담자는 내담자의 요구에 따라 아래와 같이 다양한 역할을 수행한다.

조언자(Advisor): 미국의 주류 사회에 대해 제한된 경험을 가지고 있고 문화 적응도가 낮은(low-acculturated) 내담자에게 요구되며 이들의 문제가 주로 외부 요인에 의해 파생된 경우 해당된다.

옹호자(Advocator): 억압과 차별로 발생한 문제를 개선하는 경우로 문화 적응도가 낮은 내담자에게 적절하다.

토착 체계의 촉진자(Facilitator of Indigenous system): 개인 내적 및 대인관계적 문제를 지닌 내담자의 문제가 내적 영역에 기인하며 이들의 문화 적응도가 낮은 경우에 해당된다. 지역사회 네트워크에 관한 인식과 관계를 필요로 한다.

토착 치유의 촉진자(Facilitator of Indigenous healing): 내담자를 그들의 토착 체계에 의뢰함으로써 그들의 요구에 보다 잘 부응하도록 돕는 경우에 해당된다. 내담자를 그들의 문화에 속한 치료자에게 의뢰할 수도 있고 토착 치료 기술을 직접 사용할 수도 있다.

자문가(Consultant): 외적 요인에 의해 발생할 수 있는 문제를 미리 예방하고자 하는 경우로 문화적으로 적응된 내담자를 돕는 경우에 해당된다. 주로 기관에서 이루어지는 상담에 적합하다.

변화의 주체(Change agent): 문화적으로 적응된 내담자들이 차별적인 환경을 개선할 수 있도록 돕는 역할을 하는 경우에 해당된다.

상담자(Counselor): 문화 적응도가 높은 내담자의 요구에 초점을 둔 경우로 예방적이고 발달적인 역할을 하는 경우에 해당된다.

심리치료사(Psychotherapist): 문제의 원인이 주로 내적 요인에 의해 발생한 경우, 문제의 정도를 경감시키고자 하는 문화적으로 적응된 내담자를 돕는 경우에 해당되며 문제가 주로 심리적인 경우에 해당된다.

다양한 내담자를 도울 때 상담자는 다양한 목표를 지닐 수 있다. 이 중 일부는 다음과 같다.

1. 다양한 스트레스 요인에 대해 지원하기
2. 외상 후 스트레스 장애에 대처하기
3. 문화접변(acculturation)과 문화 적응(adaptation)을 돕기
4. 추가적인 주변화(marginalization) 방지하기
5. 차별적 문제를 다루고 및 대처 전략을 개발하기
6. 내담자가 상호문화적 관계(cross-cultural relationships)를 잘 다루도록 조력하기
7. 내담자가 세대 간 갈등을 잘 다루도록 조력하기
8. 장기 체류하는 체류자들과 국외 추방자들을 돕기
9. 성 역할과 평등 문제에 관해 조력하기
10. 성 정체성과 커밍아웃(coming-out) 문제에 조력하기
11. 장애 관련 쟁점을 잘 다루도록 조력하기
12. 영성(spirituality)과 관련된 질문을 촉진하기
13. 자아실현 및 개인적인 성장을 위해 조력하기 (Nelson-Jones, 2002에서 인용함)

7. 학습을 위한 시사점

다문화 상담에 관한 교재들이 넘쳐나고 있다. 이것은 다문화 상담이 관심을 받지 못하고 출판사들이 출판하기를 꺼려하던 시절을 생각하면 좋은 변화이다(Atkinson, 2004). 이 책이 다른 책과 비교하여 가장 다른 것은 다양한 사회적 정체성에 대한 이론적 구성에 초점을 두었다는 점이다. 우리는 다양한 집단을 조사하기보다는 사회에서 주변화(marginalization)와 소외(alienation)가 어떻게 일어나고 거기에 어떻게 반응해야 하는지를 아는 것이 다문화적 역량을 가진 것이라는 전제에서 시작하였다. 조력자로서 우리는 내담자에게 세심하고 즉각적으로 반응하여 피해자들이 또 다시 피해를 받지 않도록 하였다.

모든 상담은 상담자와 내담자가 같은 사회적 정체성(social identities)을 공유함에도 다른 식으로 사회를 경험하기도 하고 또는 정체성 측면에서 차이점이 존재하기 때문에 상호문화적이라고 할 수 있다(Pederson, 1990). 따라서 아시아계 미

국인 상담자는 라틴계의 내담자를 상대할 때 자신과는 다른 문화적 차이점을 고려해야 한다. 이러한 고려 사항은 상담자와 내담자가 모두 유럽계 미국인 남자인 경우에도 중요하다. 이 두 사람은 겉으로는 비슷할 수 있지만 사회경제적인 지위나 인종적 배경, 성적 지향, 나이 등의 요소에 의해 서로 다른 경험을 하고 자랐을 것이기 때문이다. 하지만 지금까지 상담의 대안적 모델과 방법을 개발하는 데 있어서 그 초점은 주류 집단과 차이를 보이는 집단에 맞춰져 왔다. 이들이 문화적으로 다르든, 외국계 미국인이든, 다문화 인구이든, 소수자이든, 장애인이든, 동성애자이든, 빈곤층이든 간에 이러한 명명의 목적은 일반적인 대중과 그들을 구별하기 위해 만들어진 것이다.

이 책을 통해 우리는 내담자를 상담하는 데 있어서 중요한 정체성에 대한 측면에 대해 생각할 수 있는 틀을 제공한다. 우리는 이러한 정체성의 여러 측면들을 억압이라는 관점에서 명백하게 설명하였다. 억압받는 사람들은 주류 문화와의 차이를 경험하고, 이러한 차이점은 부정적으로 인식이 되며 그로 인해 사회적 기회를 얻지 못하거나 사회적 힘을 얻기가 어렵다는 점을 제시하였다. 예를 들어 우리는 인종을 정체성의 중요한 면이라고 생각한다. 하지만 만약 당신이 목성에 있는 유일한 인간이라면 인종은 전혀 중요하지 않을 것이다. 인종이 중요한 이유는 우리가 그 인종에 대한 권력이나 특권 차별에 관한 암시적인 내용을 부여해 왔기 때문이다. 문화, 성별, 성적 지향, 사회경제적 계층, 나이, 종교, 장애 또한 마찬가지이다. 연구의 목적을 위해 우리는 정체성의 개별적인 특징을 고려한다. 하지만 이것은 그것을 소외시키기 위해서가 아니라 그 문제에 초점을 맞추기 위해서이다.

2장에서는 문화의 기본적인 구조를 제시할 것이다. 그리고 3장에서는 다양한 정체성을 경험하고 그러한 정체성을 통해 세계관을 형성하는 개인들에 초점을 맞출 것이다. 4장에서는 사회구조에 대한 초기 분석을 제공하기 위해 억압의 개념을 설명할 것이다. 5장에서는 인종과 민족성의 역사적인 영향과 미국 사회의 다양한 집단에 대한 인종과 민족성의 영향에 대해 설명할 것이다. 그다음에 특정한 정체성의 개념에 대해 설명하는데, 6장에서는 연령(age)에 대해, 7장에서는 성(gender)에 대해, 8장에서는 성적 지향(sexual orientation)에 대해, 9장에서는 사회계급(social class)에 대해, 10장에서는 영성(spirituality)과 종교(religion)에 대해, 그리고 11장에서는 장애(disability)에 대해 설명한다. 12장에서는 다문화 상담 역량에 관한 쟁점들을 다시 살펴볼 것이다. 이전의 장들에서 살펴보았던 연구들을 사용하여 보다 심도 있게 탐색함으로써 어떻게 상담 역량이 실제에서 영향을 미치는지를 제시할 것이다.

이 책의 각 장은 여러분에게 상담과 심리 치료에 영향을 미치는 정체성의 각 측면에 관해 역사적 · 사회정치적 · 심리학적인 관점을 제공할 것이다. 이를 통해 당신은 사람들을 도울 수 있을 뿐만 아니라 당신 스스로 정체성의 이러한 측면에 대해 경험하고 이해할 수 있는 방법을 활용하여 분석과 정보를 적용할 수 있을 것이다.

우리는 이 책에서 다양한 내담자와 어떻게 일해야 하는지에 관한 일련의 방법을 알려 주지는 않을 것이다. 그러나 다양한 기술과 전략의 사용과 다양한 집단을 이해하는 방법은 필수적이다. 이러한 목적을 위해 이 책은 그러한 실제적인 문제를 다루는 연구 논문 시리즈를 포함하고 있다. 이 논문들을 통해 여러분은 아프리카계 미국인, 아시아계 미국인, 미국 원주민, 히스패닉계 미국인, 아랍계 미국인과 같은 여러 인종의 집단과 상담하는 데에서 발생하는 구체적인 문제들에 대해 정보를 얻을 수 있을 것이다. 추가적으로 여러분은 지속적인 연구 논문을 통해 게이, 레즈비언, 양성애자, 트랜스젠더; 장애를 가진 사람들; 그리고 노인들과의 상담에 관한 정보도 얻을 수 있을 것이다.

1) 상담적 시사점

이 장에서는 상담자가 내담자의 문제를 개념화할 때 다양한 다문화적 요인을 무시하지 않으면서 동시에 일반화하지 않도록 돕는 방법을 제공하였다.

이 점에서 우리는 당신이 이 장에 제시된 여러 문제들을 이해하는 것이 매우 복잡하다는 것을 인식하였으면 한다. 이 책의 전반적인 내용을 통해 인종, 문화, 성별, 성적 지향, 사회계층 또는 종교적 문제 등을 생각할 때 분석할 수 있는 다양한 관점의 정보를 제공할 것이다. 다음에 제시된 사례 연구를 분석할 때 내담자의 다문화적 특정 요소에 지나치게 주목하는 것을 피해야 한다. 물론 내담자에 따라 특정 요소에 초점을 두거나 그 요소를 인식할 수는 있지만, 상담자로서 당신의 역할은 그러한 세부 요소들을 보다 넓은 관점에서 인식하는 것이다. 그러할 때 당신의 반응과 중재 방법은 다양성을 지니게 되고, 이를 통해 다양한 종류의 내담자와 효과적인 상담을 할 수 있을 것이다.

사례 연구 1.1

Susie Dinh의 사례

Susie Dinh: 베트남계 미국 청소년

16세의 베트남계 미국 청소년인 Susie는 대부분의 학생이 유럽계 미국 학생으로 구성된 고등학교에 다니고 있다. 그녀는 가족과 집에서 살고 있는데 부모는 1970년대 후반 미국으로 이주하였고 Susie는 이주 후 한참 뒤에 미국에서 태어났다. Susie에게 오빠가 있었지만 오빠는 Susie가 태어나기 전에 사망했다. Susie의 가족은 빨래방을 소유하여 운영하고 있으며 Susie는 방과 후의 대부분의 시간을 빨래방에서 일손을 도우며 보낸다. Susie는 현재 일주일에 두 번 피아노 과외를 받고 있다. Susie는 친구들의 재촉에 못 이겨 마지못해 상담 교사인 당신을 찾아오게 되었다.

Susie는 슬프다고 고백한다. 학교에서 시간을 함께 보낼 친한 친구가 많지 않고 방과 후에는 놀 시간이 없다. Susie의 모든 친구는 아시아계이고 또한 여학생뿐이다. Susie는 다른 또래들처럼 남자 친구를 사귈 수 없다고 한다. 아버지가 남자 친구 사귀는 것을 허락하지 않기 때문이다. Susie 또한 남자 친구를 사귀지 않을 거라고 말하면서 그렇게 말하는 자신 또한 이해하기 어렵다고 말한다. Susie는 피아노 과외 수업을 좋아하는데 사실 그 이유는 젊은 러시아계 여성 미국인인 피아노 선생님 때문이다. Susie는 피아노 선생님이 자신을 이해하는 유일한 사람이라고 말한다. Susie는 상담 중 대부분의 시간 동안 울 것 같은 기분을 느꼈지만 도대체 자신이 왜 그러한지 이유를 생각해내지 못했다. Susie는 이렇게 말한다. "무슨 비극이 일어난 건 아니에요. 사실, 나를 제외하곤 어떠한 것도 변화하지 않죠." Susie는 부모님이 자신에 대해 걱정하고 있고 공부를 더 열심히 하라고 재촉한다고 말한다. Susie는 부모님이 매우 보수적이라고 여기고 있고 부모님과 다투고 싶지 않으며 미국인으로서 자신의 삶이 어떠한 것인지 부모님은 이해하지 못한다고 느끼고 있다.

사례 토론

생각해 볼 점

1. Susie의 사례를 어떻게 이해했는가?
2. Susie의 문제가 무엇이라고 생각하는가?
3. Susie가 말한 내용 중에서 어떠한 것들이 중요한 요소라고 생각하는가?

사례에 제시된 바와 같이, Susie의 민족 및 인종적 정체성이 그녀의 자아존중감과 우울에 영향을 미치고 있다. 그녀가 16세라는 사실 또한 매우 중요하며 학교와 가정 사이에 발생하는 문화적 가치의 충돌이라는 맥락에서 성별과 발달 또한 중요한 문제가 되고 있다. 성적 정체감(sexual identity)은 문제가 될 수 있다. Susie가 남자 친구 사귀는 것을 꺼려하고 그녀의 아버지가 데이트를 금하고 있으며 피아노 선생님과의 친밀감을 발달시키고 있기 때문에 이러한 상황이 성적 지향의 발달에 영향을 미치고 있다. Susie의 가족은 미국으로 이주한 이민자이기 때문에 난민의 신분으로 이주했을 수 있다. 새로운 나라의 문화 속에서 삶을 개척하고 자신의 사업체를 소유하기까지 겪은 가정의 어려움은 Susie가 느끼는 소속감과 안전감에 매우 영향을 미쳤을 것이다. 따라서 Susie를 이해하기 위해서는 사회경제적 문제를 포함시켜야 할 것이다. 만일 Susie의 가족이 전통적인 영적 믿음을 따르고 있다면 어렸을 때 사망한 Susie의 오빠에 의해 남겨진 역할을 Susie가 이어받았을 수도 있다. 오빠의 죽음 자체와 오빠의 사망 당시의 나이 및 맏아들의 죽음에 대한 부모의 반응이 아마도 Susie가 보이는 설명하기 힘든 불안을 설명하는 단서가 될지도 모른다.

✲ 결론 및 시사점

이 장은 여행에 관한 비유로 시작하였다. 이 여정의 과정에서 독자인 당신은 도전의식을 경험할 수 있다. 이 여정은 다문화 상담을 배우는 과정을 가시화해 준다. 이 여정은 지금 이 순간에도 발생하는 학습과 치료의 과정이며, 적극적이고 의도적으로 참여할 때 의미 있는 변화를 이루어 낸다. 우리는 또한 다문화 상담 분야의 전문가로서 우리의 경험과 전문성을 제공할 뿐만 아니라 우리 또한 유색인종으로서 이러한 여정을 당신과 함께하고 있음을 제시하였다. 그리고 미국의 오래된 갈등의 역사적 관점에서 다문화 상담의 중요성을 토론하였다. 이러한 갈등은 민족 사이의 갈등과 적대심 및 역경 관계에 기초하고 있으며 이러한 영향이 내담자의 삶과 상담에 영향을 미친다는 것을 논의하였다. 상담이라는 전문성의 관점에서 다문화주의의 역사를 고찰하였고 다양한 다문화 상담 모델을 살펴보았다. 이러한 모델은 풍부하고 오래된 전통 속에서 발달하였으며 여정을 통해 당신이 지속적으로 성장하는 데 도움을 줄 것이다.

✲ 용어

다문화 상담 역량(Multicultural counseling competence): 내담자를 문화적 맥락에서 민감하고 적절하게 인식하고, 인정하며, 반응하는 상담자의 능력.

다문화와 다양성(Multicultural & diversity): 다문화주의와 다양성이라는 용어는 서로 혼용되고 있으며 사람의 개인적 정체성에 영향을 미치는 결정적인 특징으로서 인종, 민족성, 문화, 언어, 성적 지향, 성별, 나이, 장애, 사회적 계층 및 종교와 영적 성향의 차원을 모두 포함한다.

문화(Culture): 문화란 학습되고 전수된 믿음, 가치 및 관습을 통해 형성된 세계관의 표상으로 종교 및 영적 전통과 심리적 과정을 포함한다. 문화는 한 집단의 역사, 경제, 환경 및 정치적 영향력에 의해 형성된 삶의 방식이다. 모든 개인은 문화적 존재로서 문화적 · 민족적 · 인종적 유산을 지니게 된다.

민족성(Ethnicity): 인종과 문화에 대한 개념처럼 민족성이라는 용어 역시 하나의 합의된 정의가 존재하지 않는다. 그러나 민족성은 집단의 역사, 공통된 조상의 기원, 종교, 국적 및 언어와 같은 차원에서 공통성을 지닌 사회문화적 유산을 포함한다.

에믹(Emic): 사람들의 차이를 설명하는 독특한 요인의 측면에서 문화를 바라보는 관점.

에틱(Etic): 모든 사람들이 공유하고 있는 공통성의 측면에서 문화를 바라보는 관점.

유색인종(People of color): 미국의 경우에는 주로 유럽계가 아닌 사람을 의미한다. 다시 말해 아프리카계 미국인, 히스패닉과 라틴계, 아시아계 및 미국 원주민에 소속된 사람을 뜻한다. 이 용어는 특히 인종차별과 관련된 경험을 공유하고 있다는 점을 강조하는 측면에서 포괄적인 의미를 지닌다.

인종(Race): 피부색이나 머리 모양과 같은 외적 특징에 따라 개인에게 주어지는 분류 기준이며 이로 인해 일반화나 선입견이 생기게 된다. 인종은 유전적인 내력과 유산에 의해 기초하고 있지만 인종 사이에 존재하는 차이만큼 같은 인종 안에서도 다양성이 존재한다는 실험적 증거가 많기 때문에 생물학적 구인(biological construct)이라기보다는 사회적 구인(social construct)으로 여겨지기도 한다.

✲ 참고문헌

American Counseling Association (ACA). (2005). *ACA code of ethics*. Alexandria, VA: Author.

American Psychiatric Association (APA). (1987). *Diagnostic and statistical manual of mental disorders* (3rd ed.). Washington, DC: Author.

American Psychiatric Association (APA). (1994). *Diagnostic and statistical manual of mental disorders* (4th ed.). Washington, DC: Author.

American Psychological Association. (2003). Guidelines on multicultural education, training, research, practice, and organizational change for psychologists. *American Psychologist, 58*, 377–402.

American Psychological Association, Task Force on Gender Identity and Gender Variance. (2009). *Report of the Task Force on Gender Identity and Gender Variance*. Washington, DC: Author.

Arredondo, P., Toporek, M. S., Brown, S., Jones, J., Locke, D. C., Sanchez, J., et al. (1996). *Operationalization of the multicultural counseling competencies*. Alexandria, VA: AMCD.

Atkinson, D. R. (2004). *Counseling American minorities* (6th ed.). New York: McGraw-Hill.

Atkinson, D. R., Morten, G., & Sue, D. W. (1993). *Counseling American minorities: A cross cultural perspective* (4th ed.). Madison, Wisconsin: Brown and Benchmark.

Atkinson, D. R., Thompson, C. E., & Grant, S. K. (1993). A three-dimensional model for counseling racial/ethnic minorities. *Counseling Psychologist, 21*, 257–277.

Barret, B. & Logan, C. (2002). *Counseling gay men and lesbians: A practice primer*. Pacific Grove, CA: Brooks/Cole.

Berk, L. (2007). *Development through the Life span* (4th ed.). Allyn & Bacon.

Boysen, G. A., Vogel, D. L., Madon, S., & Wester, S. R. (2006). Mental health stereotypes about gay men. *Sex Roles, 54*, 69–82.

Casas, J. M. (1984). Policy, training, and research in counseling psychology: The racial/ethnic minority perspective. In S. D. Brown & R. W. Lent (Eds.), *Handbook of counseling psychology* (pp. 785–831). New York: John Wiley.

Chernin, J. N., & Johnson, M. R. (2002). *Affirmative psychotherapy and counseling for lesbians and gay men*. Thousand Oaks, CA: Sage.

Christensen, C. (1989). Cross-cultural awareness: A conceptual model. *Counselor Education and Supervision, 28*, 270–287.

Draguns, J. (2008). Universal and cultural threads in counseling individuals. In P. Pedersen, J. Draguns, W. Lonner, & J. Trimble (Eds.), *Counseling across cultures* (6th ed., pp. 3–21). Thousand Oaks, CA: Sage.

Ellis, C. M., & Carlson, J. (Eds.). (2009). *Cross cultural awareness and social justice in counseling*. New York: Routledge.

Estrada, E., Frame, M. W., & Williams, C. B. (2004). Cross-cultural supervision: Guiding the conversation toward race and ethnicity. *Journal of Multicultural Counseling and Development, 32*, 307–319.

Fischer, A. R., Jome, L. M., & Atkinson, D. R. (1998). Reconceptualizing multicultural counseling: Universal healing conditions in a culturally specific context. *Counseling Psychologist, 26*, 525–588.

Griffin, P. (1987). Introductory module for the single issue courses. In M. Griffin, L. A. Bell, & P. Griffin (Eds.). *Teaching for diversity and social justice* (pp. 61–81). New York: Routledge.

Helms, J. (Ed.). (1990). *Black and White racial identity: Theory, research, and practice*. Westport, CT: Greenwood.

Fischer, A. R., Jome, L. M., & Atkinson, D. R. (1998). Reconceptualizing multicultural counseling: Universal healing conditions in a culturally specific context. *The Counseling Psychologist, 26*, 525–588.

Fukuyama, M. A. (1990). Taking a universal approach to multicultural counseling. *Counselor Education and Supervision, 30*, 6–17.

Helms, J. E. & Cook, D. A. (1999). *Using race and culture in counseling and psychotherapy: Theory and process*. Needham Heights, MA, US: Allyn &

Bacon.

Huitt, W., & Hummel, J. (2003). Piaget's theory of cognitive development. *Educational Psychology Interactive*. Valdosta, GA: Valdosta State University. Retrieved October 28, 2010 from http://www.edpsycinteractive.org/topics/cogsys/piaget.html

Ibrahim, F. A., Roysicar-Sodowsky, G., & Ohnishi, H. (2001). Worldview: Recent developments and needed directions. In J. G. Ponterotto, J. M. Casas, L. A. Suzuki, & C. M. Alexander (Eds.), *Handbook of multicultural counseling* (2nd ed., pp. 425–455). Thousand Oaks, CA: Sage.

Ivey, A. (1977). Cultural expertise: Toward systematic outcome criteria in counseling and psychological education. *The Personnel & Guidance Journal, 55*, 296–302.

Jackson, A. P., & Meadows, F. B. (1991). Getting to the bottom to understand the top. *Journal of Counseling & Development, 70*, 72–76.

Lee, C. C. (2008). *Elements of culturally competent counseling* (ACAPCD-24). Alexandria, VA: American Counseling Association.

Leong, F. T. L. (1996). Toward an integrative model for cross-cultural counseling and psychotherapy. *Applied and Preventive Psychology: Current Scientific Perspectives, 5*, 189–209.

Leong, F. T. L., & Blustein, D. L. (2000). Toward a global vision of counseling psychology. *The Counseling Psychologist, 28*, 5–9.

Liu, W. M., Ali, S. R., Soleck, G., Hopps, J., Dunston, K., & Pickett, T., Jr. (2004). Using social class in counseling psychology research. *Journal of Counseling Psychology, 51*, 3–18.

Locke, D. (1990). A not so provincial view of multicultural counseling. *Counselor Education & Supervision, 30*, 18–25.

National Association of Social Workers (NASW). (1999). *Code of ethics*. Washington, DC: Author.

Nelson-Jones, R. (2002). Diverse goals for multicultural counseling and therapy. *Counseling Psychology Quarterly, 15*(2), 133–143.

Nwachuku, U., & Ivey, A. (1991). Culture-specific counseling: An alternative training model. *Journal of Counseling & Development, 70*, 106–111.

Mountain Dreamer, O. (1995). *Dreams of desire*. Toronto: Mountain Dreaming.

Pedersen, P., Crethar, H. C., & Carlson, J. (2008). *Inclusive cultural empathy: Making relationships central in counseling and psychotherapy*. Washington, DC: American Psychological Association.

Pedersen, P. (1990). The multicultural perspective as a fourth force in counseling. *Journal of Mental Health Counseling, 12*(1), 93–95.

Perez, R. M., DeBord, K. A., & Bieschke, K. J. (Eds.). (2000). *Handbook of counseling and psychotherapy with lesbian, gay, and bisexual clients*. Washington, DC: American Psychological Association.

Phillips, J. C., Ingram, K. M., Smith, N. G., & Mindes, E. J. (2003). Methodological and content review of lesbian-, gay-, and bisexual-related articles in counseling journals: 1990–1999. *The Counseling Psychologist, 31*, 25–62.

Ponterotto, J. G., Fuertes, J. N., & Chen, E. C. (2000). Models of multicultural counseling. In S. D. Brown & R. W. Lent (Eds.), *Handbook of counseling psychology* (3rd ed., pp. 639–669). New York: John Wiley.

Ridley, C. R. (1995). *Overcoming unintentional racism in counseling and therapy: A practitioner's guide to intentional intervention*. Thousand Oaks, CA: Sage.

Ridley, C. R., Mendoza, D. W., Kanitz, B. E., Angermeier, L., & Zenk, R. (1994). Cultural sensitivity in multicultural counseling: A perceptual schema model. *Journal of Counseling Psychology, 41*, 125–136.

Robinson, D. T., & Morris, J. R. (2000). Multicultural counseling: Historical context and current training considerations. *The Western Journal of Black Studies, 24*(4), 239.

Russo, N. F., Olmedo, E. L., Stapp, J., & Fulcher, R. (1981). Women and minorities in psychology. *American Psychologist, 36*, 1315–1363.

Smart, J. F., & Smart, D. W. (2006). Models of disability: Implications for the counseling profession. *Journal of Counseling & Development, 84*, 29–40.

Sue, D. W., Bernier, J. E., Durran, A., Feinberg, L., Pedersen, P., Smith, E. J., et al. (1982). Position paper: Cross-cultural counseling competencies. *Counseling Psychologist, 10*, 45-52.

Sue, D. W., & Sue, D. (2008). *Counseling the culturally diverse: Theory and practice* (5th ed.). New York: John Wiley.

Sue, S., & Zane, N. (1987). The role of culture and cultural techniques in psychotherapy: A critique and reformulation. *American Psychologist, 42*, 37-45.

Sue, D. W. (1978). Eliminating cultural oppression in counseling: Towards a general theory. *Journal of Counseling Psychology, 25*(5), 419-428.

Toporek, R. L., Gerstein, L. H., Fouad, N. A., Roysircar, G., & Israel, T. (Eds.). (2006). *Handbook for social justice in counseling psychology: Leadership, vision, and action*. Thousand Oaks, CA: Sage.

Torres-Rivera, E., Phan, L. T., Maddux, C., Wilbur, M. P., & Garrett, M. T. (2001). Process versus content: Integrating personal awareness and counseling skills to meet the multicultural challenge of the twenty-first century. *Counselor Education and Supervision, 41*, 28-40.

Trevino, J. G. (1996). Worldview and change in cross-cultural counseling. *Counseling Psychologist, 24*, 198-215.

U. S. Census Bureau. (2004). U.S. Interim projections by age, sex, race, and Hispanic origin.

Retrieved October 28, 2010, from http://www.census.gov/population/www/projections/usinterimproj/natprojtab01a.pdf

Vereen, L. G., Hill, N. R., & McNeal, D. T. (2008). Perceptions of multicultural counseling competency: Integration of the curriculur and the practical. *Journal of Mental Health Counseling, 30*(3), 226-236.

Vontress, C. (1988). An existential approach to crosscultural counseling. *Journal of Multicultural Counseling & Development, 16*, 73-83.

Weinrach, S. G., & Thomas, K. T. (1998). Diversity sensitive counseling today: A postmodern clash of values. *Journal of Counseling & Development, 76*(2), 115-123.

Witko, T. M. (Ed.). (2006). *Mental health care for urban Indians: Clinical insights from Native practitioners*. Washington, DC: American Psychological Association.

Worthington, R. L., Soth-McNett, A. M., & Moreno, M. V. (2007). Multicultural counseling competencies research: A 20-year content analysis. *Journal of Counseling Psychology, 54*(4), 351-361.

CHAPTER 02

문화

1. 문화의 정의
2. 문화적 세계관
3. 문화적 정체성
4. 다문화 사회에서 문화의 역할
5. 문화와 효과적 상담
6. 문화적으로 유능한 상담의 도구
7. 문화에 관해 이야기하기

우리가 거대한 콜라주 속에서 살고 있다는 건 점점 더 명백해지는 것 같다. 인도의 암살 사건과 레바논의 폭격과 아프리카의 쿠데타 및 중앙아메리카의 총격 사건이 저녁 뉴스뿐만 아니라 거의 읽히지 않는 지역 신문에도 보도된다. 나아가 일본인의 심각한 토론 방식, 페르시아인의 감정적인 스타일, 아랍인의 협상 스타일까지도 보도된다. 예전에는 중요하지도 않고 알려지지도 않았던 언어들, 예를 들어 타밀어, 인도네시아어, 히브리어, 우르두어도 번역되어 소개되며 언어들이 홍수처럼 밀려들어 왔다. 또한 요리법, 의상, 집기와 장식(샌프란시스코의 카프탄[1]과 조크자카르타[2]의 커널 샌더스[3], 교토의 둥글고 높은 술집 의자까지)들도 수입되었다. 아방가르드 재즈에 가믈란[4] 주제가 등장하고, 라틴계 소설에 인도 신화가 나오며, 아프리카 그림에 잡지 사진이 등장하고 있다.

무엇보다도 식료품 가게에서 미국인 같은 한국인을 볼 수 있고, 우체국에서는 프랑스인 같은 알제리인을 접하며, 은행에서는 영국인 같은 인도인을 볼 수도 있다. 동질성이 더 견고하게 자리 잡은 시골에서도 위와 같은 현상은 예외 없이 일어난다. 예를 들어 남서부 지역의 멕시코 농부, 멕시코 만의 베트남 어부, 미 중서부의 이란 의사 등이 있다.

하나의 콜라주 속에서 함께 살기 위해서는 무엇보다도 콜라주의 구성 요소를 분류할 수 있어야 한다. 구성 요소가 무엇인지(그것이 어디서 왔는지, 거기에 있을 때 어느 정도 있는지) 결정할 수 있어야 하고, 그것이 서로 어떻게 연관되는지 파악해야 한다. 이때 자기 자신의 위치와 정체성을 잃지 않으면서 파악해야 한다. 비유하자면, 이해, 지각, 통찰의 의미에서 '이해'란 의견의 합의, 감정의 통합, 노력의 공통점이라는 의미에서의 '이해'와 구별되어야 한다. 그리고 우리가 받아들일 수 없는 것을 이해하기 위해서는 배워야 한다.

— Clifford Geertz (2000, pp, 85-87)

우리는 세상을 있는 그대로 바라보는 것이 아니라 우리의 방식대로 바라본다(Covey, 1990). 이러한 관점은 문화적 접근의 본질을 보여 준다. 우리는 특정 문화와 사회에서 성장했고 우리의 교육은 세상을 보고, 이해하고 반응하는 방식으로 이루어져 왔다. 이러한 문화적 교육에 따라 서로는 조금 다를 수도 있고 크게 다를

1) [역자 주] 터키 사람들이 입는 허리통이 헐렁하고 소매가 긴 옷

2) [역자 주] 인도네시아 남서 자바 섬 중부의 작은 도시

3) [역자 주] 켄터키프라이드치킨(KFC)을 창립한 미국의 기업가이자 KFC 매장에서 볼 수 있는 마스코트로 때때로 KFC를 대신하는 이름으로도 사용된다.

4) [역자 주] 인도네시아 전통 음악으로 타악기 중심의 합주 형태

수도 있다. 문화의 영향력과 지배력을 인식하는 하나의 방법이라면 우리가 성장해 온 집을 연상해 보는 것이다. 왜냐하면 집의 경우, 방의 배치는 우리에게 매우 친밀하고 익숙하기 때문에 창문과 문 또는 벽에 변화를 주기 전까지는 우리가 어떤 곳에서 살고 있는지를 인식하기 어렵기 때문이다. 우리는 창 너머로 아파트를 바라보며 성장했고, 눈에 보이는 그것이 세상이라고 이해했다. 그러나 창 너머로 산을 바라보며 성장한 사람에게 세상은 다를 것이다. 다문화라는 말을 이해하기 위해서 사람들은 먼저 문화의 구인(construct)을 이해할 필요가 있다. '구조(construct)'는 이론적으로 건물을 지을 때 쓰는 범주(category)나 개념(concept)이다. 즉 건물의 토대에 대한 물리적 구조에서 나온 용어로서 주로 비유적으로 사용된다. 이번 장에서는 문화의 구인을 연구하고 문화의 영향을 탐구하며 문화의 세계관, 이민, 문화접변과 언어의 맥락에서 다양한 문화의 체제에 대한 심리적 의미를 토론하고 문화 특수적인 문제들과 이에 대한 개입을 살펴보고자 한다.

1. 문화의 정의

문화가 무엇인지 물어보면 대답이 제각각일지 모른다. 문화가 무엇인지 모른다고 대답할 수도 있고, 한 번도 생각한 적이 없다고 대답하는 사람도 있을 것이며, 심지어는 문화가 없다고 말하는 사람도 있을 수 있다. 아이로니컬하게도, 이는 그 사람에게 문화가 없어서가 아니라 그 사람이 문화에 대한 정의를 충분히 하지 못해서 자신이 어떤 점에서 문화적인지를 설명하지 못하는 것일 뿐이다. 문화는 사람이 생각하고, 느끼고, 행동하고 말하는 모든 것에 여전히 영향을 미치고 있다.

우리가 이 책에서 탐색할 다른 구인들처럼, 문화란 여러 분야에서 다소 다르게 정의되고 있다. 다문화 상담 분야에서 일반적으로 합의된 문화라는 단어의 정의를 고려하기 전에, 이 단어의 어원을 살펴보고 이 용어가 어떻게 다르게 사용되는지 생각해 보고자 한다. 이 단어의 원래 의미는 농사(husbandry)라는 뜻이고 문화(culture)에서 유래한 동사로서 경작하다(cultivate)라는 뜻도 포함되어 있다. 심지어 사람들은 여전히 '양식진주(cultured pearls)' 혹은 '조직세포 배양(tissue culture)'과 같은 사용을 통해 의미를 이해하기도 한다(Fernando, 2002).

문화라는 단어의 기본적인 사전적 의미 중의 하나는 예술과 문화에 대한 매너, 에티켓 및 폭넓은 지식과 관련이 있다. 이런 관점에서 보면 문화적인 사람

(cultured person)이란 브뤼헐 가(家)의 장남과 차남[5]을 구분하고, 카베르네 소비뇽과 메를로[6]의 차이를 알며, 앨빈 에일리와 조프리 발레[7]의 차이를 설명하고, 살만 루시디의 마술적 사실주의와 호르헤 루이스 보르헤스의 사실주의의 차이에 말할 수 있는 그런 사람이다. 이러한 문화의 정의는 공식적인 학습과 교육, 배운 내용의 나열을 의미한다. 문화를 이와 같이 정의하면 상당히 배타적이라는 점을 인식해야 한다. 여러분 중에서 얼마나 많은 사람들이 위에서 기술한 내용을 읽고 이해했으며, 이런 것을 주제로 대화한다면 얼마나 참여할 수 있겠는가? 또한 그런 지식은 일상생활에서 바로 필요한 것은 아니다. 이처럼 사람들이 **문화**(culture)를 **문명**(civilization)의 동의어로 사용한다면 가장 문화적인 사람이란 생계와 상관없는 사치스러운 활동을 주로 하는 사람을 의미할 수도 있다. 문화에 대한 이러한 엘리트적인 정의는 공식적인 학습과 교육을 의미하고 일련의 지식, 즉 학습의 결과로 얻을 수 있는 문화를 나타내며 이와 같은 화려함이 사람을 '교양 있게' 만든다고 본다. 사실 **문화**라는 단어는 독일어 *Kulture*(문화)에서 유래되었는데 이 단어는 원래 세련미(sophistication)의 정도를 의미한다. 특권 의식이 배어 있어서 다소 배타적인 정의를 바탕으로 문화를 바라볼 때, 이런 관점에서의 문화는 특권(privilege)에 스며들게 되어 덜 문화적인 사람을 지배하는 지위와 권력을 부여하게 된다.

어떤 사람들은 문화는 다른 나라 사람과 구분 짓는 것이라고 생각한다. 이런 관점에서 보면 기모노는 문화적인 옷이지만 청바지는 아니다. 타말레[8]는 문화적인 음식이지만 햄버거는 평범한 음식 또는 대표적인 음식이다. 이러한 관점의 문화는 규범적인 것과 구별되는 이국적인 요소를 의미한다. 우리 저자들은 종종 다문화 상담 수업을 듣는 대학원생들 중 몇몇 학생들이 자신은 문화를 가지고 있지 않다고 생각하는 경우를 본다. 그 이유는 이 학생들은 자신이 먹는 음식, 오락, 축하, 슬픔, 예배 및 삶의 방식을 문화라고 인식하지 못하기 때문이다. 여러 측면에서, 이와 같은 방식으로 세상을 바라보면 우리와 우리처럼 보이는 사람들을 '보통

---

5) [역자 주] 브뤼헐의 장남은 Brueghel, Pieter(1564~1638)로 종교화가로 알려져 있고 차남은 Brueghel, Jan(1568~1625)으로 정물화, 풍경화가로 알려져 있음.

6) [역자 주] 카베르네 소비뇽은 프랑스 보르도 지방에서 재배되는 적포주용 포도이며 메를로는 프랑스 보르도 지방과 이탈리아, 스위스 및 미국 캘리포니아에서 나는 포도주용 포도

7) [역자 주] 앨빈 에일리(Alvin Ailey)는 미국 출신의 무용수 겸 안무가로 자신의 이름을 내건 앨빈 에일리 아메리칸 댄스시어터를 1958년 설립했고 조프리 발레(Joffrey Ballet)는 안무가인 로버트 조프리(Robert Joffrey)가 시카고에 설립한 발레 회사이다.

8) [역자 주] 옥수수 가루와 다진 고기 및 고추로 만든 멕시코 요리

(normal)'이라고 생각하는 반면, 우리와 다른 사람들을 우리가 사는 보통 세상의 가장자리로 내몰게 된다.

대중매체에서 때때로 문화라는 용어가 인종이나 민족성과 혼용되어 사용된다. 예를 들어 흑인 문화(Black culture)가 그러하다. 아프리카계 미국인, 나이지리아인, 자메이카인, 아이티인 또는 브라질인이건 상관없이 모든 흑인들은 인종이 같다는 이유로 공통적인 문화를 가진다고 간주하는 것이다. 미국에서 흑인으로 산다는 것과 관련된 역동적인 문화가 있지만 인종과 문화를 구분하는 것은 중요하다. 예를 들어 뉴욕의 버스 운전사로 50세인 자메이카계 미국인과 미시간 대학생으로 20세인 나이지리아계 미국인의 경우, 같은 인종이지만 확연히 다른 문화적 신념과 가치를 가지고 있을 것이다. 뿐만 아니라 민족성도 다르다. **인종**은 일반적인 역사와 피부색 같은 신체적 특징에 기초하여 나뉜 구조인 반면, **민족성**은 종교, 역사와 같은 선조의 유사성을 포함한 공통적인 사회문화적 유산에 의해 나뉜다. 또한 민족으로 나뉜 구성원은 문화적 뿌리뿐만 아니라 인종적·신체적 특징을 공유한다. 또한 인종과 민족성을 국적과 구분할 수 있는 것 역시 중요하다(예: 베네수엘라 사람이 백인이나 인도인 혹은 일본인일 수 있으며 이러한 인종 간의 결합일 수도 있다). 이런 용어의 유사성과 차이점을 보면 이런 용어들이 혼용되는 이유를 이해하기 쉽다. 상담을 위해 이런 개념의 차이점을 이해하고 그와 관련된 함축된 의미를 파악할 때 우리는 상담자로서 내담자의 문화 정체성에 영향을 미치는 다양한 요인을 보다 잘 이해할 수 있다.

문화의 개념에 대한 혼란이 가중되는 이유는 사회과학의 광범위하고 다양한 개념적인 해석 때문이다. Berry, Poortinga, Segall 및 Dasen(1992)은 문화에 대한 담론을 여섯 가지로 설명하고 있다. (1) 연관된 다른 활동을 강조하는 서술적인 사용 (2) 연관된 유산과 전통을 강조하는 역사와 관련된 맥락 (3) 문화와 연관된 규칙과 규범을 언급하는 규범적인 사용 (4) 학습에 대한 접근, 문제 해결과 정신적 건강과 질병의 개념을 보는 심리적인 서술 (5) 문화의 사회적·조직적 구성 요소를 강조하는 구조적인 정의, 마지막으로 (6) 문화의 기원을 언급하는 일반적인 서술이다.

생각해 볼 질문 2.1

- 문화의 정의는 무엇인가?
- 당신이 속한 문화는 어떻게 확인하는가?

- 많은 미국인이 그러한 것처럼, 당신이 물려받은 전통 이외에 문화를 더 추가할 수 있다면 당신이 갖고 싶은 문화는 무엇인가?

1) 다문화 상담에서 문화의 정의

다문화 상담 분야의 연구자들과 실천가들은 상담과 수련감독(supervision) 분야의 경우 치료와 훈련의 과정에서 사용할 수 있는 문화적 표준과 역량의 개발이 필요하다고 인식해 왔다(Arrendondo et al., 1996; D'Andrea & Daniels, 1991; DeLucia-Waack, 1996; Holcomb-McCoy & Myers, 1999; Locke, 1993; Ponterotto, Alexander, & Grieger, 1995). 이런 기준을 만들기 위해서는 이 분야의 지도자들이 문화의 정의에 합의하는 것이 필요하다. Kroeber와 Kluckhohn은 문화란 "상징을 통해 전수되고 학습된 행동의 패턴이며 인간 집단의 뚜렷한 성취물로 표현되며 이러한 것에는 다양한 유물이 포함된다."라고 보았다(p. 81). Goodenough(1981)는 문화를 우리가 세상을 보는 방법(예: 세계관)을 결정하는 가정(assumptions)의 패턴으로 정의한다. Deloria(1988)에 따르면 문화는 사람의 본질을 표현한다. Monaghan과 Just(2000)에 의하면 문화는 인간의 인지적인 면과 사회 구성원으로서 배우는 활동과 관련이 있다. 문화를 배우는 것으로 규정하는 것은 중요하다. 그러나 그러한 배움이 명확하게 드러나지는 않는다. 하나의 종(species)으로서 인간은 매우 독특한 유아기와 청소년기를 보내며 이들이 성장하는 사회의 고유한 방식들을 전수받고 배워 나간다.

이러한 이유로 우리는 문화를 언어, 행동, 이념, 생활, 기술, 가치, 그리고 사회적 관습이 비슷한 사람과 함께 공유하며 살아가는 방법으로 정의한다. 문화 자체는 우리가 행동하고 생각하고 실천하는 관념적인 협약이며 우리가 볼 수 있는 결과물이라는 점에 주의를 기울일 필요가 있다. 예를 들어 우리가 사람을 만났을 때 어떤 문화에서는 악수로 서로 인사를 하는 반면 다른 문화권의 사람들은 고개 인사만 하고, 또 다른 문화권의 사람은 두 손을 포개어 합장하며 인사를 한다. 그러므로 우리가 문화를 보는 방식은 문화 그 자체가 아닌 관습이다.

생각해 볼 질문 2.2

잠시 당신의 출생 배경과 성장 과정을 생각해 보아라. 여러분은 다음에 제시된 것을 어떻게 학습하였는가?

- 언제 그리고 어떻게 눈 맞춤(eye contact)을 해야 하는가?
- 나이 든다는 것은 무엇을 의미하며, 노화의 과정에서 가치 있는 것으로 여겨지는 것은 무엇인가?
- 개인의 사생활이 얼마나 중요하며, 어떤 종류의 사생활이 중요한가?
- 여러 다양한 상황에서 사람들 사이의 거리는 어느 정도가 적절하다고 생각하는가?
- 신체 접촉은 언제, 어떻게, 누구와 하는 것이 적절한가? 혹은 적절하지 않은가?
- 언제, 어떻게, 누구에게 감정을 표현하는 것이 적절한가?
- 어떤 종류의 규율이 적절한가?
- 말로 표현되지 않은 의미, 반응, 기대를 전달하기 위해 사용되는 비언어적 단서로 어떤 것이 있는가?
- 아름답다는 것은 무엇이며, 왜 그러한가?
- 여성 혹은 남성이 해야 할 혹은 하지 말아야 할 역할은 무엇인가?

2) 생물학적 행동 vs. 문화적 행동

생물학적인 행동과 문화에 근거한 행동을 구분하는 것은 어려워 보인다. 모든 동물들처럼 인간은 기본적인 생물학적 요구에 반응하여 행동하기 때문이다. 예를 들어 우리는 영양분을 섭취하기 위해 식사를 하고, 휴식이 필요하기 때문에 잠을 자며, 적으로부터 우리를 보호하기 위해 집을 튼튼하게 짓는다. 많은 동물들도 자신이 살 곳을 정성 들여 만든다. 예를 들어 비버는 나무로 벽을 만들고 냇물을 가로질러 진흙을 쌓으며, 프레리독은 땅을 파 터널 통로를 만들고, 파랑새는 정교하게 풀과 솔잎을 이용해 둥지를 만든다. 모든 파랑새가 풀과 솔잎 둥지를 만들듯이 동물의 같은 종(species)은 같은 종류의 집을 만들지만 인간은 서로 다른 종류의 집을 짓는다. 따라서 집에서 산다는 것에 포함된 유일한 생물학적인 요소는 당신이 집에서 살고 있다는 단순한 사실 하나뿐이다. 집에 관한 모든 것은 문화에 기초하고 있다. 예를 들어 집의 형태와 모양, 만드는 데 사용된 재료, 다른 집과의 근접성, 집의 고정성 혹은 이동성 등이 포함된다. 집의 여러 가지 특징을 목록으로 만들어 보면, 집의 모든 부분은 아닐지라도 대부분의 특징들이 문화에 기초하고 있다는 것을 알 수 있을 것이다. 당신은 또한 이러한 활동을 인간 삶의 다른 측면에도 적용해 볼 수 있다. 예를 들어 수면, 식사, 성적 관계, 출산 등이 해당된다. 당신은 문화에 기초한 복잡한 행동부터 생물학적인 단순한 행동까지의 목록을 만들어 볼 수 있을 것이다.

물론 앞에서 보았듯이 우리는 모든 삶 속에서 실제로 문화를 느끼고 있는 것은 아니다. 당신의 경우 삶을 인식할 때 문화적 개입과 적응을 통해서 만들어진 인공적인 것들과는 반대되는 완전히 자연스럽고 자유로운 삶처럼 느낄 수도 있다. 그러나 당신이 생각하는 방식을 다시 한 번 생각해 보라. 샴푸, 빗, 브러시가 없다면 당신의 머리는 어떻게 보일 것인가? 당신이 만일 할머니, 할아버지 세대에 태어났었다면, 당신의 피부는 부드러운 비누를 사용하기 때문에 보이는 지금의 피부보다 더 거칠게 보일 것이다. 당신의 옷, 구두, 앉아 있는 의자, 서 있는 계단, 살고 있는 집 모두가 문화이다. 본질적으로, 문화는 우리가 태어난 환경에 사실상 존재하는 것이다. 구성주의 인류학의 창시자 Claude Lévi-Strauss는 문화의 구조에 대해 다음과 같이 언급하였다.

> 문화는 자연적인 것도 아니며 인공적인 것도 아니다. 그것은 유전에서 온 것도 아니며 이성적인 생각에서 비롯된 것도 아니다. 문화는 행동 규칙으로 구성되어 있다. 행동의 규칙은 발명된 것이 아니며, 규칙에 순응하는 사람들은 일반적으로 규칙의 기능을 이해할 수 없다. 어떤 규칙은 각 인간 집단이 살아왔던 서로 다른 형태의 사회적 구조에 존재하는 전통의 유산이기도 하다. 또 다른 규칙은 특정 목표를 위해 의식적으로 수용되거나 수정되어 왔다. 그러나 당연히, 유전자형(genotype)에서 나온 본능과 이성에 의한 규칙 사이에 있는, 많은 무의식적 규칙들이 여전히 더 중요하고 더 효과적인 것처럼 보인다. 왜냐하면 이성 그 자체는 문화적 발전의 원인이라기보다는 문화의 산물이기 때문이다. (Levi-Strauss, 1985, p. 34)

3) 문화의 수준

Van der Elst와 Bohnnan(1999)은 문화의 여러 수준을 규모가 큰 것에서부터 작은 것의 순서대로 설명하였다. **종(種)의 문화**(species culture)는 모든 인간이 공유하는 것이다(즉 정상적으로 태어난 모든 유아는 해당 지역 언어를 말하기 시작하고, 그 지역의 방식과 행동 방식을 습득하게 된다). **사회 문화**(societal Culture)는 사회 구성 단위를 형성하는 여러 사람들의 협력적 상호작용에 근거한 문화적 프로필이다. 우리가 호피족(Hopi), 바이킹족(Viking), 마야족(Mayan), 티베트족(Tibetan)의 문화에 대해 이야기할 때, 우리는 이 집단의 가치, 언어, 친족 형태, 문화적 유물, 문화의 독특성에서 유래한 특징들이 모두 연합되어 집단의 문화적인 특징을 나타낸다는 것을 알고 있다. 이 장에서 우리는 많은 부분을 할애하여 문화의 수준에 관해 논의할 것이다. 같은 사회라 할지라도 그 안의 모든 가족은 약간 다른 방식에서 자녀를 양육하고 있다. 예를 들어 음식에 대한 선호도, 언어, 농담, 표현, 훈육 방법 혹은 기억 등은 당신의 부모, 형제, 자신에게는 독특한 것이다. **가족 문화**(familial culture)는 친족 체계의 핵심이고 가족이 시작된 이후로 우리 삶을 계속 유지시켜 주고 있다. **조직 문화**(associational culture)는 교회, 보이스카우트, 로터리 클럽, 페이스북 혹은 마이스페이스 같은 인터넷 소셜 네트워크 등과 같이 친척 관계에 기초하지 않은 조직이 해당된다. 그러나 이러한 조직은 그 집단을 지속적으로 유지하면서 구성원들에게 어떤 행동이나 의견의 동의를 요구하기도 하고 특정한 기대치를 부과함으로써 문화적인 요소를 지니게 된다. 마지막으로 **개인적 문화**(individual cultures)는 습관(habits)의 특성들이 조합된 것이며, 개인의 생물학적 한계점뿐만 아니라 가치, 신념, 기대, 일상 경험이 독특하게 통합된 것이다. 이 마지막 수준의 문화는 우리가 살고 있는 다른 문화 수준에 의해 영향받고 형성되는 단계이다.

4) 문화의 일상적 영향

세계를 어떻게 보는지 결정하는 가정들의 패턴으로 **문화**(culture)를 정의할 때, 문화가 개인의 삶의 모든 면에 영향을 끼치는 포괄적인 개념이라는 것이 더 명백해진다. 그러나 아이로니컬하게도 우리는 일상생활의 기초가 되는 문화에 대해 늘 생각하지는 않는다. 그것은 물고기가 결코 물 밖에 나올 때까지 물이 무엇인지 알지 못하는 것과 같다. 다시 말해서 우리의 문화와 타인의 문화 모두를 진정으로 이해하기 위해, 우리는 매우 익숙해진 참조 체계에서 벗어나 우리가 가지고 있는 관점과 대비되는 견해를 인식하는 것이 필요하다. 이를 위해 우리는 문화의 핵심 요소와 그 요소들이 개인과 개인, 집단과 집단, 사회와 사회에서 어떻게 다르게 나타나는지 인식하고 있어야 한다.

예를 들어 여러 가지 서로 다른 인간의 기본적 욕구를 다루는 모습은 문화에 근거하고 있다. 구체적인 예로 식사하는 **방법**(how)과 **무엇을**(what) **언제**(when) 먹는지는 문화적인 영향에 의해 결정된다. 또한 금기시되는 음식이나 선호되는 음식도 문화에서부터 비롯된다. 아마 지구상의 10억 인구는 고기를 먹는 것에 대해 반대할 것이며, 반면 다른 사람들은 아무렇지 않게 고기를 먹을 것이다. 만일 당신이 자라면서 고기와 유제품을 먹어 왔는데 이러한 식단을 바꿔야 한다면 당신은 이것에 대해 불편함을 느낄 것이다. 비록 인간이란 종(種)은 무엇이든 잘 먹는 잡식성 동물이지만, 개별적인 개인으로 보았을 때는 그렇지 않다. 당신이 식사하는 방식은 문화에 의해 영향을 받는다. 예를 들어 모든 사회는 성인들이 식사할 때 스푼, 나이프, 포크 혹은 포크와 스푼 혹은 젓가락 혹은 다른 도구를 사용해 식사할 것을 기대한다. 필요할 때 나이프와 포크를 서로 다른 손에 쥐고, 사용 후에 나이프를 내려놓는 북미의 식사 습관은 서부 유럽에서는 매우 이상한 것으로 생각될 것이다. 서부 유럽에서는 왼쪽 손으로 포크를 사용하고, 물을 마시기 위해 오른손을 사용해야 할 때만 나이프를 내려놓기 때문이다(van der Elst & Bohannan, 1999).

문화적으로 형성된 또 다른 자연스런 행동은 몸의 배설물을 처리하는 방법이다. 비록 아이들은 마음대로 하지만, 모든 성인은 각 문화에 맞는 특정한 방법으로 처리한다. 예를 들어 서구 사회의 경우 가정의 화장실은 남녀 모두 사용하지만, 공공 화장실은 남성 혹은 여성만 사용할 수 있게 되어 있다. 사막, 숲, 툰드라 지역에서 사람들은 집단에서 몇 걸음 떨어진 곳에서 용변을 볼 수 있다. 거실에서 화장실을 사용하는 서구 사람에게는 이러한 행동이 이상한 것으로 인식될 것이다.

문화는 단순히 생물학적 충동의 발현에만 영향을 미치는 것이 아니며, 삶을 유지해 나가는 방식에 지속적으로 영향을 미친다. 예를 들어 정상 시력을 가진 모든 사람들은 망막의 간상세포(cell of rods)와 원추세포(cell of cone)를 통해 색깔을 볼 수 있지만, 당신이 보는 색깔은 표현 가능한 색깔을 나타내는 어휘에 의해 문화적으로 영향을 받게 된다. 영어의 경우 기본적인 색깔은 보라, 남색, 파랑, 녹색, 노랑, 오렌지, 빨강이다. 그러나 다른 언어권에서 색깔은 어두운 색, 밝은 색, 붉은 색으로 나뉘고, 녹색과 파랑은 어휘 목록에 포함되지 않을 수도 있다(van der Elst & Bohannan, 1999). 당신은 초록색 풀 혹은 파란색 하늘을 기대하는가? 남서부의 나바호족(Navajo) 화가는 파란색 풀과 초록색 하늘로 묘사할 수 있다. 왜냐하면 일몰 때 하늘이 청록색으로 바뀌는 것처럼 보이기 때문이다. 영어권에서 "비가 오고 있다(It is raining)."라고 이야기하는데, 영어는 구체적인 원인에 대한 직접적 결과로서 사건을 생각하도록 만들어져 있기 때문이다. 인도네시아 사람들은 "비가 있다(Ada hujan, there is rain)."라고 말하는데, 이렇게 표현하는 이유는 그들의 세계관(worldview)에서 사물과 사건은 함께 움직인다고 보기 때문이다(Monaghan & Just, 2000).

우리가 이 장에서 처음 이야기한 인용구를 생각해 볼 때, 콜라주(collage)는 하나의 실체(single reality)가 아니다. 만일 그것이 진정한 콜라주라면 그것을 바라보는 시점에 따라, 또한 그것을 바라보는 사람에 따라 만들어지는 다양한 실체(many realities)라고 볼 수 있다. 사실 콜라주는 어떠한 면에서는 우리가 무엇을 선택하고 무엇을 소중히 여기는지, 또한 어떻게 행동하고 또 그 행동에 어떻게 반응하는지 그 이상의 의미를 지닌다.

생각해 볼 질문 2.3

- 당신의 문화는 당신이 '문제'라고 인식하는 것에 어떻게 영향을 미쳤으며 인간의 본성과 삶의 경험과 관련하여 그 문제를 변화시키는 방법에 당신의 문화는 어떠한 영향을 미쳤는가?
- 당신의 문화는 당신의 상담 목표, 내담자에 대한 평가, 당신이 상담에서 사용하는 방법에 어떻게 영향을 미쳤는가?

2. 문화적 세계관

문화가 삶의 공유된 방식이라면, 사람들을 하나로 묶어 주는 접착제의 역할을 하는 것은 **문화적 세계관**(cultural worldview)이다. 이것은 공통의 신념 체계, 인식, 태도, 가치를 의미한다. 상담에서 세계관이 중요한 이유는 이 세계관이 건강과 질병에 관한 믿음, 통제 소재, 책임감, 의미, 도움에 대한 인식 형성, 어떻게 어디에서 언제 도움을 구하려 하는지 그리고 누구에게서 도움받고 싶은지와 관련되기 때문이다. 상담을 받아들이고 신뢰하는 것은 문화적인 신념과 직접적으로 관련되어 있다. 그 신념은 사회 구성원들이 가지고 있는 것이며, 상담자가 내담자에게 주의 깊게 내담자의 신념과 일치하는 서비스를 제공할 수 있는지의 정도를 의미하는 것이다. 3장에서 세계관(worldview)을 살펴볼 것인데, 3장에서의 세계관은 각 개인들이 자신(예: 개인적 정체성), 타인, 환경을 어떻게 보는지를 의미한다. 다시 말해서 개인이 생각하고 행동하는 방식에 세계관이 영향을 미치는 것을 뜻한다. 그러나 이 장에서 문화에 대한 논의를 할 때 문화적 맥락에 영향을 미치는 문화적 세계관에 대한 간단한 토의를 하고자 한다. **사례 연구 2.1**은 치료가 문화적 세계관과 내담자가 형성한 의미에 기초하면 성공적이 된다는 것을 보여 주고 있다.

Castillo(1997)는 문화가 질병에 의미를 부여하는 방식을 파악함으로써 질병

사례 연구 2.1

Sinha 씨의 사례

Sinha 씨는 남아시아 지역 출신으로 네 자녀를 둔 45세의 기혼 남성이다. 그는 큰 정신적 고통에 빠진 증세를 보였는데, 여러 면에서 우울증을 의미하는 여러 증상들, 즉 정력의 소모(소진), 피로, 낮은 자아존중감, 만연한 죄책감, 식욕 상실, 수면 부족의 증상들을 나타냈다. 그러나 Sinha 씨는 자신이 육체의 중요한 요소로 여기는 정액의 과도한 손실로 인해 피로와 무기력, 두통, 불안, 식욕 감소와 자살 충동을 야기하는 **닷증후군**(dhat syndrome)을 앓고 있는 것으로 생각했다. 그는 일상적인 자위와 아내와의 정기적인 성관계가 자신을 우울하게 만드는 이유라고 느꼈다. Sinha 씨를 우울증으로 진단하여 치료한다면 치료 결과가 좋지 않을 수 있다. Singh(1985)의 보고에 따르면 이러한 증상을 보여 우울증 진단을 받고 항우울제 약물치료를 받은 내담자의 68%가 첫 상담 이후 상담을 포기한다. Sinha 씨에게 권장된 민간 치료법은 성적 금욕을 2주간 유지하고 명상을 시작하는 것이었다. Sinha 씨는 이 방법으로 큰 효과를 거두었고, 다시 활기를 찾았으며 기분이 좋아졌다.

사례 토론

생각해 볼 점

1. 여러분은 Sinha 씨가 자신을 드러내는 방식을 고려할 때, 문제의 맥락을 이해하기 위해 어떻게 대화를 시작할 수 있겠는가?
2. 문화적인 요인을 고려하지 않고 우울증을 지닌 Sinha 씨를 진단하는 것은 어떤 문제점을 야기하는가?

위 사례 연구에서, 질병의 의미에 대한 내담자의 이해에 맞추어 치료하는 것에 주목하라. 그러나 위의 내담자와 동일한 증상을 나타내는 유럽계 미국인인 Mr. Johnson은 닷증후군을 질병으로 인식하지 않으며, 성적 금욕을 처방한다면 좋지 못한 결과가 나타날 수도 있다. 이 사례를 통해 단순히 원칙에 따르거나 증상에 기초하여 치료법을 할당하기보다, 내담자가 인식하는 의미와 문화적 정체성에 대해 고려하는 문화 특수적 접근(culturally specific approach)이 중요하다는 것을 확인할 수 있다. 이런 경우, 개입의 타당성과 효과성은 질병의 문화적 맥락에 대한 지식과 평가에 근거하여야 하고, Sinha 씨의 경우와 같이 주관적인 의미에 반응해야 한다. Sinha 씨를 우울증으로 진단하는 것은 정확하다고 할 수 있지만, 문화적인 맥락에서는 효과적이지 않을 수 있다. 이처럼 문화를 고려하지 않고 진단에 따라 인지행동 치료와 항우울증 치료를 하는 경우 Sinha 씨에게는 성공적이지 않을 것이다.

출처: Adapted from Castillo(1997, pp. 28–32).

이 주관적인 경험이라는 점을 인정하는 것이 필요함을 설명한다. 첫째, 증상은 질병을 나타내는 지표로서 파악될 필요가 있으며 이때 의미 있는 증상으로 여겨질 수 있는 특정한 감각, 생각, 감정, 또는 행동에 초점을 맞출 필요가 있다. 예를 들면 그리스 문화에서는 남편과의 사별 이후 5년 동안 비통해하는 것을 규범으로 여기는 데 반해, 미국에서는 우울의 증상으로 간주된다. 둘째, 질병에는 문화적 유의미성이 부과되며 이러한 문화적 유의미성이 그 질병을 앓는 개인의 경험을 구조화한다. 예를 들면 어떤 라틴 아메리카 문화의 경우 서스토 증후군(susto syndrome)은 불안, 신체의 허약, 초조함, 그리고 냉담 등의 특징을 띠는 불안장애 기준(준거)에 부합하는 것으로 나타나며, 이러한 증상의 원인은 영혼이 육체로부터 분리될 만큼의 심한 두려움 때문으로 여겨진다(Rubel, O'Nell, & Collado, 1985). 이러한 질병에 대해 그 개인을 둘러싼 사회가 부여한 문화적 유의미성은 그 개인의 영혼의 회복과 관련이 있다. 서스토 증후군으로 고통받는 사람은 자신의 증상을 불안장애(anxiety disorder)가 아니라 트라우마로서 경험한다. 이런 내담자는 불안 증세에 대한 정신 계통 약물에 의존하기보다, 민간의 전통적인 치료자(folk healer)를 방문하게 하는 것이 더욱 도움이 될 것이다. 문화는 질병의 원인, 시작, 효과, 과정, 그리고 적절한 치료법에 관한 설명을 제공하며, 상담자들이 이러한 설명을 통해 내담자를 평가하고 치료할 때 문화를 고려하는 것이 필요하다.

3. 문화적 정체성

문화는 맥락을 형성하는데 우리는 이 맥락을 통해 각자의 세계관을 바탕으로 사회화되고, 이 맥락을 통해 우리 자신의 **문화적 정체성**(cultural identity)을 형성한다. 문화적 정체성이란 우리의 개인적 삶에서 나타나는 문화적 의미와 인식 그리고 기대와 문화의 기원의 총합을 바탕으로 형성된다. 우리의 문화적 정체성은 또한 우리가 만드는 모든 선택에 대한 참조의 귀중한 틀로서 역할을 하며, 익숙한 것뿐만 아니라 익숙하지 않은 맥락을 이해할 때 도움을 준다. 3장에서 우리는 각 개인의 정체성—문화적 맥락 안에서 어떻게 우리가 자신을 한 개인으로서 정의하는지—이 문화적 정체성과 매우 유사하거나 다를 수 있음을 살펴볼 것이다. 살다 보면 여러 상황에 직면하게 되는데, 경우에 따라서는 우리가 살고 있는 세상과 자신에 대해 믿어 왔던 것을 확고히 하게 되는 경우가 있는 반면, 어떤 경우에는 우리 자신에 대해 믿어 왔던 것에 대해 의문을 품거나 다시 생각하게 되는 경우도 있다. 세상을 바라보는 방법을 선택하고 학습함으로써 다양한 세상과 관련하여 어떻게 우리 자신을 정의할지에 대해 배우게 된다.

1) 문화전계와 문화접변

문화전계(enculturation)는 한 개인이 그들의 주요 문화에 사회화하는 과정을 뜻하는 데 반해, **문화접변**(acculturation)은 한 개인이 지배적 문화나 제2의 문화적 영향력에 반응하는 것으로 나타난다. 중요한 문화적 지식, 인식 및 가치들의 전수는 다양한 형태를 통해 일어나는데 개인의 가족, 동료, 및 자신이 속한 집단의 조직을 통해 나타난다(Organista, Marin, & Chun, 2010). 유럽계 미국인의 문화가 지배적인 사회의 경우, 이러한 문화전계적 경험들은 종종 문화의 영향력 및 메시지와 충돌을 일으키기도 한다. 아프리카 노예의 후손인 아프리카계 미국인들은 유럽계 미국인이 지배적인 사회 안에서 하위문화를 유지하여 왔다. 그 대신에 몇몇의 최근 이민자들은, 예를 들면 이란계 미국인 첫 세대들은 자신의 나라에서 문화적 집단을 형성하여 성장한 이후 미국 사회로 이주하였기 때문에 미국 내에서 이들의 문화는 지배적이지 못한 하위문화를 형성하였다. 성공적인 문화전계의 경험을 가진 사람이라면, 본래 문화적 집단에서 효과적으로 기능할 수 있다. 한 개인이 자신의 문화를 습득하는 문화전계의 수준은 그 개인이 다른 문화를 습득하는 문화접변의 방식에 영향을 미친다. 문화접변의 압력은 문화 적응의 정도를 줄이거나 변화시킬 수도 있다(Organista et al., 2010).

(1) 문화접변의 단계

Marin(1992)은 다문화 사회에 살거나 이민, 식민화, 또는 다른 정치적 변화를 통해 새로운 문화를 접촉하는 개인들은 자발적으로 또는 마지못해 태도 및 행동의 변화를 경험하는데 이러한 변화의 과정으로 문화접변의 심리적 · 사회적 정의를 발달시켰다. 태도 및 행동의 학습에 대한 세 가지의 수준은 지배 문화의 사실과 역사를 학습하고 본래 자신의 문화에 관한 사실을 잊는 것으로 구성되어 있는 피상적(superficial) 수준에서 시작한다. 중간 단계(intermediate) 수준에서는 언어의 선호와 사용; 친구, 이웃, 그리고 배우자의 민족성, 그리고 자녀에게 이름을 지어 주는 과정에서의 선호처럼 사람들의 삶에 더욱 중심적인 행동에서 변화가 일어난다. 마지막 유의미(significance) 수준에서는 사람들의 세계관과 상호작용 유형을 형성하는 개인의 신념, 가치, 그리고 준거의 변화를 수반한다.

(2) 문화접변 모델

문화접변의 네 가지 방식들은 동화(assimilation), 분리(separation), 주변화(marginalization), 그리고 통합(integration)으로 설명되는데 각각의 방식은 사회 및 심리적 스트레스 유발 요인과 관련되어 있다(Organista et al., 2010). **동화**는 자신의 고유 문화를 거부한 채, 지배 문화에의 완전한 흡수와 인정을 목표로 지배적인 문화로 이동하는 것을 의미한다. 이와 같은 경우에는 가족과 지역사회로부터 따돌림을 당할 수 있고, 반면 지배 문화로부터 인정을 받지 못하는 문제가 발생할 수 있다. 따라서 높은 수준의 불안과 낮은 자아존중감이 나타날 수 있다(LaFromboise, Coleman, & Gerton, 1993). 반대로 **분리** 방식은 지배 문화의 가치와 정체성을 거부하면서 자신의 문화적 가치와 정체성을 유지하는 경우에 해당된다. 이러한 개인들은 그들 자신의 지역사회에서는 효과적일 수 있으나, 지배 문화와 강력한 체제에 잘 적응하지 못해서 결국 자신이 속한 토착적 사회의 지지와 보건 서비스에만 의존하는 경향을 보인다(Koss-Chioino, 2000). **주변화**는 토착 문화와 지배 문화 모두를 거부하는 경우에 해당된다. 이러한 개인들은 사회적 기능과 수용에 어려움을 가지고 있으며, 문화적 정체성과 자아효능감이 부족할 수 있다. 마지막으로 **이중문화**(biculturalism)라고도 불리는 **통합** 방식은, 지배 문화의 사고방식과 관습(practice)뿐만 아니라 토착 문화의 관습과 정체성을 유지하며 유연한 균형을 유지하는 경우이다. 이러한 개인들은 변화하는 문화적 맥락에 걸쳐 효과적이며, 양쪽 문화에 소속감을 가지고, 통합된 문화적 정체성을 유지하는 광범위한 행동의 레퍼토리를 가지고 있다(Sam & Berry, 2006).

삶의 다양한 문제와 기회들을 잘 다루게 되면 내담자는 의미 있는 개인 정체성과 문화 정체성을 이루려는 흥미로운 도전감을 맛보게 된다. 이러한 정체성은 **이중문화 역량**(bicultural competence)을 통해 형성될 수 있는데, 이 역량은 한 개인이 다양한 상황에서 적절하게 활용될 수 있는 두 가지 형태의 사회적 행동을 효과적으로 활용하는 개인의 능력으로 정의된다(LaFromboise & Rowe, 1983, p. 592).

LaFromboise 등(1993)에 따르면, 문화적으로 능숙해지기 위해서 개인들은 다음을 수행해야 한다.

> (a) 강한 개인의 정체성을 지녀라. (b) 문화의 신념과 가치에 관한 지식과 기술을 지녀라. (c) 문화의 정서과정에 대해 민감성을 지녀라. (d) 주어진 문화적 집단의 언어로 명확하게 의사소통하라. (f) 문화적 집단 안에서 적극적인 사회적 관계를 유지하라. (g) 그 문화의 제도적 구조를 잘 극복하라. (p. 396)

이중문화적으로 능숙한 개인들은 하나 이상의 문화적 상황에서 자신에 대해 강한 의식을 가지고 있으며, 이를 통해 높은 탄력성 수준을 지닌다. 이중문화적으로 능숙한 개인의 경험을 이해하는 것은 문화 간 경계가 어떤 의미인지, 이러한 경계를 성공적으로 넘는 최선의 방법이 무엇인지 이해하는 데 도움을 준다.

종합적으로, 우리의 문화적 정체성이 일차원적이지 않다는 것을 명심하는 것이 중요하다. 다양한 요소와 역동들이 우리의 문화적 경험과 교차하고 영향을 미친다. 민족과 인종적 정체성의 발달은 개인이 인종과 문화에 관한 정보를 인식하고 의미를 부여하며 이를 자신의 자아 개념과 통합하는 과정을 설명해 준다(Aponte & Johnson, 2000). 문화접변과 민족적 · 인종적 정체성은 AHANA 인구의 정신건강 요구를 이해하는 데 핵심적인 것으로 간주되는 복잡하고 다면적인 과정이다. 이러한 구조는 사회적 · 경제적 수준, 미국에 거주한 기간과 주변의 인종적 구성, 인종차별과 억압; 세계관, 언어 사용, 종교와 영적 신념; 성, 가족성, 사회적 지원 구조 등의 요인에 의해 상호작용적으로 영향을 받는다(Aponte & Johnson, 2000). Sam과 Berry(2006)는 문화접변의 상태와 민족적 정체성의 상호작용적 효과를 파악할 수 있는 개념적 틀을 제공해 주었는데 이러한 틀은 도움을 구하는 행동, 이들의 기대치, 치료의 결과뿐만 아니라 심리적 문제에 대한 가치관과 경험하는 증상에 기초하고 있다.

2) 이주

이주(migration)라는 용어는 나라 안에서의 이동뿐만 아니라 나라 사이의 이동을 설명할 때 사용된다. **국내 이주**(immigration)는 나라 안으로 사람들이 유입되는 것을 의미하며 **국외 이주**(emigration)는 그 나라의 사람이 다른 나라로 떠나는 것을 의미한다(Al-Issa & Tousignant, 1997). 미국국토안전부(Department of Homeland Security)에 따르면(Rytina and Saeger, 2005), 미국인 11명 중 1명은 다른 나라에서 태어났으며 매일 3,000명, 즉 대략 매년 인구의 100만 명 정도의 사람이 합법적, 비합법적인 방법으로 이주하여 입국한다. 뉴욕의 인구는 현재 이민 1세대가 40%가 넘는 것으로 알려졌다. 법과 정책의 변화, 세계 각국의 불안정한 경제 상황과 정치적인 상황, 지역 분쟁이나 인종 간 결혼 등의 원인으로 인해 이민자들의 숫자가 늘어나고 있다(Mahalingam, 2006).

체류자, 난민, 이민자들은 독특한 스트레스를 경험하게 되며, 상담자들은 다문화 상담에 있어서 그들이 부가적으로 겪게 되는 경험을 인식할 필요가 있다. **체류자**(sojourners)는 한 나라에 단기간 동안 머물고자 들어오는 사람을 뜻하는데, 이러한 특성은 이들이 그 나라에 적응하는 방식에 영향을 미친다. **난민**(refugees)은 필요에 따라 적응하게 되는데 이들은 제한된 선택에 의해 원래 국가로부터 추방되었기 때문에 저항감과 슬픔을 갖고 있다. 마지막으로 **이민자**(immigrants)는 다양한 이유로 새로운 나라로 오게 되는데, 이러한 선택은 새로운 문화를 받아들이거나 원래의 문화를 버릴 수 있다는 심리적인 준비를 조금이나마 내포하고 있다. 이민을 오기 전에는 이민을 가고자 하는 마음을 갖게 되며 이주의 경험을 형상화한다. 반면 이민을 오게 된 후의 경험은 원래 갖고 있던 문화에 의해 영향을 받기 때문에 원래 이민자가 갖고 있던 문화와 받아들여야 할 문화 사이에서 적합성 또는 부족함을 느끼게 된다. 이민자는 당연히 무의식적으로 스트레스를 받게 된다.

난민의 경우 특히 중요하다. 제2차 세계대전 이래로 정치적으로 불안정한 상황, 집단이나 인종 간 분쟁, 전쟁, 민족 말살, 홍수나 가문, 지진이나 화재 등과 같은 자연재해, 가난, 기근, 추방, 재정착, 인구억제 정책과 같은 사회적 재앙 등이 난민을 증가시키고 있으며 대략 26만 명 정도는 사회적 박해로 인한 난민으로 추정된다(Bemak & Chung, 2002). 많은 난민들은 이주 이전에 트라우마적 경험을 하게 된다. 이들은 자신의 문화로부터 떠나는 이주 경험을 하게 되는데, 종종 이 과정은 탈출 혹은 위험한 트라우마적 여행을 수반하며 난민 캠프에서 지내기도 하고 시설이 잘 갖춰지지 못한 외국 수용소에서 머물기도 한다. 그래서 난민들은 일반 사람들에 비해 심리적인 질병이 더 높게 발생할 위험에 놓여 있다(Blackwell, 2005). 난민 상담을 위한 심리교육적 다단계 모델(MLM)을 개발한 Bemak과 Chung은 상담자들이 지녀야 할 난민들의 독특한 경험에 대한 지식을 포함하여 인식과 기술들을 설명하는 과정에 대해 기술하였다. **그림 2.1**에서는 이 모델의 개략적인 모습을 보여 준다. 네 가지 수준은 각각 분리되어 있으나 동시에 시행할 수 있으며, 상담자와 내담자의 상호작용은 목표를 성공적으로 달성하기 위한 필수적인 요소이다. 상호개입은 내담자의 문화적 기반과 경험 전반을 포함하며 인지적, 정의적, 행동적으로 이루어질 수 있다.

미국 사회의 많은 부분은 이주자에 기반을 두고 있기 때문에, 모든 이주 내담자를 대할 때 이들의 원래 국가를 확인하고 어떤 이주의 몇 세대인지를 평가하는 것은 상담자에게 있어서 매우 중요하다. 미국에서 태어난 아동들은 이민자인 부모보다 미국 사회의 주류로 좀 더 동화되어 있다. 이런 이민 1세대를 부모로 둔 이민 2세대는 세대 간의 문화적 충돌이 문제가 된다. 가족의 규모와 가족 사이의 유대감

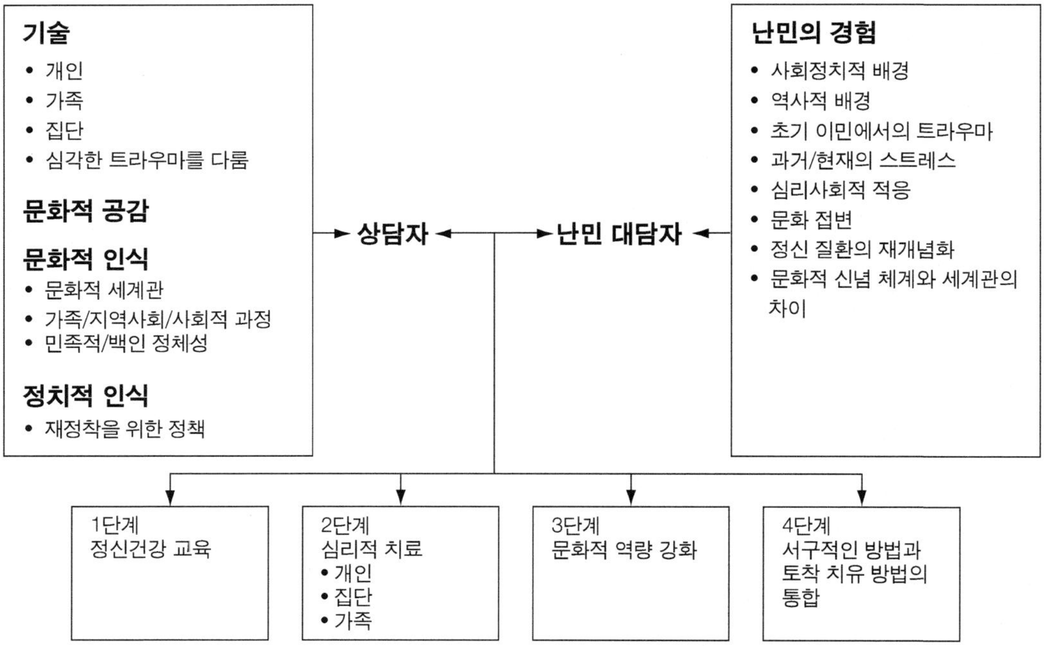

그림 2.1 난민 상담을 위한 다단계 모델(MLM)의 개요

또한 중요한 요소이다. 왜냐하면 어떤 이민자 사회들은 규모가 매우 작고 끈끈하게 얽혀 있는 반면 그렇지 않은 경우도 있기 때문이다.

3) 언어

언어는 인간의 본질 및 다른 사람을 사회에서의 정체성 및 위치의 관점에서 정의하는 데 있어서 중요한 역할을 한다. 인간 사회에서 의미란 지속적으로 만들어 가는 것이며 언어 능력이란 인간이 창조하고, 그 창조한 의미들을 공유해 나가는 데 있어서 가장 중요한 도구 중 하나이다. 처음 배우는 언어로 **모국어**를 사용하는 것은 개인의 출신을 정의하는 데 있어서 언어가 중요함을 잘 보여 준다. 문화는 언어가 특별한 형태나 형상을 보임으로써 나타나는 매개체와 같다. 언어는 종종 본연의 문화가 갖고 있는 세계관을 근간으로 구조화되며 그들이 갖고 있는 문화적인 맥락에서 존재한다. 언어 사용자는 맥락, 사회적 구조, 다양하게 영향을 미치는 개인적/공식적 언어, 수동적/능동적 언어와 같이 그들이 사용할 수 있는 다양한 형태를 통해 나타나는 관계 등을 통해 정해진다(Besnier, 1990).

몇몇 연구들은 사람들이 말하는 언어에 기초하여 우리가 생각한다는 아이디어를 지지한다(Bonvillain, 2008). 인간은 언어를 통해 생각과 감정의 방대한 범위를 표현할 수도 있고, 문화적 규범이나 규칙을 사용하는 담화의 형식을 통해 표현하고 구조화할 수도 있다. 이러한 규범은 언어 사용법과 말하는 형식에 영향을 미친다고 증명되어 왔으며, 성별이나 계급의 다양성에 의해 차이를 보이기도 한다(Bonvillain, 2008).

정신건강 분야의 경우, 언어에 관한 많은 문헌에 따르면 여러 언어를 사용하는 내담자를 도울 때 생기는 어려움은 이들을 돕는 치료자가 내담자들과 명확하게 의사소통을 하지 못하는 것에 기인한다(Constantino & Malgady, 1998). 미술 치료, 놀이 치료, 댄스 치료와 같은 상담의 새로운 형태들도 비언어적인 대화의 많은 면을 포함하고 있는데도 불구하고, 상담자와 내담자의 기본적인 관점에서는 전통적으로 말을 통해서 대화를 하는 것이 큰 부분을 차지한다. 말로 하는 치료는 언어적 방식으로 전개되며 언어를 매개로 사용한다. 이는 상담자와 내담자가 공유하는 공통의 언어뿐만 아니라 언어 안에서 구조화된 공통의 이해 문제를 공유하고 있다는 가정에 기초한다. 내담자의 모국어를 상담자가 이해하지 못할 경우, 핵심적인 언어는 문화적인 요소에 기반하기 때문에 상담자는 내담자의 세계관을 정확하게 이해하기 위해 상당한 노력을 기울여야 한다(Speicher, 2000).

언어 사용에 있어서 한 가지 중요한 점은 자신과 타인의 관계에서 언어가 둘 사이를 연결해 주는 교량 역할을 한다는 것이다. 언어를 통해 자신과 타인이 표현되는데 자기가 누구인지, 또 타인이 누구인지 서로 표현함으로써 이해하게 된다(Perez Foster, 1996). 이민자나 망명자들은 자신의 고국이나 신분을 표현할 때 자신의 지리학적인 고향을 떠났다 할지라도 여전히 자신의 문화와 출신을 알아차리게 하는 요인으로 언어를 지니게 된다(McCarty & Zepeda, 1999). Akhtar(1999)는 자국의 언어만을 말하다가 이민을 통해 새로운 언어를 습득함으로써 이중 언어를 사용하게 되는 것은 이민자가 겪는 어려움 중의 하나라고 설명하고 있다. 잠꼬대하는 경우, 꿈을 꾸는 경우, 자연스럽게 유머를 표현하는 경우를 통해 이민자들이 새로운 언어에 어느 정도 숙달했는지 알 수 있다. Kristeva(1988)는 새로운 것과 오래된 것 사이에서 발생하는 자신의 언어적 분리를 다음과 같이 설명하였다.

> 옛날에 배운 희미해 가는 언어라 할지라도 내 의지대로 그 언어를 영원히 잊을 수는 없다. … 당신이 바이올린이나 대수학으로 당신을 표현하는 것처럼 또 다른 도구의 사용을 배울 수는 있다. … 당신에게 새로운 언어란 새로운 인

> 종, 새로운 성을 가지는 것처럼 부활하는 것과 같은 감동을 줄 것이다. 그러나 그 환상은 당신이 당신 자신에게 귀를 기울일 때 산산이 깨어지게 된다. … 그러므로 두 언어 사이에서, 당신은 어떠한 소리도 내지 못한다. (pp. 20, in Amati Mehler et al., 1993, pp. 264-265)

이러한 논의의 마지막 쟁점은 언어와 문화가 항상 서로를 반영하는 것은 아니라는 사실이다. 다시 말해서 다문화적인 사람이 자동적으로 다수의 언어를 사용하는 것은 아니며, 다수의 언어를 사용하는 사람이 자동적으로 다문화적인 것은 아니라는 것이다. 영어를 사용하는 많은 아프리카계 미국인과 미국 원주민들뿐만 아니라 미국에 살고 있는 아시아계나 라틴계 사람들은 다문화적이지만 단일 언어를 사용하고 있다. 사회언어학자들은 특별한 언어의 사용과 관련된 다양성에 대해 연구하였다(Fishman, 1999). 이것은 민족 정체성에 의해 강력하게 영향을 받는다. 노예로 살다가 미국으로 건너오게 된 아프리카인들의 후손인 아프리카계 미국인들은 그들이 사용했던 본래의 서부 아프리카 언어를 잃어버렸고, 현재는 원래부터 영어를 쓰던 것처럼 영어를 구사한다. 그러나 그들은 영어를 말하는 독특한 형태를 가지고 있으며, 구별이 되는 방언적인 요소들을 갖고 있다(Fishman, 1999). 이런 경우처럼 방언, 말의 속도, 욕설뿐만 아니라 언어의 사용과 강조에서 나타나는 이러한 특성은 자신이 원래 지니고 있던 독특한 관점을 반영하는 언어의 다양한 측면이라고 볼 수 있다.

4. 다문화 사회에서 문화의 역할

Clifford Geertz가 말한 인용문으로 이 장을 시작한 것처럼, 우리가 그동안 보아 왔던 문화 간의 분리 현상은 지속적으로 약화되고 그 차이는 희미해지고 있다. 왜냐하면 다른 문화를 지니고 있는 사람들이 같은 지역에서 함께 살고 있기 때문이다. 세계에서 고립된 문화는 일부만이 남아 있으며, 우리는 급격하게 서로 접촉을 하고 있다. 결국에는 드라마 《베이워치(Baywatch)》(겉으로 봐서는 전형적인 미국인을 보여 주는)도 유선 텔레비전의 출현으로 인해 전 세계에서 가장 많이 시청하는 유명한 텔레비전 쇼가 되었다. 이처럼 증가하는 접촉은 문화적 상대주의 개념을 발전시켜 간다. 만약 사람들의 역사적 경험이 문화의 내용을 형성하고 우리가 이를 통해 우리 주변의 세상을 인식하는 것이라면, 어느 특정 세계관이 다른 것보다 우월하다고 볼 수 없으며 다른 세계관에 대한 하나의 표준이 되는 세계관도 존재할 수 없다. 그래서 문화는 서로의 관계 속에서만 이해될 수 있다. 그리고 신념이나 행동의 의미는 문화적인 맥락 속에서 상대적으로 이해되어야 한다. 이것은 모든 행동은 문화 특수성을 반영하기 때문에 존중받아야 함을 의미하는가? 우리는 문화 상대주의를 어떻게 허용해야 하며, 또한 사회를 억압하는 관행에 맞서서 어떻게 행동해야 하는가? 이어지는 토론에서 이러한 쟁점을 보다 명확하게 하고자 한다.

자녀 양육에 있어서 신념이나 행동이 문화에 따라 차이가 있는지 탐색해 보면 자녀 양육이나 아동 학대, 방임과 관련하여 보편적인 기준이 없다는 것을 알게 된다. 어린아이가 아플 때 베트남 사람들은 관습에 따라 아이의 몸에 뜨거운 동전을 문지르는데, 종종 멍자국을 남길 정도로 세게 하기도 한다. 반면 그런 멍자국을 가진 아이가 있다면 즉시 고발 조치해야 하는 문화도 있고, 부모들이 아동 학대로 조사를 받게 되는 곳도 있다. 또 다른 예로 동아프리카 어머니들은 날카로운 풀잎으로 두 살배기 어린 아들의 얼굴에 상처를 내고는 상처를 목탄으로 문지른다. 미국이라면 그 아동은 어머니로부터 분리되어 기관으로 보내져 양육될 것이며 어머니는 아동 학대로 체포된다. 그러나 그 어머니는 얼굴에 상처를 내는 것이 전통적인 부족의 관행이라고 할 것이다. 이러한 행동은 그런 상처를 냄으로써 아이가 그들의 부족에서 성인이 되었을 때 부족에 참여할 수 있다는 것을 의미하는 것이며, 이를 통해 아이에게 문화적 정체성을 일깨워 주기 위한 시도로 해석된다. 부족이 가진 문화적인 맥락을 무시하거나 학대라는 관점으로 이 행위를 해석하면 아이의 상처를 이해하는 데 실패했다고 볼 수 있다(Gardiner, Mutter, & Kosmizki, 1998). 우리가 만약 아동 학대나 방치를 정의하는 데 있어서 문화 균형적 시각을 갖지 못한다면, 우리가 가진 문화적 신념이나 관행들이 한쪽으로 치우쳐 있거나 우위에 있다고 생각하게 될 것이다. 이처럼 고통이나 불편함을 주는 것처럼 보이는 베트남 어머니 혹은 동아프리카 어머니의 양육 방식을 어떻게 유럽계 미국인 어머니에게 그러한 양육이 가학적이지 않으며 정당한 행동이라고 설명할 것인가? 동시에 우리는 문화적 민감성이라는 이름 아래 아이들을 비인간적으로 다루는 것을 용납할 수 없다. 이것은 다문화 분야에 종사하는 사람들에게 지속적으로 제기되는 딜레마이다. 이러한 문제를 풀 수 있는 한 가지 방법은 그 행동이 문화적 기반을 두고 의미가 있으며 기능을 가지고 있는지를 파악하는 것이고, 그렇다면 우리의 도덕적 관점에서 벗어나 다문화적인 맥락에서 그들의 행동을 조명해 보는 것이다. 그래서 원래의 문화 속에서 의미가 있고 기능적인 행동이라고 판단하게 되면, 그것을 그러한 문화에서는 기능적이고 적절한 것이라고 평가해야만 한다. 내담자의 행동이 지닌 문화적 가치를 판단하지 말고 상담자는 우선 내담자가 자신의 문화와 새로운 문화 사이에서 행동의 균형을 유지할 수 있도록 도와야 한다. 그리고 내담자가 원래의 행동이 지닌 의미를 새로운 문화에서도 그 의미를 유지한 채 다른 방식으로 적용할 수 있도록 도울 필요가 있다.

생각해 볼 질문 2.4

잠시 멈춰서 자신의 마음속 깊은 곳에 갖고 있는 신념이 무엇인지 곰곰이 생각해 보시오. 가장 소중하게 갖고 있는 신념에 대해 간단하게 목록을 작성해 보고, 다음의 질문에 답해 보시오.

- 당신이 갖고 있는 신념을 왜 믿는가? 그 신념은 어디로부터 온 것인가?
- 당신의 마음속 가장 깊은 곳에 갖고 있던 신념이 변한 적이 있는가?
- 당신의 신념은 어떤 방법으로 어느 정도의 시간을 통해서 변해 왔는가? 변화를 가져오게 한 것은 무엇이며, 왜 변하는가?
- 당신의 마음속 가장 깊은 곳에 갖고 있는 신념이 당신의 가까운 사람들이 가진 신념과 대립을 가져온다면 당신은 어떻게 신념의 대립 속에서 조화를 이끌어 낼 것인가?

5. 문화와 효과적 상담

이 절에서는 문화적으로 특수한 기능장애와 증후군에 초점을 둔다. 뿐만 아니라 인식론, 평가 및 개입의 분야에서 상담이라고 간주되어 온 것과 구분되는 몇몇 치료법에 대하여 간단한 설명을 제공하고자 한다.

1) 문화증후군(Culture-Bound Syndromes)

건강과 질병에 대한 관점은 문화에 따라 다르다. 서구 문화의 경우 마음은 신체와 별개로 간주되었다. 그래서 정신적인 병은 마음에 존재하고, 심지어 **심신증** 혹은 **정신신체화**(psychosomatic)라는 용어는 심신의 진정한 통합이라기보다 오히려 비현실적인 신체 상태를 의미한다. 중국 문화에서 질병은 음양의 부조화에 의해 발생한다. 아프리카 문화의 경우에는 건강을 단순한 생물학적 개념이 아닌 사회적인 개념으로 인지한다. 그래서 건강한 삶은 다른 사람들과 조화롭게 살아가는 사회적 구조에서 가능하다(Lambo, 1961). 다른 한편 티베트인의 경우, 깨달음(enlightenment)과 정신이상(insanity)은 모두 덧없음(transience)에 대한 인식에 초점을 맞추고, 이것이 어떻게 받아들여지고 이해되고 부정되고 억제되는가에 초점이 맞춰진다. 다양한 관점에도 불구하고 서구 모델은 심리학적 장애와 관련된 중요한 두 가지 문서, 즉『정신장애 진단 및 통계 편람(*The Diagnostic and Statlstical Manual of Mental Dosorders*)』(*DSM-IV-TR*; American Psychiatric Association, 2000)과『국제질병분류(*The International Classification of Disorders*)』(*ICD-10*; World Health Organization, 1993)에 잘 나타나 있다. 마음과 신체의 구분에 의해 분류될 수 있는 이러한 장애들은 위와 같은 문서에서 규범적이고 표준화된 장애로 설명된다. 그러나 그렇게 분류될 수 없는, 그리고 유럽이나 유럽계 미국인 문화를 벗어나서 발생하는 질병은 DSM-IV-TR 부록의 **문화증후군**(culture-bound syndromes) 범주에 포함되고, ICD-10의 경우 부록에 제시된 문화특수 기능장애(culture-specific disorders)의 범주에 실려 있다. Canion과 Alegria(2008)에 따르면, 서구 모델은 본질적으로 정신병리학의 보편적인 모델로 간주한다. 다시 말해서 핵심적 장애는 문화와 상관없이 보편적이라고 간주하지만, 문화의 하위 집단에 따라서 비정상으로 여겨지는 행동의 증상과 정도는 차이가 있을 수 있다는 입장이다. DSM-IV-TR의 경우 문화에 대한 비판에 본격적으로 대응하기 위해서 개정이 이루어졌다. 즉 문화, 성, 개인의 발달 수준이 다양한 기능장애의 치료적 징후에 영향을 미친다는 점이 강조되었으며 기능장애에 대한 문화적 표현, 심리사회적인 기능, 문화적 맥락, 그리고 치료자와 내담자 사이의 문화적 차이 같은 문화적 배경에 대한 심층적인 평가를 위한 지침을 추가하였다(Matsumoto & Juang, 2004).

Canion과 Alegria(2008)는 어떠한 문화적 배경과 맥락이 증상의 징후에 영향을 미치는지를 임상가들이 파악하는 데 도움을 주고자 지침을 만들었고, 또한 그 증상이 문화적 증후군인지 아닌지를 파악하는 데 도움을 주고자 하였다. 이 지침은 무엇을 비정상적인 행동이라고 생각하며 어떠한 행동이 정상적인 것으로 간주되는지를 평가하는 방법을 포함한다. 또한 행동을 설명하기 위해서 그 문화에서 사용되는 독특한 용어를 이해하는 것을 포함한다. 그리고 신뢰를 형성하는 방법 및 자신과 지위를 공개함으로써 관계를 촉진하는 방법을 포함한다. 또한 기능장애에 주목하기보다는 정확하게 상대편 문화를 이해하려는 욕구를 나타내는 방식으로 평가 질문을 사용하는 방법이 포함된다. 마지막으로 정신과적인 진단에 상응하는지를 판단하기 전에, 그 행동이 문화적인 면에서 어떠한 갈등과 걱정을 야기하는지를 평가하는 것을 포함한다.

임상의는 자기와는 다른 민족 혹은 문화적 집단에 속한 내담자를 DSM-IV-TR를 이용하여 진단하고자 할 때 매우 어려움을 겪는다. 준거가 되는 개개의 문화적 구조와 그 미묘한 차이에 익숙하지 않은 임상의는 각각의 문화에 기반한 독특한 경험, 행동, 신념에서 비롯된 정상적인 증상을 정신병리로 잘못 판단할 수 있기 때문이다. 예를 들어 특이한 종교 관습 또는 신념(상중에 작고한 친척을 보거나 듣는 것)을 정신병의 징후로서 잘못 진단할 수 있다. 성격장애의 진단 기준을 여러 문화에 동일하게 적용하는 것은 특히 어렵다. 왜냐하면 자아, 의사소통 방식, 문제해결 방식의 개념이 문화에 따라 큰 차이를 보이기 때문이다.

비록 정신분열증과 같은 특이한 기능장애는 문화를 넘어서 보편적인 것처럼 보이지만(World Health Organization, 1995), 이에 대한 발병, 추이, 증상 그리고 효과적인 치료법에서는 뚜렷한 차이가 존재한다(Kleinman, 1998). 미국에서 정신분열증은 심각한 정신병 증상으로 여겨진다. DSM-IV-TR에 따르면 정신분열증은 예후가 좋지 않고 회복 가능성도 적은 기능장애이다. 다른 한편으로 인도, 자메이카, 발리, 탄자니아, 나이지리아와 같은 많은 비서구사회의 경우 정신분열증은 짧은 기간 동안(며칠이나 몇 주) 정신병의 반응을 보이고 완전히 회복하는 사람들이 많이 있다(Sartorius, 1986). 우울한 기분에 대한 표현은 문화적으로 상당한 차이가 있다. 일반적으로 비서구사회에서 우울증은 신체화 증상으로 나타나고, 우울이라고 잘 표현되지 않으며, 죄책감을 거의 느끼지 못하고, 심리적 투사가 많이 일어나며, 덜 심각하며 비교적 짧은 기간 동안 나타난다(Al-Issa, 1995). 비서구사회의 우울증 내담자들 사이에서 흥미로운 것은 **신체화**(somatization), 즉 심리적 문제가 신체적 증상으로 표현된다는 점이다. Al-Issa는 비서구사회의 전통적인 의료 전문가들은 질병의 심리학적인 요인보다 오히려 육체가 정신에 끼치는 영향을 강조한다.

집단주의 사회에서 신체 증상의 영향을 이해하는 것은 중요하다. 그러한 문화에서 신체 증상은 내담자의 지지 체계로부터 더 많은 관심을 얻음으로써 사회에 적응하는 기능의 역할을 할 수 있다. 감정 표현에서 서로 다른 문화의 차이는 또한 비서구 국가들 사이에서 신체화 장애를 이해하는 데 유용한 통찰을 준다. 예를 들어 세계보건기구(1973)의 연구에서 Marsella(1988)는 중국어나 요루바어(나이지리아 공식어)에 **우울증**에 해당하는 단어가 없다는 사실을 보고하였다. 사실 많은 비인도유럽어는 다른 언어와 비교하여 어떤 감정을 구별하지 않는다(Leff, 1988). 이런 언어에서 고통은 서구 상담자들이 익숙하게 들었던 것과는 다른 방식으로 표현될 것이다. 많은 문화의 경우 우울한 기분이나 불안의 표현은 신체적인 언어로 표현되고 있다. 중국 문화에서는 두통, 어지러움, 무기력함으로 표현되고, 나이지리아 문화에서는 몸에서 스멀거리는 느낌과 점점 늘어나는 몸의 열기로 표현된다 (Matsumoto & Juang, 2004).

문화는 기능장애의 발생률과 병인학뿐만 아니라 기능장애의 증상 징후에 영향을 준다. 예를 들어 *taijinkyoufu-syo*(사람 간의 상호작용에 대한 두려움)는 일본의 문화증후군 중 하나이다. 이 증후군은 DSM-IV-TR에 제시된 사회공포증(social phobia)과 유사하다. 반면에 미국에서 사회공포증을 가진 내담자는 다른 사람에 의한 당황함이나 거절과 관계가 있지만 *taijinkyoufu-syo*의 강렬한 경험을 보이는 일본 내담자는 그들의 신체와 신체 일부, 외모, 냄새, 얼굴 표정과 움직임이 다른 사람에게 불쾌함과 당황스러움 또는 화를 일으키지 않을까 하는 두려움을 경험한다(미국정신병리학협회, 2000). 이러한 강렬한 불안은 각 사회에서 문화적으로 적당한 방법으로 표현되는 기능장애와 관련된다. 이와 같이 집단주의적인 일본 사회에서 불안은 다른 사람에게 해와 불편을 끼칠 수 있는 가능성에 의해 생기지만 개인주의적인 미국 사회에서는 다른 사람들이 자신에게 일으키는 부정적인 영향과 관련된다. 만약 이와 같이 문화적으로 독특한 양상을 보이는 불안의 징후를 간과한다면, *taijinkyoufu-syo* 증상을 지닌 일본 내담자와 상담하는 상담자는 신체변형장애(body dysmorphic disorder: BDD)로 진달할 수 있을 것이다. 왜냐하면 화나게 하고 있는 신체 부위에 대한 걱정이 과장되거나 망상적으로 보이기 때문이다.

2) 문화기반 치료

서구의 치료법은 질병의 내적 원인에 초점을 맞춘다. 예를 들어 개인의 장애를 치료하기 위해 정신역동적 접근은 원인 탐색과 치료를 동시에 시도한다. 또한 잘 듣지 못하는 문제를 해결하기 위해 항정신성 약물을 사용하기도 한다. 그러나 최근에는 가족체제 치료와 같이 가족의 맥락과 상호작용 패턴을 고려한 접근으로 발전하고 있다. 매우 다르게 사용되는 경향이 있지만, 허브요법(herbal therapy)은 반서구적인 신체적 치료의 한 예이다. 예를 들어 아유르베다 허브요법(ayurvedic herbal remedies)은 특정 상황을 목적으로 사용되지는 않으나 자연의 리듬을 회복하기 위해 신체의 균형을 다시 맞추는 데 사용된다. 허브는 알약으로 섭취할 수도 있고, 향을 맡기 위해 태우기도 하며, 오일로 몸을 마사지하는 데 사용되기도 한다. 이처럼 다양한 방법은 그 재료만큼이나 중요한 역할을 한다.

중국의 침술요법의 경우 혼돈된 신체의 음양 균형을 맞추기 위해 주의 깊게 선택된 신체의 부분에 바늘을 꽂는다. 침술요법은 고통 완화와 마취(anesthesia)의 방법으로 서양에서도 인기가 증가하고 있다.

모리타 치료(Morita therapy)와 **나이칸 치료**(Naikan therapy), 이 두 가지 심리학적인 접근은 일본의 문화적 관습에서 발전되었다. Morita는 두 단계를 포함하는 매우 구조화된 치료의 형식이다: 첫 번째 단계는 침대에서 충분한 휴식을 취한 후 곧이어 집단 활동을 통해 현실에 점진적으로 적응하도록 돕는다. 이 과정에서 내담자는 일기를 계속 쓰고, 모리타 치료자는 그 일기를 검토하며 인지적인 결함을 수정한다. 치료자는 비현실적인 기대를 스스로 유지하려는 내담자의 성향을 수정하는 것에 초점을 맞춘다. 또한 내담자가 보다 바람직하며 생산적인 태도를 지니도록 도움으로써 내담자가 지나치게 주관적인 불안함에 초점을 맞추는 성향 또한 수정한다(Sansone, 2005). Naikan 치료에서, 상담자는 과거를 살펴보고 자신을 관찰하는 치료적 과정으로 안내한다. 이 두 치료의 기본 목적은 내담자가 있는 그대로 자신에 대한 수용을 시작하는 것이다. 이것은 다른 사람과의 관계에서 조화로운 자아를 일컫는 일본 단어인 *sunao*에 잘 드러난다(Sato, 2001).

방법과 목적은 매우 다양하지만 원하지 않는 영향을 줄이고, 악령과 마귀를 쫓으려는 실행은 전 세계에 걸쳐 다양하게 시도되고 있다. 종종 토착 치료자는 형식적이고 의례화된 의식을 수행하기도 한다. 신성한 제문이 낭송되기도 하고, 몸에서 뭔가를 빨아내기 위해 담배가 사용되기도 하며, 원하지 않는 영혼을 꺼내기 위해 다양한 상징적인 제물과 장식품이 사용되기도 한다. 나바호족의 경우 치료 의식으로 '노래'를 하는데, 이는 정신병리적 문제의 해결을 위한 의식이며 이를 통해 질병과 피해를 예방하거나 죄와 불안을 완화한다. Blessing Way, Life Way, Enemy Way 등과 같은 신화에 근거한 낭송은 지정된 내담자와 확대 가족에 초점을 두고 9일 동안 주술사(shamans)에 의해 수행된다(Dana, 1998). 수(Sioux)족은 치료 목적으로 오두막집(sweat lodge)[9]과 비전 퀘스트(vision quests)[10]를 사용할 것이다. 아프리카계 캐러비안들(afro-cribbeans)과 라틴아메리카인들의 경우 치료사로 알려진 *curanders(as)*(치료사), *santeros(as)*(산테리아 성직자), 또는 *espirit-*

9) [역자 주] 북아메리카 인디언이 몸을 씻거나 기도를 올릴 때 쓰는 오두막집. 가운데 놓인 뜨거운 돌에 물을 뿌려 증기를 발생시킴.

10) [역자 주] 영계(靈界)와의 교류를 구하는 의식. 북아메리카 인디언 부족에서 시행된 남자의 의례.

istos(as)(심령술사)는 치료를 위해 식물, 허브, 의식을 사용할 것이다(Koss-Chioino, 2000).

NTU 치료는 **응구조 사바**(Nguzo Saba)라는 아프리카 모델에 근거하여 아프리카계 미국인에게 사용하는 상담 접근이다(McLean & Marini, 2003). 'NTU'라는 단어는 중앙아프리카의 반투(Bantu)인들에게서 온 것이며, 모든 물질적 현상을 구성하는 정신적인 본질을 설명한다. 영적인 면에 초점을 둔 NTU 접근은 내담자가 관계에서의 자연적인 조화를 재발견하도록 도움으로써 치료한다. 치료 단계는 조화, 인식, 정렬, 실현, 그리고 통합을 포한다. 응구조 사바는 다음에 제시된 크완자(Kwanzaa)의 일곱 가지 원리의 지침을 가지고 내담자를 돕는다.

- *Umoja*(Unity, 단결): 가족, 지역사회, 국가 그리고 인종에서의 단결을 유지하기 위해 노력한다.
- *Kujichagulia*(Self-determination, 자기결정): 자신을 정의하고, 자신의 이름을 지어 주고, 자신을 위해 창조하고, 자신을 대변한다.
- *Ujima*(Collective work and Responsibility, 집단적 작업과 책임): 지역사회를 함께 만들고 유지한다. 그리고 형제자매의 문제를 우리의 문제로 인식하고 그것을 함께 해결한다.
- *Ujamaa*(Cooperative Economics, 협력적 경제): 가게와 사업을 시작하여 유지하고 그것들로부터 공동의 이익을 창출한다.
- *Nia*(Purpose, 목적): 이전에 누렸던 전통의 위대함을 회복하기 위하여 지역사회를 설립하고 발전시키는 공동의 사명을 만든다.
- *Kuumba*(Creativity, 창의성): 물려받은 것보다 더 아름답고 이로운 지역사회를 남겨 주기 위해 할 수 있는 방법으로 할 수 있는 것만큼 항상 실행한다.
- *Imani*(Faith, 신념): 전심으로 주변 사람, 우리의 부모 및 선생님, 그리고 지도자를 신뢰하고 우리의 투쟁에 대한 승리와 정의로움을 믿는다.

문화 적응의 과정에서 전통적인 문화를 고수하고 있는 내담자를 기관이나 학교 환경에서 도울 때 이러한 모든 것이 상담자에게는 무엇을 의미하는가? **사례 연구 2.2**는 한 상담자가 내담자를 성공적으로 돕기 위해 어떻게 상담과 토착 치료를 통합하는지에 대한 예를 보여 준다.

사례 연구 2.2

Mai의 사례

몽(Hmong)족은 남동아시아의 반유목민이다. 26세 여성 몽족인 Mai는 이민 1세대이고, 우울증으로 지역사회 기관에 오게 되었다. 그녀의 무관심, 전신 피로감과 슬픔을 걱정한 남편이 치료를 의뢰했다. Mai와의 대화 중에 상담자는 그러한 증상이 7개월간 지속되었고, 그것은 아이를 출산한 이후부터 시작되었음을 알게 되었다. 그녀는 악몽을 꾸었고 잠을 잘 수 없었다. 그녀는 자신의 아기를 잘 돌볼 수 없음을 느꼈다. 이때 Mai에 대해 산후 우울증의 진단이 가능했음에도, 상담자는 Mai의 상태를 더 잘 이해하기 위하여 그 이상의 탐색이 필요하다고 결정했다. 의사가 응급 제왕절개가 의학적으로 필수적이라고 결정을 내렸기 때문에 Mai에게 출산은 트라우마가 되었다.

Mai와의 첫 만남 이후 상담자는 몽족 지역사회의 문화 자원들에게 자문을 구했다. 몽족의 핵심적 신념으로 각 개인이 3개의 영혼을 갖고 있다는 것을 알게 되었다. 하나의 영혼은 때때로 돌아다니고, 보통 다시 신체로 돌아올 수 있다. 몽족은 영혼이 신체를 떠났을 때, 다양한 이유로 다시 육체로 돌아오는 길을 찾을 수 없게 되면 건강이 나빠진다고 믿는다. 다음 만남에서 상담자는 Mai에게 이 주제를 꺼냈고, 그녀는 마음속 깊이 자리 잡고 있는 생각을 털어놓았다. 일반적인 마취 상태에서 의식이 없는 동안에 그녀의 영혼 중의 하나—그녀의 안녕을 책임져야 하는 의무를 지닌 영혼—가 그녀의 신체를 떠났다가 다시 그녀 몸으로 돌아오지 못했다는 믿음을 드러내기 시작했다. 그녀가 수술실에서 나온 다음 회복실에서 의식을 찾았을 때, 그녀는 수술실에 그녀의 길 잃은 영혼이 남아 있다고 믿었다. Mai는 이 영혼의 이탈이 자신의 건강 악화와 아들을 돌보지 못하게 된 주된 이유라고 확신했다.

상담자는 다음 만남에서 계속해서 미국에 대한 Mai의 문화 수용과 적응, 남편과의 관계, 그녀의 어린 시절의 충격에 대해 탐색했다. 상담자는 또한 몽족 지역사회의 문화 자원들에게 다시 자문을 구했다. Mai의 건강을 회복하기 위해 영혼을 부르는 의식을 받는 것이 필요하다고 판단했다. 그리고 이 의식은 그녀가 제왕절개 수술을 받았던, 즉 영혼이 돌아오기를 기다리고 있는 수술실에서 행해졌다. Mai의 허락 하에, 그녀가 경험하고 있는 시련의 세부 사항들을 영혼을 부르는 의식을 행하는 연장자에게 전달하였다. 더욱이 Mai의 산부인과 의사의 도움으로 수술실이 사용되지 않는 동안 수술실에서 의식을 수행할 수 있었다. 영혼을 부르는 의식을 위해 향, 달걀, 생쌀이 담긴 그릇, 살아 있는 닭을 포함하여 다양한 재료들을 준비했다. 의식이 끝나고 난 뒤, Mai는 그녀의 영혼이 다시 돌아왔음을 확신했기 때문에 더 나아졌다고 보고했다. 그 이후 몇 주 동안 상담이 진행되면서, 상담의 초점은 Mai가 아기를 위해 적극적으로 육아를 수행하는 것과 남편과의 관계를 재확립하는 것에 맞춰졌다.

사례 토론

생각해 볼 점

1. 어떤 과정이 상담자로 하여금 Mai의 상태에 대해 문화적 해석에 대한 지식을 얻도록 했는가?
2. 문화적 통합이 없었다면, 상담자가 Mai에게 적용할 수 있는 전형적인 접근 방식은 무엇이었는가?

사례에 제시된 바와 같이 상담자는 몽족이 아니었

(다음 쪽에 계속)

으며, 몽족 문화에 대해 정통하지도 않았음을 주목해야 한다. 그러나 상담자는 지역사회의 지도자를 통해 자문을 받음으로써 자신의 내담자를 더 잘 이해할 수 있었고, 내담자에게 효과적으로 도움을 주기 위해 몽족의 문화적 정보를 조사할 필요가 있음을 인식했다. 표준화된 기준 절차에 따라 상담을 한정짓기보다, 상담자는 높은 수준의 옹호, 협상, 자문을 포함한 과정을 선택했다. 비록 그러한 의식이 Mai를 상담할 때 중요한 요소이지만, 상담자는 Mai와 이후 지속되는 상담에서 다른 요소를 탐색하기 위하여, 그러한 의식을 성공적으로 마침으로써 얻게 된 신뢰와 편안함을 활용하였다. 이에 더하여 상담자는 의식의 과정을 돕기 위해 자신의 자원과 몽족 지역사회의 외부 정보망을 사용했다.

만약 문화가 치료 과정에 통합되지 못했다면, 상담자는 Mai에게 산후 우울증 약물 처방을 위해 정신과적 추천을 하고 그녀를 그것에 알맞게 치료하려고 노력했을 것이다. 이러한 접근은 Mai가 자신의 질병에 대해 갖고 있는 핵심적 믿음과 충돌이 있을 경우 효과적이지 못할 가능성이 높다.

6. 문화적으로 유능한 상담의 도구

문화에 대한 명확한 이해를 바탕으로 다문화적 유능성 연습에 초점을 맞추게 되면 다양한 배경과 경험을 가진 내담자들에게 효과적인 개입을 제공할 수 있을 것이다. 그러나 이러한 개입은 세계에 대한 내담자의 관점, 치료적 맥락에서 내담자의 지속적인 요구에 대한 충분한 이해에 기초해야 한다.

우리가 살펴볼 첫 번째 기술은 쉽게 기억될 수 있는 약자 ETHNIC을 사용하여 기억하기 쉽게 만든 기법이다. 이것은 내담자의 문화적 적응을 위해 전통적인 내담자를 돕는 상담자를 위한 것이다.

7. 문화에 관해 이야기하기

이 장에서 논의한 모든 주제들은 다양한 문화적 배경과 세계관을 가진 내담자를 상담할 때 이러한 정보들을 어떻게 활용할 것인지 생각해 보도록 도전을 준다. 이 장에서 제시된 활동들에 나온 질문들 또한 내담자와 문화에 대한 대화를 시작하기 위한 좋은 자료이다. 대화를 시작하도록 당신을 돕기 위해 질문들 중 몇 개를 아래에 제시하고자 한다.

예시 2.1
문화적으로 유능한 상담을 위한 틀: ETHNIC

설명(explanation) 내담자에게 자신의 문제에 대하여 어떻게 생각하는지 설명하도록 하라: 당신이 가진 문제의 이유가 무엇이라고 생각합니까? 친구, 가족, 다른 사람들은 그것에 대해 어떻게 말합니까? 이러한 종류의 문제를 가졌었거나 현재 가지고 있는 다른 누군가를 알고 있습니까? 당신은 그것에 대하여 TV, 라디오 또는 신문에서 듣거나, 읽거나, 본 적이 있습니까?(만약 내담자가 대답할 수 없다면 자신의 문제에 대해 가장 염려하는 것이 무엇인지 물어보라.)

처치(treatment) 내담자에게 치료에 대해 어떻게 생각하는지 물어보라: 이 문제에 대해 어떤 종류의 치료 혹은 다른 처치를 받은 경험이 있습니까? 건강을 유지하기 위해 규칙적으로 먹거나, 마시거나, 하는(혹은 피하는) 것이 있습니까? 그것에 대해 말해 보세요. 당신은 나에게 어떤 종류의 처치를 받고 싶습니까?

치료사(healers) 내담자에게 그 문화를 잘 아는 치료사를 아는지 물어보라: 당신은 자신의 문제에 대한 도움을 얻기 위해 대안적 혹은 토착적 치료사, 친구 혹은 상담자가 아닌 다른 사람에게 조언을 구한 적이 있습니까? 그것에 대해 말해 보세요.

협상(negotiation) 당신과 내담자가 서로 받아들일 수 있고 그들과 상반되기보다는 내담자의 믿음을 포함하는 선택을 찾도록 노력하라: 예를 들어 내담자에게 자기 내면의 목소리를 들으면서 동시에 조상들로부터 답을 구하는 기도를 하라고 권할 수 있고, 자신의 목소리와 기도를 통해 받은 응답이 일치하는지 확인한다.

개입(intervention) 개입을 선택할 때에는 내담자와 함께 결정하며 이때 문화적 경험(예를 들어 의식적 정화, 먹는 음식 또는 피하는 음식)뿐만 아니라 대안적 치료, 영성(spirituality) 및 치료사 등을 모두 아우를 수 있는 개입을 선택하라: 예를 들어 내담자는 오두막집에 들어가 그의 인생의 방향을 명료화하기 위해 부족의 주술사에게 자문을 구할 수도 있다.

협력(collaboration) 내담자, 가족 구성원, 다른 건강관리 전문가, 치료사, 그리고 지역사회 자원들과 협력하라: 내담자는 맥락적 관계의 망에 살고 있기 때문에, 그것들을 무시하기보다 이러한 관계를 포함하는 것이 상담의 효과를 증진시키는 데 도움이 된다. 상담자는 내담자의 허락 하에, 내담자가 참석하는 지역 교회의 목사가 내담자에 대한 자원이 될 수 있는지를 파악해야 한다. 또는 라틴아메리카계 내담자의 파드리노(padrino, 대부)를 내담자와 그의 부모 사이의 관계를 도울 수 있는 상담에 초대할 수도 있을 것이다.

사례 연구 2.3

최경실의 사례

최경실은 1996년에 한국에서 태어났다. 고아로 태어나 출생 6개월 만에 미국으로 보내져서 미국인 부부 Bill과 Coleen O'Hara에게 입양되었다. 그녀는 Maureen이라는 새 이름을 갖게 되었으며 여러 세대에 걸쳐 아일랜드계 미국인 가족들이 많이 살고 있는 남부 보스턴 지역에서 양육되었다. Maureen은 유치원 시기에 건강하게 잘 자랐고 그녀의 가족은 그녀를 소중하게 여겼다. 그녀는 *céili* 가문의 많은 사촌들과 어울리면서 아일랜드인들이 추는 지그(Jig)라는 춤도 배웠고, 성 패트릭의 날 퍼레이드에 참가하여 행진도 하고 성 어거스틴 교회에 출석하면서 Kelly 신부에게 고해성사도 하였다. 다섯 살이 되었을 때, Maureen는 그녀의 가족들에게 자랑스럽게 "나는 100% 아일랜드인이에요!"라고 외쳤다. 그녀의 부모는 크게 웃으면서 그녀에게 키스와 포옹을 번갈아 해 주었다.

Maureen이 유치원에 들어갔을 때, 그녀의 반 친구 중 한 명이 그녀에게 "너는 어느 나라 사람이니?"라고 물었다. Maureen이 어떠한 답변도 할 수 없어 다시 반 아이들을 쳐다보는 것을 보고는 선생님이 "여러분, Maureen은 한국이라는 아주 먼 나라에서 왔어요."라고 말했다. 선생님은 큰 지구본에서 미국과 한국이 어디에 있는지 학생들에게 알려 줄 수 있는 기회를 찾은 것 같았다. 그러고 나서 선생님은 웃음 띤 얼굴로 Maureen을 바라보며 "Maureen, 우리가 다양성의 날(Diversity Day) 기념행사를 할 때 한국 사진을 가져와도 좋겠다."라고 덧붙였다.

사례 토론

생각해 볼 점

1. Maureen의 인종, 민족성, 문화는 무엇인가?
2. Maureen이 아기 때 미국에 왔지만 한국 문화의 영향을 받았을 수 있겠는가?
3. 교실에서 있었던 이 사건이 Maureen에게 어떤 영향을 줄 수 있다고 생각하는가? Maureen의 부모는 이런 불가피한 상황을 위해 그녀를 어떻게 더 잘 준비시킬 수 있었을까?
4. Maureen이 성장함에 따라 자신의 문화적 근원에 대해 알고 싶어 할 수 있다. 고등학교 상담자로서 Maureen과 같은 십대들이 이런 감정과 욕구들을 다루도록 도울 수 있는 방법에 대해 토론하라.
5. 오늘날 미국 사회에서 흔히 발생할 수 있는 Maureen의 이야기를 통해, 피부색을 바탕으로 개인의 특성을 분류하는 상담의 위험성에 대해 논의하시오.

Maureen의 선생님과 친구들이 그녀를 외국인으로 본 것처럼 외모 때문에 Maureen은 아시아인으로 분류된다. 그러나 그녀는 동시에 아일랜드계 미국인의 규범과 가치에 젖어 있는 사람이라는 점에서 이 문제는 단순하지 않다. 하지만 자신에 대한 외적 · 내적 지각 사이의 상호작용 때문에 Maureen을 100% 아일랜드인이라고 볼 수는 없다. 또한 Maureen을 양육한 그녀의 가족도 100% 아일랜드인은 아니다. 그들의 문화는 미국인으로서의 경험에 의해 영향을 받고 형성되어 왔다. 아일랜드인과 아일랜드계 미국인 문화 사이에는 뚜렷한 차이점이 존재한다. 게다가 문화의 영향력은 아주 이른 시기에 전해지며 어떤 경우에는 심지어 자궁 안에서 느낄 수 있다는 연구도 있다(van der Elst & Bohannan, 1999). 예를 들어 태아는 생물학적인 엄마의 목소리와 말의 패턴을 들을 수 있고 잠재

(다음 쪽에 계속)

의식 수준에서 그것을 연관 지을 수 있다. 언어 능력이나 눈 맞춤의 형태와 같은 것은 매우 일찍 형성될 수 있다. 그래서 Maureen의 의식적 기억에는 한국에 관한 어떤 것도 포함되어 있지 않지만 한국 문화와 문화적으로 더 유사한 방식으로 자극에 반응할 수도 있다.

이 사례에서 Maureen이 겪은 학교에서의 첫 경험은 Maureen이 그녀 스스로를 인식하는 것보다 타인에 의해 다르게 인식되고 분류되는 일련의 사건들 중 단지 그 첫 번째 사건에 불과할 수 있다. 어떤 면에서, 그녀는 부모에게 자신의 근원에 대해 더 많은 정보를 물어보았을 수 있다. 또는 한국을 방문하고 싶어 하거나, 한국의 언어와 문화에 대해 더 많이 배우려고 했을 수 있다. 이를 통해 자신이 살았던 장소와 소속되었던 곳에 대해 얼마나 친숙하게 느끼고 있는지를 탐색해 보고자 할 수 있다. 그녀의 근원에 대한 탐색을 지지해 주는지 아니면 그것을 위협으로 여기는지, 그녀를 입양한 가족들이 어떻게 반응하는가에 따라 그녀는 자기 자신에 대한 태도를 다르게 가질 수 있다. 청소년기에는 발달적으로 정체성을 탐색하는 것이 어렵고 타인들이 모순되는 정체성을 부여할 때 동요되기 쉽다. 이런 것을 해결하는 과정이 필요하고 상담은 이 과정을 돕는 데 유용할 수 있다.

---

1) 가치와 믿음

- 당신은 무엇에 가치를 두고 그것을 왜 믿는가? 그리고 어디에서 그 가치와 믿음이 왔다고 생각하는가?
- 당신에게 가장 깊이 자리 잡은 가치와 믿음이 도전받은 적이 있는가? 그렇다면 어떻게 그러하였나? 당신은 이런 도전들을 어떻게 조정하고 다루었는가?
- 당신의 가치와 믿음들은 시간이 지나면서 어떤 식으로든 변화했는가? 변화의 원인은 무엇인가?
- 당신에게 가장 깊이 자리 잡은 가치와 믿음들 중 어떤 것이 당신과 가장 가까운 사람들의 가치와 믿음들과 갈등을 일으킨 적이 있는가? 그렇다면 당신은 어떻게 이 갈등을 조정하였는가?

2) 내담자의 문화에 대해 배우기

- 당신 자신의 문화를 어떻게 인식하는가?
- 당신이 자신의 문화에 대한 전문가이기 때문에 당신의 문화적 맥락에서 다음 질문들에 답변함으로써 당신에 대해 더 잘 알 수 있도록 도울 수 있다.
- 눈 맞춤이 언제, 어떻게 유지되어야 하는가?

활동 2.1

문화 가계도(Cultural Genogram)

당신 자신의 문화적 유산을 자세히 알아보기 위해 문화 가계도를 완성해 보는 것이 유용할 것이다. 가계도는 여러 세대에 걸쳐 혈족 관계로 연결된 개인들 사이의 관계에 대한 도표이다. 당신의 가족에 대해 더 많이 알수록 당신 자신에 대해 더 많이 알 수 있다. 문화 가계도는 가족 간의 관계를 기록하는 것을 넘어서 문화, 성, 종교, 사회계층, 성적 취향과 같은 사회적 정체성의 구성 요소가 어떻게 여러 세대를 거쳐 내려오는지를 파악하도록 돕고 가족의 메시지와 가치에 영향을 주는지 탐색하기 위한 것이다. 이것은 자신의 독특한 유산에 대한 영향력을 탐색하도록 돕는다(Hardy & Laszloffy, 1995).

1. 당신 가족의 가계도를 그리는 것으로 시작하라. 대부분의 경우 3세대를 거슬러 올라갈 수 있지만 당신 가족의 맥락 안에서 이해하는 것이 필요할 것이다.
2. 당신의 문화적 기원을 정의하라. 이것은 당신이 누구의 자손인지 소속된 주된 집단을 언급하는 것이다. 대부분의 경우 이것은 미국에 온 첫 세대를 의미할 것이다. 하지만 미국 원주민의 경우 어느 부족인지를 의미한다. 다양한 유산을 설명하기 위해 상징과 색깔을 사용하라. 간문화(intercultural)의 유산을 표현하려면 색깔을 혼합하여 사용하라.
3. 이 문화로부터 전해지는 주요한 생각과 믿음을 확인하라. 여기에는 일, 관계, 의사소통, 감정의 표현, 교육의 가치 등과 같은 삶의 양상에 대한 중요한 메시지가 있다.
4. 당신의 가계도를 조사하고 어떻게 이러한 메시지와 영향들이 세상에 대한 당신의 가치관에 영향을 미쳤는지 살펴보라.

- 나이가 들어간다는 것은 무엇을 의미하며, 나이가 들어가는 과정에 대해 어떤 가치를 두는가?
- 어떤 종류의 사생활(privacy)이 중요하며 또 그 사생활이 얼마나 중요한가?
- 다양한 상황에서 사람들 사이에 얼마만큼의 간격이 적절한가?
- 언제, 어떻게, 누구를 손으로 만지는 것이 적절한가 또는 적절하지 않은가?
- 언제, 어떻게, 누구에게 감정을 표현하는 것이 적절한가?
- 어떤 종류의 훈육이 적절한가?
- 어떤 종류의 비언어적 암시(무언의 의미, 반응, 기대)가 의사소통에서 사용되

는가?

- 아름답다고 생각되는 것은 무엇이고 왜 그런가?
- 여성과 남성이 해야 하는 또는 하지 말아야 하는 역할은 무엇인가?

3) 문화와 상담

- 당신이 가진 문화적 근원(origin)이 하나 이상이라면 가장 주요한 문화적 관점은 무엇인가? 그리고 이것이 갈등적인 면과 자원이라는 측면에서 어떻게 상담에 영향을 미치는가?
- 당신이 '문제'라고 인식하는 것에 대해 문화는 어떻게 영향을 미쳤으며, 인간의 본성 및 삶의 경험과 관련하여 그 문제를 변화시키는 방법에 대해 당신의 문화는 어떠한 영향을 미쳤는가?
- 당신의 문화는 상담 목표, 삶에 대한 지각과 어떤 시점에서 경험하는 갈등, 그리고 이것을 해결하기 위해 취하는 수단을 찾기 위한 방법들에 어떻게 영향을 주는가?

✲ 결론 및 시사점

역사적으로 볼 때 상담 전문가들은 주류의 문화적 이해와 개입을 사용하여 동화라는 지배적 문화가치를 반영해 왔다(Aponte & Wohl, 2000). 계속적으로 변화하는 미국의 인구통계학적 프로파일, 문화적으로 관련성이 있는 상담 서비스를 받고 싶은 욕구의 증가는 상담 전문가들이 문화에 대해 이해할 필요성과 상담에서 이런 특성이 두드러지는 것에 민감해져야 할 필요성을 증가시켰다. 우리의 신념에 대한 보편적 특성과 문화 특수적인 특성을 이해하는 것은 우리를 둘러싸고 있는 것들을 유연하고 능동적으로 다루게 되는 데 매우 중요하다. 우리는 사실 세상을 있는 그대로 보는 것이 아니라 우리가 이해한 대로 본다는 점에서 볼 때, 상담자가 내담자를 보는 방식이 아니라 내담자가 자신을 바라보는 방식으로 내담자를 이해해야 한다는 점이 중요하며 이것의 중요성은 과장해도 지나치지 않다.

이 장에서 우리는 어떻게 세상을 바라보는지, 세상이 우리에게 주는 의미는 무엇인지, 그리고 어떻게 우리가 이 세상에서 행동하거나 반응할 것인지에 대한 패턴으로서 문화의 개념을 알아보고 정의해 보았다. 더 나아가 우리는 문화의 영향을 탐색하고 언어, 이주, 문화전계, 문화접변, 문화 특수적인 질병과 개입, 문화적 세계관의 맥락에서 다양한 문화적 관점의 심리적 함의에 대해 논의하였다. 이 콜라주에는 깊이와 넓이의 차원이 존재한다. 삶의 조각들은 이해되고 해석되며 풍부해진다. 상담의 과정을 통해 이러한 조각들은 성장을 위해 활용된다. 우리는 끊임없는 여정을 통해 다양한 세상을 만나게 된다. 내담자의 세계를 보다 잘 이해하려면 내담자의 세계관과 개인적 정체성을 반드시 이해해야 한다. 왜냐하면 세계관과 정체성이 상담 과정 및 인간의 경험과 밀접한 관련이 있기 때문이다.

✲ 용어

난민(Refugee): 전쟁, 기근, 정치적 불안정 또는 인종, 종교, 정치적 견해, 특정 사회집단에서의 신분으로 인한 박해 때문에 자신의 고국으로 돌아갈 수 없거나 돌아가기를 원치 않아 새로운 나라로 이주한 사람.

동화(Assimilation): 지배적 문화에 완전히 흡수되고 수용되는 것을 목표로 자신의 문화적 근원을 거부하면서 지배적 문화로 이동하는 것.

문화(Culture): 언어, 행동, 이데올로기, 생활, 기술, 가치, 사회적 관습에 있어서 유사성을 공유한 사람들이 공통적으로 가지고 있는 삶의 전체적인 방식.

문화적 세계관(Cultural worldview): 한 문화에서 신념, 인식, 태도와 가치에 대해 공통적으로 공유하는 체계.

문화전계(Enculturation): 한 개인이 주요 문화의 지식, 인식, 가치를 받아들여 주요한 문화로 사회화되는 과정.

문화접변(Acculturation): 한 개인이 지배적 문화 또는 제2의 문화의 영향력에 반응하는 과정.

문화 정체성(Cultural identity): 문화적 규범, 신념, 가치, 세계관의 전형, 집단 정체성에 대한 소속감과 일체감.

문화증후군(Culture-bound syndrome): 특정 사회나 문화에서만 나타나는 질병으로 인식되는 정신 질환과 신체적 증상의 조합.

민족성(Ethnicity): 종교, 역사, 조상을 포함하는 사회문화적 공통 유산.

분리(Separation): 지배적 문화의 가치와 정체성은 거부하는 반면 그들의 문화적 가치와 정체성을 유지하는 사람들을 설명하는 방식.

이민자(Immigrant): 다른 나라에 영구적으로 정착하기 위해 한 나라를 떠나온 사람.

이중문화적 역량(Bicultural competence): '서로 다른 상황에서 적절하게 사용될 수 있는 사회적 행동의 두 가지 양식'을 효과적으로 사용하는 개인의 능력.

이중문화주의(Biculturalism): 자신의 본래 문화(culture-of-origin)의 관습과 정체성을 유지하면서 지배적 문화의 태도와 관습에 대해 유연하게 균형을 유지하는 것.

인종(Race): 유전적 내력과 피부색 같은 신체적 특성으로 사람을 분류하는 개념.

주변화(Marginalization): 본래의 문화와 지배적 문화 모두에 대한 거부. 이러한 사람은 사회적 기능과 수용에 어려움이 있고 문화적 정체성과 자기 효능감이 부족할 수 있다.

체류자(Sojourner): 자신의 문화적 근원을 유지하고 주류 문화에 단지 표면적인 적응만을 하는 일시적인 거주자.

✲ 참고문헌

Akhtar, S. (1999). *Immigration and identity: turmoil, treatment, and transformation*. Northvale, NJ: Jason Aronson.

Al-Issa, I. (Ed.). (1995). *Handbook of culture and mental illness: An international perspective* (pp. 3-64). Madison, CT: International Universities Press.

Al-Issa, I., & Tousignant, M. (1997). *Ethnicity, immigration, and psychopathology* (Plenum Series on Stress and Coping). New York: Plenum Press.

American Psychiatric Association. (2000). *Diagnostic and statistical manual of mental disorders* (4th ed., text rev.). Washington, DC: Author.

Aponte, J. F., & Johnson, L. R. (2000). The impact of culture on the intervention and treatment of ethnic populations. In J. A. Aponte & J. Wohl (Eds.), *Psychological intervention and cultural diversity*. Needham Heights, MA: Allyn & Bacon.

Aponte, J., & Wohl, J. (Eds.). (2000). *Psychological intervention and cultural diversity*. Needham Heights, MA: Allyn & Bacon.

Arredondo, P., Toperek, R., Brown, S. P., Jones, J., Locke, D. C., Sanchez, J., et al. (1996). Operationalization of multicultural counseling competencies. *Journal of Multicultural Counseling and Development, 24*, 42-78.

Bemak, F., & Chung, R. C. (2002). Counseling and psychotherapy with refugees. In. P. Pedersen, J. G. Draguns, W. J. Lonner, & J. E. Trimble (Eds.), *Counseling across cultures* (5th ed., pp. 209-232). Thousand Oaks, CA: Sage.

Berry, J. W., Poortinga, Y. H., Segall, M. H., & Dasen, P. R. (1992). *Cross-cultural psychology: Research and applications*. NY: Cambridge University Press.

Berry, J. W., & Kim, U. (1988). Acculturation and mental health. In P. R. Dasen, J. W. Berry, & N. Sartorius (Eds.), *Health and cross-cultural psychology: Towards applications* (pp. 207-236). Newbury Park, CA: Sage.

Besnier, N. (1990). Language and affect. *Annual Review of Anthropology, 19*, 419-451.

Blackwell, D. (2005). *Counseling and psychotherapy with refugees*. London: Jessica Kingsley.

Bonvillain, N. (2008). *Language, culture, and communication: The meaning of messages*. Upper Saddle River, NJ: Pearson Prentice Hall.

Brinson, J. A. & Kottler, J. (1995). International students in counseling: Some alternative models. *Journal of College Student Psychotherapy, 9*(3), 57-70.

Canion, G., & Alegria, M. (2008). Psychiatric diagnosis: Is it universal or relative to culture? *Journal of Child Psychology and Psychiatry, 49*(3), 237-250.

Castillo, R. J. (1997). *Culture and mental illness: A client-centered approach*. Pacific Grove, CA: Brooks/Cole.

Clifford, S. H. (1981). Toward a new era in psychotherapy. *Academic Psychology Bulletin, 3*(2), 209-216.

Constantino, G., & Malgady, R. (1998). Overcoming cultural and linguistic bias in diagnostic evaluation and psychological assessment of Hispanic patients. In R. Javier & W. Herron (Eds.). *Personality development and psychotherapy in our diverse society: A sourcebook* (pp. 465-486). Northvale, NJ: Jason Aronson.

Covey, S. (1990). *The seven habits of highly effective people: Powerful lessons in personal change*. New York: Free Press.

Dana, R. H. (1998). *Understanding cultural identity in intervention and assessment* (Multicultural Aspects of Counseling Series 9). Thousand Oaks, CA: Sage.

D'Andrea, M., & Daniels, J. (1991). Exploring the different levels of multicultural counseling training in counselor education. *Journal of Counseling and Development, 70*, 78-85.

Deloria, V., Jr. (1988). *Custer died for your sins: An Indian manifesto*. Norman: University of Oklahoma.

DeLucia-Waack, J. (Ed.). (1996). *Multicultural counseling competencies: Implications for training and practice*. Alexandria, VA: American Counseling Association.

Rytina, N. F. & Saeger, C. (2005). Naturalizations in the United States. Annual Flow Report of the Department of Homeland Security. Retrieved November 2,

2010 from http://www.dhs.gov/ xlibrary/assets/statistics/publications/ NaturalizationFlowReport2004.pdf

Fernando, S. (2002). *Mental health, race and culture* (2nd ed.). Hampshire, UK: Palgrave.

Fishman, J. (1999). Sociolinguistics. In J. A. Fishman (Ed.), *Handbook of language and ethnic identity* (pp. 152–163). Oxford: Oxford University Press.

Gardiner, H. W., Mutter, J. D., & Kosmizki, C. (1998). *Lives across cultures: Cross cultural human development*. Boston: Allyn & Bacon.

Geertz, C. (2000). *Available light: Anthropological reflections on philosophical topics*. Princeton, NJ: Princeton University Press.

Goodenough, W. H. (1981). *Culture, language, and society*. Menlo Park, CA: Benjamin Cummings.

Hardy, K. V., & Laszloffy, T. A. (1995). The cultural genogram: Key to training culturally competent family therapists. *Journal of Marital and Family Therapy*, *21*(3), 227–237.

Holcomb-McCoy, C. C., & Myers, J. E. (1999). Multicultural competence and counselor training: A national survey. *Journal of Counseling and Development*, *77*, 294–302.

Javier, R., Vasquez, C., & Marcos, L. (1998). Common errors by interpreters in communicating with linguistically diverse patients. In R. Javier & W. Herron (Eds.), *Personality development and psychotherapy in our diverse society: A sourcebook* (pp. 521–534). Northvale, NJ: Jason Aronson.

Kleinman, A. (1988). *Rethinking psychiatry*. New York: Free Press.

Koss-Chioino, J. D. (2000). Traditional and folk approaches among ethnic minorities. In J. F. Aponte & J. Wohl (Eds.), *Psychological intervention and cultural diversity* (pp. 149–166). Needham Heights, MA: Allyn & Bacon.

Kristeva, J, (1988) "Toccata et fugue pour l'étranger" in Etrangers *à* nous-mêmes, France: Librairie Arthème Fayard, 9–60. In J. Amati-Mehler S. Argentieri, J. Canestri, S. Argentieri (1993). *Babel of the unconscious: Mother tongue and foreign languages in the psychoanalytic dimension* (pp 264–265). Portland, OR: International Universities Press.

Kroeber, A. & Kluckhohn, C. (1952). *Culture*. New York: Meridian Books.

LaFromboise, T., Coleman, H. L. K., & Gerton, J. (1993). Psychological impact of biculturalism: Evidence and theory. *Psychological Bulletin*, *114*, 395–412.

LaFromboise, T. D., & Rowe, W. (1983). Skills training for bicultural competence: Rationale and application. *Journal of Counseling Psychology*, *30*, 589–595.

Lambo, T. A. (1961). A form of social psychiatry in Africa. *World Mental Health*, *13*(4), 190–203.

Leff, J. (1988). *Psychiatry around the globe*. London: Gaskell.

Levi-Strauss, C. (1985). *The view from afar*. Translated by J. Neugroschel and P. Hoss. Chicago: University of Chicago Press.

Levin, S. J., Like, R. C., & Gottlieb, J. E. (2000). Appendix: Useful clinical interviewing mnemonics. *Patient Care. Special Issue: Caring for Diverse Populations: Breaking Down Barriers*, *34*(9), 188–189.

Locke, D. C. (1993). Diversity in the practice of mental health counseling. *Journal of Mental Health Counseling*, *15*, 228–231.

Mahalingam, R. (Ed.). (2006). Cultural psychology of immigrants. Mahwah, NJ: Lawrence Erlbaum.

Marín, G. (1992). Issues in the measurement of acculturation among Hispanics. In K. E. Geisinger (Ed.), *Psychological testing of Hispanics* (pp. 235–251). Washington, DC: American Psychological Association.

Marsella, A. J. (1988). Cross-cultural research on severe mental disorders: Issues and findings. *Acta Psychiatrica Scandinavica*, *78*(344), 7–22.

Matsumoto, D., & Juang, L. (2004). *Culture and psychology* (3rd ed.). Belmont, CA: Wadsworth.

McCarty, T. L., & Zepeda, O. (1999). *Amerindians*. In J. A. Fishman (Ed.), *Handbook of language and ethnic identity* (pp. 197–210). Oxford: Oxford University Press.

McLean, R., & Marini, I. (2003). Counseling issues and approaches working with families of African American gay male members with HIV/AIDS. *Journal of*

Family Psychotherapy, 14(1), 9–21.

Monaghan, J., & Just, P. (2000). *Social and cultural anthropology: A very short introduction*. Oxford: Oxford University Press.

Organista, P. B., Marín, G., & Chun, K. M. (2010). *The psychology of ethnic groups in the United States*. Thousand Oaks, CA: Sage.

Pérez Foster, R. (1996). Assessing the psychodynamic function of language in the bilingual patient. In R. Pérez Foster, M. Moskowitz, & R. Javier (Eds.), *Reaching across boundaries of culture and class* (pp. 243–263). Northvale, NJ: Jason Aronson.

Ponterotto, J. G., Alexander, C. M., & Grieger, I. (1995). A multicultural competency checklist for counseling training programs. *Journal of Multicultural Counseling and Development, 23*, 11–20.

Rubel, A. J., O'Nell, C. W., & Collado, R. (1985). The folk illness called susto. In R. C. Simons & C. C. Hughes (Eds.), *The culture-bound syndromes: Folk illnesses of psychiatric and anthropological interest* (pp. 333–350). Dordrecht, the Netherlands: Reidel.

Sam, D. L., & Berry, J. W. (2006). *The Cambridge handbook of acculturation psychology*. Cambridge: Cambridge University Press.

Sansone, D. (2005). Morita therapy and constructive living: Choice theory and reality therapy's Eastern family. *International Journal of Reality Therapy, 25*(1), 26–29.

Sartorius, A. (1986). Early manifestation and first contact incidence of schizophrenia. *Psychological Medicine, 16*, 909–928.

Sato, T. (2001). Autonomy and relatedness in psychopathology and treatment: A cross-cultural formulation. *Genetic, Social, and General Psychology Monographs, 127*(1), 89–97.

Singh, G. (1985). Dhat syndrome revisited. *Indian Journal of Psychiatry, 27*, 119–121.

Speicher, M. (2000). Cultural and personal dimensions in human life. *Clinical Social Work Journal, 28*(4), 441–447.

Van der Elst, D., & Bohannan, P. (1999). *Culture as given, culture as choice*. Prospect Heights, IL: Waveland Press.

World Health Organization. (1993). *The international statistical classification of diseases and related health problems* (10th rev.). Geneva: Author.

World Health Organization. (1995). *Schizophrenia: Epidemiology of mental disorders and psychosocial problems*. Geneva: Author.

Counseling & Diversity

CHAPTER 03

세계관과 정체성

1. 세계관 및 개인 정체성의 개념
2. 세계관
3. 세계관 및 효과적 상담
4. 세계관 및 상담 이론
5. 개인적 정체성
6. 인종 및 민족 정체성
7. 인종 정체성 발달 이론
8. 민족 정체성 발달 이론
9. 세계관, 문화 정체성, 인종 및 민족 정체성에 관한 토론

나는 붉은 인디언이다. 위대한 영혼(the Great Spirit: 인디언 부족의 주신主神)이 내가 백인이 되기를 원했더라면 그는 처음부터 나를 그렇게 만들었을 것이다. 그는 당신의 마음에 어떤 소원과 계획을 두는 반면 내 마음에는 그것과는 다른 소원을 둔다. 그의 시각에서 모든 사람은 선하다. 독수리가 까마귀가 될 필요는 없는 것이다.

— Sitting Bull, Lakota의 추장 (Deloria, 1994, p. 198에서 인용)

Sitting Bull은 '붉은 인디언'과 '백인'이 다른 방식으로 세계를 바라본다고 이해했다. 미국의 역사를 통하여 각기 다른 집단의 사람들이 세계를 바라보는 방식의 차이—우리 자신의 것과는 다르게 세계를 바라보는 방식이 있다는 것을 이해하는 능력이 없는 것—가 서로 평화롭게 사는 능력을 방해해 왔다. 우리는 우리가 세상을 보는 관점이 매우 당연한 것이라고 생각한다. 왜냐하면 우리에게 진실인 것이 다른 사람에게도 역시 진실이라고 생각하기 때문이다. 그렇지 않은가? 이 장을 읽으면서 당신의 마음에 이 질문을 계속해 보기 바란다.

1. 세계관 및 개인 정체성의 개념

이번 장에서 우리는 세계관의 기원 및 인종, 계층, 성과 같은 중요한 다른 요인들과의 관계에 대한 짧은 역사를 소개하고자 한다. 수많은 연구들은 다양한 민족 집단이 가진 세계관의 유사성과 차이점에 대해 설명해 왔다. 우리는 개인의 정체성의 범위와 이것이 어떻게 사회정치적, 역사적 맥락에 의해 영향을 받아 세계관을 형성하는지를 개인적 정체성 모델의 관점에서 탐색할 것이다. 제시된 사례는 내담자를 상담할 때 고려해야 할 중요한 쟁점들을 이해하도록 도울 것이다.

우리는 **문화적 세계관**(cultural worldview)을 한 문화에서 공통적으로 나타나는 믿음, 지각, 태도와 가치의 체계로 정의한다. 이 장에서는 개개인이 세계에 대한 의미를 바라보고, 해석하고, 귀인하는 독특한 방식인 **개인적 세계관**(individual worldview)에 초점을 둔다. 우리 개인의 세계관은 우리의 문화적 세계관과 독특한 삶의 경험에 기반을 두고 있다. 예를 들어 Chahaya는 인도네시아의 작은 마을에서 성장하여 21세에 미국으로 이민을 왔다. 이 남자의 세계관과 태어나서 자기 본래의 문화를 떠나본 적이 없는 그의 형제 Santoso의 세계관을 비교해 본다면 당신은 공통점과 공통적이지 않은 요소들을 찾을 수 있을 것이다. 그들은 먹는 음식, 전통적 관습 또는 언어와 같은 문화적 유산을 공유한다는 것을 발견할 것이다. 하지만 Chahaya는 자신이 살던 마을을 떠나왔기 때문에 그의 개인적 세계관을 형성하는 독특한 경험들을 가졌을 수 있다.

다문화 학자들은 문화적 세계관과 개인적 세계관 사이에 차이점이 있다는 것을 인정하였고 여러 연구들이 이를 경험적으로 지지하였다. 예를 들어 Sue와 Sue(2008)는 많은 아시아 문화의 영적이고 종교적인 전통은 기본적으로 인간을 선한 것으로 생각하고 인간과 자연 사이의 조화를 강조한다고 하였다. 그러나 다양한 학생을 대상으로 세계관을 측정한 Sodowsky, Maguire, Johnson, Kohles, Ngumba 등(1994)의 탐색적 연구에서는 중국 본토와 태국 학생들이 그들의 전통적 문화 신념과 상반되는 가치들을 갖고 있음을 확인하였다. 조사에 나타난 응답 중에서 많은 아시아 학생들은 백인 미국 학생들의 응답처럼 인간 본성이 기본적으로 악하고 인간이 자연을 통제해야 하는 것으로 믿는다고 대답하였다.

세계관은 개인이 자신, 타인, 환경을 바라보는 방식, 그리고 그것이 자신의 생각과 행동 방식에 어떻게 영향을 주는지와 연관되기 때문에 다문화 상담에서 가장 중요한 개념들 중 하나이다(Ibrahim, Roysircar-Sodowsky, & Ohnishi, 2001; Josephson & Peteet, 2004). Lonner와 Ibrahim(2002)이 제시한 정의는 심리학적 문헌들 중에서 세계관에 대한 개념의 복잡성을 잘 보여 준다.

> **세계관**의 개념은 한 개인이 도덕적 · 사회적 · 민족적 · 철학적 관점으로 세계를 어떻게 바라보느냐와 관계되어 있다. 개인의 세계관은 그의 가치, 믿음, 가정의 원천이다. 이것들은 문화적 · 사회적 · 종교적 · 민족적 · 인종적 관점에서 기인하고 개인이 사회화와 문화전계를 통해 형성한 혜택이며 결과들이다. (p. 358)

Lonner와 Ibrahim은 또한 한 집단의 사람들이 유사한 세계관을 가지고 있을 수 있지만 각 개인이 스트레스 상황에서 반응하는 방식은 그의 문화적 · 개인적 정체성의 구조에 의해 영향을 받는다고 하였다. 앞 장에서 우리는 우리 본래의 문화와 관련된 것으로 **문화적 정체성**을 정의하였고 모든 의미, 인식, 기대는 그 문화 안에서의 삶과 연관된다고 하였다. 이 장에서 우리는 우리의 문화적 맥락(문화적 근원과 현재 문화 모두)이란 관점에서 개인을 이해하고 독특한 개인 경험에 의해 영향을 받은 개인을 바탕으로 우리 스스로를 정의하는 방식을 의미하는 **개인적 정체성**의 개념을 소개하였다.

2. 세계관

매일의 삶에서 우리는 우리가 가진 세계관과 아주 유사하거나 또는 아주 다른 가족, 친구, 배우자, 낯선 사람, 아는 사람, 직장 동료, 내담자와 상호작용한다. 인간은 자신의 세계관과 유사한 세계관을 가진 사람에 끌리는 경향이 있다. 따라서 우리의 방식으로 세계를 이해하고 또한 우리를 이해하는 것에 대해 편안함을 느끼는 부분이 있다. 반면 우리의 방식과는 아주 다른 방식으로 세계를 바라보는 것에 대해서는 불편함을 느낀다. 특히 우리가 삶에서 진실이라고 생각하고 가치 있다고 여기는 것을 위협하는 관점이라면 더욱더 그렇다.

여러 가지 면에서 세계관은 우리 스스로를 어떻게 바라보느냐와 관련 있다. 우리와 비슷한 것은 '정상적(normal)'이라고 가정하고 세상의 중심에 두는 반면, 우리와 다른 것은 가장자리에 두는 경향이 있다. **민족중심주의**(ethnocentrism), 즉 우리의 세계관이 표준적이고 현실적이며 보편적인 것이라는 믿음은 대부분의 사회에서 일반적이다. Bennett(1986)은 유용한 민족중심주의 단계 모델에 대해 설명하였다. 이 모델은 다른 세계관과 접촉하는 경험이 부족하고 고립되어 있는 데서 기인하는 다른 세계관에 대한 부정(denial of other worldview)의 단계로 시작한다. 그다음으로는 방어의 단계(stage of defense)로 다른 세계관에 대해 우월의식과 부정적 편견을 가지고 다른 세계관을 폄하하는 입장을 취한다. 예를 들어 유럽계 미국인은 라틴계 미국인이 세계를 다른 방식으로 본다고 인식한다. 그러나 라틴계 미국인은 **남성 지배적 시각**(machismo)의 시각으로 세계를 바라본다는 고정관념을 가지며, 라틴계 미국인의 세계관을 폄하하여 라틴계 미국인의 세계관이 현실을 바라보는 의미 있는 세계관으로서 별로 중요하지 않다고 여기는 경우에 해당된다. 차이를 최소화하는 단계(stage of minimization of differences)에서는 다른 세계관에서 나타나는 차이점을 별로 중요하지 않은 것으로 생각한다. 반대로 **민족상대주의**(ethnorelativism)의 단계는 수용으로 나아가는 것, 가치와 행동에 있어서 차이를 인식하는 것을 포함한다. 적응(adaptation) 단계에서는 차이점 간에 관계를 짓고 의사소통하는 것을 배운다. 통합(integration) 단계에서는 본래 토착 문화를 초월하고 다양한 문화적 이점으로 반응할 수 있게 된다.

다행히 대부분의 개인들은 자신의 것과 완전히 반대되는 것일지라도 세계에 대한 다양한 관점을 인식하고 이해하며 가치를 두기 위한 능력을 발달시킬 수 있다. 상담자들은 자신의 세계관이 전부라고 생각할 수 있는 내담자를 돕는 경우 도전에 직면하게 된다. 또한 우리는 삶을 바라보고, 믿고, 다가가는 다양한 진실과 방식에 우리의 눈과 마음을 열어 두어야 하는 도전에 직면해 있다. 효과적인 다문화 상담을 위한 근본적인 열쇠 중 하나는 우리와 관련된 내담자의 세계관을 이해하기 위해 계속적이고 의도적으로 노력해야 한다는 점이다. 사실 상담은 상담자와 내담자 모두에게 삶이 제공하고 있는 수많은 학습 기회를 더 강화하기 위한 기회라고 볼 수 있다. 상담이 잘 이루어진다면 상담은 상담자뿐만 아니라 내담자에게도 가장 강력하고 결정적인 사건을 제공할 것이다. 문화적으로 유능한 상담자는 내담자가 가진 세계관의 복잡성을 고려하고 그것이 어떻게 내담자의 인식과 행동에 영향을 주는지 이해하려고 노력한다.

1) 세계관 및 가치 지향

문화적 세계관에 관한 초기 연구에서 Kluckhohn과 Strodtbeck(1961)은 문화적 가치의 차이에 대한 특별한 영역이 있음을 인식하기 시작했다. 예를 들어 그들은 다른 문화의 사람들이 시간에 대해 다른 방식으로 가치를 둔다는 것을 발견하였다. 어떤 문화에서 시간은 정확하고 일정한 것이어서 사람들은 시계의 시간에 따라 그들의 생활을 계획한다. 다른 문화에서는 시간이 변동적인 것이어서 계절과 날씨에 따라 생활의 속도가 달라진다. Kluckhohn과 Strodtbeck은 문화적 세계관에 있어서 가치 차이를 보이는 다섯 가지 영역을 확인하였다. 가치 차이를 보이는 영역은 (a) 인간을 좋은 것, 나쁜 것, 또는 둘 다로 보는 인간에 대한 관점 (b) 자연을 정복해야 하는 것, 자연과 조화롭게 사는 것, 자연에 복종해야 하는 것으로 보는 인간과 자연 사이의 관계 (c) 과거, 현재, 또는 미래에 초점을 둔 시간 지향 (d) 개인주의적, 대가족(조부모, 사촌, 삼촌, 숙모 등 핵가족을 넘어선 관계) 또는 조상 대대의(직계가족을 넘어서 혈통, 조상으로 엮인 관계) 관점으로 설명하는 다른 사람과의 관계 (e) 활동과 개인 성취에 초점(하는 것, doing), 개인적 성장과 발달에 초점(되는 것, being in becoming), 편안하고 자유스러운 것에 초점(그대로 있는 것, being)을 둔 인간 행동의 지향이다.

물론 문화적 가치 지향의 넓은 틀 안에서 보면 지위, 성, 계층, 지형학적 위치, 문화 변용의 정도, 전통에 대한 고수와 같은 요소에 의해 영향을 받는 집단 내의 다양성(within-group variations)의 범위가 넓다. 그럼에도 일반적으로 비교하면 이런 가치 지향은 네 가지 큰 민족 집단(미국 원주민, 아시아계, 아프리카계, 라틴계 미국인) 사이의 차이로 설명되어 왔고, 미국에서 지배적인 문화 집단인 유럽계 미국인과 이들을 비교하는 데 사용되었다(Dana, 1993; Sue & Sue, 2008).

예를 들어, 유럽계 미국인 사회가 개인적 성취를 장려하는 반면, 많은 미국 원주민의 세계관에서 성취는 부족 집단원 또는 가족의 맥락에서만 가능한 것이다(Garrett & Garrett, 1994). 지배적 미국 문화는 엄격한 시간 지향에 가치를 두지만 많은 라틴계들의 문화적 세계관은 시간을 더 유동적인 것으로 본다(Santiago-Rivera, Arrredondo, & Gallardo-Cooper, 2002). 이와 같이 Sue와 Sue(2008)는 지배적 미국 문화가 관계에 있어서 개인주의를 강조하는 반면, 일본과 중국계 미국인 문화는 다른 사람들과 그들의 소속이 과거 세대와 연결되었다는 점에서 선형적인 것으로 간주될 수 있다.

Kluckhohn과 Strodtbeck(1961)의 가치의 틀은 또한 Derald Wing Sue와 같은 유명한 학자에게 영향을 주었고, 세계관 구성에 대한 Sue의 개념이 상담 분야에서 널리 알려지고 사용되었다(예: Sue, 1978). 우리는 다음에서 Sue가 제시한 세계관의 구성을 살펴볼 것이다. 그는 이것을 통제 소재와 책임 소재라는 용어로 정의하였다. 이어서 우리는 세계관의 다른 개념들을 살펴볼 것이다.

2) 통제와 책임의 영역

Derald Wing Sue는 1978년 *Personnel and Guidance Journal*에 실린 "세계관과 상담"이라는 획기적인 논문에서 세계관의 구성을 처음 소개하였다. 그는 세계관을 태도, 믿음, 행동에 영향을 미치는 가치 체계로 정의하였고 모든 개인의 세계관은 사회정치적 · 역사적 힘뿐만 아니라 문화와 인종에 의해 영향을 받는다고 주장하였다.

Sue는 세계관을 네 가지의 넓은 범주로 조직화함으로써 가장 잘 이해될 수 있다고 제안하였다. **그림 3.1**에서 보는 것처럼 Sue의 네 가지 범주는 두 가지 **심리적 지향** 또는 차원인 **통제 소재**(locus of control, 개인이 그의 환경을 지배하는 능력의 정도)와 **책임 소재**(locus of responsibility, 개인이 그의 행동과 삶의 환경에 주권을 지니는 정도)의 교차로 이루어진다. Sue의 모델에 따르면 이 두 가지 차원은 독립적으로 작동하지만, 그것이 교차할 때 네 가지 영역이 형성된다. 1사분면은 내적 통제, 내적 책임 영역, 2사분면은 외적 통제, 내적 책임, 3사분면은 외적 통제, 외적 책임, 4사분면은 내적 통제, 외적 책임 영역이다. Sue의 모델에서 각각의 면은 문

그림 3.1 Sue의 세계관 분류

화, 인종, 사회정치적 · 역사적 힘에 의해 영향을 받아온 독특한 가치 체계를 포함하며 이것은 결과적으로 각 개인의 태도, 믿음, 행동에 영향을 미친다.

1사분면(내적 통제 소재와 내적 책임 소재)에 속하는 사람들은 성공을 높이 평가하고, 그들의 성공을 자신 덕분으로 돌리며, 인생의 모든 면에서 독립, 권력, 통제를 믿는다. Sue는 대부분의 중산층 유럽계 미국인이 1사분면에 속한다고 했다.

2사분면(외적 통제 소재와 내적 책임 소재)에 속하는 사람들은 그들의 환경에 대해 거의 통제력이 없다고 믿는다. 그리고 동시에 그들의 인생에서 잘못된 모든 것은 그들의 잘못이라는 믿음을 가지고 살아간다. 이러한 사람들은 그들의 문화적 · 민족적 그룹의 구성원에 대한 부정적인 생각을 가지고 있고, 그것에 의해 차별받는 것을 거부하며, 미국의 주류 문화와 사회에 더 많은 가치를 두면서 그들의 문화적 유산을 거부할 수도 있다. 2사분면의 경우 백인이기를 바라는 흑인, 여성이 남성보다 열등하다는 정의를 수용한 여성, 필사적으로 이성 간의 사랑을 원하는 게이, 자신의 장애가 자신을 차별받을 만한 존재로 만들고 있다고 믿는 장애인 등이 해당된다.

3사분면(외적 통제 소재와 외적 책임 소재)에 속한 사람들은 그들이 경험하는 불평등과 부당한 대우에 대해 그들 자신을 경멸하지도 않고 비난하지도 않는다. 오히려 자신들을 힘들게 하는 가난, 불평등 및 차별 및 분리에 대해 세상은 원래 그런 것이라고 간주한다. 그러한 것들의 원인은 너무 강력하고 외적인 요인이 강하기 때문에 변화시킬 수 없는 것으로 바라본다. 3사분면의 사람들은 그들이 살고 있는 환경을 수용하고 그것을 변화시키기 위해 노력하는 것은 헛된 짓이라고 믿는 경향이 있다.

4사분면(내적 통제 소재와 외적 책임 소재)에 해당하는 사람들은 그들이 직면한 장벽의 사회적 맥락을 충분히 이해하고 그들 자신을 변화의 행위자로 본다. Sue는 4사분면의 사람들은 인종적 자부심, 정치적 의식, 그리고 강력한 개인적 효능감을 지니고 있다고 언급했다. 우리는 이러한 개념을 확장하여 이들이 보이는 자부심의 영역을 자신의 성, 성적 지향성, 그리고 자기가치감(self-worth)으로 확장하고자 한다. Sue는 이러한 네 가지 세계관의 분류를 분리된 정적인 것으로 여기지 말아야 한다고 경고한다. 범주 안에서 발견되는 상당한 변화 외에도, 각 개인은 하나의 세계관 이상의 조합을 가질 수 있다. 예를 들어 특히 라틴계 미국인은 남성에 대한 관계에서는 2사분면에, 인종적 평등을 위한 활동가로서의 역할에 있어서는 4사분면에 해당할 수 있다.

세계관에 대한 문헌을 포괄적 검토한 Koltko-Rivera(2004)는 이러한 개념은 완전히 복잡하며 계속 진화하고 있다고 언급했다. 그는 다른 학자들에 의해 소개된 많은 다른 측면과 차원을 포함하는 새로운 개념화를 소개했다. 예를 들어 그의 틀은 그들의 문화, 감정, 행동 그리고 인지와 관련된 인간 본성, 의지, 진리 그리고 세상과 삶 같은 넓은 차원의 다양한 것들로 구성된다(그의 모델을 자세히 살펴보려면 Koltko-Rivera, 2004 참고).

개인주의(individualism)와 **집단주의**(collectivism) 가치 지향성은 세계관의 일부분으로 여겨진다. 문화적 태도에 대한 거대한 다국적 연구를 완성한 Hofstede(2001)에 따르면, 개인주의는 개인 사이의 결속력이 강하지 않고, 독립성을 추구하며, 자기 자신에게 관심을 쏟거나 경우에 따라서는 가까운 가족에게 관심을 기울이는 사회를 말한다. 반면 집단주의는 사람들이 출생 이후 결속력 있는 집단의 한 부분을 형성하며, 집단의 이익을 위한 충성과 노력의 대가로 집단의 보호를 받는 사회이다. 사회는 일종의 연속체(continuum)와 같아서 미국과 같은 개인주의와 중국과 같은 집단주의 사이의 어느 부분에 놓이게 된다. Hofstede(2001)는 또한 문화적 행동에 영향을 미치는 다른 차원을 확인했다. 예를 들어 **권력 간격**(power distance)이 그 예에 해당하는데, 이것은 한 문화에 속한 사람들이 권력이 불평등하게 분배될 것이라고 생각하는 정도로, 이러한 생각은 실제 한 사회의 위계적 구조에 영향을 미친다.

3) 인종, 문화 및 세계관

문화와 세계관은 기본적인 구인이기 때문에, 개인과 그들이 속한 집단의 다른 중요한 특징 및 속성과 연계되어 있다. 예를 들어 인종은 문화 및 세계관과 긴밀하게 연결되어 있다. 우리가 알고 있듯이 각각의 인종 집단은 그들만의 역사, 지리적 특징, 신체적 외모, 그리고 언어와 같은 다른 문화를 지닌다. Kambon(1992)이 언급했듯이, 각 문화는 그들의 살아온 경험과 사회적 현실에 근거한 세계관을 설명한다. 예를 들어 Ganies, Larbie, Patel, Pereira 및 Sereke-Melake(2005)에 따르면 아프리카계 혈통의 개인은 유럽계 혈통의 개인에 비해 더 강력한 집단주의적 세계관을 가졌다고 보고하였고, 이러한 집단주의적 세계관은 인종차별과 아프리카계 미국인이 직면한 차별의 부정적 효과에 대해 완충제 역할을 한다는 것을 확인하였다.

4) 성과 세계관

성 역할(gender roles)은 성장의 초기 단계에서 학습된다. 그리고 가족, 종교, 정책 그리고 주어진 사회의 문화와 같은 다양한 방법으로 강화된다(Hansen, Gama, & Harkins, 2001). 이와 같이 성별의 차이는 다른 사회화 과정을 통해 어린 시기에 발생한다. 이처럼 성은 개인적 정체성의 중요한 부분이며, 개인적 세계관의 정보에 있어서 중요하다. Ibrahim에 따르면 한 개인의 성별과 문화적 배경이 성 역할을 형성하고 규정하는 데 상호 영향을 미친다. 따라서 자신의 문화를 통해 남자 됨과 여자 됨에 대하여 배우는데도 우리는 동시에 우리가 가진 성 역할에 따라 문화를 다르게 경험한다. 예를 들어 아랍 문화의 어린 소녀는 여자가 되는 것은 정숙하게 되는 것, 양육을 하는 것, 남자와의 관계를 통해 다른 여성과 긴밀한 관계를 맺는 것을 포함한다는 것을 배운다. 그녀의 성 역할에 따라 일상생활을 통해 남자형제와는 다르게 그녀의 문화 안에서 인생을 경험한다.

세계관에서 성별의 차이가 있다는 견해는 실증적으로 지지되어 왔다. 예를 들면 D'Rozario(1996)는 싱가포르의 국제대학교 학생들의 표본과 미국 대학교 학생들의 표본의 차이를 비교했는데, 인간 본성과 사회적 관계에 대한 믿음에 있어서 두 집단 사이에 분명한 차이가 존재한다는 것을 발견했다. 그러나 흥미로운 것은 이 두 집단에서 여자보다 남자들이 더욱 종적 상하관계(lineality)와 개인주의를 지지했다는 점이다. 좀 더 최근에 Madson과 Trafimow(2001)는 317개 대학의 학생

표본에서 여성은 남성보다 자신을 설명할 때 더 집단주의적인 특징(예: 상호의존과 우정)을 선호했다는 것을 발견했다.

생각해 볼 질문 3.1

- 당신의 세계관은 무엇이며, 어떻게 그것이 당신의 개인적 정체성을 형성하고 있는가?
- 당신의 세계관은 어디에서 생겨났는가? 그리고 어떻게 변화했는가?
- 당신의 세계관은 당신이 상담에 접근하는 방식에 어떤 영향을 미치고 있는가?
- 직업으로서 상담을 선택한 것이 어떻게 당신의 세계관을 반영해 주는가?
- 내담자의 세계관은 진단과 치료 성과에 어떻게 영향을 미치는가?

3. 세계관 및 효과적 상담

문화적 역량을 함양하기 위해서 상담자는 내담자의 세계관을 개념화하는 데 수반되는 복잡성과 어떻게 그것이 지각과 행동에 영향을 미치는지 고려해야 한다. 그와 동시에 상담자는 어떻게 그들의 세계관이 상담 습관에 영향을 미치는지 탐색하는 것이 필요하다. 세계관이 한 개인의 문화적 정체성, 개인 정체성과 연관되어 있음을 논의한 것처럼, 우리가 상담하게 되는 내담자들의 다양한 세계관을 효과적으로 이해하기 위해서는 위에서 말한 여러 가지 사항들을 고려해야 한다. 내담자들의 세계관을 존중하고, 지지해야 하며 그들의 세계관을 옹호할 필요가 있다. 경우에 따라서는 내담자의 세계관을 향상시킬 목적으로 도전을 주어 궁극적으로 한 개인으로서 지속적으로 성장할 수 있도록 돕는 것이 필요하다.

Farah Ibrahim은 세계관과 문화적 정체성을 개인적 삶의 핵심에 두는 이론적 틀을 제안했다(Ibrahim et al., 2001). Ibrahim 등은 세계관에 대해 다음과 같이 제시했다.

> 세계관은 내담자의 문화적 가정(cultural assumptions)을 이해하는 핵심 변수이다. 또한 세계관은 이러한 가정이 자신의 인지구조와 감정의 구조 및 반응에 영향을 미치는지 이해하는 데 핵심 변수로 작용한다. 세계관은 내담자가 직면한 문제와 그것의 심각성을 규정하는 데 있어서 정신보건 전문가들에 의해 사용되는 설명적 원리를 제공하는 중재변수이다. (p. 426)

1) 내담자의 세계관을 맥락적으로 이해하기

Ibrahim의 견해에 따르면, 세계관은 진단과 치료 계획에서부터 상담 성과에 이르기까지 상담의 모든 측면에 있어서 중심 주제가 되어야 한다. 게다가 Ibrahim과 동료들은 개인적 정체성, 사회경제적 배경(예: 교육, 수입, 주거 위치), 문화 변용의 수준, 성, 종교, 성적 지향성, 나이, 그리고 언어 배경 등은 세계관에 대한 관계에서 이해되어야 한다는 개념을 강조했다.

2) 내담자의 세계관을 평가하기

임상 실습에서 내담자의 세계관을 이해하는 것의 중요성을 인정하면서, Ibrahim과 동료들은 상담자를 위한 실질적 측정 도구인 세계관 평가 척도(Scale to Assess World View: SAWV)를 개발했다(Ibrahim & Kahn, 1984; Ibrahim & Owen, 1994). SAWV는 45개 문항으로 구성되어 있으며 질문에 대한 응답자의 반응은 세계관의 다양한 측면을 드러낸다. 내담자의 응답을 분석함에 있어서 상담자는 내담자의 세계관을 특징짓는 데 도움이 되는 다음의 일반적인 주제를 살펴볼 수 있다.

- 낙관적인(optimistic): 인간은 선하며 자연과의 조화와 영적인 안녕을 추구한다는 믿음이다.
- 전통적인(traditional): 사회적 관계는 대부분 선형적이고 위계적이며, 시간은 본래 미래 지향이고, 인간은 자연적 세계를 넘어서는 통제와 힘을 가지고 있다는 믿음이다.
- 여기 그리고 지금(here and now): 존재의 자연스러운 방식으로 현재에 초점을 두는 믿음이다.
- 비관적인(pessimistic): 자연은 강력하고, 관계는 부수적이며, 인간은 본질적으로 악하다고 보는 것과 관련된 믿음이다.

세계관의 개념을 더 확장시켜서 Koltko-Rivera(2000)는 통제 소재(인과관계에 대한 믿음), 집단에 대한 관계(집단주의), 권력에 대한 관계(민주주의적 이상주의), 그리고 주체성(자유의지에 대한 믿음)과 같은 다양한 영역을 측정하는 54개의 문항으로 구성된 세계관 측정 도구(Worldview Assessment Instrument: WAI)를 개발했다(Coll에서 인용, 2008).

사례 연구 3.1

Ya Ting의 사례

Ya Ting은 미국에서 대학원 공부를 하기 위해 최근 홍콩에서 이주해 온 23세의 여성이다. 그녀는 대학원 공부에 매우 열정적이고 자신감이 있으며, 그녀의 부모님은 그녀가 미국 대학에 들어갔다는 것을 매우 자랑스러워하였다. 미국에 처음 왔을 때였다. 처음 캠퍼스를 다니며 흥미롭게 지내던 것은 몇 주밖에 지속되지 않았다. 몇 주가 지나자 Ya Ting은 생각했던 것보다 영어가 잘되지 않는다는 것을 알게 되었고, 공부가 힘들어졌다. 책을 읽고 많은 글을 써야 하는 것에 매우 많은 시간을 사용해야 했다. 전공 사람들과 어울리는데 시간을 많이 쓰지 못하였고, 혼자서 학교 과제를 하는 데 많은 시간을 써야 했다. Ya Ting은 곧 체중도 줄어들고, 잠도 잘 잘 수가 없게 되었다. 곧 스트레스에 압도되기 시작하였고, 과목 교수를 찾아가게 되었다. 그녀는 "영어가 잘되지 않아서 공부하기 힘들다."며 고민을 털어놓았다. 교수는 그녀에게 과목을 철회할 것을 제안하였다. 그러나 그녀는 "과목을 철회하는 것은 동료들보다 뒤처지는 것을 의미하며, 나의 부모님은 그렇게 하기를 원치 않으실 거다."라고 이야기하며 거절하였다. 교수는 또한 상담자에게 도움을 구해 볼 것을 제안하였다. 그러나 Ya Ting은 "나는 개인적 고민 때문에 상담자를 찾아가고 싶지 않다. 나에게 필요한 것은 영어의 도움을 받는 것이다."라고 답하였다.

사례 토론

생각해 볼 점

1. 이러한 내담자에게 도움을 주기 위해 상담자는 무엇을 알고 있어야 하는가?
2. 그녀의 요구와 경험에 대해 문화적으로 반응하기 위해서 당신이 알아야 할 것은 무엇이며 이를 어떻게 알 수 있는가?

처음에 우리는 Ya Ting이 학업적 어려움으로 상담자에게 도움을 구하는 것에 확실히 저항하고 있는 것이라 생각할 수 있다. 저항의 이유는 여러 가지겠지만, 그 이유로는 내담자의 가치, 믿음, 기대, 현재 상황에 대한 인식으로 생각할 수 있다. 우리가 이 장에서 논의해 왔던 것과 같이, 내담자의 세계관—나이, 능력, 매력, 민족, 인종, 성 언어와 국적, 종교와 영성, 성적 지향, 사회경제적 지위와 같은 수많은 특징에 영향을 받는—은 현재 상황에서 더 잘 지낼 수 있도록 도움을 주는 것을 조절하는 변인 혹은 제한하는 변인이 될 수 있다. 내담자는 자신의 주요 고민—학업 목표를 이루는 것에 방해가 되는 장애물—이 언어라고 이야기하고 있다. 그러나 그것 이상으로 더 설명할 수 있는 것이 있을까? 그녀의 체중 감소와 수면 문제는 걱정과 스트레스를 나타내는 것이다. 이 내담자와 가장 잘 상담할 수 있는 이론적 접근과 개입 방법은 무엇이 되겠는가? 내담자의 기대와 가정을 탐색하는 동안 그녀의 우선적인 고민에 먼저 관심을 갖는 해결 중심 접근이 여기서 도움이 될 수 있을 것이다.

본질적으로, 세계관을 평가하는 것은 내담자의 참조 준거와 주관적으로 인식하는 현실을 이해하는 데 보다 완전한 그림을 제공한다. 이것은 내담자의 기본적 믿음과 가정, 내담자가 문제에 다가가는 방법에 대한 이해를 도울 수 있다. 뿐만 아니라 상담자는 자신의 세계관을 측정하기 위해 이러한 도구를 사용할 수 있고, 내담자들의 세계관과 비교할 수 있다. 이러한 과정에 참여함으로써 상담자는 세계관의 어떤 측면이 공유될 수 있는지의 범위를 결정할 수 있고, Ibrahim 등이(2001) 언급한 내담자와의 '공통 기반(common ground)'이 무엇이 될 수 있는지에 대해 결정할 수 있다.

3) 세계관에 영향력을 미치기

상담은 본질적으로 삶의 변화에 관한 것이므로, 우리는 상담이 내담자의 세계관에 어떤 영향을 미치는지 고려해야 한다. 소위 세계관의 변화에 관한 논의의 중심은 개인에게 큰 영향을 미치는, 즉 인생을 바꾸는 사건이 개인의 세계관을 변화시킬 수 있는지 혹은 핵심 가치와 믿음은 그대로인 채 세계관의 피상적인 측면만 변화시키는지에 관한 것이다(Ibrahim & Kahn, 1984; Koltko-Rivera, 2004). 인도네시아에서 이민 온 사람을 예로 생각해 보자. 그가 미국에 적응하고 있을 때, 그의 세계관은 자연스럽게 바뀔 것이다. 그러나 그 변화가 깊은 변화인가 혹은 피상적인 변화인가? 어떻게 적응을 개념화하는지에 따라 세계관이 어느 정도 변화하는지 결론 내릴 수 있을 것이다. 다시 말해 새로운 문화에 놓인 결과로 발생하는 심리적 변화와 행동적 변화의 과정으로서 적응을 이해할 것인지에 따라 세계관의 변화가 가능할 수 있다(Marin, 1992). 연구자가 앞으로 파악해야 할 내용은 이러한 변화의 정도이다. 이러한 변화의 정도에 대한 해답은 매우 의미 있는 시사점을 제공해 준다. 왜냐하면 상담자가 내담자를 도울 때 치료의 초점을 어디에 두어야 하는지, 또한 어떠한 개입을 사용해야 하는지 결정하는 과정에서 치료적으로, 문화적으로 적절한 결정을 내리는 데 그러한 연구의 결과를 사용할 수 있기 때문이다. 상담자는 다음과 같은 질문들을 해 볼 수 있다. "나의 개입이 적응적이지 않은 행동과 핵심적 믿음을 바꿀 수 있는 것인지 어떻게 확인할 수 있나? 그리고 내가 변화의 한도를 어디까지 정할 것인가? 내가 내담자의 문화적 참조 체제에서 가치 혹은 믿음을 부과하는 사람으로 여겨질 때, 무엇을 해야 할지 어떻게 알 수 있을까? 전문적인 훈련을 바탕으로 시행하는 나의 상담이 내담자의 문화적 맥락에서도 효과적으로 인식되는 상담인 것을 어떻게 알 수 있는가?"

세계관이 변화할 수 있는 것이든 없는 것이든 간에, 이 질문은 상담자에게 명백한 윤리적 쟁점을 야기한다. 심리 치료에서 내담자의 변화는 "학습되어 온 적응적이지 않은 태도, 인지 그리고 내담자의 비효과적인 대처 기제 혹은 전략을 변화시키는 것"에 초점을 맞추어야 한다(Ibrahim et al., 2001, pp. 448–449). 심리 치료는 "기초 신념을 재구성하는 것과 내담자의 문화적 · 성 정체성의 핵심의 가치"에 초점을 두어서는 안 된다(Ibrahim et al., 2001, pp. 448–449). 때때로 이러한 상담의 노선은 매우 약한 것이기 때문에 상담의 방향은 신중하게 고려되어야 하며, 충분한 자기성찰뿐만 아니라 다른 사람의 피드백을 바탕으로 방향을 결정해야 한다.

4. 세계관 및 상담 이론

근본적으로, 내담자 사례의 개념화와 치료 진행 계획은 어떤 개입을 할지 선택하는 것을 포함하여 논리적인 이론적 체계에 토대를 두고 있다. 효과적인 치료가 어떠한 것인지에 대해 일반적으로 합의된 내용이 있다면 그것은 그 접근이 윤리적인 면에서뿐만 아니라 실제적인 면에서도 충분히 이론적인 근거를 지녀야 한다는 점이다. 다시 말하면 이론을 통해 내담자의 문제를 정의할 수 있고 상담의 방향을 설정할 수 있다. 그러나 어떤 다문화 상담 전문가는 상담과 치료의 전통적인 이론은 유럽-미국인의 가치에 중점을 둔 특정 철학과 세계관을 전달하고 있기 때문에 본질적으로 문화에 대해서 한계를 지니고 있다고 주장한다(예: Ivey, 1993; Pedersen, 1997; Sue & Sundberg, 1996). 특별히 이러한 논쟁은 특정 인종 집단이 상담 서비스를 잘 받지 않는 이유를 설명하는 데 부분적으로 이용되어 왔다. 예를 들어 Sue, Ivey와 Pedersen(1996)은 행동적 · 인지적 · 정신분석적 이론은 유럽-미국 문화에서 나온 이론들이며, "유럽-미국 문화의 가치, 습관, 관습, 철학, 언어를 반영하고 있다."라고 오랫동안 주장해 왔다(p. 5).

유럽-미국 문화에서 나온 위의 관점은 새로운 다문화 상담 이론이 필요하다는 생각을 불러일으켰다. Corey(2008)는 그러나 현재 이론이 더 다듬어져야 하고 더 다양한 내담자의 넓은 세계관에 반응할 수 있도록 수정되어야 한다고 주장한다. 그러나 문화와 상관없이 동일하게 효과적인 이론이나 접근이 없다는 것을 감안한다면, 이론의 통합이 해결책이 될 수도 있을 것이다. 현재 이론이 문화적으로 상이한 내담자를 상담하는 데 적합한지 아닌지는 논쟁적인 주제이다. 아이로니컬하게도 이 주제에 관해 당신이 어떻게 생각하는지, 그리고 그 생각이 당신이 상담할 때 어떻게 영향을 미치는지는 당신의 개인적 정체성에 전적으로 달려 있다. 그러므로 이 장에서 지금까지 논의된 주제와 다른 내용을 가장 잘 반영하기 위해서, 우리는 내담자 측면에서의 개인적 정체성의 개념, 상담자 측면에서의 개인적 정체성의 개념, 그리고 개인적 정체성이 일반적으로 상담에 어떻게 영향을 미치는지에 대해 더 연구해야 한다.

5. 개인적 정체성

살다 보면 우리 자신과 우리가 살고 있는 세계에 관해 이미 알고 있고 생각하고 있는 것을 더 확고하게 만드는 상황에 직면하기도 하며, 혹은 우리 자신, 타인, 세계에 관해 일반적으로 그렇다고 믿어 왔던 것에 의문을 품고 다시 생각하게 하는 상황에 직면하기도 한다. 어떻게 세계를 볼지 학습하고 선택함으로써, 우리는 또한 우리 스스로를 발견하게 되며 세계와 관련해 우리 자신을 어떻게 정의할지 학습하고 선택하게 된다. 우리의 문화적 정체성은 우리가 하는 모든 선택의 유용한 참조 체제로서 기능하고 있으며, 익숙하지 않은 맥락과 익숙한 맥락으로 우리를 이끈다. 이처럼 세계관에 관한 논의는 서로 연결되어 있는 문화적 정체성과 개인적 정체성의 관계를 고려하지 않고는 충분히 논의할 수 없다(Arredondo, 1999; Arredondo et al., 1996; Arredondo & Perez, 2006; Ibrahim, 1991; Sue & Sue, 2008).

문화적 정체성(cultural identity)과 **개인적 정체성**(personal identity)은 다문화 상담 문헌에서 자주 언급되며, 종종 두 용어가 혼용되기도 한다. 왜냐하면 두 용어의 개념이 많은 면에서 유사한 특징을 가지고 있기 때문이다. 예를 들어 Côté와 Levine(2002)은 이 개념을 '다차원적으로 이해하려는' 시도에서 사회적이고 심리적인 관점에서 설명한다. 구체적으로, 정체성은 세 가지의 기초적인 부분으로 이루어져 있다: (a) **사회적 정체성**(social identity)은 주어진 사회적 환경에서 개인의 위치로 특징지어진다. 개인적 정체성의 일부는 대체로—Côté와 Levine에 따르면—개인을 형성하는 규정된 사회적 역할과 문화적 요소에 의해 영향을 받는다. (b) **개인적 정체성**(personal identity)은 독특한 개인적 경험에 영향을 받는 정체성이다. 그리고 이 정체성의 특징은 '독특한(idiosyncratic)' 것이며 개인의 '개별성(individ-

활동 3.1

자신의 개인적 정체성 요소를 파악하기

다음과 같이 개인적 정체성의 관점에서 당신 자신을 묘사해야 한다면, 당신은 어떻게 표현할 수 있는가? 이 활동을 위해 아래에 제시된 표의 빈 칸에 가능한 한 구체적으로 설명을 채워 보아라. 개인적 정체성에 관한 질문에 답했다면, 개인으로서 당신이 누구인지 정의하는 요소들을 통합해 보아라. 이것을 완성한 후에 이 장의 여러 부분에서 당신의 정체성에 대해 표현했던 것을 다시 검토해 본다면 정체성 개념에 대해서 더 잘 이해할 수 있게 될 것이다.

개인적 · 문화적 정체성 차원	설명
능력	
매력	
나이	
민족성	
인종	
성	
세대적 지위 및 역사	
언어	
국적	
종교/영성	
성적 지향성	
사회경제적 지위	

- 당신의 문화적 정체성에 대해 설명하면서 다른 것보다 더 중요한 요소라고 생각되는 것이 있는가?
- 어떤 요소가 설명하기에 가장 쉬웠는가? 어떤 요소가 설명하기에 가장 어려웠는가?
- 당신에게 각 요소가 형성되도록 한 많은 경험과 영향들을 기억할 수 있는가? 당신의 문화적 정체성을 설명하는 데 영향을 미친 경험 중 가장 중요한 경험은 무엇이었는가?
- 당신이 위에 기술한 여러 요소 중에서 어떠한 요소들이 당신이 선택한 것이고 어떠한 요소들이 당신에게 주어진 요소인가?
- 시간이 지나면서 변한 요소가 있는가? 있다면 어떻게 변했는가?

uality)'으로 언급된다. (c) **자아 정체성**(ego identity)은 생각, 감정, 행동을 통제하는 자기(예: 인격적 행위자, personal agency)의 일부이다. Erik Erickson의 정체성 발달에 영향을 많이 받은 Côté와 Levine는 개인의 자아 강점은 사회 상호작용의 유형과 질에 달려 있다고 언급하였다.

개념적으로 그들의 이론적 틀은 다문화적 상담과 비교문화 심리학자들에 의해 설명되는 개인적 · 문화적 정체성과 아주 유사한 요소를 몇 개 가지고 있다. 예를 들어 우리가 이전에 살펴보았던 Lonner와 Ibrahim(2002)의 경우, **문화적 정체성**(cultural identity)을 "개인이 문화적 관점에서 자신을 어떻게 정의하는지"로 규정한다. 문화적 정체성은 성적 정체성을 포함하며 내담자 및 내담자가 소속된 문화적 집단, 그리고 내담자가 속한 넓은 의미의 사회가 부여하는 문화적 의미에 대한 시사점을 지니게 된다(p. 359). 본질적으로, 내담자의 문화적 정체성은 '사회적 정체성'의 일부로 여겨지는 여러 특징과 관련되어 있다. 사회적 정체성은 언어, 성, 발달단계, 능력과 같은 '개인적 정체성'으로 여겨지는 각 개인의 구체적인 특징뿐만 아니라 세대적 지위, 사회정치적 역사, 내담자의 문화 집단에 대한 인식 같은 요소까지 포함하는 것이다.

개인적 정체성은 나이, 능력, 민족, 인종, 성, 언어, 종교, 영성, 성적 지향, 사회경제적 지위와 같은 요인을 포함하여 개인의 삶의 모든 특징들과 연관되어 있다. 이러한 요소들 모두와 연관되어 있는 의미는 우리가 어떻게 생각하는지, 느끼는지, 행동하는지, 반응하는지, 삶이라 불리는 매우 복잡한 일련의 경험 속에서 우리가 어떻게 지내는지에 영향을 준다. 우리는 이미 개인적 세계관과 정체성은 어떤 면에서 문화적 세계관 및 정체성과 유사하기도 하고 어떻게 보면 서로 다르기도 하다는 것을 규명하여 왔다. 뿐만 아니라 우리의 정체성 요소 중 일부는 우리가 선택하거나 변화시킬 수 있는 것도 있는 반면, 우리 삶의 환경에 의해 변화될 수 없는 것도 있다.

전문 분야에서 다문화적 유능성을 발달시키기 위한 맥락에서 다른 관점과 이론적 틀이 소개되기도 했는데, 이러한 것들은 세계관의 복잡성과 다른 요인과의 관계를 보다 잘 이해할 수 있도록 돕기 위해 제시되어 왔다. 그러한 이론적 틀의 하나로 정체성의 개인적 차원(personal dimension of identity: PDI) 모델이 있다(Arredondo & Glauner, 1992). 이 모델은 종종 사람들의 세계관과 행동을 형성하는 외적 영향력을 인식하게 할 뿐만 아니라, 내담자를 전체적이고 개인적으로 볼 수 있는 유용한 방법으로 인용되어 왔다(Munley et al., 2002).

PDI 모델은 서로 상호작용하는 세 가지 차원으로 구성된다. **그림 3.2**에서 볼

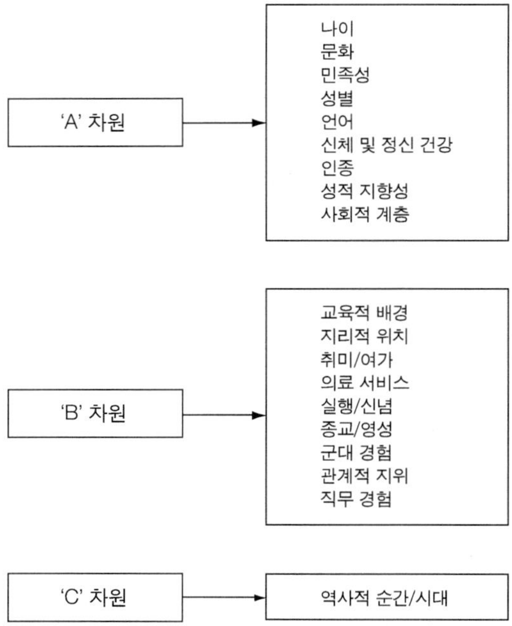

그림 3.2 개인 차원 모델(Personal Dimensions Model)

수 있듯이 A차원은 나이, 인종, 성별, 민족성, 문화적 배경과 같은 다양한 요소들로, 근본적으로 변하지 않으며 개별적으로 눈에 보이는 특성으로 구성되어 있다. 본질적으로 우리는 이러한 특성들을 갖고 태어나게 된다. Arredondo와 Glauner(1992)는 이 차원의 일부분으로 사회적 계층을 포함시켰는데, 이는 사회적 계층은 태어날 때 주어질 가능성이 꽤 있으며 또 다른 사회적 계층으로 지위를 이동하는 것은 삶의 환경에 달려 있기 때문이라고 한 점에서 납득할 수 있다. 그들은 사회적 계층에 따른 지위는 태어난 국가, 가족의 경제적 수단과 사회의 사회경제적 구조에 따라 다른 방법으로 나타날 수 있다고 말한다. 때때로 사회적 계층에 따른 지위는 사회경제적 지표를 기반으로 하기보다는 오히려 민족적 배경, 의복 양식, 성별에 대한 인식에 기반하는 경우가 있다. Arredondo 등(1996)이 지적한 것처럼 "A차원은 사람들에 대해 쉽게 고정관념, 가정 및 판단을 하게 하며 이러한 것은 긍정적일 수도 부정적일 수도 있다(p. 4)."

C차원은 역사적 혹은 사회정치적으로 의미 있는 시대나 사건을 개념화한 것이다. B차원은 A와 C차원의 결과로 여겨지는 주거지, 수입, 시민 윤리, 혼인 여부, 교육을 포함한다. 예를 들어 개인적인 나이, 인종, 민족성 및 사회적 계층은 역사적 · 사회정치적 · 경제적 내용과 관련성을 지니며 B차원, 즉 수입이나 사는 곳, 교

활동 3.2

자신의 개인 정체성의 A, B, C 차원을 고려하기

PDI 모델에 따르면, **활동 3.1**에서 당신이 제시한 구성 요소들은 A차원의 개인적인 정체성에 대한 요소라고 볼 수 있다. 잠시 당신의 B차원 요소들(수입, 사는 곳, 교육 수준 등)을 생각해 보아라. A차원 요소들에 의해 당신의 B차원 요소들은 어떻게 만들어졌을까?

- 당신의 삶에서 일어난 역사적인 사건, 즉 C차원의 사건들, 예를 들어 밀레니엄 시대에 살고 있다든지, 9 · 11 테러사건이나 아랍 전쟁과 같이 의미 있는 사건들을 말해 보라.
- 이 사건들에 의해 B차원의 요소들은 어떻게 형성되었는가?
- 1930년대 대공황시대나 17세기와 같은 다른 시대에 당신이 살았다면, 달라졌을 당신의 정체성의 B차원의 요소들을 생각해 보아라.

육 차원과 같은 것에 영향을 미친다. B차원의 어떤 요소들은 A나 C차원에 의해 영향을 덜 받긴 하나, A와 C의 관계는 쉽게 파악될 수 있으며 평가, 진단 및 치료의 과정에서 이러한 관계가 종종 간과된다는 점도 문제점으로 제기되어 왔다.

PDI는 이와 같은 효용가치에도 불구하고 치료적인 장면에서만 적용이 되는 반면 폭넓은 연구의 지지를 받지 못하고 있다. 예를 들어 Rotter와 Casado(1998)는 라틴계 내담자들과 상담할 때 PDI 요소들을 창의적으로 적용하였다. 구체적으로 상담자는 상담의 틀로써 여러 차원을 탐색하였고 세 가지 차원을 평가 과정에 통합시킴으로써 내담자에 대한 보다 정확한 이해를 할 수 있었다. 또한 이를 바탕으로 치료의 여러 단계에서 직접적인 도움을 주었다.

심리학 연구가 지속적으로 비판받아 온 것 중의 하나는 표집을 할 때 억압받는 집단을 너무 적게 표집한다는 점과 전 세계적인 관점에서 연구를 바라볼 때 연구 대상의 문화적 배경과 사회경제적 수준과 같은 개인 변인들을 소홀히 다루어 왔다는 점이다. 이러한 요인들은 연구의 결과에 영향을 미친다(Fisher, 1993; Graham, 1992). 이러한 문제점을 파악하기 위하여, Munley와 동료들(2002)은 미국상담심리학회 산하의 9개 분과학회에서 발행한 400여 편의 출판물에 대해 PDI에서 사용한 차원을 바탕으로 연구 대상을 분석하였다. Munley와 동료들은 쉽게 A차원으로 분류되는 요소들을 발견하였는데, 이 연구에서 가장 큰 비율을 차지한 것은

사례 연구 3.2

Alexandra의 사례

Alexandra는 Puerto Rico 섬에서 태어난 Puerto Rico 사람으로 48세 여성이지만 뉴욕시의 Bronx에서 자랐다. 그녀의 부모님은 Puerto Rico에서 만나 결혼했다. 나중에 그들은 Alexandra가 태어난 지 1년 후, 1950년대 중반에 미국으로 이민을 왔다. 처음 몇 해는 그들 가족에게 있어서 시련이었다. 그들은 영어를 거의 몰랐으며 긴 겨울에 적응하느라 고생했고, 아버지는 안정된 일자리를 갖지 못했다. Alexandra의 어머니는 재봉사로 일하였다. 시간이 지난 후 부모님은 현대식 집을 살 수 있었고 안정된 직장도 얻었다. 그들은 또한 Alexandra의 대학 교육 학비를 지원해 주었다. 그들 가족은 이웃에 많은 친구들이 있었다. Alexandra의 가정은 엄격했지만 사랑을 많이 받으며 양육되었다. 예를 들어 그녀의 아버지는 16세까지 데이트를 허락하지 않았으며 저녁 11시 이후 귀가하는 것을 허락하지 않았다. 아버지는 Alexandra의 친구 관계에 민감하여 Alexandra가 Latino 친구들하고만 친하게 지내길 원했다. 그 가족이 처음 미국에 왔을 때 공공연한 차별을 경험하면서 아버지는 미국인을 믿지 않았다. 부모님은 기독교를 믿고 주일마다 교회에 갔다. 19세가 되면서 Alexandra는 Puerto Rican인 Enrique와 결혼을 했고 1년 후에 첫째 아들을 낳고 몇 년 후 둘째 딸을 낳았다. Enrique는 2년제 학위를 땄으며, 큰 옷가게에서 외판원으로 일했다. Alexandra는 여러 해 동안 보조교사로 일했으며 아이들이 큰 후에 교사 자격증을 취득하여 학교로 돌아갔다. 그녀는 현재 사회를 가르치는 교사로 일하고 있으며 자신의 직업을 즐기며 자신의 성공을 자랑스러워한다. 그녀는 "미국 사람들은 Puerto Rican에 대해 안 좋은 이미지를 가지고 있다."라는 것 때문에 모든 것에 있어서 최선을 다할 필요가 있었다고 믿었다. 자녀들 중 한명은 4년제 대학에 들어가서 집을 떠났고 다른 한 명은 군대에 입대하여 외국에서 체류하고 있다.

Alexandra와 Enrique는 20년 동안 행복한 결혼 생활을 하였으나, 최근 2년 사이에 Alexandra의 어머니가 갑자기 돌아가시고, Enrique가 직장을 잃으면서 짜증이 급격하게 늘었다. 게다가 최근에는 Enrique가 불륜 사실을 고백하면서 이혼을 요구하였다. 그는 Alexandra의 요구에 따라 집에서 나갔다. Alexandra는 몸무게가 급격하게 빠지고 밤에 잠을 못 자거나 지속적으로 울고, 기력을 잃어 우울증의 증세를 보이고 있다. 그녀는 자주 직장에 나가지 않았다. 학교 교장은 그녀에게 주의를 주면서 상담자를 만나서 '그녀의 문제를 해결하는 데' 도움을 받기를 원했다. 그녀의 직업 수행이나 정신 상태, 가족의 위기 등으로 인해 Alexandra는 당황하고 힘들어서 결국 상담자를 만나볼 것에 동의하였다.

사례 토론

생각해 볼 점

1. 그녀의 세대적인 지위는 어떠한가?
2. 그녀는 나이는? 그녀의 삶의 단계에서 나이가 갖는 의미는 무엇인가?
3. 미국으로 이민을 오게 된 이주의 역사는 어떠한가?
4. 이주는 선택한 것인가?
5. 그녀의 종교와 종교적 배경은 무엇이며 그녀의 삶에서 종교가 갖는 역할은 무엇인가?
6. 그녀가 속한 집단의 사회정치적 역사는 어떠한가?

(다음 쪽에 계속)

PDI는 B차원에 영향을 미치는 Alexandra의 나이, 성별, 민족성, 문화적 배경, 언어적 능력, 사회적 계층을 이해하고 개념화하는 데 도움을 줄 것이다. 예를 들어 그녀의 부모님은 그녀가 대학 교육을 받을 수 있도록 경제적인 도움을 줄 수 있었지만, 이것은 그들이 그렇게 해야 한다는 믿음이 있었기 때문이다. 다른 B차원은 이 사례에서 무엇을 제시하고 있는가? 예를 들어, Alexandra는 교사 자격증을 갖고 있고 전문직에 종사하고 있다. 그녀는 자신의 성취에 대해 자랑스럽다고 이야기하고 있으며 자신의 현재 직업에 만족해 왔지만 현재 직면한 상태에 대해서 매우 당혹해하고 있다. 최근 일련의 사건들(어머니의 죽음, 부부 문제)로 인해, Alexandra는 분명한 우울 증세를 보여 주고 있다. 지지되는 자원을 명확하게 확인하는 것은 중요하다. 종교적인 영향을 기록하는 것도 중요하다. 오늘날로 보면 그녀는 매우 젊었을 때 결혼을 했다. 예를 들어 그녀의 종교적 믿음은 그녀의 결혼, Enrique의 불륜이나 이혼의 요구 및 그녀의 태도에 영향을 주었을 것이다. 게다가 Alexandra는 미국에서는 일어난 인종적인 불만과 시민권 획득을 위한 운동을 지켜볼 수 있는 1950년대에 태어났다. 그녀의 Latino가 아닌 사람과의 관계뿐만 아니라, C차원에서 이러한 사건이 가치나 믿음에 어떻게 영향을 주었는지 탐색하는 것은 매우 중요하다.

나이, 성별, 인종적 · 민족적 배경으로 나타났으며, 아주 적은 비율로 사회적 계층, 언어, 신체적 장애가 확인되었고, 더 적은 비율로 성적 지향이 연구에 제시되었다. B차원에서 나열된 요소들 중 교육과 지리적 위치는 이 연구에서 가장 큰 비율을 차지하였다. 시민권 지위(citizenship status), 수입, 종료, 군대 경험과 같은 다른 모든 요소들은 사실상 거의 존재하지 않았다. 유사하게 C차원(역사적 시대나 사건)을 다룬 연구는 매우 적었다. PDI에 제시된 여러 요인들을 연구에 포함시키지 않은 이유에 대해 이러한 요인들이 실제 연구 문제와 크게 관련되지 않기 때문이라고 반박할 수도 있다. 물론 그럴 수도 있지만, 연구 결과의 일반화 가능성은 여전히 쟁점으로 남는다. 인종, 성별, 민족성, 사회적 계층과 같은 일반적인 요인들은 연구에서 중요하게 고려해야 할 변인들이다. 그러나 문헌에서 나타난 치료의 경우 종종 고정관념을 줄이기보다는 오히려 이를 증가시키는 경우도 있다. 이러한 요인들이 어떻게 다른 차원의 요인들과 상호작용하는지를 Arredondo와 Glauner가 제시한 틀을 바탕으로 조사한다면 개인적 차이에 대한 이해를 증진시킬 수 있을 것이다.

6. 인종 및 민족 정체성

미국에서 인종과 민족 정체성 및 다양한 민족과 문화적 집단 속에서 발전하는 인종 및 민족 정체성은 다문화적 상담과 상호문화적 심리학에 있어서 상당히 주목을 받는 영역이다. 이것은 30년이 족히 넘게 관심의 대상이 되어 왔으며, 이론적인 구조화의 다양한 발전을 기대할 수 있는 방대한 연구들이 계속해서 나오고 있다(예: Bernal & Knight, 1993; Cross, 1971, 1995, 2001; Helms, 1990, 1995; Phinney, 1989, 1990). 더 나아가, 인종 정체성 발달 이론은 내담자의 개인 정체성 발달과 집단에 기초를 둔 정체성을 이해하는 데 있어 인종이 미치는 의미를 이해하는 데 매우 중요하다.

이러한 다양한 접근을 제시하기 전에 **민족 정체성**(ethnic identity)과 **인종 정체성**(racial identity)의 개념을 정의하고 연구하는 데 있어서 좀 더 논의가 필요하다. 이 용어들이 문학적으로 동일어로 쓰이는 것을 흔히 볼 수 있다. 그러나 인종 정체성 이론의 선구자인 Janet Helms(1996)는 인종과 민족성 사이에는 눈에 띄는 차이가 있다고 주장하는 몇 안 되는 학자들 중에 하나이다. 그녀의 주장에 따르면 **민족 정체성** 모델이 문화적인 것(관습, 신념, 가치)에 초점을 맞추고 발전해 나아간 반면, **인종 정체성** 모델은 현대사회에서 억압의 경험에 대한 반응을 중심으로 발전되었다고 설명된다. 이와 유사하게 Maurianne Adams(2001)는 다른 집단과 구별되는 사람들이 공유하고 있는 신념, 관심, 전통, 가치 및 집단에서 공유하는 언어로서 **민족성**을 강조하였다. 흥미롭게도 민족성에 대해 그녀가 제안한 개념화의 초점은 인종의 핵심 구성 요소인 신체적인 특성이 아니라 문화에 기반을 두고 있다. 게다가 Phinney(1996)는 민족성이 문화와 인종 모두를 포함한다고 제시하였다. 물론 이러한 구별은 장점을 갖고 있지만, 문화적으로 구분되는 소수 집단들의 정체성 발달에 관한 연구가 매우 많은 점을 감안하여 우리는 인종과 민족성 두 가지 모두를 이 장에 포함하였다.

인종 정체성인지 아니면 **민족 정체성**인지 그 어느 것을 선호하는지에 대해서는 상당한 논의가 있으며, 심리학적 기능과 자기 평가 및 반영의 진행 과정에서 매우 중요한 요소이다(Bernal & Knight, 1993; Parham,2002). 마지막으로 인종, 민족 정체성 둘 다 복잡하게 다차원적이며 발달적 현상으로서 개념화되고 있다. 심리학적인 맥락에서, **인종 정체성** 또는 **민족 정체성**이라 불리는 다양한 이론을 바탕으로 한 수많은 모델들이 나타나고 있다(예: Fisher & Moradi, 2001). 이처럼 **두 인종 정체성**(biracial identity)에 초점을 맞춘 모델(예: Kerwin & Ponterotto, 1995)과 **다인종 정체성**(multiracial identity)에 초점을 맞춘 모델(Wijeyesinghe & Jackson, 2001)이 최근 몇 년 새 많이 나타나고 있다. 앞으로 설명할 부분의 전반적인 목적은 수많은 모델들을 이해하는 데 도움이 될 수 있는 개념적 틀을 제공하는 것이다. 이론적 기반을 포함하여 이론별 관점의 목적이 무엇인지를 설명할 것이다. 보다 심화된 학습을 위해서 특정 집단(예: 아프리카계 미국인 또는 미국 원주민)에 대해 보다 자세하게 설명하고 있는 연구 논문들도 소개할 것이다.

생각해 볼 질문 3.2

- 여러분은 당신의 개인적 정체성을 어떻게 정의하겠는가?
- 여러분은 당신의 인종 정체성을 어떻게 정의하겠는가?
- 여러분은 당신의 민족 정체성을 어떻게 정의하겠는가?
- 다른 사람은 개인적 특성, 인종적 · 민족적 정체성의 관점에서 당신을 어떻게 정의하겠는가?
- 당신 스스로 개인적인 면, 인종적인 면, 민족적인 면을 정의한 것과 다른 사람이 당신을 정의한 것 사이에 존재하는 차이점을 어떻게 조화시킬 것인가?

7. 인종 정체성 발달 이론

1) Cross의 흑인 정체성 형성 모델

1970년대 아프리카계 미국인과 흑인 중에서 민족 정체성 형성의 선구자 역할을 한 William Cross는 가장 널리 사용되는 하나의 구조를 개발하였다. 이것은 많은 관점에서 대부분의 현재 모델의 원형이 된다. 그 당시 공민권운동(참정권) 특히 흑인 민권운동은 **Nigrescence 이론**(흑인 청소년들은 그들의 생활환경과 그들이 겪는 사건들로 더욱 흑인화되어감)의 개념과 **흑인 정체성 형성**(Black identity formation)의 단계에 커다란 영향을 주었다(Cross, 1971, 1995). 이 이론의 발전 초기에 중요한 가정은 개인의 인종 정체성은 단계를 거쳐 변화하는데 흑인들은 하나의 변화 과정을 겪고 있다는 것이다. 1970년대 이래 Cross는 자아 개념뿐만 아니라 생활 주기를 통하여 발생하는 사회화와 재사회화를 통해 다양한 형태로 발달한 흑인 정체성을 더욱더 광범위하게 개념화하기 위해 Nigresence가 이론을 개선하고 확대하였다. 이 이론은 흑인 정체성이 다른 사회적 맥락에서 문제가 되고 강화되고 있다는 것을 설명한다(Cross & Vandiver, 2001: Vandiver, Cross, Worrell, & Fhagen-Smith, 2002). 다음에 제시된 것은 간단히 설명한 수정된 4단계 모델이다.

1. **만남 전단계**(preencounter stage): 흑인들은 그들 문화를 부정하고 지배 사회(백인 사회)를 가치롭게 여긴다. 이것은 흑인에 대한 부정적인 인습이나 흑인으로서의 존재에 대한 부정적인 생각에서 기인한다. 이 단계에서는 두 가지 정체성이 서로 **동화**(assimilation)된다. "친미인(Pro-American)으로 인종은 중요하지 않다."고 말하는 정체성과 자기혐오 및 아프리카계 미국인에 대한 '잘못된 교육'으로 인해 **반흑인**(anti-Black)이라는 정체성이 서로 합쳐진 경우이다(Vandiver et al., p. 72).
2. **만남 단계**(encounter stage): 자신의 생각과 오래된 행동 방식에 대해 의문을 갖게 하고 재검토하게 하는 상황들이 발생하는 단계이다. 이 단계에서는 지배 사회에 대한 분노와 죄책감이 결합된 흑인 정체성을 찾게 된다.
3. **몰입/출현 단계**(immersion/emersion): 흑인 문화에 대해 완전히 몰입하는 단계이다. 이 단계는 두 가지의 분리된 정체성을 보이는데 그것은 **반백인**(anti-White) 성향과 **열정적인 흑인 참여**(Black involvement) 현상이다. 백인에게 강한 반감을 지닌 개인은 백인 사회를 용인하지 않고 지배 사회에 의해 유지되는 가치관을 버린다. 반면 **열정적인 흑인 몰입**의 정체성은 흑인 문화에 대한 과장된 몰입으로 설명된다.
4. **내면화 단계**(internalization): 흑인으로서 새로운 안도감과 자기확신을 세우는 단계이며 개인은 지배 문화와의 갈등을 해결하려고 분투하는 단계이다. 이 단계에서 개인은 적극적인 참여를 통해 흑인 공동체에서의 변화를 옹호한다. Cokley(2002)는 이 단계가 두 정체성, 즉 아프리카 중심의 세계관을 받아들이는 **흑인 민족주의**(Black nationalism)와 개인이 성별 및 성적 지향성과 같은 다른 정체성을 받아들이는 **다문화주의를 포괄하는 정체성**(multiculturalist inclusive identity)으로 나타난다는 점에 주목한다.

2) Helms의 인종 정체성 발달 모델

인종 정체성 발달의 또 다른 개척자인 Janet Helms는 Cross의 Negro-to-Black 전환 이론을 정교화하였다. 그리고 (a) 흑인 정체성 발달 (b) 백인 정체성 발달 (c) 유색인 정체성 발달에 관한 이론을 수립하기 위하여 Atkinson, Morten, 그리고 Sue의 5단계 인종/문화 정체성 발달 모델(R/CID)을 차용하였다. 이 이론들의 기본 전제는 개인은 하나의 과정을 통해서 더욱 내면화되며, 통합적이고 만족스러운 자아감을 얻는다는 것이다. Thompson과 Carter(1997)는 이러한 과정을 '인종적 자아실현'을 위한 노력으로 설명하였다. 이 변화를 위하여 개인들은 인종차별주의와 압박(예를 들어 인종차별주의자의 행동, 태도, 신념 그리고 습성)에 도전하는 경험을 해야만 한다. 또한 압박의 의미와 영향에 관한 자기성찰을 해야만 하고, 인종차별주의의 다양한 유형(제도적인 그리고 문화적인)에서 인종차별주의를 없애기 위해 노력을 해야만 한다(Thompson &Carter, 1997). 흥미롭게도 Helms(1995)는 아시아계 미국인, 태평양 제도인들, 라틴인들, 히스패닉을 포함하는 유색인종의 정체성 이론을 개념화하였다. 그리고 유색인들은 내면화된 인종차별주의의 심리학적 징후를 인정하고 극복해야만 한다는 것에 주목한다.

많은 관점에서 **유색인의 정체성 발달**에 대한 Helms의 모델은 흑인 정체성 발달 모델과 유사하다. 반드시 개인들은 여러 상태들로 설명되는 인종 정체성 형성의 변화 과정을 겪는다. 간단히 요약하면 이러한 상태들은 다음과 같다.

1. 흑인의 만남 전단계(preencounter)와 유색인의 순응(conformity) 상태: 자신들의 민족적 · 인종적 집단원을 낮게 평가하고, 사회에서 자신의 지위를 위해 자신이 속한 집단을 비난하고, 사회의 인종차별주의와 관련된 문제에 대해 인식이 부족하고 백인을 우수한 사람으로 바라본다.
2. 흑인의 만남(encounter)과 유색인의 부조화(dissonance) 상태: 자신이 백인들과 동등하지 않다는 것을 깨닫게 하는 사건들을 경험한다. 이러한 깨달음은 혼란을 일으키게 된다. 그리고 Helms가 주목한 것처럼 이러한 경험들을 억압을 통해 대처하게 되면 많은 불안이 발생할 수 있다.
3. 몰입/출현(immersion/emersion) 상태는 출신 문화에 대한 완전한 몰입과 백인에 대한 거부의 특징을 보인다. 백인에 대한 분노와 인종차별 문제에 대한 민감한 각성 상태는 이 시기에 일관되게 나타난다.
4. 내면화(internalization) 상태는 (흑인과 유색인에게 모두에게) 마지막 단계로서 억압 및 인종차별주의와 싸우는 행동과 행동에 대한 보다 넓은 이해와 관련된 새로운 통합된 정체성을 완전히 수용하는 것이 특징이다(Helms, 1995: Thompson & Carter, 1997)

이 단계들에 대한 설명을 돕고자, 인종적 정체성 발달의 개념과 인종차별주의의 영향을 조금 더 탐구하기 위해서 탁월한 아프리카계 미국인의 지도자인 Malcom X의 삶을 **예시 3.2**에 실었다.

예시 3.2
Malcom X의 생애

Malcom X는 네브레스카 주 오마하에서 1925년에 Louise와 Earl Little의 아들, Malcolm Little로 태어났다. 그의 아버지는 Marcus Garvey(뉴욕 시 할렘에 기반을 둔 미국 최초의 주요 흑인 민족운동을 조직한 흑인 지도자)가 운영하던 세계흑인지위향상협회, 세계흑인진보연합, 국제흑인개선협회(Universal Negro Improvement Association, UNIF: 아프리카에 흑인이 통치하는 국가를 세우는 것을 가장 중요한 목표로 삼은 단체)에서 활동하는 침례교 목사였다. 말콤은 자신의 형제들과 함께 어린 시절 내내 인종차별주의를 정면으로 경험하였다. 두건을 쓴 KKK(백인 인종차별주의자 단체인 큐 클럭스 클랜) 단원이 미시간 주 랜싱에 있는 그들의 집을 불태웠다: Earl Little은 불가사의한 상황 아래 죽임을 당하였다. 복지사는 어린이들을 분리하였고 마침내 Louise Little은 주립 정신기관에 수용되고 Malcom X는 인종차별주의자 백인 부부가 운영하는 소년원에서 살게 되었다. 8학년 때에 그는 학교를 떠나서 그의 이복 누나인 엘라와 살기 위해 매사추세츠 주 보스턴으로 이주하였다. 그리고 아프리카계 미국인 히피들의 지하 세계를 알게 되었다.

Malcom X는 야한 복장의 남성적인 문화를 알게 되었고, 쫙 편 머리, 그리고 제2차 세계대전의 발발과 동시에 일어난 lindy hop(원래 미국의 Harlem에서 시작된 거칠게 추는 지르박 댄스)에 심취하였다. 당시 흑인의 호전성은 증가하였고, 디트로이트, 미시간 그리고 다른 도시들에서 인종 폭동이 일어났다. Malcom X는 징병을 피하였다. 그리고 그의 주 수입원은 사소한 사기, 약물 거래, 뚜쟁이, 도박, 사악하게 여성을 착취하는 것이었다. 1946년에 이러한 그의 행운은 다했다. 그는 강도죄로 체포되었고 10년형을 선고받았다.

감옥에서 Malcom은 Lost Found Nation of Islam(잃었다 되찾은 이슬람 민족교—블랙이슬람교)의 가르침을 공부하기 시작하였다. 흑인 무슬림 그룹은 Wallace D. Fard에 의해 설립되었고 Elijah Muhammad(Elijah Poole)가 이끌고 있었다. 블랙이슬람교의 지도와 훈련을 받으며 그는 매우 열심히 코란과 성경을 읽게 되었다. 그는 또한 감옥의 도서관에서 문학과 역사책에 몰두하였다. 이것은 인종 정체성 발달에서 만남에서 집중의 단계로의 이동에 해당된다고 할 수 있다. 그러나 그의 인생의 어느 시점에서 '만남 전단계'를 경험했는지는 분명하지 않다. 아마 그의 인생에서 보다 이른 시기였을 것으로 보인다. 그럼에도 그에게 일어났던 주목할 만한 변화들은 그의 인생 후기에도 나타난다.

1952년에 그는 출옥하자마자 이름을 Malcom X로 개명하였다. 아프리카계 미국인 가족의 이름은 그들의 선조들을 재산으로 소유하였던 노예주의 이름이었기 때문

(다음 쪽에 계속)

에 상징적인 의미에서 백인의 이름을 거부하였다. Elija Muhammad의 헌신적인 추종자로서 Malcom X는 블랙이슬람교의 높은 지위로 급부상하였다. 그리고 국민 연설을 통하여, 텔레비전 출현을 통해, 그리고 *Muhammad Speaks*(최초로 전국적으로 발행된 블랙이슬람교의 신문) 창간을 통해서 그는 블랙이슬람교를 유명하게 만들었다. 흑인 기구를 설립하는 대신 백인 사회로의 통합을 옹호하는 사람들을 비난하였고, 인종차별주의 폭력으로부터 그들 자신을 보호하려는 시민권 지도자들에 대한 그의 날카로운 비판은 보수주의자와 자유주의자들로부터 반감을 샀다.

그는 독립적인 범미주의자로 알려지기 시작하였다. 그리고 어떤 관점으로 보면 1950년대의 제3세계의 정치적 관점을 형성하였다. 그 당시는 반식민주의 전쟁과 탈식민주의가 압도적인 대중의 이슈였다. 1954년경 Malcom X는 식민지 케냐의 Mau Mau 반란(영국의 식민지이던 케냐는 탈식민지화의 분위기를 타고 영국에 대항하는 대규모 반란을 일으킨다)의 상황을 베트남과 비교하는 연설을 하였다. 이 두 사건의 공통점으로 미국과 유럽 제국주의에 대해 '해일(tidal wave)'을 불러일으키는 '어둠의 인종(blacker races)'이 일으킨 반란으로 보았다. 그는 1959년에 이집트, 수단, 나이지리아, 그리고 가나를 여행하였다. 이 기간은 **내면화** 단계로 보인다.

그를 암살하려고 계획했던 Muhammad에 대해 알게 된 후, 그의 블랙이슬람교 지도자들의 철학, 특히 Elija Muhammad와 차이가 점점 커지면서 공개적인 분열이 발생하였다. 1964년 3월 8일에 그는 사임을 선언하였고 무슬림 모스크 주식회사 등을 조직하였다. 이를 통해 이슬람 운동을 주도하면서 정치적 역할을 하고 시민권 지도자들과 협력하는 것에 전념하였다. 같은 해에 그는 메카 성지순례를 하였다. 그리고 아프리카와 아랍의 몇몇 나라들을 두 번째로 여행하였다. 이 여행은 그의 삶에 변화를 초래하였다. Malcom이 "나의 형제라고 부를 수 있는 금발의 푸른 눈의 남자"를 만났기 때문이다. 그는 수니파 이슬람교로부터 차용한 EI-Hajj Malik EI-Shabazz로 또다시 개명하고 통합을 이룬 새 모습으로 미국으로 돌아왔다. 이때에는 단지 아프리카계 미국인에게 설교하는 대신에 모든 인종을 위한 설교를 하였다. 그는 공공연하게 백인들이 더 이상 악마가 아니라는 것을 받아들였다. 그는 당시 여전히 블랙이슬람교이면서 흑인의 자기결정권과 자기조직화에 대한 충실한 신봉자였지만, 공공연히 백인들은 더 이상 악마가 아니라는 것을 인정하였다. 그는 인종 정체성 발달의 내면화 실행 단계에 들어갔다. 그러나 그의 적들은 그의 일을 계속하도록 용인하지 않았다. 1965년 2월 21일 맨해튼의 Audubon Ballroom에서 연설 도중에 블랙이슬람교도인 세 명의 총잡이가 갑자기 무대 위로 달려들어 가까운 거리에서 Malcom X에게 15발의 총알을 발사하였다. 서른아홉 해의 짧은 인생은 지금까지도 많은 사람에게 계속해서 감화를 주는 놀라운 변화의 여정을 보여 준다.

3) 인종 정체성 다차원 모델(MMRI)

Sellers, Smith, Shelton, Rowley, Chavous(1998)는 인종 정체성 다차원 모델(Multi-dimensional Model of Racial Identity: MMRI)이라고 불리는 대안적인 모델을 제안함으로써 아프리카계 미국인의 인종적 정체성을 재개념화하였다. Sellers와 동료들이 말했듯이, 아프리카계 미국인의 인종 정체성을 "흑인 인종 집단 내에서 그들의 자아 개념과 관련하여 구성원에게 의미를 지니고 중요하다고 생각하는 의미"로 규정하였다(p. 23). 본질적으로 MMRI는 다음에 제시한 내용을 제안한다.

1. 외부의 세력이 정체성의 일부 구성 요인을 변화시키는 면이 있지만, 변함없이 존재하는 정체성의 측면들이 존재한다.
2. 인종 정체성이란 다양한 정체성의 오직 하나의 측면을 설명할 뿐이다. 그리고 다양한 정체성 안에서 상대적인 중요성과 특징은 맥락적인 관점에서 결정된다.
3. 자신의 인종 정체성에 대한 개인의 인식뿐만 아니라 흑인이라는 존재에 대한 개인적 의미에도 강조점을 둔다.

Cross의 Nigresence 모델(1971, 1995) 또는 Helms의 흑인의 인종 정체성 구조와 비교하여 인종 정체성 다차원 모델은 발달 모델이 아니라는 점에서 주목할 만하다. 그러나 MMRI의 주요한 공헌은 특수한 상황의 맥락에서 인종 정체성이 행동에 어느 정도 영향을 미치는지를 탐구하려는 시도였다는 점이다.

4) Helms의 유색인종에 대한 백인 태도 모델

Helms는 백인을 위해 모델을 개발했는데, 이 모델은 흑인과 다른 민족 집단에 대한 인종적 태도를 중심 주제로 다룬다. 단계를 간략하게 정리하면 다음과 같다.

1. 만남(contact): 두려움이나 불편함을 가급적 피하기 위해서 인종차별을 완전히 부정하거나 또는 이에 대한 인식이 부족한 단계
2. 분열(disintegration): 백인이 다른 민족 집단을 차별한 역사를 가지고 있으며 내가 백인 사회에 속한 사람이라는 것을 깨달음으로써 혼란을 느끼는 상태이다. 흑인으로부터 완전히 자신을 고립시키는 경우도 발생하고, 반대로 의도적으로 흑인을 도우려는 극단적인 시도를 할 가능성이 있다.

3. 재통합(reintegration): 다른 인종 집단보다 자신이 우월하다는 생각을 가지고 있으며 유색인종이 있는 장소를 피하고, 이들에 대한 고정관념을 습득한다.
4. 유사 독립(pseudo-independence): 다른 인종 집단들을 피상적으로 수용하며 '백인으로서의 특권'에 대한 자각이 시작된다.
5. 몰입과 출현(immersion-emersion): 백인이라는 의미에 대해서 보다 깊게 이해한다. 흑인 인종 정체성의 발달과 유사하게 백인들도 과민한 각성 상태에 있을 수 있다.
6. 자율성(autonomy): 마지막 단계로서 문화와 구성원을 포함한 백인 사회의 약점과 강점을 온전히 받아들인다. 더 이상 위협을 느끼지 않는 개인은 백인으로서 편안함을 느끼고 억압을 없애려고 노력한다(Helms, 1995; Thompson & Carter, 1997).

8. 민족 정체성 발달 이론

인종 정체성 발달 모델 외에 민족 정체성을 설명하는 모델이 있다. 아시아계 미국인, 히스패닉과 라틴계, 미국 원주민과 아메리칸 인디언 같은 특정 집단의 민족 정체성 발달은 문헌에서도 소개된다. 이러한 모델 중 몇몇은 긍정적인 자아상과 자의식의 증진에 도움을 주는 집단에 대한 소속감에 초점을 두고 있으며, 이러한 증진은 사회 정체성 이론으로 나타난다(예: Horse 2001; Sellers et al., 1998). 반면에 소속감에 초점을 두지 않는 문헌들은 자아 정체성을 형성하는 과정에 초점을 두고 있는데 개개인이 위기를 겪으면서 정체성을 확립해 나간다고 본다. 위기를 겪으면서 역할을 찾게 되고 그러한 과정에서 극복하기 위해 노력하게 된다(예: Erikson, 1968; Phinney, 1989, 1992).

Jean Phinney(1992)가 청소년을 위해 제안한 **민족 정체성 발달 모델**이 자주 인용되는데, 이 모델은 3단계 과정을 포함한다. 1단계에서는 개인이 지배적인 문화[검토되지 않은 민족성(unexamined ethnic identity)]의 가치, 신념 및 행동을 전적으로 수용하지만, 2단계에서는 자기 자신의 민족성을 탐색하게 되고[민족 정체성 찾기(ethnic identity search)], 마지막 3단계에서는 자신과 타인에 대한 긍정적인 감정으로 민족에 관한 정체성을 확립[민족 정체성 확립(ethnic identity achievement)]해 나간다고 본다. Phinney(1993)는 자신이 제안한 단계를 넘어서 개개인은 민족의식을 계속해서 향상시킬 수 있다고 언급했다. 이 모델은 아프리카계 미국인, 라틴과 히스패닉계, 아시아계 미국인 및 백인 청소년에게도 적용할 수 있다는 점에서 '다민족적(multiethnic)'이라고 볼 수 있다.

아시아계 미국인, 라틴계와 히스패닉계, 미국 원주민과 아메리칸 인디언의 각 민족을 위한 구체적인 민족성 발달 모델은 매우 새로운 분야이며 대부분은 정의하기도 어렵다. 그 이유는 한 민족 안에도 무척이나 다른 다양성이 존재하기 때문이다. 학자들은 다양한 민족 정체성에 기여하는 여러 가지 요소를 모두 파악하는 것은 사실상 불가능하다고 주장한다. 그럼에도 이런 다인종과 문화 집단을 위한 정체성 확립 과정에서 다른 양상과 단계를 확인하는 과정이 진행 중이다.

1) 아시아계 미국인

아시아계 미국인의 정체성 발달은 다차원적으로 보아야 하고 세대 간의 상황, 문화 변용, 가족의 다른 양상(예: 기능, 관계와 역할) 같은 요소들을 고려해야 한다(Sodowsky, Kwan, & Pannu, 1995). 아시아계 정체성 연구는 비교적 새로운 분야이다. 하지만 1980년대 관련 모델은 개발되었고 오늘날 Jean Kim(2001)이 제안한 자아 정체성 발달 이론과 Janet Helms의 인종 정체성 이론 두 가지 모두를 반영하는 측면이 강하며 5단계 발달 과정으로 설명된다.

1단계, 민족 인식(ethnic awareness)은 개인이 학교 제도에 편입되기 이전에 생기게 된다. 문화유산에 대해 아시아인들이 의식하는 과정은 문화 및 그와 관련된 것에 노출된 정도와 크게 관련이 있다. 따라서 가족은 아이를 외부의 영향력으로부터 보호하고 막아 주는 역할을 하며 중요한 준거 집단(referent group)으로서 기능한다. 2단계, 백인 동일시(white identification)란 백인들과 교류하면서 자신이 다르다는 것을 경험하기 시작하고, 점점 백인의 가치와 행동을 받아들이면서 다른 아시아인들과는 다르다는 생각을 갖게 된다. 이 단계에서는 인종차별을 경험하고 그로 인해 부정적 자아상이 생기는 것으로 나타난다. 3단계, 사회정치 의식에 눈을 뜨기(awakening to social political consciousness)는 백인이 지배하는 사회에서 차별적인 사회정치적 세력에 대해 더 많이 알게 되는 것을 말한다. '소수자로서의 지위(minority status)'를 인정하고 받아들이려고 하지만, 동시에 이들의 열등감이 없어지지는 않는다. 4단계, 아시아인이라는 의식의 방향 전환(redirection to an Asian consciousness)은 소수자에 불과하다는 생각에서 벗어나 자신을 높은 자부심을 가진 아시아계 미국인으로 여기는 단계에서 나타난다. 이 단계에서 개인은 아시아 문화에 심취해 있는 반면, 백인에 대한 화와 분노의 감정을 품을 수도 있다. 5단계, **통합**(incorporation)의 단계에서는 아시아인으로서 더욱 의미 있는 개개인의 정체성을 형성하면서 동시에 다양한 정체성(사회 정체성과 인종 정체성)을 통합하게 된다.

2) 유대인

심리학 문헌에서 유대인의 정체성을 설명하는 모델은 거의 없다. 하지만 이들 가족의 삶의 역할에 대한 관심이 증가하고 있으며(Semans & Fish, 2000), 양육 방식(Davey, Fish, Askew, & Robila, 2003)에 점점 관심을 가지게 되고, 문화적 풍습, 대인관계, 유대인 사회 참여 등에 대한 관심이 증가하고 있다. Zak(1973)이 제안한 초기 모델은 유대계 미국인 정체성을 두 가지의 관점에서 설명하고 있다. (a) 유대인 개인은 자신을 유대인으로서 여기는 정도가 강하며 중요하다고 인식하고, 유대인의 문제에 민감하게 반응하다. Zak은 이러한 것을 "세계에서 유대인의 상호의존성(interdependence of Jews in the world)(p. 893)"이라고 칭하기도 했다. (b) 동시에 유대인은 일종의 소속감과 상호의존성이 높고 모든 미국인들에게 민감하게 반응한다고 보았다. 명백한 것은 유대인의 민족 정체성에 기여하는 주요 요소를 보다 명확하게 확인하기 위해서는 보다 더 많은 노력이 필요할 것이라는 점이다.

3) 라틴 및 히스패닉

라틴 민족 정체성 발달에 대한 이론을 만들어 내는 것은 어렵고 힘든 일이다. 왜냐하면 이 민족에는 많은 문화와 조상이 섞여 있을 뿐만 아니라 민족 기원, 전통, 이민 역사의 측면에서 다인종으로 구성되어 있기 때문이다. 그럼에도 구성원의 다양성을 유지한 채 라틴계 민족 정체성을 개념화하려는 시도는 계속되어 왔다.

라틴 및 히스패닉 민족 정체성을 생각할 때 고려해야 할 가장 중요한 요소 중 하나는 **문화 변용**(acculturation)이다. 이것은 개개인이 문화의 기원(Maríne, 1992)이 다른 문화와 접촉할 때 발생하는 태도 및 행동 학습과 변화의 과정으로 정의된다. 문화 변용은 새로운 문화의 가치, 관습과 신념을 받아들이는 정도뿐만 아니라 전통적인 가치, 신앙 풍습, 언어 선호도와 사용을 고수하는 정도에 따라 영향을 미친다. 결과적으로, 이러한 관점에서 볼 때 문화 변용이 라틴계 정체성 형성에 지니는 의미를 깊이 파악할 필요가 있다.

라틴계 민족 정체성 발달(Latino ethnic identity development)은 선형적인 단계로 이루어진 과정이라기보다는 유동적이고 연속적인 과정으로 개념화된다. 사실 Ferdman과 Gallegos는 라틴계 민족 정체성 발달을 라틴계 사람이 그 민족에 속해 있는 정도, 한 개인이 어떻게 자신의 정체성을 형성하는지, 비라틴계 사람이 이러한 라틴계 집단을 일반적으로 어떻게 인식하는지와 관련된 다양한 차원의 복잡한 상호작용이라고 보았다. 그는 자신의 이러한 개념을 발달의 선형적인 모델 이라기보다는 일종의 '성향(orientations)'이라고 설명한다.

좀 더 구체적으로 말하면, **라틴계 통합 성향**(Latino-integrated orientation)을 성, 계층, 일과 전문성 같은 다양한 사회적 정체성을 혼합하는 것으로 설명하고 있다. 그런 성향을 가지고 있는 라틴계는 이해력이 넓고 전체적으로 균형 있는 관점을 가지고 있다. 또한 미국 사회 문화에 대한 콤플렉스가 크다는 점을 인식하고 있으며 동시에 라틴계 민족의 부정적 및 긍정적 특징을 잘 인식하고 있다. Ferdman과 Gallegos(2001)는 자신을 **라틴계로 인정하는 성향**(Latino-identified orientation)의 사람들은 '범라틴계 정체성(pan-Latino identity)'을 선호한다고 주장하였다(p, 51). 범라틴계 정체성이란 라틴계를 인종적 특징으로 간주할 뿐만 아니라 라틴계의 긍정적인 측면을 강조하는 성향이 있다. 이들은 또한 라틴계의 영향력뿐만 아니라 제도적 장벽, 차별, 인종차별주의에 대해서도 인지하는 경향이 있다. 한편 **라틴계의 하위 집단으로 자신을 여기는 경향**(subgroup-identified orientation)은 푸에르토리코, 멕시코, 또는 도미니크공화국 같은 기원 집단에 초점을 두는 경우이다. 이들은 자신의 민족성에 대한 집단의식이 있지만 주로 자신이 속한 하위 민족 집단에 대해 강한 의식을 가짐과 동시에 자신이 속한 하위 민족이 다른 민족에 비해 '더 우월'하다고 인식할 수도 있다.

Ferdman과 Gallegos에 따르면 이러한 유형의 성향을 가지고 있는 라틴계는 자신의 문화와 민족성에 초점을 둔다. **'다른' 성향을 지닌 라틴계**(Latino as 'other' orientation) 사람들도 있는데, 이들은 보다 큰 소수 집단에 대한 소속감을 중요하게 여긴다. 이런 성향을 가진 사람들은 자신의 문화와 유산에 대한 지식이 거의 없으며, 백인이 아닌 '다른' 사람으로서 자신의 정체성을 파악하는 성향을 지닌다. **구별되지 않는 성향**(undifferentiated orientation)을 보이는 사람들도 있는데, 이들은 다른 라틴계에 속하는 것에 관심이 없으며 지배적인 문화를 받아들인다. 재미있는 점은 이런 성향의 관점을 가진 사람들은 자신이 다른 사람들과 크게 다르지 않다고 여긴다는 점이다. 이처럼 차이가 없다고 보는 성향으로 인해 지배적인 규준을 보다 쉽게 수용하게 된다. 마지막으로 백인으로 인식하는 성향(White-identified orientation)을 지닌 경우, 자신을 백인으로 간주하고 사회의 권력과 특권을 누리고 있다고 생각한다. 이들은 인종에 대한 이분법적 관점(즉 백인 아니면 흑인)을 지니고 있어 백인이 되려고 하고 백인처럼 행동하려고 한다. Ferdman이 제시한 모델은 삶에 있어서 역사적이고 중요한 사건뿐만 아니라 특별한 경험이 자신의 정체성을 다시 생각하게 만든다고 볼 때 매우 역동적인 모델이다.

4) 미국 원주민

미국 원주민 정체성을 개념화하기 위해서는 Choney, Berryhill-Paake, Robbins (1995)가 자세히 설명한 바 있는 인디언다움(Indianness), 즉 부족의 유대감과 특별한 관습 및 전통을 고려해야 한다. 한 걸음 더 나아가 Choney 등(1995)은 미국 원주민의 개인 정체성 모델을 개념화했는데, 이 모델은 인지, 행동, 정서, 사회 및 환경적 영역의 관점에서 확대된 문화 변용을 적용하여 5단계를 제시하였다. 제시된 5단계는 전통적(traditional), 전환적(transitional), 두 문화적(bicultural), 동화된 (assimilated), 주변의(marginal) 단계이다. 다른 각도에서 바라보면 미국 원주민 정체성은 '원주민 의식(native consciousness)'으로 여겨지기도 하는데 이 의식은 개개인이 부족의 전통과 부족 언어(Horse, 2001)에 뿌리 내린 정도를 포함하여 다양한 요인에 의해 영향을 받는다.

5) 두 인종 및 다인종 정체성

두 인종과 다인종의 수가 빠르게 증가하면서 이들이 경험하는 독특한 도전과 경험에 더 많은 관심이 모이고 있다. 2000년 미국 인구 조사에 따르면 이들의 인구는 700만 명에 이른다(U.S. Bureau of the Census, 2001). 두 인종 및 다인종은 혼합된 유산을 지니고 있고 하나 이상의 문화를 지니고 있기 때문에 이들의 정체성 발달은 더욱 주목받고 있다. 이처럼 **두 인종 정체성**(biracial identity) 및 **다인종 정체성**(multiracial identity) 발달 모델은 최근에 수면 위로 드러나고 있다.

'두 인종'은 다른 인종과 문화 배경을 가진 부모를 둔 첫 세대를 뜻한다. 예를 들면 한 개인이 아프리카계 미국인 아빠와 백인 엄마 사이에서 태어났거나, 아시아계 엄마와 백인 아빠 사이에서 태어난 경우이다. Kerwin과 Ponterotto(1995)는 위에서 언급한 대부분의 모델들이 기본적인 전제를 지니고 있다는 것에 주목했다. 이러한 전제는 두 인종 개인은 자신과 같은 두 인종 개인을 받아들이는 데 어려워하고, 결국 두 인종 중에서 하나를 선택해야 하는 압박을 받는다는 것이다(예: 아시아계인과 흑인 중 하나). Poston(1990)은 두 인종 개인은 하나 이상의 문화와 인종 정체성을 자신의 자아와 통합하기 위하여 노력해야 한다고 주장한다. 또한 이러한 모델들은 평생에 걸친 발달단계에 기초하여 개념화된 경향을 보인다. 그래서 어린 시절에는 다른 사람들과의 접촉을 통해 자신이 다르다는 것을 알게 되고, 청소년기에는 또래들에게 거절당하는 경험을 하기도 하며, 성인 초기에는 하나의 문화를 수용하고 다른 문화는 버리는 경향을 보이다가, 결국 성인기에는 여러 문화들을 통합하기 위하여 지속적으로 노력하는 모습을 보인다. 이러한 입장을 지지하는 Suzuki-Crumly와 Hyers(2004)는 두 인종은 두 개의 문화를 동일시함과 동시에 두 인종의 자아를 동일시한다는 것을 발견했다(예: 흑인이면서 백인, 또는 아시아인이면서 백인).

위에서 언급한 이러한 개념적 틀은 두 인종 개인의 정체성 발달에 관한 이해를 도와주지만, 여전히 많은 한계점을 지니고 있다. Wijeyesinghe와 Jackson(2001)은 제시된 이러한 모델들은 모든 두 인종 집단(예: 아프리카계 미국-유럽인, 아시아계 백인 또는 아시아-아프리카계 미국인)을 하나의 집단으로 간주해 버리는 경향이 있고, 정체성 발달 측면에서 이들의 경험이 모두 똑같다고 가정한다는 점을 지적한다. 이러한 문제점을 보완하기 위하여 **다인종 정체성**(multiracial identity)이라는 개념적 틀이 개발되었는데, 이 개념은 인종 정체성의 다양한 범위를 고려함과 동시에 정체성을 구성하는 다양한 요인을 포함하는 개념이다. 다인종 정체성의 요인 모델(Factor Model of Multiracial Identity: FMMI)은 개인이 지닌 다양한 요소들, 예를 들어 (a) 인종의 조상 (b) 사회화와 아동기 경험 (c) 문화적 배경의 노출과 연관성 (d) 신체적 특징 (e) 다양한 사회적 · 역사적 · 경제적 · 정치적 상황 (f) 영적 신념 (g) 성별, 직업, 일과 계층 같은 사회적 정체성을 포함한다.

최근에 다인종 정체성 발달은 두 가지 이상의 인종과 관련된다는 인식이 증가하고 있다. 사실 Henriksen과 Paladino(2009)는 정체성 발달을 논할 때 '인종'의 범위를 뛰어넘어서 한 개인의 정체성 발달에 영향을 미치는 다른 관점과 차원을 고려해야 한다고 주장한다. 이들이 주장하는 다중 유산 정체성 발달(Multiple Heritage Identity Development: MHID) 모델은 민족성, 성별, 성적 지향, 국적, 종교와 영성, 원주민 유산을 핵심적인 요인들로 간주한다. 이 모델은 다중적인 유산을 지닌 개인의 인종 정체성은 일련의 발달적 기간을 포함한다.

요약하면, 민족성과 인종은 우리의 신념과 행동 형성에 영향을 미치고 개개인의 성격 형성에 핵심적인 역할을 한다. 이런 다양한 모델과 관점은 다양한 문화적 집단과 민족 집단의 정체성 발달이 복잡하다는 것을 인식하는 데 필요한 소중한 통찰을 제공한다. 따라서 내담자를 상담할 때 인종 및 민족 정체성의 중요한 역할을 고려해야 한다.

9. 세계관, 문화 정체성, 인종 및 민족 정체성에 관한 토론

이 장에서 논의된 모든 주제를 통해, 당신은 이제 다양한 문화적 배경과 세계관을 가진 많은 내담자에게 이 정보를 활용할 수 있는 방법에 관해 생각하도록 도전받았다. 이 장을 통해서 당신에게 제공된 성찰을 위한 질문들은 세계관과 개인의 문화적 정체성에 관하여 내담자와 대화를 시작하는 데 있어서 훌륭한 과정 질문을 제공한다. 이러한 질문들 중 일부를 내담자와 대화를 시작하는 데 있어 당신에게 도움이 될 수 있도록 아래와 같이 제시하였다.

- 당신의 세계관은 무엇인가? 그리고 그것은 당신의 개인 정체성 형성에 어떠한 영향을 미쳤는가? 아래의 내용은 탐색 가능한 영역의 구체적인 예이다.
  - 당신은 장애가 있는가? 혹은 장애가 없는가? 이러한 장애 여부는 당신이 속한 초기 문화적 집단 혹은 사회에서 어떻게 인식되는가?
  - 당신은 몇 살인가? 그리고 이는 당신의 삶, 소속 집단, 사회 안에서의 경험, 상담에서의 당면 문제, 상담자와의 관계에서 어떤 의미를 지니는가?
  - 이러한 관점에서 당신이 속한 삶의 단계에 대해서 어떻게 생각하는가? 그리고 그것은 당신에게 어떤 의미를 지니는가?
  - 당신의 인종과 민족성은 무엇인가? 상담의 측면에서 당신에게 그것은 얼마나 중요한가? 그리고 상담 과정에서 당신은 이 문제를 어떻게 다루는가? 상담 과정에서 자신의 인종과 민족성이 내담자에게 어떤 식으로 영향을 줄 수 있는가?
  - 당신이 속한 집단의 사회정치적 역사는 어떠한가? 그리고 당신은 이 역사

와 어떻게 관련되어 있는가? 또한 이러한 역사가 어떻게 영향을 미치며 지금 당신은 그것을 어떻게 다루고 있는가?

- 당신은 어떻게 성별을 개념화하는가? 그리고 당신의 삶에서 그것의 영향은 어떠한가?
- 당신이 속한 문화적 집단의 이민(이주) 역사는 어떠한가? 당신 집단의 이주는 자유로운 선택의 결과였는가? 아니면 강제적이었는가?(예를 들면 노예나 전쟁 난민으로서)
- 당신이 사용하는 언어는 무엇인가? 당신의 국적이 미치는 영향을 생각해 보았는가? 그리고 그것이 당신의 세계관에 어떻게 영향을 주었는가?
- 당신의 종교와 영적 신념은 무엇인가? 그리고 그것이 무엇이든 현재의 상황에서 어떠한 의미를 지니고 있는가?
- 당신은 어떤 성적 지향성을 가지고 있는가? 그리고 당신이 속한 문화적 집단이 그것과 어떠한 관련을 지니고 있는가? 사회 전체는 당신의 성적 지향성에 대해 어떻게 인식하고 있는가?
- 당신의 사회경제적 계층은 무엇이며, 그것은 당신의 삶에 어떻게 영향을 주었는가?

내담자가 자신의 개인적 문화 정체성을 더 잘 설명하고, 이 차원의 어떤 것이 현재 문제와 어떻게 관련되는지 살펴보기 위해 아래의 표를 사용하라.

개인적 · 문화적 정체성 차원	자기진술
능력	
매력	
연령	
민족성	
인종	
성별	
세대 간 지위와 역사	
언어	
국적	
종교 및 영성	
성적 지향성	
사회경제적 계층	

- 당신에게는 어떤 차원을 설명하는 것이 쉬웠는가? 또한 어느 차원이 더 어려웠는가?

- 당신이 위에 기술한 여러 차원 중에서 어떠한 차원들이 당신이 선택한 것이고(chosen by you) 어떠한 차원들이 당신에게 주어진(chosen for you) 요소인가?
- 이들 차원 중 어떤 것이 당신의 문화적 정체성을 나타내는 데 있어서 다른 것보다 중요한가? 그렇다면 어느 것이 중요하며, 그 이유는 무엇인가?
- 당신의 각 차원을 형성하는 데 도움을 주었던 많은 경험이나 영향들을 회상할 수 있는가? 당신의 문화적 정체성에 대한 정의에 지금까지 영향을 준 가장 중요한 경험은 어떤 것인가?
- 시간이 지남에 따라 이 차원 중 어떤 것은 변했는가? 그렇다면 어떻게 변했는가?
- 당신이 기술했던 차원에 기초해서, 당신의 세계관은 어디에서 기원했는가? 그리고 지금 그것은 어떻게 변하고 있는가?
- 어떻게 당신의 세계관이 상담의 참여 과정에서 접근 방식에 영향을 줄 수 있는가?
- 어떻게 당신의 세계관이 적절한 치료 목적을 고려하는 것에 영향을 줄 수 있는가?
- 위에서 기술되지 않은 요소 중에서 내가 안다면 도움이 될 만한 것이 있다면 무엇이 있겠는가?

✲ 결론 및 시사점

문화적으로 유능한 상담자는 민족과 인종 정체성이 삶의 경험과 전반적인 심리적 안녕감 및 정신건강과 밀접하게 연관되어 있음을 알고 있다. 예를 들면 어떤 민족 집단의 강한 소속감(획득된 종교적·민족적 정체성)은 소수 집단 청소년들의 긍정적인 자아존중감(예: Phinney & Chavira, 1992), 높은 학업 성취(Beale Spencer, Noll, Stoltzfus, & Harpalani, 2001), 지각된 자아효능감(Phillips Smith, Walker, Fields, Brookins, & Seay, 1999)과 연관되어 있다. 반대의 측면에서 바라보면, 인종 정체성 발달의 어떤 단계들은 부정적인 정신건강과 연관되어 있다고 제안하는 연구들이 증가하고 있다. 예를 들면 Helms와 Cross에 의해서 설명된 전만남(preencounter) 단계는 높은 수준의 우울 증상과 관련되어 있다(예: Munford, 1994; Pyant & Yanico, 1991).

그러나 내담자를 상담할 때 이와 같은 정체성 발달단계를 파악하고 관련성을 확인하는 것의 장점을 제안한 연구는 드물다. 예를 들어 내담자의 문제를 평가하는 전반적인 과정에 있어, 만일 정체성의 요소가 내담자의 안녕에 결정적인 영향을 미친다면 평가의 한 과정으로서 고려되어야 한다. 상담자는 다음과 같은 질문을 던질 수 있다. “내담자의 자아존중감이 그의 주변 환경에 의해서 어떻게 영향을 받는가? 그리고 이것이 그의 당면한 문제와 어떻게 관련이 되는가?" 그리고 "내담자는 자신의 인종적 정체성을 얼마나 명확하게 인식하고 있는지"에 대해 물을 수도 있다. 민족적 소수자들이 직면한 많은 장벽뿐만 아니라 인종차별주의를 인식하는 정도 및 각 개인의 '민족적 자아(ethnic self)'가 개인의 삶에서 중요한 역할을 담당할 가능성이 높다. 따라서 초기 상담 과정에서 인종적 · 민족적 정체성에 대한 평가를 실시하는 것은 긍정적인 결과를 촉진하고 강한 치료적 관계를 낳을 수 있으며 치료 개입의 발달을 용이하게 할 수 있다(Thompson & Carter, 1997). (인종과 민족 정체성의 측정 도구에 관해서는 Fischer와 Moradi(2001)의 연구를 참조.)

이 장에서 우리는 세계관의 기원에 대한 간략한 역사와 나이, 능력, 매력, 민족성과 인종, 성별, 언어, 종교와 영성, 성적 지향성, 그리고 사회경제적 계층을 포함한 문화적 정체성 차원과의 관계를 살펴보았다. 게다가 많은 연구와 특정 사례들은 다양한 민족 집단 사이에서 세계관의 유사점과 차이점에 대한 실증을 보여 주었다. 우리는 지금 이 순간의 현상적인 경험뿐만 아니라 사회정치적 및 역사적 맥락에 의해서 어떻게 정체성이 영향을 받는지에 대한 설명과 정체성의 몇 가지 유형을 살펴보았다. 마지막으로 사례들은 다양한 세계관과 다양한 문화적 정체성을 가진 내담자를 상담할 때 도움이 될 만한 내용들을 제공하였다. 세계관의 개념과 이것이 문화적 정체성과 어떠한 관련이 있는지를 탐색할 때, 우리는 다양한 세계관을 가진 많은 내담자를 효과적으로 상담하는 방법을 보다 잘 이해할 수 있다. 내담자들의 세계관은 존중되어야 하고, 지지받아야 하며 그들의 세계관은 옹호될 필요가 있다. 경우에 따라서는 내담자의 세계관을 향상시킬 목적으로 도전을 주어 궁극적으로 한 개인으로서 지속적으로 성장할 수 있도록 돕는 것이 필요하다.

지적한 바와 같이, 초기의 다문화주의는 각 개인을 그들을 둘러싼 독특한 맥락 안에서 이해하려고 했다. 이때 고려해야 할 다양한 요소 가운데 세계관은 가장 중요한 개념 중 하나이다. 이와 같은 세계관이 중요한 이유는 한 개인의 가치, 신념 및 기본적인 생각이 이러한 세계관으로부터 나오기 때문이다. 또한 그러한 요소들은 그 개인의 생활경험뿐만 아니라 문화적 · 사회적 · 민족적 배경과도 관련이 있다. 이와 같이 상담자는 자신의 세계관이 그들의 실제 상담에 주는 영향을 깨닫기 위해 지속적으로 인식과 자기반성의 과정을 경험해야 한다. 우리는 내담자를 개념화하고, 진단과 치료 계획에 그들을 참여시킬 수 있는 방법을 포함한 다양한 모델과 관점을 이 장에서 제시하였다.

✲ 용어

개인 세계관(Individual worldview): 개인이 세상을 바라보고, 해석하며, 의미를 두는 독특한 방식. 문화적 맥락과 독특한 삶의 경험에 근거한다.

개인 정체성(Personal identity): 한 개인이 자신의 본래 문화나 현재 문화의 맥락 안에서 자신을 정의하는 방식.

개인주의(Individualism): 개성, 독립성, 자기의존을 강조하는 성향. 공동의 집단보다 개인의 목적이 우선된다.

다인종 정체성 발달(Multiracial identity development): 하나 이상의 인종적 · 민족적 유산을 포함하는 자아 개념의 발달. 이 용어는 두 인종 정체성과 상호 교환되어 쓰이기도 한다. 다인종 정체성 모델 요소에서 제시하고 있는 성별, 사회계층, 신체적 특징, 영적 신념과 같은 차원을 포함한다.

다중 유산 정체성 발달 모델(Multiple heritage identity development model): 인종, 정체성, 성적 지향성, 국적, 종교, 영성, 언어, 토착 유산을 포함한 다양한 정체성에 초점을 두는 Henriksen과 Paladino(2009)에 의해서 개발된 모델.

두 인종 정체성 발달(Biracial identity development): 하나 이상의 문화와 인종적 정체성을 자아 의식에 받아들이고 통합하는 과정.

라틴아메리카계 민족 정체성 발달(Latino ethnic identity development): Ferdman과 Gallegos(2001)에 의해서 단계가 아닌 경향성(orientation)으로 설명되는 라틴계 사람들의 정체성 발달 과정. (a) 라틴계로 통합하는 성향 (b) 라틴계로 인정하는 성향 (c) 라틴계의 하위 집단으로 여기는 성향 (d) '다른 사람'으로 여기는 성향 (e) 구별되지 않는 성향으로 구분된다.

마치스모(Machismo): 남성 우월주의(male chauvinism).

문화적 세계관(Cultural worldview): 문화 안에서 각 개인들이 가지는 공통된 신념, 인식, 태도, 그리고 가치의 체계.

문화접변(Acculturation): 본국에서 새로운 국가로 이주하는 적응의 과정. Marin(1992)에 의해서 정의된 다른 문화와의 접촉 이후에 오는 태도 및 행동의 학습과 변화의 과정.

문화 정체성(Cultural identity): 본래 소속된 문화에 대한 연계성으로, 예를 들면 문화적 가치, 신념, 관습, 언어를 포함함.

민족상대주의(Ethnorelativism): 문화적 차이를 인정하고 소중하게 여기는 능력.

민족성(Ethnicity): 집단의 사람들을 통해 공유되는 신념, 관습, 전통, 가치, 언어.

민족 정체성 발달 모델(Ethnic identity development model): 지배 문화의 문화적 가치, 신념, 그리고 행동의 완전한 수용으로부터 자신의 민족성에 근거한 정체성(신념, 관습, 전통, 자신의 본래 문화에 대한 가치)으로 이동하는 것을 설명하는 Phinney(1992)의 모델.

민족중심주의(Ethnocentrism): 자신의 세계관이 규범적이고 보편적이라는 신념.

세계관(Worldview): 한 개인이 자신 또는 타인, 그리고 자신의 환경을 바라보는 방식. Lonner와 Ibrahim(2002)은 세계관을 한 개인이 철학, 도덕, 그리고 민족적 · 사회적 · 도덕적 맥락으로부터 자신의 세계를 지각하는 방식으로 정의한다.

아시아계 미국인 정체성 발달(Asian American identity development): Kim(2001)에 의해 제안된 5단계의 아시아계 미국인의 정체성 발달단계를 설명한 모델. (a) 민족 인식 (b) 백인 동일시 (c) 사회적 · 정치적 의식에 대한 자각 (d) 아시아인이라는 의식으로의 방향 전환 (e) 통합.

유색인에 대한 백인 태도(White racial attitudes toward People of Color): 백인이 겪는 유색인종에 대한 태도 변화의 과정에 대한 Helms(1995)의 관점(예를 들면 아프리카계 미국인, 아시아계 미국인, 라틴계 미국인과 인디언). (a) 접촉(contact) (b) 분열(disintegration) (c) 재통합(reintegration) (d) 유사 독립(pseudo-independence) (e) 몰입과 출현(immersion and emersion) (f) 자율성(autonomy)의 단계로 구성된다.

유색인종 정체성 발달(Identity development for People of Color): Helms(1990, 1995)에 의해서 제안된 아시아계 미국인과 태평양 제도민, 라틴계 미국인, 인디언들의 인종 정체성 모델. 이러한 다양한 집단의 개인들이 내면화, 통합, 만족스러운 자아 개념의 성취를 겪는 과정. 이 과정은 (a) 순응

(b) 불응 (c) 몰입과 출현 (d) 내면화의 연속이다.

인종 정체성 다차원 모델(Multidimensional model of racial identity: MMRI): Sellers와 동료(1998)에 의해서 제안된 자기 개념과 흑인으로서의 개인적 의미에 초점을 둔 인종 정체성 모델. 이 모델은 인종 정체성의 발달적 모델은 아니지만 어떻게 인종 정체성이 다른 상황에서 행동에 영향을 미치는지에 초점을 두었다.

인종 정체성 발달(Racial identity development): 인종에 근거한 정체성 발달과 억압의 경험에 대한 반응. 종종 이러한 발달은 단계의 특징들로 설명되는데 단계가 올라감에 따라 개인들은 더욱 내면화된, 통합된, 그리고 만족스러운 인종에 대한 생각을 형성하게 된다.

정체성의 개인 차원(Personal dimensions of identity): 인간이 생각하고, 행동하고, 세상을 바라보는 방식에 영향을 주고 상호작용을 하는 다양한 요인으로 구성된, Arredondo와 Glauner(1992)가 개발한 정체성 모델.

집단주의(Collectivism): 개인의 목적보다 집단의 이해와 목적을 강조하는 성향. 개인보다 집단이 더욱 중요한 것으로 여겨진다.

책임 소재(Locus of responsibility): 개인이 자신의 행동과 삶의 상황에 대해 소유권을 가질 수 있는 정도.

흑인 정체성 형성(Black identity formation): Cross(1971, 1995; Cross & Vandiver, 2001)에 의해 4단계로 구성된 흑인의 정체성 발달 과정으로 개념화됨. (a) 전(前) 만남(preencounter) (b) 만남(encounter) (c) 몰입과 출현(immersion and emersion) (d) 내면화(internalization).

Nigresence 이론(Theory of Nigresence): Cross (1971, 1995)가 개발한 모델로, 아프리카계 미국인과 흑인들이 겪는 정체성 형성 과정. 이 이론은 흑인들의 정체성이 지속적으로 지배 사회와 다른 사회적 맥락에 의해서 도전받고 있음을 보여 준다.

✲ 참고문헌

Adams, M. (2001). Cross processes of racial identity development. In C. Wijeyesinghe & B. W. Jackson III (Eds.), *New perspectives on racial identity development: A theoretical and practical anthology* (pp. 209–242). New York: New York University Press.

Arredondo, P. (1999). Multicultural counseling as a tool to address oppression and racism. *Journal of Counseling and Development*, *77*, 102–108.

Arredondo, P., & Glauner, T. (1992). *Personal dimensions of identity model*. Boston: Empowerment Workshops.

Arredondo, P, & Perez, P. (2006). Historical perspectives on the multicultural guidelines and contemporary applications. *Professional Psychology: Research and Practice*, *37*, 1–5.

Arredondo, P., Toporek, R., Brown, S. P., Jones, J., Locke, D., Sanchez, J., et al. (1996). *Operationalization of the multicultural competencies*. Alexandria, VA: Association of Multicultural Counseling and Development of the American Counseling Association.

Atkinson, D. R., Morten, G., & Sue, D. W. (1989). A minority identity development model. In D. R. Atkinson, G. Morten, & D. W. Sue (Eds.), *Counseling American minorities* (pp. 35–52). Dubuque, IA: William C. Brown.

Beale Spenser, M., Noll, E., Stoltzfus, J., & Harpalani, V. (2001). Identity and school adjustment: Revising the "acting white" assumption. *Educational Psychologists*, *36*, 21–30.

Bennett, M. J. (1986). A developmental approach to training for intercultural sensitivity. *International*

Journal of Intercultural Relations, *10*, 179–196.

Bernal, M. E., & Knight, G. P. (1993). *Ethnic identity: Formation and transmission among Hispanics and other minorities*. Albany, NY: State University of New York Press.

Choney, S. K., Berryhill-Paake, E., & Robbins, R. R. (1995). The acculturation of American Indians. In J. G. Ponterotto, J. M. Casas, L.A. Suzuki, L.A., & C. M. Alexander (Eds.), *Handbook of multicultural counseling* (pp. 73–92). Thousand Oaks, CA: Sage.

Cokley, K. O. (2002). Testing Cross's Revised Racial Identity Model: An examination of the relationship between racial identity and internalized racialism. *Journal of Counseling Psychology*, *49*, 476–483.

Coll, J. E. (2008). An examination of the relationship between optimism and worldview among university students. *College Student Journal*, *42*, 395–401.

Corey, G. (2009). *Theory and practice of counseling and psychotherapy* (8th edition). Belmont, CA: Thomson Brooks/Cole.

Côté, J. E., & Levine, C. G. (2002). *Identity formation: Agency, and culture: A social psychological synthesis*. Mahwah, NJ: Lawrence Erlbaum.

Cross, W. (1971). The NegrotoBlack conversion experience. *Black World*, *20*, 13–27.

Cross, W. (1995). The psychology of Nigresence: Revising the Cross Model. In J. G. Ponterotto, J. M. Casas, L. A. Suzuki, L.A., & C. M. Alexander (Eds.), *Handbook of multicultural counseling* (pp. 93–122). Thousand Oaks, CA: Sage.

Cross, W., & Vandiver, B. J. (2001). Nigresence theory and measurement: Introducing the Cross Racial Identity Scale (CRIS). In J. G. Ponterotto, J. M. Casas, L. A. Suzuki, L. A., & C. M. Alexander (Eds.), *Handbook of multicultural counseling* (pp. 371–393). Thousand Oaks, CA: Sage.

Dana, R. H. (1993). *Multicultural assessment perspectives for professional psychology*. Needham Heights, MA: Allyn & Bacon.

Davey, M., Stone Fish, L., Askew, J., & Robila, M. (2003). Parenting practices and the transmission of ethnic identity. *Journal of Marital and Family Therapy*, *29*, 195–208.

Deloria, V., Jr. (1994). *God is red: A Native view of religion*. Golden, CO: Fulcrum.

D'Rozario, V. A. (1996). Singaporean and Unites States college students' worldview, expectations of counseling, and perceptions of counselor effectiveness based on directive and nondirective counseling style. *Dissertation Abstracts International*, *56*, 2564.

Erikson, E. H. (1968). *Identity: Youth and crisis*. New York: Norton.

Fischer, A. R., & Moradi , B. (2001). Racial and ethnic identity: Recent developments and needed directions. In J. Ponterotto, J. M. Casas, L. A. Suzuki, & C. M. Alexander (Eds.), *Handbook of multicultural counseling* (pp. 341–370). Thousand Oaks, CA: Sage.

Ferdman, B. M., & Gallegos, P. I. (2001). Racial identity development and Latinos in the United States. In C. L. Wijeyesinghe & B. W. Jackson III. (Eds.), *New perspectives on racial identity development: A theoretical and practical anthology* (pp. 32–66). New York: New York University Press.

Fisher, C. B. (1993). Joining science and application: Ethical challenges for researchers and practitioners. *Professional Psychology: Research and Practice*, *24*, 378–381.

Gaines, S. O., Jr., Larbie, J., Patel, S., Pereira, L., & Sereke-Melake, Z. (2005). Cultural values among African-descended persons in the United Kingdom: Comparisons with European-descended and Asiandescended persons. *Journal of Black Psychology*, *31*, 130–151.

Garrett, J. T., & Garrett, M. W. (1994). The path to good medicine: Understanding and counseling Native America Indians. *Journal of Multicultural Counseling and Development*, *22*, 134–144.

Graham, S. (1992). "Most of the subjects were White and middle class": Trends in published research on African Americans in selected APA journals, 1970–1989. *American Psychologists*, *47*, 629–639.

Hansen, L. S., Gama, E. M. P., & Harkins, A. K. (2001). Revisiting gender issues in multicultural counseling. In P. B. Pedersen, J. G. Draguns, W. J. Lonner, & J. E. Trimble (Eds.), *Counseling across cultures* (pp.

163–184). Thousand Oaks, CA: Sage.

Helms, J. E. (1990). *Black and White racial identity: Theory, research and practice*. Westport, CT: Greenwood.

Helms, J. E. (1995). An update of Helms's White and People of Color Racial Identity Models. In J. G. Ponterotto, J. M. Casas, L. A. Suzuki, L. A., & C. M. Alexander (Eds.), *Handbook of multicultural counseling* (pp. 181–198). Thousand Oaks, CA: Sage.

Helms, J. E. (1996). Toward a methodology for measuring and assessing racial as distinguishing from ethnic identity. In G. R. Sodowsky, & J. C. Impara (Eds.), *Multicultural assessment in counseling and clinical psychology* (pp. 143–192). Lincoln, NE: Buros Institute of Mental Measurement.

Henriksen, R. C., & Paladino, D. A. (2001). *Counseling multiple heritage individuals, couples, and families*. Alexandria, VA: American Counseling Association.

Hofstede, G. (2001). *Culture's consequences: Comparing, values, behaviors, and organizations across nations* (2nd edition). Thousand Oaks, CA: Sage.

Horse, P. G. (2001). Reflections on American Indian identity. In C. L. Wijeyesinghe & B. W. Jackson III. (Eds.), *New perspectives on racial identity development: A theoretical and practical anthology* (pp. 91–107). New York: New York University Press.

Ibrahim, F. A. (1991). Contribution of cultural worldview to generic counseling and development. *Journal of Counseling and Development*, *70*, 13–19.

Ibrahim, F. A. (1999). Transcultural counseling: Existential worldview theory and cultural identity. In J. McFadden (Ed.), *Transcultural counseling* (2nd ed., pp. 23–57). Alexandria,VA: American Counseling Association.

Ibrahim, F. A., & Kahn, H. (1984). *Scale to Assess Worldview©* (SAWV). Unpublished instrument, Storrs, CT.

Ibrahim, F. A., & Owen, S. V. (1994). Factor analytic structure of the Scale to Assess World View. *Current Psychology: Development, Learning, Personality, Social, 13*, 201–209.

Ibrahim, F. A., Roysircar-Sodowsky, G. R., & Ohnishi, H. (2001). Worldview: Recent developments and needed directions. In J. G. Ponterotto, J. M. Casas, L. A. Suzuki, & C. M. Alexander (Eds.), *Handbook of multicultural counseling* (2nd ed., pp. 425–455). Thousand Oaks, CA: Sage.

Ivey, A. E. (1993). On the need for reconstruction of our present practice of counseling and psychotherapy. *The Counseling Psychologist*, *21*, 225–228.

Josephson, A. M., & Peteet, J. R. (Eds.). (2004). *Handbook of spirituality and worldview in clinical practice*. Arlington, VA: American Psychiatric Publishing.

Kambon, K. K. (1992). *The African personality in America: An African-centered framework*. Tallahassee, FL: Nubian Nation.

Kerwin, C., & Ponterotto, J. G. (1995). Biracial identity development: Theory and research. In J. G. Ponterotto, J. M. Casas, L. A. Suzuki, L. A., & C. M. Alexander (Eds.), *Handbook of multicultural counseling* (pp. 199–217). Thousand Oaks, CA: Sage.

Kluckhohn, F. R., & Strodtbeck, F. L. (1961). *Variations in value orientations*. Evanston, IL: Row, Patterson.

Kim, J. (2001). Asian American identity development theory. In C. L. Wijeyesinghe & B. W. Jackson III. (Eds.), *New perspectives on racial identity development: A theoretical and practical anthology* (pp. 67–90). New York: New York University Press.

Kivisto, P., & Nefzger, B. (1993). Symbolic ethnicity and American Jews: The relationship of ethnic identity to behavior and group affiliation. *Social Science Journal*, *30*, 1–12.

Koltko-Rivera, M. E. (2000). The Worldview Assessment Instrument (WAI): The development and preliminary validation of an instrument to assess worldview components relevant to counseling and psychotherapy. Doctoral dissertation, New York University. *Dissertation Abstracts International*, *61*, 2266B. (UMI Microform No. 996888433)

Koltko-Rivera, M. E. (2004). The psychology of worldviews. *Review of General Psychology*, *8*, 3–58.

Lonner, W., & Ibrahim, F. A. (2002). Appraisal and assessment in cross-cultural counseling. In P. B. Pedersen, J. G. Draguns, W. J. Lonner, & J. E. Trimble (Eds.), *Counseling across cultures* (pp.

355–379). Thousand Oaks, CA: Sage.

Madson, L. A., & Trafimow, D. (2001). Gender comparisons in the private, collective, and allocentric selves. *The Journal of Social Psychology*, *141*, 551–559.

Marín. G. (1992). Issues in the measurement of acculturation of Hispanics. In K. F. Geisinger (Ed.), *Psychological testing of Hispanics* (pp. 235–251). Washington, DC: American Psychological Association.

Munford, M. B. (1994). Relationship of gender, self-esteem, social class, and racial identity to depression in blacks. *Journal of Black Psychology*, *20*, 157–174.

Munley, P., Anderson, M. Z., Baines, A. L., Briggs, D., Dolan, J. P., Jr., & Koyama, M. (2002). Personal dimensions of identity and empirical research in APA journals. *Cultural Diversity and Ethnic Minority Psychology*, *8*, 357–365.

Parham, T. A. (2002). *Counseling persons of African descent: raising the bar of practitioner competence*. Thousand Oaks, CA: Sage.

Pedersen, P. B. (1997). *Culture-centered counseling interventions*. Thousand Oaks, CA: Sage.

Phillips Smith, E., Walker, K., Fields, L., Brookins, C. C., & Seay, R. C. (1999). Ethnic identity and its relationship to self-esteem, perceived efficacy and prosocial attitudes in early adolescence. *Journal of Adolescence*, *22*, 867–880.

Phinney, J. S. (1989). Stages of ethnic identity in minority adolescents. *Journal of Early Adolescence*, *9*, 34–49.

Phinney, J. S. (1990). Ethnic identity in adolescents and adults: Review of research. *Psychological Bulletin*, *108*, 499–514.

Phinney, J. S. (1992). The Multigroup Ethnic Identity Measure: A new scale for use with diverse groups. *Journal of Adolescent Research*, *13*, 156–176.

Phinney, J. S. (1993). A three-stage model of ethnic identity development in adolescence. In M. E. Bernal & G. P. Knight (Eds.), *Ethnic identity: Formation and transmission among Hispanics and other minorities* (pp. 61–79). Albany, NY: State University of New York Press.

Phinney, J. (1996). Understanding ethnic diversity: The role of ethnic identity. *American Behavioral Scientist*, *40*, 143–152.

Phinney, J. S., & Chavira, V. (1992). Ethnic identity and self-esteem: An exploration longitudinal study. *Journal of Adolescence*, *15*, 271–281.

Poston, C. W. (1990). The Biracial Identity Model: A needed addition. *Journal of Counseling and Development*, *69*, 152–155.

Pyant, C. T., & Yanico, B. J. (1991). Relationship of racial identity and gender-role attitudes to Black women's psychological well-being. *Journal of Counseling Psychology*, *38*, 315–322.

Reynolds, A. L., & Baluch, S. (2001). Racial identity theories in counseling: A literature review and evaluation. In C. L. Wijeyesinghe & B. W. Jackson III (Eds.), *New perspectives on racial identity development: A theoretical and practical anthology* (pp. 167–181). New York: New York University Press.

Rotter, J. C., & Casado, M. (1998). Promoting strengths and celebrating culture: Working with Hispanic families. *The Family Journal: Counseling and Therapy for Couples and Families*, *6*, 132–136.

Santiago-Rivera, A. L., Arredondo, P., & GallardoCooper, M. (2002). *Counseling Latinos and la familia: A practical guide*. Thousand Oaks, CA: Sage.

Sodowsky, R. G., Kwan, K. L. K., Pannu, R. (1995). Ethnic identity of Asians in the United States. In J. G. Ponterotto, J. M. Casas, L.A. Suzuki, L.A., & C. M. Alexander (Eds.), *Handbook of multicultural counseling* (pp. 123–154). Thousand Oaks, CA: Sage.

Sodowsky, G. R., Maguire, K., Johnson, P., Kohles, R., Ngumba, W. et al. (1994). Worldviews of White America, mainland Chinese, Taiwanese, and African students in a midwestern university: An investigation into between-group differences. *Journal of Cross-Cultural Psychology*, *25*, 309–324.

Stephenson, E. (2004). The African diaspora and culture-based coping strategies. In J. L. Chin (Ed.), *The psychology of prejudice and discrimination: Racism in America* (Vol. 1, pp. 95–118). Westport, CT: Praeger/Greenwood.

Sue, D., & Sundberg, N. B. (1996). Research and research hypotheses about effectiveness in intercultural counseling. In P. Pedersen, J. G. Draguns, W. J. Lonner, & J. E. Trimble (Eds.), *Counseling across cultures* (4th ed., pp. 323–352). Thousand Oaks, CA: Sage.

Sue, D. W. (1978). World views and counseling. *Personnel and Guidance Journal*, *56*, 458–462.

Sue, D. W., Ivey, A. E., & Pedersen, P. B. (1996). *A theory of multicultural counseling and therapy*. Pacific Grove, CA: Brooks/Cole.

Sue, D. W., & Sue, D. (2008). *Counseling the culturally different: Theory and practice* (5th ed.). New York: John Wiley.

Suzuki-Crumly, J., & Hyers, L. L. (2004). The relationship among ethnic identity, psychological wellbeing, and intergroup competence: An investigation of two biracial groups. *Cultural Diversity and Ethnic Minority Psychology*, *10*, 137–150.

Thompson, C. E., & Carter, R. T. (1997). An overview and elaboration of Helms' Racial Identity Development Theory. In C. E. Thompson, & R.T. Carter (Eds.), *Racial identity theory: Applications to individuals, group, and organizational interventions* (pp. 15–32). Mahwah, NJ: Erlbaum.

Umberson, D. (1993). Sociodemographic position, worldview, and psychological distress. *Social Science Quarterly*, *74*, 575–589.

U.S. Bureau of the Census. (2001). *The two or more races population: 2000*. Retrieved from http://www.census.gov/prod/2001pubs/c2kbr01-6.pdf

Vandiver, B. J., Cross, W. E., Worrell, F. C., & FhagenSmith, P. E. (2002). Validating the Cross Racial Identity Scale. *Journal of Counseling Psychology*, *49*, 71–85.

Wijeyesinghe, C. L., & Jackson, B. W., III. (Eds.). (2001). *New perspectives on racial identity development: A theoretical and practical anthology*. New York: New York University Press.

Wijeyesinghe, C. L. (Ed.). (2001). Racial identity in multiracial people: An alternative paradigm. In

C. L. Wijeyesinghe & B. W. Jackson III (Eds.), *New perspectives on racial identity development: A theoretical and practical anthology* (pp. 129–152). New York: New York University Press.

Zak, I. (1973). Dimensions of Jewish American identity. *Psychological Reports*, *33*, 891–900.

CHAPTER 04

억압, 권력 및 특권

'억압(oppression)'이라는 단어의 어근은 '압력(press)'이다. 군중이 밀려드는 것, 군대로의 강제 징집, 바지를 다리는 것, 인쇄, 버튼을 누른다는 사전적 의미를 지닌다. 압력은 어떤 것을 틀에 넣어 만들어 낼 때, 또는 평평하게 만들거나 한꺼번에 줄인다는 의미로 사용되고, 때로는 가스나 액체로 짜내어서 변형시킨다는 의미가 있다. 압력이 가해지면 서로 연결된 둘 이상의 힘과 장벽에 끼어 있게 된다. 이 힘과 장벽은 움직임과 활동성을 구속하고 제한하며 방해한다. 억압은 틀에 넣어 만들고(mould), 움직이지 않게 고정하며(immobilize) 줄어들게 하는(reduce) 것과 관련이 있다.

억압받는 사람들은 그들의 삶이 외부의 압력과 장벽에 의해 제한되고 형성되는 경험을 하게 된다. 이러한 압력과 장벽은 우연하게 나타나는 것이 아니며, 가끔씩 나타나기 때문에 피할 수가 없다. 이러한 압력과 장벽은 서로 맞물리는 방식으로 구조적으로 연결되어 있기 때문에 어떤 방향에서든 움직임을 제한하거나 힘들게 한다. 이것은 마치 우리에 갇힌 것 같은 경험이다. 그래서 모든 통로와 방향이 막히고 함정에 빠진 것과 같은 경험으로 다가온다.

우리, 즉 새장을 생각해 보라. 당신이 우리에 있는 하나의 철사만을 아주 가까이 응시해 본다면 다른 철사들은 볼 수 없다. 당신 앞에 있는 것이 무엇인가에 대한 생각이 근시안적인 초점으로 결정된 것이라면 당신은 위아래로 긴 단지 철사 하나만을 보는 것이고, 당신은 왜 새가 어딘가로 가고 싶을 때 철사 너머로 날아갈 수 없는지는 볼 수 없다. 게다가 당신이 근시안적으로 따로따로 각각의 철사를 조사했다고 해도 당신은 여전히 왜 새가 어느 곳으로 가기 위해 철사를 통과하여 가는 데 어려움이 있는지 볼 수 없다. 한 철사의 물리적 특성이 무엇인지 아주 면밀하게 조사를 한다고 해도, 새가 어떻게 철사에 의해 움직이지 못하고 이로 인해 피해를 입게 되는지를 매우 특별한 경우가 아니고서는 설명해 주지 못한다. 당신이 철사들을 현미경으로 보듯이 하나하나 보는 것을 멈추고 뒤로 물러나서 우리 전체를 거시적인 관점으로 본다면 당신은 왜 새가 원하는 곳으로 가지 못하는지 볼 수 있게 된다. 그것은 대단히 예민한 정신적 능력을 필요로 하는 것은 아니다. 새가 체계적으로 연결된 장벽의 네트워크로 둘러싸여 있다는 사실은 아주 명백하다. 아무도 새의 비행을 막지 않지만 서로서로 얽힌 관계들은 지하 감옥의 단단한 벽처럼 새들의 움직임을 제한하고 있다.

— Marilyn Frye (1995, pp. 81-84)

우리 모두는 자신이 열등하고 부끄러운 존재이며, 뭔가 모자라고 부적당하다고 느끼거나, 어떤 것에 접근하지 못하여 배척되거나, 기회를 얻지 못하여 불공정하다고 느꼈던 사례들을 기억할 수 있을 것이다. 위의 예에서 사용한 Frye(1995)의 은유적 표현처럼 당신이 기억하는 각각의 사례들은 새장에 있는 하나하나의 철사와 같다. **억압**이란 한 개인의 주위에서 경험하는 많은 예들을 통해 나타나고, 이것은 그 사람을 제한하고 가두는 체계적인 장벽이 된다. 이 장에서 우리는 억압과 그와 연관된 구조들에 대하여 논의할 것이다.

인종, 민족성, 계층, 성, 성적 지향성, 신체적 · 정신적 능력, 연령, 종교적 정체성은 모두 동시에 존재하는 것들이다. 이러한 요인들은 우리의 개인적 정체성에서 서로 연결되는 구성 요소이다. 개별적으로 보면 이 정체성 중 어느 하나도 완전하지 않다. 자기 자신을 화성에 사는 유일한 인간이라고 생각해 보자. 당신의 인종이 중요한가? 당신이 말하는 언어는 어떠한가? 아니면 당신의 성적 지향성은? 사회적 정체성에 의미를 부여하는 것은 우리 주변에 존재하는 다른 사람들이다.

모든 인간 사회는 개인 사이, 개인과 지역사회 사이, 개인과 전체 사회와의 관계를 결정하는 규칙의 체계를 구축한다. 관계의 이러한 체계들 안에서 어떤 정체성 특징들이 중요하게 결정된다. 하지만 개인 정체성의 각 구성 요소가 갖는 중요성은 관계 체계가 달라지면 다르게 나타난다. 여러 민족들이 섞인 뉴욕 시 지역에서 딸과 손자들과 살고 있는 73세의 아프리카계 미국인인 Louise의 예를 생각해 보자. Louise는 손자들을 보살피고 그녀의 딸이 정규 간호사로서 긴 시간 일하는 동안 집안일을 처리한다. Louise는 집안의 윗사람으로, 교회의 집사로, 주민협의회의 합창단원으로서 그녀의 지역사회에서 사회경제적으로 높은 위치에 있는 것을 즐긴다. 그런데 어느 날 Louise가 그녀의 심장병 전문의를 만나기 위하여 맨해튼 중심가로 여행을 가야 한다. 전철역으로 가는 길에 지역 상점 주인의 인사에 답하는 순간은 그녀가 자신의 지역에서 누리는 지위의 마지막 순간이 될 수 있다. 왜냐하면 그녀가 도착할 시내 중심가에서 그녀는 '늙은 흑인이라는 것 외에는 아무것도 아닌' 존재로 여겨지기 때문이다. 열차가 도심지로 더 진입함에 따라 승객들이 주로 가난한 사람, 흑인과 라틴계에서 대개 중산층, 백인으로 바뀌면서 Louise는 지역사회의 존경받는 중심인물에서 그녀의 인종, 연령, 상대적 빈곤이라는 주된 특징을 가진 여자로 스스로 변화되고 있는 것처럼 느낀다. 최신 유행하는 옷을 차려입고 일하러 가는 젊은 사무직 근로자들의 무리를 지나 의사의 사무실로 걸어오면서 그녀는 스스로 "어깨 펴고 당당하자."라고 마음을 다잡는다. 하지만 마음속으로는 그녀가 무엇을 하든 관심이 없고 아무도 자신을 보려고 하지 않는다는 것을 안다.

'문화적으로 다른' 또는 복합적 정체성을 가진 '특별한' 집단이라는 것은 단순한 것이 아니다. 그렇게 이름 붙여진 모든 집단들이 공통적으로 경험하는 것은 그들의 특징이 중요한 것으로 간주되어 한 사회에서 차별의 초점으로 작용한다는 것이다. 이 특징들은 성, 피부색, 연령과 같이 쉽게 인식할 수 있는 것이거나 눈으로는 식별하기 어려운 성적 지향성, 사회경제적 계층, 종교와 같은 정체성의 한 가지

활동 4.1

일반적 인간(Generic human)

'일반적인' 사람이라는 모습을 잠시 머릿속에 그려 보자.

그 사람은 어떤 모습인가?

피부색, 성별, 연령 등을 갖지 않은 사람을 상상하는 것은 불가능하다는 점을 염두에 두어라. 또한 그 사람이 가진 피부색, 성별, 연령 및 그 이외에 겉으로 드러나는 특징들이 그 사람에게 타인들이 반응하고 대우하는 방식을 변화시킨다는 점을 생각하라.

그럼 '영웅적인' 사람을 머릿속에 그려 보라.

그 사람은 어떤 모습인가?

어떤 개인적 또는 신체적 특징을 그 사람과 연관시키는 경향이 있는가?

당신이 생각한 일반적인 사람과 영웅적인 사람이 어떻게 비슷하거나 다른가? 이 활동이 당신 자신, 당신의 문화, 세계관, 당신이 학습해 온 본래의 선입관에 대해 당신에게 말해 주고 있는 것은 무엇인가?

어디서부터 일반적인 사람이라는 이미지가 기원되었는가?

영웅적인 사람의 경우는 어떠한가?

면으로 그 집단을 분류하고 정의하는 경향이 있다. 덜 직접적으로 인식되는 특성조차도 중요하게 보고, 눈에 보이지 않는 특성들에도 가시적인 표시를 하려는 경향이 있다. 그것이 얼마나 타당한지 혹은 그렇지 않은지와 상관없이 말이다. 예를 들어 이성애자가 지배적인 사회집단의 경우, 성적 지향성과 같이 눈에 보이지 않는 차이에 대해서도 게이와 레즈비언을 확인하기 위해 겉으로 드러나는 차이를 만들어서 표시를 하려는 사회 전체의 흐름이 존재한다.

사회적 지배 이론(social dominance theory)(Sidanius, Levin, Federico, & Pratt, 2001)은 위계적 체계의 세 가지 유형을 제안한다. (a) 성인이 어린이에 비해 훨씬 많은 힘을 가지는 **연령 체계**(age systems) (b) 남자가 여자보다 더 큰 힘을 가지는 **가부장적 체계**(patriarchal systems) (c) 인종, 사회적 계급, 사회적 계층, 가문, 민족성, 자산, 종교, 출신 지역, 성적 지향성, 장애와 같은 특징들에 따라 그 집단 사이에서 구별되는 힘을 가지는 **임의적 체계**(arbitrary-set systems). 사회마다 이것들이 위계적으로 조직되는 정도와 세 가지 체계 각각의 상대적 강조점이 달라서 어떤 사회에서는 사회적 위계가 다른 체계들보다 더 가부장적일 수 있고, 어떤 사회에서는 이 위계가 연령에 기반한 것일 수 있다. 하지만 이 체계들은 그런 체계들을 유지하고 수립하는 과정에서 공통점을 공유하고 모든 사회는 이 체계들의 조합으로 이루어진다. 세 번째 유형인 임의적 체계는 모든 사회에 걸쳐 가장 다양하고 사회적 맥락에 가장 민감하다. 예를 들어 인종적 정체성을 살펴보자. 이전의 미국 국무장관이던 Colin Powell은 각 나라에서 사용되는 각각의 분류 체계에 근거해 볼 때 미국에서는 흑인으로 분류되지만 브라질에서는 흑인이 아닌 사람(non-Black)으로 분류된다.

생각해 볼 질문 4.1

다음의 질문들에 대해 생각해 보자.

- 억압이 당신에게 의미하는 것은 무엇이고 이것이 어떻게 당신의 삶에 영향을 주었는가?
- 당신은 편견이 존재한다는 것을 처음 이해하기 시작한 때를 기억하는가?
- 당신과 다른 문화 집단의 사람들에 대해 당신이 가지는 대부분의 견해들의 원천은 무엇인가?
- 당신의 신념은 다른 사람들과 상호작용하는 방식에 어떻게 영향을 주는가?
- 억압이 어떻게 당신과 가까운 다른 사람들의 삶에 영향을 주었는가?
- 당신은 당신 자신을 특권이 있는 사람이라고 생각하는가, 특권이 없다고 생각하는가? 그렇다면, 어떤 면에서 그러한가?
- 당신이 가진 특권 또는 특권이 부족한 것이 어떻게 당신의 세계관에 영향을 주었나?
- 특권과 억압이 당신과 유사하거나 또는 차이가 있는 타인의 삶에 공감하는 능력을 어떻게 강화시켜 왔는가?
- 당신과 유사하거나 다른 사람의 경험을 이해하는 것과 관련하여 당신의 잠재적 맹점(potential blind spots)은 무엇인가?

1. 억압의 표현

억압의 위계화를 심화시키는 데 사용되는 집단에 기초한 일련의 특징은 사회에 걸쳐 다양하다. 미국 사회의 경우, 어떤 두드러진 특징이 매우 중요한 것으로 결정되면 이러한 각각의 특징은 일종의 억압으로서 나타나며 결과적으로 다문화와 관련된 문헌에서 주의(isms)로 정의된다.

예를 들어 **인종차별주의**(racism)는 하나의 인종이 다른 인종보다 우월하고, 그래서 지배할 수 있는 권리와 그렇게 행할 수 있는 제도적 권력을 가지고 있다는 믿음으로 정의된다. 이것은 체계적으로 다른 집단의 구성원들에게 특권을 주면서, 어떤 사회적 집단에게는 기회에 대한 접근을 거부하려는 태도와 행동의 형태이다(Ridley, 1995). **성차별주의**(sexism)는 하나의 성이 선천적으로 다른 성에 비해 우월하고, 그래서 그 믿음을 강요할 수 있는 제도적인 권력뿐만 아니라 다른 성을 지배할 수 있는 권리를 가진다는 믿음이다(Frye, 1995). 이와 비슷하게 **장애인 차별주의**(ableism)는 일시적으로 건강한 사람들이 그들이 지각하고, 행동하고, 생각하고 느끼는 방식만이 옳고 정상적인 것이며, 장애인들은 그들에 비하여 무능하고 비정상적이라는 믿음이다. **이성애주의**(Heterosexism)는 남성과 여성 사이의 친밀한 관계가 동성 간의 친밀한 관계보다 우월하며, 그래서 더 수용될 수 있다는 믿음이다. 동성애 혐오증(homophobia)은 게이와 레즈비언 그리고 양성애자들에 대한 공포와 거부이다(McHenry & Johnson, 1993). 이와 마찬가지로, **계급 차별주의**(classism)는 사회경제적 차이에 기반한 노동자 계급과 근로 빈곤층에 대한 억압이다. **연령 차별주의**(ageism)은 나이에 비추어 아주 어리거나 아주 늙은 사람에 대한 억압이다. **반유대주의**(anti-Semitism)는 문화와 종교의 복합성에 기반한 유대인에 대한 억압이다. 이러한 각각의 억압들이 정체성의 다른 측면에 기반하고 있지만, 이러한 모든 억압적 표현의 공통적인 특징은 다르다(different)는 것은 결코 동등(equal)할 수 없다는 개념에 기초하고 있다는 점이다. 즉, 단지 하나의 방식만이 옳은 방식이라는 생각이다. 그리고 이러한 사고방식은 그러한 억압적인 믿음 체계를 체계적으로 강요하고 제도화하는 데 있어서 권력의 사용을 정당화한다.

2. 억압의 정의

지역사회와 가족 및 대인관계의 상호작용뿐만 아니라 제도적 틀과 사회적 구조에 영향을 미치는 체제적인 구분은 차별의 차원을 넘어선다. 이러한 구별은 억압으로 변한다. 억압을 개념화하기 위해서는 관련이 있는 많은 요소들을 감안해야 한다. 주된 것은 편견, 차별, 제도적 권력, 그리고 체제적 불평등이다. 우리는 이러한 측면에 근거한 억압을 정의하면서, 이 개념들을 각각 차례로 논의할 것이다.

1) 편견

가장 단순하게 보면 편견(prejudice)은 속단하는 것을 의미한다. 편견은 태도이다: 감정과 행동하는 경향성 및 믿음의 조합(Myers, 2002)이다. 편견이 계속 커져서 믿음이 되면 고정관념이 되고, 이 관념에 따라 범주화하여 정보를 구분함으로써 서로 다른 집단으로 일반화시킨다. 고정관념은 세상을 단순화하고자 하는 욕구로부터 나온다. 예를 들어 영국인의 경우 자신을 잘 표현하지 않는(reserved) 사람으로 생각하고, 교수는 한 가지 일에 몰두한 나머지 다른 일에 신경을 쓰지 않는(absent-minded) 사람들로 여기며, 'Ms.'라는 타이틀을 사용하는 여성들은 자기주장이 더 강하다고 생각하는 이러한 모든 것들은 세상을 요약하고 분류하려는 시도이다. 이러한 고정관념은 사람에 대한 범주화로 표현되는 경향이 있다. 고정관념은 그 자체로 도움이 될 수 있으나 종종 정확하지 않고, 과잉 일반화되어 있으며, 잘 변화하지 않는다(Lee, Jussim, & McCauley, 1995).

편견이란 사회집단의 구성원들이 어떤 특정 집단의 구성원이기 때문에 독특한 특징을 갖게 된다는 방식으로 정의된다. 그러한 판단은 그 집단의 구성원에게 할당된 긍정적 또는 부정적 가치에 따라 도움이 될 수도 있고 해가 될 수도 있다. 편견의 예로 여성이 감정적이라는 믿음이 있다. 감정이 요구되는 상황에서 여성이 남성에 비해 감정에 보다 잘 접근한다고 여겨지는 믿음이라면 긍정적인 편견이라고 볼 수 있다. 그러나 이 판단에서 남성은 상대적으로 솔직함 같은 것이 부족하다고 간주될 수 있다. 반면 여성의 감수성에 대한 믿음이 부정적일 때, 이것은 여성들이 비합리적이고 히스테리적이라고 여겨질 수 있다. 이러한 믿음을 편견으로 만드는 것은 어떤 행동에 대한 반응을 개인에게 특별하게 적용하지 않고, 단지 그러한 행동을 한 특정 여성의 행동을 모든 여성에게 적용하는 경우이다. 물론 억압의 관점에서 우려되는 것은 편견으로 인해 특정 집단을 부정적으로 바라보는 것이지만, 이보다 더 중요한 것은 억압적인 체제에 포함된 모든 사회집단에 대해 관심을 유지하는 것이다.

생각해 볼 질문 4.2

- 당신은 어떤 개인적 특성과 범주를 가진 사람을 긍정적으로 속단하는 경향이 있는가? 혹은 부정적으로 속단하는 경향이 있는가? 당신이 그것을 알고 있다면, 어떠한 방식으로 그 사람들에게 영향을 미치고 있는가?

- 당신은 다른 사람에 의해 어떤 개인적 특성 혹은 범주로 인해 긍정적으로 속단 내려진 경험이 있는가? 혹은 부정적으로 속단 내려진 적이 있는가? 그 경험의 맥락은 무엇이었는가? 만약에 있다면, 그것이 어떻게 영향을 미쳤거나 당신을 변화시켰는가?

2) 차별

억압의 두 번째 주요 요소는 집단에 대한 행동으로, 한 개인이 특정 집단에 속했다는 이유로 특정 개인에게 행해지는 차별(discrimination) 행동이다. 상황에 관계없이 차별하는 것은 긍정적인 영향을 미칠 수도 있고 부정적인 영향을 미칠 수도 있다. 예를 들어 농구팀을 편성할 때 모든 아프리카계 미국 청소년들은 선천적으로 농구에 재능이 있다는 믿음에 근거하여, 실제 운동 능력을 고려하지 않고 아프리카계 미국인 학생에게 협력을 요청하는 것은 편견에 근거한 차별이다. 주목해야 할 점은 그와 같은 차별로 인해 원래는 받을 수 없었던 기회가 주어진다는 점에서는 긍정적이지만, 반면에 비현실적인 기대를 함으로써 결국에는 실패하게 만드는 경우가 매우 많다는 것이다. 이와 같은 부정적인 차별의 예로 **흑인차별 교통단속**(driving while Black)으로 알려진 현상이 있다. 이 현상은 아프리카계 미국인들이 다른 민족 집단보다 범죄 활동에 훨씬 많이 연루될 것이라는 의혹을 지닌 경찰이 아프리카계 미국인 운전자를 관례적으로 더 멈춰 세우는 경우이다.

사회심리학의 연구에 따르면, 차별과 편견은 서로 관련이 있지만 그 연결이 항상 인과적인 것은 아니다. 사람으로서 우리의 행동은 우리의 내부적 믿음과 외부적 상황 변수에 의해서 영향을 받는다(Myers, 2002). 예를 들어 한 회사의 백인 남자 매니저는 자신은 편견이 없다고 느낄 수 있다. 그러나 만약 영업적 거래가 여성이나 유색인종의 접근이 제한된 어느 지역의 골프장에서 논의된다면, 그는 이러한 집단을 차별한 셈이 된다. 왜냐하면 여성이나 유색인종은 그러한 골프장에 접근할 수 없기 때문이다. 이 경우 '일반적인 방식의 영업(business as usual)'이 차별적인 영업이 된다.

차별을 받은 것에 대한 흔한 반론은 차별받았다고 불평하는 사람들이 지나치게 예민하거나 자신의 무능함을 변명하려고 애쓰는 사람이라는 것이다. 다른 말로 표현하면 '그러한 사람들(those people)'은 원래 앓는 소리를 많이 한다는 것이다. 차별을 받은 사람들이 그들이 받은 차별을 과장해서 말하는 것일까? 그들은 진짜 과민한 것일까? Major와 Ruggiero(1998)는 지각된 차별에 대한 흥미로운 연구를 했는데, 남성과 여성, 백인과 흑인 집단에게 미래의 성공에 대한 시험을 했다. 각 집단에게 반대의 성별을 지닌 채점관이 그들의 시험 결과를 평가할 것이고, 채점관은 그들과 다른 성별에 대해 차별하는 경향을 가지고 있다고 말했다. 채점관이 사용하기로 되어 있는 차별의 수준은 100%, 75%, 50%, 그리고 0%로 다양하다. 연구에 참여한 사람들에게는 이들이 모두 시험을 못 봤다고 말했고, 이들이 시험을 못 본 이유를 설명해 보라고 요구했다. 특히 위에서 제시한 차별의 정도, 시험의 질, 그들이 대답한 정답의 수준, 또는 개인적으로 노력한 정도 등의 관점에서 이유를 제시하라고 요구받았다. 차별의 수준과 상관없이 연구자들은 흥미로운 결과를 발견했다. 여성과 흑인 남성들은 자신들의 점수가 낮은 이유로 차별을 덜 손꼽은 반면, 백인 남성의 경우 차별 때문에 자신들이 낮은 성적을 받았다고 하였다. 실제로는 흑인 남성과 여성들이 생활 속에서 차별을 더 경험하지만, 오히려 이러한 차별을 덜 경험하는 백인 남성이 자신들의 낮은 성적의 원인으로 차별을 사용하고 있었다.

생각해 볼 질문 4.3

- 당신이 어떤 사람을 차별했던 때를 생각할 수 있는가? 그 당시 이러한 경험에 대한 당신의 생각과 느낌은 어떠했는가? 이 시점에서 그것을 돌이켜보았을 때 이 경험에 대한 당신의 생각과 느낌은 무엇인가?
- 당신이 어떤 사람으로부터 차별을 받았던 때를 생각할 수 있는가? 그 당시 이러한 경험에 대한 당신의 생각과 느낌은 어떠했는가? 이 시점에서 그것을 돌이켜보았을 때 이 경험에 대한 당신의 생각과 느낌은 무엇인가?
- 당신이 더 좋은 상담가가 되는 데 있어 이러한 경험들이 어떻게 도움이 될 수 있는가?

3) 제도적 권력

사회에서 기회에 대한 접근의 정도가 제도적 권력(institutional power)이다. 간단하게 말하면 이것은 누구의 목소리가 귀 기울여지는가 하는 물음이다. 귀 기울여진다는 것의 단순한 예를 들면, 당신이 많은 돈을 가지고 있어서 수많은 TV 광고를 통해 당신이 하고 싶은 이야기를 전달하고 다른 사람들의 의견을 막는 것이다. 또한 귀 기울여진다는 것의 복잡한 예를 들어 보면, 내가 속해 있는 어떤 집단에 대해 사회가 그 집단을 정상적인 집단으로 간주하며 주목할 만한 집단으로 평가하고 그 집단의 이야기를 들어볼 필요가 있다고 여기는 경우에 해당된다(Sue, 2003). 제도적 권력은 재정, 미디어, 종교적 제도, 그리고 정부와 같은 강력한 체제를 통제하는 관계망에 의해 유지되고 있다. 당신이 이러한 관계망에 접근하는 정도가 곧 당신이 가지고 있는 특권의 정도이다. 우리는 잠시 후에 특권의 개념에 대해 좀 더 이야기를 나눌 것이다.

차별이 억압으로 변하는 경우는 사회의 구성원에 대한 그러한 차별적 행동이 구조화된 방식으로 행해지며, 이를 통해 어떤 특정 집단은 종속되고 반대로 이를 억압하는 집단이 높여지는 경우에 해당된다. 물론 그 사회에 속한 개인적 구성원 사이에서는 부정적인 편견적 의향이 없을 수도 있다. 그러나 '행해지는 방식(the way things are done)'에 의해 차별적인 영향이 미칠 수 있다. 예를 들어 경찰이 되기 위한 기준으로 모든 경찰관에 대해 5피트 10인치 이상의 신장 요구사항을 정할 수 있다. 이러한 제도의 근거는 신장이 더 클 경우 더 좋은 업무 효과성을 낳는다는 점에서 합리적일 수 있다. 그러나 이러한 조건은 여성을 배제시킬 수 있고, 또한 신장이 특히 작은 특정 민족 집단을 배제하는 제도적인 차별로 작용할 수 있다.

결국, 이전의 모든 개념을 사용하여 억압의 포괄적인 개념을 정의하면 다음과 같다.

억압 = 편견 + 차별 + 제도적 권력

억압은 어떤 집단과 그 구성원에 대해 적극적으로 또는 수동적으로 차별하는 구조를 만들어 내는 제도적 권력과 함께, 편견, 차별의 총 합산이다. 집단의 억압은 항상 특권과 권력이 주어진 다른 사회적 집단과 관련이 있다. 지배와 종속의 체제는 대상 집단(target group)과 주체 집단(agent group)의 관계를 필요로 한다(Hardiman & Jackson, 1997). 모든 억압을 받는 집단은 반대로 특권을 받게 되는 집단과 연결되어 있다; 그러므로 남성과 여성, 유럽계 미국인과 유색인종, 이성애자와 게이, 레즈비언, 그리고 양성애자 모두는 상호의존의 복잡한 양식에서 함께 영향을 미친다. 이러한 관련성을 인식하는 것은 매우 중요하다. 따라서 우리는 억압으로 인해 고통받는 집단을 이해하는 것뿐만 아니라 그러한 억압을 통해 이익을 취하는 집단에 대해서도 이해해야 한다.

Hanna, Talley, 그리고 Guindon(2000)은 억압이 일어나는 두 가지 방식을 설명했다. 힘 또는 협박에 의한 억압은 이들의 신체적 그리고/혹은 정신적 안녕에 치명적으로 영향을 미칠 수 있는 물건, 역할, 호칭, 경험들을 다른 사람에게 부과

한다. 이러한 것들은 실제적인 신체적 위협과 폭력에서부터(20세기 시민인권 투쟁 동안 경찰이 시위 참가자를 혹독하게 진압하는 모습과 같은) 고통을 유발하도록 계획된, 그리고 부정적이고 왜곡된 신념을 조장할 수도 있는 학대적 메시지의 범위까지 이를 수 있다. 단순하게 불쾌감을 주는 것을 넘어서서, 박탈에 의한 억압은 신체적 · 정신적 건강을 위해 필요한 물건, 경험 및 삶의 조건을 빼앗아 간다. 이러한 억압의 종류의 예로 미국 원주민 교회에서 예배를 드릴 때에 페요테 선인장(peyote)[1]의 사용을 금지한 연방정부의 금지령을 들 수 있다. 이를 통해 이들의 행동에 대해서는 모욕적인 역할이 주어지는 것이고, 반면 이들이 원하는 역할은 빼앗긴 것이다. 억압의 한 유형은 다른 그 어떤 것을 전혀 못 하게 하는 것이 아니다. 많은 경우에 있어서, 양쪽 유형이 다양한 정도로 존재하게 된다.

생각해 볼 질문 4.4

- 당신은 어떻게 제도적 권력 체계에서 이득을 얻고 있는가?
- 당신은 제도적 권력 체계에서 어떤 것으로 인해 힘들어하고 있는가?
- 제도적 권력 체계에서 변화시킬 수 있는 것이 있다면 무엇이며, 왜 그러한가?

4) 체제의 불평등

억압에 관한 핵심 이슈 중의 하나는 억압이 조직적인 특성을 띠고 있다는 것이다. 여러 집단 사이—유럽계 미국인과 유색인종 간, 남녀 간, 이성애자와 게이, 레즈비언과 양성애자 사이—에 존재하는 불평등을 체제적으로 구조화하는 것은 끊임없는 불평등을 야기하고 이것은 곧 억압으로 나타난다. 억압과는 다른 일시적인 불평등의 사례들이 있다. 예를 들어 부모님과 자녀, 선생님과 학생, 상담자와 내담자 사이의 관계는 일시적으로 평등하지 않은 관계들이다. 일시적인 불평등의 경우 불평등의 근거는 둘 중에 지위가 낮은 사람이 지위가 높은 사람에게서 능력, 지식, 자격을 얻어야 한다는 것이며, 이것은 불평등을 정당화시키게 된다. 이러한 불평등의 일시적인 특성은 구두계약(unwritten contract)과 같은 성격을 지닌다. 즉, 지위가 높은 사람의 노력을 통해 지위가 낮은 사람이 완전히 동등해지면 이 둘 사이의 관계가 동등해지기 때문에 불평등이 사라진다. 이러한 관계의 최종 목표는 불평등

1) [역자 주] peyote cult: 선인장 꽃에서 딴 마약의 일종인 페요테를 복용하고 도취경에 빠지는 의식이다.

을 종식시키는 것이다(Miller, 1986).

그러나 이러한 일시적인 불평등의 관계에 결코 갈등이 없는 것은 아니다. 관계의 균형은 종종 아랫사람의 요구보다는 관계의 상위에 위치한 사람의 요구를 들어주는 쪽으로 기울어진다. 혹은 관계의 하위에 있는 사람들이 관계로부터 어떻게 평등을 실현할 수 있을지보다 어떻게 하위의 사람으로서 역할을 잘할 수 있을지 학습하게 된다. 불평등을 줄여 나가면서 어떻게 평등을 구현할 수 있을지에 대해서 확실한 핵심적인 이론이나 개념은 없다. 아마도 우리에게 혼동을 주는 것은 위에서 언급한 두 번째 종류의 불평등과 관련이 있을 수 있다. 이러한 불평등은 사회에 만연해서 우리가 인식하는 방식과 자신을 개념화하는 방법, 또한 다른 사람과의 관계를 형성하는 방식에 영향을 미친다.

불평등이 지속되는 상황, 억압의 상황에서 관계가 평등해지는 날이 있을 것이라는 믿음은 거의 가질 수 없다. 상위의 지위에 있는 사람들은 타고난 탁월함 때문에 하위에 있는 사람보다 우수하다고 간주하면 불평등이 늘 계속될 것이다. 사실상 불평등한 지위는 편견을 양산하고, 결국 차별을 정당화시키게 된다. 식민 지배를 당했거나 정복당한 사람들은 그들이 불평등한 지위를 갖게 된 것이 정당한 것이라는 이유를 부여받을 수 있다. 일단 이러한 이유가 부여되면 치료는 지배 집단의 우월성이 정당한 것임을 확인시켜 주는 것이 된다(Johnson, 2001). 19세기 유럽 사람들은 그들이 식민지화했던 사람들이 '열등한' '보호를 필요로 하는' 사람들이며, 그들을 보호하는 것은 '백인의 의무'라고 주장함으로써 식민지를 정당화하였다(Giddings, 1990).

억압이 순환된다는 것은 제도적인 구조 때문에 많은 사람들이 부정적인 영향이 있다는 것을 의식적으로 생각하지 못한 채 억압적인 행동을 하게 된다는 것을 의미한다. 그러나 억압적인 행동은 부정적인 태도를 심화시키고, 억압의 순환은 지속적으로 더 확고히 진행된다. Worchel과 Andreoli(1978)는 이들의 초기 연구를 통해 학습 과제에서 '잘못된' 대답을 한 다른 사람들에게 충격을 주도록 요구했는데, 이러한 요구를 받은 피험자들은 요구를 받지 않은 피험자에 비해 더 비인간적으로 사람들을 대하려 한다는 것을 알게 되었다. 충격을 가한 후에 피험자는 그들이 상처를 준 사람들이 지닌 고유한 특징은 덜 기억하는 반면 인종 및 성별과 같은 특성을 더 많이 기억하였다. 또한 고통을 당한 피해자를 기억할 때 개인의 특성보다는 어떤 특정 집단의 구성원으로 기억하였다. 이처럼 개인에게 상처를 주는 행동에 대한 자기정당화는 피해를 입은 사람의 개인성(individuality)에 대해 언급하지 않고 오히려 피해자를 비난하는 방식으로 이루어진다.

생각해 볼 질문 4.5

- 당신은 어떻게 현재의 불평등한 체제를 통해 이득을 얻고 있는가?
- 당신은 어떤 면에서 현재의 불평등한 조직으로 인해 힘들어하고 있는가?
- 당신이 속한 지역사회에서 당신이 변화시킬 수 있는 현재의 불평등한 체제가 한 가지 있다면, 그것은 무엇이며 왜 그러한가?
- 효과적인 상담 서비스의 일환으로 당신은 어떻게 체제적인 불평등을 상담에서 다룰 것인가?

3. 억압의 순환

억압을 이해하는 방법 중의 하나는 억압의 순환을 인식하는 것이다. 우리는 이미 지배적인 문화 안에서 상대적인 사회적 지위를 가지고 태어난다. 우리는 이 집단을 통해 사고하는 방식을 배우며 우리의 지위를 정당화하는 것을 배운다. 따라서 우리가 여자로 태어난다면 우리는 부모님에게서 여자로서의 적절한 성 역할에 대해 배우게 된다. 여자가 일을 해야 하고 집에 머물러야 하는 것을 배우게 되고, 학교에 가면 선생님들은 우리를 남학생과는 다르게 대할 것이다. 그리고 우리는 결혼할 때 큰 행복을 경험할 것이며, 결혼하면 자신의 성(姓)을 버리고 남편의 성을 따라야 하고, 일을 통해 야망을 실현할 가능성은 매우 줄어들게 될 것이다. 왜냐하면 우리는 가족을 우선순위에 두어야 하기 때문이다. 우리는 의료 분야에서 히스테리컬하거나 건강에 염려가 많은 사람, 재정에서는 서투른 사람, 종교 체제에서 열등한 사람, 정치에서는 중요하지 않은 사람으로 취급받을 수 있다. 여성들은 그들이 배운 것을 딸과 아들에게 그대로 전하게 되고, 다음 세대로 순환이 지속된다. 순환을 끊는 유일한 방법은 책임감을 갖고 잘못된 정보를 학습하지 않으며, 정확한 정보를 학습하고, 메시지에 도전하며, 변화하기 위해 애쓰는 것이다.

성차별주의의 순환과 마찬가지로, 대부분의 형태의 억압을 이 모델에 적용해 볼 수 있다. 핵심 요소는 억압의 메시지와 구조가 체계적으로 학습되고 촉진된다는 것이며, 이것이 억압을 받는 사람들에게 영향을 끼치는 만큼 억압으로 인해 이득을 보는 사람들에게까지 큰 영향을 미친다는 것이다. 학습된 경험을 통해, 우리는 자신에게 부여된 제한점들을 묵인하며 우리를 억압하는 메시지에 따라 행동하게 되고 이러한 행동은 다른 사람들에게 부정적인 영향을 미치게 된다. 우리가 억

사례 연구 4.1

Kara의 사례

Kara McGuire는 32세로, 대학 도서관의 사서이다. 그녀는 캘리포니아의 San Jose에 살고, 이곳에서 태어나고 성장하였다. 그녀의 어머니는 일본계 미국인 1세대이며, 그녀의 아버지는 아일랜드계 미국인이다. Kara는 세 자녀 중 첫째이다. 어린 여동생이 있고 'baby brother'라고 부르는 남동생이 있다. Kara는 무엇이 자신의 외모에 영향을 주었는지에 대해 늘 궁금해하였다. Kara는 자기 여동생은 키가 크고 마르고, "백인같이 보인다."라고 보고한다. Kara는 늘 그녀의 체중, 몽고주름(epicanthic fold)이 있는 검은 눈, 검은 피부 때문에 고민해 왔다. 그녀의 가족은 인근 지역의 성당에 다니며, 그 지역에는 주로 아일랜드계 미국인 공동체들이 있다. 그러나 그녀가 성장함에 따라 Kara의 가족은 교회에 잘 출석하지 않았고, 비록 그들은 가톨릭 교인이었지만 Kara는 자기 자신을 '행실이 바르지 않은(lapsed)' 사람이라고 스스로 생각하였다. 그녀는 어머니가 믿었던 신도(Shintoism)[2]와 관련하여 엄마와 공통점을 많이 가지고 있었지만, Kara는 그것에 대해서는 거의 알지 못한다.

Kara는 일로 인해 스트레스를 많이 받아 왔다. 왜냐하면 예산이 부족하여 함께 일할 동료들이 적어, 해야 할 일이 많았기 때문이다. 그녀는 아침에 침대에서 일어나는 것도 힘들다고 이야기한다. 그녀는 3개월 만에 체중이 35파운드로 늘어났고, 저녁에 많이 먹게 되며, 그냥 의자에 앉아 TV만 보게 된다고 말한다. "나는 물론 배가 고픈 것은 아니다.", "그러나 나는 계속 음식을 먹게 된다."라고 이야기한다. 그녀는 많이 운다; 친구와 가족으로부터도 사회적으로 자신을 고립시킨다; 일에 집중하기가 어렵고, 직장에서 많은 실수를 한다; 거의 저녁마다 취할 정도로 술을 많이 마신다.

최근 Kara가 대학 친구와 직장 동료의 부인에 관해 이야기를 나누고 있었다. 백인 동료 중의 한 명이 그 부인에 대해 "그녀는 부자인 백인 남자와 결혼했지만 늘 눈초리가 치켜 올라간 중국인일(slanty-eyed Chink)뿐이야."라고 말했다. 또한 그녀의 동료는 Kara에게 "화내지 마, Kara. 나는 너를 아시아인으로 보지 않아."라고 말했다. Kara는 어색하게 웃으며 "괜찮아."라고 말하였다.

Kara는 아프리카계 미국인 Tyler와 결혼한 지 6년이 되었다. 그러나 그녀는 2개월 전에 집을 나와 현재 남편과는 떨어져 지내고 있다. 거의 2년 동안 Kara는 남편 Tyler가 의심스러웠다. 그는 척추지압사인데 종종 일 혹은 직장 연수를 이유로 늦게 들어오거나 들어오지 않았다. Kara는 또한 남편이 여자를 위해 선물을 구매한 영수증을 발견하였다. 그녀가 Tyler에게 무슨 일인지 물어보았을 때, 남편은 아무 일 없다고 이야기하였다. 그녀는 남편이 결혼한 동안에도 여러 여자와 관련되어 있었다는 것을 알고 있었다고 말한다.

최근 신체검사에서 Kara의 내과 의사는 그녀가 체중이 많이 늘어난 것과 더불어, 혈압이 상승하였다고 이야기한다. Kara는 또한 잦은 두통을 호소한다. Kara는 의사에게 울먹이며 일과 집에서의 문제를 털어놓았다. 의사인 Clemson은 Kara

(다음 쪽에 계속)

2) [역자 주] Shinto(Shintoism): 조상과 자연을 섬기는 일본의 종교로서 신사는 이 신도의 사원이다.

에게 우울증 진단을 내렸고, 그녀에게 항우울제(Wellbutrin)를 처방하였다. 그녀는 또한 상담자의 이름을 적어 주며 Kara에게 상담자를 꼭 찾아갈 것을 권유하였다. Kara는 전문적인 도움이 필요하다는 것이 부끄러웠지만, 의사의 추천으로 상담을 받으러 오게 되었다. 그녀의 상담자는 상담 석사 학위를 가진 아프리카계 미국인 여성 Carson이다.

사례 토론

생각해 볼 점

1. Kara에 대한 설명 중 내면의 억압으로 인해 나타나는 양상은 무엇이 있는가?
2. 억압의 결과 때문에 현재 Kara의 문제에서 나타나는 특징은 무엇이 있는가?
3. 상담자와 Kara의 관계 중에 한쪽 혹은 양쪽에서 문제를 겪을 수 있는 것이 있는가?

이 사례에서 문화적인 유산이 개인의 경험에 영향을 미치는 사회적 인식과 어떻게 상호작용하는지 아는 것이 중요하다. 비록 Kara와 그녀의 여동생은 모두 일본계 미국인이지만, Kara는 유색 피부인 것을 부정적인 것으로 인식하였기 때문에 더 열등감을 느꼈다. 여성으로서의 경험 또한 이러한 부정적 인식과 맞물렸다. 한 예로 여성으로서 체중과 체형에 대한 고정관념이 있었고, 이러한 생각은 특히 매력과 여성성에 관한 것이다. 그녀는 남편의 간통을 자기 탓으로 돌렸고, 자신의 매력이 부족했기 때문이라고 여겼다. 아프리카계 미국인 여성 상담자와 함께, Kara는 유색에 관한 느낌을 표현할 수 있고 어떻게 그녀가 그것을 받아들였는지 표현할 수 있을 것이다. 반면에 이러한 것을 논의하는 것이 상담에서 매우 중요하며 치료에서 매우 가치 있는 부분이라는 것을 Kara가 충분히 이해하도록 상담자가 돕지 못한다면, Kara는 자신이 더 나은 외모를 가지게 되면 모든 문제가 해결될 것이라고 잘못 생각할 수 있다. 만일 Kara가 여전히 이러한 생각을 한다면 그것은 치료자의 책임이라고 볼 수 있으며, 만일 그렇게 되면 상담자의 수용성 부족 때문에 Kara의 치료 작업은 힘들어질 수 있다.

압에서 이득을 얻게 될 때, 우리는 수혜자가 됨으로써 얻게 되는 특권에 대해 주목하지 않으려 한다는 것이다.

4. 억압의 맥락

억압이 편파적인 태도와 신념, 차별적 행동, 지배적인 사회 시스템으로 이루어져 있는 것처럼, 억압은 서로 다른 수준에서 유지되고 영구화된다. 개인, 제도, 문화적이며 사회적인 억압의 세 가지 수준이 의식적 · 무의식적인 영역에 존재한다.

예시 4.1
Vincent Chin의 살해

1982년, Michigan 주 Detroit에 사는 중국계 미국인이 두 명의 유럽계 미국인인 Ronald Ebens와 그의 의붓아들 Michael Nitz에 의해 살해되었다. 목격자들에 따르면 이 두 명은 인종적인 욕설을 하며 Chin을 공격했고, Chin과 같은 사람들 때문에 미국의 자동차 산업이 슬럼프를 겪는다고 비난하며 그를 야구방망이로 때려 사망에 이르게 하였다. 1983년, 그들은 살인 혐의로 유죄 판정을 받았으며 법정은 그들에게 벌금과 보호관찰을 지시하였다. 아시아태평양미국인협회에서는 Chin의 윤리적 권리를 침해한 연방정부의 책임에 대해 두 명의 기소를 요구하였다. 미국 사법부에서는 Ebens와 Nitz를 기소하였다. 1984년 Ebens는 교도소 수감 25년 형을 선고받았으며, Nitz는 무죄를 선고받았다. 그러나 그 판결은 번복되어 재심을 받게 되었다. 1987년, Cincinnati의 배심원들은 Chin의 살해에 인종적인 동기가 없었다며 Ebens에게 무죄를 선고하였다.

1) 개인적 수준

이 수준에서, 초점은 사회적 행동보다는 개인의 믿음과 행동에 주어진다. 이 수준은 우리가 괴롭히는 행동, 혐오적 표현, 배타적 행동을 볼 때 쉽게 인식할 수 있는 억압이다. 반면 인식하기 어려운 것은 억압을 하는 사람 혹은 억압의 대상이 되는 개인의 행동 방식이 사회적 통제에 의해 영향을 받는 경우이다. 의식적인 개인 수준의 억압 행동은 인종에 대해 비방하거나 혹은 게이인 자녀의 교사에 대해 부모가 해고를 요청하는 것을 포함한다. 교사가 자신은 공정하다고 자부하지만 결과적으로 여학생들보다 남학생들에게 더 많은 기회를 준다면 이것은 무의식적으로 억압 행동을 하는 것이라고 볼 수 있다. **예시 4.1**에서 Vincent Chin의 죽음은 명백한 개인적 행동이다. 그러나 이러한 개인적 행동에 사회적인 맥락이 있다는 것을 알 수 있으며, 이러한 맥락은 그러한 행동에 뒤따르는 결과일 뿐만 아니라 공격을 이끄는 역할을 할 수도 있다.

2) 제도적 수준

이 수준의 억압은 정부, 교육, 기업, 종교 및 가족과 관련된 기관을 통해서 정책의 형성과 절차에 의해 형성되고 유지된다. 이 수준에 해당되는 예로는 유색인종에 대해 주거 차별을 하는 경우, 빈곤 계층이나 근로자 계층이 질 높은 교육의 접근에서 배제되는 것, 컨트리 클럽이나 골프 클럽에 출입 제한을 두는 경우, 그리고 유대인 시민집단, 여성, 그리고 빈곤층을 차별하는 것들이 포함된다.

한 연구에 따르면(Center for Community Change, 2002) 비슷한 수준의 백인계와 똑같은 수입을 가진 라틴계와 흑인계 집주인은 백인계 집주인보다 좀 더 높은 주택융자 이자율을 부담하는 것으로 확인되었다. 종종 그런 정책과 절차가 배제의 원칙으로 명확하게 구조화되어 있지는 않지만, 실제는 그렇다. 예를 들어 대학이 그 학교 졸업생의 자녀들에게 입학의 우선권을 주는 경우, 이러한 정책들은 가족 중에 처음으로 대학을 지원하는 학생에게는 입학을 더 어렵게 하는 정책임에도 불구하고 차별적인 정책으로 여겨지지 않는다. 이와 같은 억압의 사례 중에서 보다 결정적인 예가 있다면, 1933년 세대 간 후손에게 병이 전이되는 것을 예방하기 위한 독일 법에 기반을 둔 Nazi 불임 프로그램이다. 이 프로그램에서 교회와 의사들은 정신분열증, 간질, 시력장애나 청력장애, 정신이상, 정신박약과 같은 유전적인 병을 가진 사람을 모두 파악하여 등록하였고 40만 명에 달하는 사람들이 강제적으로 불임 수술을 받았다. 제2차 세계대전 후에 이러한 불임화는 전혀 전쟁범죄로 간주되지 않았으며 아무도 그것에 대해서 고려해 볼 가능성을 염두에 두지 않았는데, 이는 미국을 포함한 다른 많은 나라들도 비슷한 법을 가지고 있었기 때문이다. 이와 같은 예를 통해 보듯이, 제도적 수준의 억압은 우리가 의식할 수도 있고 의식하지 못할 수도 있다.

3) 문화적·사회적 수준

규범과 신념은 개인과 단체의 행동을 형성함에 있어 외면적으로 혹은 내면적으로 가치를 지속시킨다. 삶, 선함, 정상 상태, 건강, 이상행동, 병에 관한 철학은 종종 일상적인 행동에 정당성을 제공해 주며 억압을 지속시킨다. 딱 들어맞는 사례로 여자와 남자에 관한 신념을 들 수 있다. 만약 우리가 남자는 성을 획득하는 존재로 간주하고 여자는 성을 제공하는 존재로 믿는다면 합의에 의한 성적 행위와 강압에 의한 성적 행위의 차이를 쉽게 생각할 수 있다. 즉, 이러한 차이를 종류의 차이보다는 정도의 차이로 쉽게 인식할 수 있다. 신념으로부터 행동으로의 이런 단계는 강간에 대한 애매모호한 사회적 태도를 초래하게 된다. 우리는 강도 피해자들에게 다음과 같이 묻지 않는다 "글쎄요, 당신은 예전에 자선단체에 돈을 기부했잖아요. 그런데 이번에 돈을 뺏긴 경우, 돈을 주고 싶지 않았다는 것을 우리가 도대체 어떻게 알 수 있어요?" 하지만 성폭력 희생자들에게는 다음과 같은 질문을 하기도 한다. "글쎄요, 당신은 예전에 성관계를 가져 왔고 또 원하기도 했잖아요. 그런데 이번에 성폭행을 당한 경우, 성관계를 갖고 싶지 않았다는 것을 우리가 도대체 어떻게 알 수 있죠?"

의식적인 문화적 억압 중 하나로 미국의 유일한 언어로서 또한 공식적인 언어로서 오직 영어를 사용해야만 한다는 '오직 영어(English only)' 운동을 생각해 볼 수 있다. 이 운동의 관점에서는 영어가 이 나라의 기초이며 따라서 모든 이민자들은 이 나라에 입국한 후 영어를 배워야 한다고 여겨진다. 물론 이러한 입장은 영어 또한 미국으로 도입된 언어이기 때문에 원래 존재하던 미국 인디언들의 언어를 모든 사람이 배워야 한다는 것을 주장하지는 않는다. 무의식적인 수준에서 우리는 특정 민족의 규준, 예를 들어 파란 눈, 특별한 금발머리와 같은 것을 보편적인 아름다움의 기준으로 삼으려는 경향을 가질 수 있다.

4) 수직적·수평적 수준

억압은 수직적이고 수평적일 수 있다. 수직적 억압은 지배 집단의 구성원이 억압된 집단의 구성원에게 종속적인 지위로 힘을 행사하는 경우이다. 예를 들어 중상류층의 유럽계 미국인 남성이 가난한 여자와 유색인종에게 직접적인 영향을 미치는 법률을 통과시키는 것이다. 독립전쟁의 기본적인 원리 중의 하나는 "대표 없는 곳에 과세 없다(no taxation without representation)."는 믿음이다. 즉, 미국에 사는 사람들은 자신들의 목소리가 반영되지 않은 법에 대해서 거부했다는 것이다. 그러나 의회에서 유색인종과 여성을 대표하는 사람들이 충분히 없을 때, 정부의 일처리 과정은 참여적이기보다는 수직적이 되었다. 18세 이하이거나 중죄로 유죄판결을 받게 된 시민 역시 그들의 복지나 자유에 직접적인 영향을 미치는 법에 대해서는 발언권이 없다.

수평적 억압은 두 가지 방법으로 발생한다. 한 가지는 지배 집단의 구성원이 자신의 지위를 이용해서 다른 집단의 구성원에게 힘을 행사하는 경우이다. 전통적인 '남자다움' 행동으로 규정되는 행동을 하지 않는 소년은 종종 다른 소년들에 의해서 괴롭힘을 받게 된다. 유사하게 유럽계 미국인 소녀가 중국계 미국인 소년과 데이트하는 것이 그녀의 부모님으로부터 거절되기도 하는 것은 그녀의 지배적 지위를 강요받게 되는 것이다. 또 다른 수평적 억압은 하찮은 존재라고 여겨지는 집단의 구성원들이 그들 내에서 종속적인 지위를 강요하는 경우이다. 아프리카계 미국인 청소년이 학교에서 성공하기 위해 노력하는 자신들의 친구를 비웃거나, 게이 프라이드 퍼레이드(Gay Pride Parade)[3]에서 너무 게이처럼 꾸미고 행진하는 것에 대해 반대하는 또 다른 게이들은 또 다른 종속적인 지위를 강요하는 경우이다.

5. 특권

앞서 언급했듯이 접근 기회의 결과로서 생긴 특권은 사회에서 지배적인 집단에 속한 개인의 신분에 근거한다. 그러나 특권이라고 들게 되는 특별한 길을 만드는 것은 그 접근 기회가 다른 사람들에게 어느 정도 거절되는지에 달려 있다. 특권은 수입, 부, 명예, 안전, 안녕, 삶의 일반적인 질의 수준에서 상당한 차이를 만들어 낸다.

Johnson(2001)은 특권은 단지 그것을 가지지 못한 사람들을 위한 문제가 아니라는 것을 주장하였다. 왜냐하면 특권은 늘 다른 사람과 관련되어 있으며, 한 사람의 접근권과 기회는 다른 사람에게 손해를 끼치기 때문이다. 특권을 유지하기 위해 행해지는 모든 것이 다른 사람에게는 박탈이 된다. 백인, 남성, 이성애자, 중산층, 기독교인, 장애가 없는 신체 등의 다양한 맥락에서 주어지는 특권이 존재하는 사회에 살고 있다는 것은 그러한 범주에 소속되어 특권을 누리는 사람들이 특권과 관련된 문제를 해결하려고 하지 않는 한 결코 그 문제는 해결되지 않음을 의미한다.

Cullinan(1999)은 특권을 갖기 위한 중요한 세 가지 추정(presumptions), 즉 무죄(innocence)의 추정, 가치(worthiness)의 추정 그리고 능력(competence)의 추정을 기술하였다. 그 첫 번째 예는 '유죄임이 밝혀질 때까지 무죄'라고 인식되는 것이다. 만약 당신이 특권계급에 속한다고 가정하고 가게를 나서는 순간 경보가 울린다면, 점원은 당신을 친절하게 안내하며 구입한 물건 중 어떤 물건에서 실수로 도

---

3) [역자 주] Gay Pride Parade는 전 세계적으로 행해지는 성적 소수자들의 행사로서 이들의 권리를 주장하는 행진이 세계의 도처에서 열린다. 열린 마음으로 다른 이들과 소통하고 문화와 가치의 다양성을 인정하는 취지에서 축제의 형식으로 이루어진다.

사례 연구 4.2

Johnny의 사례

30대 초반의 아프리카계 미국인 여성인 Mrs. J는 11월에 당신에게 상담받기 위해 14세 아들 Johnny를 데리고 왔다. 그녀는 한부모였다. 그녀는 최근 몇 달 동안에 Johnny가 집과 학교에서 문제가 있었기 때문에 걱정된다고 하였다. Johnny에게는 같이 사는 어린 3명의 이복동생이 있다. Mrs. J의 엄마는 자주 아이들을 돌봐 주었고 한 명의 이웃도 역시 때때로 아이들을 보살폈다. 아침에는 Johnny가 동생들을 돌보고, Mrs. J가 준비한 아침밥을 먹은 후 아이들을 버스에 태웠다. 학교에서 돌아온 후 Johnny는 동생들이 밥을 먹고 숙제를 했는지 확인하였다. Mrs. J의 언니 Mary는 아파트를 수리하는 동안 13세, 10세의 두 아이들을 데리고 Johnny의 집으로 이사했다. Mary는 현재 일을 하고 있지 않아서 그녀가 아이들과 함께 아침과 오후의 일상을 맡아 도와주었다. 그녀는 Johnny가 그녀의 말을 듣지 않는 것 같다고 불평하였다. 그리고 Mrs. J 또한 Johnny가 최근 집에서 매우 조용하고 뭔가 다르다는 것을 눈치챘다.

Mrs. J는 Johnny가 학교에서 선생님에게 예의 없이 굴고 말대꾸하는 행동과 싸움이 점차 늘어나고 있는 것 같다고 말하였다. 또한 Johnny가 폭력 집단에 들어갈까 봐 걱정된다고 말하였다. Johnny는 현재 1학년인데 유럽계 미국 고등학교를 다니고 있고, 그의 선생님은 Mrs. J에게 Johnny가 매우 위협적이고 비협조적이라고 하였다. Mrs. J는 Johnny가 중학교에서는 그런 문제가 없었고 그때는 매우 달랐다고 말하였다. 고등학교에 진학했을 때 Johnny는 학교 버스를 타야 했고 초기에 괴롭힘을 당하고 있다고 엄마한테 호소하였다. 그러나 나중에는 더 이상 괴롭힘에 관한 말을 하지 않았다. 문제가 있지 않은 것 같다고 보는 소수의 선생님 중 한 사람은 아프리카계 미국인인 사회과 선생님, Ms. Williams이다. Johnny는 Mr. Simmons와 함께 공부하는 것을 좋아했는데, 그는 직업훈련 과정을 가르치는 선생님이며 나이가 많은 유럽계 미국인이다. Johnny는 스스로 반응이 없었고, 말도 많이 하는 것 같지 않았다. 그의 키는 거의 180센티미터이다. Johnny의 엄마는 이런 최근의 급성장은 마치 하룻밤 사이에 일어난 것만큼 빠르게 일어났다고 말하며 그래서 맞는 옷을 찾기 힘들다고 하였다.

사례 토론

생각해 볼 점

1. Johnny의 문제를 당신은 어떻게 개념화할 수 있는가?
2. Johnny를 상담할 때 어떤 중재가 도움이 되고 효과적일 수 있는가?
3. 당신의 정체성과 억압에 대한 이해가 당신이 Johnny와 치료적 관계를 맺는데 어떠한 영향을 줄 수 있을 것인가?

이것은 비록 아프리카계 미국 청소년이 문제아로 자주 분류되는, 학교에서 흔히 있는 문제라 하더라도 이 문제가 발생한 시점에 주목하는 것이 필요하다. 상황의 맥락적 특성에 대한 실마리는 Johnny가 문제아라는 새로운 평가를 받게 된 것이 대부분 백인들로 구성된 학교에 입학한 후 몇 달 동안에 나타났다는 점이다. 어쩌면 이것을 그 상황에 적응하는 Johnny의 문제로, 그리고 새로운 환경에 대처하는 능력의 부족에서 갈등이 기인한 것으로 볼 수도 있다. 그러나 유능한 상담자는 그

(다음 쪽에 계속)

가 괴롭힘을 호소했다는 사실을 인정해야만 한다. 실제로 그는 아마 매일매일 사소한 모욕과 공격을 경험하고 있었을 것이다. 그의 최근의 침묵은 괴롭힘이 끝났다는 신호라기보다는 아마 아무도 그를 도울 수 없다는 판단에 의한 결과일 것이다. 그가 아프리카계 미국인 남자 선생님과 친하다는 것을 고려하면, 그가 누구에게나 위협적으로 받아들여지지는 않는다는 것을 알 수 있다. 왜냐하면 그의 엄마는 그가 최근에 갑자기 키가 훌쩍 커버렸다는 것과 억압적인 시각을 통해 아프리카계 미국인 남성이 어떻게 인식되는지에 관해 말했기 때문이다. Johnny가 보다 작았을 때 충동적이고 평범하게 보여지던 행동은 그가 180센티미터의 키 큰 흑인 남성으로 행동하였을 때는 갑자기 위협으로 받아들여질 수 있을지도 모른다. Johnny는 스스로 그의 새로운 신체에 익숙해졌을 것이다. 아프리카계 미국인 청소년이 위협적인 존재로 잘못 인식되는 것에 대해 반응을 보일 수 있다. 이러한 인식에 대해 바르게 대처하는 다른 방법이 제공되지 않는다면 그들은 유일한 방법으로 힘을 얻기 위하여 공포를 불러일으킬 수 있다. 다른 단서는 Johnny가 동생들을 돌보는 사람으로, 그 집안의 남자로서의 역할에 익숙하다는 점이다. 그는 지금 이모로 인하여 집안에서 그의 역할이 없어져서, 그의 정체성이 도처에서 공격당한다고 느낄 수 있다. 다른 모든 청소년들처럼 그는 세상에서 자신의 역할을 찾으려고 노력하고 있는 반면에 억압적이고 인종차별주의적인 강압에 의해 괴롭힘을 당하고 있는 것이다.

난방지 태그를 떼지 않았는지 점검할 것이다. 반면 특권계층이 아닌 사람들은 그러한 실수에 대한 변명을 요구하기도 전에 이미 물건을 훔치고 있었다고 가정된다. 즉, 특권이 없는 사람들이 경험하는 것은 '연상을 통한 유죄(guilt by association)'이다. 만약 당신이 소속된 집단이 유죄라고 의심받는다면, 당신은 더욱더 유죄로 인식될 가능성이 높다. 그래서 만약 라틴계 사람이 죄를 범했다면, 한 지역사회의 모든 라틴인들은 의심받을 것이다.

두 번째, 가치의 추정은 특권을 가진 사람들은 일반적으로 주목, 성공, 봉사, 존경을 받을 만한 가치가 있다고 믿는다는 것이다. 물론 이러한 추정의 반대는 다른 사람들은 부도덕하고 나쁘고 자격이 없다는 것이다. 이것은 '그냥 세상적인 믿음(Just world belief)'이라는 생각과 관련이 있다(Lerner, 1998). 이러한 믿음은 사람들은 그들이 받을 만한 자격이 있어서 얻은 것이고, 또한 그들이 가진 것으로 평가받는다는 생각이다. 달리 말하면, 사람들에게 나쁜 일이 일어났을 때 그 사람들은 그럴 만한 이유가 있다고 여기는 것이다. 이러한 생각을 하게 되면 결국 그들에게 발생한 일의 희생자를 비난하게 되는 셈이 된다.

마지막으로 능력의 추정은 특정한 사람들만이 그 일을 할 수 있고 기대에 부응할 수 있다는 믿음으로, 그러한 특권을 가지지 못한 사람들에게는 그 일을 허락하지 않는다는 것이다. 예를 들어 적극적 우대 조치(affirmative action)에 대한 오해로 인해, 유색인종 근로자들은 다른 방식으로 이들의 능력을 입증하기 전까지는 무능하다고 여겨진다. 능력과 무능력에 대한 그러한 신념의 강력한 특성은 놀랍게도 **피그말리온 효과**(Pygmalion effect)로 증명되었다(Rosenthal & Jacobson, 1968). 피그말리온 효과는 어린아이들의 새로운 선생님이 아이들의 능력에 대해 잘못된 정보를 제공받았을 때, 아이들은 이전 수행과는 관계없이 자신들에게 기대되는 능력 수준을 보이기 시작했다는 연구에 근거를 두고 있다.

1) 백인의 특권과 패권

자유와 정의의 이념에 기반한 국가로서, 또한 역설적이게도 노예제도로 세워진 국가로서 미국의 특성을 고려하면, 인종차별주의는 사회의 많은 부분에서 기초를 이루는 요소이다. Smith(2007)는 깊이 뿌리박힌 사회적 신분제도로 발전된 사회적 구조로서의 인종 분류의 사건을 밝혀내는 역사적인 논문을 발표했다. 그에 따르면 우리는 유럽인의 민족적 전통을 지닌 사람들을 일컫는 용어로서 **유럽계 미국인**(European American)이라는 용어를 사용하는데, 이것은 지배적인 그룹과 예속되는 그룹으로 사람들을 분리하는 하나의 방식으로, **백인**(Whiteness)들의 억압적인 구조와 구별하기 위한 차별적 용어이다. **백인 특권**(white privilege)은 피부색이 하얗다는 우월성에 근거를 두고 있다. 인종의 범주로 태어난 것에 근거를 두기 때문에 의도적인 인종차별주의자가 아닌 많은 사람들조차 그들이 원하지도 않고 인식하지도 않지만 아직까지도 그러한 덕을 보고 있는 셈이다. 백인 특권을 가지고 있는 사람들도 그것을 알아채지 못할 만큼 그들의 특권이 규범적인 것으로 여겨지기 때문에 그러한 특권은 작용한다. 반면에 그러한 특권이 없는 사람들은 추가적인 부담을 짊어져야 한다. **백인 패권**(white supremacy)이란 이 용어는 많은 사람들에게 위협적인 용어로 들린다. 왜냐하면 KKK(Ku Klux Klan)와 같은 증오 집단을 표현하는 단어와 연관지어 사용하고, 공공연하고도 공격적인 폭력성과 관련지어 백인 패권을 이해하기 때문이다. 실제로 백인 패권은 백인의 경제적, 법적, 정치적, 그리고 사회적 특권을 유지하기 위해 계획된 전반적인 체제라고 말해지곤 하였다. 이것은 본래 노예제도와 식민지화를 정당화하기 위해 사용되었고, 역사적으로 마련된 착취와 지배의 체제이며, 백인들을 끊임없이 정당화하고 이롭게 하는 수단으로서 확립되었다(Smith, 2007). 백인 패권은 여러 수준으로 구성되는데, 그 결과 어떤 수준에서는 공개적인 인종차별을 통해 드러내놓고 차별하는 경우가 있는 반면, 또 다른 수

활동 4.2

특권 차트(privilege chart)

당신이 떠올릴 수 있는 특권을 생각하며 가능한 한 많은 특권을 아래에 목록으로 만들어 보아라. 이러한 특권은 당신의 개인 정체성과 문화 정체성의 차원에 의해 생겨날 수 있다.

개인 정체성 및 문화 정체성의 차원	특권	비특권
능력과 매력		
나이		
민족과 인종		
성		
세대적 상황과 역사		
언어와 국적		
종교와 영성		
성적 지향성		
사회경제적 지위		

생각해 볼 질문

- 당신이 특권과 비특권의 목록을 작성할 때, 어떤 느낌과 통찰이 일어났는가?
- 이것은 당신에게 어떠한 중요한 기억들과 비판적인 사건들을 불러일으키는가?
- 당신의 내담자를 보다 잘 돕기 위해서 당신은 이 활동으로부터 배운 것을 어떻게 사용할 수 있는가?

준에서는 차별적인 법을 집행하는 공무원과 경찰들을 위한 보호책이 없거나 그러한 법을 준수해야 하는 일반 시민들을 보호하지 못하는 경우가 있다.

6. 내면화된 억압

만일 지배 집단이 자신의 특권을 정당화하기 위해 어떤 태도와 믿음이 필요할 경우, 이러한 특권은 종속 집단에게 어떤 영향력을 지니고 있어야 한다. 억압은 외부적인 사회 제도 및 구조뿐만 아니라 이러한 체제를 구성하는 인간 내부에 존재한다(Fanon, 1967; Freire, 1970; Miller, 1986). 정체성 형성은 개인과 사회의 상호작용을 통해 이루어지며 이러한 과정에서 가족과 사회가 지닌 규범과 가치는 상당한 영향을 미친다(Erikson, 1968). 종속 집단의 구성원은 지배 집단의 구성원이 받는 것과 동일한 메시지를 받는다. 그러나 이러한 경우 해당 메시지는 종속 집단에 대한 부정적인 의미를 함축하게 된다. 즉, 종속 집단의 성공적인 능력 및 이들의 권력은 부정적으로 비춰지고, 간단히 말해서 억압을 통해 이들의 정체성과 세계관에 부정적인 중요한 영향을 미치게 된다.

서로 다른 집단에게 주어진 상이한 사회 가치의 영향을 간과하기란 어렵다. 예를 들어 한 연구는 유색인종 아동들이 자신의 피부색과 자신이 원하는 피부색을 구별할 수 있음을 보여 주고 있다. 어린 흑인 아동에게 사람 그림에 자신의 피부색을 칠하고 또 다른 사람 그림에 자신이 좋아하는 색을 칠하게 하는 유명한 초기 연구에서, 대상 아동의 90%가 첫 번째 사람 그림에 어두운 색을 칠하고, 50%가 넘는 아동이 두 번째 사람 그림에 크레용으로 밝은 색을 칠했다(Clark & Clark, 1950). 유색인종 아동의 대부분은 학교 운동장에서 자신의 민족을 경멸하는 욕을 듣게 되는데, 이러한 행동은 흔히 권위를 지닌 인물(authority figures)에 의해 보다 은밀하게 강화된다(Aboud, 1988). 만일 어떤 사람이 계속 거부를 당한다면, 그는 자신이 속한 집단이 사회로부터 이제 존중받을 자격이 없는가에 대해 당연히 질문하고 의심하기 시작할 것이다(**예시 4.3** 참조). 억압을 받는 구성원은 자신이 경멸을 당하고 있다고 스스로 생각하며, 동시에 타인을 경멸하면서 자기도 모르게 억압을 자기의 것으로 받아들인다. 사회로부터 낙인이 찍힌 집단은 억압으로 인한 정신적 영향을 벗어나기 힘들다. 따라서 이처럼 낙인이 붙은 집단은 자신들을 규정할 때 낙인받는 특징을 포함하게 되며 동시에 어느 정도의 양가감정(ambivalance), 죄책감, 소외감, 자기혐오와 같은 특징이 포함된다. 여러 가지 형태의 낙인을 연구한 결과에 따르면, 그 낙인이 무엇이든 지탄을 받는 집단의 구성원은 지탄을 받는 측면을 자신의 정체성으로 통합하는 과정을 거친다는 것을 보여 주고 있다. 개인이 지탄을 받는 집단에 속한다는 사실을 발견하거나 시인하고 부정적 고정관념을 자신의 자아상에 맞추려고 할 때, 그 결과로서 수치심, 죄책감, 당혹감, 소외감을 느끼게 된다(Fein & Nuehring, 1981; Hanley-Hackenbruck, 1989; Masterson, 1988; Sanders & Kroll, 2000).

억압받는 집단들이 공통적으로 경험하는 것이 무엇인지 파악함과 동시에 그러한 억압적 경험에 차이가 있는지를 동시에 파악하는 것이 필요하다. 인종차별로 억압을 받는 집단은 (만일 유럽계 미국인이 유색인종을 입양하지 않는다면) 가족과 사회에서 공유하는 인종차별 경험과 같은 일련의 집단 내 차별 경험을 겪게 된다.

예시 4.3
여성에 대한 성차별주의자의 메시지

한 여성이 자신이 남성보다 열등하다고 믿을 때, 다음과 같은 역사, 문화, 종교 전반에 걸쳐서 입증된 오래된 종속 상태의 역사를 스스로 내면화했을 수도 있을까?

- "여자 100명은 고환 하나보다 가치가 없다."—공자(551~479 BCE)
- "제대로 된 아내는 노예만큼 순종적이다.", "여성은 어떤 자질 부족, 즉 자연적인 결함으로 인해 여성일 뿐이다."—아리스토텔레스(384~322 BCE)
- "어린 시절에 여자는 아버지를 따라야 하며, 젊을 때는 남편을 따라야 하고, 남편이 죽었을 때는 아들을 따라야 한다. 여자는 예속에서 결코 벗어날 수 없다." —힌두교 마누 법전(c. 100 CE)
- "남자는 여자보다 우월하다."—코란(c. 650)
- "가장 완벽한 여성은 남성을 지배하고 명령하는 것이 아니라 남성에게 봉사하고 복종하도록 창조되었다."—존 녹스(John Knox, 1505~1572)
- "여성의 영혼은 너무나 작아 어떤 사람들은 여성이 아무것도 아니라고 믿고 있다."—새뮤얼 버틀러(Samuel Butler, 1612~1680)
- "여자가 된다는 것은 부끄러운 일이다! 그러나 가장 부끄러운 일은 그것이 부끄러운 일이라는 것을 이해하지 못하는 것이다."—키에르케고르(Kierkegaard, 1813~1855).
- "우리의 주 만왕이여, 저를 여자로 창조해 주시지 않은 것에 대해 감사드립니다."—정통파 유대교도(Orthodox Jewish) 남성이 아직도 매일 하고 있는 기도
- "내가 아는 거의 모든 여자들은 사랑할 때 권위를 이용할 줄 아는 남자를 원하는 것 같다. 여자는 단순한 것을 좋아하는 단순한 영혼이다. 우리 가족인 Airedale[4]이 자기 머리를 쓰다듬어 달라고 마당을 가로질러 올 것이다. 평범한 아내는 이러한 애완견과 같다. 만일 네가 진심으로 받아들여 아내에게 네 것을 준다면 그녀는 너에게 자신의 사랑을 주기 위해 마을을 가로질러, 집을 가로질러, 너의 관점에서 이해되도록, 거의 모든 것을 초월하여 올 것이다."—제임스 피크(James Pike) 주교가 자신의 아들에게 보낸 편지(1968)

누구든지 유색인종으로 태어나면 억압을 받는 인종차별 상태에 놓이게 된다.

다른 한편으로, 성에 대한 사회적인 개념 때문에 성적인 억압을 받는 사회에서 태어난다 할지라도 여성은 아버지와 남자 형제 같은 가까운 억압 모델을 통해

4) [역자 주] 짙은 색깔의 털에 덩치가 큰 테리어종의 개

자신의 가족과 공동체로부터 억압을 받게 된다. 이러한 남성 친족들은 억압뿐만 아니라 애정을 통해 연결되어 있기 때문에 아버지로부터 부드러운 애정을 받으면서 동시에 사회적 억압에 대한 메시지, 즉 딸에게 고등교육을 시키는 것은 헛된 일이라는 메시지를 받게 된다.

게이, 레즈비언, 양성애자가 자신의 동성애를 인식하게 되면 이성애 정체성의 특권을 포기하고 낙인을 받게 되는 정체성을 형성하게 된다. 이 과정에서 그들은 동성애라는 이유로 자신을 거부하는 친족과 애정의 결속을 포기해야 한다. 마찬가지로 장애를 가지지 않고 태어난 사람이 장애를 갖게 되면 정상 신체라는 정체성을 포기하고 그들이 나중에 학습을 통해 알게 된 장애로 인한 낙인의 초점에 놓이게 된다.

억압에 대한 이러한 상이한 경험과 그러한 결과로서 발생하는 정체성의 차이는 내면화된 억압과 낙인찍힌 정체성을 받아들이거나 되찾는 과정에 상당한 영향을 미친다. 따라서 비록 남성 동성애자가 자신의 동성애에 대한 사회의 반응에 대한 두려움을 받아들이려고 애쓴다고 할지라도, 남성 동성애자는 자신의 동성애에 대해서 가족으로부터 들은 메시지에 근거하여 내면화된 자기혐오감을 경험하게 된다. 이와는 달리, 아시아 소녀는 학교에서 지나치게 소극적이라는 메시지를 받지만, 그녀의 가족과 공동체는 그러한 메시지에 대해 반박한다.

이러한 차별적인 경험의 중요한 결과 중의 하나는 억압당하는 집단의 구성원이 자신이 억압을 당한다는 사실을 인정하려고 하지 않는다는 것이다. 예를 들어 한 여자가 자신은 여자들을 좋아하지 않고 남자들이 좋다고 말할 수 있다. 그러한 그녀의 발언은 그녀가 지금까지 살면서 여자에 대해 들어 왔던 사회적 메시지를 그대로 반영해 준다. 그녀는 오히려 남자와 동맹을 맺음으로써 여자들에 대한 부정적인 메시지로부터 거리를 두려는 것이다. 그리고 그녀 주변의 사람들은 그러한 말들을 종종 긍정적으로 받아들이다. 반면에 자신은 남자를 싫어하고 여자와 있는 것이 더 좋다고 공공연하게 말하는 한 남자를 상상해 보자. 그러한 발언은 여자의 예에 비해 좋게 받아들여지지 않을 것이다. 오히려 남자답지 못하다는 의미로 여겨질 수도 있다.

억압을 당하는 집단은 생존에 집중해야 한다. 집단 구성원을 부정적으로 특징짓는 인생관과 신념 체계가 지배하는 사회에서, 자신을 억압하는 행동에 대해 정직하게 직접적으로 반응을 하는 것은 쉽지 않다. 개방적이고 자기주도적인 행동을 하게 되면 경우에 따라서는 죽음으로 끝날 수 있다. Malcolm X와 Martin Luther King Jr. 모두 암살을 당했다.

보다 은밀한 방법으로 이러한 신념 체계를 따르지 않고 저항하는 구성원은 그 대가로 경제적 고난, 사회 배척, 심리적 고립을 경험할 수 있다(Frye, 1995). 따라서 종속된 집단의 구성원은 억압에 대해 눈에 띄지 않는 방식이나 간접적인 방식으로 저항 행동을 하게 되며, 이러한 행동은 지배 집단의 믿음과 조화를 이루면서 동시에 숨겨진 저항을 표출하는 방식으로 나타난다.

이처럼 위험한 게임을 하기 위해서, 억압당하는 자는 자신을 억압하는 자를 매우 잘 이해해야 한다. 억압당하는 자는 지배 집단 구성원의 작용과 함축적 의미에 대해 적절히 대응하고 상당히 민감해야 한다(Hanna et al., 2000). 이러한 민감성과 지식의 사례는 인종차별 시대에 아프리카계 미국인의 행위에서 볼 수 있다. 유럽계 미국인들이 무엇을 원하는지 알았기 때문에, 아프리카계 미국인은 유럽계 미국인에게 말을 걸 때 발을 동동 구르며 '주인님(sir)' 혹은 '마님(ma'am)'과 같은 경칭을 항상 사용하고 미국 방언을 썼다. 만일 유럽계 미국인에게 내재된 우월감이 위협을 받는다면 아프리카계 미국인의 삶과 행복이 복수심으로 위협을 받게 된다는 것을 아프리카계 미국인은 알았다. 따라서 그러한 행동을 통해 유럽계 미국인에게는 내재하는 우월성이 있다는 것을 재확인시켜 주었다(Giddings, 1990).

만일 억압당하는 집단의 생존이 그들을 억압하는 자에 대한 지식에 좌우된다면, 피억압자들은 자기 자신을 이해할 이유를 찾기 힘들고 또 이해하기 힘들 것이다. 자기이해는 행동과 상호작용을 통해 이루어지는데, 그러한 집단의 행동이나 상호작용이 제한되기 때문에 자신들을 실제로 이해하는 데 제한을 받게 될 것이다. 즉, 역설적인 효과(paradoxical effect)가 발생할 수 있다. 다른 한편으로 억압당하는 집단 구성원은 내면화된 부정적 신념을 가지게 된다. 동시에 그들에 대한 거짓된 사실을 반영하는 인식과 경험을 하게 되고 불공평을 경험하게 된다. 이와 같이 스스로 만들어 낸 집단 내에 존재하는 개념들은 이들을 억압하는 사람들이 부여한 내면화된 근거 없는 믿음과 충돌을 일으켜서 피억압자들은 지속적으로 내면의 불협화음을 경험하게 된다.

7. 억압, 권력 및 특권에 대한 토론

이 장에서 논의된 모든 주제를 통해, 당신은 이제 상담 회기 내에서 다양한 문화적 배경과 세계관을 지닌 많은 내담자들을 위해 이러한 정보를 활용하는 방식에 대해 생각하도록 도전받았다. 이 장 도처에서 제공된 반성적 사고를 위한 질문들은 억압, 권력 및 특권에 대해 내담자와의 대화를 시작하기 위한 탁월한 과정이다. 내담자와의 대화를 촉구하는 측면에서 당신을 도울 수 있는 질문들 몇 가지는 아래와 같다.

- 당신에게 억압은 어떤 의미인가? 그리고 당신이 당면한 문제뿐만 아니라 당신의 삶에 그것이 어떻게 영향을 끼치고 있는가?
- 차별이 존재한다는 것을 처음 이해하기 시작한 때를 기억하는가?
- 자신과 다른 문화적 집단의 구성원에 대한 당신의 관점은 어떻게 형성되었는가?
- 당신의 신념은 이 집단과 다른 사람들과의 상호작용 방식에 어떻게 영향을 줄 수 있는가?
- 억압이 당신과 가까운 사람들의 삶에 어떻게/얼마나 영향을 미치는가?
- 당신은 자신이 특권을 가졌다고 생각하는가? 아니면 특권을 가지지 않았다고 생각하는가? 그렇다면 어떤 점에서 그렇게 생각하는가?
- 당신의 특권이나 결핍이 당신이 당면한 문제뿐만 아니라 세계관에 어떻게 영향을 미치는가?

1) 편견

- 당신은 어떤 개인의 특성이나 범주에 근거하여 사람들에 대해 긍정적 편견을 갖는 경향이 있는가?
- 당신은 타인들로부터 어떤 개인의 특성이나 범주에 근거하여 긍정적으로 편견을 받았는가? 혹은 부정적으로 편견을 받았는가? 그 경험의 상황은 어떠했는가? 만약 그렇다면, 그것은 당신에게 어떻게 영향을 주었거나 변화시켰는가?

2) 차별

- 다른 누군가를 차별했던 시간을 생각해 낼 수 있는가? 당시 이러한 경험에 대한 당신의 생각이나 느낌은 대략 어떠했는가? 현시점에서 돌이켜 생각하면 이러한 경험에 관한 당신의 생각이나 느낌은 어떠했는가?

- 다른 누군가에게 차별을 당했던 시간을 생각해 낼 수 있는가? 당시 이러한 경험에 대한 당신의 생각이나 느낌은 어떠했는가? 현시점에서 돌이켜 생각하면 이러한 경험에 관한 당신의 생각이나 느낌은 어떠했는가?
- 당신이 상담을 진행하는 과정에 이러한 경험은 어떠한 영향을 미쳤으며, 그로 인해 어떤 점이 어려웠는가? 이러한 경험을 다루었던 방식이 어떠한 점에서 당신의 상담 역량에 도움이 되었는가?

3) 제도적 권력

- 어떤 방식으로 당신은 현존하는 제도적 권력의 구조로부터 혜택을 받고 있는가?
- 어떤 방식으로 당신은 현존하는 제도적 권력의 구조로부터 고통을 받고 있는가?
- 당신이 변화시킬 수 있는 현존하는 제도적 권력의 구조 한 가지가 있다면 무엇이며, 왜 그러한가? 당신은 어떻게 이러한 변화를 만들어 갈 수 있으며, 내가 어떻게 도울 수 있는가?

4) 체제적 불평등

- 어떤 방식으로 당신은 현존하는 불평등의 구조로부터 혜택을 받고 있는가?
- 어떤 방식으로 당신은 현존하는 불평등의 구조로부터 고통을 받고 있는가?
- 당신의 지역사회에서 당신이 변화시킬 수 있는 현존하는 불평등의 구조 한 가지가 있다면 그것은 무엇이며, 왜 그러한가? 어떻게 당신은 이러한 변화를 만들어 갈 수 있으며, 나는 이러한 변화를 위해 어떠한 도움을 줄 수 있는가?
- 효과적인 상담 서비스의 일부로 불평등의 구조를 어떻게 다룰 수 있는가?

5) 특권

- 당신의 특권 또는 비특권 목록을 만들 때, 당신에게 어떤 느낌이나 통찰이 일어났는가?

- 이 활동은 당신에게 어떤 삶의 기억과 결정적 사건(critical incidents)을 떠올리게 하는가?
- 이 활동은 지금 당신을 힘들게 하는 것에 대해 어떠한 통찰을 가져다주었는가?
- 당신은 이러한 경험으로부터 당신의 문제들을 더 잘 다루거나 자신을 위해 어떤 건설적인 삶의 선택들을 만들 수 있도록 배운 것을 어떻게 사용할 수 있는가?

✲ 결론 및 시사점

상담의 구조 안에 억압의 관점을 포함하는 것은 진단, 개입, 치료 관계 측면에서의 과정을 포함한 다양한 수준에 많은 영향을 끼친다. 이러한 방식은 또 다른 수준에서 상담의 목적에 대한 시사점을 제공하고, 또한 상담의 목적을 달성하기 위한 새로운 방법의 필요성을 증가시킨다. 우리에게 도움을 줄 수 있는 상담 전문가가 내담자의 무질서한 삶을 오히려 무시한다면 내담자는 그 어떠한 스트레스보다 더 큰 부정적인 경험을 하게 될 것이다.

내담자가 제기한 문제들을 처리하기 위해 중재와 치료 계획을 고안함에 있어, 상담자들은 사람들을 둘러싸고 있는 삶의 환경에 주목할 필요가 있다. 만약 어린이들이 그들 밖의 세상과 접촉하자마자 작동하는 억압 체제가 존재하고, 이러한 억압이 성인이 되어서도 지속적으로 그들의 삶의 방식에 영향을 미치는 상황에서 이러한 억압을 무시하는 것은 큰 문제점이라고 볼 수 있다. 상담자가 개입을 고안할 때 지원 체제와 자원을 고려하지 않는다면 그러한 개입이 실패해도 그리 놀라운 일은 아닐 것이다.

이와 유사하게 상담의 과정에 있어서, 치료자가 억압과 관련된 내담자의 경험이나 고생을 보다 잘 인식하면 상담은 더욱 효과적이 될 수 있다. 이러한 과정은 내담자와 상담자 모두의 아직 확인되지 않은 특권에 의해 영향을 받을 수 있다. 치료의 중요 부분에 상담자에 대한 내담자의 저항이나 분노는 내담자가 상담자 집단 구성원에 대하여 갖는 억압적인 가정에 의해 더욱더 자극될 수 있다.

Hardy(1993)는 "백인 의사에게 진료받고 싶어요."라고 말한 9세 백인 소년과의 치료 사례를 보고했다(p. 50). Hardy는 그 소년이 전형적인 인종차별주의적 언행을 계속하자 한마디 하기 위해 그에게 다가갔지만 무슨 말을 해야 할지 몰랐다. 그는 아프리카계 미국인이라는 정체성 때문에 덜 유능한 의사로 인식될 수 있다는 것을 의사가 되는 훈련 과정 어디에서도 배우지 못했다.

상담의 훈련 과정에 퍼져 있는 하나의 가정이 있다면, 상담에서 억압을 다루는 것은 그리 중요하지 않다고 보는 것이다. 내담자가 자신의 문제를 제시할 때, 내담자 자의에 의해서든 타의에 의해서든, 내담자가 억압과 관련된 태도, 신념, 그리고 행동들을 보여 준다면 이러한 문제들은 중요하지 않은 것으로 간주되곤 한다. Hardy는 서로가 관계를 맺는 방식에 작용하는 사회적 힘은 상담실에서도 그대로 영향력을 미친다고 주장한다. 그 힘들은 다른 어떤 곳도 아닌 상담 과정에도 작용한다. 모두 유럽 출신 미국인으로 구성된 Hardy의 연수팀원들은 Hardy에게 그 소년이 말한 것을 그냥 무시하라고 얘기했으며, 대신 '상담의 근본적인 과정과 치료적 역동'에 집중할 것을 조언했다(Hardy, 1993, p. 52). 만약 상담자를 위한 훈련 과정이 이러한 현실들을 효과적으로 인정하고 언급하지 않는다면 상담자들은 의식적으로 혹은 무의식적으로 내담자와 그들 자신의 삶 속에서의 억압을 부인할 가능성이 높아지며, 이러한 결과로서 상담 과정에서 상담자 혹은 내담자는 혼란에 빠질 수 있다.

오늘날 상담자들은 낮은 자아존중감, 자신감 결여, 외로움과 두려움, 자타에 의한 파괴적 분노, 자아상실, 섭식장애, 우울을 앓고 있는 내담자들을 도우면서 억압으로 인한 가시적인 증상들을 다룬다. 상담 훈련 프로그램은 이러한 눈에 드러나는 증상들을 처리하는 방법에 주로 집중한다. 반면 사회적으로 억압된 집단의 사람들 사이에서 영향을 주는 체제의 일상적인 요소들은 경시한다. 동시에 상담자들은 타인을 학대해 왔으며 억압을 받는 집단의 구성원들에 대해 범죄를 저질러 송환되거나 상담이 필수적인 내담자들을 돕게 된다. 아직 상담에서는 전통적으로 상담에서 억압을 인정하고 이를 언급하는 것은 불문율처럼 여겨진다.

가장 깊은 수준에서, 억압의 존재와 영향을 인정하는 가장 중요한 방법은 억압에 대해 단호하게 도전하는 것이다. 일단 억압이 체제화되면 억압은 모든 것에 영향을 미치게 된다. 만약 상담자가 억압에 직면하고 도전적인 상담 과제를 받아들인다면 구조적으로 우리를 구분하고 있는 보이지 않던 벽이 보이게 된다. 이는 새장의 철사 각각을 연결하는 연결부를 인식할 때 그 안의 생명체가 움직일 수 없다는 것을 인식하게 되는 것과 같다. 일단 이러한 억압을 상담자가 인식하게 될 경우 상담자가 그러한 구속을 개선하는 것은 윤리적 의무이다.

설명을 마무리하기 위해 또 다른 형태로 구속된 새의 비유로 끝맺음을 하려고 한다. 북인도 시골 지역에서(아마도 다른 지역에도 있을 것이다. 왜냐하면 작자 미상이기 때문이다.) 전해 오는 이야기이다. 한 남자가 존경받는 한 현자에게 답변할 수 없는 질문을 묻기로 결심하고 찾아갔다. 그는 한 마리 새를 잡아 손에 쥐고 등 뒤로 감춘 뒤 현자에게 새가 살았는지 죽었는지 맞혀 보라고 요구했다. 만약 현자가 "살았다."라고 대답하면 그 남자는 새를 꽉 쥐어 죽일 것이고, 만약 현자가 "죽었다."고 대답하면 남자는 손을 펴 새가 살아 있는 것을 보여 줄 생각이었다. 어느 대답이든 현명한 현자는 틀릴 것이었다. 그 남자는 그래서 현자에게 와서 승리한 듯 "현인이시여, 제가 손에 들고 있는 새가 살아 있는지 죽어 있는지 대답해 보시오."라고 하자 현인은 재빨리 그것은 "네 손에 달렸다."라고 말했다.

다음 장부터 우리는 인종, 성별, 사회경제적 지위, 성, 장애, 나이, 종교와 같이 개인적 경험을 구성하는 특정 정체성 요소에 영향을 줄 수 있는 세부 구조에 대하여 연구할 것이다. 우리가 이러한 개념들에 대한 탐구를 계속해 나갈 때 염두에 두어야 할 중요한 점들이 있다.

어느 누구도 태어날 때부터 억압받거나 억압주기를 원하지는 않는다. 뮤지컬 〈사우스 퍼시픽(*South Pacific*)〉에서 나온 표현에 따르면, "우리는 미움과 두려움을 배운다는 것에 조심해야 한다." 우리가 태어나면서 갖는 정체성은 선택하는 것이 아니다. 그러므로 우리 중 누구도 타고난 정체성에 대해서 비난받아서는 안 된다. 그러나 우리가 백인이거나, 남자이거나, 이성애자이거나, 기독교인이거나, 비장애인인 경우, 이러한 조건들로 인해 특권을 누리고 있다면 그러한 특권에 책임을 가질 수는 있다. 우리는 과거를 바꿀 수는 없지만 현재와 향후 미래에 대한 책임이 있다. 어느 누구에게도 완전한 책임은 없으며 또한 어느 누구도 그러한 책임에서 자유롭지 못하다. 사회의 억압적인 위계를 정당화시키는 다양한 특징들이 존재하기 때문에 대다수의 사람들은 억압하는 위치와 억압당하는 위치를 동시에 경험하게 된다. 그리고 이러한 경험의 상호작용이 우리의 관점을 형성하게 된다(Croteau, Talbot, Lance, & Evans, 2002). 궁극적으로 인생은 편도 여행인 탓에 우리가 얼마나 많은 자아의 특권을 가지고 있든지 우리 모두는 늙어 가며, 우리를 돌봐 주지 않는 사회를 대면하게 된다. 이러한 억압의 차원들에 대해 인정하는 것은 우리가 행한 지난 과오와 무능을 전환할 수 있도록 돕는다. 비록 억압 체제의 구조는 우리의 범위를 넘어서지만, 그 행동의 여부는 결국 우리의 손에 달려 있다.

✲ 용어

계급 차별주의(Classism): 사회경제적 지위에 따른 경시와 그에 대한 개인, 대인관계 및 제도적 차별. 계급 차별주의는 빈곤층 또는 노동계급으로 지정된 이들과 비교하여 지위와 특권을 가진 사람들을 지배계급, 상류계급, 또는 부자로 지정한다.

동성애 혐오증(Homophobia): 게이, 레즈비언, 양성애자, 또는 트렌스젠더로서의 정체성을 가진 사람들에 대한 두려움과 혐오.

반유대주의(Anti-Semitism): 유대인에 대한 체제적인 편견과 차별.

백인 특권(White privilege): 백인으로 지칭되는 대상에 근간하여 부여되는 혜택.

백인 패권(White supremacy): 주류 백인들의 경제, 법률, 정치, 그리고 사회적 특권을 위해 만들어진 모든 제도.

성차별주의(Sexism): 성별 유형에 따른 경시와 그에 대한 개인, 대인관계 및 제도적 차별. 남성으로 지칭되는 사람들이 여성으로 지칭되는 사람들과 비교하여 지위와 특권을 가지고 있다.

억압(Oppression): 사회에서 편견과 차별, 그리고 정치적 · 경제적 · 사회적 · 문화적 권력의 접근을 통해 종속된 집단을 지배하는 것. 억압은 특정한 형태의 인종차별, 성차별, 계급 차별, 장애인 차별, 연령 차별, 이성애주의, 반유대주의와 다른 종교 차별 등을 통해 드러난다.

연령 차별주의(Ageism): 연령에 따른 경시와 그에 대한 개인, 대인관계 및 제도적 차별.

이성애주의(Heterosexism): 성 정체성에 따른 경시와 그에 대한 개인, 대인관계 및 제도적 차별. 이성애자로 지칭되는 사람들은 게이, 레즈비언, 양성애자, 트랜스젠더와 비교해서 규범으로 여겨지고, 지위와 특권을 가지고 있다고 본다.

인종차별주의(Racism): 인종 구분에 따른 경시와 그에 대한 개인, 대인관계 및 제도적 차별. 백인으로 지칭되는 사람들은 유색인종으로 지칭되는 사람들과 비교하여 지위와 특권을 가지고 있다.

장애인 차별주의(Ableism): 신체 또는 정신 장애에 따른 경시와 그에 대한 개인, 대인관계 및 제도적 차별.

종교 차별(Religious discrimination): 종교 양식에 따른 경시와 그에 대한 개인, 대인관계 및 제도적 차별. 미국에서 기독교인으로 지칭되는 사람들은 유대교, 이슬람교, 힌두교, 불교, 조로아스터교의 종교 양식을 가진 이들과 비교하여 지위와 특권을 가지고 있다.

특권(Privilege): 종속 집단 구성원에게는 유보되고, 지배 집단 구성원에게는 특별히 누적된 혜택, 호의 및 면제.

✲ 참고문헌

Aboud, F. (1988). *Children and prejudice*. New York: Basil Blackwell.

Center for Community Change. (2002, May 1). *Study of racial disparities found in costs of mortgages*. New York Times, Retrieved from http://www.nytimes.com/2002/05/01/us/wide-racial-disparitiesfound-in-costs-of-mortgages.html.

Clark, K. B., & Clark, M. P. (1950). Emotional factors in racial identification and preference among Negro children. *Journal of Negro Education. 19*, 341-350.

Croteau, J. M., Talbot, D. M., Lance, T. S., & Evans, N. J. (2002). A qualitative study of the interplay between privilege and oppression. *Journal of Multicultural Counseling and Development, 30*(4), 239-258.

Cullinan, C. (1999). Vision, privilege, and the limits of tolerance. *Electronic Magazine of Multicultural Education*. Retrieved from http://www.eastern.edu/publications/emme/1999spring/cullinan.html

Erikson, E. H. (1968). *Identity, youth, and crisis*. New York: Norton.

Fanon, F. (1967). *Black skin, white masks*. New York: Grove Press.

Fein, S., & Nuehring, E. (1981). Intrapsychic effects of stigma: A process of breakdown and reconstruction of social reality. *Journal of Homosexuality, 7*, 3-13.

Freire, P. (1970). *Pedagogy of the oppressed*. New York: Seabury.

Frye, M. (1995). Oppression. In P. S. Rothenberg (Ed.), *Race, class, and gender in the United States: An integrated study* (3rd ed., pp. 81-84). New York: St. Martin's Press.

Giddings, P. (1990). *When and where I enter: The impact of Black women on race and sex in America*. New York: Bantam.

Hanley-Hackenbruck, P. (1989). Psychotherapy and the "coming out" process. *Journal of Gay & Lesbian Psychotherapy, 1*(1), 21-39.

Hanna, F. J., Talley, W. B., & Guindon, M. H. (2000). The power of perception: Towards a model of cultural oppression and liberation. *Journal of Counseling and Development, 78*(4), 430-441.

Hardiman, R., & Jackson, B. (1997). *Conceptual foundations for social justice courses*. In M. Adams, L. A. Bell, & P. Griffin (Eds.), *Teaching for diversity and social justice: A sourcebook*. New York: Routledge.

Hardy, K. (1993). No refuge from racism: War of the worlds. *Family Therapy Networker, 17*(4), 50-57.

Harro, B. (2000). The cycle of socialization. In M. Adams, W. J. Blumenfeld, R. Castañeda, H. Hackman, M. Peter, & X. Zúñiga (Eds.), *Readings for diversity and social justice: An anthology on racism, anti-Semitism, sexism, heterosexism, ableism, and classism*. New York: Routledge.

Johnson, A. G. (2001). *Privilege, power, and difference*. New York: McGraw-Hill.

Lee, Y. T., Jussim, L. J., & McCauley, C. R. (1995). *Stereotype accuracy: Towards appreciating group differences*. Washington, DC: American Psychological Association.

Lerner, M. J. (1998). The two forms of belief in a just world: Some thoughts on why and how people care about justice. In L. Montada & M. J. Lerner (Eds.), *Responses to victimizations and belief in a just world* (pp. 247-270). New York: Plenum.

Major, B. N., & Ruggiero, K. M. (1998). Group status and attributions to discrimination: Are low or high status group members more likely to blame their failure on discrimination? *Personality and Social Psychology Bulletin, 24*(8). Retrieved from http://www.hrzone.com/articles/see_discrimination.html

Masterson, J. (1988). *The search for the real self*. New York: Free Press.

McHenry, S., & Johnson, J. (1993). Homophobia in the therapist and gay or lesbian client: Conscious and unconscious collusions in self-hate. *Psychotherapy, 30*(1), 141-151.

McIntosh, P. (1988). White privilege and male privilege: A personal account of coming to see correspondences through work in women's studies (Working Paper 189). Wellesley, MA: Wellesley College Center for Research on Women.

Miller, J. B. (1986). *Towards a new psychology of wom-*

en. Boston: Beacon Press.

Myers, D. G. (2002). *Social psychology* (7th ed.). New York: McGraw-Hill.

Ridley, C. R. (1995). *Overcoming unintentional racism in counseling and therapy: A practitioner's guide to intentional intervention*. Thousand Oaks, CA: Sage.

Rosenthal, R., & Jacobson, L. (1968). Pygmalion in the classroom. New York: Holt, Rinehart & Winston. Sanders, G. L., & Kroll, I. T. (2000). Generating stories of resilience: Helping gay and lesbian youth and their families. *Journal of Marital and Family Therapy*, *26*(4), 433–442.

Sidanius, J., Levin, S., Federico, C. M., & Pratt, F. (2001). Legitimizing ideologies: The social dominance approach. In J. T. Jost & B. Major (Eds.), *The psychology of legitimacy: Emerging perspectives on ideology, justice, and intergroup relations* (pp. 307–331). New York: Cambridge University Press.

Smith, C. (2007). *The cost of privilege: Taking on the system of White supremacy and racism*. Fayetteville, NC: Camino Press.

Sue, D. W. (2003). *Overcoming our racism: Journey to liberation*. San Francisco: Jossey-Bass.

Worchel, S., & Andreoli, V. M. (1978). Facilitation of social interaction through deindividuation of the target. *Journal of Personality and Social Psychology*, *36*, 549–556.

CHAPTER 05

인종과 민족

자신 안에 있는 위대함 속의 비천함을 느낄 수 없는 자들은 타인 안에 있는 비천함 속의 위대함을 간과하기가 쉽다.

— Okakura Kakuzo (Robinson-Wood, 2009, p. 107에서 인용)

다문화 상담 역량의 초석이 되는 것들 중 하나는 인종과 민족성의 구조에 대한 명확한 이해이다. 그동안 다문화 상담 역량의 범위가 확장되어 오긴 했지만 이러한 역량을 옹호하는 가장 초기의 흐름은 인종을 이해하는 것에 기초하였다. 하지만 인종과 민족성의 개념이 의미, 중요성, 범위, 적용의 측면에서 종종 혼란을 일으키는 다양한 방식으로 정의되어 왔다. 그런데도 불구하고 이러한 다양한 개념이 사회 각계각층 사람들의 경험에 미친 영향은 부인할 수 없다.

이 장에서 우리는 인종과 민족성의 개념과 정의에 있어서 계속 변화해 온 방식들을 살펴보기 위하여 역사적 맥락에서 이 개념들의 근원을 개관할 것이다. 이후에는 사회적 구인으로서 민족성을 개관하는 것과 함께 인종 및 인종 분류에 대한 이론적 접근을 다학제적(multidisciplinary)으로 살펴볼 것이다. 또한 이 장에서는 아프리카계 미국인, 아시아계 미국인, 라틴계/히스패닉 미국인, 미국 원주민, 유대계 미국인, 유럽계 미국인을 포함한 다양한 인종적 · 민족적 집단에 대해 짧게 개관하고자 한다. 마지막으로, 상담에 대한 함의와 함께 인종적 · 민족적 집단의 다양한 구성원에 대한 인종차별의 영향에 대해 논의하는 것으로 끝맺을 것이다.

생각해 볼 질문 5.1

- 당신은 인종을 어떻게 정의하는가? 당신은 한 사람의 인종을 어떻게 평가/인식하는가? 어떤 요소들이 그 구인(construct)을 이루는가?
- 당신의 경우 다른 인종 집단에 대한 생각들은 어떻게 형성되어 왔는가? 당신의 지식 중 얼마만큼이 직접적 접촉과 정보에 근거하고 있는가?
- 여러분은 당신 자신의 인종과 민족성을 어떻게 정의하는가? 어디서, 언제, 어떻게 이것을 배웠는가?
- 당신이 다양한 인종에 대한 인종차별의 영향을 배움에 따라 당신이 특정 집단에 대해 편향적인 태도와 편견을 가지고 있었다는 것을 발견할 수 있다. 이곳에 제시된 정보가 어떻게 특정 집단 구성원의 경험을 잘 이해할 수 있도록 도울 수 있는가?
- 당신은 어떻게 인종차별의 영향에 대해 더 깊이 이해하여 죄책감, 불안, 동정의 감정을 거쳐 반응(react)하기보다 행동(act)할 수 있는가?

- 인종, 민족성에 대해 더 잘 이해하는 것과 인종차별적 태도를 가졌던 다양한 인종적, 민족 집단 구성원에 대한 경험이 어떻게 당신이 더 나은 상담자가 되는 데 도움을 주는가?
- 개인, 집단, 사회적 수준에서 당신의 삶에 존재하는 인종차별과 관련하여 당신은 긍정적 사회 변화를 이끌기 위해 어떠한 일을 할 수 있는가?
- 당신은 어떤 사람에 대한 가치의 표시로 인종이나 민족성이 어느 정도 중요하다고 생각하는가?
- 인종이나 민족성 때문에 괴롭힘을 당하거나 억압을 당하는 사람을 위해 맞서본 적이 있는가? 아니라면 왜 그렇게 하지 않았는가? 당신이 이 같은 상황에 있을 때 당신을 위해 누군가 맞서준 적이 있는가?
- 인종과 민족성의 영역에서 다문화적 역량을 가진다는 것은 당신에게 무엇을 의미하는가?

1. 역사적 개관

1) 생물학적 개념으로서의 인종

"인종은 생물학적인 것도 아니고 과학적인 것도 아니다."라는 주장이 있어 왔다. 인간 유전체 규명 프로젝트(Human Genome Project)를 수행하는 Dr. Silvia Spangler에 따르면 "인종은 우리가 서로 다른 사람들을 규정하는 그 무엇이다." 이것이 사실이라면 인종차별의 개념이 이치에 맞는가? 수십 년 동안 인종과 인종차별에 관하여 다양한 장면에서 토론이 이루어졌다. 예를 들어 학자들은 학문적 영역에서 인종과 인종차별에 대해 탐색하고 토론해 왔고, 시민들은 매일 타운홀 미팅(town hall meeting)[1]을 열었으며 이전 대통령인 Clinton은 대책위원회를 만들어 인종과 인종차별에 대한 대화를 촉진하도록 하였다. 인종이 생물학적인 것도 아니고 과학적인 것도 아니라는 개념은 확실히 많은 주목을 받아 왔고 사람들의 일상적 삶에 미친 영향은 굉장히 컸다.

인종은 생물학적 기준에서 나타나는 차이를 가지고 사람들을 집단으로 묶는

1) [역자 주] 정책 결정권자 또는 선거 입후보자가 지역 주민들을 초대하여 정책 또는 주요 이슈에 대하여 설명하고 의견을 듣는 비공식적 공개 회의로, 미국 참여민주주의의 토대로 평가된다.

생물학적 구인(construct)에서 기인하는 개념이다. 사람들의 다양한 범주는 피부색과 형태에 근거한 인종으로 분류된다. 이런 관점에서 인종은 인간사(human affairs)의 기본적 조직 원리였다. 모든 사람은 인종을 가지며 단지 하나만을 가진다. 인종 각각은 생물학적으로 분리되어 있고 잠재적으로 서로 대립적이다. 인종 분류의 가장 중요한 측면은 인종 간 경계가 있다는 것과 기본적으로 그것들이 분리되어 있다는 점이다.

이런 경계는 각각의 사회마다 다르게 규정된다. 미국에서 인종은 유전자의 표현형(phenotype)으로 보기보다는 태생적인 유전으로 여겨져 왔다(Omi, 1999). 예를 들어 현 세기의 초반에 미국 남부 9개 주에서는 4세대를 거슬러 15명의 백인 조상과 한 명의 흑인 조상이 있는 사람의 경우, 법적으로는 '흑인(Negro)'으로 간주되었다(Spickard, 1989). '한 방울의 법칙(one drop rule)'은 노예제도가 있었던 미국 초기의 사건들과 후기에는 남부에서 있었던 흑인차별 정책(Jim Crow)에서 나온 것이다. 미국에서 인종에 대해 일반적으로 관심을 받는 것은 대부분 백인과 반대되는 외양을 가진 다른 집단들 또는 흑인과 백인 사이의 인종적 관계에 관한 것이다. 우리가 깨달아야 할 중요한 점은 인간 존재의 이런 범주화가 우연히 일어난 것이 아니기 때문에 역사적 뿌리를 탐색할 필요가 있다는 것이다.

14세기 이후로 유럽에서 만들어진 배들의 내구성과 건조 기술이 좋아지고 정교해지면서 포르투갈과 스페인이 식민지 건설에 박차를 가하기 시작했고 영국, 프랑스, 독일 같은 북유럽의 나라들이 이후에 이러한 식민지 건설에 합류하였다. 신대륙을 발견하면서 식민지 개척자들은 유럽인들에게 지금까지 알려져 있지 않았던 사람들을 발견하였다. 식민지 개척자들은 아프리카인들과 호주, 미국, 카리브 해 토착민들을 마치 그들이 활용할 수 있는 자원들의 일부처럼 여겼다(Takaki, 1989). 이러한 활용을 정당화하기 위하여 그들은 이 토착민들을 유럽인들과는 다른 범주에 둘 필요가 있었다. 16세기에 유럽인들은 인종적으로 '열등한' 것으로 간주되는 사람들을 노예화시키는 것을 합리화하기 위해 인종의 개념을 사용하였다(Feagin & Feagin, 2003). 예를 들어 인디언을 정복한 스페인의 정당성을 설명하면서 스페인 변호사 Juan Gines de Sepelveda는 어떤 집단들은 야만적이고 인간답지 못한 본성을 가지고 있어서 선천적으로 노예라는 아리스토텔레스의 학설을 사용하였다(Takaki, 1993). 이와 유사하게 저 유명한 1838년 "노예제도에 대한 회고(Memoir on Slavery)"에서 South Carolina 대학의 Chancellor Harper는 노예제도를 다음과 같이 옹호하였다. "처리해야 할 더럽고 비천하고 힘든 일이 있다면 그것을 할 더럽고 비천하고 노동을 하는 존재가 있어야 하는 것이 더 낫지 않은가?" 그리고 아프리카인들은 "지구에 사는 다른 어떤 사람들보다 아마 짐승 같은 존재에 더 가깝다. 그들은 노예로 만들어져야 할 바로 그 재료이다." (pp. 51–59, Harper, 1838, Frederickson에서 인용, 1988)

유럽인들에 의해 발전된 인종에 대한 유형론적 관점은 세계에 존재하는 사람들을 위계적으로 배열하였고, 신체적 능력과 도덕적 품성에 기초하여 백인을 가장 위에, 그다음으로 아시아, 다음으로 미국 원주민, 그리고 아프리카인을 가장 아래에 두었다. 인종적 범주화와 그에 수반되는 각각의 인종 집단에 대한 기술은 이러한 관점들을 설명하였다. Linneaus(1806, in Gould, 1994)는 인간을 다른 유형들로 분류한 첫 번째 과학자였다. 1700년대 중반에 그는 인류(Homo sapiens)를 백인, 홍색인, 황색인, 흑인의 네 가지 제한된 범주로 분류하였고 이것은 겉으로 드러난 특징과 행동으로 정형화한 것이다. 예를 들어 그는 유럽인의 유형은 공정하고 근육이 발달하였고 푸른 눈을 가졌으며 창의적이고 법에 의해 통제된다고 하였다. 아시아인은 거무스름하고 검은 눈을 가졌으며 우울하고 거만하고 자신의 의견(opinion)에 의해 통제된다고 하였다. 18세기에 Blumenbach(1795, in Marks, 1995)는 유라시아 중앙의 코카서스 산맥에서 얻은 두개골에서 이름을 따서 코카시안(Caucasian)이라는 용어를 만들어 냈다. 그는 그 두개골을 완벽하게 형성된 것이라고 묘사하였고 유럽인들은 그들이 코카서스 지역에 있던 '완벽한' 사람의 후손이라고 생각했기 때문에 코카시안이라고 불리게 되었다. 반면 Negroid는 죽음을 의미하는 그리스어 *nekros*에서 유래되었다. 미지의 세계를 탐험하고 다른 토착민들을 만나게 되면서 그 시대의 동식물 학자와 과학자들은 토착민들의 신체적 특징을 기술하고 관련성에 따라 분류하였다. 20세기 후반까지 이러한 접근법이 사람을 분류하는 데 사용되었다. 그러한 범주의 수는 변하여 5개의 주요 범주, 즉 백인종, 흑인종, 몽골인종, 셈족, 미국 원주민으로 나뉘었다. 그러나 일부 사람들은 더 많은 범주를 사용하기도 했다. 예를 들어 1976년에 브라질지리학및통계학협회(Brazilian Institute of Geography and Statistics)가 피부색에 근거한 분류 체계를 개발하여 135개의 범주를 제시하였다. **표 5.1**은 시대의 필요성에 기초하여 나타나고 변화된 범주의 수를 나타내 준다.

인종의 범주화는 체제적으로 특권을 부여하거나 참여로부터 제외시키기 위해 사용된다. 1790년에 귀화법은 다른 모든 사람들을 시민권에서 제외하고, 오로지 '자유로운 백인'에게 시민권을 제공하기 위해 의회에서 승인되었다. 이러한 제외는 '국내의 외국인(domestic foreigners)' 그리고 부적격하다고 여겨지는 원주민 미국인에게 적용되었다. 비슷하게 1860년대까지 중국인은 인디언으로 여겨졌는데 그

표 5.1 연도 변화에 따른 인구조사의 인종적 범주(Population Reference Bureau, 2003)*

	1790	1860	1890	1900	1970	2000
인종	백인	백인	백인	백인	백인	백인
	기타	흑인	흑인	흑인	니그로(Negro) 또는 흑인	흑인, 아프리카계 미국인, 니그로
	노예	백인과 흑인의 혼혈(Mulatto)	흑인의 피를 3/8에서 5/8 받은 혼혈 Mulatto	인디언	인디언(Amer.)	아메리카 인디언 또는 알래스카 인디언
			중국인	중국인	중국인	중국인
			인디언	일본인	일본인, 필리핀인, 한국인, 중국인	일본인, 필리핀인, 아시아 인디언, 한국인, 베트남인, 기타 아시아인
			흑인의 피를 1/4 받은 혼혈(Quadroon)		하와이인	하와이 인디언, 괌인, 차모르족, 사모아인, 기타 태평양 섬주민
			흑인의 피를 1/8 받은 혼혈(Octoroon)		멕시코인, 푸에르토리코인, 중남미인, 쿠바인, 기타 스페인계	멕시코인, 멕시코계 미국인, 치카노, 푸에르토리코인, 쿠바인, 스페인계/라틴계/히스패닉
					기타	기타 인종

* 1970년 인구조사 이전에는 조사 대상자들이 자신의 인종을 적을 때 정해진 범주를 사용하였다. 이후의 조사에서는 조사 대상자들이 범주들 옆에 있는 동그라미 표시를 채워 넣었다. 또한 1970년 인구조사부터 미국 인디언, 다른 아시아인, 다른 인종 또는 다른 히스패닉 범주를 선택한 사람들은 구체적 부족이나 집단을 쓰도록 요청받았다. 히스패닉 민족은 1970년에 미국인의 표본이 되었다.

출처: Population Reference Bureau. (2003). *200 Years of Census Taking: Population and Housing Questions 1790–1990*. U. S. Bureau of the Census. Retrieved December, 12, 2003 from http://www.prb.org

이유는 중국인은 미국 원주민이 베링해협을 통해 북아메리카로 건너온 아시아인이란 이론 때문이었다(Spring, 2004).

'백인'이라는 초창기의 개념은 오직 영국 신교도 혈통들에게만 적용되었다. 그러나 20세기 초반에 이르면 이것은 유럽인 혈통 사람들에게도 적용되었다. 서부와 동부 유럽인, 아일랜드인은 종교적 믿음이 달랐기 같은 백인의 범주에 포함되는 것이 쉽지 않았다. 그러나 그들의 비슷한 피부색으로 인해 백인으로 동화될 수 있다. 그렇지만 이 방법은 미국 원주민, 아시안, 멕시칸, 노예가 된 아프리카계 미국인에게는 적용될 수 없는 것이었다(Ignatiev, 1995).

Montagu(1942)는 그의 고전적인 작품인『사람의 가장 위험한 신화: 인종의 착오(*Man's Most Dangerous Myth: The Fallacy of Race*)』에서 첫 번째로 인종의 과학적 타당성에 대하여 질문을 던졌다. 그는 19세기에 걸쳐 인류학, 생물학, 심리학, 의학, 그리고 사회학과 같은 사회과학 및 자연과학 모두가 백인에 비하여 다양한 인종들이 열등함을 '증명'하기 위한 도구가 되었다고 주장했다. Winston(2004)에 따르면, 심리학에서의 연구 노력은 1930년대까지 위계적 순서를 매기기 위한 인종적 표상과 생물학적 근거에 대한 19세기의 이데올로기를 지지했다. 생물학자들이 편견에 대한 연구를 시작하면서 변화가 일어났고, 1950년까지 비록 그 수는 적지만 부당한 인종적 대우에 반대하는 입장의 심리학자들이 계속 증가했다는 것은 변화의 명백한 증거이다. 그러나 이러한 담론은 또한 인종주의를 조장했다. 예를 들면 아프리카계 미국인의 인종차별이 사회적 쟁점의 중심에 있었던 1940년대와 1950년대에 흑인과 백인의 지능이 인종적으로 차이가 있다는 것에 초점을 둔 심리학 연구가 실시되었는데, Winston은 이것이 매우 물의를 빚었고 많은 논쟁의 주제가 되었다고 논평했다. 고전적 예는 Herrnstein과 Murray(1994)가 집필한, 많이 출판된『종형 곡선(*Bell Curve*)』이다. 여기에서 그들은 아프리카계 미국인이 불리한 이유는 노예제도, 격리, 역사적 그리고 지속적인 인종차별보다는 유전에 근거한 지능의 일차원적인 구인에 기인한다고 말했다. '잡종(hybridity)'이라고 알려진 인종의 혼합은 사회의 안녕을 위협하는 사람들, 즉 정신적 · 신체적으로 열등한 사람들을 만들어 낸다는 주장이 심리학 역사에서 중심 주제였다. 이러한 담론은 20세기 초반 동안 살아 있었고 충분히 많았다. 멕시칸, 혼혈, 그리고 순수 혈통의 미국 원주민의 지능 비교연구[예: T.R. Garth(1923)에 의한 연구]는 이러한 관점을 지지하고 조장했다. 그러나 몇몇 눈에 띄는 발표들은 인종에 대한 토론에 도전장을 제출했다. 그러한 발표 중 하나는 Guthrie(1076, 1998)의『심지어 쥐도 하얀색: 심리학의 역사적 관점(*Even The Rat Was White: A Historical View of Psycology*)』이다.

학문의 모든 면에 만연한 고유의 인종주의에 대한 그의 글은 소위 '인종 심리학'에서 편견에 대한 연구로의 전환에 깊은 영향을 미쳤다(Winston, 2004). Winston은 오늘날 "인종 그리고 인종적 차이는 학문(discipline)에 있어서 끊임없이 반복되고 성가신 쟁점이다. 혹독한 비평의 한 세기 후에도, 흑인 대 백인의 뇌의 크기에 대한 논쟁이 여전히 심리학 저널에 나타나고, 인종은 여전히 명백한 생물학적 분류에 의해 위협받고 있으며, 지능검사 점수의 인종 비교는 여전히 의미 있는 과학적 질문으로 존재하고 있다."고 설득력 있게 말했다(p. 3).

Livingstone(1964)은 현재 인간의 생물학적 변화를 이해하는 데 더 타당하고 유익한 접근은 인구 간 차이보다는 여러 공간에 걸친 생물학적 차이의 패턴에 초점을 두는 것이라고 제안했다. 이러한 접근은 자연선택으로 몰아가는 환경적 변수가 지리적 영역을 가로질러 체계적으로 다양하기 때문에 그들이 적응할 수 있는 중요성에 대한 더 큰 통찰을 줄 수 있다.

유전과학의 정교성이 증가하면서, 사람들이 생물학적으로 매우 다양하다는 점은 명백해졌다. 대체로 외적인 생물학적 특징은 부모에 의해 영향을 받고, 많은 내적인 생화학적 특징은 유전적으로 결정된다. 피부색, 코 모양, 몽고주름(눈구석주름), 광대뼈의 높이와 얼굴 모습, 머릿결 및 색과 같은 외적인 특징은 인종적 변화와 관련지어 개인을 다른 인종으로 범주화하는 데에 사용된다. 실제로 내적인 특성은 눈으로 관찰할 수 있는 것보다 더욱 다양하다.

분류와 관련하여, 개인의 DNA를 비교할 수 있는 과학의 능력으로 인해 분자유전학은 우리가 집단을 이해하는 데 변혁을 일으켰다. 그 결과 유전자형 또는 유기체를 구성하는 유전인자는 현재 실행 가능한 비교 수단의 관례로 자리 잡았다. 인간유전체 프로젝트(2003)의 자료에 따르면, 단지 인종적 차이로 피부색은 다르지만 분자 수준에서 99.99% 이상 동일한 두 사람이 이 행성에 존재한다. 아이로니컬하게도, 다른 키를 가진 두 코카서스인은 코카서스인과 유색인종 사이에서보다 더 많은 유전자적인 차이를 나타냈다(Ponterotto & Pedersen, 1993; Helms & Cook, 1999).

2) 사회적 개념으로서의 인종

20세기 후반까지 인종은 원래 생물학적인 것보다는 사회적 구인의 관점에서 재정의되어 왔다(Omi & Winant, 1986). 이러한 정의는 민족적 정체성을 포함하며 다양한 집단화에서 사람들의 역사적 동일시에 대한 인식을 허용한다. 또한 인종의 사회적 구조는 인종적 범주화의 정치적 맥락을 설명한다.

흥미롭게도 생물학적 개념에서 사회학적 개념으로의 인종의 이동은 집단 계급의 위계에 대한 강조를 약화시키지는 못했다. 그러나 집단의 다른 경험과 성공에 대한 설명은 생물학에 기반을 두는 것에서 문화로 이동했다. 낮은 계급의 인종적 그룹은 생물학적으로 열등한 존재에서 문화적으로 열등한 존재가 되었다. 이러한 많은 문화적 열등과 불이익은 과거 인종주의 환경에서도 비난받았고, 여전히 희생자를 비난하게 만든다. 예를 들어 Elkin(1959)은 활짝 웃는(grinning), 눈치만 살피는, 초기의 아프리카계 미국인에 대한 고정관념을 재개념화하였다. 그는 이러한 고정관념이 생물학적인 특징보다는 노예제도의 결과로 나타난 것으로 보았으며, 노예로서 희생적인 삶을 살았기 때문에 아이와 같은 의존성이 생겨난 것이라고 주장했다. 그러한 주장은 Blassingame(1972, in Frederickson, 1988)과 같은 학자들에 의하여 반박을 받았는데, 그는 흑인 노예들이 주인에 대해 의존적인 것이 아니라 억압에 저항하기 위하여 이들이 지닌 상당한 자원들, 즉 절제력, 의지, 총명함 그리고 인내심들을 결집시켜 그들 자신에 대한 위엄성과 자존감을 유지시켰다고 보았다. 그리고 이후 여러 다른 사람들도 그와 같은 주장에 동의했다. Fogel과 Engerman(1974, 1n Frederickson, 1988)과 같은 이들은 농장은 효율성의 모델이며 노예는 기꺼이 자본가들의 노력에 협력자가 되었다고 주장한다. 인종이 생물학적 구인이라는 것을 옹호하지 못하면서, 많은 사람들은 여전히 인종적 소수자들은 지능과 도덕적인 면에서 열등하고, 그들은 백인과 섞여서는 안 된다고 믿는다.

1965년에 발표된 Moynihan의 보고서『흑인가족: 국가적 행동의 사례(*The Negro Family: The case for national action*)』는 그 대표적 사례이다. 이 보고서는 본질적으로 노예제도와 인종차별의 유산을 통해 모계사회의 가족 구조가 아프리카계 미국인 지역사회에서 발달했다고 주장했다. 도심 지역의 삶에 직면하고 있는 문제의 핵심은 모계사회의 가족 구조가 아프리카계 미국인이 중산층으로 동화되는 것을 막고 있다는 것이다. 확대 가족의 역할, 이웃과 친구에게 생계를 제공하기 위한 준비, 가족의 가장으로서 여성의 존재 모두가 이 보고서에는 병리적인 특징으로 제시되었다. 놀랄 만한 주장 중의 하나는 "현재의 복잡한 병리적 문제들은 백인 세계로부터의 도움이 없다면 영원히 지속될 것이다."(p. 47)라는 것으로, 이러한 주장은 아프리카계 미국인의 문제를 지속적이고 역사적인 분리와 차별에 의한 것이라기보다는 이들의 가족 역기능의 관점에서 바라본다.

분리되었지만 여전히 동등하다는 원칙을 지지하는 1896년 Plessy vs. Fergu-

예시 5.1
Susie Gregory Phipps

1977년 스스로 완전한 백인이라고 생각해 오던 43세의 Susie Gregory Phipps는 자신이 루이지애나 주정부에 의해 유색인종으로 분류된 것을 알고 충격을 받았다. 주정부의 세대 연구에 따르면, Phipps의 4대 조상 할머니가 Margarita라는 이름의 흑인 노예였다. 1970년 루이지애나 주의 법에 따르면 Phipps는 적어도 흑인의 피를 1/32 받은 흑인이고, 그녀는 흑인으로 여겨졌다. Phipps가 루이지애나 주를 대상으로 자신의 인종 기록을 바꾸어 달라는 소송을 했지만 패소했다. 1983년에 주 대법원은 인종적 정체성을 분류하고 정량화하는 주의 권리를 지지했다(Omi & Winant, 1994).

출처: Omi, M., & Winantm H. (1994). Racial formation in the United States from the 1960s to the 1990s. New York: Routledge.

son 판결은 백인을 아프리카계 미국인 및 다른 소수자들과 분리하는 데 지속적으로 사용되고 있다. 이것은 1960년대에 최고조에 달했고, 오늘날 아프리카계 미국인은 다른 집단들에 비해 더욱 차별받고, 다른 어떤 집단보다 오래 차별을 경험했으며, 모든 소득수준에서 차별받았다(Bonilla-Silva, 1999). 차별의 다른 관점에서, 어떤 사람들은 백인은 주로 백인으로 구성된 지역사회와 이웃 안에서 살 수 있는 최고의 선택권을 가진 미국에서 가장 자기차별적인 집단(self-segregated group)이라고 말한다. 새로운 밀레니엄 시대이지만 인종은 서로 분리되고, 모든 다른 집단과 달리 유럽계 이민 집단에게 특권을 부여하는 사회적 구조는 지속되고 있으며 여전히 명백한 문제로 남아 있다.

생물학적인 기반 없이도 인종은 현재 분류를 위한 사회적인 기제로 존재한다. 유전자 연구가 타당한 생물학적 구조로서 인종의 실체(reality)를 지속적으로 파괴한다고 할지라도, 우리 사회의 인종에 대한 지각은 지속적으로 우리를 분열시키고 국가로서 제 기능을 못 하게 한다(Axelson, 1999; Brown, 2002; Helms & Cook, 1999; Kivel, 1996). 우리 사회는 인종적 경계가 너무 뿌리박혀 있어서 분할의 선이 경제에서부터 교육, 심지어 종교적인 관습까지 우리 존재의 모든 면에 얽혀 있다. 사람들은 "우리 모두는 인류(human race)의 한 부분이다."라고 쓰인 차량용 스티커를 붙이며 사회에서 널리 퍼져 있는 인종의 구분을 지우려고 애쓴다. 그러나 우리는 여전히 겉으로 드러나는 여러 가지 특성(phenotype), 신체적 외모, 또는 개인의 특징에 빠르게 반응한다. 심지어 인종차별주의의 해로운 효과를 제시하고 교사와 상담자들이 어떻게 그러한 부정적 효과를 줄일 수 있는지를 제시하는 교과서조차도 인종의 실체를 부인하지만 여전히 인종을 참조의 틀로서 여긴다(Axelson, 1999; Ponterotto & Pedersen, 1993). 인종(race)이란 용어는 인종차별주의(racism) 용어와의 관련성 때문에 지속적으로 사용된다. 인종차별주의는 실제로 '유색인 차별주의(colorism)'로 불리는 것이 나을 수도 있다. 이 용어는 하나의 집단이 다른 집단을 경제적 · 정치적 · 사회적으로 지배하는 데 요구되는 정신, 즉 '우리(us)'와 '그들(them)'로 구분하는 정신의식이 우리 사회에 여전히 유지되고 있다는 것을 잘 설명해 준다.

인종이란 개념이 의문의 소지가 많기 때문에, 집단 사이에 존재하는 차이를 설명하기 위한 시도로서 다른 용어들이 등장하였다. 대표적인 두 가지가 **민족성**(ethnicity)과 **문화**(culture) 같은 용어이다. Rose(1964)는 **민족성**(ethnicity)을 "세대 간에 걸쳐 있는 독특한 사회적 · 문화적 유산(예: 언어, 관습, 종교)을 공유하는" 개인들의 집합체로 설명했다(Ponterotto & Pedersen, 1993. p. 6). 이 정의는 생물학적인 고찰보다는 삶의 방식에 있어서 고유한 것으로 나타나는 특성에 의존한다. 이 용어는 어떤 사회집단 안에서 한 세대로부터 다른 세대를 거쳐온 가치, 믿음 언어, 의식, 전통 그리고 다른 행동들을 고찰하는 것으로서 **문화**의 정의를 재음미할 때 수용될 수 있다. 많은 교재들이 이 두 용어를 혼용하기 때문에 그 차이를 이해하는 것은 쉽지 않은데, 나아가 이 용어들을 정의할 때 '인종적(racial)' 또는 '사회인종적(socioracial)' 같은 용어를 사용하여 개념을 규정하기 때문에 혼동은 더더욱 가중된다(Helms & Cook, 1999).

3) 사회적 개념으로서의 민족

Guzzetta(1995)에 따르면, **민족성**(ethnicity)을 구성하는 **민족**(ethnic)이라는 용어는 국가라는 그리스 용어에서 처음 유래되었으며, 유대인(Jews) 혹은 집시(Gypsies)처럼 같은 국가에 의해 개념화할 수 없는 집단과 특수한 국가 집단을 구별하기 위해 사용되었다(p. 2508). 그러나 시간이 지나면서 시간, 장소, 맥락, 그 밖의 다른 것에 따른 경험을 포함하는 용어의 전체적인 해석에 영향을 미쳐 왔다. Robinson(2005)에 따르면 민족 개념은 1910년 처음 미국 시카고대학의 직업/학문 과정에서 시작되었으며, 이곳에서 연구자들은 20개국 이상의(매년 미국으로 이민 오는

100만 명 이상의) 사람들이 동화 과정에서 갈등을 어떻게 다루는지 연구하는 데 관심을 가졌다. 그 당시 미국으로 오는 이민자들 대부분은 가능한 한 모든 방법을 통해 빨리 적응하였으며, 당시의 미국 주류 문화에 적응하였다. 이것의 좋은 예는 이름을 '더 미국인처럼 들리도록' 바꾸는 것이었으며, 이를 통해 사람들은 정치적 · 사회적 · 경제적 · 심리적 이유에서 자신의 모국/문화를 드러내는 것을 최대한 피하였다. Robinson(2005)에 따르면 백인의 민족적 협역문화(ethnic microcultures)에서 온 사람들의 동화 과정은 유색인종의 동화 과정과 매우 다르게 나타났다. 인종과 민족 간의 역사적 차이는 1790년 시민법과 같은 미국 정책에서 시작되었다. 이 법에서 미국은 '백인' 이민자만 미국에서 시민권을 가질 수 있다고 주장하였으며, 이 법은 162년 동안 효과가 지속되었다. 예를 들어 미국 원주민은 1924년까지 시민권을 얻지 못했으며, 아시아계 미국인은 1952년까지 시민권을 받지 못했다. 이와 비교하여, 유색인종의 사람들은 백인이 누렸던 많은 특권과 자유에 장벽이 있다는 것을 알게 되었다. 이러한 정책은 인종차별주의적 태도, 믿음, 관행을 만들었을 뿐만 아니라, 오늘날까지 사회적 · 정치적 · 경제적 · 심리적 수준에서 차별적 태도, 믿음, 관행을 지속시키고 있다.

민족성(ethnicity)은 일반적으로 정의할 때, 공동의 역사, 종교, 국적, 출신 지역, 언어, 기타 등의 특성에 나타나는 공통성에 근거한 개인의 사회문화적 유산을 지칭한다. 그것은 (1) 선택되거나 혹은 (2) 타고나는 것으로 사회적으로 구성된 정체성과 관련된 공동의 경험이다. 민족 정체성의 선택되는 측면에는 사람들이 자신을 정의할 수 있는 많은 특성들이 포함된다. 종교는 이것의 좋은 예이다. 민족 정체성의 타고나는 측면에는 외적 영향력으로 볼 수 있는 많은 특징들이 포함된다. 미국 인구통계국이 실시하는 인종 분류가 이러한 예라고 볼 수 있다. 전반적으로, 민족성과 관련된 특징들은 아래에 제시된 내용들을 근거로 집단 구성원으로서의 충성심과 소속감을 포함한다.

- 공유하고 있는 가치, 행동, 믿음 혹은 언어에서 유래된 집단 이미지와 정체감
- 공유하고 있는 정치적 · 사회적 · 경제적 관심
- 공유하고 있는 가족 이민 역사
- 공유하고 있는 집단 차별, 분리 혹은 동화의 역사
- 공유하고 있는 집단 가시성(group visibility), 응집력, 지역 밀도

Robinson(2005)은 사람들은 민족성은 같을 수 있으나(예: 라틴계) 같은 인종 집단은 아닐 수 있다고 언급한다(예: 백인, 흑인, 아시아인, 두인종 혹은 다인종).

동시에, 사람들은 인종 집단은 같을 수 있으나(아시아인) 같은 민족 집단은 아닐 수 있다(중국인, 베트남인, 쿠바인, 일본인, 한국인, 필리핀인, 아시아계 원주민, 기타 등등).

일반적으로 인종, 민족, 문화를 둘러싼 쟁점들은 결코 단순하지 않고, 이 개념들이 야기하는 역사적 맥락은 매우 포괄적이다. 그러나 인종과 민족 구성의 역사적 발달과 현재의 영향의 관점에서 우리를 파악하려면, 인종 분류의 영향을 탐색하는 것이 중요하다. 또한 아프리카계 미국인, 아시아계 미국인, 라틴/히스패닉 미국인, 미국 원주민, 유대계 미국인, 유럽계 미국인을 포함하여, 현재 미국 사회를 구성한 여러 다양한 집단에 대한 인종차별을 파악하는 것이 중요하다.

2. RACE-ING & E-RACING

1) 아프리카계 미국인

아프리카계 미국인에게 인종이란 매일 감수하며 살아가야 하는 것이다. 왜냐하면 다르다는 것, 즉 당신은 백인이 아니라는 것을 계속 상기하게 되기 때문이다. 인종차별주의는 개인적 · 제도적인 것을 포함한 많은 형태를 띠고 있다. 두 집단 간에 인종차별주의는 은밀히, 공공연히, 심지어 비의도적으로 표현된다(Axelson, 1999; Brown, 2002; Cole, & Omari, 2003; Koch, Gross, & Kolts, 2001; Wade, & Bielitz, 2005; Kivel, 1996; Ponterotto & Pedersen; Ridley, 1995). 어릴 때조차도 아프리카계 미국인 아동은 인종 정체성 발달에서 아프리카계 미국인이라는 것과 관련한 부정적인 메시지를 내면화시키게 된다. 그러한 부정적 메시지는 그들의 삶에 직접적인 영향력을 끼치며 사법체계에의 연루뿐만 아니라 학교에서의 소외, 높은 실패율, 증가하는 높은 중퇴율과 관련되어 있다. 성인이 되어서는 인종차별주의 혹은 유색인종 차별의 영향이 정신 질병, 신체 질병 혹은 이 둘 모두가 복합적으로 나타날 수도 있다(Axelson, 1999; Ball, Armistead, & Austin, 2003; Chadiha, Rafferty, & Pickard, 2003; Jang, 2004; Lee, 1999).

우리가 인종차별에 대해 생각할 때, 우리는 인종차별을 개인적 혹은 단 한 번의 사건으로 생각하려는 경향이 있다. 이것으로 인해 어떤 [백인] 사람들은 아프리카계 미국인의 심리적 안녕에 인종차별적 경험이 미치는 진짜 영향력을 간과할 수 있다. 또한 개인 그리고/혹은 단 한 번의 인종차별에 초점을 맞추는 것은 아프리카계 미국인이 스스로 누적된 인종차별의 영향을 당연히 견뎌 내야만 하는 것처럼 상황을 만든다. 불행하게도, 이러한 인종차별주의와 편견의 누적된 효과는 삶의 불평등에 효과적으로 대처하는 개인의 능력에 부정적인 영향을 끼칠 수 있다. '사소한 것(small stuff)'의 영향력이 시간이 지나면서 누적될 수 있고 결국 한 개인의 영혼을 파괴할 수 있다. Sue(2003)는 이러한 차별은 경미한 모욕(micro-insult)으로서 '사소한 것'으로 칭했다. 이러한 경미한 모욕이 어떤 아프리카계 미국인의 삶에서는 중요하지 않은 사건 혹은 우연한 것으로 간주될 수 있다; 그러나 이러한 우발적인 사건은 누적되고, 이렇게 누적된 영향이 아프리카계 미국인의 의식에 파고들며 아프리카계 미국인의 무의식에 계속 쌓이게 된다. 그리고 개인 정체성의 건강한 발달을 방해하게 된다. 이러한 경험은 활성화되고, 경우에 따라서는 문화적 불신을 만들며(Hunter, 2002; Phelps, Taylor, & Gerard, 2001), 이상규범(para-norm)으로 불리는(Sue & Sue, 2003) 많은 문화적 편집증을 낳게 된다고 연구자들은 언급한다. 이러한 방어기제 혹은 생존기제는 아프리카계 미국인에게 부정적인 경험의 영향을 최소화하게 한다. 연구자들(Vontress & Epps, 1997)은 심지어 이러한 경험이 역사적 적대감을 만들게 한다고 언급한다. Vontress와 Epps(1997)는 역사적 적대감을 편견과 인종차별에 대한 현재와 과거 경험의 반응으로 규명한다. 이러한 경험은 심지어 가족 구성원의 경험과 관련된 이야기의 형태로 세대에서 세대로 전수될 수 있다.

편견과 인종차별의 큰 영향을 피하려는 노력의 일환으로, 어떤 아프리카계 미국인은 백인 미국인의 삶의 양식에 동화되려 하거나 혹은 백인 미국인처럼 자신을 규명하려는 시도를 하기도 한다. 이러한 동화가 한편으로는 생존에 필요한 것처럼 보일 수 있으나, 다른 한편에서는 문제가 될 수 있다. 예를 들어 학업에 전념하는 아프리카계 미국인 소년은 백인처럼 되려 하거나 혹은 '계집애 같은 사내'가 되려는 '배반자(sell-outs)'로 간주될 수 있다. 표준 영어를 구사할 뿐만 아니라 정기적으로 넥타이와 양복을 입는 아프리카계 미국인 남자들은 종종 '백인처럼 행동하거나 혹은 진실하지 않은 것처럼' 간주된다. 오직 백인 남자들만이 양복을 갖춰 입을 수 있고 그래야만 한다고 믿는 것은 자아상이 얼마나 초기에 내면화되고 문화적인 인식을 형성해 나가는지 보여 준다. 이러한 이슈의 단면은 백인 미국인의 경우 아프리카계 미국인이 '폭력배 옷(thug gear)'과는 상반되는 양복과 넥타이를 입은 복장일 때 중요하게 알아차리고 놀란다는 것이다. 인종차별과 편견의 두 예들 모두 얼마나 인종차별과 편견이 아프리카계 미국인에게 영향을 미치는지를 보여 주고 있다. 보다 제도적인 수준에서 인종차별과 편견에 영향을 받은 것들로는 거주, 교육, 고용, 정신건강 서비스를 포함한 건강 서비스가 포함된다. 이러한 측면들 중 가장 두드러진 것은 사법제도(Justice system)이다.

생각해 볼 질문 5.2

- 당신이 아프리카계 미국인에 대해 가지고 있는 믿음, 이미지, 고정관념으로 어떤 것이 있는가?
- 이러한 믿음, 이미지, 고정관념은 어디서부터 비롯되었는가?
- 시간이 지나면서 이러한 믿음, 이미지, 고정관념이 변하였는가? 만약 그렇다면 무엇이 당신에게 이러한 변화를 일으켰는가?
- 이러한 믿음, 이미지, 고정관념은 아프리카계 미국인과 지낼 때 당신에게 어떻게 영향을 미쳤는가?
- 아프리카계 미국인과의 경험에서 긍정적 · 부정적인 경험으로 어떤 것이 있는가?

2) 아시아계 미국인

인종 분류에서 **아시안** 혹은 **아시아계 미국인**의 정체성은 Linnaeus와 Blumenbach가 예전에 처음 황인종이라 지명한 것에서 기인한다. 19세기에, 'yellow peril(황화)'[2]라는 용어는 지리정치적 갈등의 개념을 의미하였는데, 이때 미국 서부의 백인 정복자들은 그들이 데려온 중국인 노동자들이 앵글로색슨의 문명을 위협할 다수의 무리가 될 것을 두려워하였다. 1882년에 제정된 중국인 이민 제외법(Chinese Exclusion Act)은 자신의 나라로 이민 오는 중국인을 통제하려는 시도였다. 백인으로 분류하는 것에 아시아인을 제외시킨 1917년 아시아인 이민 금지법과 1924년의 추가 조치는 모두 아시아인을 막으려는 조직적인 시도였다. 이러한 것의 유일한 예외는 필리핀 사람들이었다. 이들은 아시아에 유일한 미국 식민지 주민들이었으며, 미국 국적을 부여받고 중국과 일본 노동자를 대신하고 보충할 수 있는 사람들로 공급되었다.

어떤 점에서, 아시아인은 다양한 지리적 출신의 많은 사람들을 포함하기 때문에 민족보다 인종 부류를 의미한다. 예를 들어 몽족과 말레이시아인은 우크라이나와 아일랜드처럼 서로 다른 민족이지만, 인종 부류에서는 같은 집단으로 함께 묶

2) [역자 주] 황인종 우세에 대한 백인종의 두려움을 강조한 용어

일 수 있다.

미국 내의 아시아 공동체를 설명할 때 미국은 풍부한 기회와 자유의 대륙으로 묘사되며 이민 신화가 뒤따른다. 때때로 '모범적인 소수민족'으로 지칭되는 아시아인들은 실제 백인은 아니지만 다른 소수 집단에게 비난받을 만큼 소수민족 성공스토리로 분류되는 백인과 같은 사람들(proto-whites)이다. 1980년대에 로널드 레이건 대통령은 "우리의 정치체계 내에서… 당신들의 가치, 당신들처럼 열심히 일하는 것이 필요하다."라고 이야기하며, 아시아인이 성공적인 사례가 된 것에 대해 감사를 표하였다(in Takaki, 1989, p. 475). 1986년에 여러 주요 텔레비전 뉴스는 아시아인에 관한 특별 방송에서 아시아인들은 소득 수준 면에서 매우 성공적이며, 백인을 제외한 대부분의 다른 민족 집단들을 능가한다고 보도하였다. 언론은 아시아 가정의 경우 온 집안 식구들이 일하는 것을 중요하게 여기지 않았는데, 사실은 이러한 노동이 더 높은 소득을 만드는 데 기여했다고 보도했다. 이러한 모범적인 인종의 아시아인들은 보통 일본 혹은 중국인들이었으며, 이들은 절망적인 빈곤에서 살아남으려는 캄보디아계 미국인과 베트남계 미국인의 노력을 억압하였다.

역사적으로 영화 산업은 아시아인을 악마, 음지에서 음모를 꾸미는 사람들로 묘사했다. 초기의 흑백영화인 닥터 푸만추(Fu-Manchu) 영화에서부터 제임스본드의 영화까지, 아시아인들은 백인처럼 보이지만 그 이면에 여전히 악역을 하는 것으로 묘사되었다. 제2차 세계대전의 일본부터 한국과 베트남 전쟁까지 미국이 참전하였던 많은 주요 전쟁에서 아시아인이 적군이었다.

"그들은 모두 똑같아 보인다."라는 익숙한 말처럼, 외국인처럼 보이는 외모로 인해 아시아계 미국인의 참여는 제외되어 왔다. 정책적으로 이것은 사회의 주요 참여에서 아시아인의 참여를 눈에 띄지 않게 하는 요인이 되었다. 예를 들어 미국 대륙횡단 철도가 1869년 완성되었을 때, 철도를 만들기 위해 일하였던 수천 명의 중국인 노동자들이 사진에서는 드러나지 않았다. Takaki(1989)가 보고한 것처럼, 미국을 만든 이민 대역사를 제시할 때 아시아인들은 거의 포함되어 있지 않다. 이러한 사실이 의미하는 것은 아시아인들은 진정한 미국인이라는 평가를 쉽게 받지 못한다는 것이다. 한 가지 이유는 아시아인은 유럽인처럼 미국인으로 동화되지 않기 때문이기도 하다. 인도인들은 백인이 아니어서 1923년 당시 아시아계 인도인에게는 시민권이 주어지지 않았는데, 그 당시 대법원은 "영국, 프랑스, 독일, 스칸디나비아인 그리고 다른 유럽 태생의 자녀"가 미국에 빨리 동화되고 유럽 태생의 뚜렷한 특징을 잃게 된다고 언급하였다(*U.S. v. Bhagat Singh Thind*, 261 U.S. 215, 1923, in Takaki, 1989).

아마 외국인으로서 아시아인의 가장 뚜렷한 특징은 미국인 4세대, 5세대 중국계와 일본계 미국인에게서 발견될 수 있을 것이다. 그들은 아직도 "어디서 왔습니까?"라는 질문을 받을 수 있다. 1980년대 중반 미국이 국가적으로 위기에 처했을 때, 미국인들은 일본에 대해서 '미국을 다 사버릴 것'이라며 집중적으로 일본을 비난했다. 또한 최근에 인도로 공장을 이전시키는 직업 공황과 관련하여 아시아인을 비난하는 과장된 표현이 여전히 나타난다. 이처럼 계속하여 반복적으로 아시아인은 이민자로 이루어진 국가에 위협이 되는 존재로 여겨지고 있다. 반면 본질적으로 국가 정체성은 유럽계 미국인으로 정한다(Constantine, Okazaki, & Utsey, 2004; Goto, Gee, & Takeuchi, 2002).

생각해 볼 질문 5.3

- 당신이 아시아계 미국인에 대해 갖고 있는 믿음, 이미지, 고정관념은 무엇이 있는가?
- 이런 믿음, 이미지, 고정관념은 어디로부터 기인한 것인가?
- 그것들은 시간이 지나면서 어떻게 변하였으며, 만약 그렇다면 그러한 변화가 당신에게 어떠한 변화를 가져왔는가?
- 아시아계 미국인인 구성원과 같이 일한다면 당신이 갖고 있는 믿음, 이미지, 고정관념이 어떠한 영향을 미치겠는가?
- 아시아계 미국인 구성원에 대해 갖고 있는 부정적 · 긍정적인 경험은 무엇이 있는가?

3) 라틴계/히스패닉 미국인

역사적으로 사람들을 묘사하고 분류하는 범주들은 대부분 계통적 · 생물학적 특성에 토대를 두어 왔다. 앞부분에서 기술한 바와 같이, 엄격하고 상호배타적으로 인종을 범주화하는 피부색(흑인 · 백인)과 같은 지배적인 기준을 라틴계 사람들에게 적용하면 많은 혼동이 발생한다. 이러한 혼동이 일어나는 이유는 라틴계 사람들은 신체적인 특성에서 믿기 힘든 다양성이 존재하기 때문이다. 인종과 라틴계 사람에 대한 이슈는 두 가지 방법으로 검토할 것이다: 1) 미국 정부는 라틴계 사람들을 어떻게 인식하는지(과거에는 어떠했으며 현재는 어떠한지) 2) 라틴계 사람들은 스스로를 어떻게 바라보는지.

히스패닉(Hispanic)이라는 용어는 행정관리 예산국의 명령 15조에 의해서

"Mexican, Puerto Rican, Cuban, 스페인 문화에 기원을 둔 중남미권 사람들"이라고 정의된다(Marin & Marin, 1991, p. 20). 이러한 명명은 스페인어를 말하는 나라로부터 온 사람들의 집단으로 범주화하게 만들어졌다. 이러한 명명이 가진 주요한 문제점 중의 하나는 현실적으로 스페인어를 말하는 21개국에서 왔다고 했을 때 특정한 음식이나 관습을 가진 하나의 민족을 떠올릴 수 있다는 것이다. 즉, 히스패닉이라는 단어는 그 안에 다양성이 존재함에도 하나의 역사를 갖고 토착적인 뿌리를 둔 단일 민족집단이라는 인식을 형성할 수 있다는 점이다(Santiago- Rivera, Arredondo, & Gallardo-Cooper, 2002). 이 용어가 인종적인 범주화를 할 의도가 없는데도 불구하고, 많은 부분에 있어서 잘못된 인식을 가져오게 된다. 주요한 식별 요인으로써 민족성을 사용하는 경우, 히스패닉을 명명하고 범주화함에 있어서 그 안에 존재하는 다양성은 혼란을 초래한다. 예를 들어 멕시칸의 경우 1930년에는 '백인이 아닌 사람'으로, 1940년에는 '스페인어를 모국어로 하는 사람'으로, 1950년과 1960년 인구조사에서는 단지 남서주의 5개 주에서만 '스페인 성을 가진 백인'이라고 구분되었다. 또다시 1970년에는 '스페인 성과 스페인어를 모국어로 사용하는 사람'으로 변화하였으며, 마침내 1980년, 1990년, 2000년도 인구조사에서는 특정한 집단을 명명하여 Mexican, Puerto Rican, Cuban 및 그 밖의 스페인/히스패닉계라고 목록화함으로써 증가하는 다양성을 반영하였다. 게다가 1980년 인구조사에서는 10년 데이터 수집의 역사상 처음으로 라틴계 사람들을 그들의 기원인 나라(스페인)뿐만 아니라 그들의 인종도 분명히 할 것을 요구하였다(Moore & Pachon, 1985; Rodriguez, 2000).

그래서 흥미롭게도 라틴계 사람들이 인종과 관련하여 자신을 규정하는 방식에서 매우 다양한 패턴들이 나타났다. 예를 들어 인구조사 데이터에서 흑인, 백인, 아시아계 미국인, 미국 원주민으로 구분되는 전통적인 분류로 나눠는 것이 아니라 '다른 인종'으로서 '히스패닉'을 사용하게 되었는데, 이러한 사실은 스스로를 라틴계 사람이라고 인식하는 인구가 꾸준히 증가하고 있음을 보여 준다. 실제로 Logan(2003)은 "히스패닉계 히스패닉(Hispanic Hispanic)"(p. 2)으로써 이 집단을 나타냈다. 게다가 라틴계 인구의 자기정체성에 관해 눈에 띌 만한 점은 흑인이라고 자신을 인식한 사람은 적은 반면 상당수가 백인이라고 보고했다는 점이다.

라틴계 인구 내에서 집단 간 비교를 할 때 또 하나의 흥미로운 경향이 있다. 예를 들면 Puerto Rican과 Dominican들은 자신들을 흑인이라고 보고하였으나, Cuba 사람들은 백인으로 자신들을 인식하고 있었다. 본질적으로, **라틴계 사람들**은 어떤 인종이든 될 수 있으며 다양한 표현형, 특히 피부색이 다양하기 때문에 '무지개

(rainbow)' 사람들로 종종 간주되곤 한다(Comas-Díaz, 2001; McConnell, & Delgado-Romero, 2004). 요점은 라틴계 사람들은 그들의 기원이 되는 나라로 자기정체성을 가질 수 있는데도 불구하고 정부의 인구조사 자료 수집 시 요구되는 방법을 따르면서 할 수 없이 정해진 인종 범주를 선택한 것으로 보인다. 이러한 복잡성은 Clara Rodriguez(2000)가 주장한 것처럼 사회경제적 계층, 세대(가령 미국에서 태어난 1세대인지 2세대인지) 및 자신이 규정하는 준거 집단의 크기와 정도에 따라 증가한다.

최근의 라틴계 이민자들은 미국 사회에서 통용되는 인류에 대한 관점과는 다른 관점을 취하고 있다는 것이 논란이 되고 있다. 많은 학자들은 라틴계 사람들이 '인종화 과정(rationalization process)'을 겪는다고 주장하는데, 이 과정을 통해 라틴계 사람들은 주류 사회가 인식하는 것과 그들 자신이 인식하는 것 사이의 간극에 직면하게 된다고 본다(Obler, 1999; Rodriguez, 2000; Spanakis, 2004; Torres, 2003; Torres, 2004). 히스패닉을 하나의 독립적인 인종 유형으로 사용하는 것이 너무 만연해 있기 때문에, 히스패닉은 인종이 아니라는 생각을 받아들이기란 쉽지 않다. 그럼에도 선구적인 학자들은 라틴계를 순순히 생물학적이나 세대 전이적인 현상으로 보기보다는 여전히 문화, 사회화 과정, 기원이 되는 나라와 연관지어진 인종의 개념으로 인식해야 한다고 주장한다(Rodriguez, 2000). 이것은 영어로 '인종'을 뜻하는 스페인어 **la raza**에 매우 분명하게 나타나지만, 문화와 유산 및 동등하게 중요한 정치적인 인식을 포함하는 꽤 의미 있는 다른 함축된 의미를 가지고 있다.

인종과 관련되어서 라틴계 사람들은 **mestizaje**의 개념을 인종 간 혼혈—특히 백인, 아프리카계, 다양한 스페인어를 구사하는 나라의 토착 인구들—로 정의하고 있다. Acosta-Belén과 Sjostrom(1988)에 따르면 이러한 인종 간 혼혈은 스페인의 정복, 미국의 식민지 기간 동안 발생하였으며 이로 인해 문화적 전통이나 신체적 특성이 다양화되었고 자신을 어떤 민족으로 바라보는지에 대해서도 다양성이 증가하였다. 본질적으로 인종에 대한 해석과 라틴계 사람들이 어떠한 경험을 하는지는 여전히 복잡한 이슈로 남아 있다.

생각해 볼 질문 5.4

- 당신이 라틴계/히스패닉 미국인에 대해 갖고 있는 믿음, 이미지, 고정관념은 무엇이 있는가?
- 이런 믿음, 이미지, 고정관념은 어디로부터 기인한 것인가?

- 그것들은 시간이 지나면서 어떻게 변하였으며, 만약 그렇다면 그러한 변화가 당신에게 어떠한 변화를 가져왔는가?
- 라틴계/히스패닉 미국인 구성원과 같이 일한다면 당신이 갖고 있는 믿음, 이미지, 고정관념이 어떠한 영향을 미치겠는가?
- 라틴계/히스패닉 미국인인 구성원에 대해 갖고 있는 부정적 · 긍정적인 경험은 무엇이 있는가?

4) 미국 원주민

인종에 대해서 초창기에 설명을 했을 때, 탐험가, 정복자 및 정착민들은 토착민들에 대해서 야만인을 만났다고 묘사하고 있다(Garrett, & Garrett, 2003). '*los indios*'라는 칭호는 크리스토퍼 콜럼버스가 Arawak 국가에서 처음 만난 사람들을 보고는 인도에 도착했다는 잘못된 믿음을 갖고 있었음을 말해 주고 있다(Trimble & Jumper-Thurman, 2002). Trimble(1996)에 따르면 이러한 관점은 서반구의 거의 모든 토착민들을 분류하는 데 사용되곤 했다. 1898년 커티스 법률에 따르면, 미국계 인디언이라는 용어는 혈통에 의해 정의된다. 이것은 몇 번에 걸친 수정을 통해서 현재는 북미인디언사무국(Bureau of Indian Affairs: BIA)의 경우 미국계 인디언을 규정할 때 원주민 혈통을 적어도 1/4 가진 사람이거나 공식적으로 500여 개의 알려진 연합 부족 중 하나의 공식적인 구성원으로 정의해 오고 있다(Thomason, 1995). 미국 정부로부터 공식적으로 다뤄지지 않고 있는 부족의 구성원들이거나 드문드문 산재해 있는 소수 집단의 사람들은 이 정의의 범주에는 포함되지 않는다. 또한 수많은 부족들은 BIA에서 사용되는 혈통 기준을 바꾸고 있다. 몇몇 경우에서는 기준을 1/2로 높이는 반면 1/28로 낮추기도 한다. 이처럼 자신의 정체성을 증명하기 위해 혈통을 입증하거나 그들이 누구인지 스스로 입증하기 위한 신분증을 지니고 다니는 유일한 민족이 미국 원주민이다.

통상적으로 이러한 집단을 칭하는 호의적인 용어로는 **미국 원주민**(Native Americans), 미국계 인디언(American Indians), 최초국가 민족(First Nation People), 토착민(Indigenous peoples)이 있다. 캐나다에서 선호하는 용어는 최초국가 민족이다. 많은 경우에 이 용어는 정치적인 연계에 기반을 두고 사용된다. 모든 토착민들과의 제휴를 주장하는 사람들은 토착민을 반영하는 용어 사용을 원하는 반면, 다른 사람들은 자신의 나라, 종족, 지역적 명칭을 사용하길 원한다. 그래서

Athabascan 사람들은 Alaskan Native라는 공통의 명칭을 사용하고자 하나, 하와이의 본래 원주민들은 Native Hawaiian이라는 용어를 사용하고자 한다.

인종이라는 개념을 인디언에 적용하게 되면 다양한 종류의 미국 원주민을 하나의 유목으로 변화시키는 셈이 된다. 이런 식으로 유목화하면 Hopi, Osage, Navajo, Sioux, Seneca, Mohawk나 작은 규모의 많은 부족국가의 다양한 문화를 하나의 차원으로 줄이게 된다. 이런 식으로 단순화시켜 명명하는 것은 남서부 지역의 멕시칸과 Puerto Rican 및 괌의 Chamorro를 히스패닉으로 부르는 것과 비슷하고 하와이 토착민을 태평양 섬주민(Pacific Islander)으로 부르는 것과 같다. 이것은 두 인종 혹은 다인종을 가진 많은 사람들의 다문화적인 정체성을 융합하고 분리, 감소시키게 할 것이다. 예를 들어 Cherokee 부족국가는 광범위하게 나뉘어 있으며, 많은 아프리카계 미국인들 역시 Cherokee 혈통을 가지고 있다. 그러나 단일한 인종 정체성을 가지도록 주장한다면 그들 본래의 정체성에 대해 아프리카계 미국인들은 크게 불평할 것이다. 단일 인종 사람들은 외모 면에서 비슷하게 보일 것이라는 일종의 고정관념 때문에 미국 원주민들은 이렇게 생겨야 한다는 생각을 갖기 쉽다. 최근의 인구조사에서는 응답자가 다양한 인종의 범주에 표시를 할 수 있다. 그래서 최근에는 미국계 인디언(American Indian) 혹은 알래스카 원주민(Alaskan Native)으로 표시하는 사람들의 수가 상당히 증가하였다.

한편 미국계 인디언이라는 범민족적 정체성이 출현함으로써 다양한 인디언 부족을 하나로 모은 정치적 세력이 형성되었는데, 이들은 초창기 미국 정부와 맺은 조약이 깨졌다는 점에서 공통의 역사를 가지고 있다. 예를 들어 오늘날의 Powwow는 북쪽 Narragansett 인디언 언어를 말하는 알래스카인으로부터 유래된 용어이다. 이 단어는 주술사나 선생, 꿈이나 비전, 의회나 집회를 뜻하곤 하였으나, 지금은 종족 간의 경계가 없음을 알리는 춤이나 의식을 위한 모임으로 사용되고 있다. 이전에는 특정 종족이나 집단만이 하는 노래와 춤이었으나, 지금의 노래와 춤은 부족국가와 상관없이 어디서나 원주민들에 의해서 행해지고 있다. 현대의 Powwow는 범인디언으로서, 종족 내부의 자긍심의 표현이며 원주민 문화가 가지는 정체성을 축하하기 위해서 사람들에게 기회를 주는 의미이다(Potrman & Garrett, 2006).

사회정치적으로 역사적인 차별적 인종정책 및 관행은 미국 원주민들의 삶을 황폐화시켰다. 원주민의 집단 거주지를 재배치하던 중 벌어진 1890년 Wounded Knee(미국 South Dakota주 남서부의 마을 이름) 대학살에서 미국 원주민 남자, 여자 아이들 수백 명이 목숨을 잃었는데 이 학살은 개척기 시대(Frontier age)의 종식을 의미했다. Francis Amasa Walker는 1870년대에 인디언 사무국의 위원장이었는데 그는 문명화된 곳으로 인디언을 노예로 데리고 오는 것이 사회적 정비를 위한 정책임을 내세웠다(Takaki, 1993). 대학살과 지켜지지 않은 공약, 전통적인 땅의 상실, 강압적인 이주, 실업, 질병과 전염병 너머에는 정부가 주류 사회로 미국 원주민을 강제적으로 동화시키고 문명화시키려는 의도적인 정책이 있었다(Garrett & Carroll, 2000; Garrett & Pichette, 2000). 원주민들은 아이들의 양육과 교육을 위해 토착 문화와 가족들로부터 떨어져 이사해야 했고, 그곳에서 아이들은 그들의 언어를 말하거나 전통적인 의상을 입거나 그들의 가족을 볼 기회를 갖지 못했다. 1950년대에는 그들의 가족과 종족으로부터 떨어져서 백인 가족이나 환경으로 거처를 옮긴 원주민 아이들을 장려하는 특별한 정책도 있었다. 연방정부와 원주민 종족 사이에서 정부 대 정부의 관계를 촉진시키고자 만든 BIA는 종종 억압적인 정책을 강화시키는 역할도 하였다.

미국 원주민에 대해 지금도 행해지는 인종적인 대상화의 예가 있다면 그것은 바로 마스코트에 대한 논쟁이다. 많은 스포츠 팀은 미국 원주민을 마스코트로 사용한다(Garrett & Garrett, 2003). 애틀랜타 Braves, 워싱턴 Redskins, 클리블랜드 Indians는 붉은 피부, 큰 코, 큰 머릿수건으로 미국 원주민에 대한 고정관념을 묘사한 사례가 될 수 있다. 'Cherokee' 지프와 'Cheyenne' 트럭, 'Thunderbird'와 'Pontiac' 자동차, 'Mohawk' 카페트, 'Pequot' 시트, 'Oneida' 식탁용 식기, 'Big Chief' 갓돌, 'Red Man' 씹는 담배, 'Land O' Lakes' 버터(상표에는 인디언 공주가 그려진), 'Eskimo' 파이, 피리 부는(piper) 'Cherokee'와 'Navaho' 비행기, 'Winnebago' 모터홈 그리고 역설적인 이름으로 미국 군대에서 사용되는 'Apache'와 'Comanche' 헬리콥터를 예로 들 수 있다. 물건을 팔기 위하여 그런 이름을 사용하는 것은 사람들을 그와 같이 대상화하는 사례로, 이들을 동등하게 대하지 않는 예이다.

생각해 볼 질문 5.5

- 당신이 인디언에 대해서 가지고 있는 신념, 인상, 고정관념은 무엇인가?
- 이러한 신념, 인상, 고정관념은 어디로부터 생겼는가?
- 시간이 지나면서 어떻게 바뀌었으며, 만약 바뀌었다면 무엇으로 인해 바뀌었는가?
- 이러한 신념, 인상, 고정관념은 이들과 함께하는 당신의 작업에 어떠한 영향을 미치는가?
- 이들과 함께한 당신의 경험은 긍정적인가 부정적인가?

5) 유대계 미국인

미국 인구조사의 경우 인종 범주에 셈족, 유대인은 포함되어 있지 않은 반면, 종교적 범주에는 유대인이 포함되어 있다. 이들은 백인으로 인종적으로 **유대계 미국인**으로 분류된다. 왜냐하면 유대계 미국인의 대다수가 중동부 유럽의 공통 혈통을 가지고 있는 Ashkenazi이고 피부색소와 형태학으로 보면 백인의 생김새에 들어맞기 때문이다. 그들의 공통 언어는 이디시어(대개 히브리어와 독일어 요소의 결합)이다. 그들은 스페인과 포르투갈에 뿌리를 두고 있으며, 피부색과 머리색이 좀 더 검은 Sephardic 유대인은 남부와 중부 그리고 카리브 해로 이주해 왔다. 그러나 규범적으로 유대계 미국인으로 주목받지 못하였다. 비록 유대계 미국인의 뿌리를 중동 이외의 다른 지역에서 찾을 수 있다고 해도, 유대인이라는 말은 역사적으로 종교적인 정체성뿐만 아니라 셈족의 인종 정체성으로 이해되었다.

유대계 인종의 가치관은 역사적으로 유럽의 많은 곳에서 유대인의 강제 수용, 동유럽의 대학살, 제2차 세계대전 동안의 끔찍한 집단 학살 등과 같은 억압적 행위를 의미하는 데 사용되곤 하였다. 게토(ghetto)라는 말은 처음에 모든 유럽 도시들의 유대계 사람들을 의미했었다. 그들은 토지를 소유할 수도 없었고, 박해받았고, 늘 방랑 생활을 해야만 했고, 단지 제한된 장사와 직업에 종사할 수 있었다.

기독교인이 지배적인 사회의 경우 고리대금업이 금지되었기 때문에 대부의 기능이 필요하였으며, 동시에 돈의 대여는 매우 비난받았던 유대인의 역할로 여겨졌다. 유대인에게 붙여진 확실한 고정관념은 일관되게 금전 조작에 집중되었다. 셰익스피어의 희곡에서 베니스의 상인인 샤일록의 모습은 이러한 고정관념의 전형적인 예이다. 사람들은 유대계 혈통의 사람들에게 심리학적이고 생물학적인 특징에 기인하여 유대인의 인종적 구인을 이해한다. 유대인들은 본질적으로 금전과 관련되어 있다고 여겨졌고, 그들의 실제 부와 권력은 심하게 과대평가되었다. 미국에서 1677년에 수립된 최초의 유대인 공동체는 Sephardic이다(Herzberg, 1989). 그러나 독일과 동유럽으로부터 유대인의 거대한 이민 물결은 유대계 미국인의 존재를 주목할 만한 존재로 만들었다. 이것은 1800년 후반의 일이었다. 그러나 유대인들은 인구통계학적으로 전체 미국인의 2%에도 미치지 못하였다. 1990년 미국 인구조사에서 313만 7,000명의 유대인이 보고되었다.

유대인은 누구인가라는 질문은 꽤나 까다로운 질문이다. 유대인의 자격은 유대계 엄마의 혈통이거나 유대교로 개종한 경우이다. 개종은 유대교의 정통 신앙, 유대교의 보수파, 유대교의 개혁파로의 이동과 변화를 의미한다. 그러나 유대인의 엄마에게서 태어나면 그는 종교생활을 실천하지 않아도 유대인으로 간주되었다. 그래서 세속적이거나 비종교적인 것이 가능하며, 유대인은 더욱 민족적으로 문화적으로 일치한다.

식민지 기간에 반유대주의(anti-semitism)는 잠잠하였다. 정착한 유대인이 극히 적었기 때문이다. 1880년대에 동유럽의 유대인이 유입되면서 강력한 혐오감이 야기되었고 이들은 리조트, 클럽, 대학 동아리에서 활동의 제한을 당하기 시작하였다. 1920년대에 KKK는 반흑인 캠페인과 마찬가지로 유대인을 목표로 삼았고, Henry Ford가 발행한 신문 *Dearborn Independent*에서는 전 세계 유대인의 음모설(world Jewish conspiracy)을 제기하며 이들에 대해 가혹한 공격을 하였다(Dinnersteinm, 1994). 이 개념은 유대인에 대한 억압 정책을 정당화하기 위한 것으로, 원래는 러시아인들에 의해 유포된 **시온의 장로 의정서**(Protocols of elders of Zion)라고 하는 반유대주의에 기반하고 있다. 이것은 나치 정책의 이데올로기적 기초로서 히틀러에 의해서도 사용되었다. 이 당시에 미국에서의 억압은 유럽에서의 조직적인 폭력과 집단 학살의 상황과는 다르게 단지 차별과 제한의 정책으로 나타났다(Dinnersteinm, 1994). 반유대주의 표현은 제2차 세계대전 후에 거의 사라졌으나, 1990년대에 나치 선전활동을 흉내 내는 젊은이들에 의한 공공기물 파손행동으로 인해 증가하였다. 아프리카계 미국인과 대부분 잘 알려진 이슬람민족교(The Nation of Islam) 사람들에 의해 표현된 반유대주의는 전통적인 적대감보다는 오히려 상황적인 적대감으로 나타난다. 그러나 계속해서 특정한 고정관념 탓으로 돌려버리거나 차별적인 관습에 동의하는 그리고 유대계 미국인을 일시적인 지배 사회의 구성원으로 두는 인종차별적인 구조는 지속적으로 유지된다. 그래서 유대계 미국인들은 그들의 특권을 언제든지 박탈당할 수 있다.

생각해 볼 질문 5.6

- 당신이 유대계 미국인에 대해서 가지고 있는 신념, 인상, 고정관념은 무엇인가?
- 이러한 신념, 인상, 고정관념은 어디로부터 생겼는가?
- 시간이 지나면서 어떻게 바뀌었으며, 만약 바뀌었다면 무엇으로 인해 바뀌었는가?
- 이러한 신념, 인상, 고정관념은 이들과 함께하는 당신의 작업에 어떠한 영향을 미치는가?
- 이들과 함께한 당신의 경험은 긍정적인가 부정적인가?

6) 유럽계 미국인

유럽계 미국인의 인종적 구조를 알게 되면 놀라울 수도 있다. 여러 면에서 인종 체계는 이 집단에 초점을 두고 있다. **유럽계 미국인**의 대부분이 카프카스(Caucasus) 산맥 출신이 아니기 때문에 우리는 Caucasian이란 인종 용어를 사용하기보다는 민족성으로부터 인종 개념의 영향을 구분하기 위하여 백인(White)이라는 용어를 사용할 것이다. 백인의 구조는 아프리카계, 아시아계, 원주민 그리고 히스패닉 혈통의 사람들을 제외시켰을 뿐만 아니라 유럽인 혈통의 사람들을 위하여 매우 제한된 정체성을 만들어 냈다. 비록 스페인, 프랑스, 독일인이 일찍 정착하였지만 미국의 식민지화는 영국에 의해 처음 이루어졌다. 초기 국가의 국민 정체성은 인종적으로 앵글로색슨에 뿌리를 두고 있다. 이탈리아와 폴란드와 같은 남부와 동부유럽에서 온 이들은 겉으로 보기에 중립적인 백인의 구조에 동화할 수 있을 때까지 차별과 소외를 경험하였다. 인종적으로 규정된 백인의 정체성에 부합하게 되면 백인 사회에 자유롭게 출입할 수 있고 백인 특권에 접근할 수 있었다. 이것은 한편으로 자신이 지닌 고유한 민족 정체성의 포기를 의미한다. 1800년대에 동부와 남부 유럽으로부터 이주한 많은 이민자들은 그들의 이름을 잉글랜드화된 형태로 바꾸어 조화를 꾀하였다. 이들은 Gans(1985)가 상징적 민족성(symbolic ethnicity)이라고 말한 특징을 지니고 있었는데, 그 특징이란 일상적인 생활과는 분리되었지만 전통 형식에서 향수를 불러일으키는 문화를 고수하는 것이었다. Roediger(1999)는 1800년대 후반 대기근으로 인해 미국으로 이주해 온 아일랜드 이민자들을 인종적으로 미개인이라고 서술했다. 뿐만 아니라 이들은 아프리카계, 멕시코계, 원주민들과 유사한 혈통이라고 무시당하였다고 서술하였다. 자신들의 영토에서 그들은 영국 식민주의에 의해 노예화되었다고 확신하였고 아일랜드로부터 쫓겨났다고 느꼈다. 그러나 미국으로 이민을 왔을 때 자신의 인종에 대한 고정관념을 극복하기 위해 오히려 아프리카계 미국인을 공격함으로써 백인으로 받아들여지도록 노력하였다. 역사적으로 아일랜드계와 아프리카계 미국인 사이의 적대감은 두 그룹의 유사한 상황에서 비롯되었다. 인종 분리의 개념은 아일랜드인을 백인이 되게 하였고 소외 상태로부터 벗어나게 하였다.

특히 백인이라는 인종적 구조는 기회와 특권에 접근할 수 있도록 해준다. 그러나 그것을 위해서는 백인이라는 용광로 속으로 뛰어드는 동화(assimilation)를 요구한다(Hanna, Talley, & Guindon, 2000). 그런 인종에 대해 그러한 생각을 갖게 되면 다수 집단에 소속된다는 생각이 들어 소수 집단의 어려움을 이겨 내게 된다.

만약 누군가가 인종보다는 민족 정체성으로 사람들을 구분한다면 이 나라의 지배적인 75%의 백인 다수 집단은 없을 것이다(U.S. Census, 2000). 대신 모든 집단은 복잡한 맥락에서 권력과 접근권을 얻기 위해 협상해야만 할 것이다. 미국에서 백색(Whiteness)이란 것은 다른 집단과 비교하여 백인 정체성에게 특혜를 주는 적극적 조치(affirmative action)를 500년 동안 허용했다고 볼 수 있다. 이러한 사실 때문에 우리가 향후 만날 수 있는 내담자들의 삶에 인종차별주의가 미친 영향을 보다 심도 있게 논의하고 이해해야 한다.

생각해 볼 질문 5.7

- 당신이 유럽계 미국인에 대해서 가지고 있는 신념, 인상, 고정관념은 무엇인가?
- 이러한 신념, 인상, 고정관념은 어디로부터 생겼는가?
- 유럽계 미국인에 대해 가지고 있는 신념, 인상, 고정관념 등은 시간이 지나면서 어떻게 바뀌었으며, 만약 바뀌었다면 무엇으로 인해 바뀌었는가?
- 이러한 신념, 인상, 고정관념은 이들과 함께하는 당신의 작업에 어떠한 영향을 미치는가?
- 이들과 함께한 당신의 경험은 긍정적인가 부정적인가?

3. 인종차별의 영향

인종차별이 인간의 삶에 미치는 영향은 잘 입증되어 왔다. 인종차별의 표적이 되는 것은 상처를 입고 굴욕감을 느끼는 일이다. 인종차별의 경험은 다양한 맥락 속에서 다양한 형태로 이루어진다. 예를 들어 증오에 기초한 범죄, 특정 집단에 반대하는 정치 활동, 인종 평등 노력에 대한 반발, 혹은 인터넷이나 인쇄 매체를 통하거나 직접적으로 인종에 대한 편협감, 적대감, 폭력을 표현하는 상황에서 경험한다. 다음과 같은 다양한 맥락에서 사람들은 인종차별을 경험할 수 있다: 1) 대인관계에서 편견의 직・간접적인 경험 2) 성취도, 문맹률, 교육 수준, 취업률, 봉급에 있어서의 격차 및 의료, 금융과 사법제도에서의 부당한 대우 3) 사회의 가치와 믿음을 반영하는 매체, 예술, 학문 및 과학에서 그려지는 문화 및 상징적 초상 4) 인종에 대한 정치적 담론과 그것이 통치와 정치 과정에 미치는 사회정치적인 영향(Harrell, 2000).

이러한 추론을 바탕으로 Harrell(2000)은 인종차별과 관련된 스트레스를 정의하였다. 이 정의에 따르면 인종차별 스트레스란 "개인 혹은 집단이 이들이 속한 환경 속에서 인종과 관련된 일이 발생할 때, 그 일이 개인 혹은 집단이 지니고 있는 능력을 초월하여 부담이 되거나 이들의 안녕을 위협하는 것"으로 정의된다(Harrell, 2000, p. 44). 더 나아가 Harrell은 인종차별 스트레스를 구체적으로 설명하였는데, 이 스트레스는 개인이 경험하는 사고나 주관적 경험을 모두 포함하며 이러한 경험을 확증하는 다른 사람들의 반감을 포함한다고 보았다. 이러한 맥락에서, Harrell은 인종차별 관련 스트레스를 다음의 여섯 가지 형태로 세분화하였다.

1. 인종차별 관련 생활사건(racism-related life events): 중요한 사건인 반면에 드물게 발생하는 편이고 제한된 시간 동안에 발생하는 경우. 예를 들어 경찰이 인종차별적으로 조사하는 경우.
2. 간접적인 인종차별 경험(vicarious racism experiences): 목격하거나 보도 등을 통해서 고조된 심리 및 정서적 스트레스를 경험하는 경우. 예를 들어 범죄 사건에 대한 매체의 보도.
3. 일상적이고 사소한 인종차별 스트레스 요인(Daily racism microstressors): 자신의 위치나 지위에서 매일 발생하는 미묘하고 숨겨진 형태의 사건들로 모멸감을 느끼게 하거나 자괴감을 느끼게 하는 것들이다. Margaret Cho는 이것을 "종이로 능지처참을 당하는 것(death of a thousand paper cut)"이라고 화려하게 표현하였다.
4. 만성적 맥락의 스트레스(Chronic-contextual stress): 생존에 필수적인 자원과 기회의 분배가 불공평하게 이루어지는 사회적 · 정치적 · 제도적 불공평을 말한다. 예를 들어 학교의 부실한 제반 시설, 고가품만 취급하는 식료품점 혹은 열악한 대중교통이 해당된다.
5. 집단 경험(Collective experiences): 한 개인이 속한 집단이 그 사회에서 고정관념의 대상으로 비춰지고, 이들을 대표하는 정치적 집단이 부족하거나, 경제적 조건이 열악한 경우에 해당된다.
6. 세대 간 전파(Transgenerational transmission): 세대에 걸쳐 대대로 전해 오는 집단 경험의 역사적 맥락을 지칭한다. 예를 들어 아프리카계 미국인의 노예 경험, 미국 원주민 부족의 영토 강탈, 유대계 미국인의 홀로코스트, 베트남계 미국인의 베트남 전쟁 및 보스니아 회교도의 대량학살 등이 해당된다.

따라서 인종차별 관련 스트레스는 심리적인 정신적 외상, 일반적 질병, 약물 남용, 섭식 장애, 심인성 질환 및 폭력으로 이어질 뿐만 아니라 육체적으로 고혈압과 같은 질병을 일으키는 등 다양한 영향을 미친다. 신뢰를 쌓는, 친분을 형성하고 유지하는, 성취도를 높이는, 직장 생활을 수행하는, 부모 역할을 해내는 이러한 모든 능력은 인종차별 관련 스트레스의 영향을 받을 수 있다. 유사하게 **인종차별적 미시적 공격성**(racial micro-aggression)은 해로움을 끼칠 수 있는데, 이는 "표적이 되는 개인 혹은 집단에게 비록 잠깐 동안이지만 의도적으로 혹은 무심코 적대적, 경멸적, 혹은 부정적 인종 무시와 모욕감을 전달하는 일상적인 언어, 행동 및 환경적인 모욕"을 말한다(p. 273, Sue, Capodillupo, Torino, Bucceri, Holder, Nada & Esquilin, 2007). Sue 등(2007)은 그러한 것들이 개인의 삶에 영향을 미치는 다양한 사례를 다음과 같이 제시하였다. 1) 식당에서 백인 고객에게 먼저 서비스를 제공하거나 '유색인(colored)'(미시적 공격, micro-assault)이라고 사람을 부르는 의도적 행위 2) 상당히 교묘하지만 명확하게 소수 집단이 열등하다는 메시지를 지닌 말들, 예를 들어 "나는 유색인종에 대한 우대 조치가 필요하다고 믿어요. 하지만 유능한 유색인종 학생을 받아들일 필요는 있지요."(미시적 모욕, micro-insult)라고 말하는 경우 3) 유색인종이 경험하는 것들의 가치를 무시하는 경우, 예를 들어 "나는 인종차별이 없다고 봅니다. 모든 사람이 동등 대우를 받고 있잖아요." 혹은 "당신은 이러한 상황에 대해 너무 민감한 것 아닌가요? 그 사람은 인종차별주의자가 아니에요."와 같은 발언(미시적 무시, micro-invalidation) 등의 행동으로 나타난다. Sue 등(2007)은 또한 미시적 공격성이 인종 집단뿐만 아니라 성, 장애, 성적 지향성까지 포함하고 있음을 언급하고 있다.

인종차별이 지닌 인간성 말살과 비하와 같은 특성은 인간의 정신적 행복과 신뢰를 위협할 수 있다. 비록 본 원고에서 언급한 미시적 공격성에 관한 연구는 매우 제한적으로 이루어졌지만 Sue, Capodilupo 및 Holder(2008)의 질적 연구는 상당한 영향을 미치는 결과를 제시하였다. 아프리카계 미국인 참가자 10명을 대상으로 실시한 연구에서 미시적 공격성에 노출된 경우 발생하는 효과를 입증하는 몇 가지 주제들이 도출되었다. 예를 들어 무기력감, 백인보다 열등하다고 느끼는 감정 및 자신의 인종 집단을 대표하지 못하게 하는 압력의 영향력과 같은 것들이다. 인종차별 문제를 취급하는 심리 상담자들이 직면할 수 있는 도전과 문제를 보다 잘 이해하기 위하여 다음에 제시된 사례를 생각해 보자.

사례 연구 5.1

Steve의 사례

Steve는 45세의 아프리카계 미국인 남성이다. 그는 15년 전에 설립한 비영리기관의 경영자이다. 그는 자녀 없이 부인과 1년 동안 별거 중이다. Steve는 미국의 북동부 지역의 중산층이 사는 광역시 근교에 살고 있다. 그의 어머니와 아버지는 그가 열 살이었을 때 이혼했다. 그의 아버지는 그가 열다섯 살 때 돌아가셨으며, Steve는 자신의 삶에서 아프리카계 미국 남성인 고등학교 학교 상담자를 제외하고는 남성으로서의 다른 역할모델이 없었다고 보고했다. 돌아가시기 전에 Steve의 아버지는 지역의 병원에서 수위로 일했고, 그의 어머니가 가정부 일을 했다는 데 주목하는 것이 중요하다. 비록 그의 부모님은 이혼했었지만, 그들은 Steve와 그의 두 형제자매에게 강한 직업의식을 심어 주었고, 열심히 일하면 행복과 성공을 경험하고 타인으로부터 존경을 받는다는 교훈을 종종 전해 주었다. Steve는 부모로부터 '흑인의 자유'에 대한 교육을 받았고 자유롭기 위해서는 '교육받은 사람'이 되어야 한다는 가르침을 받았다. 그가 10대였을 때, Steve는 평범한 학생이었지만, 그의 말에 따르면 부모님과 상담자는 그를 '보통 이상의 비범한' 학생으로 간주했다. 성장하면서 그의 부모님을 제외하고 유일한 역할모델이었던 고등학교 시절 학교 상담자가 이렇게 말했던 기억을 회상했다. "…너는 말콤 X 그리고 마틴 루터 킹 박사 같아."

심각한 우울증으로 힘든 몇 달이 지난 후에, Steve는 가까운 친구들에게 "난 나의 마음을 잃어버린 것 같은 느낌이 들어. 모든 나의 삶에서, 내가 열심히 일을 해도, 어떤 백인들은 행복을 위한 나의 기회를 막아버려."라고 말했다. 그의 친구는 Steve를 걱정하면서, 그에게 전문적인 도움을 구해 보도록 권유했다. Steve는 심리치료사를 만나보지 않겠다는 점에서 단호했으며, "단지 미친 사람들과 백인들이 정신과 의사(shrinks)에게 가고, 나는 미친 사람들 또는 백인들과 거리가 멀다."라고 친구에게 말했다. 그러나 그의 친구로부터 진정한 격려와 위로를 받은 후, 그는 심리치료사를 만나 보는 데 동의했다. Steve의 친구 중 아시아계 미국인 친구 한 명이 자신이 몇 년 전에 다녔던 심리치료사와 만날 약속을 정하도록 Steve에게 제안했다. 그 심리치료사가 백인 남성이었음에도 Steve는 상담에 동의했다. 몇 회기 이후에, Steve는 심리치료사에게 심각한 우울증과 잠들기 위해 술을 마심으로써 고통을 줄여 왔다는 것을 고백했다. 그가 생각하는 자신의 우울증의 원인이 무엇인지 심리치료사가 물었을 때, Steve는 "모르겠어요. 단지 하나의 이유는 아니에요. 아마도 내 모든 삶이 원인처럼 느껴져요. 내가 열심히 일을 해도, 누군가 행복으로 가는 나의 길을 막아 버려요."라고 대답했다. 이에 대해 심리치료사는 "누가 당신이 행복으로 가는 길을 방해한다고 생각하나요?"라고 질문했고 Steve는 "백인이요!~~~~"라고 답했다. 심리치료사는 매우 마음이 불편해졌고, Steve는 즉시 알아챘다. Steve는 "제가 초등학교 전에 있었던 사건을 기억해요. 예를 들면 제가 가장 친한 친구의 여자 형제와 부딪쳤을 때, 그들은 백인이었어요. 그의 아버지는 제가 그녀에게 마음이 있다고 생각했어요. 그리고 제가 잘못된 인종(wrong color)이기 때문에 저와 더 이상 어울리지 말라고 말했어요. 저는 당시 혼란스러웠고 그때 받은 상처를 지금도 기억해요. 고등학교 시절에,

(다음 쪽에 계속)

저는 졸업하기 직전까지 중국인 식당에서 일했어요. 제가 졸업식 예행연습에 가야 해서 식당에 늦게 도착했을 때, 식당 사장님은 제 얼굴에 손가락질하며 '깜둥이는 너무 늦어, 깜둥이는 너무 늦어.'라고 소리쳤어요. 백인들이 지배적인 대학에 다니는 동안, 저는 대수학/삼각법 시험에서 만점을 받아서 고발당했던 것을 기억해요. 백인 여성이었던 교수님은 '너 같은 인종은 수학에서 영리하지 않기 때문에, 부정행위를 하지 않고서는 네가 그 과목에서 A를 받을 수 있는 방법이 없다.'고 말했어요. 동일한 대학 석사과정에서, 저는 그 석사과정에 등록한 최연소, 그리고 최초의 아프리카계 미국인이었어요. 그 교수님은 저를 '넌 이 석사과정에 어울리지 않아.'라고 전체 수업에서 말했어요. 거기에서 끝나지 않았어요. 어느 크리스마스 때 전 큰 백화점에서 쇼핑을 하고 있었는데, 백인 여성의 쇼핑백이 찢겨 있었고 전 그녀에게 그것을 알리려고 했는데 그녀는 지갑을 꽉 쥐며 경비원을 불렀어요. 이것들은 제가 열심히 흑인으로서 열심히 살면서 겪어야 했던 경험 중 불과 몇 가지에 지나지 않아요. 모르겠어요……. 왜 제가 두렵고 괄시를 받아야 하는지 이해할 수 없어요. 전 좋은 사람이고…… 성실한 사람이에요. 제 부모님은 항상 제게 네가 해야 할 일은 열심히 하라고 배웠고 그러면 존경받고 성공할 수 있다고 말씀하셨어요. 불행하게도 저에게는 그렇지 않았어요."라고 계속 말했다.

Steve는 마지못해 심리치료사에게 자신의 스트레스와 두려움, 분노, 좌절, 우울을 해결하기 위해 심하게 술을 마시기 시작했다는 것을 털어놨다. "그것은 내가 하루를 살아갈 수 있는 유일한 방법이에요."라고 그는 말했다.

사례 토론

생각해 볼 점

1. 당신은 Steve에게 어떻게 반응할 수 있으며, 무엇에 초점을 맞춰야 한다고 생각하는가?
2. Steve의 문제를 어떻게 개념화해야 하며, 최선의 접근 방법은 무엇인가?

이 사례는 일부 아프리카계 미국인들이 직면하고 있는 복잡하고 엄청난 문제를 대표적으로 보여 주고 있다. 사례에 나타난 많은 문제들은 아프리카계 미국인에게 나타날 수 있는 문제이며, 대부분은 아프리카계 미국인들의 삶의 경험에 압도적인 외부나 환경의 영향(즉, 역사적 · 사회적 · 정치적 영향)에 의해 강화된다. Crawley와 Freeman(1993)은 인종차별과 편견은 아프리카계 미국인들이 삶의 난관을 헤쳐 나갈 때 이들의 삶 도처에서 경험하는 것이라고 했다. Crawley와 Freeman(1993)은 또한 어린 아프리카계 미국인들은 초기 청소년기 동안 자신의 인종 그리고/ 또는 문화로 인해 발생하는 문제를 극복하는 방법을 익혀야만 한다고 주장했다. 이 과업에서 실패하게 되면 나중에 문제를 지닌 것으로 판명될 수 있다. Steve는 그가 아프리카계 미국인이자 남성이라는 사실 때문에 현재 어려움을 겪고 있는 것은 아닌지 의심하며 자신의 부정적인 경험을 보고했다. 그러나 그가 자신의 인종과 성별이 이러한 경험의 원인이라고 믿는다면, 상담자는 그와 함께 이러한 가능성을 탐색하는 것이 중요하다. Harrell(2000)의 체계를 사용하는 것은 다양한 차원과 양상에 따라 그가 극복하기 위한 인종 관련 스트레스 요인을 식별하고 그의 인생을 추적 관찰하는 데 도움을 줄 수 있다.

Steve는 아프리카계 미국인으로서 상담을 처음 해보기 때문에, Steve에게 상담이 무엇인지, 무엇이 상담이 아닌지를 설명하는 것은 특히 중요하다. 게다가 상담 과정에 관하여 질문할 수 있도록

(다음 쪽에 계속)

허용적 분위기를 조성하는 것은 중요하다. 왜냐하면 그가 가지고 있을지도 모르는 어떤 두려움 또는 오해를 완화하는 데 도움을 줄 수 있기 때문이다. Steve를 상담할 때 기본적인 상담 기술이나 조력 기술을 사용하는 것이 권장된다. 예를 들어 당신은 Steve가 말한 것을 들으면서 Steve가 충분히 말할 수 있도록 돕고, 그의 경험을 주의 깊게 들으며, 그의 경험을 요약하면서 라포를 형성하는 것은 매우 중요하다. 이러한 과정을 통해 Steve는 자신의 경험을 마치 다른 사람의 이야기처럼 객관적으로 파악하게 된다. 이러한 방식은 그에게 자신의 상황을 명료하게 이해하는 기회를 제공한다. 상담자에게 명확하게 말할 수 있는 기회와 그 자신이 이러한 경험과 그의 인생 경험에 미친 영향을 파악하는 이러한 방법은 효과적이다.

이 장에서 제시한 것처럼 상담자들은 인종주의의 영향에 민감해져야 하며, 이 주제와 관련하여 터놓고 얘기하며 내담자들을 탐색해야 한다. 백인 상담자는 내담자의 경험에 대한 자신의 반응을 인식하는 것이 매우 중요하다. 상담자가 내담자의 경험을 무시하지 않는 것 또는 아무 일도 없었던 것으로 가정하는 것을 주의해야 한다. 백인 상담자는 치료적 관계로 진입하기 이전에 자신이 가지고 있는 편견과 특히 남성과 아프리카계 미국인에 관한 태도를 스스로 탐색해야 한다. 이렇게 하지 않으면 진정성이 결여된 결과들이 나타나고, 불신감이 생기거나, 내담자의 불신 상태를 가속화할 수 있다. 이 사례의 경우 유색인 상담자는 Steve의 경험에 대한 자신의 반응을 보다 편안하게 직면할 수도 있다. 당신 자신의 인종과 인종차별 사이의 경계를 유지하면서 Steve가 자신의 경험을 충분히 표현할 수 있도록 돕는 것이 중요하다.

Steve는 그가 느끼기에 불공평하다고 여겼던 몇 가지 사건들을 표현했다. "네가 열심히 일하면 다른 사람들이 너를 존경하게 될 거야."라는 믿음을 교육받았던 그의 양육 과정을 감안하면, 이러한 사건만으로 그가 경험한 것을 충분히 설명할 수 없다. 그가 '존경(respect)'을 경험한 것에 대한 자신의 경험을 이야기하도록 하는 것이 중요할 수 있다. 그가 경험한 다양한 부정적 경험을 절대로 무시해서는 안 되며, 오히려 아프리카계 미국인으로서의 그의 이러한 경험을 화제로 삼아 상담하는 것이 필요하다.

아프리카계 미국인 내담자와의 상담 접근에 단 한 가지 방법만 존재하는 것이 아니라는 것을 알아야 한다. 그러나 심리치료사에게 요구되는 인내심(patience)은 아프리카계 미국인을 상담할 때 매우 중요하다. 일단 작업 동맹(working alliance)이 형성되면, 상담자와 내담자가 가장 먼저 다루어야 할 문제에 관해 명확하게 인식하는 것이 중요하다. 이러한 결정이 이루어지고 나서 Steve의 대처 전략에 대해 논의를 하게 되면 과거에 그의 성공적인 경험이 무엇이었는지 확인하는 데 도움이 될 것이다. 또한 성공 경험에 초점을 두면서 실패 경험은 무엇이었는지를 확인하는 데도 도움이 될 것이다. 어느 누구도 Steve가 미래에 유사한 경험을 하지 않으리라는 보장을 할 수 없다. 그러나 그가 반응하는 방법에 대한 통제력을 갖는 것은 도움이 될 수 있다. 또한 자신의 우울증을 감추기 위해 어떻게 술을 이용하는지, 그의 피해 감정을 악화시키는지에 대한 이해를 통해 Steve를 도울 수 있다. 상담자가 약물(substance)의 사용과 오용에 대한 제한된 지식을 가지고 있다면, 그들은 그 분야에서 더 많은 지식을 가지고 있는 대학에 자문을 구할 수도 있다.

상담의 개입이 시작되었을 때 당신이 인종주의(Steve의 경험과 관련된)나 약물 남용의 문제를 직접적으로 다룰 수 있을 만큼 준비되어 있지 않다는 것을 깨닫는다면, Steve를 보다 잘 도울 수 있는 다른 전문가에게 의뢰하는 것이 중요하다.

(다음 쪽에 계속)

Steve는 처음 상담을 경험하기 때문에, 그가 상담의 경험을 지속할 수 있도록 도우려면 상담에 대한 좋은 첫 경험을 갖게 하는 것이 필요하다. 상담의 첫 경험이 좋지 못하면 돌이킬 수 없는 결과를 가져온다. 상담자는 모든 배경들로부터(명시적이고 암묵적인) 인종차별과 편견 등이 미치는 다양한 압력에 대해 이해하는 것이 중요하다. 우울증과 약물의 오남용이 겹쳐 있기 때문에 이러한 일련의 경험들은 우울증 및 다른 신체적 · 심리적 결과를 초래할 수 있다.

4. 인종, 민족 및 인종차별의 영향에 대한 토론

본 장에서 논의한 모든 주제와 더불어, 여러분은 다양한 문화적 배경과 세계관을 가진 많은 내담자와 상담을 하는 동안 이곳에서 제공한 정보를 활용하는 방법을 익혀야 한다. 본 절 전체에서 여러분에게 제공하는 반영 관련 질문은 인종, 민족, 그리고 인종차별 경험 문제와 관련하여 내담자와 효과적인 대화를 이끄는 질문의 역할을 한다. 여러분이 내담자와 대화하는 것을 돕기 위하여 여기에 해당 질문의 일부를 제시하였다.

- 당신은 인종적 · 민족적으로 어느 집단에 속하는가? 이것이 당신의 개인적 · 문화적 정체성과 관련하여 차지하는 중요성과 이러한 차원이 당신의 세계관과 인생관에 미치는 영향은 무엇인가?
- 당신 자신에 대한 인종적 · 민족적 정의 방법은 무엇이며, 이러한 정의를 내리는 데 당신 인생에서 중요한 역할을 한 사람은 누구인가?
- 인생을 살아오는 동안 인종과 민족성에 대한 견해를 강화하거나 도전을 제기했던 방법은 무엇인가?
- 당신의 문화는 인종과 민족성에 대해 무엇이라고 정의하는가?
- 당신의 가족과 지역사회는 신념(beliefs)과 관례(practice)라는 두 용어로 인종과 민족성을 어떻게 말하고 있는가?
- 권력과 특권이 당신의 인종과 민족성에 대한 견해와 인종차별의 개념에 어떻게 영향을 미치고 있는가?
- 인종과 민족성에 대한 당신의 견해는 자신의 삶에서 현재와 과거 시점에 당신이 자신을 정의하는 방법에 어떻게 영향을 미쳐 왔는가?
- 당신의 인종과 민족성에 대한 견해는 자신을 정의 내리는 방법과 다른 이가 당신을 보거나 대하는 방법에 지속적으로 어떻게 영향을 미친다고 생각하는가?

- 인종과 민족성에 대한 당신의 견해는 당신과 비슷한 연령대의 사람 혹은 다른 연령대의 사람과 접촉하는 방식에 어떻게 영향을 미쳐 왔는가?
- 당신이 속한 인종과 민족 집단원 중에서 당신이 존경하는 사람은 누구이며, 그 이유는 무엇인가?
- 당신(내담자)과 나(상담자) 사이에 인종과 민족성에 대한 차이점이나 유사점이 양자 간의 관계뿐만 아니라 상담 과정에서 어떻게 영향을 미친다고 보는가?
- 인종차별에 대해 처음 알게 된 장소는 어디이며 경위는 어떠했는가? 그 당시에 당신은 최초로 어떻게 반응했으며, 그 반응은 시간 경과에 따라 어떻게 변화했는가?
- 당신은 어떤 인종차별을 경험했으며, 그러한 경험이 당신의 인격 형성과 당신이 현재 다루고 있는 사안에 어떻게 영향을 미쳐 왔는가?
- 개인, 단체, 사회적 수준의 당신 삶에서 존재하는 인종차별과 관련하여 긍정적인 사회적 변화를 위해 당신은 어떤 노력을 했으며, 당신이 하고자 하는 다른 종류의 노력은 무엇인가?
- 한 개인에 대한 가치의 표시로서 그 개인이 속한 인종이나 민족을 당신은 어느 정도까지 소중하게 생각하는가?
- 당신은 인종이나 민족성을 이유로 누군가를 괴롭히거나 억압해 본 적이 있는가? 그런 적이 없다면 그 이유는 무엇인가? 이와 같은 이유로 당신은 누군가에게 저항해 본 적이 있는가?
- 인종과 민족성은 당신이 상담할 때 어떠한 영향을 미치며, 당신은 어떻게 가장 효과적인 방법으로 이것을 다룰 수 있는가?

✲ 결론 및 시사점

오늘날과 같은 다양한 사회에서 상담자는 필연적으로 인종적·민족적 배경이 다른 내담자들을 만나게 된다. 예를 들어 우리는 그들의 문화적 맥락만큼이나 인종과 민족성에 관한 지식을 가져야 한다. 내담자의 인종, 민족성, 또는 이 두 가지 모두의 핵심에 대한 명료한 이해는 확실히 강한 치료적 동맹을 맺고, 상담 과정을 촉진하는 것을 알 수 있다. 상담자로서의 역할에 있어서, 개인의 신체적·심리적 안녕감에 대한 인종차별의 커다란 영향을 이해하고 민감해지는 것은 특히 중요하다. 상담자는 특별히 내담자 삶의 사건과 상황이 미시적 공격성에 노출되었는지 또는 인종과 관련된 스트레스에 직면하고 있는지 인식할 필요가 있다. 왜냐하면 이러한 경험이 내담자의 문제를 일으킬 수 있기 때문이다. 앞서 설명한 상담사례 연구에서와 같이 어떤 내담자들이 직면한 문제들의 크기는 외부적 또는 환경적인 영향(즉, 역사적·사회적·정치적 영향)에 의해서 악화될 수 있을지도 모른다.

다문화 상담 역량을 신장시키기 위해서는 인종과 민족성의 개념에 대한 효과적인 이해가 뒷받침되어야 한다고 앞서 설명했다. 인종과 민족성에 대한 개념은 이것을 인식하는 것뿐만 아니라 실제로 이것이 사용되는 방식에서 문제가 된다. 왜냐하면 역사적으로 이 나라의 경우 인종과 민족성에 근거하여 특정 사용자의 권리와 권한에 상당한 제한과 남용을 불러일으켰기 때문이다. 인종과 민족성에 대한 개념은 의미, 중요성, 범위, 그리고 응용 측면에서 혼란으로 이어지는 다양한 방식으로 정의되어 왔다. 이 장을 통해 전반적으로 인종과 민족성 개념의 기원에 대한 검토를 역사적인 맥락에서 실시했다. 이를 통해 인종과 민족성을 개념화하고 정의하는 변화 방식을 이해하며 그러한 맥락을 통해 상담에서의 적용 방식을 제안하려고 했다. 이어서 아프리카계 미국인, 아시아계 미국인, 라틴계/히스패닉계 미국인, 미국 원주민(인디언), 유대계 미국인, 유럽계 미국인을 포함한 다양한 인종적/민족적 집단에 대한 간략한 개요를 제공했다. 마지막으로 우리는 상담에 대한 시사점을 위해 다양한 인종적 · 민족적 집단 구성원에 인종차별이 미치는 영향에 대한 논의로 이야기를 끝맺었다. 인종과 민족이 각계각층 사람들의 경험에 계속적으로 영향을 미친다는 것을 이해하는 것이 중요하다. 따라서 보다 중요한 점은 그들이 다양한 환경에서 효과적인 치료적 서비스를 받기 위해서는 상담자 스스로 다문화 상담 역량을 신장시켜야 한다는 것이다.

✲ 용어

라 라자(La Raza): 영어로 '인종(race)'을 의미. 그러나 이 용어는 문화, 유산, 그리고 정치적 의식을 아우른다.

라틴계/히스패닉계 미국인(Latino/Hispanic American): 멕시코인, 푸에르토리코인(Puerto Rican), 쿠바인, 중남미인, 또는 인종에 관계없이 그 밖의 스페인 문화나 출신의 모든 사람. '히스패닉 또는 라틴계'라는 용어 이외에 '스페인계 출신(Spanish origin)'이라는 용어의 사용도 가능하다.

문화(Culture): 특정 집단 안에서 한 세대에서 다른 세대로 전수되는 가치, 신념, 관습, 전통, 언어, 그리고 다른 행동 방식.

미국 원주민(Native American): (때때로 인디언 또는 알래스카 지역 원주민으로 언급되는) 북부 또는 남부 아메리카(중앙아메리카를 포함하여) 사람들에 기원을 둔 모든 사람으로 이들은 부족에 대한 소속감이나 지역 공동체의 인정 및 애착이 강하다.

미시적 공격성(Micro-aggressions): 식별하기 어려운 미묘한 방식으로 발생할 수 있으며 집요한 언어적 · 행동적 · 환경적 공격, 모욕, 무시를 말함. 미시적 공격성은 고의적일 수도, 고의적이지 않을 수도 있으며 적대감(hostility)과 무자비함(intolerance)으로 나타남.

민족성(Ethnicity): 언어, 관습 및 전통, 의복, 그리고 역사를 포함하는 특정한 사회적 · 문화적 유산을 공유하는 사람들의 집단적 특성.

아시아계 미국인(Asian American): 예를 들면 캄보디아, 중국, 인도, 일본, 한국, 말레이시아, 파키스탄, 필리핀, 태국, 베트남을 포함하는 극동 지역, 동남아시아 또는 인도 대륙의 원주민에 기원을 둔 모든 사람들. 또한 이 범주에 하와이, 괌, 사모아 또는 다른 태평양 섬의 원주민에 기원을 둔 하와이 원주민 또는 다른 태평양 섬의 모든 사람들도 고려된다.

아프리카계 미국인(African American): 아프리카

의 흑인 인종 집단에 기원을 둔 모든 사람들.

유대계 미국인(Jewish American): 다수의 유대계 미국인은 아슈케나지(ashkenazi, 중부 · 동부 유럽 유대인 후손)로 보통 중앙 또는 동부 유럽에 기원을 두고 있으며, 피부색소와 체격 측면에서 백인의 생김새에 부합함. 이디시어(Yiddish, 히브리어와 독일어가 결합된)라는 공통의 언어를 사용한다.

유럽계 미국인(European American): 히스패닉에 기원을 두지 않으며, 때때로 백인으로 언급됨. 유럽, 북아프리카, 중동에 기원을 둔 모든 사람.

인종(Race): 원래 피부색소, 신체적 형태, 머리카락 또는 신체 유형에 근거한 생물학적 특성에 기원을 둔다. 인종은 이러한 특성에 근거하여 사람들을 집단으로 분류하는 데 사용되었다. 현대적 관점에서 인종은 인종의 분류를 사회정치적 및 역사적 맥락을 포함하는 '사회적 구성'으로서 정의한다.

혼혈(Mestizaje): 인종의 혼혈(예: 스페인 출신의 스페인계와 토착민의 혼혈, 흑인과 스페인계 출신의 혼혈, 유럽인과 스페인 언어 국가 출신 토착민의 혼혈).

히스패닉(Hispanic): 스페인어권 국가로부터 온 사람을 집단적으로 분류하기 위해 미국 정부가 만들어 낸 용어.

✲ 참고문헌

Acosta-Belén, E., & Sjostrom, B. R. (Eds.). (1988). *The Hispanic experience in the United States*. New York: Praeger.

Adams, M. (2001). Cross processes of racial identity development. In C. Wijeyesinghe & B. W. Jackson III (Eds.), *New perspectives on racial identity development: A theoretical and practical anthology* (pp. 209–242). New York: New York University Press.

Aldarondo, F. (2001). Racial and ethnic models and their application: Counseling biracial individuals. *Journal of Mental Health Counseling*, *23*, 238–255.

American Anthropological Association. (1998). *Statement on "Race"*. Retrieved December 8, 2003, from http://www.aaanet.org/stmts/racepp.htm

Arredondo, P. (2002). Mujeres Latinas-santas y marquesas. *Cultural Diversity and Ethnic Minority Psychology*, *8*(4), 308–319.

Atkinson, D. R., Morten, G., & Sue, D. W. (1989). A minority identity development model. In D. R. Atkinson, G. Morten, & D. W. Sue (Eds.), *Counseling American minorities* (pp. 35–52). Dubuque, IA: William C. Brown.

Axelson, J. A. (1999). *Counseling and development in a multicultural society*. Pacific Grove, CA: Brooks/Cole.

Ball, J. Armistead, L, & Austin, B. (2003). The relationship between religiosity and adjustment among African American, female, urban adolescents. *Journal of Adolescence*, *26*, 431–446.

Beale Spenser, M., Noll, E., Stoltzfus, J., & Harpalani, V. (2001). Identity and school adjustment: Revising the "acting white" assumption. *Educational Psychologists*, *36*, 21–30.

Bernal, M. E., & Knight, G. P. (1993). *Ethnic identity: Formation and transmission among Hispanics and other minorities*. Albany, NY: State University of New York Press.

Bonilla-Silva, E. (1999). The new racism. In P. Wong (Ed.), *Race, ethnicity, and nationality in the United States: Towards the twenty-first century* (pp. 55–101). Boulder, CO: Westview Press.

Brown, C.S. (2002). *Refusing racism: White allies and the struggle for civil rights*. New York: Teachers College Press.

Castillo, L. G., & Hill, R. D. (2004). Predictors of distress in Chicana college students. *Journal of Multicultural Counseling and Development*, *32*, 235–249.

Chadiha, L. A., Rafferty, J., & Pickard, J. (2003). The influence of caregiving stressors, social support, and caregiving appraisal on marital functioning among African American wife caregivers. *Journal of Marital and Family Therapy, 29*, 479–490.

Choney, S. K., Berryhill-Paake, E., & Robbins, R. R. (1995). The acculturation of American Indians. In J. G. Ponterotto, J. M. Casas, L. A. Suzuki, L. A., & C. M. Alexander (Eds.), *Handbook of multicultural counseling* (pp. 73–92). Thousand Oaks, CA: Sage.

Cole, E. R. & Omari, S. R. (2003). Race, class and the dilemmas of upward mobility for African Americans. *Journal of Social Issues, 59*, 785–802.

Comas-Díaz, L. (2001). Hispanics, Latinos, or Americanos: The evolution of identity. *Cultural Diversity and Ethnic Minority Psychology, 7*, 115–120.

Constantine, M. G., Okazaki, S., & Utsey, S. O. (2004). Self-concealment, social self-efficacy, acculturative stress, and depression in African, Asian, and Latin American international college students. *American Journal of Orthopsychiatry, 74*, 230–241.

Cross, W. (1971). The NegrotoBlack conversion experience. *Black World, 20*, 13–27.

Cross, W. (1995). The psychology of Nigresence: Revising the Cross Model. In J. G. Ponterotto, J. M. Casas, L. A. Suzuki, L. A., & C. M. Alexander (Eds.), *Handbook of multicultural counseling* (pp. 93–122). Thousand Oaks, CA: Sage.

Cross, W., & Vandiver, B. J. (2001). Nigresence theory and measurement: Introducing the Cross Racial Identity Scale (CRIS). In J. G. Ponterotto, J. M. Casas, L. A. Suzuki, L. A., & C. M. Alexander (Eds.), *Handbook of multicultural counseling* (pp. 371–393). Thousand Oaks, CA: Sage.

Davey, M., Stone Fish, L., Askew, J., & Robila, M. (2003). Parenting practices and the transmission of ethnic identity. *Journal of Marital and Family Therapy, 29*, 195–208.

Elkins, S. (1976). *Slavery: A problem in American institutional and intellectual life*. Chicago: University of Chicago Press.

Erikson, E. H. (1968). *Identity: Youth and crisis*. New York: Norton.

Feagin, J. R., & Feagin, C. B. (2003). *Racial and ethnic relations* (7th ed.). Upper Saddle River, NJ: Prentice-Hall.

Ferdman, B. M., & Gallegos, P. I. (2001). Racial identity development and Latinos in the United States. In C. L. Wijeyesinghe & B. W. Jackson III. (Eds.), *New perspectives on racial identity development: A theoretical and practical anthology*. (pp. 32–66). New York: New York University Press.

Fischer, A. R., & Moradi, B. (2001). Racial and ethnic identity: Recent developments and needed directions. In J. G. Ponterotto, J. M. Casas, L. A. Suzuki, L. A., & C. M. Alexander (Eds.), *Handbook of multicultural counseling* (pp. 342–370). Thousand Oaks, CA: Sage.

Frederickson, G. M. (1988). *The arrogance of race: Historical perspectives on slavery, racism, and social inequality*. Hanover, NH: Wesleyan Press.

Garrett, M. T., & Barret, R. L. (2003). Two-spirit: Counseling Native American sexual minority persons. *Journal of Multicultural Counseling and Development, 31*, 131–142.

Garrett, M. T., Brubaker, M. D., & Torres-Rivera, E, & West-Olaunji, C., Conwill, W. (2008). The medicine of coming to center: Use of the Native American centering technique—Ayeli—to promote wellness and healing in group work. *Journal for Specialists in Group Work, 33*, 179–198.

Garrett, M. T., & Carroll, J. (2000). Mending the broken circle: Treatment and prevention of substance abuse among Native Americans. *Journal of Counseling and Development, 78*, 379–388.

Garrett, M. T., & Garrett, J. T. (2002). Ayeli: Centering technique based on Cherokee spiritual traditions. *Counseling and Values, 46*, 149–158.

Garrett, M. T., & Garrett, J. T. (2003). *Native American faith in America*. New York: Facts on File.

Garrett, M. T., Garrett, J. T., Wilbur, M., Roberts-Wilbur, J., & Torres-Rivera, E. (2005). Native American humor as spiritual tradition: Implications for counseling. *Journal of Multicultural Counseling and Development*, 33, 194–204.

Garrett, M. T., & Pichette, E. F. (2000). Red as an apple: Native American acculturation and counseling with or without reservation. *Journal of Counseling and Development, 78*, 3–13.

Portman, T. A. A., & Garrett, M. T. (2005). Beloved women: Nurturing leadership from an American Indian perspective. *Invited publication for the Journal of Counseling and Development: Special Issue on Women and Counseling, 83*, 284–291.

Portman, T. A. A., & Garrett, M. T. (2006). Native American healing traditions. *International Journal for Disability, Development, and Education, 53*, 453–469.

Garrett, M. T. (2004). Profile of Native Americans. In D. Atkinson (Ed.), *Counseling American minorities* (6th ed., pp. 147–170). NY: McGraw-Hill.

Goto, S. G., Gee G. C., & Takeuchi, D. T. (2002). Strangers still? The experiences of discrimination among Chinese Americans. *Journal of Community Psychology, 30*, 211–224.

Guthrie, R.V. (1976). *Even the rat was White: A historical view of psychology*. New York: Harper & Row.

Guthrie, R.V. (1997). *Even the rat was White: A historical view of psychology*. New York: Harper & Row.

Guzzetta, C. (1995). White ethnic groups. In R. L. Edwards (Ed.), *Encyclopedia of social work* (19th ed., pp. 2508–2517). Washington, DC: NASW Press.

Haley, A., & X, M. (1987). *Autobiography of Malcolm X* (reissued). NY: Ballantine Books.

Hanna, F. J., Talley, W. B., & Guindon, M. H. (2000). The Power of perception: Toward a model of cultural oppression and liberation. *Journal of Counseling & Development, 78*, 430–441.

Harrell, S. P. (2000). A multidimensional conceptualization of racism-related stress: Implications for the well-being of people of color. *American Journal of Orthopsychiatry, 70*(1), 42–57.

Helms, J. E. (1990). *Black and White racial identity: Theory, research and practice*. Westport, CT: Greenwood.

Helms, J. E. (1995). An update of Helms's White and People of Color Racial Identity Models. In J. G. Ponterotto, J. M. Casas, L. A. Suzuki, L. A., & C. M. Alexander (Eds.), *Handbook of multicultural counseling* (pp. 181–198). Thousand Oaks, CA: Sage.

Helms, J. E. (1996). Toward a methodology for measuring and assessing racial as distinguishing from ethnic identity. In G. R. Sodowsky, & J. C. Impara (Eds.), *Multicultural assessment in counseling and clinical psychology* (pp. 143–192). Lincoln, NE: Buros Institute of Mental Measurement.

Herrnstein, R., & Murray, C. (1994). *The bell curve: Intelligence and class structure in American life*. New York: Free Press.

Herring, R. D. (1999). *Counseling with Native American Indians and Alaska Natives: Strategies for helping professionals*. Thousand Oaks, CA: Sage.

Horse, P. G. (2001). Reflections on American Indian identity. In C. L. Wijeyesinghe & B. W. Jackson III. (Eds.), *New perspectives on racial identity development: A theoretical and practical anthology* (pp. 91–107). New York: New York University Press.

Hunter, M. L. (2002). "If you're light you're alright:" Light skin color as social capital for women of color. *Gender & Society, 16*, 175–193.

Ignatiev, N. (1995). *How the Irish became White*. New York: Routledge.

Jang, S. J. (2004). Explaining religious effects on distress among African Americans, *Journal for the Scientific Study of Religion, 43*, 239–260.

Kerwin, C., & Ponterotto, J. G. (1995). Biracial identity development: Theory and research. In J. G. Ponterotto, J. M. Casas, L. A. Suzuki, L. A., & C. M. Alexander (Eds.), *Handbook of multicultural counseling* (pp. 199–217). Thousand Oaks, CA: Sage.

Kim, J. (2001). Asian American identity development theory. In C. L. Wijeyesinghe, & B. W. Jackson III. (Eds.), *New perspectives on racial identity development: A theoretical and practical anthology* (pp. 67–90). New York: New York University Press.

Kivel, P. (1996). *Uprooting racism: How White people can work for racial justice*. Gabriola Island, British Columbia: New Society.

Kivisto, P., & Nefzger, B. (1993). Symbolic ethnicity and American Jews: The relationship of ethnic identity to behavior and group affiliation. *Social Science Journal, 30*, 1–12.

Koch, L. M., Gross, A. M., & Kolts, R. (2001). Attitudes

toward Black English and code switching. *Journal of Black Psychology*, *27*, 29–42.

Lee, W. M. L. (1999). An introduction to multicultural counseling. Philadelphia, PA: Taylor & Francis. Lieberman, L. (1968). The debate over race: A study in the sociology of knowledge. *Phylon*, *39*, 127–141.

Lieberman, L., & Byrne W. G. (1993). Race and how to teach it in the 21st Century. *Teaching Anthropology*, 2–3.

Lieberman, L., & Jackson, F. L. (1995). Race and the three models of human origin. *American Anthropologist*, *97*(2), 231–241.

Linneaus, C. (1806). *Systema Natura* [Natural System]. London: Lackington, Allen, and Co.

Livingstone, F. B. (1964). On the non-existence of human races. In F.A. Montagu (Ed.), *The concept of race* (p. 46–60). New York: Free Press.

Logan, J. R. (2003, July). How race counts for Hispanic Americans. Mumford Center for Comparative Urban and Regional Research. Retrieved on February 9, 2004 from http://mumford1.dyndns. org/cen2000/report.html

McConnell, E. D., & Delgado-Romero, E. A. (2004). Pan-ethnic options and Latinos: Reality or methodological construction? *Sociological Focus*, *4*, 297–312.

Marín, G. (1992). Issues in the measurement of acculturation among Hispanics. In K. F. Geisinger (Ed.), *Psychological testing of Hispanics* (pp. 235–251). Washington, DC: American Psychological Association.

Marín, G., & Marín, B. V. (1991). *Research with Hispanic populations*. Newbury Park, CA: Sage.

Marks, J. M. (1995). *Human biodiversity: Genes, race, and history*. New York: Aldine deGruyter.

McConnell, E. D., & Delgado-Romero, E. A. (2004). Pan-ethnic options and Latinos: Reality or methodological construction? *Sociological Focus*, *4*, 297–312.

McLaughlin, D. (1994). Critical Literacy for Navajo and other American Indian learners. *Journal of American Indian Education*, *33*, 47–59.

Montagu, M. F. A. (1942). *Man's most dangerous myth: The fallacy of race*. New York: Coumbia University Press.

Moore, J., & Pachon, H. (1985). *Hispanics in the United States*. Englewood Cliffs, NJ: Prentice-Hall.

Munford, M. B. (1994). Relationship of gender, self-esteem, social class, and racial identity to depression in blacks. *Journal of Black Psychology*, *20*, 157–174.

Nobles, M. (2000). *Shades of citizenship: race and the census in modern politics*. Stanford, CA: Stanford University Press.

Obler, S. (1999). Racializing Latinos in the United States: Toward a new research paradigm. In L. R. Goldin (Ed.), *Identities on the move: Transnational processes in North America and the Caribbean Basin* (pp. 45–68). Albany, NY: Institute for Mesoamerican Studies.

Office of Policy Planning and Research. (1965). *The Negro Family: The Case for National Action*. Washington, DC: Department of Labor.

Omi, M. (1999). Racial identity and the state: Contesting the Federal standards for classification. In P. Wong (Ed.), *Race, ethnicity, and nationality in the United States: Towards the twenty-first century* (pp. 25–33). Boulder, CO: Westview Press.

Omi, M., & Winant, H. (1986). *Racial formation in the United States from the 1960s to the 1980s*. New York: Routledge.

Omi, M., & Winant, H. (1994). *Racial formation in the United States from the 1960s to the 1990s*. New York: Routledge.

Parham, T.A. (2002). *Counseling persons of African descent: raising the bar of practitioner competence*. Thousand Oaks, CA: Sage.

Phelps, R. E., Taylor, J. D., & Gerard, P. A. (2001). Cultural mistrust, ethnic identity, racial identity, and self-esteem among ethnically diverse Black university students. *Journal of Counseling and Development*, *79*, 209–216.

Phillips Smith, E., Walker, K., Fields, L., Brookins, C. C., & Seay, R. C. (1999). Ethnic identity and its relationship to self-esteem, perceived efficacy and prosocial attitudes in early adolescence. *Journal of Adolescence*, *22*, 867–880.

Phinney, J. S. (1989). Stages of ethnic identity in minority adolescents. *Journal of Early Adolescence*, *9*, 34–49.

Phinney, J. S. (1990). Ethnic identity in adolescents and adults: Review of research. *Psychological Bulletin*, *108*, 499–514.

Phinney, J. S. (1992). The Multigroup Ethnic Identity Measure: A new scale for use with diverse groups. *Journal of Adolescent Research*, *13*, 156–176.

Phinney, J. S. (1993). A three-stage model of ethnic identity development in adolescence. In M. E. Bernal, & G. P. Knight (Eds.), *Ethnic identity: Formation and transmission among Hispanics and other minorities* (pp. 61–79). Albany, NY: State University of New York Press.

Phinney, J. S. (1996). When we talk about American ethnic groups, what do we mean? *American Psychologist*, *51*, 918–927.

Phinney, J. S., & Chavira, V. (1992). Ethnic identity and self-esteem: An exploration longitudinal study. *Journal of Adolescence*, *15*, 271–281.

Ponterotto, J. G, & Pedersen, P. B. (1993). *Preventing prejudice: A guide for counselors and educators*. Newbury Park, CA: Sage.

Population Reference Bureau. (2003). *200 years of census taking: Population and housing questions 1790–1990*. U.S. Bureau of the Census. Retrieved December 12, 2003 from http://www.prb.org

Portman, T. A. A., & Garrett, M. T. (2006). Native American healing traditions. *International Journal for Disability, Development, and Education*, *53*, 453–469.

Poston, C. W. (1990). The Biracial Identity Model: A needed addition. *Journal of Counseling and Development*, *69*, 152–155.

Pyant, C. T., & Yanico, B. J. (1991). Relationship of racial identity and gender-role attitudes to Black women's psychological well-being. *Journal of Counseling Psychology*, *38*, 315–322.

Robinson, T. R. (2005). *The convergence of race, ethnicity, and gender: Multiple identities in counseling* (2nd ed.). Upper Saddle River, NJ: Pearson.

Robinson-Wood, T. (2009). *The convergence of race, ethnicity, and gender: Multiple identities in counseling* (3rd ed.). Upper Saddle River, NJ: Prentice-Hall.

Ridley, C.R. (1995). *Overcoming unintentional racism in counseling and therapy: A practitioners guide to intentional intervention*. Thousand Oaks, CA: Sage.

Rodriguez, C. E. (2000). *Changing race: Latinos, the census, and the history of ethnicity in the United States*. New York: New York University Press.

Santiago-Rivera, A. L., Arredondo, P., & Gallardo-Cooper, M. (2002). *Counseling Latinos and la familia*. Thousand Oaks, CA: Sage.

Sellers, R. M., Smith, M. A., Shelton, J. N., Rowley, S. A. J., & Chavous, T. M. (1998). Multidimensional Model of Racial Identity: A reconceptualization of African American Racial identity. *Personality and Social Psychology Review*, *2*(1), 18–39.

Shanklin, E. (1994). *Anthropology and race*. Belmont, CA: Wadsworth.

Sodowsky, R. G., Kwan, K. L. K., Pannu, R. (1995). Ethnic identity of Asians in the United States. In J. G. Ponterotto, J. M. Casas, L. A. Suzuki, L. A., & C. M. Alexander (Eds.), *Handbook of multicultural counseling* (pp. 123–154). Thousand Oaks, CA: Sage.

Soto-Carlo, A., Delgado-Romero, E. A., & Galván, N. (2005). Challenges of Puerto Rican Islander students in the US. *Latino Studies Journal*, *3*, 288–294.

Spanakis, N. C. (2004). Difficult dialogues: Interviewer, White inner voice, and Latina Interviewee. *Journal of Multicultural Counseling and Development*, *32*, 249–254.

Spanakis, N. C. (2004). Difficult dialogues: Interviewer, White inner voice, and Latina Interviewee. *Journal of Multicultural Counseling and Development*, *32*, 249–254.

Spickard, P. (1989). *Mixed Blood: Intermarriage and ethnic identity in twentieth-century America*. Madison, WI: University of Wisconsin Press.

Spring, J. (2004). *Deculturalization and the struggle for equality* (4th ed.). New York: McGraw-Hill.

Sue, D. W., Capodilupo, C. M., & Holder, A. M. B.

(2008). Racial micro-aggressions in the life experience of Black Americans. *Professional Psychology: Rsearch and Practice*, *39*, 329-336.

Sue, D. W., Capodilupo, C. M., Torino, G. C., Bucceri, J. M., Holder, A. M. B., Nadal, K. L., & Esquilin, M. (2007). Racial micro-aggressions in everyday life. *American Psychologist*, *62*, 271-286.

Sue, D. W., & Sue, D. (1999). *Counseling the culturally different: Theory and practice* (3rd. ed.). New York: John Wiley.

Sue, D. W., & Sue, D. (2003). *Counseling the culturally diverse: Theory and practice* (4th ed.). New York: NY: John Wiley & Sons.

Tajfel, H. (1981). *Human groups and social categories: Studies in social psychology*. London: Cambridge University Press.

Takaki, R. (1989). *Strangers from a different shore: A history of Asian Americans*. New York: Penguin Books.

Takaki, R. (1993). *A different mirror: A history of multicultural America*. Boston: Little, Brown & Co.

Thomason, T. C. (1995). Counseling Native American students. In C. Lee (Ed.), *Counseling for diversity: A guide for school counselors and related professionals* (pp. 109-126). Needham Heights, MA: Allyn & Bacon.

Thompson, C. E., & Carter, R. T. (1997). An overview and elaboration of Helms' Racial Identity Development Theory. In C. E. Thompson, & R.T. Carter (Eds.), *Racial identity theory: Applications to individuals, group, and organizational interventions* (pp. 15-32). Mahwah, NJ: Erlbaum.

Torres, J. B., Solberg, S. H., & Carlstrom, A. H. (2002). The myth of sameness among Latino men and their machismo. *American Journal of Orthopsychiatry*, *72*(2), 163-181.

Torres, V. (2003). Influences on Ethnic Identity Development of Latino College Students in the First Two Years of College. *Journal of College Student Development*, *44*, 532-547.

Torres, V. (2004). Familial influences on the identity development of Latino first year students. *Journal of College Student Development*, *45*, 457-469.

Trimble, J. E. (1996). Towards an understanding of ethnicity and ethnic identification and their relationship with drug use research. In G. J. Botvin, S. Schinke, & M. A. Orlandi (Eds.), *Drug abuse prevention with multiethnic youth* (pp. 3-27). Thousand Oaks, CA: Sage.

Trimble, J. E., & Jumper-Thurman, P. (2002). Ethnocultural considerations and strategies for providing counseling services to Native American Indians. In P. B. Pedersen, J. G. Draguns, W. J. Lonner, & J. E. Trimble (Eds.), *Counseling across cultures* (5th ed., pp. 53-92). Thousand Oaks, CA: Sage.

U.S. Department of Energy. (2003). Human Genome Project. Retrieved on December 12, 2003, from http://www.ornl.gov/sci/techresources/ Human_Genome

Vontress, C. E., & Epps, L. R. (1997). Historical hostility in the African American client: Implications for counseling. *Journal of Multicultural Counseling and Development*, *25*, 170-184.

Wachtel, P. (1999). *Race in the mind of America: breaking the vicious cycle between Blacks and Whites*. New York: Routledge.

Wade, T. J., & Bielitz, S. (2005). The differential effect of skin color on attractiveness, personality evaluations, and perceived life success of African Americans. *Journal of Black Psychology*, *31*, 215-236.

Wijeyesinghe, C. L. (Ed.). (2001). Racial identity in multiracial people: An alternative paradigm. In C. L. Wijeyesinghe & B. W. Jackson III (Eds.), *New perspectives on racial identity development: A theoretical and practical anthology*. (pp. 129-152). New York: New York University Press.

Winant, H. (2000). Race and race theory. *Annual Review of Sociology*, *26*, 169-185.

Winston, A. S. (Ed.). (2004). *Defining differences: Race and racism in the history of psychology*. Washington, DC: American Psychological Association.

Zak, I. (1973). Dimensions of Jewish American identity. *Psychological Reports*, *33*, 891-900.

Counseling & Diversity

CHAPTER

06

연령

1. 연령의 정의
2. 연령에 관한 역사적 연구
3. 생애 단계별 상담
4. 연령 차별주의
5. 아동과 노인에 대한 연령 차별주의 줄이기
6. 노인 상담 관련 특별 주제
7. 연령과 연령 차별에 대한 토론

이 장의 목표는 사람의 삶과 상담에서 나이의 긍정적인 역할에 대한 이해를 돕는 것이다. 이것은 나이에 대한 편견과 고정관념을 지닌 현대 서구 사회에 존재해 왔던 역사에 대한 도전이다.

우리는 나이에 대한 개념 정의를 시작으로 하여, 그다음 어떻게 나이가 역사적으로 연구되어 왔는지를 살펴볼 것이다. 다음으로 우리는 상담의 견지에서 중요한 생애 단계를 살펴볼 것이다. 이것은 각 단계에서 상담이 어떻게 다른지[**생애 단계별 상담**(counseling life stages)으로 불린다], 삶의 길이라는 측면에서 다른 장소에 있는 사람을 어떻게 상담해야 하는지 제시한다. 이는 나이로 차별하는 관습이 만연해 있고 이러한 차별이 우리 사회에서 수용되며 연령이 각계각층의 내담자들에게 오랜 기간 동안 영향을 미치고 있기 때문에 중요하다. 결과적으로 우리는 상담자들이 내담자들에게 긍정적인 변화를 위한 영향을 줄 수 있는 방법을 살펴볼 것이다. 마지막으로 우리는 나이와 상담에 관련된 몇 가지 특별한 주제에 대하여 논의할 것이다. 이러한 모든 영역은 상담에 있어서 나이에 대한 맥락적인 이해를 위해 함께 탐구될 것이다.

1. 연령의 정의

Webster(1983) 사전에서 나이(age)의 정의는 다음과 같다. "…부터 시작한 이래 사람의 전체 기간"(p. 35). 이 정의는 사람을 전체적인 관점에서 바라보게 한다는 점에서 도움이 된다. 이 정의는 사람이 어느 순간의 한 시점에서 존재하는 것이 아니라 자기 인생 전체의 경험을 모아 놓은 존재라는 점을 시사한다. 문제는 보통 이와 같은 정의가 잘 적용되지 않는다는 것이다. 사람들은 그들의 전체성(entirety)으로 파악되기보다는 단지 연대기적인 연도, 즉 숫자로 이해된다. 따라서 사람들은 종종 그 숫자가 사람에게 의미하는 것을 바탕으로 추측하게 된다. 상담자로서 우리는 숫자 이상의 것을 볼 필요가 있다.

우리는 진지하게 Thornton(2002)이 지적한 것처럼 나이를 먹는 것의 의미에 대한 '신화 만들기(mythmaking)'가 이 세상에 깊이 만연해 있다는 경고를 받아들일 필요가 있다. 신화 만들기는 마치 고정관념이 그러한 것처럼, 우리가 세계를 이해할 때 사람과 상황을 기본적인 범주로 단순화한다. 상담자로서 우리는 유일한 개인으로서 사람을 바라보고, 어떤 나이임을 의미하는 것을 지나치게 단순화하지 않으면서, 다른 나이의 사람을 이해하는 것을 배울 필요가 있다.

생각해 볼 질문 6.1

- 나이와 나이를 먹는 것에 대한 당신의 정의는 무엇인가?
- 그 정의는 어디에서 생겼는가? 그리고 당신이 사는 동안 어떻게 강화되고 도전받아 왔는가?
- 힘과 권력의 쟁점들은 나이에 대한 정의와 나이 드는 것에 대한 개념에 어떻게 영향을 미쳤는가?
- 당신의 경우 나이에 대한 정의는 현재 또는 이전에 당신 자신을 정의하는 방식에 어떤 영향을 미쳤는가?
- 나이와 나이 먹음에 대한 당신의 정의는 당신 자신을 정의하는 방식과 다른 사람이 당신을 바라보고 당신을 대하는 방식에 어떻게 영향을 미치는가?
- 나이와 나이 먹음에 대한 당신의 정의는 당신 인생의 다른 시점에서 당신과 비슷한 나이의 사람, 다른 나이의 사람과의 상호작용 방식에 어떤 영향을 미치는가?
- 나이와 나이 먹음에 대한 당신의 정의는 다양한 나이의 내담자들과 상담을 하는 당신의 능력에 어떤 영향을 미치고 있는가?
- 나이에 대한 당신의 정의는 나이 들어감에 따라 어떻게 바뀌는가?

2. 연령에 관한 역사적 연구

노화(aging)에 대한 초기 과학적 연구를 지지한 학자는 Francis Bacon(Woodruff-Park, 1988)이다. 16세기에 태어난 그는 노화 과정의 과학적 관찰을 통해 사람과 자연 세계에 대하여 많은 것을 배울 수 있다고 믿었다. 비록 사람이 나이를 먹는 이유에 대한 그의 이론이 잘못되었다는 것이 밝혀졌지만, 그는 노화를 하나의 과정으로서 논리적으로 파악하는 연구의 새로운 지평을 열어 주었다.

벨기에 학자인 Quetelet는 첫 번째 노인연구학자로 평가받는다(Biren, 1961). 그는 1819년 Ghent 대학에서 수학 연구가 포함된 과학 분야에서 박사학위를 받았다. 그는 우리가 이른바 **종형 곡선**(bell-shaped curve 또는 bell curve)이라고 부르는 중요한 업적을 포함하여 다양한 중요한 통계 도구를 만들었다. 그는 여성의 키처럼 직접 측정을 통해 얻은 결과들은 예측할 수 있는 방식으로 분포하는 경향이 있음에 주목하였다. 그는 나이를 포함한 많은 것들에 관계된 자료에 주목했다. 특

사례 연구 6.1

Joyce의 사례

80세의 중국계 미국인 여성 Joyce를 생각해 보자. 그녀는 California주의 San Francisco에 살고 있으며, 그녀의 가족은 여러 세대에 걸쳐 이곳에 살아왔다. Joyce는 결혼을 했고, 아이를 낳았으며 직계 및 확대 가족과 가까이 살고 있다. 그녀는 자신의 삶이 행복하다고 설명했다. 그녀에게 다 큰 자녀들, 손자들과 보낼 수 있는 시간은 가치 있었다. 그러나 최근 몇 년 사이에 그녀의 신체적 건강이 나빠졌다. 그녀는 최근에 계단을 내려오면서 넘어졌고, 골반뼈가 부러졌다. 그녀는 자신이 해오던 일을 더 이상 할 수 없기 때문에 우울증 증상을 보였다. 그녀는 자신이 '더 이상 필요 없는' 존재라고 느끼기 시작했다. 그녀의 자녀들은 Joyce가 가족 안에서 늘 돌봄을 받을 것이라고 안심시켰다. 그러나 Joyce는 자신의 여생이 얼마나 남았을지, 그리고 자신의 나빠지는 건강이 그녀 가족에게 부담이 되지는 않을지에 대해 더 많이 생각했다.

사례 토론

생각해 볼 점

1. 이 사례는 나이에 대한 당신의 이해에 대해 어떤 것을 말해 주고 있는가? 나이에 대한 당신의 신념과 편견에 대해 어떤 것을 말해 주고 있는가?
2. 이 사례를 읽었을 때 당신의 일반적인 반응은 무엇이었고, 치료적 관점에서 당신이 주의를 기울이고자 하는 것은 어떤 종류의 것인가?
3. 나이와 관련된 측면에 대해 상담할 때 당신이 깨닫게 된 한계는 무엇인가?

이 사례는 다른 삶의 단계로 전환하고 있는 한 개인의 예이다. Joyce가 가족의 지지를 받고 있다고 믿고 있지만, 특히 그녀의 신체적 건강이 나빠지고 있을 때, 그녀는 여전히 가치로운 존재로 남기를 원하고 있다. 상담자는 Joyce와 함께 그녀와의 관계에서 새로운 의미를 찾고 그녀가 덜 가치롭다고 느낄 때 자존감을 지지할 수 있도록 돕기 위해 상담을 해야 한다. Joyce가 기능적으로 감퇴하는 단계에 접어들었기 때문에, 상담자는 그녀가 할 수 있고 할 수 없는 특별한 활동들을 함께 확인하는 작업을 해야 한다. 이에 더하여, 특히 Joyce가 가족이 지지적이라고 말할 때, 상담에 가족의 구성원을 참여시키는 것은 매우 추천할 만하다.

별히 그는 프랑스와 영국 극작가의 생산성을 그들의 나이와 비교하여 분석하였다. 그는 또한 사람이 얼마나 오래 사는지에 대한 자료를 분석하였다. 이러한 방법으로 Quetelet는 나이에 대한 과학적 연구를 촉진시켰다.

1800년대 후반에, Sir Francis Galton은 5세부터 80세에 걸친 9,000명의 사람들에 대해 악력, 시력, 반응시간과 같은 17개의 다른 특징에 대한 정보를 수집했다(Woodruff-Pak, 1988). 그리고 그는 이러한 많은 특징과 관계된 나이의 영향을 통계적으로 보여 주었다. 이 조사는 논리적인 방법으로 나이를 이해하는 데 있어서 도움이 되었다. 그러나 단지 그들의 신체적인 특징을 수치화한 것만으로는 사람을 충분히 이해할 수 없다는 것을 명심해야 한다.

19세기 심리학자 G. Stanley Hall은 나이에 관한 연구 방법을 신체적 측정에서 심리학적 발달의 조사로 방향을 전환시켰다. 1922년에 Hall의 책 『노화, 삶의 마지막 반(*Senescence, the Last Half of Life*)』이 출판되었다. Hall의 주된 연구는 아동을 대상으로 실시한 것이었고 실제로 adolescence라는 용어를 만들었다. 이 책에서 그는 생각, 느낌 그리고 의지의 관점에서 중요한 나이 든 사람들의 심리적인 상태를 강조했다. 그는 또한 나이 든 사람들 사이의 개인적 차이의 중요성을 강조했다. 이러한 방법으로 Hall은 사람이 나이가 들어감에 따라 변화하는 심리적 특성의 중요성을 강조하였고, 이를 이해하기 위한 현대 발달심리학과 상담의 문을 열었다.

Hall 이후 약 100년간, 단계 이론(stage theories)은 심리학에서 중요하게 여겨졌다. Piaget와 Inhelder(1969)의 인지발달 이론은 아동이 세상을 인지적으로 어떻게 이해하는지에 따라 네 가지 뚜렷한 단계를 경험한다고 보았다. 추가적으로 Erikson(1950, 1997)은 인간 발달에 대한 중요한 기초를 형성하는 심리사회적 발달단계가 있음을 제안했다. 에릭슨은 처음에 8개의 심리사회적 발달단계를 생각했고, 그 후에 생애의 가장 상급인(advanced) 9번째 단계를 추가했다. 이러한 9단계들은 어떻게 생애의 다른 단계들이 다른 심리사회적 도전을 가져오는지에 대한 개요를 설명한다. 상담과 관련하여, 연령차가 나는 내담자를 상담할 때 우리가 명심해야 할 점은 사람들이 연령별로 비슷한 특성을 보이지만 동시에 다른 인생의 단계에 있을 수 있다는 점이다. 생애 단계는 엄격한 것이 아니라 그들의 생애 경로에 따라 다른 장소의 사람들을 상담하는 데 활용할 수 있는 유연한 지침의 성격을 지닌다.

생각해 볼 질문 6.2

- 연령을 정의하고 연구하는 것에 대한 역사적인 맥락이 어떻게 오늘날 당신이 이 개념을 바라보는 방식에 어떻게 영향을 주었는가?
- 나이 들어 가는 것에 대한 당신의 관점은 미디어의 영향을 포함하여 사회에 의해 어느 정도 영향을 받았는가?
- 당신의 문화에서는 연령에 대하여 어떻게 생각하는가?
- 당신의 가족과 지역사회는 신념과 관습 모두의 측면에서 연령에 대하여 어떻게 생각하는가?

3. 생애 단계별 상담

상담의 관점에서 우리는 전 생애를 대략 10단계로 나누어 볼 수 있는데 이 단계는 한 개인이 그들의 생의 여정에서 어디에 위치하는지 그리고 그들이 어떻게 상담 관계 안에서 독특한 요구를 가질 수 있는지에 영향을 준다. 이 단계들은 (a) 학령 전 연령 (b) 학령 연령—초등학교 (c) 학령 연령—중학교 (d) 학령 연령—고등학교 (e) 성인 초기 (f) 성인 중기 (g) 성인 후기 (h) 성인 말기 (i) 성인 노령기—기능의 축소 (J) 성인 노령기—기능의 제한으로 나누어 볼 수 있다. 각 단계에 대한 설명은 각 단계의 정의와 이것이 어떻게 상담과 관련이 되는가 하는 것, 그리고 각 단계에서 사람들을 차별화하는 중요한 점이 무엇인가에 대한 것을 포함한다. 이 단계들의 차이를 이해하는 것은 이 단계에 있는 사람에 대해 고정관념을 형성하지 않기 위한 핵심이 될 수 있다(Erikson, 1997; Levinson, 1978, 1996).

1) 학령 전 연령(출생부터 5세)

단계의 제목이 암시하는 것처럼 이 단계는 출생부터 아동이 학교에 들어가기 전까지이다. 이 시기에 아이는 부모에게 상당히 의존하는 것이 특징이고, 이 단계에서 이루어지는 중요한 선택들의 대부분은 부모에 의해 이루어진다. 이 시기의 특징은 가능성(잠재력)이라고 볼 수 있다. 아동은 삶이라는 여정의 시작점에 있으며 그들의 삶은 아직 펼쳐지지 않았다.

이 단계에서 상담은 가족과 아동의 행동에 초점을 두는 경향이 있다. 이 단계에서 아동은 가족에게 의존적이기 때문에 치료는 대개 가족 안에서 이루어진다. 하지만 경우에 따라 치료가 개인적으로 진행되고 놀이 치료나 행동에 의미를 두는 다른 방식의 치료가 이루어질 수 있다. 왜냐하면 이 단계에서 아동의 행동은 언어적 의사소통(통찰 중심적으로 진행되는 언어를 사용한 치료에서 표현되는 것과 같은)보다 더 의미가 있는 경향이 있기 때문이다.

이 단계에서 개인들을 차별화시키는 대부분의 선택들은 부모에 의한 것이다. 이것은 아이를 부모가 돌보는지 또는 보육기관에 보내는지, 부모의 사회경제적 수준이 어떠한지, 아이의 형제가 몇 명이나 되는지와 관련될 수 있다.

딸이 항상 까다롭고 부모가 말하는 모든 것에 도전적이라고 느끼는 부모에게 네 살짜리 여자아이가 있다고 가정하고 이 아이를 상담한다고 생각해 보라. 이 아이에 대해 당신은 무엇을 더 알고 싶은가?

2) 학령 연령-초등학교(5세부터 10세)

이 단계는 유치원부터 5학년까지를 포함한다. 그 이전 단계와의 중요한 차이는 이 단계의 아동들이 이전보다 더 많은 사회적 과업을 수행한다는 점이다. 그들은 양육자와 가까운 관계를 가지기보다는 오히려 학급이라는 사회적 환경에 대처하는 데 더 많은 시간을 보낸다. 하지만 이 단계의 아동은 삶의 선택의 영역과 정체성의 관점에서 그들의 부모와 여전히 연관되어 있다.

이 단계에서의 상담은 이전에 비해 언어적으로 아동을 도울 기회가 더 많지만 첫 번째 단계와 마찬가지로 행동에 관심을 둔다. 특별히 학교라는 맥락 안에서 개개인이 그들의 환경을 잘 다루는 건강한 방식을 배우기 위해 발달적으로 아동을 돕는 것이 필요하다.

이 단계에서도 개인을 차별화하는 선택들은 개인에 의한 것이라기보다는 가족에 의한 것이며 이것은 모든 아동들에게 중요하다. 이것은 이웃에 사는 친구가 누구인지, 가족이 어디에 사는지, 학교의 수준이 어떠한지, 방과 후에 할 수 있는 활동이 무엇인지를 포함할 수 있다. 이 단계의 경우 확대 가족이 쉽게 접근 가능한지 또한 중요할 수 있다.

계속 불안해하면서 학교에 가고 싶어 하지 않는 2학년 남자아이를 상담한다고 생각해 보라. 그가 힘들어하는 것이 무엇인지 평가하기 위해 그와 그의 부모에게 무슨 질문을 하겠는가?

3) 학령 연령-중학교(10세부터 14세)

발달이 개인마다 다르고 환경마다 다를 수 있지만 이 단계는 대략 5학년부터 8학년까지를 포함한다. 이 단계에서 아동은 한 개인으로 성장함과 동시에 사회적 맥락에서 자신을 바라보는 새로운 발걸음을 내딛는다. 그들을 둘러싼 사회적 규준과 압력을 더 인식하고, 타인에게 사회적으로 자신이 어떻게 비춰지는지 더 인식하게 된다. 가족이 여전히 그들에게 매우 중요할 수 있지만 한 독립적인 개인으로 이해받기를 원하는 시작점이 된다. 이 단계에서는 대개 친구들이 더 중요해지기 시작한다.

이 단계에서 상담은 개인이 한 선택들에 초점을 두는 것으로 시작할 수 있다. 이것은 여전히 아동의 가족과 문화의 맥락 안에서 이루어지지만, 아동은 또한 아직 펼쳐지지 않은 그들의 삶의 진로가 어떻게 되기를 바라는지에 대한 더 중요한 선택을 하기 시작한다. 이 연령에서는 언어적 기술이 잘 발달되는 경향이 있기 때문에 집단이 특히 효과적일 수 있으며, 집단의 규준과 의견을 중요하게 생각하는 경향이 있다.

이 시기에 한 개인은 문화적 가치에 대한 차별성을 지니게 되는데, 한 개인이 어떻게 개별화되는지 또한 한 개인이 무엇을 대변하는지에 대해 서로 다른 가치를 나타내게 된다. 이 단계에 있는 어떤 아동은 핵가족과 대부분의 시간을 보내고 어떤 아동은 확대 가족과 보내며 어떤 아동들은 가족과 떨어져 지낸다. 이 세 방향은 개인이 각각 다른 길로 가도록 한다. 게다가 학업적 · 운동적 · 사회적 능력은 이 단계에 있는 개인적 진로를 차별화시키는 경향이 있다.

볼리비아에서 태어났고 민족적으로는 일본인이며 그녀의 부모가 바라는 것처럼 그렇게 열심히 수학 공부하는 것을 원하지 않는 7학년 여자아이를 상담한다고 생각해 보라.

4) 학령 연령—고등학교(14세부터 18세)

이 단계는 대략 9학년에서 12학년을 포함하며 발달상 청소년 시기이다. 이 단계에 있는 개인들은 중학교 시기의 주제들을 계속 이어가는데, 이것은 더 독립적인 존재가 되고 사회적 환경이 더욱 강조된다는 것을 의미한다. 더 나아가 학업적 · 운동적 · 사회적 능력에 따라 차별화되는 경향이 더 명백해진다. 학생들은 그들의 능력, 가족의 부, 가족의 문화적 가치에 근거하여 각기 다른 사회적 집단 또는 파벌을 형성하는 경향이 있다. 이 집단들은 운동을 많이 하는 집단(jocks), 공부를 잘하는 집단(brains)과 같이 정형화하여 불리기도 한다. 이러한 집단들은 그 경계를 엄격하게 구분하기 쉽지 않지만, 이 연령에 있는 학생들은 자신들이 어느 집단에 속해야 하는지를 감각적으로 인식한다.

이 단계에서 상담은 대개 학교 상담이라는 맥락 안에 있다. 하지만 개인들이 점점 더 성숙해지면서 개인 상담이 성공적으로 이루어질 수 있는 기회를 갖게 된다. 게다가 이 연령에서는 상담이 더욱 언어적이고 통찰 지향적이 될 수 있다. 모든 연령에서와 마찬가지로 이 단계에서도 문화적 가치는 중요한 역할을 한다. 이 단계의 청소년들은 종종 가족 및 사회적 규준과 갈등을 일으키는 개인적인 문제들과 씨름하고 있을 것이다. 각각의 문화는 이 단계에 있는 개인이 어떻게 발달하기를 기대하는지에 영향을 미친다. 예를 들어 음식점과 같은 가족 사업을 하고 있는 가정 안에서 가족들은 이 단계에 있는 개인이 매주 많은 시간 동안 식당 돕는 것을 기대할 수 있다. 반대로 어떤 가족에서는 부모 모두 자주 사업차 여행을 떠나고 이 연령의 아이들은 종종 홀로 남겨진다. 이 두 가지 유형의 가족은 매일매일 살아가는 방식이 매우 다르다. 학생들의 욕구는 매우 다를 수 있기 때문에 상담을 진행하는 동안 염두에 두고 있는 것이 매우 중요하다.

앞에서 기술한 것처럼 이 단계에서 차별화는 위에서 언급한 것과 같이 사회적 집단에 의해 매우 많은 영향을 받는다. 이 연령의 청소년들은 사회적 파벌을 형성함에 따라(또는 사회적 집단의 부분이 되는 것에 실패함에 따라) 그들의 발달에 영향을 받는다. 이러한 패턴은 그들이 서로 다른 활동에 참여하는 시간의 양에 근거하여 그들의 미래 진로에 계속 영향을 미칠 것이다. 이 단계에서 또 다른 중요한 요인은 애인을 찾는 것이다. 이 단계에서 많은 학생들은 애인과 사귀는 것을 처음 시도해 본다. 일찍 결혼을 하거나 또는 애인을 갖지 못하거나 하는 것에 따라 진로가 변할 수 있다. 그리고 이 연령에 임신을 하고 부모가 되는 것이 처음으로 가능해지고, 이것은 그들의 삶의 진로에 분명히 영향을 미칠 것이다. 게다가 애인을 찾는 것과 직업적인 경로는 서로 관련이 있을 수 있다. Parkes, Wight, Henderson 및 West(2009)는 어린 나이에 성적(sexually)으로 활동적이었던 사람은 고등교육에 덜 참여하는 경향이 있다는 것을 발견하였다. 결과적으로 상담자는 내담자의 주요한 문제들뿐만 아니라 어떻게 이런 도전들이 서로서로 상호작용하는지 파악할 필요가 있다.

자신은 고등학교를 졸업하고 군대에 가기를 원하지만 부모는 그가 지역의 대학에 가기를 원하는 11학년 라틴계 남자를 생각해 보라. 게다가 여자 친구는 먼 곳의 대학에 가려고 하고 자신은 그녀와 함께 있기를 바란다고 가정하자. 당신은 상담에서 그의 문제를 어떻게 다룰 수 있을 것인가?

5) 성인 초기

이 단계는 고등학교 졸업 또는 18세 이후이다. 사람들은 사회적으로 이들을 성인으로 간주하기 시작한다. 앞선 시기에서는 선택이 아니었던 많은 것들을 이 단계에 있는 사람들은 선택하게 된다. 부모와 어느 정도 관여하고 지낼 것인가에 대한 수준 역시 선택할 수 있다. 사람들은 이 단계에서 직업을 찾고 가족에서 분리되면서 완전히 독립하는 것을 선택할 수 있다. 하지만 이러한 것이 오늘날의 사회적 추세는 아니다. 요즈음의 추세는 사실 이 단계에서 연장된 청소년기적 특징을 보이고, 이들이 교육을 계속 받으면서 가족에게 재정적인 지원을 받으며 의존하고 있다.

이 연령대에 있는 사람에 대한 상담은 이들이 더 많은 자유와 책임을 가지는 경향이 있으므로 그들이 하는 선택에 더 명확하게 초점을 둘 수 있다. 이 자유는 흔히 학생들에게 독립과 가족 책임 사이에 딜레마를 던져 준다. 예를 들어 한 학생이 부모의 지원으로 대학에 들어갔는데 마리화나를 피우고 싶어 한다. 부모는 마리화나를 계속 피운다면 지원을 끊겠다고 위협할 수 있다.

이 시기에는 학생의 지위, 경제적 기회, 부모로서의 신분(자녀가 있는가 없는가)의 형태에 따라 차별화된다. 전일제 대학 교육을 추구하는 사람들은 이러한 노력에 의해 상당히 영향을 받게 된다. 그것은 종종 누군가가 어디에 사는지, 하루를 보통 어떻게 사용하는지, 어떤 자원들이 이용 가능한지를 정의한다. 성인으로 간주되지만 대학생들은 고등학생들과 많은 유사성과 책임을 가진다. 반면 더 이상 학생이 아니어서 더 많은 변화를 경험하는 전일제 직장에 들어간 사람들과는 반대된다. 많은 사람들이 경제적 여건에 따라 일을 시간제 또는 전일제로 하고, 학교도 시간제 또는 전일제로 다니므로 대학생과 전일제 직장인의 관련 또한 연속선상에서 볼 수 있다. 이런 방식으로 보면 대학에서 몇 년을 보내는가 하는 것도 매우 다양할 수 있다. 또한 이 단계에서 중요한 이슈는 부모인지 여부라는 점을 생각해 보아야 한다. 이 나이에 아이가 있는 사람은 그렇지 않은 사람보다 더 많은 책임을 가진다. 부모가 되는 것은 청소년기에서 성인기로 이동하는 촉매제가 될 수 있다.

엔지니어링 전공으로 아이비리그 대학을 졸업하였는데 댄서라는 직업에 더 흥미가 있는 것은 아닌지 궁금해하는 21세 아프리카계 미국인 여자를 생각해 보라. 당신은 이 딜레마를 가지고 있는 그녀를 어떻게 상담할 수 있을 것인가?

6) 성인 중기

성인 중기로 전환하는 과정에서는 문제의 범위가 중요하다. 이 시기의 문제는 자신의 직업, 배우자, 부모와의 관계, 자녀 양육의 결정 등이 관련되어 있다. 고용 현장에서 이 단계에 있는 사람은 학업을 마치려는 경향이 있으며, 초기 성인기에 가졌던 직업보다는 좀 더 안정적인 직장이나 직업을 갖고 싶어 한다. 이 단계에서는 애인과의 관계 또한 매우 중요한데, 성인 초기에 상대방이 바뀌는 현상과는 달리 상대방과 좀 더 오래도록 영구적인 관계가 되고자 하는 것이 전형적인 형태이다. 나아가 이 단계에서는 부모에게 경제적으로 덜 의존하려는 경향이 있으며 부모를 좀 더 동료적인 관점으로 보는 경향이 있다. 마지막으로 자신의 자녀를 갖는 것은 종종 성인 중기로의 이동을 확고하게 만든다. 그러나 이 모든 것에는 커다란 개인적인 차이점이 존재하므로 상담할 때 고려하는 것이 필요하다.

상담을 할 때 다른 단계와 비교하여 이 단계 사람들의 쟁점이 무엇이며, 무엇을 원하는지에 대한 다양성을 고려해 보아야 할 것이다. 직업에 대해 많은 것을 요구하거나 그들이 하는 일이 충분치 않을 수도 있다. 그들의 배우자와 행복하지 않을 수 있고, 관계를 정리하고자 생각하거나 새로운 애인이 생기기를 희망하는 사람도 있을 것이다. 성인기 초기와 비교하여 전형적으로 대조되는 점이 있다면 직업, 배우자 및 가족 측면에서 보다 장기적인 문제들이 발생한다는 점이다. 따라서 이들은 그러한 문제들이 여러 해에 걸쳐 전개될 수 있음을 예견하고, 그러한 문제를 해결하기 위한 방법들을 모색하게 된다. 성인 초기에는 새로운 직장을 갖거나 새로운 애인을 사귀는 방식 등을 통해서 문제를 해결하려 한다면, 성인 중기에는 뭔가를 새롭게 시도하기보다는 현재의 상황에서 최선을 다하려는 경향을 보인다.

직업에서의 차이점은 이 단계에서 점점 더 가시적으로 드러나기 시작할 수 있다. 사업이나 전문직과 같은 영역에서 높은 소득을 받는 사람들은 종종 이 시기에 매우 높은 임금을 받게 된다. 또한 앞으로 나아가기 위한 선택의 폭이 좁은 직업의 사람들은 좀 더 좌절을 하게 된다. 이 시기에 배우자의 상황 또한 매우 다양한데, 파트너가 없거나 1년 넘게 아주 좋아하는 파트너가 있다거나, 몇 년 동안 싫증을 느끼며 사귄 파트너가 있는 등 매우 다른 다양성을 보인다. 또한 이 시기는 결정적으로 부모 됨의 단계이다. 자녀가 없거나, 한 명이거나, 어린 자녀가 많거나 등의 모든 상황이 가능하며 이 단계는 개인의 삶의 방향을 제시하게 될 것이다.

이전에 설명했던 아이비리그 대학의 공대를 졸업한 아프리카계 미국인 내담자를 생각해 보자. 그녀는 현재 35세이고, 두 자녀가 있으며, 댄서를 추구하지 않고 14년 동안 엔지니어로 일하고 있다. 그녀는 지금 자신이 엔지니어 일 대신에 댄서로 일했다면 어땠을지 궁금해한다. 그녀가 만일 현재 21세라면 그녀와의 상담은 어떠한 점에서 차이가 날까?

7) 성인 후기

성인 후기의 공통 주제는 모든 영역에서 원하는 만큼의 성취를 이루어 삶에 만족하는가이지만 각각의 영역은 매우 다른 양상을 보인다. 어떤 사람은 일에서 행복할 수 있지만 배우자에 있어서는 아닐 수 있으며, 그 반대일 수도 있다. 다른 단계와 마찬가지로 사람들은 삶의 방향에 있어서 많은 차이점이 있을 수 있으며, 이는 개개인이 처한 특별한 상황을 민감하게 인식하는 상담에 있어서 하나의 도전이다.

상담자의 역할은 내담자가 자신의 삶에서 이룬 업적, 비극 등과 관련하여 현 시점에서 미래를 위해 시도할 수 있는 것을 탐색하고 다양한 것들을 시도할 수 있도록 이끌어 주는 것이다. 이 시기의 사람들은 다양한 삶의 경험을 가지고 있기 때문에 위에서 언급한 것처럼 이러한 복잡한 경험을 활용할 수 있다. 상담자로서 세워야 할 목표는 그들이 자신의 실패를 잘 극복하고, 현재나 미래를 위한 새로운 목표를 설정할 수 있도록 돕는 것이다.

성인 후기 단계는 직업, 배우자, 가족 문제라는 일종의 렌즈를 통해서 해석될 수 있다. 어떤 사람은 회사에서 제일 높은 위치로 올라갈 수 있지만, 어떤 사람은 강등당하거나 새로운 직업이나 일을 찾을 필요가 있을 수도 있다. 어떤 사람은 오랜 기간 결혼을 유지하여 행복할 수 있지만, 어떤 사람들은 이혼을 할 수도 있다. 어떤 사람은 기능상 한계를 가진 부모를 부양할 수도 있고, 다른 이들은 자신의 자녀를 부양할 수도 있으며, 어떤 경우에는 그 누구도 돌볼 필요가 없는 사람들도 존재한다. 이처럼 개별적 영역은 매우 이질적이기 때문에 상담을 함에 있어 현실에 최선을 다하도록 내담자를 돕는 것이 중요하다. 성공적인 CEO는 그가 실패로 여기는 결혼 문제를 직면하는 것이 매우 어려운 시간일 것이다. 한 영역에서 긍정적인 결과를 보인 경우 다른 영역의 고통을 직면하기란 더욱 어렵다. 그러나 긍정적인 면에 기초하여 정신건강과 관련된 문제를 도울 수 있다.

재정적인 측면에서는 2008년에 시작된 대불황(Great Recession)으로 인해 이 단계의 많은 사람들이 다양한 형태의 문제를 경험하게 되었다. 55세에 은퇴를 생각하는 사람은 더 길게 일하기 위해 할 수 있는 다른 것을 찾고 있다. 또 다른 사람은 이전에 갖고 있던 것보다 더 적은 돈을 은퇴 자금으로 갖게 되었다. 많은 사람들의 경우, 이제 쉬면서 여가를 즐길 것으로 기대했던 기간이 오히려 스트레스를 줄 것이라고 생각하고 있다. 이와 관련하여 사람들은 이전에 생각하던 것과는 다른 마음가짐을 갖게 되었는데, 돈을 쓰는 것에 보다 신중해지고 세상이 생각보다 더 위험한 곳이라는 생각을 하게 된다. 상담자는 이 단계에 있는 내담자를 이해할 때 이러한 경제적인 마음가짐과 내담자의 환경을 파악하는 것이 매우 가치 있는 일이라는 것을 알고 있어야 한다.

회사로부터 인력감축 통보를 받은 60세 유럽계 미국인 남성을 생각해 보아라. 그는 저축한 돈이 은퇴를 위해 충분하지 않기 때문에 일자리를 찾아야 한다. 그는 현재 독신이다. 당신은 20세에 그런 위치에 있는 사람과 달리 이 사람을 상담할 때 어떻게 다르게 상담할 것인가?

8) 성인 말기

성인 중기에서 성인 말기로의 전환은 65세 근처에서 발생한다. 이는 개인적인 다양성으로 인해 매우 다양하게 보이지만, 은퇴를 중심으로 그 초점이 맞춰진다. 이 시기의 전환은 매우 현격한 변화를 보이는데 바로 은퇴가 일어나기 때문이다. 은퇴는 경제적인 활동성에서 극적인 영향을 미친다. 사회 통념상 이 단계에 속한 대부분의 사람들이 전일제 직장을 가질 것이라고 기대하지는 않는다. 또한 이 단계에서는 건강이나 개개인이 갖고 있는 질병의 수준이 개인의 삶에 있어서 점점 더 중요한 요소가 된다.

이 단계에서의 상담은 급격한 전환과 새로운 역할에 초점을 맞출 수 있다. 이 전환은 두 가지 양식으로 나타날 수 있는데, 하나는 많은 사람들에게 은퇴와 함께 기쁨을 주기도 하는 것이고, 다른 하나는 직장에 너무 몰두해 온 나머지 직장이 없는 삶을 상상하기 어려운 경우이다. 후자의 경우 은퇴로 인해 보다 어려운 전환을 경험할 것이다. 『똑똑하게 은퇴하기, 행복하게 은퇴하기: 삶에 있어서 당신의 진실된 방향 모색하기(*Retire Smart, Retire Happy: Finding Your True Path in life*)』라는 책(Schlossberg, 2004)은 은퇴로의 전환을 앞둔 사람들과, 삶에 있어서 또 다른 전환이 필요한 사람들을 돕기 위한 시사점을 제공하고 있다. 그들은 이미 많은 전환을 겪어 왔으며, 이는 그들에게 있어서 또 다른 장애가 될 수도 있다. 게다가 직장에서 중요한 역할을 해온 사람들은 그들 스스로를 어떻게 보는지에 대한 정체성이 주제가 되기도 한다. 의미 있는 방향으로 그들의 정체성을 유지하도록 돕는 것은 이 단계의 핵심이다.

사람들이 그들의 직업에 대해 얼마만큼의 애정을 갖고 있는지 이외에 또 다른 중요한 점은 그들이 경제적으로 부유한지, 제한된 자원을 갖고 있는지에 따른 차이점이 크다는 것이다. 또한 그들에게 속해 있는 식구가 있는지 없는지도 큰 차이가 될 수 있다. 비슷하게 활동적인 사회적 연결망을 갖고 있는 것은 그렇지 않은 경우보다 은퇴 후에 보다 긍정적으로 작용하는 경향이 있다. 자신이 속해 있던 직장과는 다른 사회적 연결망을 다시 갖는 것도 필요하다. Siegler, Bastian, Steffens, Bosworth 및 Costa(2002)는 노화에 대해 실제로 사람들은 나이가 들어도 큰 변화가 없을 것이라는 잘못된 생각을 갖고 있음을 조명하였다.

70세의 은퇴한 교사는 우울하다. 왜냐하면 그녀의 많은 친구들이 죽었고, 세 자녀는 그녀와 멀리 떨어져 산다. 50년 동안 그녀와 그녀의 남편이 살아왔던 집에 머무를지, 세 자녀 중의 한 명이 사는 곳으로 이사를 할 것인지에 대해서 상담자인 여러분은 어떻게 말할 것인가?

9) 성인 말기-기능의 축소

삶에서의 기능은 여러 다른 요소들에 영향을 미치기 때문에, 이 단계로의 진입은 나이보다는 기능의 관점에서 정의된다. 건강상의 이유로 운전을 하지 못하는 80세 노인보다는 운전할 수 있는 80세 노인이 은퇴한 65세 노인과 많은 부분에서 비슷할 가능성이 높다. 물론 이 단계에서 발생하는 신체적 · 정신적 고민들은 기능을 감소시키는 결과를 초래하지만, 이들은 여전히 옷을 입는다든지 끼니를 챙겨먹는 것과 같은 기본적인 필요를 스스로 챙길 수 있다.

특히 이 단계에서 상담은 매우 중요한 역할을 한다. 왜냐하면 삶의 기능이 축소되기 때문에 우선순위를 정하여 감소된 신체적 자원을 제한적으로나마 활용해야 하기 때문이다. 선택이 줄어들기 때문에 관계나 활동에 있어서 제한적이지만, 관심거리를 재발견하고, 사회적 집단을 형성하며, 가족의 중요성을 새삼 발견하게 된다. 나아가 자아존중감을 향상시키는 상담은 신체적인 기능의 저하로 인한 충격을 완충해 주는 데 도움을 줄 것이다(Jonker, Comijs, Knipscheer, & Deeg, 2009).

이 시기에 나타나는 차별성은 가족과 사회적 집단 간 연결망이 어느 정도 있는지, 또한 그 개인이 참여하여 즐길 수 있는 과업이나 활동이 어느 정도 있는지에 따라 발생한다. 이 단계에서는 배우자가 여전히 살아 있는지, 배우자에게 도움을 제공하는지, 아니면 그들 스스로 배우자나 다른 사람으로부터 도움을 필요로 하는지가 중요하다.

지난 10년 동안 침대에 누워 있는 85세 남편을 돌보는 75세 여성을 생각해 보자. 그녀는 점차 그녀의 기능상의 제한점들이 많아지면서 더 이상 그를 도와줄 수 없게 되었다. 그녀는 자신의 집을 팔고 싶지 않았지만, 더 이상 집을 보살필 여유가 없었다. 당신이라면 이 부부를 어떻게 상담할 것인가?

10) 성인 노령기-기능의 제한

삶의 마지막 단계는 다시 기능에 초점이 맞춰진다. 기능적으로 제한된 사람들은 기본적인 기능 측면에서 스스로를 돌보지 못하며 침대에서 제한된 생활을 한다. 의미를 찾고 의미 있는 관계를 발견하는 것은 이 단계에 있어서 매우 특별한 도전이라고 할 수 있다.

이 단계에서의 상담은 흔치 않은 일이지만 사회복지사나 다른 자원봉사자들을 통해 주로 이루어진다. 봉사자들은 그들의 환경 안에서 의미를 찾도록 도와줄 것이며, 지금까지의 삶에서 누렸던 의미들을 성찰하도록 도와준다. 이러한 삶의 도전적인 단계에서 영향을 미치는 중요한 지지 체계는 영성이나 종교성을 통해서 이루어진다.

이 단계에 있는 사람들에게 차이를 발생시키는 세 가지 중요한 기준이 있다: 첫째는 그들이 집에서 보살핌을 받는지 아니면 기관에서 보살핌을 받는지이고, 둘째는 방문할 가족이나 친구 또는 방문자가 있는지 여부이며, 셋째는 경제적인 자원이 어느 정도 남아 있는가 하는 점이다. 이러한 측면은 서로 밀접한 연관이 있는데, 예를 들면 기관에서 보살핌을 받을 때 가족의 참여는 매우 복잡해질 수 있다(Whitaker, 2009). 모든 단계에서와 마찬가지로 다양한 도전이 있더라도 그 과정에서 의미를 찾는 것은 이 단계에 있는 사람들에게 있어서 결정적으로 중요하다.

걸을 수 없는 90세 여성을 생각해 보자. 그녀는 고통 속에 있지는 않지만, 그녀의 남편과 두 아이들은 죽었으며 그녀를 방문해 줄 사람도 없다. 그녀는 매일 침대에서 지내는 것보다 죽는 게 낫다고 느낀다. 이런 사람을 당신은 어떻게 지지해 줄 수 있을까?

생각해 볼 질문 6.3

- 당신은 상담적 측면에서 어떠한 생애 단계에 있는가? 또한 그러한 단계에 비춰 상담자로부터 무엇을 가장 얻고 싶은가?
- 어떤 삶의 단계에 있는 사람과 상담을 할 때 가장 편할 것 같다고 생각하는가? 이유는 무엇인가?

- 어떤 삶의 단계에 있는 사람과 상담을 할 때 가장 편하지 않을 것 같다고 생각하는가? 이유는 무엇인가?
- 당신은 어떤 세대가 가장 이해하기 쉽거나 중요하다고 생각하는가? 이유는 무엇인가?
- 당신은 어떤 세대가 가장 이해하기 어렵고 중요하지 않다고 생각하는가? 이유는 무엇인가?
- 상담가로서 어떤 단계가 가장 효과적이며, 어떤 단계가 가장 덜 효과적이라고 생각하는가?

4. 연령 차별주의

모든 사람들은 나이를 먹게 된다. 그러나 대중문화는 이 사실을 받아들이지 않는 것처럼 보인다. 예를 들어 외모에서 젊어 보이려는 강박이 분명히 나타나는데, 주름을 없애거나 제거하려는 화장품과 같은 노화방지 미용 제품이 증가하고, 흰머리를 감추려는 염색약의 사용이 많아지며, 행복하고 성공적인 사람들의 대부분이 50세 이하인 경우를 보면 알 수 있다. '베이비부머' 세대가 노화됨에 따라 이들이 사회와 가족에 부담을 주게 될 것이라는 메시지가 퍼져 있으며(Thornton, 2002), '늙는 것'의 이미지를 아픈 것, 비생산적인 것, 의존적인 것으로 보는 경향 또한 존재한다. 심지어 '은퇴 연령대' 집단을 대상으로 하는 마케팅 전략도 이들이 지닌 제한된 자원 때문에 이러한 상품을 구입한다 할지라도 실제로 노인 집단의 상당수는 기대하는 삶의 질을 누리지 못할 것처럼 보인다(McHugh, 2003). 우리가 앞으로 계속 설명하려는 연령 차별의 고정관념에 대한 이러한 예들과 수많은 경우들은 우리 사회의 중요한 쟁점이 되어 가고 있다(Thornton, 2002). 삶의 다양한 시점에서 우리는 이와 같은 연령 차별적인 메시지를 받게 되어 그러한 연령 차별적 생각을 갖게 될 가능성이 높다.

연령 차별주의(ageism)는 부정적인 지각, 그리고/혹은 개인을 나이에 근거해서만 보려는 행동으로 정의될 수 있고, 그것은 비의도적 · 무의식적 지각 수준에서 작동하는 것일 수 있다(예: Greenberg, Schimel, & Martens, 2002; Levy & Banaji, 2002). 비록 연령 차별이란 용어는 Butler(1969)가 30년 전 만든 용어로 나이가 많은 사람에 대한 부정적인 태도와 행동을 지칭하였지만, 지금 이 용어는 다른 연령 집단에도 사용되고 있다. 이 관점에서 연령 차별주의의 의미는 (a) 특정 연령 집단에 관한 부정적인 감정 (b) 특정 연령 집단의 사람에 대해 미리 예상하여 생각하는 고정관념 (c) 어떻게 개인이 연령 집단의 특정 개인을 차별적으로 대하는지로 이루어져 있다.

흥미롭게도 연령 차별주의는 인종차별이나 성차별에 비해 심리학의 경험적이고 이론적인 문헌에서 관심을 거의 받지 못했다. 더 놀라운 것은 최근의 문헌은 노인 집단에 우선적으로 초점을 맞추려 한다는 것이다. Nelson(2002)과 같은 학자들은 이러한 현상에 대해 미국과 다른 나라의 노인에 관해 퍼져 있는 편견 때문일 것이라고 지적한다. 많은 관점에서 연령 차별주의는 복잡한 현상이다. 왜냐하면 그것은 오히려 노인에 대한 긍정적 편견과 노인을 우선적으로 대우하는 차별과도 연관되어 있기 때문이다. 이러한 사례로서 청년들과 중년 성인들을 메디케어 의료보험(Medicare insurance)[1]에서 배제하는 경우가 있다(Wilkinson & Ferraro, 2002). 연령 차별주의의 태도, 신념, 행동이 우리 사회(즉, 제도화되어 있어서 정책 결정에 영향을 끼치는)에 깊이 스며들어 있다는 사실은 어려움을 더 악화시킬 뿐만 아니라 이러한 이슈에 대한 민감성을 더 높이게 된다.

이전에 언급하였듯이, 연령 차별주의는 노인의 가치를 평가절하 하는 것에 영향을 끼친다. 예를 들어 비록 1935년에 사회보장법(the Social Security act)이 65세의 은퇴한 사람들을 지원해 주기 위해 만들어졌지만, 이 법은 또한 65세가 되어 은퇴한 사람들은 경제적으로 의존적일 것이라는 인식을 더 불러일으켰다(Calasanti & Slevin, 2001). 점점 줄어드는 사회보장 혜택에 관한 현재의 논쟁은 특히 더 골칫거리가 되어 가고 있다. 왜냐하면 이 논쟁은 또한 노인이 사회에 짐이 될 것이라는 인식을 확산시키며, 종종 여러 다른 사회 영역에 퍼지게 되는 부정적인 태도와 고정관념을 만들어 내기 때문이다. 직장만큼 이러한 태도가 노골적으로 드러나는 곳은 없다. McCann과 Giles(2002)는 이 점에 대해 다음과 같이 설득력 있게 주장하고 있다:

> 비록 수명발달 이론은… 노화는 개별적으로 이루어지고, 생의 보편적인 성장 패턴대로 가지 않는 독특한 과정이라고 제시하지만, '노인'은 인지적인 결함이 있으며, 일하기에 신체적으로 적합하지 않고, 변화를 잘 다룰 수 없으며, 일에서의 수행 능력이 낮다는 인식이 널리 퍼져 있고, 은퇴해야 한다는 생각

---

1) [역자 주] 미국은 한국과 달리 전 국민을 대상으로 의료보장을 실시하지 못하고 있어 의료보장을 받기 위해서는 민간 의료보험을 구입해야 한다. 반면 65세 이상의 노인에게는 메디케어 프로그램(Medicare Program)을 적용하여 의료보장을 실시하고 있다.

활동 6.1

연령 차별주의와 단어 연상

모든 연령대의 사람들은 공통으로 노화에 관한 부정적인 태도를 가지고 있다. 아동 혹은 10대에 대해 생각할 때, 무슨 단어가 떠오르는가? 젊은 사람들에 대한 태도에서 당신이 주목하는 것은 무엇인가? 지금, 노인에 관한 동일한 질문에 답해 보아라. 부정적인 고정관념에 의해 젊은 사람들이 영향을 받을 수 있는 것처럼, 노인들은 어떻게 영향받을 수 있는가?

> 이 사회 전반에 지속되고 있다. 불행하게도, 업무 환경에 적용하면 이러한 일반화는 관리자와 직원의 고정관념을 만드는 데 일부 작용하며, 이것은 노인에 대한 차별적 행동과 연령 차별주의적 의사소통을 나타내게 할 수 있다. 이처럼 나이에 근거한 의사소통과 행동의 영향은 회사뿐만 아니라 자존감과 정신 건강이 안 좋아지는 것으로 인해 힘들어하는 노인 근로자에게 치명적일 수 있다. 그리고 이러한 영향은 노인의 근로 생산력을 낮추고 노인 근로자 차별에 대한 고소를 불러일으킬 수 있다. (p. 167)

노인이 적절한 심리적 자원이 부족하고, 태도나 성격이 덜 유연하며, 대처 전략이 적고, 일반적으로 건강이 좋지 않다고 생각하는 것은 잘못된 것이다(Whitbourne & Sneed, 2002). 반대로 노인 대다수는 '주관적인 행복의 긍정적 감정'으로 불리는 것을 가지고 있으며(p. 250), 이것은 많은 연구에 의해 지지되고 있다(예: Diener & Suh, 1998; Rowe & Kahn, 1998). 게다가 노인들은 노화 과정에 성공적으로 적응하며, 노인에 대한 부정적인 고정관념이 널리 퍼져 있음에도 자신에 대한 명확한 판단을 가지고 있다. 예를 들어 노화를 부정적인 과정보다 긍정적인 과정으로 여기는 인식은 삶의 대부분을 작은 마을에서 보내는 아프리카계 미국인에게는 매우 분명하며, 그들은 인종차별주의와 차별의 경험에도 불구하고 지역사회에 대한 소속감을 유지한다(Taylor, 2001). 그러나 우리는 또한 많은 노인들이 부정적인 이미지, 태도, 사회적 통념, 고정관념에 노출되어 반대의 영향을 받을 수 있고, 연령 차별주의적 고정관념에 관한 자기충족적 예언의 희생양이 될 수 있음을 강조한다. 즉, 노인들은 이러한 부정적인 견해를 내면화시키고, 그들 자신을 평가절하할 수 있으며, 회피적이 될 수 있다. 이러한 견해들은 노인으로 하여금 정상적이고 적극적인 삶을 사는 것을 어렵게 만들게 된다(Myers, 1998).

예시 6.1
연령 차별주의자의 언어

신체 능력의 감소를 지칭하는 그리고 직장과 다른 상황에서 종종 들을 수 있는 연령 차별주의적 언어에는 다음과 같은 것이 포함된다.

1. 다 죽어간다(One foot in the grave).
2. 50이면 한물갔어(Over the hill by 50).
3. 우리는 젊은 피를 필요로 해(We need young blood around here).
4. 정년 기념 금시계 선물을 기다리는(Waiting for the gold watch)[2]
5. 하루하루 날짜를 세고(Marking time) 삶이 빠르게 사라져 가는(Fading fast)
6. 나이 들어 잘 잊어버리는(Having a senior moment)

출처: R. McCann & H. Giles, "직장에서의 연령 차별주의", in T. D. Nelson (Ed). 『연령 차별주의: 노인에 대한 고정관념과 편견』

다른 형태의 억압(예: 성차별주의, 인종차별주의, 동성애자 차별, 계급 차별주의)과 상호작용하는 연령 차별주의는 개인이 억압의 효과를 어떻게 경험할지에 영향을 미친다. 예를 들어 생활 수입이 적고 연금 계획에서 저축 혹은 투자 능력이 없는 사람들은 은퇴 후 사회보장 혜택을 적게 받을 뿐만 아니라 경제적으로 더 의존적이 되어 간다. 이러한 상황에 성, 계급, 인종이 더해질 때, 불평등은 더욱 명백해지게 된다.

> 백인 근로계층 남자는 유사한 지위의 중간계층 남자보다 종종 더 낮은 소득을 버는 반면, 백인 근로계층 여자는 낮은 소득으로 인해 더 낮은 혜택을 받을 것이다. 그러나 레즈비언은 배우자만큼 연금 혹은 사회보장을 받을 수 없을 것이다. 유사하게, 흑인 남자들이 종사하는 직업의 형태 때문에 그들은 백인보다 더 많은 실직과 더 높은 장애 비율로 고생하게 된다. (Calasanti & Slevin, 2001, p. 22)

마찬가지로 신체적 특징에서 '노화'에 대한 인식의 성차는 미국에서 꽤 확연히

2) [역자 주] 이 표현은 "A gold watch is the most appropriate gift for retirement, as its recipients have given up so many of their golden hours in a lifetime of service(Harry Mahtar)"에서 유래했다.

나타난다. 예를 들어 여성이 반백의 머리와 얼굴 주름을 가지고 있다면, 유사한 특징을 가진 같은 연령대의 남자들에 비해 덜 매력적인 것으로 인식될 수 있다. 불행하게도 우리 사회는 젊음에 높은 가치를 두고, 따라서 자연스럽게 노화해 가는 여성은 종종 남자들의 노화 과정이 더 긍정적으로 여겨지는 것에 비해 '자기 관리를 하지 않는 것'으로 여겨지며 비판적으로 보여지기도 한다.

외모가 젊어 보여야 한다는 사회적 압력으로 인해 재력이 있는 여성들은 값비싼 외과 수술을 하기도 한다. 명백히 이것에도 계층 차이는 존재한다. 인종과 민족에 관한 차이는 무엇인가? 더 젊어 보이는 데 열광하여 성형수술을 하는 것이 현재 미국 사회의 부유한 유럽계 미국인의 현상이라고 생각할 수 있다.

연령 차별주의는 또한 역사와 문화의 맥락에서 이해되어야 한다. 예를 들어 Calasanti와 Slevin(2001)은 1950년대 성인 여성은 '어머니다움과 가정생활'의 표준에 맞추어 살아가도록 강요받았을 것이라 언급하였고, 이것은 시트콤 〈비버에게 맡겨라(*Leave it to Beaver*)〉와 같은 TV 프로그램에서 확연히 나타난다. 따라서 노인이 되었을 때 남자에 비해 경제적으로 그리고 교육적으로 불리한 조건을 가진 사람들은 여성들이었다. 문화와 관련하여 Calasanti와 Slevin(2001)은 또한 나이지리아의 무슬림 하우사(Muslim Hausa)와 같은 어떤 문화에서의 여성은 나이가 들수록 많은 힘을 갖게 된다고 강조한다. 그러나 미국에서 여성의 차별적인 지위는 사회계층의 영향을 받게 된다.

1) 노화에 대한 관점

Stuart-Hamilton(2000)은 노화를 검사할 수 있는 적어도 일곱 가지의 다른 방법이 있다고 하였다. 근접의(proximal), 말단의(distal), 보편적인(universal), 확률적인(probabilistic), 1차적인(primary), 2차적인(secondary), 연대순의(chronological) 노화가 그것이다.

- **근접의**(proximal) **노화**는 최근의 요통 발병과 같이 근래에 일어났던 것들이다.
- **말단의**(distal) **노화**는 점차적으로 발생하는 청력의 상실과 같이 수명과 상관없이 일어나는 것들이다.
- **보편적**(universal) **노화**는 주름살 같은 모든 사람들이 경험할 수 있는 모습들이다.
- **확률적**(probabilistic) **노화**는 노화와 더불어 발생하는 공통적인 특징이지만

사례 연구 6.2

Jonathan의 사례

Jonathan은 72세의 백인 남성으로 건강하며 괜찮은 집에서 살고 있고 안락한 삶을 유지할 만큼의 연금을 받으며 생활하고 있다. 그의 아내는 몇 년 전에 세상을 떠났다. 당시 그는 경미한 우울증을 진단받았고 약을 처방받았으며 정기적으로 상담도 받았다. 최근 그는 흰머리를 갈색으로 염색하였고 새로운 스타일의 옷을 구입하였으며 15세 연하의 여성과 데이트를 시작했다. 교회에서 주관한 행사에서 그녀를 만났다. 아내와 사별한 후 Jonathan은 그럭저럭 잘 적응하였다. 그러나 그의 자녀들은 아버지의 최근 이러한 변화에 대해 걱정하였고 새롭게 사귄 여성이 어떤 의도를 가지고 아버지를 만나는지 의심하였다. 너무 빨리 아버지와 가까워지는 것을 보면서 조만간 아버지 집으로 이사 올 것이라 믿었고, 자녀들은 모두 반대했다. Jonathan은 이런 상황을 상담자에게 털어놓았고 어떻게 자녀들을 설득할지 도움을 구했다.

사례 토론

생각해 볼 점

1. 만일 당신이 Jonathan의 상담자라면, 당신은 이 문제를 어떻게 접근할 것인가?
2. 만일 내담자가 여성이었다면 그리고 내담자가 15세 연하의 남성과 데이트를 시작했다면 당신의 접근은 달라지겠는가? 그렇다면 왜 그렇겠는가?

이 사례는 외적인 관점에서 잘 적응하는 것처럼 보이는 한 내담자의 이야기를 보여 준다. 내담자 역시 자신이 잘 적응하는 것으로 여기지만, 오히려 현재 가족들이 내담자에게 일어나는 변화를 지지해 주지 못하는 경우이다. 이 내담자를 위해 상담자가 할 수 있는 일 중에는 가족 안에서 전개되고 있는 일들의 이면을 탐색하는 것이다. 가족들은 아버지인 Jonathan이 원하는 것보다는 자신들이 원하는 것에 기초하여 반응하는 것일 수 있다. 그것은 아마도 어머니를 잃은 것에 대한 자녀 자신의 어려움 때문에 기인한 것일 수도 있다. 이처럼 전환 과정과 관련된 문제들은 전환을 겪는 사람뿐만 아니라 주변의 지지 체계와도 관련이 있음을 알 수 있다.

보편적이지는 않은 경우이다. 예를 들어 관절염이 해당된다.

- **1차적**(primary) **노화**는 나이로 인한 신체의 변화를 말한다(예: 뼈가 점점 약해진다).
- **2차적**(secondary) **노화**는 노화의 직접적인 과정은 아니지만 노화로 인해 영향를 받는 과정을 말한다(예: 약해진 뼈는 스트레스로 부러진다).
- **연대순의**(chronological) **노화**는 문자 그대로 시간의 경과와 관련된 것(예: 해마다 점점 늙는 것)을 말한다.

이와 같은 방식으로 노화의 과정은 다양한 형태로 기술될 수 있다. 이러한 양상은 고려할 가치가 있다. 왜냐하면 노화가 각각의 사람들에게 나타나는 고유한 과정이라는 것을 기억하도록 도와주기 때문이다.

2) 신체상에 관한 연령 차별주의 영향

신체적 외모에 근거하여 얼마나 나이가 들었는지 판단하는 것은 매우 일상적이다. 마찬가지로 신체는 노화 과정과 관련되어 있으므로 현대사회에서 육체의 사회적 중요성은 간과할 수 없다. Toni Calasanti와 Kathleen Slevin(2001)은 획기적인 책 『성, 사회적 불평등과 노화(*Gender, Social Inequalities and Aging*)』에서 연령 차별주의와 육체의 관계에 대한 중요한 통찰을 제공한다. 다른 무엇보다도 현대 미국 사회는 젊은이다운 외모를 유지하는 데 초점을 맞춘다. 사람들은 화장, 운동, 다이어트를 통하여 신체를 변화시키려는 선택권을 이전 세대보다도 더 많이 가지고 있다. 비록 의료 기관에서는 적당한 다이어트와 적당한 운동이 일반적으로 더 건강하게 할 것이라고 조언하지만, 우리는 아직도 노화 과정을 늦추는 데 집착한다. 또한 대중매체가 신체에 점점 더 관심을 갖게 하는 데 중요한 역할을 한다. 미디어는 특히 여성을 향한 연령 차별주의적 언어와 이미지로 넘쳐난다. 가장 노골적인 것은 노화방지 크림과 '안티에이징', '노화 조짐과의 전쟁', '젊게 보일수록—더욱더 기분 좋다'와 같은 선전 문구의 화장품 광고들이다. 그런 선전에 의해 전달되는 의미는 일반적으로 사람들, 그중에서도 여성들로 하여금 노화하는 신체와 싸우도록 독려한다(Andrews, 1999). 신체에 대한 집착은 피어싱, 문신, 유행하는 색(예: 분홍색, 녹색)으로의 머리 염색을 통하여 청소년 문화에서 분명하게 나타나고 있다고 강력하게 주장된다.

Calasanti와 Slevin(2001)에 의해 제기된 다른 중요한 문제는 청소년과 초기 성인 여성이 남성들과 비교하여 외모에 많은 관심을 기울이고 있으며, 나이가 들수록 점점 그들의 신체에 만족하지 못하게 된다는 것이다. 비록 이러한 현상에 영향을 미치는 많은 요소가 있다고 하더라도, 여성과 소녀들이 행복하고 성공하기 위해서는 날씬하고 발랄하고 매력적이어야만 한다는 메시지 때문에 비난받을 수 있다는 것을 사람들은 추측할 수 있다. 동시에 남성과 소년들도 자신의 외모에 점점 만족하지 못하게 되었다. 그러나 여성들이 매력에 중점을 두는 반면에 남성들은 신체의 강인함과 운동 능력에 집중한다.

결국 인종, 민족, 문화, 사회적 계급과 성적 지향의 차이와 관련된 중요한 문제가 떠오르고 있다. 인종 및 민족성과 관련하여 예를 들면 Calasanti와 Slevin(2001)은 아프리카계 미국인 여성의 신체상에 대한 지각은 백인 여성과 비교하여 더욱 가변적이고 적극적인 경향이 있다고 말하였다. 특히 아프리카계 미국인 여성의 미에 대한 지각은 신체 특징을 넘어서 개성, 몸단장하기, 몸짓, 그리고 스타일과 같은 양상들을 망라한다(p. 60). 게다가 아프리카계 미국인 여성은 자신들이 뚱뚱하다는 생각을 적게 하는 것 같다. 흥미롭게도 Calasanti와 Slevin은 또한 아시아계, 히스패닉계 여성과 같은 다른 민족, 다른 문화의 그룹은 백인 여성보다도 뚱뚱한 신체 특징에 대해 보다 수용적이라는 것을 지적하였다. 더구나 아프리카계 미국인 남성은 아프리카계 미국인 여성과 마찬가지로 백인 남성들보다 더 많이 신체적인 외모에 투자하였다. 사람들은 이것이 아프리카계 미국인에 대해 지속적으로 주어지는 고정적이고 부정적인 인상을 떨쳐 버리기 위한 강한 동기의 힘 때문일 것이라고 가정할 수 있다. 우리는 많은 아프리카계 미국인들이 미국 사회에 만연해 있는 부정적이고 틀에 박힌 인상을 떨쳐 버리기 위해서 그들의 장점을 보여 주는 데 집중할 것이라고 상상할 수 있다. 다른 한편 Calasanti와 Slevin은 아프리카계 미국인들의 역할모델이 '육체적인 매력과 건강이 중요한' 스포츠와 오락 산업에 매우 집중되어 있기 때문이라고 추측한다(2001, p. 62) 외적인 영향력과 관계없이, 역할모델이 신체상에 영향을 주는 것은 분명하다. 비록 그러한 차이가 연구에 의해 증명되었다 하더라도 계급, 연령, 문화접변의 수준과 같은 다른 중요한 요소들이 모두 영향을 미치기 때문에 저자들은 이러한 관점을 과잉 일반화하는 것에 대해서 경고한다.

성적 지향의 관점에서 몇몇 연구들이 밝힌 바는 신체적 외모가 이성애 남성보다 동성애 남성에게 더 중요하게 여겨지지만, 이성애 여성과 비교하였을 때 동성애 남성은 똑같이 자신의 신체상에 만족하지 못한다는 것이다. 이성애 여성처럼, 동성애 남성은 남자다워야 한다는 동일한 사회의 압력을 경험할 것이다. 그리고 논의의 여지가 있다 하더라도, 동성애 남성은 자신들의 공동체로부터 연령 차별주의와 관련된 메시지를 받을 수 있다. Calasanti와 Slevin(2001)은 동성애 여성의 관점에서 수행한 신체상에 대한 연구가 부족하며 이러한 연구가 복잡하다는 것에 주목한다. 그러나 몇몇 경험적인 연구에서 동성애 여성은 보다 높은 신체 만족을 가지고 있고, 이성애 여성과 비교하여 육체적 매력을 덜 중요하게 생각한다는 것을 지적한다. 이 관점에 대한 설명은 복잡하지만, 저자들은 동성애 여성들은 자신의 신체상에 대해 보다 수용적인 관점을 갖고 있는 것으로 여긴다. 물론 이러한 관점을 일반화하지 않는 것이 중요하다. 왜냐하면 동성애 남성과 동성애 여성 및 양성애자들 사이에 상당한 차이점이 존재하기 때문이다.

3) 어린 아동과 청소년에 대한 연령 차별주의 영향

어린이와 청소년들은 나이 든 성인들과는 다른 방식으로 행해지는 연령 차별주의의 사고방식과 행위의 희생자들이다. 특히 아이들은 가장 저항력이 없고 자신들의 관심을 나타낼 수 없다고 생각되며, 실제로 사회에서 힘을 행사하기 어렵다. 낮은 지위 때문에 어린이들은 차별과 편견의 가장 쉬운 대상이 된다. 어린이와 청소년들이 연령 차별주의의 소행들을 통하여 어떻게 희생되고 있는지에 대한 수많은 예들이 있다. 대표적인 예의 하나가 19세기와 20세기 초 동안에 발생하였던 아동노동의 착취이다. 당시에 6세 정도의 어린 아동들은 오랜 시간 비참한 상태에서 일하도록 강요받았다. 왜냐하면 어린 아동의 노동력은 값싸고 다루기 쉽다고 생각하였기 때문이다(Westman, 1991). 흥미롭게도 아동노동의 압제적인 상태로부터 아동을 보호하기 위한 법을 만들려는 시도는 노동조건의 변화에 초점을 두지 않았다. 오히려 사회가 교육받지 않는 개인들을 생산하고 있기 때문에 이런 법들이 만들어졌다. 물론 나중에는 노동조건을 개선하는 데 초점을 두었다. 그러나 이러한 시도는 가끔 저항에 부딪혔다. 1938년에 공정노동규준법(Fair Labor Standards Act)이 제정되었다. 이 공정노동규준법은 특히 제조업에서 최저 고용연령을 14세로 정하였다. 사실 이 법은 이후의 모든 법률 제정을 위한 기준이 되었다(Kerschner, 2000). 현재 연방정부의 아동노동법은 농업과 비농업 분야에서의 고용 최소연령 요건을 다르게 규정한다. 그리고 18세 이하의 청소년들을 금하는 직업 목록을 제시하며 하나의 임금체계를 마련하였다.

어린이들에 대한 노골적인 차별과 편견으로부터 이들을 보호하려는 법률 제정에서 입증된 것처럼, 어린이들에 대한 고양된 의식에도 불구하고 아직도 우리는 오늘날 사회에서 어린이들과 청소년들에게 영향을 미치는 연령 차별주의의 다양한 형태들을 목격한다. 예를 들어 18세 이하 어린이들의 빈곤율은 계속해서 증가하고 있고, 2003년에 어림잡아 1,300만 명에 달하였으며, 18세 이하 어린이들의 빈곤율은 어느 다른 연령 집단의 비율보다 더 높았다(미국 인구조사국, 2004). 음란물을 포함하여 성적 학대와 신체 학대와 같은 아동 폭력이 증가하고 있으며 장애아동을 위한 기금이 항상 우선순위에서 밀리는 것들은 어린이들을 향한 연령 차별주의 행위의 가장 나쁜 형태들의 예이다(Westman, 1991).

보다 더 미묘한 연령 차별주의의 다른 예는 우리 사회가 부모들로 하여금 공공장소에서 어린이들을 격리시키도록 하는 방식이다. 어린이들 대부분은 공공 휴양공원에 가는 것이 허락된다. 그러나 어린이들은 도박장이나 술집에는 들어갈 수 없다. 물론 이러한 제한의 목적은 바람직하지 않은 환경의 노출로 인한 폐해로부터 어린이들을 보호하기 위해서이다. 그러나 Westman(1991)은 "만약 우리 사회가 미성숙한 구성원들을 존중한다면, 어린이 발달에 해로운 영향을 인정하고 오히려 촉진하기보다는, 아이들의 성장을 촉진시키려는 부모의 노력을 보다 지지하고 공공안전을 분명히 해야 한다."고 주장하였다(p. 243).

더욱이 연령 격리에 대한 생각은 다양한 구조적인 배경에서 발생한다. 우리는 어린이들을 학교에 둠으로써 아이들을 격리하려는 경향이 있다. 어린이들이 가장 중요한 시기를 보내는 학교에서의 여가활동은 매우 제한적으로 조직되며, 특별한 연령 집단을 목표로 삼는다(예: 3학년의 신체훈련 활동 또는 1학년이나 2학년 특별 활동). 아쉽게도 우리 사회에서 지속되고 있는 이러한 분리는 특히 어린이와 청소년들이 나이 든 성인들과 세대를 넘어 상호작용하는 것을 방해할 수 있다.

생각해 볼 질문 6.4

- 연령 차별주의에 관한 당신의 경험은 어떠한가?
- 만약 연령 차별주의에 관한 직접적인 경험을 하였다면 당신은 그것을 어떻게 다루었는가?
- 당신이 젊은 사람들에 대하여 생각할 때 떠오르는 단어, 문구, 고정관념에는 무엇이 있는가?
- 당신이 나이 든 성인들에 대해서 생각할 때 떠오르는 단어, 문구, 고정관념에는 무엇이 있는가?
- 내담자와 상담하는 과정에서 어떻게 연령 차별주의에 도전할 수 있는가? 또한 이 현상에 대해서 당신이 가질 수 있는 편견을 인식하기 위해서 무엇을 할 수 있는가?
- 연령 차별주의 관점을 강화하는 데 사용되는 단어와 문구들은 무엇인가? 그리고 그런 것들을 재구조화하거나 제거하기 위해 당신은 어떻게 할 수 있는가?

5. 아동과 노인에 대한 연령 차별주의 줄이기

1) 연령 차별주의 직면하기: 상담자가 할 수 있는 것

앞서 논의한 바와 같이 연령 차별주의는 이 사회에서 편견과 차별이 가장 허용된 형태 중 하나이다. 결과적으로, 정도의 차이는 있겠지만 우리 대부분은 연령이 낮은 어린이나 고령자에 대해 편견을 지닐 가능성이 높다. 심리학자와 의사와 같은 많은 조력 전문가들(helping professionals)은 이러한 고정관념을 지니고 있고, 이러한 연령 차별주의적인 태도는 그들의 치료에 영향을 미치게 된다. 특히 고령자들에 대한 치료의 경우 많은 의학 분야의 전문가들은 연령이 높은 사람들일수록 궁극적으로 아프기 때문에 예방보다는 질병 관리에 초점을 맞추는 경향이 있다. 마찬가지로, 연령이 많은 개인들은 더욱 약물치료 처방을 받기 쉽고, 우울증과 같은 정신건강 문제로 심리적 서비스를 받기는 어렵다(Nelson, 2005).

Braithwaite(2002)는 연령 차별주의가 부정적인 고정관념, 편견, 낙인 행위(stigmatizing behaviors), 노령화 과정에의 두려움으로 구성되어 복잡하다는 점에 주목했다. 이러한 다양한 요인이 서로 얽혀 있기 때문에 연령 차별주의를 극복하는 것은 매우 어렵다. 그러나 그녀는 고령자와 어린 내담자들과 상담 관계에서 연령 차별주의를 최소화시키는 다양하고 중요한 요소들을 제시하였다. 상담자는 사회에 만연한 연령 차별 정책의 본질에 대한 인식을 높여야 하고, 연령 통합적 활동에 대한 참여 기회를 탐색해야 한다. 상담자는 고령자에 대하여 그들이 사회에서 가치 있는 구성원이라는 것을 깨닫도록 돕는 기회를 찾아내야 한다. 이외에도 상담자는 그들의 이해를 촉진하기 위해 노화와 노인학 과목을 수강하는 것이 권장된다.

옹호자로서의 역할(advocacy role)이 강조된다. 상담자는 아동의 권리를 보장하는 법률뿐만 아니라 건강 및 사회 보험, 고용, 교육에 대한 현재 법률에 관한 지식을 가지고 있어야 한다(Herring, 2003; Meyers, 1998). 상담자는 노인과 아동에게 불리한 차별과 편견을 보여 주는 증거로서 그런 정책들을 검토할 수 있다. 연령 차별주의를 직면하는 가장 중요한 방법 중 하나는 고령자와 아동 사이의 통합적인 접촉을 시도하는 것이다. 세대 간 접촉을 할수록, 노령화에 대한 건강한 태도를 발달시키고 고정관념에 대한 믿음을 줄일 수 있는 가능성이 높아진다.

Braithwaite(2002)는 고령자와의 상담에서 상담자의 역량을 높일 수 있는 10단계 계획을 제시하였다. 아래와 같이 노인과 젊은 사람들에 대한 10단계를 제시한다.

1. 노인과 젊은 사람들의 편견에 대한 감수성을 향상시키기
2. 노인과 젊은 사람들의 개인적인 특성에 다양성을 향상시키기
3. 노인과 젊은 사람들의 다양성을 인정하고 이에 반응하는 것에 대한 책무성을 갖기

4. 노인과 젊은 사람들을 한 개인으로서 바라보는 관점을 형성하기
5. 세대 간 협력을 위한 기회를 찾기
6. 노인과 젊은 사람들의 사회적 매력을 촉진하기 위한 기회를 이용하기
7. 인류애에 관한 규범을 증진하는 제도적 관행(institutional practice)을 강화하기
8. 퇴화와 의존에 대한 오명에 대해 덜 민감하게 반응하기
9. 상대를 무시함으로써 명예를 실추시키는 정책과 관행들을 검토하기. 특히 노인과 청년들을 중요하지 않은 집단으로 간주함으로써 무시하는 경우
10. 정책의 계획과 합의에 노인과 젊은 사람들의 관점을 포함시키기

2) 연령 차별주의적 언어

특정 연령 집단의 개인과 의사소통하는 방식은 연령 차별적 측면을 가지고 있을지 모른다. 연령 차별적 의사소통 유형에 관한 대부분의 연구들은 나이 든 성인에 초점을 맞추고 있다. 지나치게 배려하는 표현(overaccommodation)과 아이를 대하는 듯한 말투(baby talk)는 문헌에서 종종 발견되는데 노인들과 의사소통할 때 사용되는 양식으로 묘사된다. 이러한 방식은 노인들이 인지적으로 결손되었다는 부정적인 고정관념에 기인한 것이다. 예를 들면 우리는 때때로 나이 든 개인들은 청력이 약화된다고 부정확하게 가정하고, 그들에게 크게, 그리고 천천히 이야기한다. 지나치게 배려하는 표현의 다른 형태는 나이 든 성인과의 대화에서 유아어를 사용하는 것인데, 이러한 경우 마치 잘난 체하고 거들먹거리는 것처럼 들리기도 한다. 이러한 종류의 의사소통 유형은 마치 유아에게 말하는 것처럼 과장되게 말하고, 단순하게 표현하며, 높은 톤의 음색과 연결 지어 큰 목소리의 느린 화법으로 묘사된다(Nelson, 2005). 누구라도 이러한 형태로 말하는 사람의 얘기를 들으면 얼마나 무시당하는 느낌이 들지 상상할 수 있다.

6. 노인 상담 관련 특별 주제

1) 노령화 성인을 돕는 문화적 맥락

우리 모두는 노령화가 보편적인 과정이라는 것에 동의한다. 그러나 고령화된 사람

들을 누가 돌볼 것인가에 대한 문제는 문화에 걸쳐 다양할 수 있다. 예를 들면 많은 아시아 문화권의 경우 성인인 자녀는 **효도**(filial piety)—필요한 때에 부모를 위해 희생하는 것뿐만 아니라 부모에 대하여 애정을 나타내고 존경의 의미를 담은 표현을 하는 것—라는 문화적 전통의 일부로 인해 그들의 병약한 나이 든 부모를 돌본다(Sung, 2000). 라틴계와 히스패닉 문화에서는 가족 구성원이 나이 든 부모, 특히 그들의 건강이 악화되면 돌보는 것은 흔한 일이다(예: Santiago-Rivera, Arredondo, & Gallardo-Cooper, 2002). 이 문화에서는 강한 가족주의적 성향으로 직계 및 확대 가족들과 긴밀한 관계를 유지하기 위한 선호가 드러난다. 많은 미국 원주민 부족들은 우호적인 가족의 지지망을 가치롭게 여기며, 연장자를 가장 존경하고, 마치 자신들이 노인의 나이에 이른 것처럼 노인들을 잘 돌본다(예: Herring, 1999). 확대 가족과 강한 친족 간 결속은 아프리카계 미국인 사회에서도 중요한 가치이다(예: McCollum, 1997). 이러한 문화적 요인들로 인해 요양원에 있는 소수민족 노인들이 적은 것일까? 요양원 측과 민족 구성원 사이의 문화적 차이가 이러한 요인에 영향을 미친다고 볼 수 있다. 즉, 이들에게는 가족이 최우선적으로 간병인이 되는 것이다(Markides & Miranda, 1997).

아프리카계 미국인, 라틴계 미국인, 미국 원주민 및 아시아계 미국인들이 효에 대한 책임을 중시하여 가족 안에서 간병인의 역할을 기꺼이 맡고 양육하여 **비공식 보호**(informal care라고 알려진)를 많이 한다고 생각하면, 이들이 요양원에서 **공식적 보호**(formal care)를 적게 할 것이라는 오해를 살 수도 있다(Groger, 1999). 실제로 요양 기관에서 노인을 모시는 것과 집에서 간병인의 역할을 맡는 욕구와 능력의 경우에는 이러한 결정에 영향을 미치는 매우 다양한 요인들이 존재한다. 이러한 요인들은 가족 지지의 유용성, 잠재적인 간병인의 연령과 생애 단계, 요양시설의 위치, 건강보험의 혜택들이 포함된다(Groger & Mayberry, 2001; Markides & Miranda, 1997). 뿐만 아니라 사람들의 이동이 더욱 다양해지고 보다 많은 여성들이 사회에 진출하면서, 또한 노령 인구가 증가하면서 우리는 노인들을 돌볼 수 있는 가족의 참여 정도에 변화가 일어나고 있음을 알고 있다. 이러한 현상은 가족의 구조와 가족주의의 가치 및 효에 대한 책임에 영향을 미치고 있다(Bengtson & Putney, 2000). 문화적 관점에서 개인들은 자신의 문화적 전통에 기초한 의무와 책임에 기반을 두고 있어 노령화되는 부모를 요양원에서 보내는 것에 심리적 갈등을 느낄 수도 있다. 이러한 쟁점은 부모를 돌보는 것에 관한 결정을 해야 하는 성인들 사이에서 이전 세대보다 오늘날 더욱 분명하게 나타날 수 있다. 결과적으로 이것은 스트레스와 부담감을 유발할 수 있다.

2) 여성, 노화 및 부양

여성주의 학자들은 돌보는 일을 '여성이 해야 할 일'이라고 당연시하는 것에 주의해야 한다고 주장하지만, 현실에 있어서 여성은 (배우자, 부모, 시댁 식구들 같은) 가족 구성원을 위해 대부분의 비공식적 보살핌을 제공하고 있다(Parrot, Mills, Bengston, 2000). 돌보는 사람으로서 여성의 역할은 노인의 벗이나 도우미, '실무적인' 의료 서비스의 제공자 및 책임자, 그리고 결정권자 등으로 상당히 다양하다(Family Caregiver Alliance, 2003). 앞서 논의한 바 있지만, 노인을 돌보는 일은 정서적으로나 재정적으로 매우 힘든 일일 수 있기 때문에 심리적이고 육체적인 건강 전체에 영향을 미치게 된다. Sylvia의 사례에 잘 드러나듯이(**사례 연구 6.3** 참조), 직업이 있으면서 동시에 비공식적으로 돌보는 역할을 하고 있는 여성의 경우 엄청난 시간적 부담을 겪게 된다.

전국적 규모의 조사에 따르면 전일제 직장인이면서 노인들을 비공식적으로

사례 연구 6.3

Sylvia의 사례

Sylvia는 50세 아프리카계 미국인 여성으로, 그녀는 미국국세청(Internal Revenue Service: IRS)에서 29년 동안 일해 왔으며, 5년 후에 은퇴할 예정이다. 그녀는 학교에 다시 입학할 계획이다. 그녀는 자신의 아들과 협의를 했는데, 아들이 전기 기술자가 되는 것을 엄마가 도와주었기 때문에 이제는 엄마가 대학을 다니는 비용을 아들이 보조하기로 결정했다. 동시에 Sylvia는 IRS에서 일하면서 내는 세금보다 더 많은 세금을 내는 두 번째 직업을 동시에 가지고 있다. 그녀는 치매에 걸린 79세 노모를 돌본다. Sylvia는 하루에 몇 번씩 전화로 자기 어머니의 상황을 살피고, 저녁이 되어 집에 돌아오고 나서야 집안일을 하고, 상점에 가고, 병원에 방문하고, 친구들을 만난다. Sylvia는 집을 살 계약금을 모으기 위해 유지했던 두 번째 직장을 그만두었다. Sylvia는 노모를 3년 동안 돌보아 왔다. 그녀는 요양원들을 방문하였고, 요양원 직원과 면담을 하고, 대기자 명단에 올릴 두 시설을 선택했다. 그녀는 요양원만이 어머니가 완전히 안전할 수 있는 유일한 장소라고 느꼈다. 그러나 그녀의 어머니는 요양원 입원을 위한 서면 동의를 거절했다. Sylvia는 어머니의 이러한 결정에 대해 매우 가슴 아파했다. Sylvia는 이미 입원시킬 수 있는 한 번의 기회를 거절했다. 다시 어머니를 입원시킬 기회가 온다 할지라도 부모를 봉양하는 것은 당연하다는 생각 때문에 또다시 거절할 것만 같다고 생각하고 있다. 이러한 고민을 하면서 Sylvia는 어머니가 요양원에 들어가면 어떠한 끔찍한 일들이 일어날지에 대한 악몽을 꾸며 지내고 있다.

(다음 쪽에 계속)

사례 토론

생각해 볼 점

1. Sylvia가 좌절과 실망을 겪고 결국에는 도움을 받기 위해 상담자를 만나기로 결정했다고 가정해 보아라. 당신이 알아야 할 것은 무엇이며, 어떻게 그녀의 요구에 문화적으로 반응할 수 있겠는가?
2. Sylvia 자신의 요구와 어머니의 요구 사이의 균형을 탐색하기 위한 핵심 질문들은 무엇인가?
3. 상담자로서 요양원이 더 나은 장소인지에 관해 당신이 가지고 있는 문화적인 편견은 무엇인가? 어떻게 이러한 편견이 당신의 상담 과정에 부적절하게 영향을 미치지 않도록 할 수 있는가?

Sylvia는 문화적 가치가 사람들의 삶에서 얼마나 중요한지를 보여 주는 사례이다. 사례를 보면 그녀가 개인적으로 추구하는 것과 가족 구성원을 돕는 것 사이의 긴장이 역력하다. 사회의 소비자적 측면에서 바라보면 Sylvia는 당연히 그녀 자신의 요구에 부응하는 결정을 해야 하며, 어머니의 요구는 다른 사람을 고용하여 해결하는 방법이 선호된다. 이러한 방법은 문화적으로 또한 실제적으로 그렇게 간단하지 않다. 문화적인 관점에서 가족 구성원이 돌보는 것에 더 많은 가치가 부여될 수 있다. 또한 실제적인 관점에서 이러한 서비스를 이용하는 것이 매우 비쌀 수도 있다. 뿐만 아니라 Sylvia는 그녀의 어머니를 돌보기 위해 고용한 사람보다 그녀의 어머니에게 더 나은, 더 지원적인 돌봄을 줄 수도 있다. 이러한 요인은 Sylvia와 그녀의 어머니 모두에게 매우 중요한 것이다. 이상에서 살펴본 바와 같이, Sylvia가 그녀의 어머니를 우선시하면 Sylvia 자신의 요구를 만족시키는 것은 어려워진다.

돌보는 여성들의 경우, 근무시간을 축소하고 승진, 교육, 근무 배치 등을 포기하거나 전일제에서 시간제로 직장을 옮길 가능성이 더 높은 것으로 나타났다. 이러한 변화들로 인해서 연금 불입액이나 사회보장 혜택 등 장래 은퇴 후의 재정적 안정에 영향을 미치게 된다. 또한 사랑하는 가족을 돌보는 사람 역할을 하는 여성의 경우 가중되는 육체적 · 정서적인 스트레스로 인해 심리적 문제가 발생할 수 있다.

노화만 하더라도 남성과 비교하여 여성에게 뚜렷이 다르게 나타나는 체험들이 있다. 인구통계학적 추이를 보면, 여성이 남성보다 약 7년을 오래 살며 마지막 11년 혹은 그 이상의 기간을 독신으로 혹은 다른 여성의 보살핌 속에 보낼 수도 있음을 알 수 있다. 또한 노인 여성의 경우, 배우자의 사망 이후 재원의 감소를 경험하게 될 가능성이 아주 크다. 게다가 여성은 연금을 수령할 가능성이 현저히 낮다. 또 받더라도 남성의 수령액에 비해 상당히 적은 액수일 가능성이 높다(Parrot et al., 2000). 결론적으로 이러한 다양한 문제들과 상황들로 인해 여성들은 정신건강 문제로 인한 위험을 겪을 가능성이 높다.

7. 연령과 연령 차별에 대한 토론

이번 장에서 논의된 모든 주제와 관련하여 여러분은 이제 다양한 문화적 배경과 세계관을 가진 특정 내담자들과 이러한 정보를 어떻게 활용할 것인지 생각해 볼 것이다. 이 장 전체에서 여러분에게 제시될 생각해 볼 문제들 또한 연령 및 노인 차별 관련 체험 등의 문제와 관련하여 내담자들과 대화를 시작하는 데 활용할 수 있는 유용한 질문들이다. 다음에 열거하는 질문들 중 일부는 여러분이 내담자들과 대화를 하는 데 도움을 주기 위한 질문이다.

- 연령이라는 기준의 관점에서 당신은 누구인가? 이 사실이 당신의 개인적이고 문화적인 정체성에 얼마나 중요한가? 그리고 이러한 부분은 당신이 세상을 바라보는 시선과 당신의 삶을 살아가는 데 있어서 어떤 영향을 주는가?
- 노화에 대한 당신의 생각은 어디서 온 것인가? 그리고 당신의 삶에서 그것은 어떻게 강화되거나 혹은 도전을 받았는가?
- 당신이 속한 문화권의 경우 나이에 관해서 어떤 견해를 가지고 있는가?
- 당신이 속한 가족과 공동체는 신념과 관습의 차원 모두에서 나이와 관련한 견해가 어떠한가?
- 권력과 특권 같은 요소들은 나이에 대한 정의와 노화에 대해 가지고 있는 개념에 어떻게 영향을 미치는가?
- 나이에 대한 당신의 정의는 당신이 지금 그리고 예전 시점에서 당신 자신에 대해 내리던 정의와 비교하여 어떠한 차이가 있는가?
- 당신이 나이와 노화에 대해 내리는 정의는 당신 자신 및 다른 사람들이 당신을 바라보고 대우하는 방식에 앞으로 어떤 영향을 계속 미칠 것으로 보는가?
- 당신이 나이가 들어감에 따라 나이에 대한 당신의 정의는 어떻게 변할 것이라고 예상하는가?
- 노인 차별에 대해서는 언제 처음 알게 되었는가? 당신의 처음 반응은 어떠했으며, 그 반응은 시간이 지나면서 어떻게 바뀌었는가?
- 노인 차별에 대한 당신의 경험은 어떠한 것이었으며, 그러한 체험들이 현재 당신의 삶과 현재 직면하는 여러 쟁점들에 대해 어떤 영향을 미쳐 왔는가?
- 당신은 당신의 삶 속에 존재하는 노인 차별과 관련한 긍정적 사회 변화를 이루기 위해 개인, 집단, 사회 차원에서 어떤 노력을 해왔으며 또 어떤 노력을 하고 싶은가?

- 당신은 상대방의 가치를 나타내는 지표로서 나이의 의미를 어느 정도로 평가하는가?
- 나이 때문에 누군가가 괴롭힘을 당하고 탄압받는 상황을 본 경험이 있는가? 없다면 왜인가? 누군가가 당신을 위해 이런 식으로 나선 경험은 있는가?
- 당신(내담자)과 나(상담자) 사이의 연령 차이 혹은 비슷함이 상담 과정에서의 경험과 신뢰관계 형성에 어떤 영향을 미칠 수 있는가?
- 나이는 상담에서 다루는 여러 문제들에 어떻게 영향을 미치며, 우리는 어떻게 나이가 상담에 미치는 영향을 가장 효과적으로 다룰 수 있는가?

✲ 결론 및 시사점

이번 장에서 우리는 나이의 개념에 대해 정의를 내렸고 노화 연구의 역사를 되돌아보았다. 염두에 두어야 할 중요한 상담 관련 인생 단계가 어떻게 존재하는지를 논의했고, 노인 차별 관련 문제들을 탐구하였으며, 나이와 관련된 기타 문제들을 생각해 보았다. 이를 통해 나이와 관련된 종합적인 맥락에 대한 이해를 도왔다. 이러한 이해를 강화하기 위하여, 우리는 Robert Frost의 "가지 않은 길(The Road Not Taken)"이란 시를 소개하고자 한다. 왜냐하면 이 시는 나이에 대한 중요한 핵심 포인트를 시적으로 잘 표현했기 때문이다. 시는 지적하길 인생에서 내리는 결정들이 사람들에게 상당한 변화를 초래하지만, 내려진 결정들이 좋거나 나쁜 것이 아니라 그저 서로 다른 것이었을지도 모른다고 이야기하고 있다. 때때로 사람들은 "그로 인해 모든 것이 달라졌다."라는 마지막 행을 Robert Frost(1946)의 승리의 외침, 즉 자신은 훌륭한 삶을 살아왔다는 의미로 해석하기도 한다. 하지만 그런 해석은 한 가지 중요하고 미묘한 내용을 간과하는 것이다. 시의 첫 부분에서 Frost는 둘째 길을 '똑같이 아름다운(Just as fair)' 것으로 묘사하면서, 끝 무렵에 가서는 첫째 길에 대해서 "한숨을 쉬며(with a sigh)"라는 표현을 하고 있다. 그는 자신의 선택에 대해 자랑스러워하는 것도 아니고, 그것으로 인해 슬픈 것도 아니다. 시인은 그저 우리 삶에서 우리가 가지고 있는 선택을 내리는 힘을 지적하면서, 그러한 선택들로 인해 "모든 게 달라졌노라고" 말하고 있는 것이다. 그에게는 두 길을 모두 갈 수 없었던 것이 아쉽다. 그러나 아주 확실한 부분은, 시인이 우리가 시간을 두고서 하는 단순한 선택들이 우리의 삶을 어떻게 결정지을 수 있는지에 경외감을 느끼고 있다는 사실이다. 상담자로서 우리는 사람들이 해온 선택들과 그러한 선택들이 가진 힘을 알아볼 수 있도록 도움으로써 그들이 지나온 거리와 다음에 이어질 일과 관련하여 어디로 가야 하는지를 모두 생각해 보도록 도와줄 필요가 있는 것이다. 때로 이러한 과정은 큰 변화를 의미하며 때로는 스스로의 삶이 어떻게 펼쳐지는가와 관련하여 경외감을 느끼는 순간일 수도 있다.

✲ 용어

1차적 노화(Primary aging): 나이로 인해 몸에 나타나는 변화(가령 뼈가 더 부서지기 쉬워짐).

2차적 노화(Secondary aging): 노화의 직접적인 과정은 아니지만 노화로 인해 영향를 받는 과정을 말한다(예: 약해진 뼈는 스트레스로 부러진다).

근접의 노화(Proximal aging): 최근에 생겨난 등 통증 등 최근에 발생한 노화의 결과.

나이(Age): 사람이 태어나서 현재까지 지속된 전체 기간.

말단의 노화(Distal aging): 시간이 지나면서 나타나는 청력 감퇴 등의 영향.

보편적 노화(Universal aging): 피부 주름 등 모든 사람이 노화와 함께 경험하게 되는 현상들.

연대기적 나이(Chronological age): 나이를 시간 흐름으로 기술함.

연령 차별주의(Ageism): 특정 개인을 향해 나이만을 이유로 부정적으로 인식하거나 대하는 것. 의도 없이 무의식 속에서 벌어지는 일일 수 있음.

확률적 노화(Probabilistic aging): 관절염처럼 보통 노화와 관련이 있지만 보편적이지는 않은 특징들.

✲ 참고문헌

Andrews, M. (1999). The seductiveness of agelessness. *Ageing and Society*, *19*, 301–318.

Bengtson, V., & Putney, N. M. (2000). Who will care for tomorrow's elderly? Consequences of population aging East and West. In V. L. Bengtson, K. D. Kim, G. C. Myers, & K. S. Eun (Eds.), *Aging in East and West: Families, states and the elderly* (pp. 263–286). New York: Springer.

Birren, J. E. (1961). A brief history of the psychology of aging. *Gerontologist*, *1*, 67–77.

Braithwaite, V. (2002). Reducing ageism. In T. D. Nelson (Ed.), Ageism: Stereotyping and prejudice against older persons. Cambridge, MA: MIT Press.

Butler, R. N. (1969). Age-ism: Another form of bigotry. *Gerontologist*, *9*, 243–246.

Calasanti, T. M., & Slevin, K. F. (2001). *Gender, social inequalities, and aging*. Walnut Creek, CA: AltaMira Press.

Diener, E., & Suh, E. (1998). Age and subjective well-being: An international analysis. *Annual review of Gerontology and Geriatrics*, *17*, 304–324.

Duncan, C., & Loretto, W. (2004). Never the right age? Gender and age-based discrimination in employment. *Gender, Work, and Organization*, *11*, 95–115.

Erikson, E. (1950). *Childhood and society*. New York, NY: WW Norton and Company.

Erikson, E. (1997). *The life cycle completed*. New York: Norton.

Family Caregiver Alliance. (2003). Women and caregiving: Facts and figures. Retrieved from http:// www.caregiver.org

Frost, R. (1946). *The poems of Robert Frost*. New York: Random House.

Greenberg, J., Schimel, J., & Martens, A. (2002). Ageism: Denying the face of the future. In T. D. Nelson (Ed.), *Ageism: Stereotyping and prejudice against older persons* (pp. 27–48). Cambridge, MA: MIT Press.

Groger, L. (1999). Relinquishing care. *Anthropology Newsletter*, *40*(3), 19.

Groger, L., & Mayberry, P. S. (2001). Caring too much? Cultural lag in African Americans' perceptions of filial responsibilities. *Journal of Cross-Cultural Gerontology*, *16*, 21–39. Retrieved from http://www.stpt.usf.edu/~ jsokolov/Groger.htm

Hagestad, G. O., & Uhlenberg, P. (2005). The social separation of old and young: A root of ageism.

Andrews, M. (1999). The seductiveness of agelessness. *Ageing and Society*, *19*, 301–318.

Bengtson, V., & Putney, N. M. (2000). Who will care for tomorrow's elderly? Consequences of population aging East and West. In V. L. Bengtson, K. D. Kim, G. C. Myers, & K. S. Eun (Eds.), *Aging in East and West: Families, states and the elderly* (pp. 263–286). New York: Springer.

Birren, J. E. (1961). A brief history of the psychology of aging. *Gerontologist*, *1*, 67–77.

Braithwaite, V. (2002). Reducing ageism. In T. D. Nelson (Ed.), Ageism: Stereotyping and prejudice against older persons. Cambridge, MA: MIT Press.

Butler, R. N. (1969). Age-ism: Another form of bigotry. *Gerontologist*, *9*, 243–246.

Calasanti, T. M., & Slevin, K. F. (2001). *Gender, social inequalities, and aging.* Walnut Creek, CA: AltaMira Press.

Diener, E., & Suh, E. (1998). Age and subjective well-being: An international analysis. *Annual review of Gerontology and Geriatrics*, *17*, 304–324.

Duncan, C., & Loretto, W. (2004). Never the right age? Gender and age-based discrimination in employment. *Gender, Work, and Organization*, *11*, 95–115.

Erikson, E. (1950). *Childhood and society*. New York, NY: WW Norton and Company.

Erikson, E. (1997). *The life cycle completed.* New York: Norton.

Family Caregiver Alliance. (2003). Women and caregiving: Facts and figures. Retrieved from http:// www.caregiver.org

Frost, R. (1946). *The poems of Robert Frost*. New York: Random House.

Greenberg, J., Schimel, J., & Martens, A. (2002). Ageism: Denying the face of the future. In T. D. Nelson (Ed.), *Ageism: Stereotyping and prejudice against older persons* (pp. 27–48). Cambridge, MA: MIT Press.

Groger, L. (1999). Relinquishing care. *Anthropology Newsletter*, *40*(3), 19.

Groger, L., & Mayberry, P. S. (2001). Caring too much? Cultural lag in African Americans' perceptions of filial responsibilities. *Journal of Cross-Cultural Gerontology*, *16*, 21–39. Retrieved from http://www.stpt.usf.edu/~ jsokolov/Groger.htm

Hagestad, G. O., & Uhlenberg, P. (2005). The social separation of old and young: A root of ageism. *Journal of Social Issues*, 61, 21–39.

Hall, S. (1922). *Senescence, the last half of life*. New York: NY: D. Appelton and Company.

Herring, R. (1999). *Counseling with Native American Indians and Alaskan Natives*. Thousand Oaks: CA: Sage.

Herring, J. (2003). Children's rights for grown-ups. In S. Fredman & S. Spencer (Eds.), *Age as an equality issue* (pp. 145–173). Portland, OR: Hart.

Jonker, A. A. G. C., Comijs, H. C., Knipscheer, K. C. P. M., & Deeg, D. J. H. (2009). The role of coping resources on change in well-being during persistent health decline. *Journal of Aging and Health*, *21*, 1063–1082.

Kerschner, A. (2000, June). Child labor laws and enforcement. In A. Herman (Ed.), *Report on the youth labor force* (pp. 3–13). Washington, DC: U.S. Department of Labor. Retrieved from http://www.bls.gov/opub/rylf/rylfhome.htm

Levinson, D. J., with Darrow, C. N., & Klein, E. B. (1978). *Seasons of a man's life*. New York: Random House.

Levinson, D. J., & Levinson, J. D. (1996). *Seasons of a woman's life*. New York: Knopf.

Levy, B., & Banaji, M. R. (2002). Implicit ageism. In T. D. Nelson (Ed.), *Ageism: Stereotyping and prejudice against older persons* (pp. 49–76). Cambridge, MA: MIT Press.

Markides, K.S., & Miranda, M. (Eds.). (1997). *Minorities, aging, and health.* Thousand Oakes, CA: Sage.

McCann, R., & Giles, H. (2002). Ageism in the workplace: A communication perspective. In T. D. Nelson (Ed.), *Ageism: Stereotyping and prejudice against older persons* (pp. 163–199). Cambridge, MA: MIT Press.

McCollum, V. J. C. (1997). Evolution of the African American family personality: Considerations for family therapy. *Journal of Multicultural Counseling* and Development, 25, 219–229.

McHugh, K. E. (Ed.). (2003). Three faces of ageism: Society, image and place. *Aging & Society*, *23*, 165–185.

Meyers, J. E. (1998). Combating ageism: The rights of older persons. In C. C. Lee & G. R. Walz (Eds.), *Social action: A mandate for counselors* (pp. 137–159). Alexandra, VA: American Counseling Association.

National Academy for Teaching and Learning About Aging, Center for Public Service, University of North Texas. (N.d.). [Home page]. Retrieved from http://www.cps.unt.edu/natla

Nelson, T. D. (2002). *Ageism: Stereotyping and prejudice against older persons*. Cambridge, MA: MIT Press.

Nelson, T. D. (2005). Ageism: Prejudice against our feared future self. *Journal of Social Issues*, *61*, 207–221.

Parkes, A., Wight, D., Henderson, M., & West, P. (2010). Does early sexual debut reduce teenagers' participation in tertiary education? Evidence from the SHARE longitudinal study. *Journal of Adolescence*, *33*, 741–754.

Parrott, T. M., Mills, T. L., & Bengtson, V. L. (2000). *The United States: Population demographics, changes in the family, and social policy challenges*. In V. L. Bengtson, K. D. Kim, G. C. Myers, &

K. S. Eun (Eds.), *Aging in East and West: Families, states and the elderly* (pp. 191–224). New York: Springer.

Piaget, J., & Inhelder, B. (1969). *The psychology of the child*. New York: Basic.

Rowe, J. W., & Kahn, R. L. (1998). *Successful aging*. New York: Pantheon.

Santiago-Rivera, A., Arredondo, P., & GallardoCooper, M. (2002). *Counseling Latinos and la familia: A practical guide*. Thousand Oaks, CA: Sage.

Schlossberg, N. K. (2004). *Retire smart, retire happy: Finding your true path in life*. Washington, DC, US: American Psychological Association.

Siegler, I.C., Bastian, L.A., Steffens, D.C., Bosworth, H.C., & Costa, P.T. (2002). Behavioral medicine and aging. *Journal of Consulting and Clinical Psychology*, *70*, 843–851.

Stuart-Hamilton, I. (2000). *The psychology of ageing: An introduction*. London: Jessica Kingsley.

Sung, K. (2000). *An Asian perspective on aging East and West: Filial piety and changing families*. In V. L. Bengtson, K. D. Kim, G. C. Myers, & K.

S. Eun (Eds.), *Aging in East and West: Families, states and the elderly* (pp. 41–56). New York: Springer.

Taylor, S. P. (2001). Place identification and positive realities of aging. *Journal of Cross-Cultural Gerontology*, *16*, 5–20.

Thornton, J. E. (2002). Myths of aging or ageist stereotypes. *Educational Gerontology*, *28*, 301–312.

U.S. Census Bureau. (2004). *Poverty: 2003 highlights*. Retrieved from http://www.census.gov/hhes/poverty/poverty03/pov03hi.html

Webster, N. (1983). *Webster's new universal unabridged dictionary*. New York: Simon & Schuster.

Westman, J. C. (1991). Juvenile ageism: Unrecognized prejudice and discrimination against the young. *Child Psychiatry and Human Development*, *21*, 237–256.

Whitaker, A. (2009). Family involvement in the institutional eldercare context: Towards a new understanding. *Journal of Aging Studies*, *23*, 158–167.

Whitbourne, S. K., & Sneed, J. R. (2002). The paradox of well-being, identity processes, and stereotype treat: Agesim and its potential relationships to the self in later life. In T. D. Nelson (Ed). *Ageism Stereotyping and prejudice against older persons* (pp. 247–271). Cambridge, MA, US: The MIT Press.

Wilkinson, J. A., & Ferraro, K. F. (2002). Thirty years of ageism research. In T. D. Nelson (Ed.), *Ageism: Stereotyping and prejudice against older persons* (pp. 339–358). Cambridge, MA: MIT Press.

Woodruff-Pak, D. (1988). *Psychology and aging*. Englewood Cliffs, NJ: Prentice Hall.

Counseling & Diversity

CHAPTER 07

성과 성 의식

1. 남성성과 여성성
2. 성과 성 의식을 재구성한 페미니즘의 영향
3. 남성운동
4. 성에 대한 토론

여러 사회 및 문화에 걸쳐 인간이 스스로를 인식하는 가장 근본적인 방식 중 하나는 자신의 성과 성적 정체성을 통한 방식이다. 그러나 남자 또는 여자라는 관념은 겉으로는 매우 단순하게 보이지만 그 이면에는 겹겹이 숨겨진 여러 층의 의미가 존재한다. 러시아 중첩 인형을 활용하여, Anne Fausto-Sterling은 인간의 성과 성 의식의 구성을 개념화하고 이해하는 일이 얼마나 복잡한 것인지를 잘 보여 주고 있다.

이러한 배워야 할 개념들은 너무나 많은 부분이 명시적이라기보다는 암묵적이기 때문에, 우리는 보통 이러한 복잡한 것들에 대해 주목하지 않게 된다. 하지만 상담자들의 경우에는 이에 주목해야 한다. 왜냐하면 성별과 이를 구성하는 요인들은 성 정체성, 성 역할, 성적 표현 등과 매우 깊이 서로 얽혀 있기 때문이다. 이번 장은 본질주의적 관점, 사회구성주의적 관점, 반페미니스트적 관점 등에 대한 논의를 포함하여 이러한 개념의 구성에 관한 개관을 제공한다. 그리고 8장에서 우리는 성 정체성 문제를 더욱 깊이 탐구해 볼 것이다.

생각해 볼 질문 7.1

- 당신의 성과 그것의 의미에 관한 당신의 최초 기억은 무엇인가?
- '남자아이' 또는 '여자아이'라는 말이 뜻하는 바와 관련하여 당신은 어린 시절 어떤 메시지를 전해 들었는가?
- 남성 또는 여성이 되는 것의 의미와 관련하여 당신이 십대 시절 전해 들은 메시지는 무엇인가?
- 당신의 인생 가운데 각각 다른 시점에서 (부모, 교사, 코치, 다른 아이들 중) 누구로부터 그러한 메시지를 전해 들었으며, 그로 인해 당신이 받은 영향은 무엇인가?

먼저 성과 성 의식이 사회라는 영역 안에서 어떻게 규정되고 검토되는지와 관련된 논의를 시작해 보자. 예를 들어 **성**(gender)은 자신을 남성 또는 여성으로 받아들이는 주관적 느낌의 다양한 표현들로 지칭된다(Fausto-Sterling, 2000). 한 사람의 성 정체성은 특정 사회가 '적합한' 또는 '전형적인' 남성 또는 여성의 태도 및 행동이라고 규정하는 바에 의해 깊은 영향을 받는다(Savin-Williams & Cohen, 1996). 페미니즘의 관점에서, 성은 종종 사회에 의해 남성성(masculinity)과 여성성(femininity)을 형성하는 것으로 해석된다. 하지만 (페미니스트를 포함한) 다양한 분야의 일부 학자들은 이러한 관점에는 인체 해부학과 생리학의 관점이 배제되어 있다고 주장한다. 다른 한편으로 **성 의식**(sexuality)은 성, 성 역할, 그리고 성 정체성을 아우르는 더 광범한 개념으로 간주될 수 있다(D'Andrea & Daniels, 2001). 일부 학자들은 여기에 성적 감정(즉 에로티시즘)과 성적 습관, 행동 및 관계도 포함된다고 생각한다(Jackson & Scott, 1996). 이처럼 다양한 견해가 존재하고 있지만, 대부분은 성과 성 의식이 개인의 정체성과 관련되어 있고 그 핵심을 이룬다는 점에는 동의한다. 그렇지만 주목해야 할 점은 **남성**(male) 및 **여성**(female)은 이 사회에서 주어진 이분법적 지표인 반면, 다른 문화권에서는 두 개 이상의 성별에 관한 명명도 허용된다는 것이다. 성별이 부여되기 위해서는 성적 행동이 반드시 필요한 것은 아니라는 점에서 성은 성 의식과는 다르다. 예를 들어 독신임에도 수사와 수녀는 남자와 여자로서 아주 분명하게 성 정체성을 부여받는다.

성 의식과 성에 관한 논쟁은 매우 다양한 이슈를 포함한다. 예를 들어 생물학적 차이에 근거하여 (남성 및 여성의) 오직 두 가지의 성만 존재하는지의 여부, 그리고 성과 성 의식이 사회적으로 구성된 현상인지의 여부 등이 포함된다. 이러한 논쟁을 더욱 가열시키는 것은 대조되는 본질주의자(essentialist) 이념과 포스트모더니스트의 이념적 차이에 기인한다고 볼 수 있다. 이 두 관점은 남성성 및 여성성의 개념 및 차별화된 성 역할 등에 대해 다른 입장을 취하고 있다(Philaretou & Allen, 2001). 이러한 논쟁의 또 다른 차원은 남성 지배, 전통적 성 역할, 그리고 남자와 여자 사이의 권력 격차와 관련되어 있다. Jackson과 Scott(1996)은 이 점을 다음과 같이 아주 명확하게 기술했다.

> 남자와 여자 사이의 사회적 구분과 위계적 관계는 우리의 성적 생활에 상당한 영향을 미친다. 이것은 이성애자에게만 해당되는 것이 아니다. 레즈비언과 게이의 성 또한 남성성과 여성성에 대한 더 넓은 이해를 통해 형성된다. 이성애적 태도 역시 이처럼 남성성과 여성성에 대한 이해를 바탕으로 형성된다. 예를 들면 레즈비언들은 '진짜 여자'가 아니라는 생각이 그렇다. 성과 성 의식은 '인종'과 계급 등에 기초한 구분처럼 다른 사회적 구분과 겹치기 때문에, 우리 개개인은 사회 내부의 서로 다른 위치에서 상이한 성 의식을 갖고 살게 된다. (p. 3)

Bullough(2002)의 언급을 다시 표현해 보면, 성(gender)이란 용어는 언어학에서 명사를 남성, 여성 또는 (남성도 여성도 아닌) 중성으로 표시하는 데 사용되었고 지금도 계속 쓰인다. 그런데 이것이 1950년 중반에 사회과학 영역에 진입하게 되는데, 당시 자웅동체(hermaphrodites)에 관한 연구로 잘 알려진 John Money

가 이 용어를 사용하여 여성과 남성의 행동을 구별하고, 또 최초로 이것을 남성 및 여성의 생물학적 및 생리학적 특징들과 구분해 냈다. Money는 **성 정체성**(gender identity)이란 용어도 만들어 냈는데, "남자 또는 여자, 남자아이 또는 여자아이라는 기초적인 개인의 정체성을 포함하여 개인이 자신의 성에 관해 갖는 총체적 인식"(p. 4)으로 정의하였다. 본질적으로 성은 사회적이고 심리적인 현상으로 개념화되었으며, 남성성 및 여성성에 대한 공적이고 개인적인 표현 모두를 담아 냈던 것이다(Bullough, 2002).

생각해 볼 질문 7.2

- 성 의식(sexuality)과 성(gender)은 무엇이며, 둘은 서로 다른 것인가?
- 당신이 속한 문화는 이 두 개념을 규정하는 방식에 어떠한 영향을 주었는가?
- 당신의 성과 성 의식에 관한 정의가 시간이 흐르면서 바뀌었다면 어떻게 바뀌었으며, 이유는 무엇인가?
- 개인의 성은 우리의 사고방식과 행동 방식에 어떠한 영향을 미치는가?

1. 남성성과 여성성

위에서 언급한 바와 같이, 성에 관한 논의에서 **남성성**(masculinity)과 **여성성**(femininity)의 개념은 최전선에 있다. 본질적으로 이들 개념들은 각 성 역할에 따라 사회적으로 적합하다고 간주되는 특징과 각각의 성에 배정된 역할들에 대한 내용에 관한 것이다. 누군가 다음과 같은 질문을 할 수 있다. 무엇이 남성성과 여성성을 구성하며, 어떻게 사회에 의해서 형성되는가? 학자들은 지속적으로 특정 성에 국한되는 남성성과 여성성 행동들(예: 남학생들은 푸른색 옷을 입고, 여학생들은 분홍색 옷을 입는다. 그리고 남자아이들은 트럭을 가지고 놀지만, 여자아이들은 인형을 가지고 논다.)은 초기의 사회화 과정을 통해서 차별화되어 간다고 지적해 왔다(예: McLean, Carey, & White, 1996; Thompson, 2000). 당신은 갓 태어난 신생아의 부모에게 묻는 첫 번째 질문 중 하나가 아이의 성별이라는 것을 알 수 있다. 신생아는 자기 삶의 이 단계에서 성적 정체성을 형성할 필요성이 없기 때문에, 이 단계에서 던지는 질문들은 오히려 질문을 하는 사람들의 인식을 반영한다고 볼 수 있다. 우리는 어릴 때 용인되고 선호되는 남성성과 여성성 행동은 무엇인가에 대한 메시지를 받는다. 역사적으로 개인주의, 합리주의, 군국주의적 행동들은 높은 가치가 있는 것으로 간주되고 남성들에 의한 것이라고 여겨진 반면에, 정서, 정서적 행동, 미덕, 그리고 의존성은 저평가되었고 여성들에 의한 것이라고 여겨졌다(Smith, 1996). "여학생은 학교에서 남학생보다 사교적이며 이야기를 많이 한다."; "남학생은 수학에 탁월한 반면 여학생은 언어적 표현에 탁월하다."; "여학생은 정서적이다"; "남학생은 여학생보다 더 경쟁적이다."; "남학생은 감정을 보여 주어서는 안 된다."; "남학생은 여학생보다 더 공격적이다."와 같은 진술들에 대해 얼마나 자주 들었는가? 이와 같은 진술들과 그 밖의 무수히 많은 다른 진술들은 특정 성과 관련된 역할을 창조하고 지속시키며 이것이 결과적으로 우리의 개인적 정체성의 일부를 구성하게 된다.

4장에서 살펴본 억압의 순환에 관한 설명은 어떻게 우리가 사회적 역할과 집단의 구성원에 관한 정보를 알게 되는지 잘 보여 주었다. 그 장에서 설명한 과정은 성 사회화(gender socialization)의 과정에도 동일하게 적용된다.

Gilbert와 Scher(1999)는 개인의 성별이 어떻게 삶의 경험을 차별화시키는지 설명하는 모델을 제시하였다. 이 경험에는 삶의 담론(discourse), 구조(structure), 차이(difference) 및 과정(process)이 포함된다. **성별화된 담론**(gendered discourse)은 우리의 성에 관한 기대가 언어와 생각을 구조화하는 방법에 영향을 주는 방식으로 정의된다. **성별화된 구조**(gendered structure)는 남성과 여성에 영향을 미치는 차별화된 기회, 접근 및 정책에 초점을 맞춘다. **성별화된 차이**(gendered difference)는 우리가 남성과 여성이 어떠한 점에서 다른지를 바라보는 방식과 관련이 있다. **성별화된 과정**(gendered process)은 우리가 상호작용하는 방식에 초점을 둔다. 한 예로 일하는 부모로서 여성의 개념을 살펴보자. 성별화된 담론은 일을 하는 어머니(working mother)와 같은 용어로 여성에 대해 언급하지만, 반면에 유사한 상황에서 같은 부모이지만 남성에게는 그와 같은 용어가 없다. 일하는 어머니들은 아버지가 하는 역할이 강조되는 반면 어머니가 하는 전형적인 역할은 강조되지 않는 경향이 있다. 성별화된 구조는 어머니 휴가 정책(maternal leave policies)은 있지만, 아버지 휴가 정책(paternal leave policies)은 없다는 것을 가정하고 성별화된 차이를 나타내기 때문에, 남성들은 제공자인 반면 여성들은 주양육자로 간주된다. 마지막으로 이와 같은 성별화된 과정은 여성이 어떻게 보살핌을 제공하는 존재인지, 반면 남성은 어떻게 보살핌을 받는 존재인지를 보여 준다.

Thompson(2000)은 남성에게 권위와 특권이 있는 가부장적 사회는 본질적으로 남성들이 어떤 방식으로 활동하고, 처신하고, 생각하는지에 대한 인식들을 강

활동 7.1

남성성 또는 여성성을 지닌다는 것의 의미는 무엇인가? 남성성과 여성성으로 특징지어진 다른 형용사에 관해 생각해 보라. 그리고 목록을 만들어 보아라. 아래의 표는 당신이 시작할 수 있는 몇 가지 예들을 제시한 것이다.

진정한 남자가 된다는 것은	진정한 여자가 된다는 것은
1. 육체적으로 강한	1. 양육적
2. 독립적	2. 정서적
3. 가장	3. 의존적
4. 공격적	4. 협력적

목록을 작성했다면 어느 쪽에 긍정적인 특성이 있는지, 어느 쪽이 부정적인 특성이 있는지 검토해 보아라. 이러한 특성이 성 특수 행동(gender-specific behaviors)에 영향을 줄 수 있는가?

화한다. 돌려 말하면, 위에서 명시한 바와 같이 남성들은 특성과 속성에 전달되는 특정 행동과 생각하는 방식들을 내면화한다. 이와 비슷하게 여성들은 다음과 같은 메시지들을 내면화하게 된다: 여성들은 결단력이 부족하고, 성욕이 덜하며, 외모에 대해 더 의식한다. Thompson은 이러한 방식을 "세상을 이해하는 방식(framework for making sense of the world)"이라고 명명하였다.

남성들에 대한 인식은 일반적으로 지배적 · 공격적 · 성적으로 강하다고 여겨지고, 현대사회의 여성들은 순종적이고 양육을 담당하며 정서적으로 풍부하다고 인식되고 있지만, 실제로 남성성과 여성성을 바라보는 단일한 렌즈는 없다. 왜냐하면 계급과 인종의 차이를 포함해서(예: White, Bondurant, & Travis, 2000) 다양한 사회적 · 정치적 · 역사적 · 문화적 맥락이 다양하기 때문이다(Philaretou & Allen, 2001). 실제로 다양한 범위의 구성적 개념이 존재한다. 예를 들면 Weis, Centri, Valentin-Juarbe 및 Fine(2002)은 푸에르토리코 섬에서 태어났고, 어린 시절 미국으로 이민을 온 노동자 계급의 젊은(23세에서 35세 사이) 푸에르토리코인 집단 사이에서 성과 문화가 어떻게 교차하는지를 탐색하였다. 이들은 보고서에서 남성은 가정을 지탱하기 위해 일하고 여성은 자녀를 돌보기 위해 집에 머무는 것을 매우 가치 있는 것으로 여기는 전통적인 가부장적 가족 구조를 지니고 있다고 보고했다. 이 사례의 경우, 이러한 문화적 전통을 유지하는 것은 푸에르토리코인 남자로서의 정체성을 강화시킨다. 그리고 그렇게 전통을 유지시키는 것은 기대되는 성 역할을 고수하는 원동력이 된다. 핵심적으로 말하면, 그들의 문화적 정체성을 잃지 않기 위하여 가부장적인 가족 구조를 유지하는 것이 그들의 남성성으로 정의된다.

인종과 성이 교차하는 또 다른 예는 아프리카계 미국인이 경험하는 역사적인 일들이다. 여성이 집에 머무르고 자녀를 돌보는 것을 이상적인 전통적 역할로 인식함에도, 여성들이 일하러 나갈 수 있다는 것은 여성주의(feminism) 운동의 이점 중 하나로 간주되어 왔다. 그러나 아프리카계 여성인들의 경험에 주목할 필요가 있다. 이들은 처음부터 농장지나 농장의 주택에 배정된 노예로서 자신의 자녀와 떨어져 일을 했고, 이후에도 가족을 위해 헌신했다. 아이로니컬하게도 '유모(Mammy)'[1]에 대한 고정관념은 백인 고용주들의 자녀를 양육하고 돌보기 위해 자신들의 자녀와 떨어져 일하는 아프리카계 미국인 여성들을 의미한다.

이와 유사하게 권력 격차(power differential)라는 개념 또한 문제의 복잡성을 더한다. 미국 사회에서 여성들에 비해 남성들은 역사적으로 높은 지위와 권력을 점유해 왔다는 데 대부분의 사람들은 동의할 것이다. 남성과 여성 사이의 분업(division of lavor)과 권력의 구조는 다음과 같은 이미 알려진 사실을 통해 전형적으로 나타난다: (a) 유사한 교육 수준에서, 남성들은 여성보다 더 많은 돈을 번다. (b) 여성보다 더 많은 남성들이 정치계에 있다. (c) 직장 여성들은 여전히 직장 남성들에 비해 잡무와 관련된 활동을 더 많이 한다. 권력 격차라는 개념은 맥락과 관계가 있기 때문에 흥미로운 개념 중 하나이다. 예를 들면 어떤 장면에서, 자녀의 양육 및 보호와 관련된 결정을 할 때 여성들은 남성들에 비해 '의사결정 권한'을 더 많이 가지고 있을지도 모른다. 그러나 다른 맥락에서, 그들은 무기력해질지도 모른다. 본질적으로 남성들은 가정 수입의 주요 제공자이기 때문에 더 높은 지위를 유지하고 이를 통해 자격을 부여받는다.

자격(entitlement)에 계층 차이가 있는가? 어떤 학자들은 남성들이 자신의 권력을 행사하는 방식에 뚜렷한 계층 차이가 있다고 믿는다. Pyle(1996)은 높은 사회경제적 계층의 남편들은 자신들이 가정을 지탱할 만한 충분한 돈을 벌기 때문에 자신의 아내가 구직을 하거나 직장 갖는 것을 원하지 않을 가능성이 높다. 오히려 이러한 아내들은 여가활동을 위장하는 의미로 직업을 갖기도 한다. 반면에 노동자 계층의 남자들은 여가활동을 보다 직접적이고 명확한 방식으로 추구한다. 이러한 남성들은 자신의 남성성을 결혼생활에서 통제와 권력을 행사하기 위한 권리로 사용한다. 흥미롭게도 모든 남성들은 계층에 상관없이 아내들보다 더 적게 가사에

1) [역자 주] 유모(Mammy)는 과거 미국 남부의 백인 가정에서 아이들을 돌보던 흑인 여자를 경멸적으로 가리키던 말이다.

예시 7.1
John과 Jill

안정된 사업가인 John은 때때로 하루에 12시간 일하였다. 그래서 그는 퇴근 후에 동료들과 한잔 하러 가거나, 주말에 골프를 치러 갈 자격이 있다고 믿었다. 상당히 많은 남편의 연봉(10만 달러 이상) 때문에, 성공적인 경력을 가지고 있는 그의 아내인 Jill은 3개월 된 아들 및 두 살배기 딸과 더 많은 시간을 보낼 것을 권고받았다. Jill은 진정으로 자신의 일로부터 많은 만족감을 얻었고 즐겼기 때문에 이러한 양육에 관해 양가적인 감정을 느끼게 되었다. 그러나 Jill은 결국 자신이 더 이상 선택권이 없다고 믿어 마지못해 양보했다.

참여했다. John Gary의 『화성에서 온 남자, 금성에서 온 여자(*Men Are From Mars and Women Are From Venus*)』와 같은 대중적인 책은 전통적인 성 역할을 잘 설명하여 대중들에게 인기를 얻었다(Trigiani, 1999).

계급 차이의 또 다른 측면은 여성들 사이에 있다. 여성에게 있어 집 밖에서 일을 할 수 있다는 것은 전체적인 보육 제공자의 노동력이 증가했다는 것을 의미한다. 전형적으로 그러한 보육자들은 여성이고, 빈곤층이며 유색인종이 대부분이다. 게다가 심지어 여성들이 집에 머무르며 자녀를 돌보는 것에 대한 압력이 없을 때조차도 여성들은 여전히 보육 제공자이고 저평가되었으며 낮은 임금이 지급된다.

1) 정체성, 성 및 성 의식

사회적 성과 총체적인 성의 기초가 되는 복잡한 수준을 탐구하는 하나의 방법은 그들을 형성하는 다양한 정체성의 국면을 분석하는 것이다. **그림 7-1**에서 생물학적 정체성, 성 정체성, 성 표현, 그리고 성적 지향성의 다양한 국면을 제시하였다. 한 사람은 이런 각각의 정체성의 연속선상에서 어느 지점에 있다는 것을 주목하라.

생물학적 정체성(biological identity)은 염색체, 내적 생식구조, 외적 생식기, 그리고 중요한 성적 특징들과 관련이 있다. 여성이라고 하면 가슴이 연상되지만, 많은 여성은 매우 작은 가슴을 가졌고 또한 가슴을 가진 남성도 있다. 염색체 수준에서 보통의 XX와 XY 외에 XXX와 XXY를 포함하는 다양한 염색체 쌍들이 있을 수 있다. 이들은 신체적 · 심리적 수준에 다양한 영향을 준다. 예를 들어 XXX쌍을

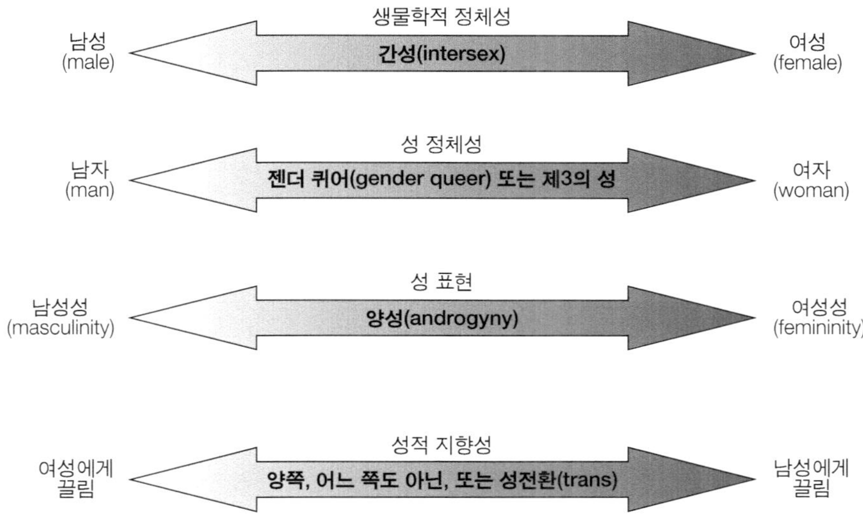

그림 7.1 성 정체성의 차원

출처: Diagram of Sex and Identity(August, 2001). Center for Gender Sanity. Retrived from http://www.gendersanity.com/diagram.shtml

가진 여성은 불임의 문제를 가질 수 있으며, XXY 쌍을 가진 남성 또한 불임 문제를 가진다. 그러나 유전자 검사 없이는 그들의 '진정한(true)' 생물학적 정체성을 알 수는 없다. 다만 2차 성징을 통해서 유추할 뿐이다.

성 정체성(gender identity)은 사람이 자신을 어느 성으로 인정하는 정도이다. 자신을 남성, 또는 여성으로 인지할 수도 있고, 또한 자신을 외면적으로는 하나의 성으로 인지하는 반면에 내면적으로는 다른 성으로 인지할 수도 있다. 두 성 중 어느 하나에 속하지 않는, 즉 여성도 남성도 아닌 것으로 자신을 인정하는 사람들이 점점 증가하고 있다. 그들은 두 요소를 드러내는 젠더 퀴어(gender queer)[2] 또는 제3의 성으로 불린다. 성 표현(gender expression)은 성적인 행위, 선호, 가치로 자신을 표현하는 정도이다. 마지막으로 성적 지향성(sexual orientation)은 성에 기초하여 다른 성에게 끌리는 정도이다. 그리고 물론 자신과 동일한 성, 자신과 다른 성, 두 성 모두에 끌릴 수도 있고 전혀 끌리지 않을 수도 있다.

규범적인 면에서 우리는 위에서 제시한 연속체의 양극단에 들어가려는 경향이 있다. 그래서 '정상적인' 남자란 생물학적 정체성으로 하나의 Y 염색체를 지닌

2) [역자 주] 젠더 퀴어는 성별 이분법에 반대하여 특정 성별로 정체화하지 않은 상태 또는 남녀 성 구분에서 벗어났다고 생각하는 사람들을 일컫는다.

남성을 뜻하며, 성 정체성 측면에서는 남성임을 경험으로 깨닫고 사회적으로 규범화된 남성다운 방식으로 자신을 표현한다[예를 들어 아버지 날(Father's Day) 선물을 고를 때 남성에게 어울리는 것, 즉 넥타이, 지갑 같은 것을 선택하거나 남자들이 좋아하는 것, 즉 스포츠 수집품이나 IT 기기 등을 고려한다]. 그러나 이러한 규칙이 적용되는 예들보다 더 많은 예외들이 존재한다. 예를 들어 XX 염색체와 여성으로 보이는 2차 성징을 가지고 있고, 자신을 여성으로 지각하며, 남성에게 끌리지만 오로지 바지를 입고 화장도 안 하고 목수로 일하는 여성이 있을 수 있다. 또한 잘 손질된 긴 머리와 세련된 화장, 분홍색 실크 드레스를 입고 술집에 들어가는 한 사람이 남자를 바라보며 칵테일을 주문하는 경우는 어떠한가? 실제로 복장도착자(transvestite)의 동성애 남성인 경우이다. 우리는 사회적 성을 단지 두 종류로 정의할 수 있을 것이라고 생각한다. 그러나 실제로는 매우 다양하고 복잡하다.

생각해 볼 질문 7.3

- 우리 사회에서 여자라는 것은 무엇을 의미하는가? 당신의 문화에서 그것은 무엇을 의미하는가?
- 우리 사회에서 남자라는 것은 무엇을 의미하는가? 당신의 문화에서 그것은 무엇을 의미하는가?
- 성에 대한 여성해방론자들의 비판이 우리를 내담자와 더 효과적으로 작업하는 데 어떻게 도움을 주나?
- 남성다움의 이데올로기에 관한 동시대의 인식은 남자 내담자와 더 효과적으로 작업하는 데 어떻게 도움을 주는가?
- 당신은 상대방의 가치를 나타내는 지표로서 개인의 성별을 어떻게 평가하는가?
- 누군가가 성으로 인해 괴롭힘을 당하거나 억압당하는 것을 옹호한 적이 있는가? 그러지 않았다면 왜 그러했는가? 이런 식으로 누군가가 당신을 옹호한 적이 있는가?

2. 성과 성 의식을 재구성한 페미니즘의 영향

1960년대 후반과 그 이후에 여성들의 움직임은 서구 사회에서 성과 성 의식에 대해 우리가 현재 갖고 있던 생각이 어떠한지에 대해 큰 충격을 가져왔다. 이러한 움직임은 심리학에서 남성과 여성에 대한 전통적인 관점에 도전하는 새로운 이론의 폭발적인 증가를 촉발시켰다(예: Collins, Dunlap, & Chrisler, 2002; McLean, Carey, & White, 1996; Rider, 2004). Worell(1986) 및 Worell과 Remer(1992)는 여성의 심리적인 건강과 복지가 그동안 주목받지 못한 데 대한 호소력 있는 증거를 제시하였다.

1. 여성과 남성의 발달과 행동에 대한 전통적인 이론은 남성의 특성을 정상적인 것으로 표현하고 여성의 특성은 결함이 있는 것으로 묘사하였다.
2. 심리학적인 진단에서 성 역할 편견과 성에 대한 고정관념이 만연하다.
3. 여성은 성적 · 신체적 학대 경험에 대해 비난받는다.
4. 여성의 심리학적인 문제는 지나치게 병리학적인 관점에서 해석되고, 결과적으로 여성에게 처방되는 약이 놀랄 만한 수준으로 증가하게 되었다.

Worell과 Remer(1992)는 이슈가 되는 것을 넘어서서 변화가 필요함을 제기하였고, 결과적으로 여성주의 이론에 상당히 공헌할 수 있는 여성심리학의 창시를 이끌었다. 그리고 대안적인 개입 접근법을 개발했으며 보다 다양한 전문가 집단에 의해 인정받는 연구 영역을 만들어 냈다. 여성 심리학의 출현은 성과 성 의식에 대한 새로운 관점의 형성에 기초를 제공했기 때문에 과소평가될 수 없다. 특별히 행동을 바라보는 초점의 전환을 이루어 냈다. 이전에는 행동을 남녀라는 성별에 따라 이미 정해진 것으로 보았다면, 이후에는 사회적 압력에 의해 형성되는 것으로 행동을 이해하게 되었다. 이러한 관점을 취하면 전형적으로 남성과 여성이라는 성별의 탓으로 돌려지는 행동은 실제로 권력과 지배 및 불평등한 지위로 설명된다. Kimbell(2003)이 주장한 것처럼 "남성이 여성과 다르게 행동하는 이유는 남성이 더 많은 권력을 가지고 있고 제도적인 성차별주의 덕분에 그들의 권력이 지지받기 때문이다"(p. 133). 이러한 맥락에서 남성과 여성 사이에 권력의 차이를 보여 주는 예를 들면 아래와 같다.

1. 역사적으로, 여성은 이미 정해진 성 역할이나 기대 때문에 조직에서 종속적인 지위에 놓여 있었다(Fain & Anderton, 1987).
2. 직장에서의 성희롱은 대부분이 여성에 의해서 보고된다(예: Kurth, Spiller, & Travis, 2000).
3. 대인관계 유형과 관련해서, 여성은 덜 단호한 방식으로 말을 하기 때문에 종종 유능하지 못한 것으로 평가받는다(Carli,1989).

또한 여성주의 학자들은 기존의 인간발달 이론에 도전하는 데 있어서 주도적인 역할을 했다. 특히 인간의 성 의식에 대한 Sigmund Freud의 이론은 많은 주목과 비판의 대상이 되었다. Freud 성 의식[3]에 관한 종합적인 검토를 이 부분에서 다룰 수는 없지만, 핵심적인 요소를 간단하게 설명하고자 한다.

Freud의 이론 중에서 성 의식과 관련하여 가장 큰 비판을 받는 부분은 리비도의 개념에 관한 것이다. 그는 리비도를 내적인 성적 추동(sexual drive)으로 보았고 동시에 남성적인 힘(masculine force)으로 간주하였다(Jackson, 1996). 이 이론에 따르면, 남성과 여성은 성인이 되면서 그들의 성격에 영향을 미치는 성 의식의 발달 과정이 다르게 일어난다. 핵심적으로 Freud는 여자의 경우 오이디푸스 단계에서 소위 남근 선망(penis envy)[4] 현상을 경험하는데, 이것이 이들의 부족한 초자아를 극복하기 위한 추진력이 된다고 가정하였다. Jackson(1996)은 이 과정을 다음과 같이 묘사하였다:

> Freud는 소녀가 경험해야 하는 심리적인 발달 과정에 대해 많은 아이디어를 제시했다. 이러한 경험에는 자신의 대상(object)[5]을 어머니에서 아버지로 전환하는 것과 성적인 영역을 음핵에서 질로 전환하는 것이 포함된다. 이러한 과정에서 흡수되는 에너지는 심리적인 발달의 저지를 이끈다고 가정하였으며 그래서 심리적인 경직과 창의성의 부족을 가져온다고 하였다. 게다가 시작부터 페니스가 없는 소녀이기 때문에 거세에 대한 두려움이 없으며, 오이디푸스 상황에 무기한으로 머무르게 된다. 그런 것을 하지 못하도록 억지로 강요당하지 않는 한, 여성은 남성의 특성인 강력한 초자아의 발달을 가져오는 데 실패하게 되며, 그래서 심리적인 삶은 태어날 때의 수준과 비슷한 채로 남아 있게 된다. 이런 이유로 여성은 남성보다 덜 윤리적이다. (p. 66)

결과적으로, 성인 여성과 연관된 인격적 특성은 "수동성, 마조히즘(masochism)[6], 자기애(narcissism)"이다(Jackson, 1996; Ruderman, 2003). 여성의 성적 발

---

3) Freud(1903, 1948)가 언급하는 성 의식에 대해 보다 자세한 설명은 Freud(1903, 1948) 문헌을 참고하라.

4) [역자 주] 남근 선망은 3~4세경에 자신의 신체에 대한 관심이 증대되면서 여아들이 남자 형제나 남자 친구에게는 있는 남근이 자신에게는 없음을 알게 되어 실망하고 남근을 갖기를 원하는 것을 의미한다.

5) [역자 주] 정신분석적 관점에서 대상(object)이란 인간을 포함하여 자아가 관계를 갖는 모든 사물을 포함한다.

6) [역자 주] 마조히즘은 이성으로부터 육체적 또는 정신적으로 학대를 받고 고통을 받음으

달과 대조적으로 아버지와 함께하며 거세에 대한 불안감이 적절히 있는 남성의 정체성은 건강한 초자아가 발달할 수 있다고 보았다. 본질적으로 Freud는 개인적인 발달의 모든 영역은 성이 결정하며, 그 과정에 있어서 남성과 여성은 뚜렷하게 다르다고 가정했다. 이러한 신념을 지지할 것인지 아닌지는 여기서 논의할 내용이 아니지만, 이러한 시각을 서술하는 목적은 심리사회적인 발달에 대해 현재의 이론에 큰 영향을 준 Freud의 이론을 지적할 필요가 있어서이다. 고전적인 예로 Erik Erikson의 자아 정체성 발달이론이 있는데, 이 이론은 '남성 편향적(male-oriented)'이다. 구체적으로 Erikson(1950)은 남자 청소년이 정체성을 형성하기 위해서는 직업의 선택과 삶의 목적을 확립해야 하고, 여자 청소년이 정체성을 형성하기 위해서는 아내와 엄마로서 갖게 되는 잠재적인 역할을 해야 한다고 가정했다(Worell & Remer, 1992).

발달이론의 경우 남성과 여성의 성 역할과 특성의 발달은 해부학적인 구조에 의해서가 아니라 초기 사회화 경험의 차이점으로 인해 달라지는 것임을 주장한 Chodorow(1978)와 같은 여러 명성 있는 학자들에 의해 수정되고 있다. 나아가 Carol Gilligan(1982)은 여성의 도덕적 발달에 대한 개척적인 연구를 통해 Kohlberg(1969)의 편향된 입장을 지적하였다. 왜냐하면 그의 이론은 성별에 대한 차이를 고려하지 않았기 때문이다. 본질적으로 Gilligan의 이론은 남성의 경우 법과 규칙에 초점을 맞춘 도덕성의 측면이 강조되었다면, 여성은 관계적인 것과 다른 사람에 대한 보살핌과 관련해서 초점을 맞춰야 한다고 가정했다.

1) 성 의식과 성에 관한 본질주의자 및 사회구성주의자의 관점

성과 성 의식에 관한 이론의 발달을 이끌었던 본질주의자와 사회구성주의자의 견해를 살펴보는 것은 중요하다. **본질주의**(essentialism)는 유전학과 심리학에 기초해 남자와 여자 간의 차이에 집중하는 이론적 관점을 설명하기 위해 사용된 일반적인 용어이며, 많은 학자들은 이 용어가 생물학적 결정주의를 촉진시킨 것에 주목한다(Fuss, 1990). 이 관점은 이성애(heterosexuality)를 규준(norm)으로 가정하며 성이란 본능적인 추동(instinctive drive)으로 간주한다(Philaretou & Allen, 2001). 본질주의는 또한 엄격한 성 역할을 인정하며 이성애적 남성을 제일 상위의

로써 성적 만족을 느끼는 병적인 심리 상태를 말한다.

위계에 둔다. 예를 들어 Jackson(1996)은 본질주의적 사고는 남성과 여성의 뚜렷한 성 역할 발달을 이끌어 왔으며, 남성이 상위 지위를 갖는 나라에서 남성성과 여성성의 성 역할을 규정해 왔다고 주장한다. 그리고 White(1996)와 같은 다른 연구자들은 본질주의는 게이, 레즈비언, 소수 집단에 대한 사회적인 경시를 지속시켜 왔다고 주장한다.

다른 한편, 포스트모던 이념인 **사회구성주의**(social constructionism)는 맥락적, 통합 문화적, 사회적, 그리고 역사적 관점에 초점을 맞춘다. 많은 관점에서 사회구성주의는 환경과 관련된 개인에 집중한다. Philaretou과 Allen(2001)은 "사회구성주의는 생태학적인 성향을 지니며 문제의 초점을 특정 집단—남성 혹은 여성, 이성애자, 백인 혹은 흑인, 기독교인 혹은 이슬람교인, 히스패닉 혹은 코카시언—의 성 행동에서 성 의식이 형성되는 보다 더 큰 문화적 · 사회적 · 역사적 맥락에 초점을 둔다."고 강력하게 주장한다(p. 302).

Janis와 Bohan(1993)은 본질주의적 관념은 성을 대체로 외부 환경에 의해 영향받지 않는 성격과 개인의 내적 특징으로 정의하나, 구성주의는 개인적 특징에 집중하기보다 사회적 '교류(transactions)' 혹은 우리가 다른 사람들과 맺는 상호작용으로 생각하는 것에 초점을 둔다. 이런 방식으로 보면 성은 개인과 환경적 맥락 간에 발생하는 교류의 특별한 종류로 여겨진다. 이러한 사회적 교류가 남성적 혹은 여성적인 행동 간에 차이를 낳는 것이다.

본질주의의 예는 특정한 병리는 성별 사이에 이미 결정된 생물학적 차이와 관련되어 있다고 믿는 것이다. 구체적으로, 여성이 호르몬의 변화 때문에 생물학적으로 불안이나 정서장애를 경험할 가능성이 높고, 남성은 남성호르몬, 즉 테스토스테론의 변화로 반사회적 성격장애를 더 가질 수 있다고 믿는 것이 그러한 예들이다(Yoder, Fischer, Kahn, & Groden, 2007).

비록 여성주의적 관점이 성의 개념에 대한 재구성을 추진하긴 했으나, 그들 역시 최근에는 본질주의적이라고 비판받아 왔다. 비평가인 Bohan(1993)은 페미니스트적 이론이 본질주의적 사고를 촉진시킨 중요한 방식을 다음과 같이 정리하였다.

1. 몇몇 이론은 보편성과 일반화된 아이디어, 관점 및 접근에 초점을 맞춘 나머지 여성이 경험하는 경험의 다양성, 특히 문화와 민족적 차이의 다양성을 고려하지 않는다. 이러한 일반화 역시 고정관념을 만들어 낼 수 있다는 것은 중요하다.
2. 억압, 제도적 장벽 및 여성의 삶에 영향을 미치는 사회적 압력과 관련된 쟁점

을 다루는 것이 종종 이러한 이론적 관점에서 간과되기도 한다.

3. '앎의 방식 혹은 도덕적 판단' 간에 성차를 언급하는 것은 오직 여성만이 이러한 특징을 가지고 있으며 여성들은 다른 방식으로 접근하지 않는다는 잘못된 결론에 이르게 했다. Bohan은 여성주의자가 세계를 보는 대안적 방식이 있고 도덕적 판단을 정의하는 대안적 방법이 있다는 것을 인정하는 것이 중요하다고 주장하지만, 우리는 여전히 남성 지배적인 사회에 살고 있고, 따라서 그러한 특징은 종종 남성에게 속한 특징만큼 중요하거나 혹은 높이 평가받지 못한다.
4. 연구의 이론과 방법이 불일치되어 왔으며 따라서 동일한 연구를 다시 해보는 것이 불가능하였다.

Bohan(1993)은 구성주의적 관점에서 성을 간주하는 것은 여성주의적 모델에서 본질주의와 관련된 부족한 점에 초점을 맞추게 된다고 주장한다. 성을 사회적 상호작용과 특별한 상황에 영향받는 것으로 해석할 때, 우리의 행동이 개인의 성에 의해 결정되기보다는 상호교류가 발생하는 상황 혹은 환경적 맥락에 의해 결정되는 것으로 보게 된다. 많은 연구 결과들은 이러한 생각을 지지한다. 가령 유사한 직업을 가진 여성과 남성은 직장 환경에 관한 유사한 가치를 갖게 되는 것과 같다(Major, 1987). 그리고 혼자 살면서 홀로 남겨진 자녀를 양육해야 하는 상황에

사례 연구 7.1

Margaret의 사례

Margaret은 스트레스로 인해 당신에게 상담받으러 온 새로운 내담자이다. 그녀는 40대 중반의 아일랜드계 미국인 2세대이다. 그녀는 아일랜드계 미국인 1세대인 Michael과 결혼했고 현재 고등학교에 다니는 두 명의 자녀가 있다. 그녀는 당신에게 20대 후반에 Michael과 결혼했다고 이야기한다.

그녀는 당신에게 "그게 뭔지 잘 모르겠지만, 지금 슬픈 느낌이 들어요. 잘못된 것은 아무것도 없어요, 아무것도 일어나지 않았구요. 그런데 잠을 잘 수가 없었어요. 요즘은 자주 울어요. 그냥 모르겠어요…. 처음에는 상담받지 않으려고 했어요. 그런데 직장 여자 동료가 상담을 권했고 상담받으면 좋아질 거라며 추천했어요."

결혼에 대해 그녀는 이렇게 말한다. "우리는 약 18년 동안 함께 살았어요. 요즘 세상에는 흔치 않은 결혼이죠. 그런데 Michael이 술을 너무 많이 마셔요. 일을 한 후에 친구들과 거의 매일 술을 마시러 술집에 가거든요. 그리고 집에 오면 아무것도 이야기하지 않아요. 그는 가족을 위해 열심히

(다음 쪽에 계속)

벌어요. 그래서 감사하죠. 그런데 나는 그의 아내, 또 아이들의 엄마라는 사실 외에 내가 도대체 어떤 존재인지 모르겠어요."

자녀들에 관해서는 다음과 같이 이야기한다. "아이들이 어렸을 때는 거의 미칠 것 같았어요. 일을 그만두었고, 집에 이 아이들과 하루 종일 홀로 있었거든요. 머리가 멍해지는 것 같았죠. 그러나 지금 아이들이 크고 나니, Emily는 데이트를 시작해서 집에 거의 없어요. 요즘은 오히려 아이들과 있었던 시간이 그리워요. 그 당시 아이들과 시간을 잘 보내지 못했거든요."

그녀는 계속해서 당신에게 이야기한다. "원래는 도움을 얻기 위해 신부님에게 가려고 했어요. 글쎄요, 잘 모르겠어요…. 그런데 그렇게 편안하지 않았어요. 어쨌든 요즘 성당은 저에게 큰 안식처가 되지는 못해요. 뭔가 텅 빈 것 같아요. 신앙이 예전에는 좋았지요."

자신의 일에 관해서 그녀는 다음과 같이 이야기한다. "결혼하고 자녀를 갖기 전에, 저는 의류 바이어로 일을 했어요. 그 일을 꽤 잘했지요. 그런데 한동안 일을 쉬었기 때문에 지금은 보조로 일하고 있어요. 벌이는 괜찮아요. Michael의 친구 이외의 사람들도 만나구요. 그런데 직장에서 내 나이의 다른 여성을 보면, 대개는 소장이거나 매니저거든요. 내가 일을 계속했다면 지금은 어땠을지 궁금해요."

사례 토론

생각해 볼 점

1. Margaret의 스트레스의 원인은 무엇인가?
2. 여성주의에 관한 이해에 기초하여, 당신은 사회의 대인관계에서 그녀의 고민을 어떻게 재구성(reframe)할 수 있겠는가? 즉, 그녀의 문제를 발생시킨 환경적인 면에서의 요인을 규명해 보라.
3. Margaret의 개인적 능력을 증가시키기 위해서는 어떠한 방법이 있을까?

Margaret은 심한 스트레스 증상을 보여 주고 있다. 그녀는 배우자인 Michael과의 관계에 대해 걱정한다. 그리고 엄마와 아내로서의 역할에 대해 의문을 가지고 있다. 예를 들어 자녀들이 더 나이가 들고 더 독립적이 된다고 생각해 보자. Margaret은 삶의 공허함을 경험하고 있는데, 그것은 자녀를 기르기 위해 직업을 포기하였다고 믿기 때문이다. 그녀는 그 결정을 후회하는 것 같다. 그녀는 직업에서 자신보다 더 많은 성취를 한 다른 여성들과 자신을 비교하고 있다. 그녀는 또한 그녀의 믿음이 흔들리고 있다고 이야기한다. 그리고 그녀의 종교적 관계가 더 이상 도움의 요소가 될 수 없다고 이야기한다. 강점에 기반한 접근에서, 상담자는 그녀의 고민을 재구성하여 그녀에게 도움을 줄 수 있다. 예를 들어 상담자는 그녀에게 그녀 삶의 긍정적인 면을 보도록 도울 수 있다. 그녀가 자신의 외부 환경으로부터 받는 메시지 중에서 자신을 초라하게 느끼게 하는 것들이 무엇인지 탐색하는 것은 중요하다(즉, 오늘날 사회에서 여성의 역할에 관해 일반적으로 사람들은 어떠한 기대를 하는지). Margaret은 남편과 아이들로부터 분리되어 있다고 느끼는 것 같다. 그리고 그것을 슬픔으로 표현하고 있다. 상담자는 Margaret에게 지금까지 성취를 이루었던 경우를 탐색하도록 도움으로써, 통제감과 자율권을 포함한 긍정적인 자기가치를 느껴보도록 상담할 수 있다. 그녀에게 기쁨과 행복을 가져다 준 것은 무엇인가? 나아가 상담자는 Margaret에게 새로운 직업 기회를 찾아보도록 도움을 줄 수 있다. Margaret의 "내가 일을 계속했다면 지금은 어땠을지 궁금해요."라는 말은 진로발달 측면에서 중요한 의미를 지니고 있기 때문에 지속적으로 탐색해 볼 만한 영역이다.

직면한 아버지의 경우, 필요할 때 전통적인 여성의 행동으로 여겨지는 것을 하게 된다.

3. 남성운동

남성운동(men's movement)이 일어난 것은 앞부분의 논의에서 명시한 것처럼 전통적인 남성의 역할과 사회에서 남성들이 힘을 가진 위치에 대한 광범위한 비판에 대한 반응이다. 하지만 이러한 반응들에 있어서 많은 다양성이 존재한다. 예를 들어 성 평등과 게이의 권리를 위해 노력하면서 여성주의에 찬성하며 성차별에 반대하는 남성들도 있고, 이들의 힘을 되찾기 원하는 남성들도 있다(Carey, 1996). 그럼에도 이 운동은 현대사회에서 남성과 남성의 경험에 대한 재정의와 자기반성을 촉진하는 역할을 해왔다. 최근에 많이 이루어지고 있는 남성에 대한 연구들은 그 좋은 예이다. Brooks(2003)가 남성의 '어두운 면'이라고 칭한 남성의 폭력, 강간과 성폭행, 알코올과 약물의 사용, 노숙자 같은 문제의 원인에 대해 주로 연구되고 있다. 이러한 쟁점들은 재구조화되어 그 초점이 남성의 역량을 강화시키는 방향으로 변화되고 있다. 이를 통해 남성들이 새로운 행동을 학습하고 불평등 이슈와 관련하여 사회정의 구현을 위해 여성들과 함께 적극적으로 참여하는 방향으로 변화되고 있다(예: Connell, 2008). 또한 아프리카계 미국인(예: Hammond & Mattis, 2005), 멕시코인(Arciniega, Anderson, Tovar-Blank, & Tracey, 2008), 아시아계 미국인 남성(Shek, 2006)의 남성성, 남성성의 의미, 표현에 있어서 민족적 · 문화적 다양성이 존재한다는 것에 더 많은 관심이 모아지고 있다.

이러한 쟁점들은 광범위하게 인식되어 왔고 또한 쟁점들을 다루기 위해 다양한 노력이 진행되어 왔지만, 남성과 남성의 역할에 대한 이해를 증진시켰던 하나의 방향 전환이 있었다. '성 역할 긴장 패러다임(gender role strain paradigm)'은 이러한 전환의 예이다(예: Brooks, 2003; Levant, 1996; Levant & Richmond, 2007). 남성은 강해야 하며 자신감이 있어야 한다는 것과 같이 남성의 규범적 행동을 장려하는 강력한 성 역할 사회화 과정 때문에 많은 남성들이 오히려 스트레스를 경험할 수 있다는 것이다. Addis와 Mahalik(2002)에 따르면 이러한 행동들은 남성이 상담과 같은 도움을 찾지 않도록 만들 것이라고 하였다. 흥미롭게도 남성의 문제에 대한 오늘날의 관점 또한 정신건강 문제를 강조하는데, 남성이 겪는 불안과

사례 연구 7.2

Henry의 사례

Henry는 인사부서를 통해 상담자에게 의뢰된 40대 중반의 새로운 내담자이다. 그의 직속 상관은 그의 생산성이 지난 6개월 동안 계속 하락해 왔기 때문에 그의 상담을 의뢰하였다. Henry는 지난 몇 달 동안 심각한 두통과 복통 문제를 경험해 왔다. 그는 잘 자지 못하고 먹지 못해서 체중이 10파운드 빠졌다. 그는 경기침체 때문에 직업을 잃어 가족에게 재정적인 영향을 주지 않을까 걱정했다. 그는 피곤한 상태로 마음이 상해서 집에 오지만 그의 문제를 아내와 나누지 않았다. 그가 상담자인 당신을 처음 만나러 왔을 때 당신에게 "치료가 필요한 것은 아니다."라고 말했고, 단지 상사가 억지로 보내서 왔다고 하였다. Henry는 자신에게 필요한 것은 "직업에서 다시 제 궤도를 찾아 모든 것이 좋아지는 것"이라고 하였다.

사례 토론

생각해 볼 점

1. Henry가 가진 문제의 원인은 무엇이라고 생각하는가?
2. Henry가 직면하고 있는 문제는 무엇이고 그는 그것들을 어떻게 표현하고 있는가?
3. Henry는 당신에게 "상담자를 만날 필요가 없다."라고 말한다. 당신은 어떻게 그를 상담에 참여시킬 것인가?

Henry가 문제가 생겨서 도움을 구할 때 그가 어느 정도 상담에 대해 편안해하는지 아는 것은 상담자로서 중요하다. 혹시 상담자의 성별 때문에 Henry가 상담에 대해 거부감을 갖고 있는 것은 아닌지 탐색할 수 있다. 그는 상담자를 만나러 "억지로 보내졌다."고 말했고, 자신은 "치료가 필요 없다."고 이야기하기 때문에 Henry와 이 문제를 탐색해 보는 것이 중요하다. Henry는 강하고, 성공적이고, 독립적이어야 한다는 규정된 성 역할 기대를 가지고 있을 수 있다. 상담자에게 도움을 구할 필요가 없다고 말한 그의 진술이 그 증거이다. 게다가 Henry는 '성 역할 긴장(gender role strain)'을 경험하고 있지만 인식하지 못하고 있을 수 있다. 그의 신체적 증상들은 이러한 긴장으로 인한 결과일 수 있다. 하지만 그의 신체적 질병이 생물학적 원인으로 인한 것이 아니라고 판단하기 위해서는 정밀 건강검진을 추천하는 것이 현명할 것이다. 상담자는 그의 정체성이 전통적인 남성 역할에 맞는지에 대한 정도와 이것이 그가 가진 문제의 원인이 아닌지 탐색하도록 도울 수 있다.

고통은 강인하고 독립적이어야 하고 강한 정서를 드러내지 말아야 한다는 남성에게 부여된 성 역할 기대와 관련될 수 있다(Philaretou & Allen, 2001). 구체적으로 Levant 등(2003)은 "성별 사이에 있는 구조적인 관계에 뿌리를 둔 남성성과 남성의 역할에 대한 문화적 신념 체계의 인정과 내면화(pleck, Sonenstein, & Ku, 1993, p. 88)"로 정의되는 전통적 **남성 이데올로기**(masculinity ideology)에 몇몇 문화적 차이가 있다는 것을 발견하였다. 예를 들어 그들은 지리적 위치에 따라(예: 도시 지

역과 시골 지역) 달라지기는 하지만 아프리카계 미국인 남성과 라틴계 남성이 유럽계 미국인과 비교하여 더 전통적인 남성 이데올로기를 지지하는 경향이 있다는 것을 발견하였다. 게다가 Pleck 등은 '감정이 담긴 단어를 사용할 수 없는'(p. 92) 것으로 정의되는 감정표현 불능증(alexithymia)이 전통적인 남성 이데올로기를 지지하는 남성들 사이에서 가장 많다는 것을 발견하였다.

4. 성에 대한 토론

이 장에서 논의된 모든 주제를 통해 당신은 이제 상담 회기 내에서 다양한 문화적 배경과 세계관을 지닌 많은 내담자들을 위해 이러한 정보를 활용하는 방식에 대해 생각하도록 도전받았다. 이 장 도처에서 제시된 반성적 사고를 위한 질문들은 성과 성 의식의 쟁점에 대해 내담자와 대화를 시작하기 위해 활용될 수 있다. 내담자와의 대화를 촉진하는 측면에서 당신에게 도움이 될 만한 질문들을 정리하면 다음과 같다.

- 당신의 개인적 문화적 정체성의 측면에서 당신의 성은 얼마나 중요한가? 그리고 이것은 당신이 세계를 바라보고 삶을 사는 데에 어떠한 영향을 미치는가?
- 성에 기반하여 자신을 정의하는 방식은 어떻게 발달되었는가? 그리고 이러한 정의를 형성하는 데 도움을 준 중요한 사람은 누구인가?
- 성과 성 의식에 대한 당신의 관점은 사는 동안 어떻게 강화되고 도전받아 왔는가?
- 당신의 문화는 성과 성 의식에 대하여 무엇이라고 말하는가?
- 당신의 가족과 지역사회는 믿음과 관습의 모든 측면에서 성과 성 의식에 대하여 무엇이라고 말하는가?
- 우리 사회에서 '여성'이 된다는 것은 무엇을 의미하는가? 이것은 당신의 삶에서 특별히 무엇을 의미하는가? 당신의 가족에서는 어떠한가? 당신의 문화에서는 어떠한가?
- 우리 사회에서 '남성'이 된다는 것은 무엇을 의미하는가? 이것은 당신의 삶에서 특별히 무엇을 의미하는가? 당신의 가족에서는 어떠한가? 당신의 문화에서는 어떠한가?
- 힘과 권력의 문제는 성과 성 의식에 대한 당신의 관점과 성차별에 대한 당신

의 관념에 어떠한 영향을 미치고 있는가?

- 현재 그리고 과거의 삶의 시점에서 성과 성 의식에 대한 당신의 관점은 당신을 정의하는 방식에 어떠한 영향을 미치고 있는가?
- 성과 성 의식에 대한 당신의 관점은 당신을 정의하는 방식과 다른 사람들이 당신을 보고 다루는 방식에 대하여 지속적으로 어떠한 영향을 주는가?
- 성과 성 의식에 대한 당신의 관점은 나이가 비슷하거나 혹은 나이가 다른 타인과 상호작용하는 방식에 어떠한 영향을 주는가?
- 성과 성 의식의 측면에서 당신이 존경하는 사람은 누구인가? 그리고 그 이유는 무엇인가?
- 당신(내담자)과 나(상담가) 사이의 성에 있어서 차이점과 유사점은 둘 사이의 관계와 상담의 과정에서 당신의 경험에 어떠한 영향을 미치겠는가?
- 당신은 언제 그리고 어떻게 성차별에 대하여 처음 알게 되었는가? 당신의 처음의 반응은 무엇이었는가? 그 반응은 시간이 지남에 따라 어떻게 바뀌었는가?
- 성차별에 대한 당신의 경험은 어떠했는가? 그러한 경험이 어떠한 방식으로 당신에게 영향을 미쳤는가? 특히 한 개인으로서 당신이 누구인지 인식하는 것에 어떠한 영향을 미쳤으며, 지금 해결해야 하는 여러 문제들에 어떠한 영향을 미쳤는가?
- 개인, 집단, 사회적 수준에서 당신의 삶에서 존재하는 성차별에 대하여 긍정적인 사회적 변화를 위한 당신의 노력은 무엇이었는가? 그리고 당신이 하고 싶은 다른 종류의 노력은 무엇인가?
- 당신은 자신을 나타내는 가치의 표시로 사람의 성과 성 의식을 어떻게 평가하는가?
- 당신은 성 편견으로 괴롭힘을 당하거나 억압받는 사람들을 옹호한 경험이 있는가? 그러지 않았다면 그 이유는 무엇인가? 당신이 그러한 상황에서 당신을 옹호한 사람이 있었는가?
- 성과 성 의식은 당신이 상담에서 다루게 되는 문제에 어떠한 영향을 미치겠는가? 그리고 이 문제를 어떻게 다루는 것이 당신에게 가장 도움이 되겠는가?

✲ 결론 및 시사점

성과 성 의식이 정신건강과 얼마나 관계가 있을지에 대해 상담자로서 당신은 의문을 가져야 한다. 앞서 논의한 바와 같이 성과 성 의식이 정신건강에 미치는 영향은 명백하다. 예를 들어 우리는 성 역할 고정관념, 인간 성 의식에 있어서 편견을 가진 관점과 남성과 여성의 권력 차이에 대해 논의했다. 이러한 쟁점과 환경들은 사람들의 심리적 안녕과 개인의 가치감에 심오한 영향력을 미친다는 결론은 합리적이다. 이전에 언급한 바와 같이, 남성에 비해 더 많은 여성이 정신장애를 가진 것으로 진단되고, 치료받으며, 약물 처방을 받아 왔다. 여성의 경우 불균형적인 높은 빈곤, 잦은 폭력과 학대의 빈번한 경험, 그리고 낮은 임금 및 노동 시장에서 성차별과 같은 사회적 영향력은 여성의 심리적 안녕에 영향을 미치며, 이러한 모든 것은 스트레스와 고통을 유발한다(Worell & Remer, 1992). 남성 역시 현대사회에서 성 역할 및 기대와 충돌하는 스트레스와 고통을 경험한다. 게다가 남성의 경우 만약 전통적인 남성다움의 이데올로기가 강조된다면 이들은 상담 서비스를 찾지 않을 것이다(Levant & Richmond, 2007). 상담자는 내담자의 성 의식과 성이 심리적 안녕감에 영향을 미치는 방식에 대하여 이해할 필요가 있다. 이것은 성 역할이 내담자의 개인적 가치감, 심리적 안녕감, 그리고 신체건강에 어떻게 영향을 미치고 있는지 이해하는 것을 포함한다.

이 장에서, 우리는 남성성과 여성성에 관련된 구성 개념을 포함하여 성의 복잡한 특징에 대해 논의했다. 우리는 어떻게 본질주의자와 구성주의자의 관점이 이러한 개념과 관련된 이론 형성에 도움을 주었는지 살펴보았다. 또한 여성주의자들의 생각이 성과 성 의식의 재구성에 어떠한 영향을 주었는지에 대한 역사적 견해를 간략하게 제시했다. 그리고 우리 사회에서 여성운동 및 남성운동이 어떠한 영향을 미쳤는지 제시하였다. 이러한 것들은 여성의 경우 이들의 심리적 건강과 안녕에 대해 주목하지 않았던 우리의 생각에 도전을 주었고, 남성에 경우에는 무엇이 남성다움을 형성하는지에 대해 재고찰하도록 도왔으며 이를 통해 남성의 역할을 새롭게 정의하도록 도왔다.

✲ 용어

감정표현 불능증(Alexithymia): 감정을 말로 표현하는 데 무능한 증상.

남성성 이데올로기 (Masculinity ideology): 사회적으로 구성된 남성과 여성의 차이에 근거한 남성성과 남성에 대한 믿음, 태도, 행동에 대한 지지. 이것은 사회에서 남성이 전통적인 남성 역할을 지지하는 정도로 보여진다.

본질주의(Essentialism): 유전적, 생물학적, 그리고 심리사회적 차이에 기반한 남성과 여성의 차이에 초점을 둔 이론적 관점.

사회구성주의(Social constructionism): 개인은 사회적 환경의 영향을 받는다는 것을 강조한 포스트모던적 이념의 관점. 이것은 맥락적, 역사적, 그리고 역사적 관점에 초점을 둔다.

성(Gender): 사회적으로 구성된 역할, 행동, 그리고 사회에서 남성과 여성을 정의하는 특성을 포함한 여성 또는 남성으로서의 자기표현.

성 과정(Gender process): Gilbert와 Scher(1999)가 제시한 모델의 한 측면으로 남성과 여성이 서로 상호작용하는 특별한 방법을 의미한다.

성 구조(Gender structure): 기회, 자원과 정책에 대한 접근에 있어서 남성과 여성의 차이에 초점을 둔 Gilbert와 Scher(1999)의 성 모델의 한 측면.

성 담론(Gender discourse): Gilbert와 Scher(1999)에 의해 제시된 모델의 한 측면으로, 우리가 말하는 것, 우리가 사용하는 언어, 남성과 여성에 대한 우리의 생각에 영향을 미치는 것을 말한다.

성 의식(Sexuality): 개인이 관습, 행동, 관계를 포함하여 성적인 존재로서 자신을 표현하는 방식.

성 정체성(Gender identity): 개인의 생물학적인 특성과 관련될 수도 혹은 관련되지 않을 수도 있는, 자신의 성에 대한 인식. 이것은 남성성과 여성성 및 성적 지향성을 표명하는 것을 구체화할 수 있다.

성차(Gender difference): Gilbert와 Scher(1999)의 성 모델의 한 측면으로, 이것은 우리가 얼마나 남성과 여성이 다른 역할을 하는 것으로 보느냐에 따라 정의된다(예: 여성을 양육자로, 남성은 부양자로).

✻ 참고문헌

Addis, M., & Mahalik, J. R. (2002). Men, masculinity, and the context of help seeking. *American Psychologist*, *58*, 5–14.

Arciniega, G. M., Anderson, T. C., Tovar-Blank, Z. G., & Tracey, T. J. G. (2008). Towards a fuller conception of machismo: Development of a Traditional Machismo and Caballerismo Scale. *Journal of Counseling Psychology*, *55*, 19–33.

Bohan, J. (1993). Regarding gender: Essentialism, constructionism and feminist psychology. *Psychology of Women Quarterly*, *17*, 5–22.

Bullough, V. (2002). Transgenderism and the concept of gender. *International Journal of Transgenderism*, *4*(3). Retrieved from http://www.symposion.com/ijt/gilbert/bullough.htm

Carey, M. (1996). Perspectives on the men's movement. In C. McLean, M. Carey, & C. White (Eds.), *Men's ways of being* (pp. 153–162). Boulder, CO: Westview Press.

Carli, L. L. (1989). Gender differences in interaction styles and influence. *Journal of Personality & Social Psychology*, *56*, 565–576.

Chodorow, N. (1978). *The production of mothering: Psychoanalysis and the sociology of gender*. Berkeley: University of California Press.

Collins, L. H., Dunlap, M. R., & Chrisler, J. (Eds.). (2002). *Charting a new course for feminist psychology*. Westport, CT: Praeger.

Connell, R. W. (2008). Change among the gatekeepers: Men, masculinities, and gender equity in the global arena. In J. Z. Spade & C. G. Valentine (Eds.), *The kaleidoscope of gender: Prisms, patterns, and possibilities* (pp. 531–547). Thousand Oaks, CA: Pine Forge Press.

D'Andrea, M., & Daniels, J. (2001). Respectful counseling: An integrative multidimensional model for counselors. In D. B. Pope-Davis & H. L. K. Coleman (Eds.), *The intersection of race, class, and gender in multicultural counseling* (pp. 417–466). Thousand Oaks, CA: Sage.

Erikson, E. (1950). *Childhood and society*. New York, NY: WW Norton and Company.

Fain, T. C., & Anderton, D. L. (1987). Sexual harassment: Organizational context and diffuse status. *Sex Roles*, *17*, 291–311.

Fausto-Sterling, A. (2000). *Sexing the body: Gender politics and construction of sexuality*. New York: Basic.

Freud, S. (1903). *Three essays on sexuality. In Standard edition* (Vol. 8). London: Hogarth Press.

Freud, S. (1948). Some psychological consequences of the anatomical distinction between the sexes. In *Collected papers* (Vol. 5). London: Hogarth Press.

Fuss, D. (1990). *Essentially speaking: Feminism, nature*

and difference. New York; Routledge.

Gilbert, L., & Scher, M. (1999). *Gender and sex in counseling and psychotherapy*. Boston: Allyn & Bacon.

Gilligan, C. (1982). *In a different voice: Psychological theory and women's development*. Cambridge, MA: Harvard University Press.

Gray, J. (1992). *Men are from Mars and women are from Venus*. New York, NY: HarperCollins Publishers.

Hammond, W. P., & Mattis, J. S. (2005). Being a man about it: Manhood meaning among African American men. *Psychology of Men & Masculinity*, *6*, 114-126.

Jackson, S. (1996). The social construction of female sexuality. In S. Jackson & S. Scott (Eds.), *Feminism and sexuality: A reader* (pp. 62-73). New York: Columbia University Press.

Jackson, S., & Scott, S. (1996). *Feminism and sexuality: A reader*. New York: Columbia University Press.

Kimball, M. (2003). Feminist rethink gender. In D. B. Hill & M. J. Kral (Eds.), *About psychology: Essays at the crossroads of history, theory, and philosophy* (pp. 127-146). Albany: State University of New York Press.

Kohlberg, L. (1969). Stage and sequence: The cognitive-developmental approach to socialization. In D. A. Goslin (Ed.), *The handbook of socialization theory and research*. Chicago: Rand McNally.

Kurth, S. B., Spiller, B. B., & Travis, C. B. (2000). Consent, power, and sexual scripts: Deconstructing sexual harassment. In C. B. Travis & J. W. White (Eds.), *Sexuality, society, and feminism* (pp. 323-354). Washington, DC: American Psychological Association.

Levant, R. F. (1996). The new psychology of men. *Professional Psychology: Research and Practice*, *27*, 259-265.

Levant, R. F., & Richmond, K. (2007). A review of research on masculinity ideologies using the Male Role Norms Inventory. *Journal of Men's Studies, 15*, 130-146.

Levant, R. F., Richmond, K., Majors, R. G., Inclan J. E., Rossello, J. H., Heesaker, M., et al. (2003). A multicultural investigation of masculinity ideology and alexithymia. *Psychology of Men & Masculinity*, *4*, 91-99.

Major, B. (1987). Gender, justice, and the psychology of entitlement. In P. Shaver & C. Hendrick (Eds.), *Review of personality and social psychology: Vol. 7. Sex and gender* (pp. 124-148). Beverly Hills, CA: Sage.

Philaretou, A. G., & Allen, K. R. (2001). Reconstructing masculinity and sexuality. *Journal of Men's Studies*, *9*, 302-321.

Pleck, J. H., Sonenstein, F. L., & Ku, L. C. (1993). Masculiity ideology and its xorrelates. In S. Oskamp and M. Costanzo (Eds.). *Gender issues in contemporary society* (pp. 85-110), Thousand Oaks, CA: Sage.

Pyle, K. D. (1996). Class-based masculinities: The interdependence of gender, class, and interpersonal power. *Gender and Society*, *10*, 527-549.

Rider, E. A. (2004). *Our voices: Psychology of women* (2nd ed.). Hoboken, NJ: John Wiley.

Risman, B. J. (1987). Intimate relationships from a microstructural perspective: Men who mother. *Gender and Society*, *1*, 6-32.

Ruderman, E. G. B. (2003). Plus ca change, plus c'est la même chose: Women's "masochism" and ambivalence about ambition and success. In J. B. Sanville & E. B. Ruderman (Eds.), *Therapies with women in transition: Toward relational perspectives with today's women* (pp. 1-26). Madison, CT: International Universities Press.

Savin-Williams, R. C., & Cohen, K. M. (Eds.). (1996). *The lives of lesbians, gays and bisexuals: Children to adults*. Fort Worth, TX: Harcourt Brace.

Shek, Y. L. (2006). Asian American masculinity: A review of the literature. *Journal of Men's Studies*, 14, 379-391.

Smith, G. (1996). Dichotomies in the making of men. In C. McLean, M. Carey, & C. White (Eds.), *Men's ways of being* (pp. 27-49). Boulder, CO: Westview Press

Thompson, N. (2000). The ontology of masculinity—the roots of manhood. In D. A. Lund (Ed.), *Men coping with grief* (pp. 27-36). Amityville, NY: Baywood.

Trigiani, K, (1999). Masculinity–femininity: Society's difference dividend. Retrieved from http://web2.airmail.net/ktrig246/out_of_cave/mf.html

White, M. (1996). Men's culture, the men's movement, and the constitution of men's lives. In C. McLean, M. Carey, & C. White (Eds.), *Men's ways of being* (pp. 163–193). Boulder, CO: Westview Press.

White, J. W., Bondurant, B., & Travis, C. B. (2000). Social constructions of sexuality: Unpacking hidden meaning. In C. B. Travis & J. W. White (Eds.), *Sexuality, society, and feminism* (pp. 11–33). Washington, DC: American Psychological Association.

Weis, L., Centrie, C., Valentin-Juarbe, J., & Fine, M. (2002). Puerto Rican men and the struggle for place in the United States: An exploration of cultural citizenship, gender, and violence. *Men and Masculinity*, *4*, 286–302.

Worell, J. (1986, November). The DSM IIIR: Controversies in gender bias. Invited paper presented at the annual meeting of the Association for the Advancement of behavior Therapy, Chicago.

Worell, J., & Remer, P. (1992). *Feminist perspectives in therapy: An empowerment model for women*. New York: John Wiley.

Yoder, J., Fischer, A. R., Kahn, A.S., & Groden, J. (2007). Changes in students explanations for gender differences after taking a psychology of women class: More constructionist and less essentialist. *Psychology of Women Quarterly*, *31*, 415–425.

Counseling & Diversity

CHAPTER 08

성적 지향

1. 역사적 관점
2. 성적 지향 정체성의 발달
3. 성적 지향과 성 정체성에 관한 토론

성적 지향성(sexual orientation)은 아마 오늘날 우리 사회에서 공격적 견해들을 양산하는 가장 뜨거운 쟁점 중의 하나일 것이다. 반면 성적 지향성의 범위 또한 오늘날의 사회에서 훨씬 더 가시적이다. 이 장에서 우리는 역사와 상담의 측면에서 이것의 구조와 의미에 대해 생각해 볼 것이다. 우리는 자동적으로 성적 지향성의 관점에서 게이, 레즈비언, 양성애자를 생각하지만, 동시에 이 장에서 **이성애**(heterosexuals) 역시 논의한다는 점을 염두에 두기 바란다. 하지만 이러한 다른 성적 지향성을 정상에서 벗어난 것으로 보기보다는 연속선상에서 특별한 성적 지향이 존재한다는 가능성으로 생각해 볼 것이다. 7장에서 우리는 성의 개념을 살펴보았고 이제 우리는 성적 지향에 관심의 초점을 두려 한다.

생각해 볼 질문 8.1

- 당신은 성적 지향성과 성적 정체성을 어떻게 정의하는가?
- 당신은 자신의 성적 지향성을 어떻게 알고 있는가?

우리는 여기서 사회의 통합된 부분이 아닌 사람들 사이에서 종종 혼란을 일으키고 동요하게 하는 용어에 대해 논의하는 것으로 이 장을 시작하려고 한다. 그것은 또한 지리적 지역, 문화, 시간에 따라 다양하게 나타나는 경향이 있다(American Psychological Association, 1991). 자신과는 다른 성별의 사람에게 매력을 느끼는 사람을 지칭하는 가장 친숙한 용어 중 하나는 **동성애자**(homosexual)이다. Herzer(1985)에 따르면 1860년대 후반에 이 용어가 만들어졌고, 이후에 성 의식의 분야를 연구한 Krafft-Ebbing과 Havelock Ellis 같은 이후의 학자들에 의해 대중화되었다. 지난 몇십 년 동안 자신을 동성애자로 간주하는 사람들이 증가하면서 **동성애자**라는 용어는 부정적 고정관념 및 병리적 진단과 연관되었기 때문에 잘 사용되지 않았다(American Psychological Association, 1991). 또한 많은 사람들은 동성애자라는 단어가 관계에 영향을 미치는 매력과 친근함의 다양성을 축소시키는 것으로 간주한다. 그 기원을 알 수 없는 대체적 용어인 **게이**(gay)는 1960년대 후반 이래로 점점 더 많이 사용되었다. **레즈비언**(lesbian)이라는 용어는 기원전 600년경에 Lesbos 섬에 살았던 그리스 시인 Sappho에서 기원한 것으로 알려져 있는데. 이 시는 동성 사이의 사랑을 미화했다(Money, 1998). 게이는 종종 자신과 같은 성에 매력을 느끼는 모든 사람들을 묘사하는 데 사용되기도 한다. 반면 자신을 남성과 여성 모두에 매력을 느끼는 것으로 생각하는 많은 사람들은 **양성애자**(bisexual)라는 용어로 사용되며 통용된다. 사회 안에서 이 사람들을 bi(바이)라고 줄여 부르기도 한다. **스트레이트**(Straight)는 사회에서 수용될 만한 성 의식의 규준에서 벗어난 것으로 자신을 인식하는 게이들이 이성애자들을 묘사하는 데 사용하는 게이 사회에서 발달된 용어이다. 마지막으로 **트랜스젠더**(transgender)는 성별(sex)과 성(gender) 사이의 교차에 대해 생각하는 새로운 방식으로서 1990년대에 사용되기 시작했다. 본래는 sex-geneder 규범을 벗어나는 성적 정체성을 가진 사람들을 설명하는 것(태어났을 때는 남자이지만 여자가 남자로 잘못 태어난 경우)으로 *transsexual*이 사용되었는데, 이것은 성적 규범에 저항하는 사람들을 묘사하는 데 사용되었다. 예를 들어 남자에 매력을 느끼지만 전형적으로 여성적이지 않은 여성들을 설명하는 데 이 용어를 사용할 수 있다(Denny, 1997).

성적 지향의 이슈들은 모든 문화와 집단에서 존재하지만 그것에 대해 많은 문화에서 개방적으로 논의하지는 않는다. 하지만 그 문화 구성원의 성적 지향성을 설명하는 것으로 문화마다 자체적으로 사용하는 용어들이 있어 왔다. 예를 들어 몇몇 미국 원주민들은 때로 대안적 성 의식의 영적 · 사회적 측면의 통합을 묘사하기 위해 두 개의 영혼을 가진(two-spirited) 것이라는 용어를 사용했다(Tafoya, 1997). 성 의식에 있어서 '대안적인(alternate)' 것으로 고려되는 사회 구성원을 언급하면서 LGBT(레즈비언, 게이, 양성애자, 트랜스젠더)라는 줄임말이 종종 사용되어 왔다. 요즈음에 많이 사용하는 LGBT를 통칭하는 퀴어(queer)는 점점 더 대중적인 용어가 되었다. 현재의 급진적 정책과의 연관성뿐만 아니라 과거에 경멸적인 비아냥이 함축되었다는 것 때문에 이것은 약간 논란의 소지가 있다(Rust, 1996). 이러한 특별한 명명이나 이름을 사용하는 것에 대한 쟁점은 외부인에 의해 이름이 붙여진 역사적인 무력함과 관련되기 때문에 민감한 부분이다.

1. 역사적 관점

성적 지향과 대안적인 성 의식의 문제가 최근에 폭발적으로 대중들에게 인식되고 있지만, 이러한 쟁점에 대한 다양한 반응은 오랜 역사를 지니고 있다. Katz(2003)의 지적에 따르면, 정상과 비정상의 성 의식 분류(이성애를 정상으로 가정하고 모든 다른 성 의식은 비정상으로 표현하는)는 역사적으로 지속되어 왔던 것은 아니다. 초기 그리스 사회는 남자 양성애자를 정상으로 보았다. 엘리트 전사들의 집단인 신성대(Sacred Band)[1]는 자신들의 연인을 보호하기 위해 맹렬하게 싸울 것이라는 믿음을 가지고 있는 남자 연인들(male lovers)로 구성되었다. 몇몇의 그리스 신화는 같은 성을 가진 사람들의 끌림의 문제를 다루었다. 중세 페르시아 시인은 남성 간의 낭만적인 사랑을 노래했다. 그러나 역사의 다른 시대와 맥락에서는 동성애에 대해 관대하지 않았으며 받아들여지지 않았다. 중세 유럽의 경우 사람들은 그들의 성 의식으로 인하여 화형에 처해질 수도 있었다. 경멸적인 용어인 호모(faggot)는 이러한 화형에서 유래되었다. 왜냐하면 **호모**(faggot)는 원래 불쏘시개로 사용되는 어린 나뭇가지의 묶음을 뜻하기 때문이다. 19세기 초반 미국과 유럽에서, 진정한 남성성, 여성성, 순수로 특징지어진 사랑에 대한 생각이 있었고, 합법적인 자연적 욕망은 출산의 목적을 위한 것이었다(Katz, 2003). 첫 번째로 의학적 제도에 의해 이성애자와 동성애자에 대한 관념이 형성된 것은 1800년대 후반에서 1900년대 초반이었다. Krafft-Ebbing 박사는 영향력 있는『*Psycho-pathia Sexualis*』를 출판했다. 이 책에서 'hetero-sexual(이성애)'은 다른 성에게 성욕을 느끼는 것이라고 언급했고, 반면에 'homosexual'은 같은 성에 대해 성욕을 느끼는 것이라고 설명했다. 또한 양쪽 성 모두에 대해 충동을 일으키는 것으로 정의되는 **심리성적 자웅동체**(psycho-sexual hermaphroditism)의 제3의 범주가 있다(Katz, 2003). 같은 시대에 여성끼리 사는 커플은 종종 사회적 주목과 비난을 모면할 수 있었는데, 그 이유는 당시에는 동성애에 대한 인식이 적었기 때문이다. 이러한 경우는 종종 'Boston marriage'[2]로 알려져 있다.

독일 나치 시대에, 게이와 레즈비언은 분홍색 삼각형 배지를 달거나 옷에 '175' 표시를 붙이도록 했다. 나치 체제에서 어림잡아 50만 명의 게이와 레즈비언이 그들의 성적 지향성 때문에 형벌에 처해졌고, 강제수용소에 보내졌으며, 그곳에서 종종 잔인하게 다루어지고 죽음을 맞이했다. 해방 이후 다른 죄수들이 풀려났을 때, 분홍색 삼각 배지를 단 사람들은 그들에게 내려진 판결의 잔여 기간을 채우기 위해 독일 감옥에 남아 있었다(Rector, 1981). 또한 미국에서도 같은 성을 지닌 사람을 좋아하는 경우, 이들을 위한 지지와 자원 및 역할모델과 법적인 보호를 제공하는 곳은 없었다. 'homosexuality(동성애)'는 모든 주에서 불법이었다. 그리고 경찰은 종종 게이와 레즈비언이 자주 방문한다고 알려진 바를 급습하고, 언어적·신체적 학대를 했다는 명목으로 체포하고, 그들의 이름을 언론에 공개했다. 부모들

1) [역자 주] B.C 4세기에 테베 지역에서 결성된 150쌍의 남성 커플로 구성된 군대

2) [역자 주] 남자로부터 재정적 독립을 하여, 두 명의 여성이 함께 사는 것을 말함.

은 자녀와 의절하고 이들에게 직장, 양육권, 방문권 그리고/또는 주거의 손실은 끊임없이 지속되는 위협이다. 1950년대에 McCathy는 공산주의자로 의심되거나 동성애자로 의심되는 자를 목표로 하여, 그들을 공무원직(federal job)으로부터 배제시켰다(D'Emilio, 1983).

이들에 대한 박해와 고립은 지속되었다. 그러나 제2차 세계대전 이후, 군복무(military service)의 형태로 LGBT[3]들이 해외여행을 하게 되면서 그들과 같은 LGBT들을 만나고 교류를 하기 시작했고, 뉴욕과 샌프란시스코 같은 큰 항구도시에서는 이들의 지역사회가 형성되기 시작했다. 1951년에 형성된 게이를 위한 Mattachine Society는 미국의 첫 번째 '게이 권리' 집단으로 보인다(Bohan, 1996).

정치적 · 사회적 환경에서 가장 의미 있는 변화 포인트가 되는 사건이 1960년 6월 28일에 일어났다. 뉴욕 시의 Greenwich Village에 위치한 Stonewall Inn이라는 술집에서 경찰의 일상적인 단속이 있었다. 그러나 이 술집의 손님들은 일상의 박해와 체포에 복종하는 대신 저항했다. 수백 명의 시위자들이 경찰에 대한 저항과 투쟁을 지지하기 위해 모여들었고, 그것은 며칠 동안 지속됐다. 이 사건에 영향을 받아서 대규모의 자유화 운동(liberation movement)이 일어났다. 이 운동에는 민권운동과 여성해방운동에서 사용된 전략들이 많이 사용되었는데, 민권운동을 통해 사회적 낙인에 대한 저항이 일어났고 여성해방운동을 통해 성차별과 성 역할에 대해 정치적인 분석이 이루어졌다. 1970년 6월에 뉴욕의 Stonewall을 기념하는 행진은 5,000명의 참가자를 끌어모았는데, 이것은 그 당시까지 가장 큰 시위였다(D'Emilio, 1983).

1970년대의 급증하는 정치적 연대는 1980년대의 HIV/AIDS 유행의 커다란 위협에 직면하게 되었다. 질병, 죽음, 친구와 부모의 상실, 진단의 두려움에 대한 의학적 · 사회적 위기가 사람들의 삶에 퍼졌다. 초기에 이 질병은 인구 중 무시할 만큼의 소수에게만 영향을 미칠 것으로 여겨졌다. 그래서 정부와 사회 기관들은 이 질병에 대해 관심을 보이지 않았다. 반면 AIDS에 감염된 사람들은 증가하였고 결과적으로 이들을 돌보고 연구할 기금이 더 많이 필요하게 되었다. 지역사회는 HIV/AIDS 문제를 해결하기 위하여 1990년대까지 많은 노력을 기울였다. 최근에는 이들에 대한 초점의 영역이 확대되어서 LGBT를 위한 법적 보호가 부족하다는 것에 관심을 모으고 있으며, 사회 모든 계층에 있어서 이들에게도 시민권의 요구를 포함해야 한다는 것으로 초점이 확대되었다. 게이와 레즈비언 연합회의 등장,

3) [역자 주] 레즈비언(Lesbian), 게이(Gay), 양성애자(Bisexual), 트랜스젠더(Transgender)를 집합적으로 지칭하는 축약어

예시 8.1
Harvey Milk의 시대

1978년에 Harvey Milk는 샌프란시스코 시의원으로 당선되었다. 그는 캘리포니아 주의 관청에서 당선된 첫 번째 게이였다. 지칠 줄 모르는 연합 형성, 캠페인, 훌륭한 유머를 통해, Milk는 성공적으로 다양한 경계를 넘어서 사람들을 통합했고 정치를 이끌었다. 거의 11개월 후인 1978년 11월 27일에, 그와 George Moscone 시장은 Milk의 동료 의회 구성원에 의해 권총으로 살해되었다. 그는 전직 경찰관이자 소방관이었던 Dan White였다. Milk가 했던 풀뿌리 정치와 선거에 관한 극적인 이야기는 숀 펜 주연의 영화 〈Milk〉에 생생하게 표현되었을 뿐만 아니라 다큐멘터리로도 제작되어 수상을 하기도 하였다. 그가 살해되었을 때 암살이 일어난 저녁에는 샌프란시스코의 수천 명의 사람이 촛불의식에 참여하였고, 살인 혐의를 지닌 White에 대한 관대한 판결 때문에 시민들은 시청으로 돌진하고, 유리창을 부수고, 경찰차에 불을 지르기도 하였다(Van Sant, Jinks, & Cohen, 2008).

결혼제도의 이성애에 대한 논쟁, 그리고 'gay baby boom'이 가시화되는 것은 최근의 쟁점이다(Hunter & Hickerson, 2003). 여론조사에 따르면 게이와 레즈비언을 수용하는 사람의 비율이 1983년에 21%였던 것에 비해 2001년에는 54%로 증가하였다. 그러나 이러한 변화는 사람들 의식의 변화라기보다는 별다른 의견이 없었던 사람들의 태도의 변화에 기인하고 있다. 그러므로 동성애가 불법이라고 믿는 미국인의 42%는 1970년대 이후 같은 상태에 머물러 있어 왔다(Brammer, 2004). 그러한 양측의 분열과 태도의 경직 때문에 LGBT 개개인은 현저하게 많은 비율로 폭력의 희생자가 되고 있다(Kantor, 2009).

정신건강과 관련하여, 게이, 레즈비언, 양성애자, 그리고 트랜스젠더는 꾸준하게 상당한 진전을 보였다. Freud가 동성애를 질병으로 여기지 않았는데도 불구하고, 정신분석적 전통은 이러한 인식을 확산시켰다(Isay, 1989). 동성애와 관련이 있는 것으로 인식되는 것에는 정신장애, 불행, 수행의 부족, 관계 지속에 대한 불능이 있다. 미국에서 이것은 1972년에 미국정신의학회가 『정신장애 진단 통계 편람(*Diagnostic and Statistical Manual of Psychiatric Disorder*)』의 두 번째 판(DSM-II)에서 **자아이질성 동성애**(ego-dystonic homosexuality)를 질병으로 열거한 이후로 그렇게 다루어지고 있다(American Psychiatric Association, 1972). 이로 말미암아 내담자들은 자신의 성적 지향을 거부하고 자신의 성 의식에 대해 죄책감과 수치심

예시 8.2
Matthew Shepard의 살해

Matthew는 Laramie에 있는 Wyoming 대학에서 정치학을 전공하는 22세 학생이었다. 1998년 10월 6일, Aaron McKinney와 Russell A. Henderson은 게이들이 자주 가는 곳으로 알려진 Laramie에 있는 술집에 들어갔다. 두 남자는 술집에서 Matthew Shepard와 함께 나갔고 차를 몰고 떠났다. 울타리에 묶인 채 맞아 거의 죽음 직전까지 간 Shepard는 결국 죽은 채로 영하의 날씨에 버려졌다. 두 남자는 그의 지갑과 구두를 훔쳐 갔다. 18시간 후에 그는 오토바이를 타고 지나가던 두 사람에 의해 발견되었다. 이들은 처음에 Shepard가 울타리 위에 있어서 그를 허수아비로 생각했다. Shepard는 병원으로 옮겨졌고, 거기서 그는 10월 12일 사망하기 전 며칠 동안 매우 위독한 상황에 놓여 있었다. Shepard의 장례식이 지난 후, Wsboro 침례교회(Topeka, Kansas)의 Fred Pelps는 항의 운동을 조직적으로 시작하였고, 그는 사람들에게 유감의 메시지를 포함한 피켓을 들고 모이라고 촉구하였다. 그는 또한 웹사이트 godhatesfags.com에도 항의 운동을 시작하였다.

Russell A. Henderson은 흉악 살인에 대해 자신의 죄를 시인했지만, Aaron McKinney은 자신의 죄를 옹호하기 위하여 '게이 공황(gay panic)'에 의해 사고를 저질렀다고 변호하며 Shepard 스스로 자신의 죽음에 책임이 있다고 진술하였다. 판사는 이 변호를 받아들이지 않았다. McKinney는 흉악 살인 책임의 두 가지 면에서 유죄가 입증되었고, 범죄에 관여한 것에 대해 2회에 걸쳐 연속 종신형 선고가 내려졌다.

을 갖게 되었다. 이처럼 정의를 함으로써 관심의 초점이 LGBT가 되는 것에서 그것으로 인한 수치심과 죄책감으로 전환되었다. 1980년대 후반까지는 또 다른 형태의 부정적 견해가 있었는데, 이것은 한 개인의 성적 지향성을 정신건강 측면이 아닌 사회의 차별이라는 측면에서 이들을 인정하지 않았던 경향이다. 1987년의 DSM 세 번째 개정판에서 병리적인 동성애에 대한 범주는 완전히 삭제되었다.

심리학 분야에서 게이, 레즈비언, 또는 양성애자가 되는 병인학과 원인을 설명하려는 시도가 오랜 기간 동안 이루어졌다. Freud(1905)는 모든 인간은 잠재적인 동성애적 충동을 가지고 태어난다고 믿었다. 그는 해결되지 않은 오이디푸스 콤플렉스로부터 게이의 성적 지향성이 발달된다고 보았다. 어린 소년은 아버지와의 동일시 실패 이후 어머니의 성적 지향성을 따르게 된다고 보았다. Stoller(1968)는 폭군적인 어머니와 냉담한 아버지는 소년에게 있어서 성적인 혼동을 발달시킨다는 연구에 근거하여, 성적 지향이 부모와의 초기 상호작용에 의해 결정된다는 정신분석적 입장을 다시 확인했다. 이 연구 이후에 여러 연구들 역시 주 양육자, 특히 엄마에게 원인이 있다고 보았다. 이후 연구자들은 태아가 접촉한 어머니의 테스토스테론의 수준, 환경적 스트레스, 그리고 유전자적 소인을 포함한 생물학적 해명을 찾으려고 했다(Turner, 1995).

2. 성적 지향 정체성의 발달

정체성 발달에 관한 연구들은 구체적으로 레즈비언, 게이, 양성애, 혹은 이성애 정체성 발달에 대한 부분에 집중되어 있었다. 정상적인 과정은 이성애 정체성 발달로 이해되어 왔다. 따라서 연구는 '소수 집단'으로 여겨지는 개인의 성적 정체성 발달의 과정을 연구하는 데 더 초점이 맞추어졌다. 이것은 4장에서 설명되었던 인종 정체성 발달에 대한 연구와도 유사하다. 거기서 소수인종 집단의 정체성 발달(예: 흑인 혹은 아프리카계 미국인)은 다수 집단(예: 백인)보다 더 많은 관심을 받아 왔다. 이와 같은 방식의 문제점은 소수 집단의 지위를 '다른' 것으로 보게 만들 수 있다는 것이다. 뿐만 아니라 이것은 다수 집단의 정체성 발달이 정상적인 것이고 보편적인 것으로 이해되게 하는 믿음을 강화시킬 수 있다.

생각해 볼 질문 8.2

- 당신의 삶에서 성적 지향성과 정체성을 의식하였던 때는 어떤 시점이었나?
- 당신의 성적 정체성에 관한 결정을 하는 데 당신의 가족, 친구, 더 큰 사회는 어떤 역할을 하였는가?
- 시간이 지나면서 당신의 성적 정체성에 대한 이해는 변화하였는가? 만약 그렇다면 어떻게 변하였는가? 그렇지 않다면, 그 이유는 무엇인가?
- 성적 지향성에 대해 탐색하고 결정하게 된 시점을 기억하는가? 혹은 성적 지향성을 당연시 여겨왔는가?

1) 이성애자 정체성(heterosexual identity) 발달

Worthington, Savoy, Dillon과 Vernaglia(2002)가 만든 모델은 다차원적인 것으로, 이성애적 정체성 발달을 개인적이며 사회적인 과정으로 정의한다. 이 과정을 통해 자신을 이성애자로 간주하는 개인은 성적 필요, 가치, 성적 지향, 성적 활동에 대한 선호, 성적 표현의 모방, 성적 패턴 특징을 이성애의 관점에서 받아들이고 규정한다. 이 관점에서 이성애적 발달은 다수 집단으로서의 태도, 믿음 및 가치를 포함하고 있으며 성적 소수자들의 태도, 믿음 및 가치를 억압할 수 있다는 것을 이해한다. (p. 510)

이 모델은 6개의 생물심리사회적(biopsychosocial) 영향력과 6가지 차원의 개인 정체성을 통합하는데 이 요소들은 개인의 집단 정체성 및 성적 소수자에 대한 태도와 상호작용하는 것을 가정한다. 연구자는 성적 존재로서 개인의 정체성에 관한 포괄적 과정으로서의 성적 정체성과 개인의 성적 지향의 수용과 인식에 관한 성적 지향 정체성을 구분한다.

연구자는 생물심리사회적 맥락에서 6가지 영향력을 다음과 같이 기술하였다. (a) 신체 성숙 발달의 중요한 기간 동안 개인이 접하는 **생물학적 요인**(biological factors)의 영향 (b) 가족, 동료, 지역사회와 관계를 맺고 이들에 의해 지지되는 가치와 믿음에 의해 성적 정체성에 영향을 미치는 **미시사회적 맥락**(microsocial context) (c) **성 규범과 사회화**(gender norm and socialization)를 통해 개인은 성의 구성개념을 내면화시키고 대인관계에서의 상호작용 시 정해진 역할과 규범에 따라 행동함 (d) 사회적으로 받아들여질 수 있는 성 관계, 가치, 믿음의 의미와 변화에 영향을 미치는 **문화**(culture) (e) 성적 정체성과 관련된 **종교적 성향**(religious orientation). 왜냐하면 다수의 종교는 성적 행동을 규제하고 성 의식에 관한 도덕적 가치와 신념에 영향을 줌 (f) **체제적인 동성애 공포증**(systemic homonegativity), **성적 편견**(sexual prejudice), **특권**(privilege)과 같은 것들은 사회의 LGBT 사람들을 부정적으로 묘사하고 은밀히 제재하며 차별을 행하고 심지어 LGBT로 확인된 개인들에 대한 폭력마저 넘쳐나게 한다.

뿐만 아니라, 이 모델은 모든 단계에서 의식적이고 무의식적으로 일어날 수 있는 상호적 발달 과정을 설명한다. 이 모델에서는 단계들이 선형적으로 진행되지 않는다. (a) **탐색되지 않은 전념**(unexplored commitment): 사회적으로 부과된 성과 성 행동 역할 등을 그대로 수용하고 성에 관한 자기탐색을 피하는 경우에 해당됨. (b) **적극적 탐색**(active exploration): 목적의식 있는 탐색, 평가, 성적 요구(인지적, 정의적 및 행동적)의 시도, 가치, 성향 혹은 활동의 선호도, 파트너의 특징 및 성적 표현 등이 해당됨. (c) **확산**(diffusion): 활동적 탐색과 비슷하나 목표 지향적인 의도성은 부족함. 혼란스럽거나 반응적일 수 있고 종종 위기로 인해 발생될 수 있음. (d) **심화 및 전념**(deepening and commitment): 성적인 선호도와 확인된 성적 특징에 대한 욕구, 가치, 양식 및 표현에 해당됨. (e) **종합**(synthesis): 개인적 정체성과 발달 과정 간의 조화와 일치라는 특징으로 표현됨.

2) 레즈비언, 게이, 양성애(LGB) 정체성 발달

이성애 정체성 발달 과정은 종종 커밍아웃으로 불리며, 개인의 성적 소수 지향성을 처음 인식하게 되는 시점에서 시작하게 된다. 이 과정은 전형적으로 두 가지가 겹쳐서 나타나는데 자기 자신에게 커밍아웃하는 것과 다른 사람들에게 커밍아웃하는 두 단계로 나뉜다. 다양한 유형의 게이와 레즈비언 정체성 모델이 제안되어 왔는데, 가장 인기 있는 것은 Cass(1979)와 Troiden(1989)(Reynolds & Hanjorgiris, 2000)이 제안한 모델이다.

이러한 모델 중 가장 잘 알려진 것으로서, Cass(1979)의 혼란, 비교, 인내, 수용, 자부심, 통합을 포함하는 6단계 모델이 있다. 이 모델은 게이 이전에서 게이 정체성으로 이동해 가는 일반적인 게이와 레즈비언 정체성 형성의 6단계를 규명하였다. 이 모델은 임상적이고 경험적인 자료로부터 만들어졌으며 상호 대인관계 조화 이론에 근거를 두고 있다. 또한 정체성은 발달 과정을 통해 형성된다고 보았고, 모델의 중심은 개인과 환경 간의 상호행동 과정에 두고 있다.

1단계는 **정체성 혼란**(identity confusion)의 단계이다. 동성애 사람들을 향한 친밀한 느낌과 신체적인 매력을 많이 느끼게 되면서 이성애 정체성에 의문을 갖게 된다. 그리고 "내가 게이나 레즈비언이 될 수 있는 것인지"를 궁금해하게 된다. 개인적으로 게이나 레즈비언에 관한 정보 혹은 인식에 관심을 갖게 되고, 이성애 성 의식이 정상적이라는 가정이 약화되기 시작한다. 이 단계에서는 많은 혼란을 경험하며 자신을 성향을 부인하는 것이 우선적인 대처 전략이 된다. 2단계는 **정체성 비교**(identity comparison)의 단계이다. 동성애 느낌이 나의 일부라는 생각을 받아들이기 시작하게 된다. 게이나 레즈비언이 될 수도 있다는 생각을 한다. 동성의 사람에게 성적으로 끌리는 경우, 이것은 어떤 특정한 사람에게서만 느끼는 것으로 재개념화하기도 한다. 또한 어떤 경우에는 자신이 양성애자일지도 모른다고 생각할 수도 있는데, 이 경우 이러한 생각은 잠재적 이성애 성 의식을 허용할 수 있는 전략으로 작용할 수 있다. 기본적으로, 개인은 동성의 매력과 이성애자로서 자신에 대한 생각의 불일치를 줄이려고 한다. 이들은 시간이 지나면서 다수의 규범적 이성애의 사회와 자신들이 다르다는 것을 깨닫게 되며, 이를 통해 이들은 사회적인 소외와 고립을 경험할 수 있다.

3단계는 **정체성 포용**(identity tolerance)의 단계이다. 스스로 게이 또는 레즈비언 정체성을 내적으로 점점 더 받아들이는 것을 특징으로 한다. 이를 통해 이전 단계에서 경험한 혼란스러운 느낌을 없애지만, 반대로 타인과의 거리감을 더 느끼게 된다. 그 결과로 자신의 정체성을 사회적으로 숨기려는 욕구가 생겨난다. 이처럼 자신을 숨기는 것은 내적으론 자신의 정체성으로 인해 몸부림치면서도 겉으로는 남들에게 수월하게 이성애자로 통하게 하는 것을 말한다. 이렇게 할 경우 개인으로서는 자신의 성적 지향성을 다루는 데 있어서 약간의 안도감이 생겨나겠지만, 그 대가로 항상 긴장하면서 사적인 삶과 공적인 삶을 구별하느라 늘 신경을 써야 하는 문제를 겪는다. 이외에도 가족과 친구들과의 친밀한 관계에 대한 경험이 자신을 속인 결과이기 때문에 또 다른 문제를 경험한다. 이 시기에 일정한 (자기증오에 반대되는) 자기수용을 형성하려면 긍정적 체험이 매우 중요하다. 게이를 긍정적으로 바라보는 사람들과 어울리는 것이 고립감과 소외감을 완화하고, 해당 개인에게 '가면'을 통해서가 아닌 자신의 전부로서 받아들여지는 체험을 주는 것이 더욱 급한 일이 된다.

4단계는 **정체성 수용**(identity acceptance)의 단계이다. 이 단계에서는 보통 다른 게이 및 레즈비언과 점점 더 어울리면서 점진적으로 성숙한 게이 또는 레즈비언 정체성이 생겨나게 된다. 많은 청소년들에게 있어서 다른 십대 게이 및 레즈비언을 찾기란 어려운 일이다. 이 시점에 이르면 개인들은 자신의 성적 지향성을 내적으로 전면 수용하게 된다. 하지만 겉으로는 아직 자신을 상황에 따라 표현한다. 자신의 성적 지향에 따라 어떻게 어디에 맞춰 행동할지에 대한 고민과 노력은 지속된다.

5단계는 **정체성 자부심**(identity pride)의 단계이다. 이 단계에서 개인들은 게이 또는 레즈비언 문화와 강한 동일시를 경험하거나 그 속에 푹 빠지게 되면서, 이성애 및 그것과 관련된 제도는 평가절하하고 거부하는 단계로 접어들게 된다. 이 단계에서는 사회적 행동주의(social activism)와 옹호 운동(advocacy movement)이 중요한 역할을 한다. 이 단계의 많은 개인들은 가급적 다른 게이 또는 레즈비언들과만 어울리는 공동체 안에서 살며 함께 일한다. 이 단계의 또 다른 특징은 정체성을 점점 더 드러내게 된다는 것이다.

마지막 6단계는 **정체성 통합**(identity synthesis)의 단계이다. 이 단계에서는 통합된 자아의식이 형성되는데, 여기에서 성적 지향성은 복잡한 정체성의 일부로 통합되고, 동시에 이성애자들을 향해 '우리 대 그들(us versus them)' 식의 태도가 누

그러지면서 더욱 포용적이고 협력적인 접근법을 보여 주게 된다. 개인들은 분노에 덜 집중함과 동시에 **이성애주의**와 **동성애 혐오**에 관해 인지하게 된다.

Troiden(1989)이 개발한 이와 유사한 모델은, 게이 및 레즈비언 정체성의 발달이 사춘기 이전에 시작되어 연대기적 연령과 일정 정도 상관성을 보이면서 여러 단계를 통해 나아간다는 근본 가정을 가지고 있다. 이 모델은 4단계가 존재한다. 첫 단계로 (a) **민감화**(sensitization)는 사춘기 이전에 발생하고, 일반적으로 성에 대해 중립적이거나 비전형적인 행동을 통해 다르다고 느끼게 되는 의식이 그 특징이다. 다음은 (b) **혼란**(confusion)으로, 사춘기 이후 시기에 오는 현상이다. 청소년이 자기애적인 생각과 느낌과 더불어 사회로부터 전해지는 낙인과 부정적인 메시지를 점점 더 의식하게 된다. 이어서 (c) **정체성 가정**(identity assumption)은 사춘기 후반 청소년이 게이로서의 정체성을 시도해 보는 단계로서, 게이 공동체와 더 접촉하는 것과 성적 실험과 탐험을 특징으로 한다. 마지막으로 (d) **전념**(commitment)의 특징은 자기수용과 게이 정체성을 편하게 받아들이는 것이다.

이러한 초기 모델들이 성적 소수자의 정체성 형성과 관련한 전체적인 모델을 제시하였지만, 레즈비언 정체성 발달의 경우 게이의 정체성 발달에 그대로 적용하여 비판을 받았고, 모델 개발에 백인 중년 남성 위주의 데이터를 사용한 것 또한 취약점이다(Barrer & Logan, 2002; Sophie, 1985). McCarn과 Fassinger(1996)는 레즈비언 정체성 발달 모델을 개발하였는데, 이 모델은 다중의 소수자 지위와 억압적 환경의 영향을 통합하였고, 관계의 맥락 안에서 커밍아웃하는 여성의 경향에 초점을 맞추었다. 5장에서 기술한 바 있는 William E. Cross(1995)의 인종적 정체성과 유사한 이 모델은 개인 정체성(personal identity)과 준거 집단의 지향성(reference group orienation) 둘 다를 포함한 이원적 정체성 과정(dual identity process)을 설명하고 있다. 뿐만 아니라 직장 환경, 지리적 위치, 그리고 민족적 특성 등의 요인들도 모델에 통합시켰다.

3) 양성애 정체성 발달

거슬러 올라가면 1948년에 이미 획기적인 연구인 Kinsey 보고서에서 양성성이 예전에 알려진 것보다 훨씬 더 흔하다는 사실을 보여 주었다. 그러나 그동안 구체적인 양성애(bisexual) 정체성 발달에 대해서는 연구가 제한적으로 진행되어 왔다(Reynolds & Hanjorgiris, 2000). Paul(1985)은 성 의식의 유동성 때문에 다수의 양성애자들은 독립적인 성적 지향성에 의해서가 아니라 현재의 파트너를 통해서 자신의 성적 지향성을 규정할 수 있다고 이론화하였다. 양성애는 레즈비언과 게이뿐만 아니라 이성애자들로부터도 여러 가지 이유 때문에 호의적이지 못한 대상으로 인식되곤 한다. 그러한 이유들로는 양성애자들이 난잡하다고 믿거나, 한 개인이 남자와 여자에게 동시에 끌릴 수 없다고 믿기 때문이다. 레즈비언 및 게이 공동체들은 양성애자를 이성애자들이 누리는 특권의 뒤에 숨어 있다고 생각한다. 이러한 결과로 양성애 혐오 태도가 생겨나서 양성애자들의 경우 이들이 환영받는 공간은 매우 제한되었다. Weinberg, Williams 및 Pryor(1994)는 3단계로 이루어진 양성애 정체성 발달을 제안하였다.

초기 혼란을 겪는 1단계에서, 개인은 양쪽 성 모두에게 끌리는 경험을 한다. 이런 체험은 혼란을 초래할 수 있다. 그래서 자신이 게이인지 혹은 이성애적 정체성을 가지고 있는지 스스로 범주화하지 못할 수도 있다. 2단계에서는 스스로 자신의 행동이 양성애적이라고 명명하며 양쪽 성 모두에 감정을 느끼는 것을 이해하기 시작한다. 3단계의 경우 개인은 정체성을 형성하기 시작하며 점차 자신을 수용하면서 타인들의 시선에 신경을 덜 쓰게 된다.

4) 성전환주의

최근 몇 년 동안, **성전환주의**(transgerderism)라는 말은 출생 시 자신에게 부여되지 않았을 수도 있는 성에 대해 동일시하는 경우로, 이와 관련된 개인의 매우 다양한 행동들을 묘사하는 포괄적인 용어로서 사용되어 왔다. 성별을 넘나드는 전환의 방향은 **남성에서 여성으로**(MtF) 또는 **여성에서 남성으로**(FtM) 종종 지칭된다. 그렇지만 두 성별의 통합을 반영하는 또 하나의 범주가 존재하기 때문에 성별이라는 것 자체가 존재하지 않는다는 주장도 있어 왔다(Kessler & McKenna, 2000). 이것은 다음 문단에서 논의하게 된다.

가능한 전환들에 대해 생각해 볼 수 있는 한 가지 방법은, 접두사로서 여러 다른 의미를 가지는 *trans*란 말을 살펴보는 것이다. *Trans*는 *transform*이란 단어에서 알 수 있듯이 변화(change)를 의미한다. 이런 의미에서, 트랜스젠더들은 스스로 믿어 왔던 자신들의 성에 자신들의 몸을 맞추어서 바꾸는 것이다. MtF로 전환될 수도 있고 FtM으로 전환될 수도 있다. 이런 의미에서 트랜스젠더는 **transsexual**이란 말의 의미와 동의어다. *Trans*는 *transcontinental*이란 단어에서 알 수 있듯이,

'가로지른다(cross)'는 의미를 가지고 있기도 하다. 그렇게 보면 성전환을 한 사람은 젠더를 가로질러 옮겨 간 사람이다. 이 의미는 본질적으로 또는 영구적으로 어떤 혹은 다른 성으로 마음을 정한다는 것은 아니므로, 사회구성주의적인 의미가 더 들어 있다고 볼 수 있다. 그럼에도 이러한 의미에서 트랜스젠더는 성의 두 범주 영역을 벗어나지는 않는다. '사실은' 원래 다른 쪽 성이라고 자신을 인식하는 사람 중에서 생식기를 바꿀 필요는 없다고 주장하는 사람들은 *trans*의 의미에서 성이 전환된 사람이라고 볼 수 있다. 여기서 강조되는 것은 가로지른다는 것이지 거기에 수반되는 외과 수술적인 변화가 아니다. 그런 사람은 이렇게 말할지도 모른다. "사람들이 나에게 '여성'이란 성을 부여해 주면 좋겠어요. 하지만 내 자신의 생식기를 바꾸지는 않을 거예요. 음경이 있는 것에 개의치 않거든요." 이런 유형의 정체성은 열려 있고 공개적인 정체성으로서 비교적 최근에 나타난 것이지만, 여성 또는 남성과 분리된 정체성은 아닌 듯하다. *trans*가 가진 세 번째 의미는 '넘어서(beyond)', '통과하여(through)'라는 것으로, *transcutaneous*가 그 예이다. 이 의미에서 트랜스젠더는 성을 통과하여, 성을 넘어선 사람이다. 어떤 명확한 성을 부여하는 것도 불가능하고 허용되지도 않는다. 이들 자신과 이들이 상호작용하는 사람들에게 더 이상 성은 존재하지 않는 것으로 간주된다. 이 세 번째의 의미가 가장 급진적이며 가장 알려지지 않은 경우이다.

이러한 성전환된 개인들을 칭하는 또 다른 용어 중에는 **cross-dresser**, *transsexual*, *transvestite*와 같은 단어들이 있다. 추가로 *intersex*라는 형용사로 수식되는 개인들도 종종 이 부류에 속하는 것으로 간주된다.[4] **성전환주의**(transgerderism)와 관련되는 행동들은 이 용어를 설명하는 단어만큼이나 다양하다(Bullough, 2002). 명확한 정의를 보려면 본 장의 마지막에 있는 용어 정의를 참조하라.

성전환주의는 계속해서 병리학과 관련되어 있다. 예를 들어 DSM-IV(Americamn Psychiatric Association, 1994)는 **성전환장애**(gender identity disorder)라는 분류를 포함하고 있는데, 이것은 자신의 반대 성과 지속적으로 심리적 동일시를 하는 것을 가리킨다. 그러나 최근 부상하고 있는 트랜스젠더들의 공동체는 이들 존재를 폄하하는 기존의 믿음, 고정관념 및 잘못된 인식에 문제를 제기한다(Hird,

---

4) 선천적으로 분명하지 않은 생식기를 지니고 태어난 아동에게 성기 수술을 하는 것에 대해 상당한 논란이 있다. 우리 사회는 성 의식에 대해 양분된 시각을 가지고 있다. 남성 혹은 여성으로 이분하려는 경향이다. 의료 체계가 이와 같은 아동에게 성 재배치(sex reassignment)로 알려진 성기 수술을 하거나 호르몬 치료를 하는 것은 사회의 성 의식을 반영한 것이라고 볼 수 있다(Fausto-Sterling, 2000; Hird, 2003).

2003).

상담자들은 트랜스젠더들로 구성된 이들 공동체의 경험에 대해 인식하고 이해하는 것이 중요하다. 특히, Stern(2009)은 **성전환주의**는 여러 사회에서 오랜 역사를 지니고 있으며, 성전환주의를 표현하는 문화적 차이와 사회가 그것을 포용하는 방식에 차이가 있음에 주목하였다. 뿐만 아니라 성 정체성 발달과 성적 지향에서도 분명한 문화적 차이가 있다. 예를 들면 파푸아뉴기니의 Sambia 부족은 어린 남성이 다른 남성들과 에로틱한 성적 접촉을 갖도록 허용하고 격려하는 반면, 어린 남성이 결혼하기 전까지 이성과 접촉하는 것은 금지하고, 기혼 남성은 그들의 부인이 해산할 때까지 동성애 활동에 참여하도록 허용된다(Herdt, 1991; White, Bondurant, & Travis, 2000에서 재인용).

트랜스젠더들이 겪는 경험의 과정은 오랜 기간 동안 Harry Benjamin이 제시한 기준(the Harry Benjamin standards)에 제한적으로 설명되었다. Harry Benjamin 박사(1885-1986)는 트랜스젠더에게 도움을 준 첫 번째 의사 중 한 명이다. 그는 트랜스젠더를 도와주면서 성별에 따라 트랜스젠더 개인이 경험하는 과정과 활동을 바탕으로 임상적 치료 기준을 개발했다. 2001년에 출시된 가장 최근의 6판에서(World Professional Association for Transgender Health, 2001), 정신건강 전문가들에게 요구되는 역량과 임무를 포함하여 트랜스젠더들과의 협력을 위한 임상 지침을 개발했다. 예를 들면 많은 내담자들은 호르몬 치료나 성전환 수술을 하기 이전에 상담심리 치료를 받아야 한다. 이들은 성을 전환하는 실제적 삶의 경험을 미리 체험해 보는 것이 필요하다. 예를 들어 전환된 성으로 공공장소에 가보거나, 여가활동을 하거나, 학생 혹은 직장인으로서 직접 공부나 일을 해보는 것이다.

5) 특별한 도전

Swann과 Anastas(2009)는 많은 LGBT 사람들의 경우 이 사회가 요구하는 이성애주의적 규범의 범위를 벗어나기 때문에 자신의 정체성, 인간관계 및 지역사회의 측면에서 다양한 도전에 직면하게 됨을 설명하였다. 이번 절에서, 우리는 소수자의 성적 지향 정체성 형성이 얼마나 힘겨운 일인지 설명하고자 한다. 자신이 지닌 기존의 정체성인 인종, 성별, 계급, 나이, 그리고 종교 등과 같은 정체성의 다른 측면을 인정하면서 동시에 핵심적 정체성인 성 정체성을 형성하는 것이 매우 어렵기 때문이다.

(1) 사회적 이미지와 역할

사회는 이성애, 레즈비언, 게이, 그리고 양성애자들에 대한 다양한 이미지들로 채워져 있다. 종종 젊은 사람들은 성적 지향에 대한 이해와 정보의 대부분을 미디어의 묘사를 통해 근거를 형성하고 있다. 게이 남성들은 흔히 자신의 생각을 분명하게 밝히지 않는 것으로 묘사되고, 지속적으로 사회적 관계를 갖는 데 어려움을 가지는 것으로 여겨지며, 패션에 지나치게 집착하고, 항상 여성적 특징을 지닌 사람들로 묘사된다. 반면에 레즈비언의 경우, 잘 드러나지 않는 형태로 남성적 특성을 가진 말괄량이나 상대에게 힘을 행사하는 괴롭힘 가해자, 또는 마녀로 표현된다(Barret & Logan, 2002). 성 역할이 이러한 고정관념에 영향을 미치고 있음에 주목할 필요가 있다. 이러한 고정관념을 잘 살펴보면 남성에 끌리는 사람은 여자처럼 여겨지거나 '여자의 역할'을 하는 것으로 인식되는 반면, 레즈비언은 제2의 남자로서 여겨진다. 반면에 이성애적 여성들은 남성의 주목을 받는 존재로, 성적인 면에서 엄격하면 '좋은(good)' 여자로 인식되고 성적으로 개방적이면 '난잡한(sult)' 여자로 인식된다. 한편 이성애적 남성들은 일부일처의 오래된 관계를 지속시키기보다는 성적인 유희에서 적극적인 사람들로 묘사된다. 이처럼 그들을 제한시키는 이미지들은 이성애자들과 마찬가지로 게이 남자와 레즈비언, 양성애자들도 성적으로 친밀한 관계를 형성한다는 것을 의미한다. 그리고 이와 같은 다양한 메시지들과 고정관념은 이들의 내적 억압을 통해 영향을 미친다.

앞서 언급한 것처럼, 레즈비언들은 관계의 맥락에서 커밍아웃할 가능성이 더 높다. 따라서 이들은 새로운 관계의 불확실성을 다루면서 동시에 자신의 성적 지향과 정체성으로 고민할 가능성이 상당히 높다. 사회적 메시지를 통해서 이들은 친밀한 다른 사람과 강렬한 감정적 유대를 발전시킨다. 이성애적 관계의 경우 남성의 독립 성향과 고립 성향은 서로 상쇄되는 면이 있지만, 레즈비언 관계에서는 두 파트너가 스트레스를 받으며 감정의 기복을 겪게 된다(Barret & Logan, 2002). 게이 남성들의 도전 역시 이들의 성을 극복하고 지속적인 친밀감을 발전시키는 것이다. 오래된 농담 중에 "레즈비언은 데이트를 한 번만 해도 두 번째 데이트할 때 동거할 준비를 하고, 게이 남자는 데이트를 한 번 하면 두 번째 데이트는 생각하지도 않는다."는 농담이 있다. 이러한 농담이 그럴듯한 이유는 이 두 집단 모두 학습된 이성애적 역할로 인해 힘들어하는 것을 잘 보여 주기 때문이다.

(2) 다중적 억압

유색인 중 LGBT 사람들은 그들이 속한 사회에서 적어도 두 개 이상의 억압에 직면해야 하는 과제를 종종 마주하게 된다. 이들은 잠재적인 동반자를 찾을 수 있는 백인 게이와 레즈비언 공동체에서 자신의 파트너를 찾게 되는데, 그러한 과정에서 이들은 인종주의와 민족중심주의에 직면할 수 있다. 그들이 속한 민족 사회에서, 이들은 동성애는 '백인들의 것(a White thing)'이라고 여기는 동성애 혐오를 직면하게 될 뿐만 아니라, 유색인종 중 게이나 레즈비언은 백인으로 인정받으려 한다는 오해를 살 수도 있다. 유색인종의 게이, 레즈비언, 또는 양성애자가 커밍아웃(coming-out)하는 것은 훨씬 더 어려울 수 있다. 왜냐하면 성 정체성 이외에도 또 다른 형태로 억압받는 정체성을 동시에 갖고 있기 때문이다. 많은 소수민족 문화의 경우, 가족과 친족 체제의 역할은 매우 중요하기 때문에 커밍아웃하는 것은 더 큰 수치심과 더 많은 죄책감을 불러일으키게 된다. 많은 이들이 오히려 위험에 노출되는 것보다 자신의 민족 사회에서 계속 드러내지 않도록 유지하는 것을 선택할 수 있다. 반면에 어떤 민족 사회의 문화적 전통에서는 유색인종이면서 LGBT인 사람들에 대해 다른 기준을 적용하여 인식할 수도 있다. 앞에서 언급한 것처럼, 전통적인 미국 원주민 사회에서 성 역할과 성 의식은 이원론적 범주로 제한되지 않으며, 종종 성별과 성 의식 역할 안에서 다양성이 인정된다(Tafoya, 1997). Smith (1982)가 지적한 것처럼, 아프리카계 미국인의 공동체에서는 동성애에 대한 혐오가 더욱 강할 수 있다. 왜냐하면 백인에 비해 다른 특권을 가지지 못한 점을 감안하면 이성애적 특성은 이들이 가진 거의 유일한 특권일 수 있기 때문이다. 게다가 흑인 교회는 사회에서 중요한 사회적 · 정치적 역할을 수행하고 동성애에 대해 공개적으로 반대해 왔다. 그러나 아프리카계의 영적 신념 체제는 조화와 집단주의(collectivism)를 강조하기 때문에 동성애 관계에 대해 공개적으로 말을 하지 않고 관용으로 덮으려 할 수 있다(Fukuyama & Ferguson, 2000). 아프리카계 미국인 남성의 경우 다운-로(the down-low)[5]라고 불리는 비밀스런 현상이 있는데, 이는 한 남성이 다른 남성과 성관계를 하면서도 게이나 양성애자로 여기지 않는 것이다. 이것이 관심을 받았던 이유는 오직 이성과 성관계를 가졌던 아프리카계 여성들 사이에서 HIV의 확산 비율이 급증한 사실에 주목했기 때문이다(King, 2004). 유사한 맥락으로 라틴계 문화에서 씩씩한 남성다움에 대한 이상향을 논할 때, 남자는 심

5) [역자 주] 다운-로(down-low)는 아프리카계 사람들이 사용하는 성적 속어로, 이성애적 성적 지향성을 지닌 것으로 인식하면서도 동성과 성적 관계를 맺는 경우를 일컫는 용어이다.

지어 남성에게까지도 매우 성적이야 함을 의미한다. 그들이 남성으로서 활발한 성 역할을 해내는 한 동성애자로 낙인찍히지 않는다. 여성의 경우 **마리아니스모**(marianismo)[6]에 대한 이상은 순결, 자기희생, 순종, 그리고 성욕의 결핍을 의미한다. 다른 여성과 성적으로 적극적 관계를 유지한다는 것은 성적 지향성과 성 역할이란 두 가지 관점 모두에서 위반하는 것이다(Fukuyama & Ferguson, 2000). 동성 간 성 행위에 대해 적극적으로 비난을 하는 천주교의 주된 종교적 영향은 라틴계 LGBT 사람들이 커밍아웃하는 것을 어렵게 만들 수 있다.

아시아계 미국인의 경우 가족은 매우 가치 있는 것으로 여겨지고, 가족에 대한 책임과 의무감이 강조된다. Leong(1996)에 따르면 전통적인 사회의 경우 이성 간의 접촉은 제한된 반면, 동성 간의 친밀한 우정은 허용되었다. 따라서 레즈비언이나 게이와 같은 동성애적 친밀함은 덜 위협적으로 여겨질 수 있다. 결과적으로 이성애의 정도는 높으면서 동성애 혐오 수준은 낮을 수 있다. 더군다나 아시아인에 대한 지배적인 성적 이미지는 **성에 관심이 없는**(asexual) 사람이기 때문에 동성애 집단에서 여자 같은 남자 혹은 이국적인 여자로 쉽게 자신을 드러낼 수 있다. *Rice queen*은 순종적인 아시아계 배우자를 선호하는 백인 남성을 나타내는 용어인데, 이와 같은 이미지의 대부분은 동성애와 이성애 모든 관계에서 아시아 사람들에 대한 측면을 강조한다(Fukuyama & Ferguson, 2000).

유색인 중에서 LGBT 사람들의 수는 적기 때문에, 이들은 서로 다른 인종 또는 서로 다른 문화의 사람들과 상호작용할 가능성이 더 크다. 이러한 관계는 게이나 레즈비언 관계의 맥락에서 문화적 차이를 다뤄야 한다는, 그들 자신의 또 다른 도전들을 불러올 수 있다. 인종차별주의를 경험해 보지 못한 백인 파트너들은 외적인 억압을 잘 의식하지 못하거나, 놀라거나, 또는 과민반응을 보일 수 있다. 외부적인 것만큼이나 내면화된 인종차별주의는 커플 간 분쟁의 원인이 될 수 있다(Barret & Logan, 2002).

(3) 심리사회적 도전

여성에게 성 사회화가 성적 관심의 표현을 제한하는 상황 속에서, 레즈비언에게 영향을 미치는 여러 문제들 중에는 성적 친밀감을 유지하는 것에 대한 어려움이 포함된다. 레즈비언 커플 중에는 성적으로 학대받은 경험이 있는 여성의 비율이

6) [역자 주] 라틴아메리카 문화에서 사용되는 말로, '마치스모(남성우월)' 속에서의 여성상을 의미함. 여성의 순결함, 도덕심 등을 숭배함.

높고, 따라서 각자가 학대의 경험으로부터 회복하는 어려움 때문에 커플 사이에 성적 친밀감을 유지하는 것이 쉽지 않다. 레즈비언과 양성애 여성은 또한 높은 약물 남용의 비율을 보인다. 이러한 현상은 사회적 비난에 대응하는 방법으로써 스스로 약물을 복용하는 습성과 고통을 경감하려는 성향에 의해 일어날 수 있다. 또한 술을 쉽게 접하게 되는 술집이나 클럽에서 사귀는 동성애 공동체의 경향과도 관련이 있을 수 있다. 끝으로 잘 인식되지 않은 가정폭력의 사례로서 여성 커플 사이에서 일어나는 폭력이 있다. 이러한 폭력의 피해자들은 수치심을 느끼며, 이들에게 서비스를 제공하는 기관들은 여성 커플의 폭력에 대해 섬세하게 대처하지 못하고 이해도 부족하여 서비스를 받는 데 어려움을 겪게 된다(Barrer & Logan, 2002).

게이는 그들 자신의 도전에 직면한다. 성인이 되어서 커밍아웃한 게이는 지연된 청소년기를 경험할 수 있다. 왜냐하면 청소년기에 성적 추구에 너무 많은 에너지를 집중하여 나이에 걸맞지 않은 경험을 하기 때문이다(Barret & Logan, 2002). 게이의 경우 이성애적 남성의 성 정체감을 잃어갈 때 수치심을 느끼며 특권의 상실을 경험한다. 또한 이들은 상대와 친밀한 관계를 발전하고 유지시키는 데 어려움을 겪는데, 그 이유는 역기능적인 관계를 학습하기 때문이다. 예를 들어 하룻밤의 정사를 생각하거나, 수줍음을 억제하거나, 최고의 파트너를 찾는 것, 더 젊고 매력적인 남성에게만 끌리는 것, 파트너의 선택에 있어서 동료들의 추천 압력에 의지하는 것 등이다(Scasta, 1998).

게이와 양성애자 남성에게 엄청난 결과를 수반하는 특별한 문제가 있다면 안전한 성관계와 에이즈 전염 방지의 문제이다. 1980년대 후반과 1990년대 초기에 게이들의 부주의한 성관계의 위험에 대하여 교육하는 집중적인 노력이 이뤄졌고, 이 노력으로 에이즈 감염률이 감소하게 되었다. 그러나 최근에 에이즈 감염율이 상승하는 경향이 나타나고 있는데, 이는 보다 젊은 남성 동성애자가 그 그룹에 들어가 안전하지 않은 성행위를 하기 때문이다(Barret & Logan, 2002). 에이즈 양성반응을 나타내는 게이는 에이즈 치료에 대한 보건의료의 현실뿐만 아니라 수치심, 분노, 건강의 상실에 대한 슬픔, 죽음과 관련된 수많은 문제를 다뤄야만 한다(Kauth, Hartwig & Kalichman, 2000).

양성애자 또한 게이와 레즈비언이 성적 소수자의 정체성과 관련하여 직면하는 것과 다른 문제를 경험한다. 성 의식이 유동적이라는 생각에 기초하여, 양성애의 성적 정체성은 일관되지 않을 수 있고, 인생의 전 단계에 걸쳐 부인할 수도 있다. Klein(1993)은 이 유동적인 설명에 근거하여 양성애자의 범주를 다음과 같이 제시한다. (a) **과도기적 양성애자**(transitional bisexuality): 공식적으로 자신을 레즈비언, 게이, 혹은 이성애자로 커밍아웃하는 단계에 있는 개인. (b) **역사적 양성애자**(historical bisexuality): 현재 자신을 게이, 레즈비언, 혹은 이성애자로 인정하지만 이전에 현재와는 다른 성 정체성을 가진 경우. 따라서 이들의 성적 정체성은 현재의 성에 의해 국한되지 않는다. (c) **순차적 양성애자**(sequential bisexuality): 다른 기간 동안 양쪽 성의 사람들과 관계를 맺는 사람들. (d) **동시적 양성애자**(concurrent bisexuality): 동시에 남자 및 여자와 관계를 갖는 사람들.

비록 게이와 레즈비언 및 트랜스젠더에 대한 편견과 차별의 경우 수많은 사례들이 있지만, 어떤 집단이 사회에서 더 수용되고 허용되는지에 대해서는 차이가 존재한다. 다시 말해서 이러한 성적 소수자들은 사회에서 서로 차별적으로 수용된다.

생각해 볼 질문 8.3

- 당신이 마음을 빼앗긴 사람을 생각했을 때 만약 그런 끌림이 불법이라면 그것은 무엇을 의미하는가? 그것이 당신의 자아상, 생각, 감정, 행동을 어떻게 변화시킬 것인가?
- 사람의 가치의 표시로서 사람의 성적 지향을 어느 정도로 중요시하는가?
- 성적 지향에 근거해서 누군가가 괴롭힘을 당하거나 학대당하는 것은 경험한 적이 있는가? 그렇지 않다면 이유는 무엇인가? 누군가가 이런 상태에 있는 당신을 경험한 적이 있는가?
- 성적 지향과 성적 정체성에 대한 당신의 이해가 당신과는 다른 성적 지향을 가진 내담자와의 작업에 어떠한 영향을 주는가? 그리고 당신과 유사한 내담자와의 작업에서는 어떠한 영향을 주는가?
- 상담에 대한 당신의 접근에서 성적 지향은 어떠한 역할을 하는가?
- 성적 지향에 대한 당신의 이해가 상담할 때 어떠한 장점으로 작용하는가? 한계와 맹점은 무엇인가?

활동 8.1

다른 성 의식에 대한 인식과 관용

이 복잡한 문제에 대한 당신의 인식을 높일 수 있도록, 다음의 성 의식들 가운데, 가장 너그럽게 보아 줄 사람에게는 1을 표시하고, 가장 너그럽게 보아 주지 않을 사람에게는 10을 표시하여 순서를 정해 보시오. 지금 당신과는 다른 민족성을 가진 미국 원주민, 아시아계 미국인, 아프리카계 미국인과 같은 사람들을 가정한다면 이러한

(다음 쪽에 계속)

당신의 순위가 바뀌는가?

양성애자 여성(bisexual female)	______	______
양성애자 남성(bisexual male)	______	______
동성애자 남성(gay male)	______	______
트랜스젠더 남성(transgender male)	______	______
트랜스젠더 여성(transgender female)	______	______
동성애자 여성(lesbian)	______	______
이성애자 남성(heterosexual male)	______	______
이성애자 여성(heterosexual female)	______	______
중성 남성(intersex male)	______	______
중성 여성(intersex female)	______	______

성적 소수자인 청소년을 상담할 때, 가장 중요한 목표 중의 하나는 이들이 긍정적인 자아 정체감을 형성할 수 있도록 도와주는 것이다. 1995년 시행된 메사추세츠 주의 청소년 위험행동 설문(Massachusetts Youth Risk Behavior Survey) 결과에 따르면 게이, 레즈비언, 양성애자 청소년들은 이성애자와 비교하여 세 배 높은 자살 시도를 하였으며, 이들의 이러한 자살 이유 중 30%는 성적 정체성에 관한 것으로 확인되었다(Barret & Logan, 2002). 다음에 제시된 **사례 연구 8.1**에서 사회에 대한 Jill의 인식이 증가한 것처럼 이 사회는 편견으로 물들어 있으며, 그녀는 게이, 레즈비언 및 양성애자에 대한 긍정적 메시지를 거의 받지 못한다.

가정은 편안함과 안전함의 공간이 아니라 오히려 거절당하는 공간이 되어 가고 있다. 부모들이 결국에는 자녀의 성적 정체성을 수용한다 할지라도, 이들은 자신의 자녀가 이성애자라고 간주하며 동성애에 대한 사회적 편견을 가지고 있다. 이러한 가정의 상황을 고려할 때, Jill이 자신이 겪는 심적 어려움을 가족 구성원과 나누기란 거의 불가능하다. Pilkington과 D'Augelli(1995)에 의하면 청소년 게이의 3분의 1이 말로 모욕당하였고, 10%는 이들의 성적 지향성 때문에 가족들로부터 신체적으로 공격당하였다고 보고하였다.

학교는 친구 관계를 발전시키고 사회화를 배우는 환경이지만, LGBT 청소년에게는 가끔 괴롭힘, 소외, 때때로 신체적 학대의 공간이다. 청소년 성적 소수자에 대해 실시된 1999년의 국가 조사에서 69%가 언어, 신체, 성적 학대 또는 학교에서의 폭행을 경험하였음을 보고하였다(Gay Lesbian Straight Education Network,

사례 연구 8.1

Jill의 사례

Jill은 14세의 독일계 미국인 여학생으로 아프리카계 미국인 학교 상담자인 April Washington을 찾아왔다. Jill은 자신이 정말로 외로우며, 좋은 친구가 없다고 털어놓으면서 이야기를 시작하였다. 그녀는 April에 대해 편안함을 느끼자 "내가 다르다는 것을 말해야 할지 고민이에요. 나의 모든 친구들과도 전 많이 달라요. 학교의 다른 아이들과도 매우 다르구요. 이 사실을 여기서 말하리라고는 생각 못했어요. 왜냐하면 당신이 나에 대해서 어떻게 생각할지를 몰라서요."라고 고백했다. April은 그녀가 스스로 털어놓을 수 있다면 오히려 더 좋아질 것이라는 것을 Jill에게 확인시켰다. 그리고 그녀에게 비밀 유지의 원칙을 상기시키면서 정중하게 계속 말할 수 있도록 도왔다. Jill은 그녀의 내적 갈등을 털어놓았다.

그녀는 텔레비전 쇼에서 키스하는 남자와 여자에 관한 것이 얼마나 재미있는지, 그리고 그녀가 얼마나 그 텔레비전 프로그램인 Ellen쇼를 좋아하는지 말하였다. 그러나 가족 앞에서 그것을 말할 수 없었다. 왜냐하면 그녀의 가족은 그 쇼를 나쁘다고 생각했기 때문이다. Jill의 아빠는 언젠가 그녀에게 동성애자는 죄인이기 때문에 지옥에서 불에 타 죽을 것이라고 말하였다. 그녀는 또한 학교에서 동성애자라고 여겨지는 남자아이를 때리거나 별명을 부르면서 놀리는 것을 보았다. 지난 주에 Jill은 파티에 가서 한 여자아이를 만나 그녀와 키스했다. Jill은 자신의 행동 때문에 충격을 받았고 그녀가 키스한 것을 좋아했기 때문에 혼란스러웠다. Jill은 앞으로 자신에게 어떤 일이 일어날지 걱정하며 April 앞에서 주체할 수 없을 정도로 울기 시작했다.

사례 토론

생각해 볼 점

1. 정체성 발달에 관한 당신의 이해에 근거하여 당신은 Jill이 어떠한 과정에 있다고 생각하는가?
2. 학교 상담자로서 Jill의 이야기를 들었을 때 당신은 무엇이 문제라고 생각하겠는가?
3. Jill이 자신의 문제를 탐색할 수 있도록 April은 어떻게 도울 수 있을까?

1999). 더 큰 문제는 보고된 90%의 아이들이 심지어 편견이 심한 비평이나 험담을 들었다고 보고하였고, 학교 교사들과 직원들로부터도 들었다는 비율이 30%에 달했다는 것이다. 학교는 LGBT 개인들에 대한 부정적인 묘사를 부인할 수 있는 장소가 되지 못한다.

Jill과의 상담에서 April이 자기 자신의 내면화된 억압적 고정관념을 탐색하는 것이 중요하다. 비록 그녀가 규칙적으로 이성애자인 다른 십대를 상담해 왔다고 할지라도, April은 그런 생각을 가지고 있는 Jill이 너무 어리다고 느낄 것이다. April은 Jill의 가족과 의견이 일치할 수도 있고, LGBT 개인들을 죄인으로 간주하는 종교적 관점을 가졌을 수 있다. 워크숍이나 학회에 참석하거나 관련 서적을 읽음으로써 자신을 탐색하고 커밍아웃하는 과정을 배우는 것은 April의 책임이다. 결국 Jill은 자기 자신에 대해 혼란스러워할 수밖에 없다. 제도적 억압이 있다는 것을 고려할 때, April은 이들이 상담실을 편안한 공간으로 인식할 수 있도록 바꾸어야 한다. 삼각형 무지개(rainbow triangle)를 붙여 놓아 이들에게 '안전한 공간'이라는 인식을 갖도록 하고, 의뢰할 수 있는 다른 기관 정보를 비치해야 하며, 도움을 받을 수 있는 기관과 협력 관계를 유지해야 한다. April이 수행해야 하는 또 다른 역할로는 학교에서 교직원들을 대상으로 성 소수자에 대해 교육하는 것이다. 동성애 혐오증의 영향, 청소년의 성 정체성에 관한 경험, 성인들이 인식하기 힘든 학대에 미치는 환경적 영향 등에 대한 교육 프로그램을 실시해야 한다.

Jill이 자신의 성 의식을 탐색하도록 도울 때, April이 단순 짐작으로 Jill이 느끼는 심적 혼돈은 레즈비언의 증거라고 생각하는 것이야말로 위험하다. 청소년기는 탐색의 기간이다. 그리고 동성애 관련 성적 행위가 성적 지향을 반드시 강화시키는 것은 아니다. 다른 한편으로 April이 지역과 지역사회의 게이와 관련된 긍정적인 청소년 조직, 지원 서비스, 게이와 관련된 긍정적인 웹사이트, 서적, 기타 자료들에 관한 유용한 정보를 가지고 있는 것이 중요하다. Jill이 경험한 안전 결핍을 고려하면, April이 비밀 보장을 확실하게 하고 중요시하는 것은 아주 중요하다. 많은 학교 상담자는 부모의 응징을 두려워하기 때문에 성적 지향의 문제를 끄집어내거나 관여하는 것을 두려워한다(Barret & Logan, 2002). 그러나 사생활과 비밀 보장에 대한 내담자의 권리는 매우 잘 보호된다. 이와 같은 청소년에게 학교 상담자가 적극적인 상담을 제공하는 것에 대해 합법적으로 반대할 수 있는 방법은 없다.

Jill은 정체성 혼란 첫 단계에 있는 것으로 보인다(Cass, 1979). 현재로서 그녀가 경험하는 과정은 근본적으로 LGBT 문제와 관련하여 자신에 대한 감정을 이해하는 것이다. 만약 이렇게 진행된다고 가정할 때, Jill은 자신이 동성애자라는 것을 긍정하고 그녀의 가족에게 밝히기를 원할 것이다. 상담자는 조심스럽게 그녀에게 용기를 주고 지지하며 동시에 Jill이 이후에 경험할 수 있는 다양한 결과를 예상하도록 돕는 것이 중요하다. Jill이 커밍아웃하기 전에 충분히 준비를 하도록 돕고, 커밍아웃으로 예상되는 영향을 Jill과 함께 검토하는 것 또한 중요하다. 물론 Jill이 가족의 지지와 수용을 필요로 한다는 것을 April은 이해하지만, 동시에 Jill이 충격, 부인, 분노, 슬픔, 거절 등을 포함하는 전반적인 반응을 잘 다룰 수 있도록 도와야 한다. April이 정확하고 긍정적인 정보를 가족에게 제공하기 위해서, 남녀 동성애자의 부모와 친구들(Parents and Friends of Lesbians and Gays: PFLAG) 같은 지지 조직을 가족에게 소개하는 것이 필요하다. 또한 갈등 해결을 촉진하고 언어적 · 신체적 학대에 도전하기 위해서 개입할 필요가 있다.

3. 성적 지향과 성 정체성에 관한 토론

이번 장에서 논의된 모든 주제와 관련해서, 당신은 다양한 문화적 배경과 세계관을 가진 여러 내담자들에 대해, 상담 회기 중에 당신이 이러한 정보를 어떻게 이용할 것인지 생각해 보아야 한다. 이번 장에서뿐만 아니라 당신에게 주어지는 반성적인 질문은 이성애와 동성애 경험을 가졌거나 성적 지향과 성 정체성의 문제를 가진 내담자와의 대화를 여는 데 있어서 훌륭한 과정적 질문으로 여겨질 것이다. 내담자와 대화를 여는 관점에서 당신에게 도움을 줄 수 있는 질문 중 몇 가지를 제시하면 아래와 같다.

- 성적 지향성과 성 정체성의 관점에서 당신은 누구인가? 당신의 개인적 정체성과 문화적 정체성 내에서 이것은 얼마나 중요한가? 삶을 살아가는 데 있어서 이러한 측면이 세계를 보는 관점에 어느 정도 영향을 미치고 있는가?
- 당신 자신의 성적 지향성을 어떻게 알 수 있나?
- 인생의 어느 시점에서 성적 지향성과 성 정체성에 대해서 인식하게 되었나?
- 당신의 성 정체성에 대한 결정에 당신 가족, 동료, 사회가 어떤 역할을 하였나?
- 당신은 정체성이 시간이 지나면서 변화한다고 생각하는가? 그렇다면 어떻게 그런가? 그렇지 않다면 왜 그런가?
- 성적 지향성에 대해 탐색하고 결정하게 된 시점을 기억하는가? 혹은 성적 지향성을 당연시 여겨 왔는가?
- 스스로에 대한 성적 정의(sexual definition)를 어떻게 발달시켰으며, 당신 삶에서 이러한 정의를 형성하는 데 도움을 준 사람은 누구인가?
- 성적 지향성과 성 정체성에 대한 당신의 관점은 당신의 삶 동안에 어떻게 변해 왔으며 강화되어 왔는가?
- 당신의 문화는 성적 지향성과 성 정체성에 대해 무엇이라고 말하는가?
- 당신의 가족과 사회는 성적 지향성과 성 정체성에 대해 신념과 관습의 관점에서 무엇이라고 말하는가?
- 당신의 성적 지향성과 성 정체성, 이성애에 대한 당신의 개념에 권력과 특권

이 어떻게 영향을 미쳤는가?

- 당신의 성적 지향성과 성 정체성에 대한 당신의 관점은 당신이 현재 자신을 정의하는 방식과 이전에 정의했던 방식에 어떻게 영향을 미쳤는가?
- 당신의 성적 지향성과 성 정체성에 대한 당신의 관점은 당신 스스로를 정의하는 방식과 다른 사람들이 당신을 정의하는 방식에 앞으로도 영향을 미치겠는가?
- 당신의 성적 지향성과 성 정체성에 대한 당신의 관점은 다른 사람과의 관계를 맺는 방법에 어떠한 영향을 미치겠는가?
- 당신과 동일한 성적 지향성 및 성 정체성을 지닌 사람 중에서 당신이 존경하는 사람들은 누구이며, 그 이유는 무엇인가?
- 우리 사이의 관계뿐만 아니라 상담의 과정에서 당신(내담자)과 나(상담자) 사이의 성적 지향성과 성 정체성의 차이점과 유사점은 어떻게 영향을 미치는가?
- 당신은 언제 어떻게 처음으로 이성애자임을 알게 되었나? 당신의 처음 반응은 무엇이었으며, 시간이 지나면서 어떻게 반응이 변화되었나?
- 이성애자로서 지금까지 당신은 어떠한 경험을 했는가? 그리고 그러한 경험은 한 개인으로서 당신에게 어떤 방식으로 영향을 미쳤으며, 당신은 그와 관련된 문제들을 어떻게 해결하고 있는가?
- 개인적 · 집단적 · 사회적 수준에서 당신 스스로의 삶에서 이성애자로 간주됨으로 인해 존재하는 긍정적인 사회적 변화에 대해 당신은 무슨 노력을 하고 있으며, 다른 어떤 종류의 노력을 하고 싶은가?
- 한 개인의 가치를 나타내는 지표로서 한 개인의 성적 지향성은 어느 정도 중요하다고 생각하는가?
- 당신은 누군가로부터 성적 지향에 대해서 억압받거나 해를 당한 경험이 있는가? 그렇지 않다면 왜 그런가? 당신이 누군가에게 이렇게 한 적이 있는가?
- 당신은 상담 주제와 관련하여 성적 지향성과 성 정체성을 어떻게 적용할 것이며, 이 주제를 어떻게 다루는 것이 내담자에게 가장 도움이 되겠는가?

✲ 결론 및 시사점

상담자로서 당신의 역할 중에서 성적 지향성의 다양한 종류에 대해서 알고 내담자의 심리적인 발달에 이것이 어떻게 영향을 미치는지 아는 것은 매우 중요하다. 게다가 다양한 성적 차이점을 인식하고 각각의 집단을 개별화시켜 어떻게 다루어야 하는지 인식하는 것도 중요하다. 예를 들어 태국에서 여성이 되고자 하는 트렌스젠더 남성(kathoey)은 게이인 남성보다 태국 사회에 더 잘 수용된다

(Jackson, 1999). 정말로 수용하고 인정해 주는 수준은 문화적 · 윤리적인 차이가 있다. 게다가 내담자를 상담할 때, 내담자의 특정 성적 지향성과 상관없이 성 의식에 대한 주제를 다루는 것은 중요하다. 게이, 레즈비언, 양성애자 내담자는 이성애자 내담자보다 2~4배 더 높은 비율로 상담을 받는 것으로 나타날 뿐만 아니라, 정신건강 전문가와 더 많은 부정적인 관계를 갖게 되는 것으로 보고되고 있다(Perez, DeBord, & Bieschke, 2000). 트랜스젠더 내담자를 위한 혁신적인 치료 접근법이 현재 개발되고 있다(예: Chavez-Korell, 2006). 그러나 성적 소수자를 주제로 특별한 훈련을 제공하는 경우는 드물기 때문에 이들에 대한 주요 정보원은 개인의 경험이나 고정관념인 경우가 많다.

성적 지향성은 유동적이며 사회적인 범주에 의해 구조화되어 부여되는 것이기 때문에, 상담자의 역할은 그들 자신이 인식하는 쟁점들을 확인하는 것이다(Broido, 2000). 성적 지향성을 찾아가는 경험은 그들의 정체성에 있어서 중심적인 부분을 차지하므로 중요하다고 할 수 있다. 이러한 과정에서의 간혹 발생하는 갈등은 그들이 사회적 연결망과 그들 삶의 다른 부분과의 균형을 유지하고자 하는 것에서 비롯된다. 레즈비언, 게이, 양성애자, 트렌스젠더로서의 정체성을 가진 사람에 대하여 사회가 지속적으로 비난하거나 차별하는 경우, 상담을 통해 그러한 고통을 다루어서 안전망을 제공해 주는 것은 매우 중요하다. LGBT 내담자를 돕는 상담자는 LGBT 사람들이 정체성의 발달 및 유지 과정에서 직면했던 것과 같은 도전과 맞닥뜨리게 된다.

이번 장의 사례 연구에서는 청소년기에 접하는 중요한 주제를 다루었다. 청소년기는 가장 어려운 시기로 특히 LGBT 청소년은 이성애자 친구들과 똑같은 발달상의 쟁점들을 경험하지만, 이들이 경험하는 도전은 학교, 사회 및 집에서 경험하는 적대감에 의해 더욱 가중된다.

이 장의 목적은 우리의 정체성을 구성하는 한 측면으로서 성적 지향성을 좀 더 광범위하게 다루는 것이다. 우리는 이 주제와 관련하여 다양한 관점에서 정의하고 토론해 왔으며 억압, 차별, LGBT 사람들이 겪는 좋지 않은 경험들에 대한 역사적인 맥락을 설명하였다. 성적 지향성 및 성 정체성의 발달과 관련해서는 복잡한 여러 모델들이 제시되고 있다.

상담자들은 내담자들이 살아가고 있는 환경과 문화에 대해 친숙해질 필요가 있으며, 다양한 유형의 내담자와 효과적으로 상담하기 위해서는 개방적이고 지지적인 태도를 취해야 한다. 이성애자들이 LGBT 사람들을 지지하는 후원자가 될 때 이들은 의미 있고 영향력 있는 역할을 할 수 있다. Washington과 Evans(1991)는 이러한 후원자가 지배 집단의 구성원이나 억압하는 구성원이 아닐 때 지지와 지원의 영향은 매우 큰 효과를 발휘한다고 주장하였다. 효과적인 협력자가 되기 위해서는 개개인이 이성애자의 특권을 인식하는 것이 요구된다. 그런 특권은 종종 합법적인 결혼, 공동 소득세의 반환, 자녀 입양하기, 파트너를 위해 건강상의 결정을 하는 것, 건강보험을 드는 것 등이 포함된다. 이 주제에 대해 스스로 학습하는 것은 도움이 될 것이며 자신의 정체성 발달 과정과 성적 지향성을 자연스럽게 받아들이고 긍정적인 이해를 하는 것도 도움이 될 것이다. 이러한 후원자들을 낙담시키는 두려움 중에는 동성애와 관련된 문제에 관여하게 될 때 그들이 게이, 레즈비언, 혹은 양성애자로 여겨질 것이라는 걱정이 있다. 그리고 이성애자뿐만 아니라 성적 소수자들도 그렇게 생각할 수 있다. 이들의 협력자가 되는 것은 매우 유익하다. 모든 사람의 정의와 평등을 위해 노력하는 것이며, 인구의 추가적인 10%의 사람들에 대해 배우고 이들과 상호작용하는 것이며, 늘 부정적이고 적대적인 경험만을 해왔던 사람들에게 삶의 변화를 만들어 주는 것이고, 자신의 정체성을 보다 편안하게 인식하고 유연해지도록 하기 때문에 유용하다.

✲ 용어

게이(Gay): 성적으로 자신의 성에 주로 반응하는 남성.

남성에서 여성으로의 성전환(Male-to-female transsexuals: MtF 또는 MTF): 남성으로 태어나서 여성으로 사는 사람들이다. 이는 '여성', '여자'로서의 정체성을 가진 사람들의 넓은 범위에 포함되며 여성으로 성전환을 함으로써 정체성을 형성한다. 성전환 여성을 유전적인 여자 혹은 GG's와 비교하여 Tgirls, 또는 새로운 여성(new women)이라고 부르기도 한다.

독신(Celibacy): 성적인 반응에 따라 행동하지 않는 사람들의 삶의 스타일.

동성애자(Homosexual): 이 용어는 같은 성의 누군가에게 매력을 느끼는 사람을 의미한다. 이 용어는 19세기에 유행한 것으로 현재는 부정적인 고정관념과 특성 때문에 덜 사용한다.

동성애 혐오증(Homophobia): 게이, 레즈비언 및 그들과 관련이 있거나 그들이라고 인식되는 누군가를 싫어하고 극도로 두려워하는 것.

레즈비언(Lesbian): 성적으로 자신의 성에 주로 반응하는 여성.

무성(Asexual): 다양한 이유로 인해 성적인 반응을 하는 성을 갖고 있지 않은 사람.

성전환(Transsexual): 트랜스젠더보다는 좀 더 의학적인 관점을 반영하며, 성전환이라는 용어는 생물학적인 성보다는 다른 성으로 살고자 오랜 시간 원하는 사람을 말한다. 수술에 의한 성전환은 치료나 호르몬 치료, 전기분해 요법 등 복잡한 과정을 거치게 되며 Harry Benjamin의 기준에 기반을 두고 정해진 시간 동안 새로운 성 역할로 살아가게 된다.

스트레이트(Straight): 이 용어는 반대의 성에 매력을 느끼는 사람을 설명한다.

양성(Bi-gender): 남성-여성, 남자-여자 중 하나를 선택하는 것에 반대하며 자신의 성은 '양쪽 성'을 포함한다고 믿는 사람. 몇몇 미국 원주민 문화에서는 양성에 대해 '두 영혼을 지닌(two-spirited)' 사람으로 간주했다. 현재의 도시적인 삶에서는 양성적 사람들은 종종 젠더 퀴어(gender queer), 성파괴자(gender bender), 제3의 성(third sex), 왜곡된 성(gender pervert)으로 간주된다.

양성(Bisexual): 어떠한 성이든 성적인 반응을 하는 사람.

여성에서 남성으로의 성전환(Female-to-male transsexuals: FtM 또는 FTM): 여성으로 태어나서 남성으로 사는 사람들이다. 이는 '남성', '남자'로서의 정체성을 가진 사람들의 넓은 범위에 포함되며 그들의 성 정체성은 성전환, 남성화(transmen), 여성 남자(female men), FTM이라고 할 수 있다. FTM들은 생물학적으로 남자로 태어난 생물학적 남자와는 구별된다.

이성애자(Heterosexual): 성적으로 다른 성에 주로 반응하는 사람.

이성애주의(Heterosexism): 이성애자만이 성에 있어서 합리적인 형태이며 기본적인 정책으로 믿는 경우로, 이성애자라는 특권을 갖고 있어야 하며 게이, 레즈비언, 양성애자들을 교묘하게 차별한다. 이성애주의는 동성애 혐오증을 가져온다.

커밍아웃 (Coming out): 자기 스스로와 다른 사람에게 자신의 성적 지향성을 밝히는 과정.

크로스 드레서(Cross-dresser): 성인임에도 도가 지나쳐서 병적인 용어로 복장도착자(transvestite)로 불리며 다양한 이유로 다른 성의 옷을 입는 걸 더 좋아하는 사람을 의미한다. 이성의 옷을 입는 경우, 반드시 자기 자신의 성을 가진 사람에게 매력적으로 보이기 위해 그런 것은 아니다.

트랜스젠더(Transgender): 남성, 여성으로 태어나서 둘 다의 정체성을 가졌거나 양쪽의 사회적 성을 가진 사람들. 종종 성적 지향성과 관련된 문제를 지닌 것으로 인식되지만, 성전환주의(transgenderism)는 성 정체성 문제와 관련이 있다.

✲ 참고문헌

American Psychiatric Association. (1972). *Diagnostic and Statistical Manual of Psychiatric Disorders* (2nd ed.). Washington, DC: Author.

American Psychiatric Association. (1987). *Diagnostic and Statistical Manual of Psychiatric Disorders* (3rd ed. Revised). Washington, DC: Author. American Psychiatric Association. (1994). *Diagnostic and Statistical Manual of Psychiatric Disorders* (4th ed.). Washington, DC: Author.

American Psychological Association. (1991). Avoiding heterosexist bias in language. *American Psychologist*, *46*, 937–974.

Barret, B., & Logan, C. (2002). *Counseling gay men and lesbians: A practice primer*. Pacific Grove, CA: Brooks/Cole.

Bohan, J. S. (1996). *Psychology and sexual orientation: Coming to terms*. New York: Routledge.

Brammer, R. (2004). *Diversity in counseling*. Belmont, CA: Brooks/Cole-Thompson.

Broido, E. (2000). Constructing identity: The nature and meaning of lesbian, gay, and bisexual identities. In R. M. Perez, K. A. DeBord, & K. J. Bieschke (Eds.), *Handbook of counseling and psychotherapy with lesbian, gay, and bisexual clients* (pp. 13–33). Washington, DC: American Psychological Association.

Bullough, V. (2002). Transgenderism and the concept of gender. *The International Journal of Transgenderism*, *4*(3). Retrieved from http://www.symposion.com/ijt/gilbert/bullough.htm

Cass, V. C. (1979). Homosexual identity formation: A theoretical model. *Journal of Homosexuality*, *4*(30), 219–235.

Chavez-Korell, S. (2006). Affirmative psychotherapy and counseling with transgender clients. In K. Bieschke, R. Perez, & K. A. DeBord (Eds.). *Handbook of counseling and psychotherapy with lesbians, gay, bisexual, and transgender clients*. Washington, DC: American Psychological Association.

Cross, W. (1995). The psychology of Nigresence: Revising the Cross Model. In J. G. Ponterotto, J. M. Casas, L. A. Suzuki, L. A., & C. M. Alexander (Eds.), *Handbook of multicultural counseling* (pp. 93–122). Thousand Oaks, CA: Sage.

D'Emilio, J. (1983). *Sexual politics, sexual communities: The making of a homosexual minority in the United States, 1940–1970*. Chicago: University of Chicago Press.

Denny, D. (1997). Transgender: Some historical, cross-cultural, and contemporary models and methods of coping and treatment. In B. Bullough, V. L. Bullough, & J. Elias (Eds.), *Gender blending* (pp. 33–47). Amherst, NY: Prometheus.

Freud, S. (1905). Three essays in the theory of sexuality. In J. Strachey (Ed.), *The standard edition of the complete works of Sigmund Freud* (Vol. 7). London: Hogarth Press.

Fukuyama, M. A., & Ferguson, A. D. (2000). Lesbian, gay, and bisexual People of Color: Understanding cultural complexity and managing multiple oppressions. In R. M. Perez, K. A. DeBord, & K. J. Bieschke (Eds.), *Handbook of counseling and psychotherapy with lesbian, gay, and bisexual clients* (pp. 81–105). Washington, DC: American Psychological Association.

Gay Lesbian, Straight Education Network (1999). *National school climate survey*. Retrieved November 1, 2010, from http://www.glsen.org/binary-data/

GLSEN_ATTACHMENTS/file/2-1.pdf

Herzer, M. (1985). Kertbeny and the nameless love. *Journal of Homosexuality, 12*, 1–26.

Hird, M. (2003). A typical gender identity conference? Some disturbing reports from the therapeutic front lines. *Feminism & Psychology, 13*, 181–199.

Hunter, S., & Hickerson, J. C. (2003). *Affirmative practice: Understanding and working with lesbian, gay, bisexual, and transgender persons*. Baltimore: NASW Press.

Isay, R. A. (1989). *Being homosexual: Gay men and their development*. New York: Avon.

Jackson, P. (1999). Tolerant but unaccepting: The myth of the Thai "gay paradise." In P. A. Jackson & N. M. Cook (Eds.), *Genders & sexualities in modern Thailand* (pp. 226–242). Chiang Mai, Thailand: Silkworm.

Kantor, M. (2009). *Homophobia: The state of sexual bigotry today*. Westport, CT: Praeger.

Katz, J. N. (2003). The invention of heterosexuality. In P. S. Rothenberg (Ed.), *Race, class, and gender in the United States* (6th ed., pp. 69–80). New York: Worth.

Kauth, M. R., Hartwig, M. J., & Kalichman, S. C. (2000). Health behavior relevant to psychotherapy with lesbian, gay, and bisexual clients. In R. M. Perez, K. A. DeBord, & K. J. Bieschke (Eds.), *Handbook of counseling and psychotherapy with lesbian, gay, and bisexual clients* (pp. 435–456). Washington, DC: American Psychological Association.

Kessler, S., & McKenna, W. (2000). Who put the "trans" in transgender: Gender theory and everyday life. *The International Journal of Transgenderism, 4*(3). Retrieved from http://www. symposion.com/ijt/gilbert/kessler.htm

King, J. L. (2004). *On the down low: A journey into the lives of "straight" Black men who sleep with men*. New York: Broadway Press.

Klein, F. (1993). *The bisexual option*. New York: Harrington Park.

Leong, R. (1996). *Asian American sexualities: Dimensions of the gay and lesbian experience*. New York: Routledge.

McCarn, S. R., & Fassinger, R. E. (1996). Revisioning sexual minority identity formation: A new model of lesbian identity and its implications for counseling and research. *The Counseling Psychologist, 24*(3), 508–534.

Money, J. (1998). Homosexuality: Bipotentiality, terminology, and history. In E. J. Haeberle & R. Gindorf (Eds.), *Bisexualities: The ideology and practice of sexual contact with both men and women* (pp. 118–128). New York: Continuum.

Paul, J. P. (1985). Bisexuality: reassessing our paradigms of sexuality. Journal of Homosexuality. *Special Issue: Bisexualities: Theory and research, 11*(1–2), 21–34.

Perez, R. M., deBord, K. A., & Bieschke, K. J. (2000). The challenge of awareness, knowledge, and action. In R. M. Perez, K. A. DeBord, & K. A. Bieschke (Eds.). *Handbook of Counseling and Psychotherapy with Lesbian, Gay, and Bisexual clients* (pp 3–8). Washington, DC: American Psychological Association.

Pilkington, N., & D'Augelli, A. R. (1995). Victimization of lesbian, gay and bisexual youth in community settings. *Journal of Community Psychology, 23*, 33–56.

Rector, F. (1981). *The Nazi extermination of homosexuals*. New York: Stein & Day.

Reynolds, A. L., & Hanjorgiris, W. F. (2000). Coming out: Lesbian, gay, and bisexual identity development. In R. M. Perez, K. A. DeBord, & K. J. Bieschke (Eds.), *Handbook of counseling and psychotherapy with lesbian, gay, and bisexual clients* (pp. 35–55). Washington, DC: American Psychological Association.

Rust, P. C. (1996). Sexual identity and bisexual identities: The struggle for self description in a changing sexual landscape. In B. Beemyn & M. Eliason (Eds.), *Queer studies: A lesbian, gay, bisexual, and transgender anthology* (pp. 64–86). New York: New York University Press.

Scasta, D. (1998). Moving from coming out to intimacy. *Journal of Gay and Lesbian Psychotherapy, 2*(4), 99–111.

Smith, B. (1982). Racism and women's studies. In G. T. Hull, P. B. Scott, & B. Smith (Eds.), *But some of us are brave* (pp. 157–175). Old Westbury, NY: Feminist Press.

Sophie, J. (1985). A critical examination of stage theories of lesbian identity development. *Journal of Homosexuality*, *12*(2), 39–51.

Stern, K. (2009). *Queers in history: the comprehensive encyclopedia of historical gays, lesbians and bisexuals, and transgenders*. Dallas, TX: BenBella Books.

Stoller, R. (1968). *Sex and gender: Vol 1. The development of masculinity and femininity*. New York: Jason Aronson.

Swann, S. K. & Anastas, J. W. (2009). Dimensions of lesbian identity during adolescence and young adulthood. In W. Meezan and J. I. Martin (Eds.), *Handbook of research with lesbian, gay, bisexual, and transgender populations* (pp. 143–161). NY: Routledge.

Tafoya, T. N. (1997). Native gay and lesbian issues: The two-spirited. In B. Greene (Ed.), *Ethnic and cultural diversity among lesbians and gay men* (pp. 1–10). Thousand Oaks, CA: Sage.

Troiden, R. R. (1989). The formation of homosexual identities. *Journal of Homosexuality*, *17*(1–2), 43–73.

Turner, W. J. (1995). Homosexuality, type 1: An Xq28 phenomenon. *Archives of Sexual Behavior*, *24*(2), 109–134.

Van Sant, G. (Prod.), Jinks, D., & Cohen, B. (Dirs.). (2008). *Milk* [Motion picture]. Universal City, CA: Universal Pictures. (Available from Universal Pictures, 100 Universal Plaza, Universal City, CA 91608)

Washington, J., & Evans, N. J. (1991). Becoming an ally. In N. J. Evans & V. A. Wall (Eds.), *Beyond tolerance: Gays, lesbians, and bisexuals on campus* (pp. 195–204). Alexandria, VA: American College Personnel Association.

Weinberg, M. S., Williams, C. J., & Pryor, D. W. (1994). *Dual attractions: Understanding bisexuality*. New York: Oxford University Press.

White, J. W., Bondurant, B., & Travis, C. B. (2000). Social constructions of sexuality: Unpacking hidden meaning. In C. B. Travis & J. W. White (Eds.), *Sexuality, society, and feminism* (pp. 11–33). Washington, DC: American Psychological Association.

World Professional Association for Transgender Health. (2001). *Standards of care for gender identity disorders* (6th version). Retrieved from http:// www.wpath.org/publications_standards.cfm

Worthington, R. L., Savoy, H. B., Dillon, F. R., & Vernaglia, E. R. (2002). Heterosexual identity development: A multidimensional model of individual and social identity. *The Counseling Psychologist*, *30*, 496–531.

CHAPTER 09

사회계급

계급이란 당신이 갖고 있는 돈의 정도 그 이상을 의미한다. 계급은 또한 경제적 안정성을 의미하기도 한다. 근로 계급과 가난한 사람들에게 일하고 먹는 것은 취미의 문제가 아닌 생존의 문제이다. 그러나 개인의 계급 지위는 재정 수입 측면에서 중요한 방식으로 정의될 수 있고, 계급은 또한 그 이상의 많은 것을 의미한다. 특별히 계급은 문화를 형성한다. 계급 내에서 태어나고 성장하기 때문에, 당신은 계급을 통해 이 세상을 이해하게 되고 계급에 맞는 삶을 살게 된다. 또한 계급을 통해 생각, 행동, 태도, 가치, 언어를 형성하게 된다. 계급은 당신이 어떻게 생각하고, 느끼고, 행동하고, 보고, 입고, 이야기하고, 움직이는지에 관한 것을 설명해 준다. 계급은 당신이 물건을 사는 가게, 당신이 가는 레스토랑, 재학하는 학교, 당신이 받고 있는 교육과 관련이 있다. 또한 계급은 바로 당신이 현재 일하는 직업과 관련이 있다. 계급은 우리가 결혼하고 엄마가 되는 것조차 결정한다. 근로자 계급 여성은 중산층 여성들이 학사학위를 받기 훨씬 전에 어머니가 된다. 우리는 삶의 모든 수준에서 이러한 계급을 경험한다. 계급은 우리의 친구가 누구인지, 우리가 어디서 살고, 어디에서 일하는지를 결정한다. 또한 자동차를 가지고 있다면 운전하는 차의 종류가 무엇인지조차도, 또한 어떠한 건강 관련 서비스를 받는지조차도 결정한다. 내가 언급하지 않고 빠뜨린 것이 있는가?

출처: D. Langston "Tired of Playing Monopoly?" in M. L. Anderson and P. H. Collins (Eds.) *Race, Class, and Gender: An Anthology*. Copyright © 1992 by Wadsworth. Reprinted with permission.

위에서 제시한 진술은 계급이 어떻게 어느 곳에나 편재하고 있는 현상인지 설명해 준다. 또한 우리의 경험에 어떻게 영향을 미치는지 보여 주는 분명한 예이다. 계급의 영향은 광범위하나, 계급이란 구성 개념은 심리학 문헌에서 충분한 관심을 받지 못해 왔다(Liu, Ali, et al., 2004). 계급에 따라 미국에 사는 사람들의 소득 수준에 차이가 있다는 점을 고려할 때, 왜 이처럼 계급은 그동안 주목을 받지 못해 왔을까?

2007년, 전체 인구 중 약 3,730만 명(12.5%)의 사람들이 빈곤하였으며, 이 빈곤층은 2000년의 3,160만명(11.3%)에 비해 상승한 수치였다(미국통계청, 2004, 2008). 추가로, 전체 아이들의 1,330만명(18%)이 정부 기준으로 볼 때 가난한 것으로 파악되었다. 가족이 있는 독신 여성의 빈곤율은 부자 가족의 경우 69만 6,000명(13.1%)인 것에 비해 410만 명(28.3%)인 것으로 드러났다(미국통계청, 2008). Langston(1992)이 강하게 주장한 것처럼 이런 격차는 확실히 사람들의 경험에 영향을 미치며, 결과적으로 위계적인 계급 구조를 초래한다. 유색인종, 특별히 아프리카계 미국인/흑인과 라틴계는 백인들보다 더 가난하게 사는 것으로 보인다. 2007년 빈곤율 조사에 따르면, 백인은 8%인 데 반해 아프리카계 미국인은 거의 25%였으며, 라틴계는 거의 22%에 달했다. 아시아계 미국인과 태평양 섬 출신의 미국인들의 빈곤율은 거의 10%인 것으로 나타났다. 또한 충격적인 통계는 2003년에 아프리카계 미국인 독신 여성 혹은 가족이 있는 라틴계 여성은 빈곤율이 35% 이상이라는 것이다(National Poverty Center, 2003).

종종 **사회계급**(social class)[1]으로 지칭되는 계급 구조는 사회학 분야에서 포괄적으로 연구되어 왔고, 사회적 이동성과 계급의식과 같은 특성을 포함한, 계급 간의 차이에 대한 이해를 도왔다. 사회학자의 연구에서 나온 결론으로, Argyle (1994)은 여가활동, 사회적 관계, 종교 신념, 아동양육 행동과 같은 특성에 계급차이가 있다고 주장한다. 그러나 심리학 영역에서는 사회계급과 정신건강 및 행복 간의 관계를 연구하는 것을 미뤄왔다.

이 장에서 우리는 사회계급과 사회적 지위의 의미를 탐색하고 정의할 때 위계적 계급 구조에 있는 사람들이 가지고 있는 계급 차별주의 혹은 편견적 태도와 신념의 측면에서 접근하고자 한다. 우리는 어떻게 사회적 계급이 우리의 세계관을 형성하고 신체적 · 정신적 건강에 영향을 미치는지 살펴보고자 한다. 추가로 사회계급, 인종, 민족, 성별이 어떻게 서로 관련되어 있는지 설명하고자 하였다.

생각해 볼 질문 9.1

- 우리 사회에 부유하다는 것이 의미하는 것은 무엇인가? 가난하다는 것은?
- 당신은 성공을 어떻게 정의하는가? 당신 가족에게 성공은 어떻게 정의되는가? 당신의 문화에서는? 더 큰 사회에서는?

1. 사회계급과 사회경제적 지위

상담심리학에서 사회계급(social class)을 다룬 문헌을 검토한 Liu, Ali와 동료들은 (2004) 사회계급을 특권, 권력, 경제적 자원, 교육, 수입, 사회의 경제적 위계에서 차지하고 있는 위치—즉 하위층, 중산층, 상위층 구조— 및 친구와 동료 집단의 사회적 계급 위치로 정의하였다. 이 정의들을 모아 보면, 사회계급을 구성하는 많은

1) 심리학 문헌에 대한 선행 연구에서 사회계급(social class)과 계급(class)이라는 용어는 혼용되어 왔다.

하위 요인들이 있기 때문에 계급 구조와 연관된 맥락적 요인의 관점에서 빈곤과 불평등함을 연구하는 것은 중요하다(Liu & Ali, 2008).

많은 경우 사회계급(social class)이란 용어는 **사회경제적 지위**(socioeconomic status: SES)와 상호교환적으로 사용되어 왔다. 그러나 이 두 용어는 개념적으로 다르다. 위에서 언급되었듯이, 사회계급은 수입 수준, 교육 수준, 직업에 기초한 경제적 위계에서의 개인의 위치를 지칭한다. 사회계급을 이해하는 핵심적 내용은 특정 계급에 속한 사람들에게 주어진 권력과 특권을 그 계급에 속한 개인이 인식하고 있다는 것이다. 반면에 SES는 사회에서 사람들을 계급화하는 수입, 직업, 교육을 양적으로 측정할 수 있는 것에 기초해 있다(Pope & Arthur, 2009). 그러나 사회계급과 다르게, SES는 '중간 계급' 혹은 '상위 계급' 집단과 같은 특별한 집단에 속하는 것을 포함하지 않는다. SES라고 말할 때 개인은 사회계급 위계에서 특별한 위치를 차지할 수 있고 동시에 인간적 · 물질적 · 사회적 자본으로 종종 지칭되는 여러 종류의 자원을 이용하여 더 높은 사회적 계급으로 이동할 수 있다(Liu, 2001).

다양한 사회계급 체제는 개인을 그룹화하기 위해 만들어져 왔다.[2] 일반적으로 이러한 체제는 경제적 수입, 학력, 직업 등 객관적 지표에 근거를 둔다. 예를 들어 Thompson과 Hickey(2005)는 5계급 모델을 다음과 같이 제시했다.

- 극도로 많은 재산을 보유한 사람들은 '상위 계급(upper class)'으로 묘사되며, 이러한 개인들은 상당한 경제적 · 정치적 권력, 명망, 명성을 갖고 있다. 이들의 직업은 정부 관료, 기업 CEO들, 유명한 비즈니스 지도자 그리고 보통 연 10만 달러(6자리 숫자) 이상의 수입을 벌어들이는 경우이다.
- '중상층 계급(upper middle class)'의 사람들은 전문직종에 종사하며 대학원 이상 고학력을 갖고 상당한 양의 수입을 벌어들이는 사람들이다. 이러한 직업들은 변호사, 기업 관리직, 교수, 물리학자 등을 포함한다.
- '중하층 계급(lower middle class)'의 사람들은 숙련 기술을 요하는 직업을 갖고 있으며 대체로 고졸 이상의 학력을 요구하는 직종의 사람들이다. 일반적으로 교사, 학교 상담자 등의 학교에서 일하는 사람들, 세일즈맨, 중간 관리자 등이 있다.
- '노동자 계급(working class)'은 최저임금 수준을 받고 대체로 덜 안정적인 직

2) 사회계급의 구조는 사회와 국가에 따라 다양하다. 이 책에서는 미국의 사회계급의 구조를 설명하였다. Thompson과 Hickey(2005)의 사회계급 모델은 위키피디아에 제시되고 있다. 2009년 5월 29일 발췌함. http://en.wikipedia.org/wiki/Social_class

종의 서비스업 종사자들을 말한다.

- '하층 계급(lower class)'은 실업자들, 파트타임 노동자 등 겨우겨우 최저임금을 벌 수 있는 사람들이다.

몇몇 학자들은 계급을 명명할 때 단순히 **빈곤층**(poor), **노동층**(working), **부유층**(affluent) 등의 단어를 쓰는 반면, 다른 학자들은 **상층**(upper), **중산층**(middle), **하층**(lower) 등의 단어를 쓴다. 어떤 용어를 선택하든, 여기에는 분명한 위계 서열이 존재한다. 그러나 이러한 계급 분류 시스템에 대한 주된 비판은, 계급 분류 모델들이 각 그룹 간의 다양성을 설명하지 못하며 각 그룹 안의 개인들이 주관적으로 사회적 계급을 인식하는 방식, 즉 개인들이 자신을 어떤 계급에 위치시키는가를 설명하지 못한다는 것인데, 그런 개인들의 계급 인식은 외부적으로 만들어진 분류와 다를 수 있다는 것이다(Liu, 2006). 더욱이 사회적 계급의 맥락에서, 차별적 대우와 불평등은 종종 두드러진다. Pope와 Arthur(2009)가 주목한 것처럼 "개인들은 그들의 계급 소속에 따라 특권이나 좌절에 직면하게 된다(p. 55)."

생각해 볼 질문 9.2

- 무엇이 한 개인의 사회적 계급을 형성한다고 당신은 생각하는가?
- 당신이 자라온 양육 환경과 문화가 당신의 사회적 계급에 대한 정의에 어떻게 영향을 미치고 있는가?
- 당신의 사회적 계급은 무엇인가? 만약 그것이 변화했다면 왜 그러한가?
- 다른 계급 출신의 사람들과 만나본 경험은 어떤 것들이 있었는가? 무엇이 그런 경험들을 긍정적 혹은 부정적으로 만들었는가?

1) 사회계급과 빈곤

여성, 특히 싱글맘들 그리고 소수민족 집단은 빈곤에 가장 취약한 계급이다. 앞에서 말했듯이 이 집단들의 빈곤율은 매우 높다. 가난한 사람들은 실업자들만을 지칭하는 것이 아니며, 노동하고 있는 빈곤 계급도 있다. 빈곤 계급은 도심과 시골 지역에 거주하며 많은 이들이 건강보험을 갖고 있지 못하다. 메디케이드와 같은 건강보험을 갖고 있는 빈곤 계급은 종종 고용에 기반한 건강보험을 가진 사람들과 비교했을 때 차별적인 대우를 받는다(Lott & Bullock, 2001). 빈곤은 자원의 불균등한 분배로 인해 존재한다. 예컨대 2007년 미국 인구조사(U.S. Census Bureau,

2008) 자료에 의하면 여성은 대체로 남성에 비해 적은 임금을 받으며(대략 남성 1달러당 여성 78센트 비율), 18%의 어린이(18세 이하 연령)들이 전국적으로 빈곤계급으로 분류되고, 3분의 2가 넘는 어린이들이 적어도 부모 중 한 사람이 일을 하는 가정에서 살고 있다고 조사된 바 있다. 앞서 말했듯이 흑인들, 라틴계 인종들, 인디언들의 빈곤율은 계속해서 22%와 25% 사이를 오가고 있는데, 참고로 전체 인구의 빈곤율은 8%이다. 건강보험의 예를 보면, 전체 인구의 10%가 건강보험을 갖고 있지 못한 것에 비해 라틴계, 흑인, 인디언들은 각각 32%, 20%, 32%로 가장 높은 건강보험 미가입률을 보이고 있다. 아시아계 미국인들의 건강보험 미가입률도 사실 16%에서 17%로 2007년에 증가했다(U.S. Census Bureau, 2008).

이러한 통계들은 미국에서의 불평등을 보여 주는 강력한 지표들로서, 계급 특권과 권력의 차등에 대한 우리의 신념과 태도에 상당히 영향을 미칠 수 있다. 빈곤자들에 대한 편견은 만연되어 있으며 미디어에 의해 더 강화되고 있다. 대중 TV 프로그램들에서 빈곤자들에 대한 부정적 묘사는 어느 것을 막론하고 획일적이다. 예를 들면 빈곤자들은 가족 구성원 간 혹은 부부간, 남자 친구들 간의 갈등이나 혼외 정사, 10대의 임신(예: *The Jerry Springer Show*) 등에 초점을 맞춘 리얼 라이프 TV 쇼에 더 많이 등장한다(Lott & Bullock, 2003). 더욱 불편한 것은 이러한 프로그램들 중 많은 에피소드들이 방송상에서 물리적 폭력을 그대로 담고 있다는 것이다(Bullock, Wyche, & Williams, 2001). 흑인들과 라틴계 남자들은 그들이 저임금 계급 출신으로서 마약 관련 범죄에 연루되는 내용의 TV 쇼에 실제 비율보다 더 많이 등장한다. 반면에 중산층의 이미지는 종종 권위와 권력을 가진, 전문직종에 종사하는 젊은 백인으로 묘사된다. 미디어가 다양성을 나타내지 못하고 소수문화 인종들을 가난하고 교육받지 못한 범죄자들로 묘사하는 것은 이미 존재하는 부정적 고정관념을 더욱 가속화시킨다. 당신은 "흑인이나 라틴계 배우들은 백인에 비해 배역이 별로 없어!"라는 말을 얼마나 많이 들어 왔는가? 왜 그러한 질문들이 제기되어야 하는 것일까?

2) 건강과 사회계급

"부자들은 더 많은 돈을 갖고 있고, 더 높은 계급에 속할 것이며, 더 큰 집과 차를 갖고 있을 수는 있다. 하지만 그것 때문에 반드시 스스로 행복할까? 그들이 반드시 더 건강하며 정신적으로 건강하고 행복하거나 높은 자아존중감을 갖고 있을까?"(Argyle, 1994, p. 260). Argyle의 주장에 따르면, 실제로 건강에 있어 계급 차등이 존재하며 이러한 차등의 주요 지표는 사람들의 생활 방식, 그들이 사는 환경, 건강보험에 대한 접근 가능성과 그 이용에 있다고 한다. 정신건강에 대해서 노동자 계급과 빈곤자들은 스트레스에 가장 취약하며, 그들의 환경에 대한 통제력이 더 낮고, 문제 해결에 초점을 맞춘 극복 전략을 거의 시도할 수 없다고 한다(Gallo & Matthews, 2003).

사회경제적 지위와 사회적 계급이 다양한 건강상의 결과와 관련된다는 것은 널리 인정되어 왔다. 예를 들면 다양한 연구들이 계속해서 사회경제적 지위가 더 높을수록 사망률과 질병률이 더 낮아진다는 것을 보여 주고 있으며(예: Backlund, Sorlie, & Johnson, 1996), 이러한 연구들은 계급 간 건강의 차이를 지적하고 있다. 이러한 현상을 설명하기 위한 시도로, 과학자들은 우울증(Lorant et al., 2003)이나 약물 오남용(Diala, Muntaner, & Walrath, 2004)과 같은 특정한 심리학적 위험 요인들이 낮은 사회경제적 지위와 연관되어 있음을 발견해 왔다. 마찬가지로 Hudson(2005)은 입원 치료와 정신질환이 중하 수준 수입의 집단에서 가장 빈번하게 발생한다는 점을 발견한 후, 빈곤과 실업과 같은 경제적 조건이 기여 요인이 되고 있다고 결론지었다.

휴양 시설에 대한 접근 가능성과 관련한 불평등이 낮은 사회경제적 지위와 관련되어 있다는 증거가 계속 발견되고 있으며, 이것은 더욱 취약한 건강 문제로 이어지게 된다. 특히 민족적 소수자들을 포함한 더 낮은 사회경제적 지위의 개인들은 이러한 휴양 시설에 훨씬 접근하기 힘들며, 그렇기 때문에 신체 활동이 줄어들고 따라서 더 높은 사회경제적 지위의 사람들보다 비만이나 과체중이 될 위험이 더 많아지게 된다(Gordon, Nelson, Page, & Popkin, 2006).

주관적인 사회적 지위나 서열의 인식이 직업, 교육 수준, 수입 등의 객관적 지표보다 개인의 건강과 심리적 안녕을 알아보는 더 강한 변수가 될 수 있다는 주장이 더욱 관심을 얻고 있다. 예를 들면 스트레스의 정도나 부정적인 영향을 주는 비관주의, 그리고 체지방은 주관적인 사회적 계급 인식과 연결되어 있다(Adler, Epel, Castellazzo, & Ickovics, 2000).

Singh-Manoux, Adler, Marmot(2003)은 지각된 사회적 계급을 나타내는 것으로 사다리를 사용하였다. 사다리에서 가장 높이 있는 사람들과 비교해서 낮게 있는 사람들 개개인을 봤을 때 만연하는 질병(협심증, 당뇨, 호흡기 질환)이 눈에 띄게 높다는 것을 발견했다. 개인의 주관적 사회적 계급을 사용한 이러한 연구들은 상담의 실제에 있어서 중요한 함의를 제시하고 있다. 첫째, 이러한 연구는 내담자

활동 9.1

당신의 마음속에 존재하는 사회적 계급 평가하기

주관적인 사회적 계급을 평가하는 방법 중 하나로 다음과 같은 활동으로 해볼 수 있다:

단계(ladder):

"사람들의 사회적인 위치를 나타내는 사다리[아래의]를 생각해 보자. 사다리의 맨 꼭대기에는 최고로 잘사는 사람들—제일 돈이 많고 교육도 잘 받고, 최상의 직업을 가진—이 있다. 사다리의 가장 아래는 경제적으로 매우 곤란한—돈도 거의 없고, 교육도 거의 받지 못했으며 직업이 없거나 매우 좋지 않은—사람들이다."(Adler et al., 2000, p. 587)

당신이 이 사다리에서 점점 올라간다면 올라가면서 어떤 사람들에 보다 가까워질까? 당신이 점점 내려갔을 때 내려가면서 어떤 사람들에 더 가까워질까? 사다리에 당신을 배치한다면 당신이 서 있다고 생각되는 곳에 'X' 표시를 해보아라.

____

____

____

출처: N.E. Adler, E.S.Epel, G. Castellazzo, and J. R. Ickovics(2000) "Relationship of Subjective and Objective Status with Psychological and Physiological Functioning: Preliminary Data in Healthy White Women." *Health Psychology*, *19*, pp. 586-592.

의 삶에서 스트레스로 작용할 수 있는 잠재적 요인에 대한 추가적 정보를 제시한다. 이러한 요인이 이들의 심리적 · 신체적 질병의 원인이 될 수 있다. 예를 들어 내담자가 경험하는 스트레스는 가난한 삶의 상황과 무고용 때문인가? 둘째, 이러한 연구 결과는 내담자의 사회계급과 관련된 외적 장벽을 확인할 수 있는 기회를 제공해 주었다. 예를 들어 내담자는 질 높은 건강 시설을 이용할 수 있는 접근권을 갖고 있는가?

3) 계급 차별주의

SES가 사회적 유동성을 허용하는 것에 반해서, 사회적 계급은 좀 더 영속적인 것으로 인식되며 종종 계급 차별주의로 알려져 선입견과 차별주의의 표적이 되기도 한다. 본질적으로 **계급 차별주의**(classism)는 특별한 계급에 속해 있는 사람들을 향한 편견적 태도나 행동으로 인식된다. 분열을 초래하는 힘은 '억압하는 자와 억압받는 자', '힘 있는 자와 힘 없는 자', '가진 자와 못 가진 자'와 같은 양분된 집단을 만들어 낸다(Sandu & Aspy, 1997, p. 24). 많은 면에서 이러한 계급적 구분은 하나의 체제를 형성하여 소수의 사람들이 부와 권력을 유지할 수 있도록 만드는 반면, 그러한 경제적 힘과 사회적 영향력 및 특권을 지니지 못한 계급에게는 체제적인 억압이 가해진다(Harley, Jolivette, McCormick, & Tice, 2002; Smith, 2008; Smith, Foley, & Chaney, 2008). 이러한 계급 차별주의는 교육적인 수준, 직업과 고용 기회의 범위, 삶의 전반적인 질에 영향을 미친다(Robinson, 1993).

계급 차별주의는 또한 사람들이 사는 장소에 만연해 있다. 예를 들면 가난한 사람은 변두리나 시골 지역에 살고 있으며 중산층이나 부유한 사람은 도시 근교에 산다. 지리적인 차이점을 보는 또 다른 방법은 인종에 의해서가 아니라 계급에 의해서 분리된 사회를 보는 것이다. Moon과 Rollison(1998)은 '이동주택 주차구역(trailer park: 가난한 백인들이 사는 지역으로 여겨진다)'을 예로 이러한 개념을 설명하였다. 이 지역에 사는 사람들을 경멸하는 의미로 백인 쓰레기(White trash)라는 용어가 사용되기도 한다. 그러나 이러한 이동주택에 거주하는 중산층의 사람들은 자신을 '이동식 가정 공동체(mobile home community)'라고 칭한다(p. 125).

다른 시각에서, Liu와 동료들은(2004b; Liu, 2006) 계급 차별주의가 단순히 상위 계급과 하위 계급 사이에서 발생하는 것이 아니라 똑같은 사회계급 사이에서도 개별적으로 발생하는 복잡한 현상임을 말하였다. 예를 들면 계급 차별주의적인 태도, 신념, 행동은 하위 계급에서 상위 계급에 대해 인식하고 있는 것에 의해 발생할 수도 있고, 상위 계급에서 하위 계급에 대해서 인식하고 있는 것에 의해 발생할 수도 있으며, 똑같은 계급에서 그들 스스로를 인식하는 정도에 따른 개별적인 것에 의해서 생겨날 수도 있다(Liu, 2006).

중요한 것은 계급 차별주의는 우울감을 초래하는 감정이나 느낌의 상태에 의해 내면화되고 만연화된다는 것이다. Russell(1996)은 심리 치료적인 임상 경험을 바탕으로 **내면화된 계급 차별주의**(internalized classism)가 어떻게 드러나는지에 대한 가치 있는 통찰을 제공하였다. 예를 들면 발달적인 관점에서 보았을 때, 아이들은 좋지 않은 환경으로부터 벗어나고자 하는 욕망 때문에 일찍 가족으로부터의 분리되려는 동기를 더 부여받게 된다는 것이다. Russell에 의하면 이렇게 가족으로부터 심리적인 독립을 하고자 하는 욕구는 슬픔이나 수치심을 가져올 수도 있다.

가난의 경험은 종종 내면화된 죄책감과 수치심과 같은 감정을 촉발시키는 역할을 한다. 예를 들면 아픈 아이에 대해서 적절한 의료적 보살핌을 제공해 주지 못한 것에 대해 비난을 받을 수 있고, 이러한 경험은 부모에게 수치심의 감정을 느끼게 한다. 아이들은 자신의 친구들처럼 물질적인 여유를 갖지 못하는 것에 대해 부모에게 화와 분노의 감정을 느끼게 된다. 또한 개인이 낮은 사회적 계급으로부터 상승하여 상위 계급으로 올라가는 것은 흔하지 않은 일이다. 이처럼 죄책감의 감정은 개개인이 적응하고자 다양한 행동을 하는 과정에서 표면 위로 드러나게 된다.

생각해 볼 질문 9.3

- 당신은 누군가를 볼 때 가치 있는 것이라고 여겨지는 것으로 명예, 권력, 경제적인 자원, 교육, 수입, 지위 중 어느 것에 중점을 두는가?
- 당신은 누군가에게 사회적 계급을 기반으로 억압적이거나 해를 끼친 적이 있는가? 그렇지 않다면, 왜 그런가? 아니면 누군가 당신에게 그렇게 한 적은 있는가?

4) 계급 차별주의자의 태도와 신념

다른 계급에 속한 개인에 대한 태도와 신념은 그들을 향한 행동에 영향을 준다. 부유한 사람들은 매우 예의바르고, 상냥하고 지적이고 세련되며, 가난한 사람들은 게으르고 공격적이고 교양 없다는 것과 같은 신념을 가질 수 있다. 이러한 신념은 특정 계급의 개인과 상호작용하는 방법에 매우 커다란 영향을 미친다. 우리가 상중하의 계급 범주로 사람들을 분류한다는 단순한 사실은 우리 사회가 얼마나 소득수준을 중요하게 생각하는지를 보여 주는 예이다. 유사하게 학자들은 '사회적 거리두기(social distancing)' 효과를 설명하는데, 이는 다른 계급에 속한 사람들이 가진 태도와 신념의 차이 때문에 발생한다. Lott과 Bullock(2001)은 중산층은 낮은 사회계급의 사람들과 다른 환경에서 거주하고, 식사하고, 쇼핑하고, 여가활동을 하기 때문에 가난을 둘러싼 문제로부터 단절되거나 무시한다는 결론을 내렸다.

우리가 특정 계급 구성원에 대해서 가지는 인식에 무엇이 영향을 미치는지는 거의 알려져 있지 않다. 놀랍게도 가난한 사람들에 대한 태도에 대한 연구는 거의 없다. 최근의 한 연구에서 Cozzarelli, Wilkinson 및 Tagler(2001)는 참가자들이 지속적으로 가난한 자(동기가 없고, 신체적으로 병들고, 우울하며 알코올 중독인, 약물 남용의, 그리고 약한)와 비교하여 중산층(열심히 일하고, 건강하고, 가족 중심

사례 연구 9.1

John의 사례

John은 40세의 백인 남성으로 친한 친구의 조언으로 상담을 받게 되었다. 그는 알코올 의존자이며 이것은 그의 직업에 영향을 미치기 시작하였다. John은 Midwest의 작은 변두리 도시에서 태어나고 자랐으며, 그의 가족 중 처음으로, 자식 4명 중 유일하게 대학에 갔고 경영학 학위(MBA)를 취득했다. 그의 부모는 대학교 학비를 댈 여유가 없었기 때문에 John은 그가 다니던 학교에서 아르바이트를 하였다. 그는 학비를 대기 위해서 일했기 때문에 종종 아르바이트 시간에 맞게 시간표를 맞췄고, 그래서 학사학위와 MBA를 따는 데 거의 11년의 시간이 걸렸다. 졸업한 후 곧 John은 명성 있는 회사의 말단 직원 일자리를 얻었다. 그는 그의 일을 잘 수행했으며 회사에서 승진할 수 있었고, 마침내 회사의 큰 부서의 팀장이 될 수 있었다. 그의 월급은 꾸준히 인상되었으며, 그는 상위 계급 사람들이 하는 것처럼 스포츠카와 큰 집을 구입할 만큼 여유도 생겼다. 37세에 John은 지역에서 몇 개의 레스토랑과 작은 사업체를 갖고 있는 부모를 둔, 도시 근교에서 부유하게 자란 여자와 결혼을 하였다. John은 상담자에게 '지금 누리고 있는 이 자리'를 얻기 위해 정말 열심히 일해 왔다고 말했다. 그러나 그는 자신의 주변에 대한 소속감을 느끼지 못하고 있었다. 그는 회사에서 훌륭하다는 평가를 받았지만, 때때로 스스로에게 "충분하지 않아."라고 말하곤 했다. 매번 그는 남동생과 두 여동생, 부모님이 있는 고향으로 가고 싶어 했으며, '더 나은 자신'이 되기 위해 고향을 떠난 것에 대해 죄책감을 느끼고 있었다. 그는 때때로 그의 가족이 부끄럽다고 느끼고 있었다.

사례 토론

생각해 볼 점

1. John의 부정적인 자기 이미지에 영향을 미친 요인들은 무엇인가?
2. 그가 알코올 의존이 되게끔 영향을 미친 요인은 무엇이 있는가?
3. 당신이 John을 상담한다면 그의 가족에 대해서 그의 감정을 어떻게 해결해 줄 것인가?

상담자는 내담자의 수입과 교육 수준 같은 객관적인 경제적 지표에 대해서 가능한 한 많이 알아야 한다. 이 사례에서 제시된 것과 같이 사회적 계급은 정체성의 형성에 많은 영향을 미친다. John은 그가 살아가고 있는 사회인 '상위 계급'으로서 자기정체성을 갖는 데 힘들어하는 것처럼 보인다. 또한 John은 어렵게 교육을 받았고 일을 해서 성공적인 직업을 가졌음에도 스스로의 가치를 낮게 보고 있다. 알코올 의존은 그가 자신의 가족에 대해 부끄러워하는 것에 대한 죄의식과 연관이 있으며, 낮은 자아존중감과 직업에서 계속해서 잘해야 한다는 압박감 때문이라고 볼 수 있다.

적이고, 행복하고, 강하고, 유능한)에게 더 긍정적인 특성을 부여하는 것을 발견하였다. 더 큰 문제는 인종적 · 민족적 소수자와 결부된 가난한 사람에 대한 부정적인 태도와 신념이다. 왜냐하면 민족적 소수자들의 빈곤율이 보다 높기 때문이다

(예: Wyche, 1996). 이런 연구 결과가 가지는 함의는 고정관념의 확산을 포함하는 차별적인 태도가 복지 개혁과 같은 복지와 정책에 대한 신념에 영향을 줄 수 있다는 것이다(Cozzarelli, 2001).

5) 상향 이동: 이루기 힘든 아메리칸 드림

의심할 여지없이 많은 아프리카계 미국인, 라틴인, 아시아계 미국인 그리고 다른 소수자들은 지난 몇십 년에 걸쳐서 경제적 성장을 이루었고 중산층 지위에 이르렀다. 최근 많은 민족적 소수자들은 그들의 집과 사업을 소유하고, 대학을 졸업하고, 중산층 수입의 벌이를 하고 있다(Rodriguez, 1996). 그러나 최근의 데이터는 '아메리칸 드림'을 이루는 것에 대해 전망이 밝지 않고 수입 불균형이 계속되고 있다는 점을 시사한다. 예를 들어 2007년에 아프리카계 미국인의 연평균 수입은 3만 3,916달러였는데 이 수입은 백인의 평균 수입인 5만 4,920달러보다 2만 1,000달러나 적었다(U.S.통계국, 2008a). 마찬가지로 라틴계의 평균 수입은 3만 8,679달러로 아프리카계 미국인보다는 조금 높지만 비라틴계 백인들보다는 현저하게 낮았다. 대조적으로 아시아계 미국인의 평균 수입은 6만 6,130달러로 가장 높았다(U.S.통계국, 2008b). 공교롭게도 미국에서 경제적 안정성을 제공하는 유리한 종류의 직업에 변화가 있었다(예: 제조업 일자리의 상당한 감소). 그래서 민족적 소수자 집단들은 때때로 건강보험을 제한하거나 제공하지 못하는 낮은 임금의 서비스 형태의 일자리를 계속 이어 가고 있다(Klein, 2004). 게다가 그들은 2008년의 경기 불황으로 인해 유난히 심하게 타격을 입었다. 백인의 실업률이 6%인 것과 비교하여 아프리카계 미국인의 실업률은 약 11.5%, 히스패닉계는 9%인 것으로 나타났다(Logan & Weller, 2009).

교육 성취와 관련하여 민족적 소수자들이 예전보다는 더 많이 대학 교육을 받고 있다. 그러나 그들이 학위 취득의 과정에서 직면하는 재정적인 부담에서는 뚜렷한 차이가 있다. 예를 들어 졸업을 하자마자 아프리카계 미국인들은 상당히 큰 대출 상환금이 있고 백인들보다 낮은 임금의 직업을 얻는 경향이 있다. 따라서 민족적 소수자들은 졸업 후에 상당한 채무 상태에 빠져 있을 가능성이 더 많다. 상향 이동의 과정에서 더 많은 도전을 겪고 있다. 1999~2000년에 아프리카계 미국인 졸업생의 84%가 다른 졸업생들보다 평균 2,000달러 더 많은 학자금 대여를 받았다. 히스패닉은 졸업과 관련하여 평균 학생 부채보다 부채 금액이 낮았지만, 그들의 빚 부담은 취업한 이후 매달 임금의 8%를 넘었다(King & Bannon, 2002).

이런 경제적인 문제 외에도 많은 민족적 소수자들이 중산층에 들어가는 데 어려움을 경험하는 것은 일반적이다. 많은 민족적 소수자들이 '사다리에서 높이 올라가는' 과정에서 양가감정과 죄책감을 경험하며 오랜 이웃들과의 결별을 경험하고 있다. 더욱더 염려스러운 것은 그들이 새로운 공동체로 이전할 때 여전히 명백한 인종차별주의를 경험한다는 것이다. 더욱이 중산층 직업의 특성인 사무직과 전문적인 지위를 획득한 아프리카계 미국인들은 아직도 직장 안팎에서 인종차별을 경험하고 있다(Cole & Omari, 2002). 이러한 경험들은 뒤섞인 감정뿐만 아니라 많은 스트레스를 유발할 수 있다. 『*The Middle Class Burden*』의 저자인 Leanita McClain(1986)은 이러한 점을 다음과 같이 설명하였다.

> 나의 삶에는 부조화가 정말 많다. 생기 넘치는 파리에서 휴가를 보냈지만 일주일 후에 나는 자신의 세상은 하나도 없고 읽기를 배운 적이 없는 늙은 아저씨의 장례식에 참석하기 위해 남부의 깊숙한 시골에서 장거리 완행버스를 타고 있을 것이다. 때때로 내가 서류가방을 들고 버스정류장에서 기다릴 때, 나는 버스에서 내리는 고모를 만났다. 고모는 다른 청소 아주머니들과 함께 있었는데, 그들은 모두 나의 이웃들의 마루를 청소하는 사람들이다.
>
> 그러나 나는 부끄럽지 않다. 흑인이 이뤄낸 것은 사람들이 기대했던 것을 훨씬 뛰어넘었다. 우리는 결코 흑인의 발전에 대한 희망을 본 적이 없었다. 그래서 그러한 성취는 우리에게 놀라움으로 받아들여진다.
>
> 그러나 나의 마음속에는 나의 조상들의 불행한 과거나 오늘날 여러 사람들의 희망 없는 현재가 멀게 느껴지지 않는다. 나는 그러한 운명이 나를 길들일 수 있다는 것을 두려워한다. 내가 중산층인 것이 편하지는 않다. 나는 불편함을 느끼는 중산층이다.
>
> 나는 성공을 하였다. 그러나 어디에서 성공했나? 인종차별주의는 계속해서 우리를 따라다닌다. 성공해서 이사 오려는 용기 있는 흑인 가족들의 잔디밭에서 십자가가 불태워지는 지역사회가 아직도 있다.
>
> 우리가 쟁취한 승리가 얼마나 속이 비었는가? 택시 운전수는 모든 것을 스스로 디자인해서 입는 나의 누나를 그녀가 살고 있는 높은 언덕에 위치한 사치스러운 집의 뒷문에 데려다 주었다. 왜냐하면 택시 운전수는 그녀의 피부색 때문에 그녀를 가정부, 유모, 또는 요리사라고 간주하였기 때문이다.

생각해 볼 질문 9.4

- 당신은 '아메리칸 드림'에 대해서 어떻게 정의하는가?

2. 사회계급 세계관

앞서 언급한 바와 같이, 자신의 생활 경험은 사회계급에 의해서 영향을 받는다. Liu 등(Liu, Ali, et al., 2004; Liu, Soleck, et al., 2004)은 사회계급의 개념에 대한 이해의 폭을 넓혀야 한다고 주장하였다. 이들은 사회계급을 이해할 때 수입, 교육, 그리고 직업과 같은 인구학적 정보에만 초점을 맞추게 되면 오직 피상적인 정보만을 제공해 주고, 사회계급이 미치는 '심리적' 측면은 설명해 주지 못한다고 주장한다. 그런 이유로 사회계급은 더 넓게 개념화될 수 있다. 이 장의 첫 부분에서 Langston이 지적한 바와 같이 사회계급은 우리의 일상생활의 중심 부분이기 때문에 그것은 우리가 생각하고, 느끼고, 행동하는 방식에 영향을 미친다. 이러한 광범위한 영향력을 감안할 때, 사회계급은 개인의 세계관을 포함할 수 있다. Liu(2001; Liu, Ali, et al., 2004; Liu, Soleck, et al., 2004)에 따르면, **사회계급 세계관**(social class worldview)은 특정한 경제적 계급의 개인들이 가지고 있는 신념과 태도이며, 그 집단의 구성원과 관련된 기대 행동이다. 그의 모델의 독특한 양상 중 하나는 계급 차별주의가 미치는 영향에 초점을 두고 있다는 것이다. 이러한 확장된 개념은 상담자들이 내담자들의 경제적 환경을 개념화하도록 하고, 계급 차별주의와 관련된 그들의 경험을 탐색하고, John의 사례에서 묘사된 것처럼 죄책감과 수치심과 같은 정서를 확인하는 것이다. Liu, Ali 등(2004)은 다음과 같은 언급을 통해 그것의 중요성을 짚어냈다.

> 사회계급 세계관(SCW)은 정신 내적인 틀(예: 안경의 렌즈)로 작용하여 사람들은 이것을 통해 경제적 · 문화적 기대치를 이해하고, 예상하는 경제적 목표를 달성하기 위해 의미 있는 조치를 하는 데 필요한 요구들을 선별한다. 이 세계관은 한 개인과 그 개인의 재산과의 관계(물질주의), 사회계급적 행동(예: 매너리즘과 에티켓), 생활 방식 선택(예: 휴가), 준거 집단(가족, 동료, 그리고 열망 집단(aspiration group)), 사회적 계급에 대한 의식으로 구성되어 있다. (p. 10)

Liu(2001)와 Liu, Soleck 등(2004)은 또한 내담자 상담에 유용하게 적용할 수 있

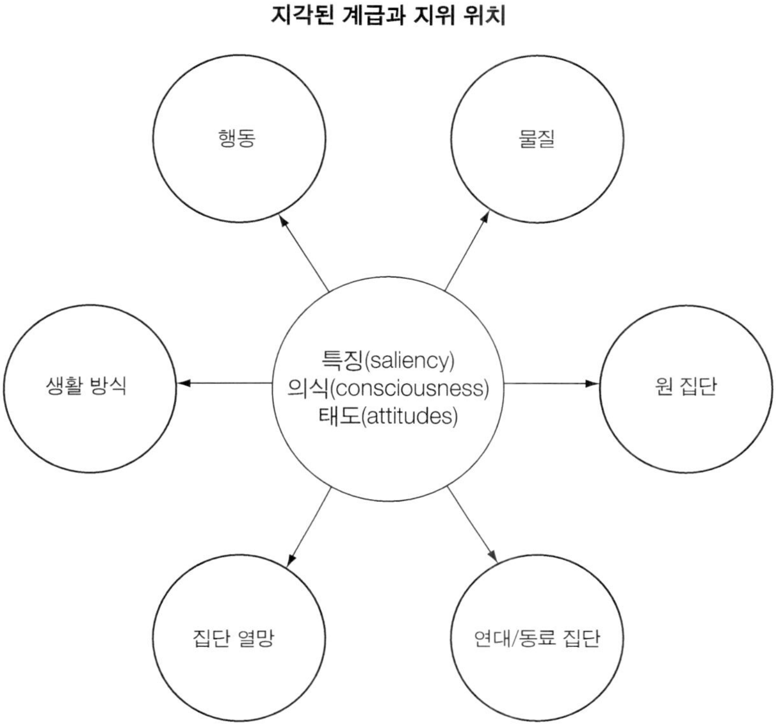

그림 9.1 사회계급 세계관

는 **사회계급 세계관 모델**(social class worldview model, SCWM)이라고 불리는 틀을 제공했다. 이 모델은 **그림 9.1**에 제시하였고, 여기서는 간단히 설명하고자 한다.

틀의 중앙에는 사회계급의 특징(saliency), 의식(consciousness) 및 태도(attitudes)가 있다. 사회계급의 특징은 주어진 계급에서 자신의 위치가 다른 사람들과는 다르다는 것을 자각하는 상황에서 발생한다. 한 예로 부자 동네로 이사한 후 적응을 못 한다고 믿는 것이다. 마찬가지로 의식은 계급 구조(계급, 장벽, 억압)에 기여하는 외부 세력이 있다는 것에 대한 인식을 포함해서, 주어진 사회계급에 자신이 속해 있다는 인식이다. 태도는 개인적인 경험, 부모의 영향, 친구, 동료에 의해 형성되는 사회적 계급에 대한 하나의 신념, 가치, 감정, 그리고 속성이다. 예를 들면 풍요로운 중산층 지역사회에서 자란 개인은 가난하고 교육받지 않은 사람들이 더 높은 임금을 받는 직장에 고용되기에는 부족하다고 믿을 수 있다.

사회계급 참조 집단(social class referent groups)은 개인의 세계관 형성에 수단이 되고, 이후 자신이 동질 계급이나 다른 사회계급의 일원으로 행동하는 방식에 영향을 미치는 사람이다. Liu(2001)는 참조 집단을 세 가지 유형으로 구분하였다: (a) '발생 집단(group of origination)'은 부모 또는 관리인, 소꿉동무, 그리고 친척으로 구성되어 있으며 (b) '동년배 집단(cohort group)'은 개인들이 관련되어 있으며, 편안하게 느끼는 사람들을 나타내고 (c) '사회계급 열망 집단(group of social class aspiration)'의 개인들은 특별한 지위를 얻기 위해 노력한다. 그러나 자신의 형편과 경제적 수입에 따라 이러한 관련 집단들은 동일한 방식으로 기능하지 않을 수 있다. Liu가 말한 바와 같이, 경제적으로 여유가 있는 사람이 더 부유했으면 하는 바람을 가지지 않을 수 있지만 재산을 유지하기 위해 노력할 수도 있다. 이러한 경우 열망 집단은 중요하지 않을 수 있다. 더욱이 지속적으로 한정된 자원에 직면한 가난한 개인들은 단순한 생존을 위해 동년배 집단에 집중할 수 있다. 이러한 경우 열망 집단의 역할은 매우 미미하다.

물질에 대한 관계(relationship to material objects)는 사람들의 상대적 중요성이 어느 정도인지를 파악하는 데 도움을 주기 때문에 모델의 핵심적인 측면이다. 물질의 소유는 특별한 생활 방식을 나타내며 개인뿐만 아니라 개인이 속한 특정 준거 집단, 그것이 발생 집단이건 동년배 집단이건 또는 열망 집단이건 상관없이 개인이 속한 집단을 반영한다. Liu와 동료들은 이러한 준거 집단들은 집단 나름대로 가치 있고 중요하다고 여기는 물질에 대한 독특한 기대 수준을 가지고 있다고 가정하였다. 그래서 소속된 준거 집단이 특정 물질을 매우 소중하게 여긴다면, 그 집단에 소속된 개인 역시 그 물질을 가치롭게 여기게 된다.

사회계급 생활 방식(social class lifestyle)은 사람들이 사는 방식뿐만 아니라 특정한 계급 안에서 경험하는 사회화를 포함한다. Liu(2001)에 따르면, 그것은 "사람들이 [사회계급 세계관] 경제적 행동의 기본 유형을 수행하기 위해 자원과 행동을 조직하는 방식을 나타낸다"(p. 158). 뿐만 아니라 사회계급 생활 방식과 세계관이 일치하게 되면 일종의 성취감과 만족감을 유발하게 된다고 보았다.

마지막으로, **지각된 계급과 지위 위치**(perceived class and status position)는 사회경제적 위계와 관련하여 자신의 위치에 관한 개인의 신념을 나타낸다. 이 모델에서 이처럼 전체를 아우르는 측면은 소득, 교육, 직업, 그리고 모델의 다른 영역과 같은 객관적인 지표에 대한 주관적인 감각(subjective sense)으로 개념화될 수 있다. 모델의 이 측면은 개인의 내적인 경험에 초점을 맞추고 있고, 그런 경험의 의미에 관한 귀중한 정보를 제공하기 때문에 매우 중요하다. 궁극적으로, 이것은 사회계급을 개념화하도록 한다.

요약하면, 이러한 개념적 틀은 사회계급이 수입, 교육, 직업 그 이상이라는 것을 이해하도록 돕기 때문에 중요한 기여를 했다. 그러나 이 모델의 제한점 중의 하나는 세계관을 이해하는 데 중심이 되는 성별, 인종, 민족성을 고려하지 않았다는 것이다. 앞선 장에서 논의한 것처럼, 성별, 인종 및 민족성은 세계관을 이해하는 데 있어서 핵심적인 부분으로 지각된 계급과 지위의 위치에 영향을 미칠 수 있다. 나아가 특정 행동은 어떤 계급에서는 바람직한 행동으로 여겨지지만 다른 계급에서는 그렇지 않을 수 있다. 예를 들면 '좋은 식탁 예절을 지키는 것'과 '예의바른 영어 구사하기'는 중산층의 행동 양식이라고 말할 수 있다. 우리는 이러한 사례들이 고정관념을 영속시킬 수 있다고 본다. 그럼에도 이러한 예들은 개인의 세계관에 대한 보다 큰 이해를 하도록 돕는 유용한 도구의 역할을 한다.

3. 사회계급, 인종, 민족성 및 성

앞선 논의에 근거하여, 사회계급 차이에 대한 담론이 인종, 민족성 그리고 성을 포함하고 있다는 것은 명백하다. 각각은 개인의 정체성을 형성하는 데 독자적으로 기여한다. 그러나 이러한 차원들은 경험과 세계관에 영향을 미치는 데 상호의존적으로 작용한다.

1) 성과 사회계급

성과 계급은 여러 가지 면에서 관련이 있다. 첫째로, 여성은 낮은 임금과 성차별적인 직업에 더 많이 종사하고 있다. 이들의 지위는 대체로 낮고 승진의 기회도 적다. 2007년에 여성의 연간 수입은 3만 5,102달러인 데 반해, 남성의 평균 임금은 4만 5,113달러였다(미국 통계국, 2008). 마찬가지로, 전일제 근무하는 여성의 임금 비율은 78% 수준으로, 남성에 비해 22%의 임금 격차가 있다(Institute for Women's Policy Research, 2008). 그러므로 직업 유형에서의 성차와 그것과 관련된 임금, 그리고 임금의 불균형은 계급의 위치를 결정한다. 예를 들어 사무직과 서비스업에 많이 종사하는 여성의 경우 노동자계급(working class)으로 분류될 수 있다(Thompson & Hickey, 2005). 성과 계급이 교차하는 다른 방식은 사회화를 통한 것이다. 특히 성 사회화(gender socialization) 경험은 접근에서의 불평등과 결합되고, 이러한 경험은 희망 직업 및 실제 직업의 유형에 큰 영향을 미친다(Wright,

2001).

임금 불평등이 지속적으로 존재하지만 영업, 판매, 금융, 법률과 같은 중산층의 직업으로 진입하는 여성들은 수적인 면에서 꾸준하게 증가하고 있다. 이러한 여성들은 가족에 대한 부양 능력을 향상시킬 만큼의 임금을 벌고 있고, 아이 갖기를 몇 년 미루거나, 자녀의 수가 더욱 적다(Crompton, 2001). 그러나 유색인종 여성은 최소한의 보상을 받는 낮은 임금의 서비스업에 지속적으로 집중되고 있다.

2) 인종, 민족성 및 사회계급

성과 사회계급이 서로 연결되어 있듯이 인종, 민족성 그리고 사회계급 또한 그러하다. 이러한 구성 개념들을 관통하는 공통적인 특징 중 하나는 권력 위계(power hierarchy)인데, 이것은 우세 집단(예: 백인)이 역사적으로 유색인종이 가질 수 없는 자원에 대한 선택권과 접근을 갖게 된다는 것이다(Constantine, 2001). 앞에서 언급한 바와 같이 소수민족과 인종적 집단은 낮은 수입의 사회계급에 더 많이 속해 있고 특히 빈곤계층의 경우에 더욱 그렇다. Smith와 동료들은(2008) "인종에 따른 빈부의 격차는 미국의 계급 구조를 지속적으로 만들어 낸다."라고 지적하였다(p. 304).

유색인종의 사람들이 중산층으로 옮겨 가고 있다는 증거가 있음에도 백인과 소수민족(예: 아프리카계 미국인, 아시아계 미국인, 라틴계 그리고 미국 원주민) 간의 빈부 격차는 상당하며 지속되고 있다. 소수민족 집단은 사회계급의 사다리 위로 올라가는 것을 불허하는 장벽에 지속적으로 직면하고 있다. 높은 교육에의 접근에 있어서의 장벽은 고용의 선택과 기회를 직접적으로 제한한다. 이것은 결국 수입이 낮은 사회계급에 속하는 소수민족 및 인종 집단의 높은 비율을 지속시킨다(Armas, 2007).

사례 연구 9.2

Gloria의 사례

멕시칸 혈통의 미국 이민 1세대인 Gloria는 27세 여성으로 밤에 잠을 잘 자지 못하고, 극도의 피곤과 신경과민 및 식욕부진으로 의사를 찾아갔다. 의사는 그녀의 병에 대해 신체적인 이상이 없다

(다음 쪽에 계속)

고 결론짓고(즉, 결과에서 음성으로 나왔다.), 그녀를 정신보건 서비스로 의뢰했다. Gloria는 마지못해 정신보건 서비스를 제공하는 지역사회 기관의 상담자를 만나기로 했다. 그녀에게 상담 과정은 생소했고 의사의 의뢰에 대하여 혼란스러웠다. 그녀는 상담자를 만날 시간이 없다고 생각했다. 그녀는 전일제 근무, 어린 두 명의 아이를 돌보기, 그리고 가정을 꾸려 나가야 한다는 책임 등에 그녀의 대부분의 시간을 보내야 한다고 생각했다. 2년제 대학에서 회계학을 전공한 Gloria는 대학 졸업 이후 바로 Jorge와 결혼했고, 바로 아이를 가지기로 결심했다. Jorge는 그의 봉급으로 아이들을 키우기에 충분하다고 주장하면서, 그녀가 전일제로 근무하는 것을 원하지 않았다. Gloria 또한 그녀의 아이들과 더 많은 시간을 보내기 위해 시간제로 근무하기를 원했다. Jorge와 Gloria는 가족에 매우 높은 가치를 두고 있었고, 자녀들에게 멕시코의 전통을 알려 주고 가르치면서 아이들을 키우고 싶어 했다. 이들은 2개의 방이 있는 도시의 쾌적한 아파트에 살아왔다. 그러나 최근 남편과의 이혼으로 Gloria는 수입이 상당히 감소되는 상황에 놓이게 되었다. 이혼 후 Jorge는 재정 지원을 거의 하지 않았기 때문에 Gloria는 집세, 세금, 식료품비를 마련하기 위해 전일제 직장을 구해야만 했다. 이혼 전의 생활 습관을 유지하는 것은 점점 어려워졌다. 양육비로 추가적인 비용이 들어갔는데, 그녀는 그렇게 비쌀 것이라고 예상하지 못했었다. 그녀는 회계 보조원으로서 전일제 근무를 했으나, 제때 세금을 내는 데 어려움이 있었다. 그녀의 새로운 직장에서 제공하는 의료보험 혜택은 매우 제한적이었다. 그래서 아이가 소아과에 갔을 때, 보험료로 커버되지 않는 금액을 직접 부담해야 했다. 그녀는 이러한 모든 상황에 압도되었지만 그러한 느낌들을 감추려고 노력했다.

사례 토론

생각해 볼 점

1. Gloria의 민족적 배경을 고려하여, 당신이 그녀에 대해 탐색한 문화적 요소는 무엇인가?
2. 당신은 그녀의 사회적 계급 배경을 어떻게 탐색했는가? 그리고 당신은 그것이 바뀌었다고 생각하는가?
3. 당신은 왜 Gloria가 상담에 대해 저항했다고 생각하는가? 그리고 그녀가 그 과정을 이해하는 것을 돕기 위해 무엇을 할 것인가?

첫 번째 만남에서, 인생의 중요한 변화인 Gloria의 이혼이 그녀의 재정적 상황에 중요한 영향을 미쳤음을 발견했다. 그녀는 명백하게 고통의 증상을 보였다(예: 식욕부진, 수면에 있어서의 어려움, 신경과민과 피로감), Gloria의 재정적인 부담은 그녀의 고통과 압도당하는 느낌을 가중시켰다. 그녀는 왜 의사가 상담자를 만날 것을 추천했는지, 상담이 그녀에게 어떤 도움을 줄 수 있는지 이해할 수 없었다. 아마도 그녀는 자신의 의료보험이 정신보건 서비스를 보상해 주지 않고, 상담이란 것이 심각한 정신병을 가진 사람들을 위한 것으로 믿고 있었던 것 같다. Gloria와 탐색한 영역은 직계 및 확대 가족의 지지를 받을 수 있는 정도를 결정하는 것과 그녀에게 중요한 문화적 · 전통적 성 역할을 확인하는 것을 포함해야 할 것이다. 이에 더하여, 그녀의 증상에 대해 우울의 가능성을 측정하는 것이 필요하다.

4. 사회계급에 관한 토론

이 장에서 많은 주제들을 논의하면서, 당신은 다양한 문화적 배경과 세계관을 가진 내담자들과 상담을 할 때 이 정보들을 어떻게 활용할지 생각해 보도록 자극을 받았을 것이다. 이 장에서 제시된 생각해 볼 문제들 또한 계급 차별주의와 관련된 경험들과 사회계급의 쟁점들을 내담자와 이야기해 볼 수 있는 좋은 과정적 질문들로 활용될 수 있다. 당신이 내담자와 이야기를 나눌 수 있도록 돕기 위해 다음의 질문들을 제시한다.

- 우리 사회에서 부유하다는 것은 무엇을 의미하는가? 가난하다는 것은 또한 무엇을 의미하는가?
- 당신은 성공을 어떻게 정의하는가? 당신의 가족 안에서 성공은 어떻게 정의되는가? 당신의 문화 안에서는? 더 큰 사회 안에서는?
- 당신은 어떤 사회계급에 속하는가? 속했던 사회계급이 변해 왔다면 그 이유는 무엇인가?
- 다른 사회계급의 사람에 대해 어떤 경험을 갖고 있는가? 무엇이 그 경험들을 긍정적 또는 부정적으로 만들었는가?
- 사회계급의 관점에서 당신은 어떠한 사람인가? 당신의 개인적·문화적 정체성에 있어서 이것은 얼마나 중요한가? 그리고 당신이 이 세상을 어떻게 바라보고, 어떻게 당신의 삶을 살아가는가 하는 것에 이 차원이 어떤 영향을 주었는가?
- 당신 자신에 대해 계급에 근거를 둔 정의는 어떻게 발달했는가? 그리고 당신의 삶에서 이 정의를 형성하도록 도왔던 중요 인물들은 누구였는가?
- 당신의 삶에서 사회계급에 대한 당신의 견해는 어떻게 강화되거나 또는 도전받아 왔는가?
- 당신의 문화는 사회계급에 대해 어떻게 생각하는가?
- 신념과 관습의 측면에서 당신의 가족과 지역사회는 사회계급에 대해 어떻게 생각하는가?
- 힘과 특권의 이슈들은 사회계급과 계급 차별주의에 대한 당신의 견해에 어떻게 영향을 미치는가?
- 사회계급에 대한 당신의 관점은 지금과 이전에 당신 자신을 정의하는 방식에 어떻게 영향을 미쳐 왔는가?

- 사회계급에 대한 당신의 관점은 당신 자신을 정의하는 방식과 타인이 당신을 바라보거나 대하는 방식에 어떻게 지속적으로 영향을 미칠 것인가?
- 사회계급에 대한 당신의 관점은 다른 사람들과 상호작용하는 방식에 어떠한 영향을 미쳤는가? 특히 인생의 여러 시점에서 당신과 연령이 다른 사람들과 비교하여 당신과 연령이 유사한 타인들과 상호작용하는 방식에 어떠한 영향을 미쳐 왔는가?
- 당신이 우러러보는 사회계급의 사람들은 누구인가? 그 이유는 무엇인가?
- 당신(내담자)과 나(상담자)의 사회계급의 차이점 또는 유사점이 상담 관계뿐만 아니라 상담 과정에서 겪는 당신의 경험에 어떻게 영향을 줄 것인가?
- 당신은 언제, 어떻게 계급 차별주의를 인식하게 되었는가? 당신의 처음 반응은 무엇이었고 시간이 지남에 따라 이 반응들이 어떻게 변화되었나?
- 인종차별주의에 대한 당신의 경험은 무엇이었나? 그리고 어떤 방식으로 그런 경험들이 당신이 지금 다루고 있는 이슈들뿐만 아니라 당신의 정체성에 영향을 미쳐 왔는가?
- 개인, 집단, 사회적 수준에서 당신 삶에 존재하는 계급 차별주의와 관련하여 긍정적 사회 변화를 이끌기 위해 당신은 어떤 노력들을 했는가? 그리고 당신은 어떤 종류의 노력들을 하고 싶은가?
- 어떤 사람의 가치에 대한 표시로 당신은 특권, 힘, 경제적 자원, 교육, 수입, 지위에 어느 정도 가치를 두는가?
- 사회계급 때문에 괴롭힘을 당하거나 억압을 받는 사람을 위해 맞서본 적이 있는가? 그렇지 않다면 그 이유는 무엇인가? 이런 방식으로 누군가가 당신을 위해 맞서준 적이 있는가?
- '아메리칸 드림'에 대한 당신의 정의는 무엇인가?
- 아메리칸 드림은 가능하지 않다는 사람의 경우 누군가를 떠올려 볼 수 있는가? 그렇다면 그 이유는 무엇인가?
- 당신이 상담받고자 하는 문제들에 사회계급은 어떤 역할을 하는가? 그리고 당신에게 가장 도움이 되는 방식으로 우리가 어떻게 이것을 다룰 수 있을 것인가?

✲ 결론 및 시사점

중산층 또는 그 이상의 사회계급 배경을 가진 상담자들은 그들의 사회계급 위치 덕분에 가지게 된 특권에 대한 자기인식의 부족과 제한된 지식 때문에 더 낮은 사회계급의 사람들이 처한 삶의 환경들에 민감하지 않을 수 있다. 마찬가지로 상담자들은 그들의 계급 위치를 내담자와 같다고 생각해서 상담 과정 동안 그것에 중요성을 두지 않기 때문에 의도적으로 계급 차별주의와 그것의 영향을 다루지 않을 수 있다. 여기에 충분한 관심을 두지 않는 또 다른 이유는 상담자들이 그들의 훈련 프로그램 동안 사회계급이라는 이슈를 다루어 본 적이 거의 없을 수 있다는 점이다(Constantine, 2001; Smith et al., 2008). 또한 이러한 점은 훈련 프로그램에서 가르치는 많은 상담 이론, 접근, 개입들이 중산층의 가치에 기반을 두고 있다는 사실 때문에 더 악화된다(Sue & Sue, 2003). 그럼에도 상담자인 당신은 다음과 같은 사항들을 고려해야 한다.

1. 당신과 같은 사회경제적 위치와 사회계급에 있는 내담자와 상담을 할 때라도 상담자가 여전히 상대적으로 특권을 가진 위치에 있다는 것을 인식하는 것이 중요하다.
2. 더 낮은 사회계급에 속한 많은 내담자들은 심리적 현상에 초점을 두기보다 기본적 욕구를 충족시키기 위해 당신과 상담하는 것에 더 관심이 있을 수 있다는 것을 인식하라.
3. 더 낮은 사회계급에 있는 내담자들은 상담 과정에 친숙하지 않을 수 있다는 점을 이해하라. 따라서 기대하는 것이 무엇인지뿐만 아니라 상담이 무엇인지 설명하는 데 특별히 주의를 기울이는 것이 필요하다.
4. 낮은 계급의 내담자들을 돕는 데 있어서 필요한 자원들(직장, 의식주 등)을 찾기 위해 옹호적 역할을 취해야 한다는 점을 인식하라.
5. 사회계급이 성, 인종, 민족과 밀접하게 연관되고 이것들이 다양한 정체성을 만들어 낸다는 것을 이해하라. 그리고 내담자의 현재 문제들을 개념화하는 데 이것들이 어떻게 연관되는지 인식하는 것이 필요하다.
6. 당신의 내담자가 원하는 목표를 달성하는 것을 막는 사회적 장벽들이 있다는 것을 인식하라.

이 장에서는 사회계급의 복잡한 특성에 대한 이야기로 논의를 시작하였다. 특히 자녀가 있는 여성과 민족/인종적 집단 사이에서 나타나는 빈곤의 영향에 대해 논의하는 것으로 시작했다. 이 장에서는 교육적 성취, 임금, 주거, 직업의 불평등에 중요한 요인으로 작용하는 계급 차별주의자의 태도와 신념을 포함한 계급 차별주의의 특성들에 대한 이해를 다루었다. Liu 등(2001, 2004a; 2004b)이 제시한 사회계급적 세계관 모델은 사회경제적 위계에 있어서 어떤 사람의 위치에 대한 인식과 생활양식을 포함한 계급 차별주의의 개인적 경험을 탐색함으로써 보다 더 넓은 관점을 제공한다. 인종, 성, 민족과 사회계급이 어떻게 서로 관련되어 있는지 이해하는 것은 상담자가 그들의 내담자의 경험뿐만 아니라 건강과 안녕에 대한 이들의 영향을 더 잘 이해하도록 돕는다.

✲ 용어

계급 차별주의(Classism): 특정 계급의 구성원인 사람들에 대해 편견을 가진 태도와 행동.

내면화된 계급 차별주의(Internalized classism): 특정 사회계급의 사람들에 대한 계급 차별주의의 수용. 계급 스펙트럼에서 더 낮은 계급에 대해 우월감을 가지거나 더 높은 계급에 있는 사람들에 대해 열등감을 가지는 것을 표현할 수 있다. 개인들은 어떤 사회계급에 있는 사람들에 대해 편견을 가지는 태도와 행동을 내면화한다.

사회경제적 지위(Socioeconomic status): 우리 사회 안에서 사람들을 계급으로 나누는 수입, 직업, 교육과 같은 수량화할 수 있는 측정치에 근거한다. SES는 '중산층' 또는 '상류층'과 같이 특정 집단에 속해 있다는 것을 포함하지는 않는다.

사회계급(Social class): 수입, 교육, 직업에 근거한 경제적 위계 안에서 개인의 위치. 사회계급은 특정 집단(예: 중산층, 노동자계급, 또는 상류층)의 일원이라는 것이다. 사회계급 구조들은 사회와 나라마다 다양하다.

사회계급 세계관(Social class worldview): 특정 사회계급 안에 있는 개인의 신념, 태도, 행동.

사회계급 세계관 모델(Social class worldview model: SCW): Liu(2001)와 Liu 등(2004b)이 발전시킨 개념적 틀로서 이것은 재산, 사회계급 행동, 생활양식, 참조 집단, 사회계급의 인식에 대한 개인의 관계를 구성한다. 이 모델은 다음에 제시되는 요소들로 이루어져 있다.

- **사회계급 참조 집단(Social class referent groups)**: 친구, 가족 구성원, 동경의 대상인 동료들과 같이 개인의 세계관을 형성하는 것을 돕는 개인적 삶 안에서의 중요 인물들.
- **물질적 대상과의 관계(Relationship to material objects)**: 특정 사회계급을 나타내는 물질의 소유.
- **사회계급 생활양식(Social class lifestyle)**: 경제적 자원과 연관된 특정 활동과 행동.
- **인식된 계급과 지위의 위치(Perceived class and status position)**: 특정 사회경제적 위계 안에서 어디에 속하는지에 대한 주관적 인식.

✲ 참고문헌

Adler, N. E., Epel, E. S., Castellazzo, G., & Ickovics, J. R. (2000). Relationship of subjective and objective status with psychological and physiological functioning: Preliminary data in healthy White women. *Health Psychology*, *19*, 586–692.

Argyle, M. (1994). *The psychology of social class*. New York: Routledge.

Armas, G. C. (2007). Wealth gap between races widens. In P. S. Rothenberg (Ed.), *Race, class, and gender in the United States* (pp. 341–344). New York: Worth.

Backlund, E., Sorlie, P. D., & Johnson, N. J. (1996). The shape of the relationship between income and mortality in the United States: Evidence from the national Longitudinal Mortality Study. *Annals of Epidemiology*, *6*, 12–20.

Bullock, H. E., Wyche, K. F., & Williams, W. R. (2001). Media images of the poor. *Journal of Social Issues*, *57*, 229–246.

Cole, E. R., & Omari, S. R. (2002). Race, class and the dilemmas of upward mobility for African Americans. *Journal of Social Issues*, *59*, 785–802.

Constantine, M. (2001). Address racial, ethnic, gender, and social class issues in counselor training and practice. In D. Pope-Davis & H. K. Coleman (Eds.), *The intersection of race, class, and gender in multicultural counseling* (pp. 341–350). Thousand Oaks, CA: Sage.

Cozzarelli, C., Wilkinson, A. V., & Tagler, M. J. (2001). Attitudes toward the poor and attributions for poverty. *Journal of Social Issues*, *57*, 207–221.

Crompton, R. (2001). The gendered restructuring of the middle classes. In J. Baxter & M. Western (Eds.), *Reconfiguration of class and gender* (pp. 39–54).

Stanford, CA: Stanford University Press.

Diala, C. C., Muntaner, C., & Walrath, C. (2004). Gender, occupational, and socioeconomic correlates of alcohol and drug abuse among U.S. rural, metropolitan, and urban residents. *American Journal of Drug and Alcohol Abuse*, *30*, 409–428.

Gallo, L. C., & Matthews, K. A. (2003). Understanding the association between socioeconomic status and physical health: Do negative emotions play a role? *Psychological Bulletin*, *129*, 10–51.

Gordon, P., Nelson, M. C., Page, P., & Popkin, B. M. (2006). Inequality in the built environment underlies key health disparities in physical activity and obesity. *Pediatrics*, *117*, 417–424. Retrieved from http://pediatrics.aappublications.org/cgi/content/full/117/2/417

Harley, D. A., Jolivette, K., McCormick, K., & Tice, K. (2002). Race, class, and gender: A constellation of positionalities with implications for counseling. *Journal of Multicultural Counseling and Development*, *30*, 216–238.

Hudson, C. G. (2005). Socioeconomic status and mental illness: Tests of the social causation and selection hypothesis. *American Journal of Orthopsychiatry*, *75*, 3–18.

Institute for Women's Policy Research. (2010). The gender wage gap: 2009 [Fact sheet]. Washington, DC: Author. Retrieved from http://www.iwpr.org/ pdf/C350.pdf

King, T., & Bannon, E. (2002). *The burden of borrowing: A report on the rising rates of student loan debt*. State PIRG Higher Education Project. Retrieved from http://www.pirg.org/highered

Klein, A. (2004, December). A tenuous hold on the middle class. *Washington Post*, p. A01. Retrieved from http://www.washingtonpost.com/wp-dyn/articles/A8839-2004Dec17.html

Langston, D. (1992). Tired of playing monopoly? In M. L. Andersen & P. H. Collins (Eds.), *Race, class, and gender: An anthology* (pp. 110–120). Belmont, CA: Wadsworth.

Liu, W. M. (2001). Expanding our understanding of multiculturalism: Developing a social class worldview model. In D. Pope-Davis & H. K. Coleman (Eds.), *The intersection of race, class, and gender in multicultural counseling* (pp 127–170). Thousand Oaks, CA: Sage.

Liu, W. M. (2006). Classism is much more complex. *American Psychologist*, *61*, 337.

Liu, W. M., & Ali, R. S. (2008). Social class and classism: Understanding the psychological impact of poverty and inequality. In S. D. Brown & R. W. Lent (Eds.), *Handbook of counseling psychology* (pp. 159–175), Hoboken, NJ: John Wiley.

Liu, W. M., Ali, S. R., Soleck, G., Hopps, J., Dunston, K., & Pickett, T. (2004a). Using social class in counseling psychology. *Journal of Counseling Psychology*, *51*, 3–18.

Liu, W. M., Pickett, T., & Ivey, A. E. (2007). White middle-class privilege: Social class bias and implications for training and practice. *Journal of Multicultural Counseling and Development*, *35*, 194–206.

Liu, W. M., Soleck, G., Hopps, J., Kwesi, D., & Pickett, T. (2004b). A new framework to understand social class in counseling: The social class model and modern classism theory. *Journal of Multicultural Counseling and Development*, *32*, 95–122.

Logan, A., & Weller, C. E. (2009, January). The state of minorities: The recession issue. Center for American Progress. Retrieved from http://www.americanprogress.org/issues/2009/01/ state_of_minorities.html

Lorant, V., Deliege, D., Eaton, W., Robert, A., Philippot, P., & Ansseau, M. (2003). Socioeconomic inequalities in depression: A meta-analysis. *American Journal of Epidemiology*, *157*, 98–112.

Lott, B., & Bullock, H. E. (2001). Who are the poor? *Journal of Social Issues*, *57*, 189–206.

McClain, L. (1986). The middle-class Black's burden. In L. McClain, *A foot in each world: Essays and articles* (Ed. C. Page, pp. 12–14). Evanston: IL: Northwestern University Press.

Moon, D. G., & Rollison, G. L. (1998). Communication of classism. In M. L. Hecht (Ed.), *Communicating prejudice* (pp. 122–135). Thousand Oaks, CA: Sage.

velopment, *86*, 303-309.

National Poverty Center. (2003). *Poverty in the United States: Frequently asked questions*. Retrieved from http://www.npc.umich.edu/poverty/

Pope, J. F., & Arthur, N. (2009). Socioeconomic status and class: A challenge for the practice of psychology in Canada. *Canadian Psychology*, *50*, 55-65.

Robinson, T. (1993). The intersection of gender, class, race and culture: On seeing clients whole. *Journal of Multicultural Counseling and Development*, *21*, 50-59.

Rodriguez, G. (1996). *The emerging Latino middle class*. Malibu, CA: Pepperdine University Institute for Public Policy and AT&T.

Russell, G. M. (1996). Internalized classism: The role of class in the development of self. *Women and Therapy*, *18*, 59-71.

Sandu, D. S., & Aspy, C. B. (1997). *Counseling for prejudice prevention and reduction*. Alexandra, VA: American Counseling Association.

Singh-Manoux, A., Adler, N. E., & Marmot, M. G. (2003). Subjective social status: Its determinants and its association with measures of ill health in the Whitehall II study. *Social Science and Medicine*, *56*, 1321-1333.

Smith, L. (2008). Positioning classism within counseling psychology's social justice agenda. *The Counseling Psychologist*, *36*, 895-924.

Smith, L., Foley, P. H., & Chaney, M. P. (2008). Addressing classism, ableism, and heterosexism in counselor education. *Journal of Counseling & De-*

Sue, D. W., & Sue, D. (2003). *Counseling the culturally diverse: Theory and practice* (4th ed.). New York: John Wiley.

Thompson, W. E., & Hickey, J. V. (2005). *Society in focus: An introduction to sociology*. Columbus, OH: Allyn & Bacon.

U.S. Census Bureau. (2004). *Poverty: 2003 highlights*. Current Population Survey (CPS). Retrieved from http://www.census.gov/hhes/poverty/poverty03/pov03hi.html

U.S. Census Bureau. (2008a). *Household income rises, poverty rate unchanged, number of uninsured down*. Retrieved from http://www.census.gov/Press-Release/www/releases/archives/income_wealth/cb08-129html

U.S. Census Bureau. (2008b). *Income, poverty, and health insurance coverage in the United States: 2007*. Retrieved from http://www.census.gov/prod/2008pubs/p60-235.pdf

Wright, E. O. (2001). A conceptual menu for studying the interconnections of class and gender. In J. Baxter & M. Western (Eds.), *Reconfiguration of class and gender* (pp. 28-38). Stanford, CA: Stanford University Press.

Wyche, K. F. (1996). Conceptualizations of social class in African American women: Congruence of client and therapist definitions. In M. Hill, & E. D. Rothblum (Eds), *Classism and feminist therapy: Counting costs* (pp. 35-43). New York: Haworth Press.

CHAPTER 10

영성과 종교

1. 영성과 종교의 정의

영성과 종교는 사회적 정체성의 중요한 한 측면이다. 다양성의 경험과 유사하게 **영성**과 **종교**란 용어는 다른 사람들에게 복합적인 의미를 가질 수 있다. 인식과 반응은 다양하며 일부 개념들은 서로 연관되어 있기도 하고 다른 개념을 포함하기도 하며 그렇지 않은 경우도 있다. 이번 장에서 우리는 두 가지 구성 개념의 차이점을 살펴보고자 한다. 개인을 기본으로 해서 총체감이나 연결감으로, 또는 무한한 존재와의 관계를 향한 중요한 자극으로서 영성(spirituality)의 의미를 정의한다면, 종교(religion)는 종종 사회적인 수단으로, 조직화된 기본 틀로서 사람들은 이를 통해 영적 정체성을 표현한다(Faiver, Ingersoll, O'Brien, & McNally, 2001)

많은 면에서 영성은 타고난 인간의 자질이라고 볼 수 있으며 다양한 형태로 표현되는데, 이러한 표현은 인식할 수 있는 종교적인 틀로 전환될 수도 있고 안 될 수도 있다. 종교에 따라 이러한 기본적인 틀은 다양한 방법과 복잡한 수준에서 구조화될 수 있다. 예를 들면 로마 가톨릭 교회에서는 영성 이론과 의식을 다차원적으로 조합한 복잡한 기본 틀을 갖고 있다. 교회의 몸을 구성하는 많은 예배자, 성직자, 교회 및 집단을 조직하고 관리하는 복잡한 구조를 갖고 있다. 반면에 이슬람 종교는 기독교처럼 전 세계적으로 영향을 주지 못했지만, 두 번째로 큰 종교이며 오늘날 세계적으로 빠르게 성장하는 종교로 여겨지고 있다.

영성과 종교를 논할 때 유용한 관련 개념이 있다면 대중적(exoteric)이란 표현과 심오한(esoteric)이란 표현이다. **대중적**(exoteric)이라는 것은 외부적인 것으로 영성적 자극의 대중적인 형태이며 종종 교리를 전파하는 것, 특정한 숭배 의식을 따르는 것, 안정된 믿음을 천명하는 것을 포함하며 종교적인 것을 통해서 표현된다. 이러한 틀은 현재 존재하는 문화적인 구성 개념에 의해서 만들어지고 많이 영향을 받는다. **심오한**(esoteric)이란 내부적인 것으로 영성적 자극의 주관적인 경험이며, 믿음과 깨우침의 질로 여겨진다. 이것은 경험적이며 정서적이고 특별한 믿음 체계 안에서 형성된다.

영성을 깨닫기 위해 신에 대한 믿음이 필수적으로 중요한 것은 아니다. Canda (1988)의 정의에 따르면 영성이란 인간 삶의 모든 과정을 인식할 수 있고 의미, 자기 충만, 다른 사람과 만족할 만한 관계를 만들어 가는 과정에서 통찰을 찾아가는 것과 연관되는 발달 과정이라고 말하였다. 이러한 과정은 하나님(God), 인간애(Humanity), 전능(Higher Power), 또는 이러한 것들의 조합에 대한 것일 수 있다

(Kilpatrick, 1999). 영성과 종교에 대한 개념은 연관되어 있기도 하고 연관되어 있지 않기도 하며 다양한 방법으로 나타나기도 한다. 예를 들면 교회의 구성원이 된 사람이 규칙적으로 예배에 참석하고 종교적인 규율을 따르지만, 영적인 믿음을 느끼지 못할 수도 있다. 반면에 또 다른 사람은 삶의 의미에 대해서 깊은 관심을 갖고 명상과 같은 영적 수행을 따르며, 다른 사람을 향한 연민을 실천하지만 종교적으로 연관되어 있지 않을 수도 있다. 또 다른 경우에는 규칙적으로 유대교 회당에 참여하는 사람이 율법에 대한 믿음을 갖고, 유대교 율법에 따라 만든 음식을 지키고 이러한 행동 안에서 영성을 찾고 시행 기관을 지지하는 것은 종교적이고 동시에 영적인 경우이다.

영적 정체성과 종교 정체성은 많은 이유 때문에 상담에 있어서 중요하다. 첫째, 영적 · 종교적인 믿음과 규율의 여러 형태는 대부분 인간 문화에 중요한 의미를 가지면서 존재하는 것이다. 둘째, 모든 문화에서 존재하는 치유자들은 다양한 종교적인 신념을 지니고 있고, 사람들의 영혼을 치료해 주는 데 관여한다(Kurtz,1999). 셋째, 위기에 처한 사람들이 전반적으로 종교를 추구하고 영적으로 안정과 도움을 요청하는 것은 흔한 일이다(Armstrong, 1999 in Faiver et al., 2001). 종교적이거나 영적인 믿음에 대해서 알지 못하거나 인정하지 못하는 상담자는 그들의 내담자에게 오히려 피해를 주는 것일 수 있다. 다문화적인 관점에서, 영성을 형성하는 문화적 틀은 내담자의 세계관을 이해하기 위한 관점에서 접근되어야 한다(Fukuyama & Sevig, 1999). 넷째, 책임, 죽음 및 외로움에 대한 질문과 걱정은 상담 과정에서 종종 다루어지는 실존적 이슈이다. 내담자의 영적인 믿음을 탐색하고 존중해 줄 때 상담의 내용은 풍부해질 수 있다.

상담자는 내담자가 자신의 삶에 있어서 영적인 부분을 다룰 수 있도록 조심스럽게 도와야 한다. 1995년에 미국상담학회의 분과학회인 영성, 윤리, 종교 및 가치 문제에 대한 학회(Association for Spiritual, Ethical, Religious and Value Issues in Counseling: ASERVIC)는 종교와 영성의 통합적 관점에서 상담자의 역량을 9가지로 제시하였다(Burke, 1998; Burke, Hackney, Hudson, Miranti, Watts, & Epp, 1999). 이는 2009년에 14가지 역량으로 종합적으로 재수정되었다(**표 10.1** 참조).

이러한 역량의 관점에서 우리는 여러분이 자신의 영성과 종교적인 믿음 체계를 스스로 탐색할 것을 권장한다. 또한 영적 · 종교적 정체성 발달의 모델을 이해하고, 세계 종교의 주요한 몇몇 가정에 대해서 논의하며, 내담자의 영적인 면을 상담의 과정에서 인정하고 통합할 수 있는 전략과 개입을 논의하기를 바란다. **사례**

표 10.1 영성 역량(Spirituality Competencies)

문화와 세계관	전문적인 상담자는 영성과 종교 사이의 유사점과 차이점을 말할 수 있으며, 다양한 영적 체계에 대한 기본적인 믿음, 세계의 주요 종교와 불가지론(agnosticism) 및 무신론이 포함된다. 전문적인 상담자는 영성과 믿음에 대한 내담자의 믿음이 그들의 세계관에 핵심적인 요소이며 그러한 믿음이 심리사회적 기능에 영향을 미칠 수 있다는 것을 인식한다.
상담자의 자기인식	전문적인 상담자는 영성과 종교에 대한 그들 자신의 태도, 믿음, 가치를 적극적으로 탐색한다. 전문적인 상담자는 지속적으로 그들 자신의 영성과 종교적인 믿음이 내담자에 대한 가치, 상담의 과정에 영향을 주는지 지속적으로 평가한다. 전문적인 상담자는 내담자의 영성과 종교적인 관점을 이해하는 데 한계점이 있음을 인정할 수 있고, 종교와 영적 자원에 대해 잘 알고 있다. 이러한 자원에는 상담을 의뢰하거나 자문을 구할 수 있는 다른 전문가가 포함된다.
인간 및 영적 발달	전문적인 상담자는 영성과 종교성 발달에 관한 다양한 모델 및 이러한 발달과 인간 발달의 관계를 설명하고 적용할 수 있다.
의사소통	전문적인 상담자는 영성과 종교에 관한 내담자와의 대화에 수용성과 민감성을 가지고 반응할 수 있다. 전문적인 상담자는 내담자의 영성 및 종교적인 관점과 일치하며 내담자에게 수용될 수 있는 영적 · 종교적인 개념을 사용한다. 전문적인 상담자는 내담자와의 대화에서 영성 및 종교적인 주제를 인식할 수 있으며, 치료와 관련이 있는 경우 내담자와 종교와 영성을 주제로 다룰 수 있다.
평가	초기 면접과 평가의 과정 동안에, 전문적인 상담자는 내담자와 다른 사람의 자원으로부터 정보를 수집함으로써 내담자의 영성과 종교적인 관점을 이해하는 데 힘쓴다.
진단 및 치료	진단을 내릴 때, 전문적인 상담자는 내담자의 영성과 종교적인 관점이 (a) 내담자의 안녕을 향상시키고 (b) 내담자의 문제의 원인이 될 수 있으며 (c) 증상을 악화시킬 수 있음을 인식한다. 전문적인 상담자는 내담자의 영성과 종교적인 관점에 일치하는 목표를 내담자와 함께 설정한다. 전문적인 상담자는 (a) 내담자의 영성과 종교적인 관점을 포함하는 치료적인 기술들로 변경할 수 있고 (b) 내담자의 관점에서 수용되며 적절하다고 판단될 경우 영적 · 종교적 수행을 상담에 활용할 수 있다. 전문적인 상담자는 내담자의 영적 · 종교적인 관점과 수행을 포함하는 최근의 조사와 이론을 치료적으로 적용할 수 있다.

출처: Adapted from the Association of Spiritual, Ethical, and Religious Values in Counseling (2009). Spiritual Competencies. Retrieved from http://www.aservic.org/competencies.html

연구 10.1은 상담자가 이러한 영역에서 보다 역량을 갖춰야 할 필요성을 잘 보여준다.

사례 연구 10.1

Sarah의 사례

Sarah는 남자 친구인 Matt이 자신과 함께 교회에 출석하도록 강요하는 문제를 다루기 위해 사설 상담소의 상담자인 Carla를 찾았다. 유대인인 Sarah는 비록 유대교 회당에 정기적으로 참석하지는 않지만, 지난 몇 년 동안 주요 종교적인 날은 지켜왔으며 기독교에 참여하는 것에 관심을 가지지 않았다. 그러나 그녀는 Matt을 매우 사랑했고, 자신이 그의 종교에 참여하지 않아서 헤어지게 되지 않을까 염려했다. Carla는 가톨릭 신앙 안에서 성장했지만 임신, 낙태와 여성의 성직 서임(ordination)에 대한 교회의 입장에 동의할 수 없어서 교회를 떠났다. 그녀는 믿지 않는 종교에 참여하는 것에 대한 Sarah의 저항에 공감했다. Carla는 성적 쟁점에 초점을 맞추었고, Sarah가 종교에 대해 자신의 의견을 Matt에게 분명하게 말하도록 격려했다. Sarah는 상담자의 지지에 고마워했지만, 여전히 그녀의 종교적 유산과 그녀와 결혼하기를 바라는 남자 사이에서 괴로워했다.

사례 토론

생각해 볼 점

1. 종교와 관련해서 Carla가 Sarah의 문제를 다루는 것에 대해 어떻게 생각하는가?
2. Carla 자신의 영성과 종교적 신념에 관한 과거 경험이 Sarah와의 상담에 어떻게 영향을 주고 있는가?
3. Carla가 Sarah와의 다음 회기에서 다루어야 할 것이 있다면 무엇을 권하고 싶은가?

이 사례에서 상담자 자신의 반응은 내담자와의 상담 관계에 영향을 주게 된다. Sarah는 그녀의 신념과 관계 사이에서 균형을 찾고 싶어 하지만, 상담자는 자기주장(self-assertion)에 문제가 있다고 보고 있다. 여러 방식에서, 상담자와 내담자는 각자에 대한 그들의 기대의 측면에서 각자의 신앙을 탐색해야 한다. 다음과 같이 깊이 생각해 볼 몇 가지 질문들이 있다: 1. 타협이 가능한가? 2. Sarah가 Matt과 함께 참석하라는 압력이 최후통첩이라고 느끼며 관계 때문에 이렇게 해야 할 필요가 있다고 느끼는가? 다음 회기에서 이와 같은 질문들을 얘기하다 보면 그 밖의 다른 중요한 쟁점들이 드러날 수 있고, 이러한 내용을 다루는 가운데 두 커플이 원하는 삶의 방식을 찾아갈 수도 있다.

생각해 볼 질문 10.1

- 당신 자신의 삶에서 영성과 종교를 어떻게 정의할 것이며, 이 두 가지 개념은 당신에게 있어서 어떤 점에서 비슷하고 어떤 점에서 다른가?
- 영성과 종교에 대한 대화를 진행하는 것에 대해 얼마나 편안함을 느끼는가? 만약 이러한 주제에 대해 편안하지 않다면, 이 불편함은 어디로부터 기인하는가?
- 당신은 어떠한 영적 전통 아래에서 성장해 왔는가? 그러한 전통에서 일탈한 적이 있는가? 그랬다면 그 이유는 무엇인가?
- 당신에게 있어서 전통적인 영성과 종교는 어떠한 면에서 얼마나 중요한가?

1) 심리적 · 종교적 사고의 역사적 배경

정신분석적 이론에서 Sigmund Freud는 종종 종교(특히 기독교)를 격렬하게 비판하였는데 그는 종교를 소망의 성취와 환상에 대한 결과라고 믿었다. 그의 관점에서 종교적 교리는 객관적이고 비판적인 사고와 상반되는 두려움에 의해 생겨나는 억압을 만들어 낸다고 보았다(Wulff, 1996).

그러나 Carl Jung은 영성과 종교의 역할에 관해 Freud의 관점에서 벗어났다. 그는 두려움에 대한 자각이 긍정적인 역할을 수행할 수 있는 방식에 관심을 가졌다. 그는 모든 인간 존재에 의해 공유되는 공간으로서, 보편적인 신화적 상징의 저장소로 제공되는 '마음의 깊고 보편적인 층'(Wulff, 1996, p. 54)인 **집단 무의식**(collective unconscious)의 실체를 가정하였다. Jung은 우리가 공적인 표상에 드러내는 얼굴인 **페르소나**(persona), 자신에 대한 남성성과 여성성 측면을 의미하는 **아니무스**(animus)와 **아니마**(anima), 그리고 인간 경험 중에서 위험하고, 강력하며, 어두운 부분을 의미하는 **그림자**(shadow)와 같은 원형(archetype)들을 창안했다. 개별적(individualized) 존재 혹은 온전한(whole) 존재가 되기 위해, 사람들은 그들 자신의 모든 부분을 받아들일 수 있어야만 한다. 모든 종교적 전통의 일부를 구성하는 신화, 의식, 이야기, 그리고 이미지들은 사람들의 마음속에 이러한 원형으로서 구체화되어 개별화(individuation)를 촉진한다(Wulff, 1996).

Erick Erickson의 자아 심리학(ego psychology)에서도 인간의 갈망(human yearning), 소망, 그리고 두려움의 표현과 연결되어 있는 종교가 수행하는 역할에 대해서 호의적으로 바라보았다. 그가 상정한 심리사회적 발달의 단계 중 몇몇 부분에서, 종교는 신뢰를 발달시키거나 생산성(generativity)으로 이동할 수 있도록 하는 중요한 역할을 수행한다(Wulff, 1996).

William James는 Jung과 비슷한 관점을 가지고 있는데, 그는 종교심리학에 대한 연구에서 조직화된 종교적 신념 체계에 대한 것보다 영적인 표현에 보다 초점을 맞추었다. 그는 종교 단체에서 나타나는 규정된 행동에서 독단/교조주의(dogmatism), 억압, 폭력, 그리고 엄격은 병리적인 왜곡일 수 있지만, 신념(faith)과 추론(reason)의 일치가 긍정적인 심리적인 발달로 이어질 수 있다고 여겼다. 심리학 영역에서 영적 발달의 역할과 중요성을 인정하고 논의했던 초창기의 유명한 학자들이 있는데, 이들 중에서 Abraham Maslow는 우주(the cosmos)와의 통합과 일치감을 경험하는 사람에게 따르는 절정 경험(peak experience)이라는 신비로운 개념을 개발하였고, 또 다른 인간주의적 심리학자인 Erich Fromm은 인간은 존재론적인 고독과 죽음에 대처하기 위해 예배의 공간과 삶을 인도하는 틀이 필요하다고 믿었다. 상담에서 존재론적 접근의 창시자 중 한 명인 Victor Frankle은 잠재적 초월(potential transcendence)과 관련된 영적 자각의 개념을 발달시켰다. Frankle은 유대인 대학살의 공포에 대한 경험을 통해 인간 본성의 의미를 찾기 위해서 집중했다.

상담의 비서구적 모델에서는 종교와 영성을 상담과 불가분의 관계로 여겨 왔다(Moodley & Sutherland, 2009). 예를 들면 많은 부족사회에서 주술사(the shaman)는 영적 · 정서적인 발달을 안내하는 인물이다. 종종 마음, 정신, 그리고 육체 사이에 훨씬 덜 엄격한 분리가 있다. 예를 들면 Javaheri(2006)는 치유자가 문제에 관해 이야기하는 것뿐만 아니라 허브 보조제 및 특별 식단을 처방하는 것과 같은 부속물을 사용하여 내담자와 함께 그리고 내담자를 위해 기도하는 이란의 기도 치유에 관해 설명했다. 아프리카의 전통적인 치유 방식에 관한 논의에서 Vontress(1991)는 마음과 육체가 상호작용하고, 영성은 이 둘에게 공격적일 수 있다는 치유자의 인식에서 치유의 전체적인 본성(holistic nature)을 설명하였다. 치유자는 내담자에 존재하는 육체적 · 영적 · 심리학적 영역의 상호연관성을 인정한다. 요가의 경우 서구에서는 초기에 육체적인 자세의 구성으로서 여겨졌지만, 힌두교에서 요가는 실제로는 자신과 우주의 본질에 관해 더욱 깊이 깨닫기 위해 수행자가 자연에 궁극적으로 집중하는 심리적 수행으로 간주한다(Aranya, 1983). **사례 연구 10.2**는 내담자가 드러내는 심리적 측면을 다루기 위하여 영적인 발달과 함께 전체적으로 상담하는 접근을 보여 준다.

사례 연구 10.2

Shawn의 사례

Shawn은 7세 때 미국으로 이주하여 유럽계 미국인 부모에게 입양된 15세의 태국계 미국인 소년이다. 그는 마약 관련 범죄로 유죄를 선고받고 대안학교에 다니기 때문에 의무적으로 상담을 받아야 했다. 그는 키가 작았지만 또래 친구들이 그에게 조금이라도 무례하게 구는 것 같으면 싸우기 때문에 공격적이라고 소문이 나 있다. 그의 부모는 가족 상담 회기에 오는 것을 거부했다. Shawn은 무관심했고 상담이 필요 없다고 하였다. 그는 매우 우울해 보였다. 그의 문화적 배경에 대해 물었을 때 태국에 대해서는 전혀 신경을 쓰지 않는다고 말했다. 자신은 어려서부터 미국에서 살아와서 태국은 자신의 삶에 중요하지 않다고 말했다.

(다음 쪽에 계속)

사례 토론

생각해 볼 점

1. 상담에 대해 저항을 보이는 Shawn과 상담 관계를 수립하기 위해 상담자는 어떻게 접근해야 하는가?
2. 입양되었다는 시점의 나이를 볼 때, 태국에 대한 많은 기억들과 문화적 소속감을 가지고 있었을 법하지만 현재 그렇지 않다. 이러한 추억과 문화적 소속감들이 상담에 어떻게 유용할 수 있는가?

이 사례의 상담자는 실제 태국을 여행했었고 그 나라에 친숙했다. 그는 이것을 언급하면서 시작했고 Shawn은 관심을 표현하면서 상담자의 경험에 대해 질문하였다. 상담자는 앨범을 가지고 왔고 Shawn은 매우 관심을 보이면서 그것을 보았다. 절에서 명상하고 있는 스님들의 사진을 넘기면서 그는 침묵 속에서 오랜 시간 그 사진을 응시하고 있었다. 상담자는 태국 사람들 사이에서 그가 발견한 특징 중 하나가 조화를 유지하고 평온하고자 노력한다는 점이라고 부드럽게 말하였다. Shawn은 말없이 고개를 끄덕인 후 그의 부모가 그에게 종교를 결코 언급한 적이 없다고 불현듯 얘기했다. 그리고 그는 불교를 기억하고 있었지만 자세한 것을 회상할 수는 없었다. Shawn에게 몇몇 불교 수행에 대해 배우고 싶은지 물었을 때, 그는 이전에 보였던 무관심과는 매우 다른 모습으로 열정적으로 동의했다. Shawn은 평온함을 촉진시키는 기본적 호흡 연습을 해보았고, 그의 분노를 관찰하고 모니터링하는 데 초점을 두는 마음챙김(mindfulness) 연습을 하였다. 때로 상담자는 Shawn과 함께 명상을 하였고 한 주 한 주 지나면서 Shawn의 행동이 천천히 변하였다. 그는 또한 지역의 도서관에서 불교 입문서를 읽었고 사제(the Four Noble Truths)[1]의 개념에 매우 감명을 받았다. 이것은 삶이 갈등과 고통으로 가득 차 있고, 욕망이 이러한 갈등의 근원이며, 이 욕망을 중단시키면 우리는 갈등과 고통을 줄일 수 있고, 우리는 이것을 팔정도(eightfold path)를 따름으로써 이룰 수 있다는 것이다. 그는 자신의 소외감으로부터 도피하는 방법으로 마약을 사용하는 대신 마음챙김과 명상을 하면서 그 상처를 다루기 시작했다. 그의 부모는 여전히 상담에 참여하는 것을 거부했지만 이 방법을 반대하지 않았고 그의 공격적 행동이 없어진 것을 기뻐했다. 마침내 Shawn은 자기 자신을 좋아하게 되었다고 느꼈고 자신을 태국인으로 느낀다고 하였다. 그리고 이러한 감정은 그에게 더 안정감을 주었다.

출처: Adapted from Hanna, F. J., & Green, A(2004). "Asian Shades of Spirituality: Implications for Multicultural School Counseling." *Professional School Counseling*, 7(5), pp. 326-333.

2) 종교와 영적 정체성 발달 모델

여기서 우리는 어떻게 사람들이 자신의 믿음과 관련하여 변화하고 성장할 수 있

1) [역자 주] 사제(四諦): 불교의 근본 교리인 고집멸도(苦集滅道)라는 네 종류의 진리: 이 세상은 고(苦)라고 하는 진리(고제), 고(苦)의 생기(生起)라고 하는 진리(집제), 고(苦)의 지멸(止滅)이라고 하는 진리(멸제), 고(苦)의 지멸로 인도하는 도(道)의 진리(도제). 이 수도법(修道法)을 팔정도(八正道) (Eightfold Paths)라 한다.

는지 설명하는 발달적 모델들을 개관하려 한다. 이러한 개념적 틀은 상담자로 하여금 내담자들이 어떻게 그들의 삶에 믿음을 포함시키고 있는지 이해하도록 돕고, 그 결과로 인한 영향이 무엇인지 알 수 있기 때문에 유용하다. 이러한 방식으로 종교적이고 영적인 관점들을 범주화하게 되면 여러 종교 또는 영성의 다른 특징들을 보다 잘 비교할 수 있고 이해도와 수용도 역시 향상될 수 있다. 이러한 모델들의 한 가지 중요한 제한점은 모든 모델이 서구의 관점에서 개발되었다는 것이다. 또한 이 모델들이 개인의 한계를 초월하고 전(全) 기독교적인 관점으로 논의하고 있음에도 불구하고 이것들은 유대교와 기독교의 맥락 안에 근거를 두고 있다(Frame, 2003).

(1) Allport의 종교적 정서 이론

Allport(1950)는 신앙 발달을 이론화한 최초의 근대 심리학자 중 한 사람이다. 그는 시간의 순서에 따른 직선적 3단계 모델로 종교적 감정의 발달을 제안하였다. 1단계는 **경험 없이 쉽게 잘 믿는**(raw credulity) 단계로 어린 아동기와 연관되어 있다. 아동들은 부모와 같이 중요한 권위적 인물로부터 듣는 모든 것을 수용한다. 아동기 중기에는 소속감을 느낄 필요가 있기 때문에 그들이 배운 믿음과 가치에 질문을 하지 않는다. 성인이 여전히 경직되고 맹목적인 믿음을 가지면 Allport는 아동들이 오히려 비논리적이고, 유치하며, 억압적이 된다고 믿었다. 2단계인 **만족스러운 합리주의**(satisfying rationalism) 단계에서는 청소년들이 그들의 가족과 분리된 정체성을 찾기 시작하고, 그들이 배운 믿음들에 의문을 가지기 시작한다. 몇몇 청소년들은 그들의 아동기 믿음 체계에 헌신을 유지하는 반면, 어떤 청소년들은 고립감을 느끼고 여전히 흔들리는 믿음을 경험한다. 3단계인 **종교적 성숙**(religious maturity) 단계는 성인기에 보이는 특징으로, 개인들이 영적이고 종교적인 전통과 연관되지만 또한 그것에 비판적으로 접근한다. 그들은 유용하고 의미 있는 믿음을 고수하고 그들의 욕구에 맞지 않는 것은 거부한다. 이 단계에서 종교는 억압적인 특성이라기보다 자유롭게 하는 것이다. Allport는 또한 많은 사람들이 종교적 성숙을 성취하는 것은 아니라고 믿었고, 무신론자인 성인들도 여기 포함될 수 있다고 하였다.

(2) Fowler의 신앙 단계 이론

10여 년 동안 종교, 가치, 영적인 경험에 대해 359명을 인터뷰한 경험적 연구 결과에 근거하여 Fowler(1981)는 역동적이고 진실한 인간 경험, 의미 추구의 보편적인 특성으로 신앙을 설명하는 신앙 발달의 7단계 이론을 정립하였다. 이 단계들은 특정 연령과 연결되어 있으며 한 개인이 순차적으로 이 단계를 통과해야 한다. 그러므로 한 단계를 뛰어넘는 것은 불가능하고, 몇몇 개인들은 오랜 기간 동안 특정 단계에 머무를 수 있다.

첫 번째 단계는 **원시적 신앙**(primal faith) 단계로 유아기에 해당하며 유아들은 그들의 양육자에 대한 신뢰를 배운다. 에릭슨의 심리사회적 발달단계 중 신뢰감 대 불신감과 유사하며, 유아들은 그들 자신과 다른 사람들을 구분하기 시작하면서 자신의 양육자와 유대감을 형성한다.

다음 단계는 **직관적-투사적 신앙**(intuitive-projective faith)으로 초기 아동기에 나타나며 아동은 삶의 위험한 특성과 안전한 특성 모두를 나타내는 이미지와 상징들을 통해 그들의 지각과 감정을 사용하여 세계의 의미를 만들어 내기 시작한다. 몇몇 청소년과 성인들 역시 이 단계의 특성을 보일 수 있지만 Fowler는 이러한 정서적 책임을 역기능적인 것으로 보았다. 예를 들어 이들은 종교 지도자의 세계관을 신뢰하고 사후세계를 믿기 때문에 독극물을 먹은 사이비 종교 집단의 구성원은 이 단계의 특징을 보여 주는 것일 수 있다.

신화적-문자적 신앙(mythic-literal faith) 단계는 논리적으로 생각하는 인지적 능력이 생기고 마술적 사고에서 벗어나는 시기인 아동기 중기에 나타난다. 이 단계에 있는 아동은 사람들이 자신이 생각하는 것과 다른 인식과 관점을 가진다는 것을 이해할 수 있다. 이 단계와 일치하는 믿음은 하나님의 이미지를 의인화하는 것, 선한 것에 보상을 주고 악한 것은 처벌하는 우주의 통치자로서 최상의 존재를 이해하는 것, 보상받기 위해 완벽주의를 보이는 것 또는 처벌에 대한 두려움으로 겸손을 나타내는 것을 포함한다. 이 단계에서 보이는 믿음은 일차원적이고 문자 그대로의 것이다.

종합적-인습적 신앙(synthetic-conventional faith)은 사춘기부터 성인기까지를 포함한다. 청소년들은 그들의 경험으로부터 얻은 일반적인 의미를 생각해 볼 수 있으며, 초기 청소년기에는 이 신앙의 형태를 갖추기 시작한다. 전형적으로 청소년기의 이 시기 동안 형식적 조작을 활용한 사고(Piaget, 1972)가 나타나고, 세상을 이해하기 위해 추상적 사고와 개념을 활용하는 방법이 가능하다. 그러므로 이 단계의 청소년은 비판적 사고를 하게 되면서 이전에 가치를 두었던 권위와 종종 충돌을 일으키거나 권위를 거부하여 무신론자가 되기도 한다.

초기 성인기에 **개별적-반성적 신앙**(individuative-reflective faith)이 나타나려

면 개인들은 그들의 신념 체계를 기꺼이 비판적으로 검토하고 자신이 창조한 세계관에 책임감을 가져야 한다. 이 관점에서 개인들은 검토하지 않은 수용이라기보다는 의식적 선택으로 종교에 헌신한다. 의미를 분석하고 그것들을 개념적으로 공식화하는 것은 신앙을 명료하게 하고, 한 개인이 속한 영적 공동체에 관한 선택과 책임의 연습을 증가시킨다.

결합적 신앙(conjunctive faith)은 중년기와 그 이후에 나타나지만 많은 성인들이 이 단계에 도달하지는 않는다. 이 단계는 또한 **역설적–통합적 신앙**(paradoxical–consolidative faith)으로 불리기도 하는데, 이것은 그들 삶의 양극성을 통합하고 수용하는 것과 연관된다. 사람들은 어떤 방향을 선택하도록 강요당하지 않고 다양한 관점을 인식할 수 있다. 이런 방식으로 더 깊은 진실에 도달하기 위해 종교적 상징의 힘을 재개념화한다. 이 단계의 개인들은 어떤 하나의 종교적 공동체, 계층, 인종, 문화 또는 국가의 경계를 넘어서 정의를 위해 헌신한다.

마지막으로 Fowler 모델의 가장 꼭대기에 있는 **보편화된 신앙**(universalizing faith)은 단지 몇몇 사람들만 삶의 후반부에 도달할 수 있는 아주 드문 단계이다. 사람들은 신과 연결되어 있다는 데 근거를 두고 보편적 가치를 수행하고 인식한다. 이 개인들의 삶은 신에게 초점을 두고 있지만 완벽하려고 하지 않는다. 이 단계를 성취한 개인의 예를 보면 마더 테레사, 마하트마 간디, 마틴 루터 킹 주니어가 있다.

(3) Oser의 종교적 판단의 5단계

Oser(1991)는 종교를 계속적으로 발달하는 구성 개념이라고 믿었는데, 그는 **종교적 판단**(religious judgment)이라는 용어를 설명하면서 이것은 여러 종류의 가치, 신념 및 견해의 균형을 유지하는 것이며 신앙을 유지하려는 노력을 뜻하고, 이 세상의 부조화와 불균형에 대한 나름의 설명을 만들어 가는 것이라고 보았다. 사람들은 나이가 들면서 이 단계들을 거치고 신앙이 변화된다. 그리고 그들의 전 생애를 통해 여러 방식들로 자신의 삶의 경험들과 절대자(Ultimate Being)를 연관시킨다. 1단계에서 사람들은 사건의 개입과 일어나는 모든 일의 원인으로 절대자의 관련성을 강하게 인식한다. 2단계에서 사람들은 여전히 절대자가 전지전능하다고 믿지만 그들이 보상을 받을 것이라고 생각하는 기도, 행동, 서약을 통해 이 결정에 영향을 미칠 수 있다고 생각한다. 3단계에서 절대자는 인간의 의지가 지배적인 개인적이고 세속적인 관심사로부터 떨어져 있는 초월적 영역에 있다고 본다. 4단계에서 사람들은 절대자는 실제로 존재하며 인간의 자율성과 조화를 이루며 행동하는 것으로 절대자의 의미를 다시 생각하게 된다. 삶의 상황에 의미를 부여하고 인간의 자유를 고려하는 신의 계획이 있다는 생각을 하게 된다. Fowler의 마지막 단계와 유사하게 Oser의 5단계는 극히 소수만이 성취 가능하다. 5단계에서 사람들은 그들 매 순간, 삶의 여러 측면에서 궁극적인 존재를 강하게 인식하고 헌신한다. 그리고 모든 종교의 보편적 양상들이 그들 믿음에 가장 중심이 된다.

(4) Genia의 신앙의 발달 유형

정신분석 이론에 근거를 둔 이 5단계 모델은 반드시 직선적 방식으로 발달을 설명하지는 않는다(Genia, 1995). 종종 사람들은 덜 성숙한 단계로 퇴행하거나 특정 단계들에 오래 머물러서 영적 발달의 정점을 대체할 수 있다. 정서적 어려움들은 사람들이 불건강한 형태로 신앙을 발달시킬 뿐만 아니라 연속선을 따라 발달하지 못하도록 하는 원인일 수 있다.

1단계인 **자기중심적 신앙**(egocentric faith)에서는 종교가 두려움에 뿌리를 두고 있으며 위안받기 위해 종교를 필요로 한다. 아동기의 학대 또는 박탈이 원인이 되어 이 단계에 있는 개인들은 자기비하적 믿음과 행동을 가지고, 삶에서 실망스러운 일이 생겼을 때 신이 자신을 부당하게 괴롭힌다고 느낀다. 그리고 이들은 복수심에 불타는 신을 달래기 위해 완벽해지려고 애쓴다. 2단계인 **독단적 신앙**(dogmatic faith)에서는 신을 기분 상하게 하는 데 대한 큰 두려움이 있고, 종교적인 처방을 엄격하게 고수하고 신을 기쁘게 하기 위하여 규칙을 지키려 한다. Genia(1995)에 따르면 이 단계에 있는 개인은 종종 권위주의적인 부모를 기쁘게 하려 애쓰고, 종교적 삶에 있어서 모호한 것에 너그럽지 못하며 종교적 권위에 충성하는 데 중점을 둔다.

3단계인 **과도기적 신앙**(transitional faith)은 종교적 믿음에 대해 비판적으로 검토하고, 새로운 영적 방향을 탐색하며, 독단적인 신조보다는 양심에 더욱 의존하기 시작한다는 특징이 있다. 다른 이념을 시도해 보고, 소속된 종교를 바꿔 보며, 다양한 영적 경험을 체험해 보는 것이 이 단계의 특징이다. 무언가 단절되어 있고 불균형적인 존재라는 느낌을 가지고 있기 때문에 사람들은 보다 의미 있는 영적 지향을 찾기 위해 이처럼 노력하게 된다. 4단계인 **재구조화된 신앙**(reconstructed faith)에서는 사람들이 그들의 영적 필요를 위해 목적과 성취감을 주는 신앙을 선택한다. 사람들은 자신의 내적 신념과 일치하기 때문에 종교적 처방에 순응하고, 삶을 지속시키고 지지해 주며 풍성하게 하는 근원으로 신을 인식한다. 그들은 기도할 때 간구뿐만 아니라 감사를 하고 인간의 약함을 인식한다. Genia(1995)는 이런 사람들을 중요한 종교적 성숙에 도달한 것으로 간주하였지만 더 성장함 없이 이 단계에 머무를 수 있다는 위험이 있다. 마지막 5단계인 **초월적 신앙**(transcendent faith)은 자기 자신보다 더 큰 어떤 것과 초월적인 관계를 가진 사람들이 경험하는 것으로 아주 드물다. 그들의 행동과 생활양식은 자신의 영적 가치와 일치하고 비판적으로 검토된 신앙에 헌신하면서 영적인 다양성을 인식한다.

당신이 여기서 설명된 모델들을 보고 알게 된 것처럼 영적 발달에 대한 현재의 이론들은 자아, 인지적, 도덕적, 심리사회적 발달의 모델들과 대략 대응하고 일치하는 것처럼 보인다. 앞에서 세계관의 제한점에 대해 논의한 것과 유사하게, 이 이론들에도 또한 몇몇 다른 제한점들이 있다. 예를 들어 이 이론들의 대부분은 모델에서 상위 단계에 있는 사람들이 하위 단계에 있는 사람보다 더 우위에 있다는 생각을 조장하며, 위계적이고 직선적인 모델을 암시적으로 가정한다. 게다가 연구의 대부분은 다양한 문화 또는 종교의 관점을 다루고 있지 않다. 예를 들어 Fowler (1981)의 연구에 참여한 사람 중 단지 3%만이 아프리카계 미국인이고 이슬람교인, 불교인, 힌두교인 참가자는 전혀 없었다. 또한 정신역동적 관점을 가지지 않은 상담자들은 Genia가 제시한 단계들을 효과적으로 사용하기 어려울 수 있다. 그럼에도 이 모델들이 기여한 점은 상담자로 하여금 내담자가 영적 변화의 역동적 과정을 겪고 있다고 인식하도록 도울 수 있다는 것이다. **사례 연구 10.3**은 상담에서 영적 발달단계를 활용하여 개입하는 좋은 사례가 될 수 있다.

2. 종교 체계와 영적 신념

3장에서, 우리는 세계관에 관해 토론하였다. 또한 세계관을 개인이 보고, 해석하고 생활 경험에 근거해 의미를 부여하는 독특한 방식으로 정의하였다. 종교와 영적 신념의 관점에서, 세계관은 서로 다른 많은 기준을 포함한다. 세계관의 기본 측면은 우주가 어떻게 생성되었는지에 관한 생각과 신념을 포함한다. 두 번째 기준은 신성(Divinity), 절대자(Ultimate Being), 신(God), 여신(Goddess), 혹은 모든 것의 근원과 중심으로서 여겨지는 하나님의 형태에 관한 관념이다. 인류의 기원과 운명뿐만 아니라 세계의 기원에 관한 신념, 그리고 이 세상의 창조 기원, 그리고 그것의 운명이 일반적으로 종교에는 나타난다. 신념 체계는 또한 신과 인간 사이를 중

사례 연구 10.3

Helen의 사례

중산층 유럽계 미국인 중년 부부, Janet과 Ralph는 Janet의 어머니 Helen에 대한 염려로 가족상담사를 만나기 위해 상담실에 찾아왔다. 64세인 Helen은 그녀의 남편 Jake가 2년 전 죽은 이후 Janet과 Ralph와 함께 살고 있었다. Janet은 Helen이 '희한한(bizarre)' 생각과 행동을 하는 것 때문에 어머니의 정신건강이 걱정이 되었다. Jake의 죽음을 많이 슬퍼했던 Helen은 점점 영적 활동과 관련된 것을 많이 하게 되었고, 명상과 같은 행동에 몰두하게 되었다. 그녀는 Janet과 Ralph가 이전에 자신의 이미지에서 떠올릴 수 없었던 새로운 정치적이며 사회적인 활동을 시작하였다. 게다가 Ralph는 Helen이 평판이 나쁜 사람들과 관계를 맺고 친밀한 유대관계를 쌓는 것이 걱정이 되었다. 그러나 그들은 Helen에게서 나타난 몇 가지 긍정적인 변화를 인정했는데, 그것은 Helen의 건강이 쇠약해지고 있지만 Helen은 이러한 자신의 신체적인 한계를 잘 받아들이고 있어서 그러한 한계에 얽매여 살고 있지 않다는 것이다.

사례 토론

생각해 볼 점

1. Janet과 Ralph의 걱정이 어떻게 이해가 되는가?
2. 가족상담사는 Helen을 어떻게 평가할 수 있을까?
3. Helen에게 집중하는 것 혹은 Janet과 Ralph를 상담하는 것 중에 어떤 것이 더 생산적일까?

상담자가 가족과 상담하는 것이 익숙하다는 점에서, Helen을 Janet과 Ralph와의 회기에 초청하여 그녀로부터 직접 이야기를 듣고 그간의 변화를 이해하는 것이 도움이 될 것이다. 이것은 상담자에게 Helen이 영적 행로의 어디쯤에 있는지 평가하는 기회를 제공할 수 있을 것이다. 또한 이것은 상담자에게 Janet과 Ralph의 불편함과 근심에 대한 통찰력을 제공해 줄 수 있을 것이다. 함께 대화를 함으로써, Helen은 과거 그녀의 삶에 무엇이 일어났었는지에 대해 대답할 수 있을 것이다. 그녀가 Jake의 죽음에서 겪었던 변화를 묘사할 때, 상담자는 영적 발달과 적절한 단계에 관한 이론을 설명해 줄 수 있을 것이다. Helen은 믿음을 관습적으로 표현하는 단계에서 더 깊은 이해를 하는 단계를 경험하고 있을 수 있다. 그녀가 사회적인 활동에 더 몰두하게 되는 것은 Fowler의 결합적 신앙(conjunctive faith) 혹은 Genia의 초월적 신앙(transcendant faith)과 같은 후반 단계의 특징이다. 상담을 통해 해야 할 것은 Helen의 영적 여정과 믿음에 관한 대화를 정상적인 것으로 간주하고 자연스럽게 진행하는 것이다.

재하는 매개체를 수반하는 경향이 있다. 이러한 매개체는 우리의 기원, 운명, 경로, 그리고 운명을 성취하는 과정에서 받을 수 있는 도움이 어떤 것인지 설명한다. 여러 경우에, 이러한 매개체는 개인적 계시 혹은 경험적 · 제도적 신학 혹은 사제들에 의해 드러날 수 있다. 실제 단계에서, 대부분의 종교는 사회적으로뿐만 아니라 종교적인 맥락에서 예배, 관습, 행동적 측면에서 구성원들에게 기대되는 것이 무

엇인지에 관한 규정을 가지고 있다. 결국 모든 종교는 더 큰 사회와 상호작용하는 것뿐만 아니라 종교가 유지되고 가르침과 수련을 할 수 있는, 그리고 리더십의 체계를 발전시켜 나갈 수 있는 일종의 사회적이며 제도적인 구조를 가지고 있다.

여러 종교들을 유목화하는 방법 중의 하나는 핵심 신념(core belief)이 일신교(monotheistic)인지, 다신교(polytheistic)인지, 혹은 범신교(pantheistic)인지로 집단화하는 것이다. 구체적으로 말하면 **핵심 신념**(core belief)의 관점에서 유일한 최고의 신을 믿는지, 다수의 신을 믿는지, 혹은 모든 것을 포함하는 만연한 우주와 신을 동등시하는 범신교를 믿는지에 관한 것이다. 서구 종교는 대체적으로 일신교이다. 유대교, 기독교, 이슬람은 '성서의 백성들(People of Book)'로 묶일 수 있다. 왜냐하면 세 개의 종교 모두 공통적으로 성서를 가지고 있기 때문이다. 페르시아에서 출현한 조로아스터교(Zoroastrianism) 또한 일신교이다. 그러나 마법 숭배(Wicca)와 다른 네오페이건(neo-pagan) 전통들은 범신교로 여겨진다. 힌두교, 불교, 도교, 신도와 같은 동양의 종교는 다수의 신 혹은 범신교의 경향을 지니고 있다.

하나의 종교 안에도 주요 신념에서 약간 혹은 많이 벗어나 있는 다수의 별개의 집단, 종파, 규례가 존재한다. 따라서 유대교도 정통적, 보수적일 수 있고 혹은 변형된 것일 수 있다. 기독교는 주요한 세 가지 종파로 구분된다. 즉 믿음에 관해 성 베드로에서 계승된, 교황의 최고 권위를 인정하는 사람들로 구성된 로마 가톨릭(Roman Catholicism); 중유럽과 동유럽에 퍼져 있고 예배식, 전통, 인간은 신성을 이뤄야 한다는 생각에 기초한 동방정교회(Eastern Orthodoxy); 교파의 다양성을 포함하나 교황의 권위를 거부하며 단일화된 성서의 권위에 집중하고 개인 신앙에 중요성을 두는 개신교(Protestantism)의 세 가지이다. 복음주의(Evangelical)와 근본주의(Fundamental) 기독교는 미국에서 큰 세력을 갖고 있으며, 이 종파의 구성원들은 신학적으로 그리고 사회적으로 보수적인 경향을 띠고 있다. 성서를 따르는 것을 넘어서, 이러한 집단은 동성애, 혼외정사, 낙태, 이혼을 반대하며 여성이 남성에게 순종적인 태도를 갖도록 기대할 수 있다(Thurston, 2000).

대부분 세계 종교들은 미국에서 나타나고 행해지고 있다. 2001년의 경우 인구의 대다수가 기독교 교파에 속한 것(76%)으로 나타났으며, 유대인, 이슬람인, 불교 신자, 힌두교 신자, 미국 인디언, 바하이교 신자, 도교 신자, 래스터패리언,[2] 시크교

2) [역자 주] 에티오피아의 옛 황제 하일레 셀라시에(Haile Selassie)를 숭상하는 자메이카 종교 신자. 이들은 흑인들이 언젠가는 아프리카로 돌아갈 것이라고 믿고 독특한 복장과 행동 양식을 따름.

도, 주술 숭배자, 드루이드,[3] 산테리아와 같은 다른 집단은 4%인 것으로 나타났다(미국 통계청, 2003). 기독교 교파 중에서 단연코 가장 큰 집단은 가톨릭이었으며, 그다음으로 침례교도, 감리교도가 그 뒤를 이었다. 자신이 종교적 믿음을 가지고 있지 않다고 한 집단(14%)도 적지 않다는 데 유념할 필요가 있다.

Green(1994)은 미국이 교회를 분리하는 데 앞장섰으며 교회 기초의 일부를 미국 수정헌법 제1조(First Amendment)에 두고 있으며, 각 개인이 종교를 가질 동등한 자유를 가지고 있다고 진술한다. 그러나 Siegel, Choldin 및 Orost(1995)는 이러한 헌법적 보호에 상관없이, 기독교는 주류 문화에 밀접하게 들어와 있어 법적 체계에 영향을 끼친다고 주장한다. 미국의 주요 종교로서 기독교의 우세는 기독교 신자의 특권을 낳았다. 미국 기독교인들은 믿음의 결과로 부여받은 것이 얼마나 많은지 의식하지 못하고 있지만, 다른 종교 신자들은 공공연하게 미묘한 차별을 경험하고 있다. 이것은 유대교 사원, 모스크 혹은 다른 예배 장소 및 비기독교인을 대상으로 하는 공격의 형태로 나타난다. 이러한 차별은 다른 형태로도 나타는데 일반적으로 기독교에서 지키는 공휴일의 예식과 기념은 제도화하는 반면 다른 종교의 특정한 종교적인 날의 중요성은 간과하는 모습으로 나타난다. 역사적으로 수천 명의 사람들이 뚜렷한 증거 없이 마법을 행한다는 이유로 미국과 유럽에서 고문을 받고 박해를 받았었다. 미국에서 가장 눈에 띄는 예는 17세기 매사추세츠 주에서 일어났던 세일럼(Salem) 마녀재판이었다.[4] 마법과의 대립, 자연에 기초한 믿음인 악마 숭배는 기독교에 반대하여 나온 신앙 행동이었으며, 박해를 낳은 기독교 신앙의 의도적인 왜곡에 기초한 것이었다. 이와 유사하게 유대교 역시 박해받고, 강제로 개종해야 했으며, 배척을 당하고, 믿음 때문에 살해당한 오랜 역사가 있다. 반유대주의의 종교는 예수가 유다에 의해 살해되었다는 기독교 신앙으로부터 정당화되었다. 이것은 사람들에게 유대인들을 박해할 만한 권위를 부여하게 되었다. 현재 미국 이슬람 신자들은 많은 적대적 행동을 경험하고 있으며, 종종 차별과 특정 정보 수집의 대상이 되고 있다. 테러리스트의 2001년 9월 11일 공격의 여파로 많은 모스크와 이슬람 센터가 공격받았고, 신앙의 일부로 터번을 착용하는 인도계 미국인 시크교도인들을 포함한 이슬람 교인은 위협받았다.

지면이 제한되어 이 장에서는 종교와 종교의 의미에 대한 간단한 개괄적인 내

3) [역자 주] 고대 켈트족 종교였던 드루이드교의 성직자

4) [역자 주] 1692년 미국 매사추세츠 주 세일럼 빌리지(Salem Villages)에서 일어난 마녀재판 사건으로 5월부터 10월까지 185명을 체포해 19명을 처형하는 등 25명이 목숨을 잃었다. 인간의 집단적 광기를 상징하는 사건으로 문학작품과 영화 등의 소재로 널리 쓰였다.

용만 제시되어 있다. 종교에 관한 학습을 위해 보다 포괄적으로 읽어 보는 것은 매우 중요하다. 읽기를 넘어서서, 우리는 학생들에게 자신의 종교가 아닌 다른 종교 예배에 참석하여 다양한 수행과 믿음을 이해해 보길 권유한다.

생각해 볼 질문 10.2

- 당신은 자신의 가치로서 사람의 종교 그리고/또는 영적 전통을 어느 정도로 평가하고 있는가?
- 당신은 종교 또는 영적 전통에 대한 편견으로 고통받고 억압받는 누군가를 옹호한 적이 있는가? 만약 그러지 않았다면, 이유는 무엇인가? 어떤 사람이 이러한 방식으로 당신을 옹호한 적이 있는가?
- 당신에게 가장 도전이 될 것 같은 영성 또는 종교에 관련된 내담자의 문제 또는 내담자의 유형은 어떤 것인가? 그 이유는 무엇인가?
- 영성 또는 종교와 관련된 문제를 지닌 사람을 효과적으로 상담한다는 것이 당신에게는 어떠한 의미를 지니는가?

1) 광신적 종교 집단(cults)

종교와 영성에 관련된 쟁점은 광신적 종교 집단(cults)에 관한 것이다. 이러한 광신적 종교 집단은 종교와는 차별화되는데 그 차이점은 종교가 주류 사회와 밀접하게 상호작용한다는 점이고, 신흥 종파(sects)와도 차이가 있는데 그 차이점은 신흥 종파가 기존에 확립된 종교로부터 분리되어 나왔지만 신흥 종파는 광신적 종교 집단과 달리 여전히 사회와 지속적으로 상호작용을 한다는 점이다. Woody(2009)에 따르면, **광신적 종교 집단**이라는 단어에 대한 상충되는 정의가 있으며, 우리가 그것을 사용할 때 주의해야 한다고 경고했다. 그는 역사적으로 광신적 종교 집단의 정의가 부정적인 함축을 가지고 있다고 언급했다. 이러한 집단은 집단의 크기, 신념과 관습의 관점에서 얼마나 사회에서 인정되는지의 정도, 그리고 집단 지도자의 역할과 영향에 기초하여 이름이 붙여진다. 이와 같은 맥락에서, Fielding와 Llewelyn(1996)은 광신적 종교 집단이 갖는 특수한 특징을 약술했다. (a) 주류 문화로부터 벗어난 일련의 믿음 (b) 집단의 강력한 화합력과 주류 문화에 대한 분리 (c) 집단의 규준을 순응할 것에 대한 압력 그리고 (d) 카리스마적이고 신적인 집단의 리더. 이에 더하여, Deikmann(1990)은 이러한 극단적인 집단을 낙인하는 것에 초점을 맞추면 광신적 종교 집단의 독특한 역동에 대한 관심이 흐려질 수 있다고 경고

하였다. 또한 이러한 역동이 사회적으로 인정되는 종교 집단이 존재할 수도 있음을 경고하였다. 이러한 역동은 다음의 것들을 포함한다. (1) 집단원들은 집단에 대해 충성하며 집단원을 모집할 때 이들의 지지 세력과 분리시킴으로써 취약하게 만들고 집단에 대한 충성심에 근거하여 집단원을 모은다. (2) 집단 지도자에게 의존하게 만들고 지도자는 맹목적으로 추앙되며 집단원들은 열등감을 형성하게 된다. (3) 집단에 속하지 않은 다른 집단의 사람들을 평가절하한다(Deikmann, 1990). 다음에서 제시하겠지만, 광신적 종교 집단에 대한 설명은 매우 부정적이며 많은 신흥 종교 집단에 일반화될 수 있다. 예를 들어 말일성도교회[Church of Jesus Christ of the Latter-Day Saint, 이것은 모르몬교(Mormons)로 알려져 있다]는 광신적 종교 집단으로 불렸다(Woody, 2009). 이러한 논쟁의 결과로 광신적 종교 집단이라는 단어의 사용은 상당히 비판받아 왔다. 그래서 많은 사람들은 이 단어를 "새로운 종교적 운동, 대안적인 종교적 운동, 신흥 종교, 또는 주변적 종교 운동"과 같은 용어로 대신 사용하고 있다(Woody, 2009, p. 220). 그럼에도 많은 학자들이 종교적 그리고 영적인 집단에 대해 다른 용어들을 사용할 만큼, 광신적 종교 집단에 대한 부정적인 관점은 현대사회에서 여전히 지속되고 있다. 이것을 지지하기 위해, Olson(2006)은 Nebraska에 살고 있는 무작위로 추출된 약 2,400명의 사람을 표본으로 조사한 결과, 81%에 달하는 압도적인 사람들은 만약 이웃이 광신적 종교 집단(cult)에 참여한다면 불편감을 느낄 것이라고 했다. 반면 대다수(63%)는 이웃이 '새로운 종교운동(new religious movement)'에 참여한다면 편안함을 느낄 것이라고 답했다. 더 놀라운 것은 표본의 거의 90%는 만약 그들의 이웃이 '새로운 기독교 집단(new Christian group)'에 참여한다면, 편안함을 느낄 것이라고 대답했다는 점이다.

2) 민족에 따른 영성 및 종교적 특징

많은 문화적 집단은 문화의 많은 부분에 퍼져 있는 종교적 또는 영적 성향을 갖고 있다(Albanese, 1992). 예를 들어 코란에서 많은 칙령들은 중동 문화와 직접적으로 연관되고 신성한 문서는 아라비아어로 쓰여진다. 멕시코에서 실천되는 가톨릭 신앙은 문화에 대한 토속적인 독특한 특징과 망자의 날(the Day of the Dead)과 같은 가톨릭 신자가 아닌 사람들도 경축하는 축하연이 있다. 앞에서 언급한 바와 같이, 인간 존재를 천지창조의 절정에 두는 유일신의 종교로서 기독교는 미국의 지배적인 문화적 구조를 형성한다. 그러나 문화와 종교 사이의 연결을 지나치게 일반화할 만큼 결정적인 것은 아니다. 예를 들면 모든 아랍인이 이슬람교도가 아니고, 모든 중국인은 불교신자가 아니며, 모든 아프리카계 미국인은 침례교도가 아니다. 또한 모든 인도인들은 힌두교도가 아니며, 모든 유럽인들은 기독교도가 아니다. 종교와 영성에 대한 문화 지향적 접근은 문화에 근거한 다양성을 합법적으로 강조한다. 동시에, 영적인 신념에 대한 개인적 표현을 허용하는 독특한 측면뿐만 아니라, 문화를 가로질러 모든 사람들이 지닌 공통적 영성에 대한 보편적 측면에서 집단 정체성의 균형을 맞추는 것은 중요하다. 이 부분에서, 우리는 특정 집단에 존재하는 종교적・영적 전통적 관습의 중요한 특징에 대한 개관을 제시할 것이다.

(1) 아프리카계 미국인의 영성

아프리카계 미국인의 경우 영성은 매우 핵심적인 영역으로 간주되며, 노예제도에서 살아남으려 분투하는 과정에서 중요한 역할을 했다. 아마도 가장 눈에 띄는 특징은 감리교도, 펜테코스트교도, 그리고 침례교도 교파로 구성된 흑인 교회일 것이다. 이 교회는 동료 의식, 공동체, 부모와 아동 지지, 정치적 행동주의, 교육, 차별로부터의 안식처뿐만 아니라 예배, 기도, 카타르시스, 생활 경험의 지지의 의미를 지닌다(Boyd-Franklin & Lockwood, 1999). 음악은 또한 중요한 매체인데, 해방과 단결의 표현에 근거한 흑인적 음악 전통을 많이 가지고 있다. 많은 아프리카계 미국인이 기독교도의 전통을 따르고 있지만, 서아프리카로부터 분리된 영성의 형식 또한 공동체 안에 존재한다. **산테리아**(Santeria)[5]는 현재 나이지리아 지방의 요르바족[6]에서 기원한 캐리비언의 종교이다. 신이며 영혼의 표시인 **orishas**에 대한 숭배를 통한 예배, 성찬, 축제, 의식 절차, 헌금과 제물을 포함한다(Gonzalez-Wippler, 1992). 특히 루이지애나와 아이티 같은 곳에서 널리 퍼져 있는 **부두교**(Vodou, 때때로 *voodoo* 또는 *vodoun* 으로 불림)는 조상과 신의 숭배와 주술, 일상생활에서의 의식 절차를 포함하고 있는 지구 종교(earth religion)[7]에 기초하고 있다(Falicov, 1999). 게다가 **크완자**(Kwanzaa)[8]는 새해를 축하하는 방식 그리고 흑인 공동체의 역사를 상기시키는 것으로 미국에서 1960년대 후반 Karenga 박사에 의해 시작된

5) [역자 주] 아프리카 기원의 쿠바 종교

6) [역자 주] 서아프리카 Guinea지방에 사는 흑인 원주민

7) [역자 주] Neopaganism(신이교주의)의 맥락에서 주로 사용되는 새로운 시대의 용어

8) [역자 주] 12월 26일부터 1월 1일까지 열리는 아프리카 흑인의 수확제

아프리카계 미국인의 공동 사회적 축하 의식이다. 7일간의 축제일로 구성된 패턴화된 아프리카의 수확제는 공동체를 위한 제단을 만들고, 조상과 신에게 공물을 바치며, 동시에 참여자들은 자비로운 다음 해를 기원한다. 응구조사바(nguzo saba)로 알려진 이러한 원칙은 *umaja*(unity, 통일), *kujichagulia*(self-determination, 자기결정), *ujima*(collective work and responsibility, 집합적 노동과 책임), *ujamaa*(co-operative eonomics, 협력적 경제), *nia*(purpose, 목적), *kuumba*(creativity, 창조성), *imani*(faith, 신념)으로 구성되어 있다(Karenga, 2008). 이러한 축하 행사는 아프리카계 미국인 공동체가 젊은 세대들에게 아프리카의 문화, 가치, 상징과 언어를 가르칠 수 있는 기회가 되고 있다. 아프리카의 고유하고 다양한 종교들 중의 일부는 이처럼 미국에서 지켜지고 있다. 그러나 지면 제한으로 인해 이러한 종교에 대해 매우 상세하게 완전한 설명을 제공하기는 어렵다. 우리는 독자들에게 이러한 종교에 대해 더 배울 수 있는 자원들을 찾아볼 것을 권한다.

생각해 볼 질문 10.3

- 아프리카계 미국인의 영성에 대해 당신이 가지고 있는 신념, 이미지, 고정관념은 어떤 것인가?
- 그러한 신념, 이미지, 고정관념은 무엇에 기인하고 있는가?
- 시간이 지남에 따라 그것들은 어떻게 변화했는가? 그리고 그것들이 당신에게 어떤 변화를 가져왔는가?
- 이러한 신념, 이미지, 고정관념이 이러한 전통을 지키는 사람들과 함께하는 당신의 일에 어떠한 영향을 미치는가?
- 아프리카계 미국인의 영성에 대한 당신의 경험이 있다면 무엇인가?
- 당신의 종교적 또는 영적인 전통과 아프리카계 미국인의 방식에 있어서의 유사점과 차이점은 무엇인가?

(2) 아시아계 미국인의 영성

라틴계 이주민들과 유사하게, 많은 아시아인들은 유교, 도교, 신도,[9] 불교와 힌두교에서 나온 동양의 정신적 사상에 영향을 받은 유산들을 가져왔다(Tan & Dong, 2000). 이러한 종교의 대다수는 사회와 자연 세계에서의 조화와 상호의존을 강조하고 있다. 또한 가족의 중요성을 강조하고 있다. 이것은 아시아 사회에서 일반적인 긴밀하고 집단주의적인, 가부장적이고 위계적인 가족 구조를 이끌었다. 마음-

9) [역자 주] 조상과 자연을 섬기는 일본 종교

육체–정신의 상호연결은 다른 핵심적 측면이다. 정신질환에 대해 단지 심리적인 이름을 붙이기보다는, 종종 스트레스에 대한 신체화 증상의 경험을 이끌어 낸다. 특히 이슬람교가 많은 비율을 차지하는 인도네시아와 말레이시아의 아시아인에게는 이슬람이 하나의 요인으로 작용한다. 기독교 역시 선교 교회의 노력으로 인하여 일반적이다. Busto(1996)는 아시아계 미국인의 60%가 기독교 교파의 일원이라고 보고한다. 꽤 많은 수의 젊은 아시아계 미국인들은 지역사회와 대학 캠퍼스에서 복음주의와 근본적 기독교 집단에 참여하고 있다. 전통적인 가치를 품고 있지 않은 신앙을 가진 사람이라 할지라도 전통적인 가치와 신앙적 신념 사이의 관계를 염두에 두는 것은 중요하다. 아시아계 미국인들은 가족 밖에서 도움을 구하는 것을 꺼려하며 고통을 견디고 조화를 이루는 것을 중요하게 생각하기 때문에 정신건강 서비스를 찾지 않을 수 있다.

생각해 볼 질문 10.4

- 아시아계 미국인의 영성에 대해 당신이 가지고 있는 신념, 이미지, 고정관념은 어떤 것인가?
- 그러한 신념, 이미지, 고정관념은 무엇에 기인하고 있는가?
- 시간이 지남에 따라 그것들은 어떻게 변화했는가? 그리고 그것들이 당신에게 어떤 변화를 가져왔는가?
- 이러한 신념, 이미지, 고정관념이 이러한 전통을 지키는 사람들과 함께하는 당신의 일에 어떠한 영향을 미치는가?
- 아시아계 미국인의 영성에 대한 당신의 경험이 있다면 무엇인가?
- 당신의 종교적 또는 영적인 전통과 아시아계 미국인의 방식에 있어서의 유사점과 차이점은 무엇인가?

(3) 유럽계 미국인의 영성

미국에서 대다수의 인구를 차지하는, 대부분의 유럽계 미국인은 유대교와 기독교의 신념에 의해 상당한 영향을 받았다. 유럽계 미국인을 구성하는 다양한 민족적 집단은 종교계에서 가장 눈에 띤다. 이들은 아일랜드의 가톨릭, 스코틀랜드의 장로교, 독일의 루터교, 그리스정교회, 그리고 민족성과 종교의 결합의 예인 동유럽의 유대교를 지니고 있다. 이것은 또한 같은 종교적 교파의 다양한 표현을 이끌어 낼 것이다. 예를 들어 아일랜드, 폴란드 그리고 이탈리아의 가톨릭은 같은 종교이나 표현의 다양성을 지닌다. 아일랜드인의 경우 교회가 가장 우선시되는 반면 이탈리아인에게는 가족이 가장 우선시되고 교회는 두 번째가 되며, 폴란드에서는 가족과 교회의 분리는 없다(Giordano & McGoldrick, 1996). 종교주의(Religionism)는 또한 종교적 · 영적 신념을 다양하게 표현하는 역할을 한다. 그래서 서부 침례교는 도덕 규준의 준수에 있어서 북부 침례교보다 더 엄격하고 보수적이다.

많은 유럽계 미국인은 종교에 있어서 민족적 유산의 영향을 덜 받는다. 왜냐하면 그들은 특정 민족적 뿌리를 잃었고, 그들 스스로 민족적으로 중립이라고 인식하고 있으며, 민족이 너무 혼합되어 있어서 특별한 민족적 유산에 대해 헌신하는 것이 어렵기 때문이다. 그들은 신학적인 신념 체계, 종교적 지도자, 적극적 행동주의의 관여, 집과의 근접성, 종교 공동체에서 가족과 아동을 위한 공간과 같은 다양한 요인에 근거하여 종교적 소속을 선택할 것이다. 많은 소수자들은 종교를 거부하고 그들 자신을 무신론자이거나 불가지론자(agnostic)로 여기는 것을 선호할 것이다. 반면 다른 사람들은 불교와 같은 동양 종교나 위카(Wicca)[10]와 같은 유럽의 토속적 영적 신념을 탐색한다.

생각해 볼 질문 10.5

- 유럽계 미국인의 영성에 대해 당신이 가지고 있는 신념, 이미지, 고정관념은 어떤 것인가?
- 그러한 신념, 이미지, 고정관념은 무엇에 기인하고 있는가?
- 시간이 지남에 따라 그것들은 어떻게 변화했는가? 그리고 그것들이 당신에게 어떤 변화를 가져왔는가?
- 이러한 신념, 이미지, 고정관념이 이러한 전통을 지키는 사람들과 함께하는 당신의 일에 어떠한 영향을 미치는가?
- 유럽계 미국인의 영성에 대한 당신의 경험이 있다면 무엇인가?
- 당신의 종교적 또는 영적인 전통과 유럽계 미국인의 방식에 있어서의 유사점과 차이점은 무엇인가?

(4) 라틴계의 영성

이미 언급했듯이 라틴과 남아메리카에 대한 포르투갈과 스페인의 식민지배로 인해 많은 라틴계 사람들이 가톨릭교를 믿고 있지만 토착 풍습과 관례들이 많이 남아 있다. 미국 내의 많은 라틴계 사람들이 이민의 역사를 갖고 있기 때문에 이는 그들 유산과의 연계를 강화시키는 역할을 한다(Falicov, 1999). 많은 사람들이

10) [역자 주] 현대 종교의 형태로 행해지는 마법[주술] 숭배

초자연적인 것을 믿으며 만성적 문제들은 마법에 걸린 것이라고 설명한다. *Mal puesto*(마법에 의한 질병이나 상태)는 불임이나 정신질환을 설명할 수 있고 *brujeria*(마법)는 관계적 어려움을 초래할 수 있다. **Curanderos**(전통적 치료자)는 다양한 약초 치료법과 주문, 영혼과의 대화, 무아지경의 상태, 정화 의식(cleansing rituals) 등을 이용해 전통적인 방식으로 치료를 수행한다. *Curanderismo*(육체적·정신적 질병을 치유하기 위해 종교적 의식과 약초 같은 자연적 치료 방법을 사용하는 것)는 개인과 가족, 지역사회, 그리고 환경 사이의 조화에 초점을 맞춘다(Foster, 1960). *Espiritistas*(영적 치유자)는 영혼과 대화할 수 있는 능력을 지니고 치유의 힘을 가진 사람들로 이러한 토착적 치유자를 통해 상담을 받을 수 있다(Foster, 1999). 위에서 언급했던 산테리아도 쿠바와 푸에르토리코 그리고 다른 카리브 해 지역의 나라들에 널리 퍼져 있다. 많은 라틴계 사람들이 가톨릭교를 믿으면서도 동시에 다른 영적·마법적 의식과 관습을 따르고 있다. 성자의 상과 성모마리아 상, 그리고 종교적인 물건과 같은 신성한 물건들이 눈에 띄게 전시되기도 하지만, 기적에 대한 믿음, 그리고 교회에서 촛불을 켜는 것과 같은 의식과 약속 및 기도가 라틴계 사람들의 종교적 삶을 구성한다. 아울러 라틴계의 유대교도들이 많이 존재한다는 것을 아는 것도 중요하다.

생각해 볼 질문 10.6

- 라틴계 미국인의 영성에 대해 당신이 가지고 있는 신념, 이미지, 고정관념은 어떤 것인가?
- 그러한 신념, 이미지, 고정관념은 무엇에 기인하고 있는가?
- 시간이 지남에 따라 그것들은 어떻게 변화했는가? 그리고 그것들이 당신에게 어떤 변화를 가져왔는가?
- 이러한 신념, 이미지, 고정관념이 이러한 전통을 지키는 사람들과 함께하는 당신의 일에 어떠한 영향을 미치는가?
- 라틴계 미국인의 영성에 대한 당신의 경험이 있다면 무엇인가?
- 당신의 종교적 또는 영적인 전통과 라틴계 미국인의 방식에 있어서의 유사점과 차이점은 무엇인가?

(5) 미국 원주민의 영성

북미 원주민의 영성은 하나님과 같은 무형의 힘이 다양한 징후로서 나타난다고 믿는 것이다. 또한 영성이 사람들의 일상생활에서 일어나는 일들을 결정할 수 있는 힘을 갖고 있다고 믿으며, 인간 삶의 모든 부분이 영적인 차원과 서로 밀접하게 연관되어 있다고 믿는다. 우리 인간은 정신, 신체, 감정이라는 서로 연결된 세 가지로 구성되어 있는데, 이 중 한 가지가 변하게 되면 다른 것들도 영향을 받게 된다. 정신–신체–영혼에 있어 안녕의 결핍은 분노 및 공포와 같은 억압된 감정 때문에 나타나는데, 이는 신체적 · 정신적 악화를 초래한다. 정신건강 문제는 영혼의 나약함과 관련이 있다고 여겨지는데, 목표는 문제를 일으킨 자연적 혹은 비정상적인 원인을 찾아내어 그것을 바로잡는 것이다. 다양한 부족들에서 치유의 바퀴(medicine wheel)는 정신–신체–영혼–자연을 상징한다. 이 바퀴의 네 가지 방향에서 동쪽은 탄생과 미래, 시작을 나타내고 남쪽은 진실과 기초 확립을 의미한다. 서쪽은 힘과 용기를 의미하며 북쪽은 지혜를 나타낸다. 건강은 이 네 가지 방향을 잘 조화시킴으로써 얻을 수 있다(Trujillo, 2000). 이는 개인의 성장과 함께 계절의 순환을 나타내는데 인간과 자연 사이의 상호관계를 강조하는 것이다.

부족에서 주술사는 자연 세계 및 영적 힘과 특별한 관계를 맺는 존재로서, 부족원들을 돕기 위해 의식이나 의례 및 기도를 사용한다. 다른 여러 부족들이 행하는 의식들 중에는 한증막에서의 정화 의식, 태양 춤(Sun Dance), 평지에 사는 사람들이 영계와의 교류를 구하는 의식(vision quest), 영적인 환상을 경험하기 위해 페요테 선인장을 사용하는 것 등이 포함된다. 이 모든 것들은 초월성을 경험하고 내면의 자기 자신을 발견하거나 영적인 힘과 접촉하는 것에 초점을 맞춘다(Trujillo, 2000).

기독교는 북미 원주민들에게 있어서 고통을 의미한다. 왜냐하면 선교사들이 그들 고유의 문화와 가치를 뿌리 뽑아 그들을 '문명화'시키려고 노력하는 과정에서 많은 억압을 경험하였기 때문이다. 반대로 토착적인 것과 결합된 기독교 표현 중의 하나는 북미 원주민 교회의 기초가 되었다(Hammerschlag, 1998).

생각해 볼 질문 10.7

- 미국 원주민의 영성에 대해 당신이 가지고 있는 신념, 이미지, 고정관념은 어떤 것인가?
- 그러한 신념, 이미지, 고정관념은 무엇에 기인하고 있는가?
- 시간이 지남에 따라 그것들은 어떻게 변화했는가? 그리고 그것들이 당신에게 어떤 변화를 가져왔는가?
- 이러한 신념, 이미지, 고정관념이 이러한 전통을 지키는 사람들과 함께하는 당신의 일에 어떠한 영향을 미치는가?

- 미국 원주민의 영성에 대한 당신의 경험이 있다면 무엇인가?
- 당신의 종교적 또는 영적인 전통과 미국 원주민인의 방식에 있어서의 유사점과 차이점은 무엇인가?

사례 연구 10.4에서 언급했듯이, Christine은 조찬 기도회 참석과 십자가 목걸이의 착용을 통해, 학생들에게 그녀의 정신적 믿음을 명확하게 전하였다. 학교는 그녀의 종교적 믿음과 일치하고 있다. Christine은 상담자로서 다른 종교를 갖고 있는 학생들도 돕고 있는데 이러한 그녀의 행동이 처벌의 대상은 아니다. 그러나 그

사례 연구 10.4

학교 상담자 Christine

Christine은 중서부 대도시에 위치한 부유한 사립 학교의 경험 많은 학교 상담자이다. 이 학교는 어떤 종파에도 속하지 않지만, 많은 교사와 부모, 학생들이 영국 성공회 교인들이다. Christine 역시 영국 성공회 교인으로서 일주일에 한 번씩 학교 내 카페테리아에서 열리는 조찬 기도회에 참석한다. 그녀는 매일 금으로 된 십자가를 목에 걸고 다닌다. 어느 날, 학부모 중 한 명인 Fatima가 그녀의 열네 살짜리 아들 Abdullah 일로 Christine에게 상담을 의뢰하였다. Christine은 한 달에 한 번 소집하는 학부모 자문위원회의 위원으로 Fatima를 뽑은 바 있다. Fatima에 의하면 Abdullah는 이상할 정도로 집에서 내성적이며, 무례할 정도로 부모와 이야기하는 것을 싫어한다. 한번은 그녀가 다가가서 얘기하려고 하자 그는 '기독교 학생'은 아주 신물이 난다며, 언쟁의 과정에서 자신에게 인종적 욕설을 했다고 말했다. Christine이 기억하기로 Abdullah는 다른 친구들과도 잘 지냈던 우수한 학생이었다. Christine은 어떻게 그를 대화에 끌어들일지 계획하기 시작한다. 그가 이슬람교도이기 때문에 Christine이 그를 잘 돕지 못할 것이라고 생각한 Fatima는 Christine에게 다른 상담자를 소개해 달라고 하였다. 그래서 Christine은 매우 놀랐다.

출처: "Counselors, communities, and spirituality: Ethical and multicultural considerations" (p. 321) by S.D. Lonborg & N. Bowen, 2004, *Professional School Counseling*, 7(5), 318–325.

사례 토론

생각해 볼 점

1. Fatima의 생각과 입장에 대해 Christine이 놀라는 것은 당연한가?
2. Christine은 Abdullah를 위해 이슬람교 상담 센터를 소개해야 하는가? 아니면 자신을 먼저 만나 보도록 유도해야 할 것인가?
3. Abdullah가 상담을 통해 좋아질 것이라고 Fatima를 안심시키기 위해 Christine은 어떻게 접근해야 하는가?
4. Abdullah의 종교적 믿음과 그의 학교 경험을 통합시키기 위해 Christine은 어떤 개입을 사용할 수 있을까?

녀도 모르는 사이에 다른 영적 전통에 대한 난색, 불능 또는 무관심이 전해질 수도 있다. Christine은 다양한 전통에 대해 존중하는 마음을 어떻게 전달할 수 있을까? 그녀가 위원회의 위원으로 Fatima를 선택한 것은 그녀 자신이 다양한 관점을 원한다는 것을 보여 주는 한 예이다. 그러나 진정한 증명은 이처럼 다양한 관점들이 표현되었을 때 그것을 그녀가 얼마나 수용하느냐에 달려 있을 것이다. 예를 들어 만약 그녀가 Abdullah를 상담한다고 가정할 경우, Abdullah는 그녀와 함께 조찬 기도회에 참석하는 학생들에 의해 괴롭힘을 당한다면 그 사실을 정말 편하게 털어놓을 수 있겠는가? 만약 그가 그녀에게 말을 했다고 해도 그녀는 그 상황을 어떻게 다룰 것인가? 단순히 학생들 사이의 갈등이라고 치부하기 이전에, Christine은 소수 종교를 믿는 학생들을 위한 안전한 환경을 만들기 위해 책임을 다해야 한다. 아울러 만약 Christine 자신이 Abdullah를 상담하기를 원한다 하더라도 Fatima와 Abdullah가 다른 외부 상담 시설을 선택한다면, Christine은 현지 지역사회의 자원들을 숙지

활동 10.2

다섯 가지 마음챙김

이것은 당신 자신을 중심에 놓고 환경과 연결시킬 수 있는 간단한 연습이다. 하루 중 어느 때 해도 상관없지만, 특히 생각과 감정들에 휩싸여 있을 때 하는 것이 좋다. 순서는 아래와 같다.

1. 잠시 동안 멈춘다.
2. 들숨과 날숨에 주의를 기울이면서 총 5회 숨을 쉰다.
3. 주위를 둘러보고, 당신이 볼 수 있는 다섯 가지 것들에 주목한다.
4. 주의 깊게 듣고, 들을 수 있는 다섯 가지의 것들에 주목한다.
5. 당신의 몸과 접촉해서 느낄 수 있는 다섯 가지의 것들에 주목한다(예: 손목에 채워진 시계, 다리에 닿은 속옷, 얼굴 위로 느껴지는 공기, 발 아래의 바닥, 등이 닿는 의자).

당신이 이것을 하는 동안 마음속에 어떤 생각이 스쳐 지나가는지 주목한다. 당신의 몸을 통해서는 어떤 느낌들이 지나가는지 주목한다. 좋은지 나쁜지를 판단하려 하지 말고, 그것들을 바꾸거나 피하거나 잡으려고도 하지 말고, 그러한 생각과 느낌을 관찰한다. 단지 관찰만 한다. 수용의 자세로 이러한 생각과 느낌들을 관찰하는 것이 어떠한지에 대해 주목한다.

하고 있어야 한다. 적어도 그녀는 그들을 상담할 수 있는 이슬람 성직자나 현지 이슬람교 전문가들을 알고 있어야 한다.

3. 영성 및 종교에 관한 토론

이 절에서는 토론된 모든 주제와 관련하여 당신은 다양한 문화적 배경과 세계관을 가진 내담자들과 상담할 때 논의된 내용을 어떻게 사용할 것인지에 대해 생각해 보아야 한다. 이 장 전체에서 당신에게 제공하였던 생각해 볼 질문은 종교와 영성의 문제에 관하여 내담자와의 대화를 열기 위한 과정 질문으로서 효과적이다. 내담자와의 대화를 시작한다는 입장에서 당신을 돕기 위해 아래와 같은 질문들을 제시하고자 한다.

- 당신은 인간 존재의 본성을 어떻게 이해하는가? 인간은 선하다고 보는가, 악하다고 보는가, 아니면 중립적이라고 보는가?
- 당신은 죽음을 어떻게 설명하는가, 그리고 죽은 후에 사람에게 무슨 일이 일어나는가?
- 사람들은 자유의지가 있는가 아니면 운명 지워진 숙명이 있는가?
- 착한 사람들에게 왜 나쁜 일들이 발생하는가?
- 당신에게 영적이라는 것은 무엇을 의미하는가? 또한 종교적이라는 것은 무엇을 의미하는가?
- 당신은 어떤 영적인 전통 속에서 성장하였는가? 당신은 그 전통으로부터 벗어났는가? 그렇다면 그 이유는 무엇인가?
- 당신의 영적 · 종교적인 전통은 당신에게 얼마나 중요한가? 그리고 어떤 점에서 중요한가?
- 영성과 종교의 관점에서 당신은 누구인가? 당신의 개인적 문화적 정체성에서 이것이 얼마나 중요한가? 그리고 이런 요인들이 당신이 세상을 어떻게 보고 당신이 어떻게 살아가는가에 관하여 어떤 영향을 미쳤는가?
- 자신에 대한 당신의 영적 · 종교적인 개념은 어떻게 발전했는가? 그리고 당신의 인생에서 이 정의를 형성하는 데 도움을 준 중요한 사람은 누구인가?
- 영성과 종교에 대한 당신의 견해는 당신의 삶 동안 어떻게 재강화되고 도전받았는가?

- 영성과 종교에 관하여 당신의 문화는 어떻게 말하는가?
- 당신의 가족과 공동체는 신념과 관습의 측면에서 영성과 종교에 대하여 어떻게 말하는가?
- 권력과 특권의 문제는 영성과 종교에 대한 당신의 견해와 종교, 영적인 전통에 기반한 억압에 대한 당신의 개념에 어떠한 영향을 주었는가?
- 영성과 종교에 대한 당신의 견해가 당신의 삶에서 지금 그리고 이전의 시점에 자신을 규정하는 방식에 어떠한 영향을 미쳤는가?
- 영성과 종교에 대한 당신의 견해가 당신 자신을 규정하는 방식과 다른 사람이 당신을 보거나 당신을 대우하는 방식에 지속적으로 어떠한 영향을 줄 것인가?
- 영성과 종교에 대한 당신의 견해가 당신과 나이가 비슷한 사람들과(또는 당신과 나이가 다른 사람들과) 상호작용할 때 어떻게 영향을 미쳤는가?
- 당신과 같은 종교와 영성을 가진 사람들 중에서 당신이 존경하는 사람은 누구인가? 이유는 무엇인가?
- 당신과 나 사이에 영성과 종교의 차이와 유사성은 상담 과정에서뿐만 아니라 우리 둘 사이의 관계에서 어떠한 영향을 미치는가?
- 당신이 처음으로 종교 또는 영성에 기초한 억압을 깨달았던 때는 언제이고 어떻게 알아차렸는가? 당신의 초기의 반응은 어떠했는가? 그리고 시간이 지나면서 그 반응은 어떻게 변화했는가?
- 당신의 종교 또는 영성에 기인한 억압의 경험은 무엇이었나? 그러한 경험이 어떠한 방식으로 당신의 삶에 영향을 미쳤으며, 당신은 어떠한 방식으로 그러한 문제를 해결해 왔는가?
- 개인, 집단, 사회적 수준에서 당신의 삶에 존재하는 종교 또는 영성에 기반한 억압과 관련하여 당신은 적극적인 사회적 변화를 위해 어떠한 노력을 하였는가? 그리고 당신은 어떤 종류의 노력을 하고 싶은가?
- 당신은 한 개인의 종교와 가치의 상징으로서 영적인 전통을 어느 정도까지 가치롭게 여기는가?
- 종교적 · 영적 전통의 성향으로 괴롭힘을 당하고 억압당하는 누군가를 옹호한 적이 있는가? 그러지 않았다면 왜 그러했는가? 이런 경우에 당신을 위해 누군가가 옹호해 준 적이 있는가?
- 당신이 상담에 가지고 온 문제들에 종교와 영적 쟁점은 어떻게 관여하는가? 그리고 당신에게 가장 도움이 되는 방식으로 우리는 이것에 어떻게 대처할 수 있는가?

✲ 결론 및 시사점

내담자의 종교적 · 영적인 배경에 대한 정보를 얻는 것은 심리사회적 정체성, 역사, 기능을 평가하는 것만큼 중요하다. 이 주제는 내담자의 삶에서 종교와 영성이 어느 정도 중요한지를 직접 물어봄으로써 상담에서 다뤄질 수 있다. 또한 구체적인 종교적 관습과 신념은 무엇인지, 그리고 이러한 행위가 내담자에게 어느 정도 지지적 역할을 하는지도 직접 파악할 수 있다.

내담자는 종교적 · 영적인 문제와 관련하여 구체적으로 도움을 받고 싶어 할 수도 있다. 예를 들어 자의 혹은 타의에 의해 개종하는 경우 내담자는 어느 정도의 슬픔을 극복해야 하며 새로운 신앙과 삶의 방식에 적응해야만 한다. 또한 신앙을 잃거나 의심을 품는 경우도 해당된다. 이러한 경우 때때로 가까운 친족 공동체로부터 배척될 수도 있다. 또한 신앙과 믿음이 자신의 심적 안녕에 장벽으로 작용하는 경우도 있다. 기도를 적절하게 하면 치료를 받을 것이라고 믿거나, 트라우마에 직면했음에도 내적인 평화를 유지하려는 경우, 좋은 결과가 있을 때만 믿는 조건적인 사랑이 기초한 경우 그러하다. 내담자가 도움을 구하려는 다른 영적인 문제도 다양하다. 예를 들어 내담자가 신비로운 경험을 했거나 죽을 뻔한 경험, 영적인 믿음에 영향을 주는 만성적 질병 혹은 말기의 질병 혹은 사이비 종교 집단과 관련된 문제일 수도 있다.

상담 관계 속에 영성을 포함시키기 위해서 상담자에게는 몇몇 일반적인 기본 규칙이 요구된다. Fukuyama와 Sevig(1999)는 세 가지 지침을 개발하였다: 상담자는 자신의 영적 · 종교적인 믿음에 대해 명료하게 이해해야 하고, 내담자의 영적 · 종교적인 믿음에 대해 심도 있게 이해해야 하며, 마지막으로 특정한 상담 개입을 할 때 윤리적 실행을 할 수 있도록 수련감독과 자문에 지속적으로 참여하는 것이다. Faiver 등(2001)은 상담 개입을 개발할 때 도움이 될 수 있는 다섯 가지 규정을 다음과 같이 권고하였다: (1) 내담자의 영적 믿음 체계를 인정하여 공감적이고 강한 동맹 관계를 형성하기 (2) 내담자의 세계관에 들어가기 위해 그 세계관과 일치하는 단어와 이미지를 사용하기 (3) 상담 개입의 영향력을 향상시키고 통찰을 얻기 위하여 내담자의 삶과 관련된 종교적 또는 영적인 다른 지도자에게 자문을 구하기 (4) 내담자의 위치를 확인하기 위해 영적 정체성 발달단계 모델을 사용하기 (5) 내담자의 영적인 체제에서 어떤 관습과 가치가 도움이 되는지 혹은 해가 되는지를 구별할 때 조심스럽게 접근하기. 이 마지막 지침은 더욱 심화된 탐색을 필요로 한다. 다른 한편으로 상담자는 내담자의 종교적 · 영적 믿음에 개방적이 되도록 노력해야 한다. 그러나 이것은 갈등을 야기할 수 있다. 개입을 해야 할 시점은 이런 상황들이 법적 · 윤리적 의무와 갈등을 빚는 시점이다. 예를 들어 내담자가 아동 성학대가 영적인 관행이라고 주장하거나 자살을 하도록 강요받고 있는 상황이 그러하다. 1978년 Guyana에 위치한 Jonestown 거류지에서 일어난 900명이 넘는 미국인의 집단 자살은 거주자에게 독약을 복용하게 한 지도자 Jim Jones가 미친 강력한 영향의 한 예이다. 영적인 개입은 종종 비밀스럽고 심오하다(esoteric). 예를 들어 상담자는 내담자가 자연 속에서 명상하는 방법을 통해 자신의 주관적 경험의 의미를 탐색할 것을 권장한다. 종교적 개입은 종교적인 행사에 참석하게 하는 것과 같이 내담자의 대중적(exoteric)인 종교적 방법을 이용한다.

유사하게 종교적인 개입은 교파에 따라 다를 수도 있고 교파와 상관없이 보편적일 수도 있다(예: 내담자의 종교적인 교파에 특수한 신학을 사용할 수도 있고, 아니면 더욱 보편적인 신학을 사용할 수도 있다). 이러한 개입은 회기 내에서 또는 회기 밖에서 일어날 수 있다. 달리 말하면 내담자는 그들의 종교적 신념에 따라서 안내를 받아 예배 중에 기도로 인도될 수도 있고, 상담 회기에서 기도를 할 수도 있다. 내담자의 믿음 체계에 의미 있는 교재를 사용하는 독서 치료는 또 다른 형태의 개입이다. 특히 성경 또는 인용을 위해 사용될 수 있는 코란 같은 신성한 교재는 특수한 개념을 가르치거나 또는 비합리적인 믿음에 도전하게 한다.

종교와 영성은 점차 미국 사회에서 중요해지고 있다. 미국인의 대다수는 특정 종교를 가지고 있다고 보고한다(미국 인구통계국, 2003). 그리고 종교를 그들 삶의 중요한 부분으로 생각한다. Houston Smith(2001)가 이 장의 서두에서 말하였듯이, 사람들이 지닌 다양한 믿음 체계에 개방적인 태도를 취하고 이를 존중하는 가장 중요한 방법의 하나는 경청하는 것이다. 여러 면에서 우리의 종교적 · 영적인 믿음은 중요하다. 왜냐하면 내용에 상관없이 이러한 믿음은 대답할 수 없는 것들에 답하려는 시도이고, 우리의 삶에서 우리를 유지하고 도전하고 촉진하고 안내하는 것을 도우려는 시도이기 때문이다. 문제로 고심하고 있는 내담자를 돕고자 할 때 우리는 그들이 지닌 자원, 가치, 믿음을 간과할 수 없다. 왜냐하면 이러한 것들이 그 문제의 해결에 도움이 될 수도 있고 방해가 될 수도 있기 때문이다.

✲ 용어

광신적 종교 집단(Cult): (a) 주류와는 다른 공통의 신념을 갖는 집단 (b) 집단을 지도하고 안내하는 특별한 지도자 (c) 구성원들 사이의 강한 응집력 (d) 주류 사회로부터 자신을 분리하는 구성원을 갖는 집단을 언급하는 데 자주 사용된다. 광신적 종교 집단이라는 용어는 부정적인 암시를 갖는다.

그림자(Shadow): 충동적이고 본능적인 인간 경험 중에서 위험하거나 어두운 측면으로 보여지는 자아의 부분을 설명하는 Carl Jung이 제시한 원형.

대중적 표현(Exoteric expression): 조직화된 종교와 종교적 신념을 통해 표현되는 외면적이고 개방된 표현.

말 푸에스토(Mal puesto): 라틴계 문화에서 주문에 의해 야기된 질병 또는 이상 증세.

부두(Vodou): 의식와 주문을 포함하는 신들과 조상들에 대한 숭배로 때때로 voodoo라고 불린다.

브루헤리아(Brujeria): 스페인어를 사용하는 나라와 미국 내 라틴계 미국인의 지역사회에서 행해지는 마법을 의미함.

산테리아(Santería): 아프리카 기원의 쿠바 종교로 요루바족 종교로부터 온 하나의 믿음 체계. 이것은 아프리카인 토착민과 로마 가톨릭의 전통과 관습의 결합이다. 대부분 동물 희생, 조상과의 의사소통, Obatala, Oggun, Chango와 같은 신을 포함하는 카리브 해 지역의 풍습에 따라 행해진다.

심오한 표현(Esoteric expression): 의식의 내적인 느낌을 말하며 때로는 깨달음의 영적 상태를 뜻함.

아니마(Anima): 자아의 여성적인 측면을 설명한 Carl Jung이 제시한 원형.

아니무스(Animus): 자아의 남성적인 측면을 설명한 Carl Jung이 제시한 원형.

에스피리티스타(Espiritista): 심령술사를 의미하며 병 또는 개인적인 문제의 치료를 돕기 위해 영혼을 부르는 능력을 가진 정신적인 치료사.

영성(Spirituality): 인간의 존재, 우주 그리고 신체를 뛰어넘는 연결감 또는 전체성을 이해하려는 욕망으로 어느 한 종교에 구속되지 않는다.

오리샤스(Orishas): 권력을 나타내는 남성 전사인 Shango와 다산, 미, 사랑을 나타내는 여성 Oshun과 같이 특별한 역할과 목적을 갖는 아프리카인의 영혼 또는 신.

응구조 사바(Uguzo saba): 아프리카 문화의 일곱 가지 원리, 즉 단결, 자결, 협동 작업 및 책임, 협력 경제, 목적, 창의력 및 신앙을 말함.

종교(Religion): 어떤 체계화된 신념에 대한 믿음과 헌신의 체계. 그것은 특수한 신념에 기반한 믿음을 표현하고 실천하는 사회적 수단이며 체계적인 구조이다.

콴자(Kwanzaa): 응구조 사바(nguzo saba)로 알려진 일곱 가지의 근본적인 원리에 기반한 아프리카의 문화와 역사를 숭배하는 7일간의 축제. 이 기간 동안 사람들은 조상, 공동체 그리고 가족을 기념하기 위해 모인다.

쿠란데로(Curandero): 민간요법 치료사를 의미하며 민간 치료의술을 시행하는 전통 치료사.

쿠란데리스모(Curanderismo): 민간 치료의술을 말하며 질병을 치료하기 위해 허브와 같은 자연적인 의약품을 사용함. 전 미국 사회에서 라틴계 미국인 지역사회와 멕시코처럼 스페인어를 사용하는 국가에서 행해진다.

핵심 믿음(Core belief): 근본적인 신념에 기반한 믿음.

✲ 참고문헌

Albanese, C. L. (1992). *America: Religions and religion* (2nd ed.). Belmont, CA: Wadsworth.

Allport, G. W. (1950). *The individual and his religion*. New York: Macmillan.

Aranya, H. (1983). *Yoga philosophy of Patanjali*. Albany: State University of New York Press.

Armstrong, T.D. (1999). The impact of spirituality on the coping process of families dealing with pediatric HIV or pediatric nephritic syndrome (Doctoral dissertation, University of North Carolina at Chapel Hill, 1998). *Dissertation Abstracts International*, 59(12-B), 6482.

Boyd-Franklin, N., & Lockwood, T. W. (1999). Spirituality and religion: Implications for psychotherapy with African American clients and families. In F. Walsh (Ed.), *Spiritual resources in family therapy* (pp. 90-103). New York: Guilford.

Burke, M. T. (1998). From the chair. *The CACREP Connection*, 2.

Burke, M. T., Hackney, H., Hudson, P., Miranti, J., Watts, G. A., & Epp. L. (1999). Spirituality, religion, and CACREP curriculum standards. *Journal of Counseling and Development*, *77*, 251-258.

Busto, R. V. (1996). The gospel according to the model minority? Hazarding an interpretation of Asian American evangelical college students. *Amerasia Journal*, *22*, 133-147.

Canda, E. R. (1988). Spirituality, religious diversity, and social work practice. *Social Casework*, *69*, 292-298.

Deikmann, A. (1990). *The wrong way home: Uncovering the patterns of cult behavior in American society*. Boston: Beacon Press.

Faiver, C., Ingersoll, R. E., O'Brien, E., & McNally, C. (2001). *Explorations in counseling and spirituality: Philosophical, practical, and personal reflections*. Belmont, CA: Wadsworth.

Falicov, C. J. (1999). Religion and spiritual traditions in immigrant families: Therapeutic resources with Latinos. In F. Walsh (Ed.), *Spiritual resources in family therapy* (pp. 104-120). New York: Guilford.

Fielding, R. G., & Llewelyn, S. (1996). The new religions

and psychotherapy: Similarities and differences. In G. Claxton (Ed.), *Beyond therapy: The impact of eastern religions on psychological theory and practice* (pp. 271–289). Dorset, UK: Prism.

Fowler, J. W. (1981). *Stages of faith*. New York: Harper & Row.

Frame, M. W. (2003). *Integrating religion and spirituality into counseling: A comprehensive approach*. Pacific Grove, CA: Brooks/Cole.

Frankl, V. E. (1963). *Man's search for meaning*. Boston: Beacon Press.

Fukuyama, M., & Sevig, T. (1999). Spiritual issues in counseling: A new course. *Counselor Education & Supervision*, *36*, 224–232.

Genia, V. (1995). *Counseling and psychotherapy with religious clients: A developmental approach*. Westport, CT: Praeger.

Giordano, J., & McGoldrick, M. (1996). European families: An overview. In M. McGoldrick, J. Giordano, & J. K. Pearce (Eds.), *Ethnicity and family therapy* (2nd ed., pp. 427–441). New York: Guilford Press.

Gonzalez-Wippler, M. (1992). *The Santeria experience*. Saint Paul, MN: Llewellyn.

Green, W. S. (1994). Religion and society in America. In J. Neusner (Ed.), *World religions in America* (pp. 293–301). Louisville, KY: Westminster/John Knox Press.

Hammerschlag, C. (1988). *The dancing healers: A doctor's journey of healing with Native Americans*. New York: HarperCollins.

Hanna, F. J., & Green, A. (2004). Asian shades of spirituality: Implications for multicultural school counseling. *Professional School Counseling*, *7*(5), 326–333.

Javaheri, F. (2006). Prayer healing: An experiential description of Iranian prayer healing. *Journal of Religion and Health*, *45*(2), 171–182.

Karenga, M. (2008). *Kwanzaa: A celebration of family, community and culture*. Los Angeles: Sankore Press.

Kilpatrick, A. C. (1999). Ethical issues and spiritual dimensions. In A. C. Kilpatrick & T. P. Holland (Eds.), *Working with families: An integrative model by level of need*. Boston: Allyn & Bacon.

Kurtz, E. (1999). The historical context. In W. R. Miller (Ed.). *Integrating spirituality into treatment: Resources for practitioners* (pp. 19–46). Washington, DC: American Psychological Association.

Lonborg, S. D., & Bowen, N. (2004). Counselors, communities, and spirituality: Ethical and multicultural considerations. *Professional School Counseling*, *7*(5), 318–325.

Moodley, R., & Sutherland, P. (2009). Traditional and cultural healers and healing: Dual interventions in counseling and psychotherapy. *Counselling and Spirituality*, *28*(1), 11–32.

Olson, P. J. (2006). The public perception of "cults" and "new religious movements." *Journal of the Scientific Study of Religion*, *45*, 97–106.

Oser, F. K. (1991). The development of religious judgment. In F. K. Oser & W. G. Scarlett (Eds.), *Religious development in childhood and adolescence* (pp. 5–25). San Francisco: Jossey-Bass.

Piaget, J. (1972). *The psychology of the child*. New York, NY: Basic Books.

Siegel, R. J., Choldin, S., and Orost, J. H. (1995). Impact of three patriarchal religions on women. In J. C. Chrisler & A. H. Helmstreet (Eds.), *Variations on a theme: Diversity and the psychology of women* (pp. 107–144). Albany: State University of New York Press.

Smith, H. (1991). *The world's religions*. New York: HarperCollins.

Tan, S-Y., & Dong, N. J. (2000). Psychotherapy with members of Asian American churches and spiritual traditions. In P. S. Richards & A. E. Bergin (Eds.), *Handbook of psychotherapy and religious diversity* (pp. 421–444). Washington, DC: American Psychological Association.

Thurston, N. S. (2000). Psychotherapy with evangelical and fundamentalist Protestants. In P. S. Richards & A. E. Bergin (Eds.), *Handbook of psychotherapy and religious diversity* (pp. 131–153). Washington, DC: American Psychological Association.

Trujillo, A. (2000). Psychotherapy with Native Americans: A view into the role of religion and spirituality. In P. S. Richards & A. E. Bergin (Eds.), *Handbook of psychotherapy and religious diversity* (pp. 445–466). Washington, DC: American Psychological Association.

U.S. Bureau of the Census. (2003). Self-described religious identification of adult population: 1990 and 2001. *2003 statistical abstract of the United States*. Retrieved from http://www.census.gov/prod/2004pubs/03statab/pop.pdf

Vontress, C. E. (1991). Traditional healing in Africa: implications for cross-cultural counseling. *Journal of Counseling & Development*, *70*(1), 242–249.

Wikipedia: The free encyclopedia. (n.d.-a). Islam. Retrieved from http://en.wikipedia.org/wiki/Islam

Wikipedia: The free encyclopedia. (n.d.-b). Orisha. Retrieved from http://en.wikipedia.org/wiki/Orisha

Woody, W. D. (2009). Use of *cult* in the teaching of psychology of religion and spirituality. *Psychology of religion and Spirituality*, *1*, 218–232.

Wulff, D. M. (1996). The psychology of religion: An overview. In E. P. Shafranske (Ed.), *Religion and the clinical practice of psychology*. Washington, DC: American Psychological Association.

Young, T. R. (2000). Psychotherapy with Eastern Orthodox Christians. In P. S. Richards & A. E. Bergin (Eds.), *Handbook of psychotherapy and religious diversity* (pp. 89–104). Washington, DC: American Psychological Association.

CHAPTER 11

장애

1. 장애의 개요
2. 장애 문화
3. 장애 경험에 영향을 미치는 요인
4. 장애 정체감
5. 장애와 비장애에 관한 토론
6. 상담자 준비

성장하면서 나는 나 자신을 지체장애인이라는 낙인과 이미지로 오인받고 싶지 않았다. 나는 정상이기를 원했다. 나는 다른 장애를 가진 사람들을 피하였다. 나는 장애 집단의 일원으로서 나 자신을 보려고 하지 않았다. 나는 지나치게 술을 마시고 약물과 담배도 하고 폭력적인 분출로 나의 화를 표현했으며 결국 감옥과 병원에 수감되었다. 마침내 나는 몇 가지 신비로운 은혜를 통해 정신을 차리고 한 훌륭한 치료사들을 만났다.

나는 치료사의 조언에 따라 장애인 여성들로 구성된 한 집단에 참여하게 되었다. 나는 그런 방식으로 참여하는 것이 싫었다. 그러나 그들은 놀라울 만큼 활력 있는 여성들이었다. 나는 내가 늘 생각했던 것들이 나만의 생각이고 매우 개인적인 경험이라고 여겼는데, 그러한 많은 생각들을 그들과 함께 나눌 수 있었다. 이를 통해 나는 나만의 지옥이라고 생각했던 것들이 하나의 사회적 현상이라는 것을 깨닫게 되었다.

출처: J. Tollifson, "Imperfection is a Beautiful Thing: On Disability and Meditation," in K. Fries (Ed.). *Staring Back: The Disability Experience from the Inside Out* (New York: Plume)

장애와 관련된 정체성은 복잡하다. 비록 장애의 범위와 종류는 신체적 장애에서부터 지적 혹은 정신과적 장애에 이르기까지 매우 다양하기는 하지만, 장애를 지닌 사람들이 공통으로 겪는 경험은 사회에서 낮게 평가받고 있으며 사회가 이들을 꺼려한다. 그러나 장애가 없는 사람들은 우연히 혹은 운이 좋아서 장애가 없다고 볼 수 있다. 왜냐하면 사고를 당하거나 또는 나이 들어감에 따라 불가피하게 그러한 조건이 변화하기 때문이다. 역설적이지만 장애가 없는 사람이라고 생각하는 사람들은 자신들과 장애인과의 큰 차이를 지각한다. 비록 이들을 분리하는 경계가 절대적인 것도 아니고 분명하게 규정된 것이 아닐지라도 우리는 이 장에서 그러한 정체성의 역사적인 발달, 사회정치적 측면, 그리고 장애의 국면을 주목하면서, 몇 가지 장애의 구조를 검토할 것이다.

생각해 볼 질문 11.1

- 능력(ability)이 있다거나 장애(disability)를 가지고 있다는 것은 무엇을 의미하는가?
- 당신의 삶에서 당신은 어떤 능력 또는 어떤 장애를 경험하였는가?

미국장애인법(Americans with Disablities Act, 1990)의 정의에 따르면 우리가 흔히 **장애**라고 생각하지 않은 많은 경우들이 포함될 수 있다는 것에 주목하라. 이 정의에 따르면 장애는 일시적일 수도, 영구적일 수도, 원상태로 돌아올 수도 그러

예시 11.1
미국장애인법(ADA) 1990

미국 장애인법은 장애인을 세 가지 관점에서 규정한다: (A) 하나 또는 그 이상의 주요 생활활동을 상당히 제한하는 신체적 · 정신적인 장애를 가진 개인; (B) 그런 장애의 기록; (C) 그런 장애를 가진 것으로 간주되는 것이다. **신체적 · 정신적 장애**(physical or mental impairment)는 다음을 의미한다. (1) 하나 또는 그 이상의 신체 체계에 영향을 주는 어떤 생리적인 장애 또는 상태, 표면적인 손상, 또는 해부학적인 상실: 신경학, 근골격, 특수한 감각기관, 호흡기(발음기관 포함을 포함하는), 심장 혈관, 생식, 소화, 비뇨생식기, 혈액 그리고 림프질, 피부 내분비; (2) 정신지체, 기질성 뇌증후군(대뇌 조직의 기능 저하로 야기되거나 동반되는 정신장애), 감정 또는 정신 질병, 또는 특수한 학습 장애. **주요 생활활동**(major life activities)은 스스로를 돌보기, 수작업, 걷기, 보기, 듣기, 말하기, 숨쉬기, 배우기, 일하기 등의 수행 같은 기능을 의미한다. **실질적인 제한**(substantially limits)이 의미하는 바는 다음과 같다: (i) 보통 사람들이 수행할 수 있는 주요 생활활동을 수행할 수 없는 것; (ii) 보통 사람들이 주요 생활활동을 수행할 수 있는 조건(condition), 방법(manner), 지속(duration)과 비교하여 현저하게 이러한 활동을 수행할 수 있는 조건, 방법, 지속에 제한을 갖는 것이다.

주: Americans with Disabilities Act (1990) Section 1630.2

지 않을 수도, 발달할 수도 퇴화할 수도, 심각할 수도 그렇지 않을 수도 있다(Bickenbach, 1993). 많은 사람들은 팔이나 다리의 골절, 심한 염좌, 또는 심각한 질병을 통해 일시적으로 장애를 경험하는데 이때 사람들은 자신들은 장애가 없다고 믿는다. 그러한 일시적인 경험들을 넘어서, 장애 그 자체는 양측 하지마비처럼 반드시 그렇게 심각한 것이 아니라는 것을 인식하는 것이 필요하다. 또한 장애가 아스퍼거 증후군 같이 눈에 띄지 않는 경우도 있으며 이중관절 손가락(double-jointed finger)을 가진 경우처럼 사회적으로 크게 중요하지 않을 수도 있다는 것을 인식하는 것이 필요하다(Stone, 1995).

1. 장애의 개요

모든 인간이라면 능력상의 한계에 직면한다. 그러한 제한적 경험을 회상해 보면,

활동 11.1

장애의 인식

- 당신의 동네를 다니면서 다음과 같은 것들을 자세히 살펴보라. 주차 구역을 넘어서 주차된 차들, 목줄 풀린 개들, 인도 및 인도와 차도 사이의 경계석, 계단별 색깔의 차이(시력이 낮은 사람들은 이것을 필요로 한다), 시각장애인과 부딪칠 수 있는 나뭇가지들, 그리고 귀로 들을 수 있는 소리들(큰 소리의 경적 같은)을 자세히 조사해 보자.
- 당신이 좋아하는 카페나 서점의 출입구를 조사해 보라. 출입구가 평평한가? 계단이 적은가? 계단이 많은가? 접근하기 쉽게 하려면 무엇을 바꿀 필요가 있는가? 때때로 뒤쪽에 장애인이 사용할 수 있는 경사로(loading ramp)가 있다. 당신은 그러한 방식으로 들어가는 것에 대해서 어떻게 생각하는가?
- 쇼핑센터에 있는 옷가게를 가보자. 옷걸이들 사이에 얼마나 많은 공간들이 있는가에 주목하라. 시각장애 또는 이동장애를 가진 누군가에게 이것은 어떠할 것 같은가?

우리의 신체적 한계 때문에 활동을 수행할 수 없었던 상황을 우리 대부분은 기억할 수 있다. 가장 높은 선반에 있는 캔을 잡을 수 없다든지, 너무 무거워서 옷가방을 들어 올릴 수 없다든지, 충분히 빨리 움직일 수 없어서 버스를 놓친다든지, 교통표지가 너무 작아서 읽을 수 없어 잘못 회전했다든지…. 우리는 이러한 상황을 통해 우리의 신체적 한계를 인식한다. 그러나 Stone(1995)은 우리 대부분은 장애에 대한 그런 경험에 집중하지 않는 경향이 있어서, 장애를 가진 사람들은 본질적으로 우리 자신과 '다른 사람'으로 다룬다고 주장한다. 그녀는 이것에 대해 지배적인 문화의 몇 가지 측면을, 특히 그녀가 '신체의 완벽에 대한 신화(myth of the bodily perfection)'라고 이름 지은 것에 초점을 맞춰서 지적하였다(p. 413). 서구의 전통들 중에는 완벽한 신체를 가지려는 바람과 그러한 가능성에 관한 주제들이 일관적으로 나타난다. 육체를 본래 정신의 전당으로 생각하여 육체와 정신을 구별하는 기독교의 믿음은 신체를 도덕성과 순결의 반영으로 보았다. 그래서 신체의 질병 또는 장애는 정신적이고 도덕적인 결함의 증거라고 보았다. 질병을 이겨 내지 못하는 것도, 치료되지 못하는 경우도, 또한 표준에서 벗어나는 것도 모두 그 개인의 잘못으로 여겨진다(Livneh, 1982). 장애에 대한 신의 인과론적 설명이 있는 몇몇 다른 문화에서는 장애를 가진 어린이는 그 부모에 대한 신의 처벌로 인식된다.

반면에 다른 문화의 경우에는 장애를 감염으로 이해하기 때문에, 예를 들어 임신한 여자는 그녀의 아이에게 장애를 옮길까 봐 장애를 가진 누군가를 보거나 듣거나 접촉하지 않도록 하는 경우도 있다(Groce, 2005).

이렇게 만연한 가치들과 함께 마치 전능한 것처럼 믿었던 20세기 후반의 기술과 의학에 대한 믿음은 모든 신체적 문제는 잠재적으로 고칠 수 있다는 생각을 초래했다. 1950년대에 많은 어린이들이 척수성 소아마비로 인해 걸을 수 없었을 때, 그들은 다시 걸을 수 있도록 설계된 수많은 수술을 받았다. 비록 고통스러운 오랜 회복 기간을 필요로 하는 수술을 받아도 원하는 결과를 거의 얻지 못했지만 이러한 일은 반복적으로 일어났다. 어떤 사람의 아이가 다시 걸을 수 없게 되어서 보조장치를 사용할 수밖에 없는 경우라면 이들은 실패자로 여겨지고 엄격하게 판단되었다. 어떻게 해서든 장애를 정상화시키는 것이 장애를 지닌 것보다 낫다고 여겨진 것이다(Kaufert & Kaufert, 1984)

건강, 매력, 생산성, 능력 등 인간 삶의 가치에 대한 깊게 뿌리박힌 이러한 믿음들은 신체적 · 정신적 · 인지적 · 감각적 장애를 가진 사람들을 차별 대우하는 환경을 만들어 낸다. **장애인 차별주의**(ableism)는 신체적 · 정신적 · 발달적 장애를 가진 개인들은 치료될 필요가 있다거나 또는 사회의 완전한 구성원으로 대우할 수 없다는 믿음에 의해 특징지어지는 이들에 대한 억압의 표명이다(Castafieda & Peters, 2000). 왜냐하면 장애를 가졌다는 것을 차이라기보다 오히려 결함의 국면으로 보기 때문이다. 장애는 겨우 최근에 전문가들에 의해 다문화적 관심사로 인식되었다(Smith, Foley, & Chaney, 2008).

주류 사회에 현존하는 장애에 대한 왜곡되고 부정적인 이미지는 대부분의 사람들이 현존하는 광범위한 수많은 장애를 인정하고 수용하지 못하게 하는 데 기여한다. 그래서 '요통(bad back)'이 있어서 무거운 것을 들어 올리지 못하는 한 남자는 자신을 장애가 있다고 여기지 않는다. 또한 자신을 매우 건강하게 생각하는, 그러나 갑작스럽게 희미해진 철자들로 인해 고통을 겪어서 더 이상 운전을 할 수 없게 된 한 여성도 마찬가지로 생각한다. 장애를 가진 사람에 대해 주목할 때, 우리는 장애인과 공유하는 것이 아무것도 없는 것처럼 행동하기 쉽다. 또한 우리 모두는 완벽하지 않은 존재이고 제한된 신체를 가졌음에도, 장애인들과 함께 가지고 있는 공통성을 무시한다. 백인처럼 보이는 매우 밝은 피부를 가진 유색인들에게 사용되던 용어인 합격(passing)이라는 용어가 이곳에서도 적용된다. Hillyer(1993)는 장애인이 아닌 정상인으로 합격 판정을 받게 되면 한 개인으로서 인정받게 될 가능성이 높아짐을 지적하였다. 또한 그렇게 정상으로 여겨지면 가치가 없는 것으로 여겨지는 장애 집단을 꺼려하는 사람들과 친해지는 능력이 향상됨을 지적하였다.

장애는 피해야 하는 상황으로 받아들여진다. 뚜렷하게 장애가 있는 사람들은 그들의 장애가 단지 그들의 두드러진 부분으로서가 아니라 그들을 구별 짓는 배타적인 수단이라는 것을 안다. 이와 같이 사람들은 휠체어를 탄 사람은 비행기를 탈 것이라고 생각하지 않을 뿐만 아니라 아무것도 못 할 것이라고 생각한다. 이처럼 차이에 기초하여 장애를 규정짓는 것은 억압의 표시이며, 특히 이러한 차이가 병리적인 것일 때 더욱 그러하다. 위대한 미국 대통령의 한 사람이며 대공황에서 미국을 이끌었던 것으로 공적을 남긴 프랭클린 Roosebelt가 휠체어를 탄 사실은 국민들에게 숨겨졌다. 왜냐하면 그 기계 장치를 사용하는 것은 나약함의 표시로 보일 수 있었기 때문이다(Blotzer & Ruth, 1995). 미디어가 넘쳐나는 오늘날과 같은 시대라면 그는 아마도 당선조차 되지 않았을 것이다. 심지어 최근에도 워싱턴 DC에 있는 루스벨트 기념관에 휠체어를 탄 10피트짜리 그의 조각상을 마련하는 것이

예시 11.2
소외된 사람들의 장애

내가 흑인이라는 사실은 나의 정체성의 가장 핵심적인 부분이다. 이 사실 때문에 나는 고등교육의 영역에서 많은 문제를 겪어야만 했다. 흑인이라는 정체성은 내 삶의 모든 부분, 예를 들어 내가 사귀는 모든 친구 관계들, 내가 가정했던 생각들, 내가 사용했던 전략들에 영향을 미쳤다. 나는 학문의 주류 문화에서 분리되지 않도록 최선의 노력을 다했다. 그러나 내가 흑인이라는 것이 항상 내 정체성에서 가장 지배적인 것은 아니었다. 내가 공부하는 동안 전반에 걸쳐 여러 번 내가 장애인임이 제기되었고, 내가 흑인이라는 것은 부차적인 것으로 간주되곤 했었다. 그래서 흑인들이 대다수인 대학—백인들이 대다수인 대학교들의 경우 흑인들이 공격받을 수 있는 반면 그러한 위험성으로부터 안전한 공간인 흑인 대학—에 다니던 중에도 남들과 다르다는 인식은 끊임없이 나를 괴롭혔다. 간단히 말해서 장애 흑인으로서, 내가 장애인이라는 사실은 내가 흑인이라는 사실 때문에 받게 되는 것과는 다른 방식으로 나에게 영향을 미쳤다. 그래서 흑인인 나의 경우에는 장애 학생들이 대학 입시에서 직면하는 장애인 차별주의가 다르게 적용되어, 일반 장애 학생들과는 다르게 나의 장애가 충분히 고려되지 못했다.

출처: Excerpted from A. Rahman Ford (2009) It's Not Just About Racism, but Ableism: When Talking About Diversity, the Ableism that Students with Disabilities Face Should Be Part of the Conversation." *Diverse Issues in Higher Education*, *26*(4), 16.

논쟁이 될 정도이다.

장애의 상태는 절대적인 조건으로 이해되었다. 실제로 몇몇 장애는 가시적인 형태와 비가시적인 형태로 번갈아서 나타나기도 한다. 이러한 끊임없는 변화는 장애의 정도, 상황 및 환경에 의해 결정된다(Peters, 1993). 한 개인이 정신분열증과 같은 정신병리학적 장애를 가지고 있으면 장애의 정도 측면에서 그는 회복될 수도 있다. 몇 가지 경우에, 상황이 장애의 가시성에 영향을 준다. 커다란 책상 뒤의 접수계원으로 고용된 사람은 눈에 띄지 않지만, 같은 조건을 가진 사람이 체육관에서 일한다면 쉽게 눈에 띌 것이다. 마지막으로 환경은 가시성의 인식을 형성할 수 있다. 패스트푸드점에서 일하는 학습장애를 가진 청소년은 그러한 맥락에서 분간할 수 없는 장애를 가졌을 것이다(Peters, 1993)

생각해 볼 질문 11.2

- 자신을 정의할 때 어느 정도 자신의 능력, 또는 자신의 장애를 바탕으로 당신을 정의하는가?
- 당신의 삶에서 당연히 지닌 것으로 여겨지는 능력이 있다면 무엇인가?

1) 역사적 맥락

역사적으로 업적과 성취를 통해 자신들의 존재를 각인시킨 장애인들이 존재해 왔다. 종종 장애라는 것이 결함이나 무능력과 동일시되는 개념을 남겨 놓고, 성공이라는 맥락에서 장애는 간과되거나 보이지 않게 된다. 예를 들어 기원전 3500~1800년 사이에 산스크리트어로 쓰여진『리그 베다(*Rig Veda*)』는 전투에서 한쪽 다리를 잃은 후 철로 만든 의족을 달고 전장으로 돌아온 전사, Vishpala 여왕의 이야기를 상세히 기술하고 있다. 기원전 218년에 Carthage와 맞서 싸웠던 로마의 장군 Marcus Sergius는 많은 상해를 입고, 오른팔이 절단된 후 방패를 잡을 수 있도록 철로 팔을 맞추어 달고 전쟁터로 돌아갈 수 있었다. 맹인이며 시각장애인들의 권리를 위한 활동가로서 이상을 제시한 인물인 Helen Keller와 같은 인물들 외에도 다른 인물들이 있다. 자신의 전 인생을 인권을 위한 투쟁과 노예 구출에 바친 Harriet Tubman은 간질이 있었으며, 앞에서도 언급한 것처럼 미국 대통령을 네 번 역임한 Roosebelt는 소아마비를 앓았었고, 회화로 세계적인 명성을 떨친 Frida Kahlo 역시 어릴 때 소아마비를 앓았었다. Cherokee 부족국가(Cherokee Nation)의 최고 지도

자였던 Wilma Mankiller는 근이영양증(muscular dystrophy)을 앓았다.

장애의 역사에서, 장애를 정의하는 방식과 장애인들이 자신들을 정의하는 방식에 있어서 많은 변화가 있었다. 역사상 장애에 관한 세 가지의 서로 다른 구성 개념이 존재해 왔다(McColl & Bickenbach, 1998). 가장 최초의 것은 **도덕적 구성 개념**(moral construct)으로, 이 관점에서는 장애가 신의 간섭이나 천벌로 인식되었다. 장애는 개인의 도덕적 성격의 결함으로 인해 생겨나는 것으로 여겨졌고, 이로 인해 장애는 성격적인 결함을 보여 주거나 신의 징벌, 혹은 악마의 저주로 나타난다고 보았다. 이런 식의 사고는 수혈로 인해 HIV 보균자가 된 사람들을 '죄없는 희생자' 간주하는 반면, 성적인 접촉에 의해 감염된 동성애자들은 '죄악에 물든 생활 방식'의 대가를 치르는 것으로 간주하는 1990년대의 논쟁에서도 볼 수 있다. 1800년대에는 장애를 치료해야 할 대상으로 보고 개인들이 '정상 상태'로 돌아갈 수 있도록 노력하였다. 따라서 장애인을 치료할 수 있는 비정상 상태나 병인으로 보는 **의학적 모델**(medical model)이 생겨나기도 했다. 사람을 치료하여 정상적인 삶을 살 수 있도록 하는 데 초점을 둔 개념화와 의학적 모델의 많은 요소들이 오늘날에도 범람하고 있다. 마지막으로 1960년대에 수용되기 시작한 **사회적 모델**(social model)은 문화적인 맥락에 중점을 두고 있다. 장애를 사회적 정체성으로 인정하면서 장애를 가진 사람들이 부딪히는 장벽들 중의 많은 것이 내재적인 한계이기보다 오히려 사회에서 오는 것이라고 보는 견해이다. 예를 들어 운동장애를 가진 사람이 휠체어용 경사로가 없어서 동네 영화관에 갈 수 없을 때, 그 제한은 그녀가 휠체어를 사용하기 때문이라기보다는 그녀를 위한 조정(accommodation)이 결핍되어서 나타나는 것이라고 보는 견해이다.

여러 시대에 걸쳐서 장애인들은 그들이 인식되고 취급되는 방식들에서 변화를 얻기 위해 투쟁해 왔다. 1500년에 Girolamo Cardano는 귀먹었다는 것이 추론하는 능력이 부족하다는 것과 동일하지 않다는 것을 인지한 최초의 의사였다. Bonifacio는 1616년 최초로 수학에 대한 논문을 출판했으며, 1755년 독일에서 최초로 청각장애인들을 위한 구술 학교가 설립되었다. 1790년, Philippe Pinel은 파리에서 정신질환을 지닌 사람들에게 자유를 주었다(Disability Social History Project, 2005).

1900년대 초반은 장애를 옹호하는 실천운동(activism)과 장애를 차별하는 흐름이 동시에 나타났다. 1935년, 뉴욕 시에서 지체장애인동맹(League for the Physically Handicapped)이라는 이름의 집단이 공공사업촉진국(Works Progress Administration: WPA)의 차별에 항의하기 위해 결성되었다. 주로 소아마비와 뇌성

마비 장애인으로 구성된 동맹 회원 300명 이상이 공공사업촉진국(WPA)에서 취업 거부를 당했다. 지체장애인동맹의 회원들은 연좌 농성으로 항의했고, 그 결과 전국적으로 2,000여 개의 일자리를 창출해 냈다. 반면 노벨상 수상 작가인 Dr. Alexis Carrel은 『인간, 미지의 세계(*Man the Unknown*)』라는 책에서 정신질환을 가진 사람들과 범죄자들을 적절한 가스를 사용한 안락사 시설을 통해 제거할 것을 제안하였다. 이 아이디어는 나치 정부에 의해 받아들여졌고, 1939년 병자들과 장애인들에 대한 '자비로운 죽음(mercy killing)'을 지시하기 위해 안락사 프로그램이 구성되었다. 이 프로그램에 의해 10만 명 이상의 사람들이 죽임을 당했다. 1970년대는 독립 생활 프로그램을 통한 장애인 실천운동이 생겨났고 여성 장애인들이 조직을 형성하기 시작했다. 그리고 1990년대에 미국장애인법(ADA)이 제정되었다(Disability Social History Project, 2005).

장애를 단일화된 개념으로 보는 것은 보편적인 것이 아님을 기억해야 한다(Groce, 2005). 많은 문화에서는 장애를 표현하는 단어가 하나도 없는 경우가 있을 수 있다. 어떤 문화에서는 장애를 특정 유형의 결함으로 유형화한다. 예를 들어 시각장애인을 청각장애인과 다른 범주에 분리하는 것이다. 신체적 · 감정적 · 지적 · 감각적 결함의 관점에서 사람들을 범주화하는 장애에 대한 개념은 비교적 최근에 생겨난 것이다.

2) 미국장애인법(ADA)의 개요

전에 언급했던 것처럼 미국장애인법은 장애를 세 가지 조건 중 하나에 부합하는 것으로 정의하고 있다. 본질적으로 이 법은 고용, 주립 및 지방 정부, 공공시설, 상업시설, 교통 및 위성 통신에서의 장애를 기반으로 한 차별을 금지했다. 이는 미국 의회에도 적용된다.

미국장애인법의 I장은 고용 문제를 다루고 있으며, 고용주가 자격을 갖춘 장애인에 대해 다른 사람들이 사용할 수 있는 고용 관련 기회의 전체 영역에서 수혜자가 될 수 있는 동일한 기회를 제공하도록 요구하고 있다. 예를 들어 모집, 고용, 승진, 교육, 급여, 사회활동 및 기타 취업 특혜에서 차별을 금지하고 있으며, 취업 이전에 지원자의 장애 여부를 묻는 질문을 제한하고 있다. 또한 고용주들은 장애인이 지닌 신체적 혹은 정신적 제한을 위해 합리적인 조정(accommodation)을 실행하여 이들이 부당한 어려움을 당하지 않도록 해야 한다.

II장은 주립 및 지방 정부에 중점을 두고 있으며, 장애인들에게 공교육, 교통, 여가, 보건, 사회적 서비스들, 법적 서비스 혹은 선거 등 정부가 제공하는 모든 프로그램, 서비스, 활동들에서 동일한 수혜자가 될 기회를 제공할 것을 요구하고 있다. 새로운 건물을 짓거나 기존 건물을 구조 변경할 경우 장애인을 위한 특별 건축기준을 따라야 한다. 그러나 이때 장애인을 차별하는 정책과 조치에 타당한 수정을 하면 부당한 재정적 및 행정적 부담은 질 필요가 없다.

III장은 상업 및 비영리 서비스 제공자들, 즉 식당이나 주간 간호센터, 장례식장, 노숙자 수용시설, 피트니스 클럽들과 같은 공공시설들을 다루고 있으며, 이러한 기관들이 배척, 차별 및 불평등 처우를 금하도록 요구하고 있다. IV장은 청각 및 언어 장애를 가진 사람들에게 전화 및 TV 접근권을 허용하도록 규정하고 있다.

미국장애인법 외에도 연방 선거를 위해 장애인들이 신체적으로 접근할 수 있는 장소에 투표소 설치를 규정한 1984년 노인 및 장애인 투표접근법과 같이 다양한 법적 보호 조치들이 있다. 이와 유사하게 1993년에 제정된 국가유권자등록법은 모든 주립 예산으로 운영되는 기관들이 장애인들에게 투표 등록 신청 서류양식을 제공하고 기입한 양식을 송부하는 것을 도와주도록 규정하였다. 이를 통해 기록적으로 낮은 소외된 공동체의 등록률을 증가시키고자 노력하였다. 장애인 교육법은 자격을 갖춘 모든 장애 아동들이 그들의 개인적인 필요에 따라 적절한 최소제한 환경(least restrictive environment)에서 무료로 적절한 공교육을 받을 수 있도록 모든 공립학교에 요구하고 있다(U.S. Department of Justice, 1992).

2. 장애 문화

법률과 입법 규정 이외에도 장애인 사회의 움직임은 집단으로서의 정체성을 형성하는 데 중점을 두어 왔다. 장애가 엄밀한 의미에서 인류학적인 문화의 정의에는 포함되지 않지만 Bryan(1999)은 장애인들이 공통적인 생활경험을 공유하고 있다고 보았다. 예를 들어 기능에 손상을 입은 자들로 여겨지거나, 성공한 경우 매우 특별한 경우라고 인식되는 것이 이에 해당된다. 인종 집단처럼 보다 규범적인 문화를 지닌 경우와 달리, 장애인들은 역사적으로 주류 사회에서 격리되었을 뿐만 아니라 장애인 사이에도 서로 소외되어 왔다. 정신적 장애가 있는 사람들은 시설들에 수용되었고, 지적 장애를 가진 아동은 가족과 분리되어 대형 시설에 수용되었다. 장애인들은 대개 가난했으며 취업 및 교육에 대한 접근권이 부족했고, 적절한 교통수단이나 주택도 갖지 못했다. 신체적인 장애를 가진 사람의 경우 이들을 도와줄 인력의 부족으로 인해 종종 생존 자체가 이들에게는 가장 중요한 문제였다. 환경 및 통신의 여러 장벽들은 시각 및 청각 장애인을 소외시켰다. 그러나 1960년대 이후로 사회적 · 정치적 실천운동, 적용 기술의 가용성 증가, 그리고 수행 간호 등이 장애를 가진 사람들의 소통을 더 용이하게 만들었다. 이를 통해 그들이 공유한 경험의 공통성에 기초하여 집단적인 정체성을 발전시켰다. 이로 인해 장애인들에 대한 사회적인 인식에서부터 내면화된 인식까지 많은 것들이 변화되었다. Swain과 Cameron(1999)은 이러한 과정을 '장애인으로서의 커밍아웃'(p. 76)으로 설명했다. 이를 통해 부정적인 낙인을 떼어 내고 장애에 대한 긍정적인 인식을 발전시키며, 타당한 사회적 정체성으로 장애를 새롭게 정의 하였다.

이처럼 장애 문화는 지배적인 사회문화적 구조에 대한 도전을 통해 장애 경험에 대한 새로운 맥락과 인식을 제공했다. 그러나 이러한 변화는 아직까지 진화하고 있는 분야이다. 장애 연구는 장애에 대한 개념을 조사하고 어떻게 장애인들이 낙인찍히는가를 분명히 하기 위해서 사회적 · 역사적 · 정치적 · 경제적 자료들을 바탕으로 한 학제적(interdisciplinary) 분야의 연구라고 볼 수 있다(Kielhofner, 2005). 장애 분야의 경우 현재 사용되고 인정되는 용어들조차도 상당한 다양성이 있다. 예를 들어 **장애를 지닌**(disabled)이란 단어가 많은 장애인들을 나타내는 표현으로 인정되고 있지만, 다른 사람들은 **신체적 도전이 있는**(physically challenged)이란 표현을 선호하기도 한다. 미국에서는 조건으로 사람을 지칭하는 장애인보다는(예: *disabled people*, *the disabled*) 어떤 조건 앞에 사람을 위치시키는, 예를 들어 장애를 가진 사람(예: *people with disabilities*)과 같이 사람이 앞에 오는 용어를 더 선호한다. 그러나 어떤 실천운동 집단의 경우, 장애를 먼저 넣어 자신들을 표현하는 것이 장애인의 집단 정체성에서 자긍심을 갖는 표현 방법이라고 주장하기도 한다(Gill, 2001). 물론 이러한 것들이 혼란스럽게 보일 수 있지만 이는 소외된 집단이 정체성 의식을 개발시키는 과정의 정상적인 측면이다. 소외된 집단들은 역사적으로 다른 사람들에 의해 대상화되어 정의되어 왔다. 그리고 이들의 역량이 신장되는 과정은 자아 정체성과 관련하여 수용될 수 있는 언어의 개발을 수반한다. 공통적인 지위를 공유하고 있는 집단이라 할지라도 그 안에는 다양성이 존재하기 때문에 이러한 과정은 역동성을 띤다. 특히 사회적인 규준과 억압적 조건이 변하기 때문에 더욱더 그러하다.

『침묵하는 몸(*The Body Silent*)』(1987)의 저자 Robert Murphy는 악성 척수종

사례 연구 11.1

Peter의 사례

30대 초반의 유럽계 미국인 Peter는 자동차 사고 이후에 양쪽 다리가 마비되었다. 이것은 그에게 커다란 충격이었다. 그는 운동에 매우 열정적이었으나 다시는 운동에 참여할 수 있는 방법이 없었다. 그는 그의 아내에게 이혼을 요구했고 '온전한' 남자를 찾아보라고 말했다. 그는 공공장소에서 휠체어에 앉아 있는 자신의 모습에 굴욕감을 느꼈다. 그는 장애를 갖기 이전에 자신이 받았던 모든 메시지와 비교하여 장애를 가진 자신의 모습을 이해했다. 그는 자신은 이상하며 "반쪽인 남자로 사는 것보다 죽는 것이 더 낫다."는 식으로 자살하고 싶은 생각이 든다고 설명했다.

이전 기간에 Peter는 장애로 인해 고립되어 있었고, 그의 장애는 끔찍한 것이라는 그의 생각에 동조하는 사람들에 의해 둘러싸여 있었다. 그러나 최근 척수손상(Spinal Cord Injuries: SCI)을 입은 다른 사람들을 만나게 되었다. 이들은 자신이 겪은 충격을 포함하여 모든 어려움을 이미 겪어낸 사람들이었다. 이들은 걷는 능력을 상실했고, 방광을 스스로 통제할 수 없었으며, 장애가 없는 주변 사람들의 뻔뻔스러움을 경험했다. Peter는 SCI 하위문화에 참여하기 시작했다. 그가 자신을 'T-12 para'라고 소개했을 때, 새로 구성된 집단의 모두는 그가 12번째 흉부 수준의 척수손상을 가지고 있다는 것을 알고 있었다. 사람들이 TAB에 대해 말했을 때, 모든 사람은 '임시적으로 움직일 수 있는 몸(temporarily able-bodied)'이라는 것을 알고 있었다. 그들의 공유된 경험에 대한 결속의 표시로, 주류 문화에서는 사용하기를 꺼려하는 단어를 사용하여 서로를 **절름발이**(gimp) 또는 **불구자**(crip)라고 부른다—이러한 내부 언어는 비장애인인 외부인에게는 허용되지 않는다.

점차 시간이 흐르자 Peter는 새 아내에게 적응했고, 장애에 대한 부정적인 의미를 지워 나갔다. 그는 다시 휠체어 농구, 개조된 트랙 및 필드 경기, 수상스키 등의 운동에 참여하기 시작했다. 그리고 그가 속한 새로운 공동체와 문화 집단의 한 부분으로서 생동감을 느꼈다.

사례 토론

생각해 볼 점

1. 만약 Peter가 장애를 갖게 된 후 즉시 당신에게 도움을 요청하러 왔다면, 당신은 Peter의 특징을 어떻게 이해하겠는가? 드러난 문제 중에서 무엇이 중요하다고 보겠는가?
2. 만약 Peter가 훨씬 이후에 우울 증상을 가지고 당신을 찾아왔다면, 그의 감정 상태는 그의 장애와 연관되었던 것인가?

위의 사례에서 보듯이, Peter는 두 가지 측면에서 중요하고 의미심장한 변화를 경험했다. 하나는 자신의 장애와 초기 상실감을 잘 다루게 되었다는 것이고, 다른 하나는 그의 장애 정체성이 SCI의 구성원으로서의 정체성으로 변화했다는 점이다. 그러한 변화에서 Peter 자신이 어떻게 적극적인 역할을 했는지를 탐색하는 것은 흥미로울 것이다. 그의 현재의 문화적 정체성을 이해하고, 그의 장점과 새롭게 설정된 목표를 인식하며, 자기 자신의 삶을 깨닫게 된 결과로서 이제 Peter의 결혼생활이 어떻게 변화했는지를 탐색하는 것이 중요하다. 동시에 그런 변화에서 그가 누구인지, 또한 그가 어떠한 역할을 할 수 있는지를 탐색하는 것은 중요하다.

양으로 인해 퇴행성 마비를 겪은 인물로, 자신의 개인적인 여행을 묘사하고 있다. 그는 실제로 사지가 마비된 상태에서 손바닥에 끼운 유니버설 커프(universal cuff)에 연결된 연필 끝에 달린 지우개를 이용하여 컴퓨터 키보드를 쳐서 책을 쓰고 있다. 그의 관심을 끄는 이야기는 심각한 신체적 변화의 경험을 상세하게 그려내고 있다. 그의 글은 그러한 변화가 유의미한 타자(significant others)와의 관계에 어떠한 영향을 미치는지, 자기 자신에 대한 지속적인 탐색에 어떠한 영향을 미치는지, 장애에 대한 사회적 구성 개념에 대한 연구를 설명하고 있다.

3. 장애 경험에 영향을 미치는 요인

조력 전문직(helping profession)의 관점에서 우리의 관심은 장애가 구성되는 사회정치적이고 문화적인 환경을 이해하는 것이다. 또한 개인이 이러한 사회적 구성과 상호작용하며 영향을 받는 방식에 대해 이해하는 것이다. 이 장에서는 Vash와 Crewe(2004)의 연구에 근거하여, 개인이 그들의 장애 상태를 경험하고 인식하는 방식에 영향을 미치는 일반적인 설명 요인에 대해 논의할 것이다. 이러한 방식의 세 가지 중요한 측면은 각각 복합적인 양상을 지닌 장애, 개인, 그리고 환경이다.

1) 장애

개인이 지닌 장애의 특성은 장애의 경험에 깊은 영향을 미친다. 장애의 **발생 시점**(time of onset)이 출생할 때부터인지 또는 후천적으로 얻게 된 것인지에 따라, 영향을 미치는 정도는 다르다. 예를 들어 언어 습득 이전에 청각장애인이 되면 명료하게 말하는 것이 더 어려울 수 있다. 더욱이 후천적 장애의 경우에는 개인의 생애발달단계에 따라 장애에 대한 반응이 다르다. 장애를 가지고 태어나는 것 또는 어린 시절에 장애를 얻는다는 것은 주 양육자로부터 격리, 과잉보호, 또는 거부의 경험을 할 수 있다는 것을 뜻하며 가족 생활, 놀이, 교육에서 분리를 받게 된다는 것을 의미한다. 한편 인생의 늦은 시기에 장애인이 된 사람은 잘 형성된 생애 활동에 커다란 손실을 경험하거나 더 이상 회복력(resiliency)을 가지지 못하는 경우도 있다. Krause와 Crewe(1991)에 연구는 척수손상의 관점에서, 늦게 장애를 얻는 것보다 초기 성인기에 장애를 얻는 사람이 장애에 더 효과적으로 적응한다고 제안했다.

장애의 발생 유형(type of onset) 또한 장애에 대한 반응에 영향을 미친다. 왜냐하면 이것은 장애를 만들어 낸 결과와 결부된 일종의 비난과 책임에 영향을 미치기 때문이다. 갑작스럽게 장애를 갖거나 장애가 스스로 나타난 경우와는 달리 장애가 서서히 나타나거나 장애의 시작이 지연된 경우, 다른 손상에 의해 장애가 발생한 것과 비교하여 어떠한 반응의 차이가 있는지를 예측하는 것은 어렵다. 어떤 사람의 경우에는 자신의 장애에 대해 책임감을 느끼는데, 이러한 경우 장애가 우연이나 불운이라고 인정하는 것보다 자신의 삶에 대해 보다 큰 통제력을 갖는 경향이 있다. 반면 또 다른 사람의 경우에는 이들의 적응에 영향을 미치는 요인들이 있는데, 분노를 표현하는 기회를 갖거나 가해자에게 적당한 처벌이 내려졌다는 느낌을 받는 경우 보다 빠른 적응을 하게 된다.

장애인들은 공통적인 경험을 가지고 있지만, 손상된 기능(functions impaired)의 종류가 각기 다르기 때문에 다른 적응이 요구되고, 이로 인해 장애에 대한 서로 다른 반응을 만들어 낸다. 많은 비장애인들은 가장 두려운 장애가 무엇이냐는 질문에 대해 시각장애라고 답한다(Vash &Crewe, 2004). 그러나 시각장애인들은 그것이 최악의 장애라고는 생각하지 않는다. 시각장애에 대한 이러한 두려움 때문에 시각장애를 위한 법률은 다른 장애에 비해 훨씬 더 다양하며 시각장애의 적응을 돕는다. 한편 많은 청각장애인은 청각장애 문화(Deaf Culture)의 일부분이 되었음에 자부심을 느끼고, 장애를 가졌다기보다는 단지 다르게 의사소통한다는 입장을 고수한다. 장애인들의 특징은 손상된 기능의 영향과 결부되어 있었다. 따라서 청각적인 음악 자극으로 가장 큰 위안을 얻는 사람들에게는 움직임에 대한 장애가 청각장애보다 덜 치명적으로 인식될 수 있다.

장애의 심각도(severity of the disability) 또한 상황적 경험을 형성한다. 전신마비 여성은 자신의 생존을 완전히 다른 사람에게 의존해야 한다는 것에 대한 두려움을 경험할 것이다. 반면에 언어 능력에 영향을 미치는 외상적 뇌손상이 있는 젊은 남성은 관심 있는 매력적인 여성이 그가 하는 말에 퇴짜를 놓는 굴욕을 경험할 수 있다. Huebner와 Thomas(1995)는 적응상의 가장 큰 어려움은 장애 심각도의 연속선상에서 양쪽 끝에 있는 사람들에게 있다고 했다. 이와 관련된 쟁점이 앞에서도 논의되었던 장애의 가시성(visibility of disability)이다. 어떤 점에서 눈에 드러나는 장애(visible disabilities)는 신체적 외모에 대한 문제와 매력에 대한 문화적 판단이라는 쟁점을 만드는 반면, 눈에 드러나지 않는 장애(invisible disabilities)는 정상적인 것처럼 오인하게 하는 외모 때문에 대인관계 면에서 어려움을 유발할 수 있다. 예를 들어 허리 때문에 무거운 물건을 들 수 없는 건장한 남자는 그가 물건을

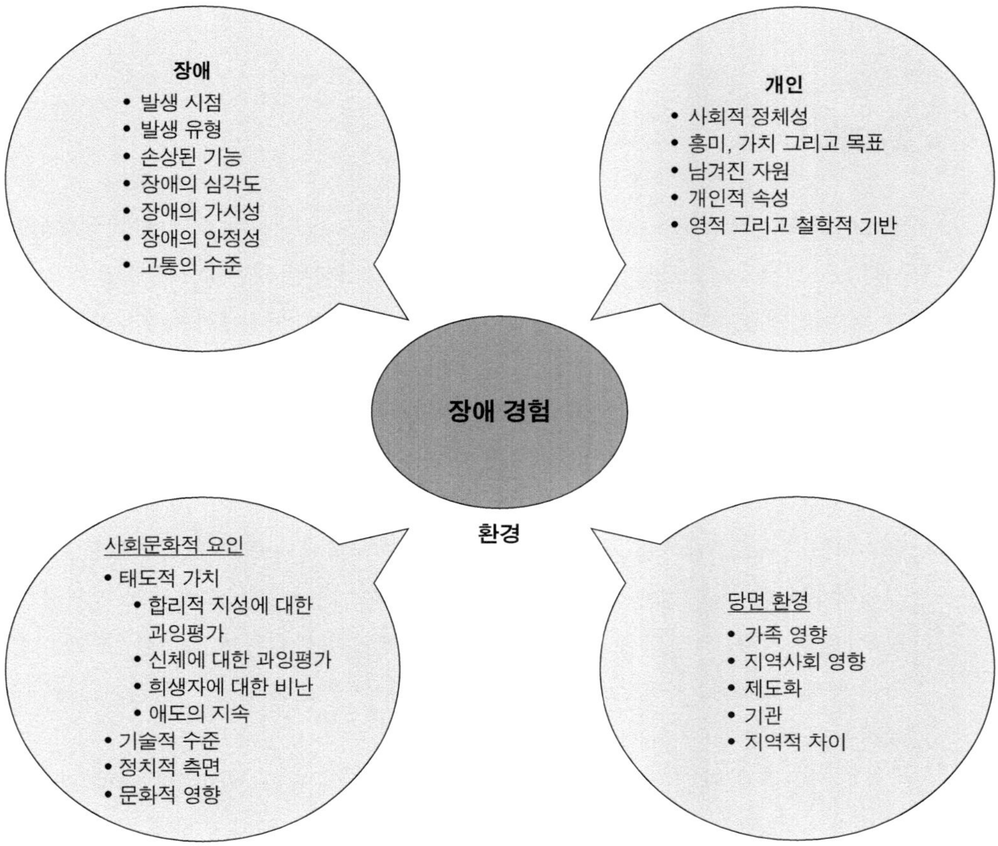

그림 11.1 장애 경험에 영향을 미치는 요인

출처: Adapted from Vash, C. L., & Crewe, N. M. (2004). *Psychology of Disability, 2nd ed. Springer Series on Rehabilitation*. (New York: Springer)

들 수 없는 것에 대해 항상 설명을 해야 하고, 게으른 사람으로 의심을 사며 그렇게 판단될까 봐 두려워해야 한다. 장애의 지속성(stability of disability) 또한 하나의 요인이다. 예를 들어 장애가 시간의 흐름에 따라 죽음으로 이어지는 경우, 개인은 장애뿐만 아니라 역동적인 병의 과정, 변하는 조건 또는 완화와 재발의 문제에 적응해야 함을 의미한다.

마지막으로 **고통**(pain)의 존재와 정도가 주요한 요인이다. 고통이 발생할 때, 관절염과 같이 고통의 조건이 만성적인 것인지, 또는 절단과 같이 한시적인 고통인지에 따라 행동, 품행, 태도와 경험에 영향을 미친다. 고통을 이겨 내는 것도 큰 도전이 되지만, 고통은 눈에 보이지 않기 때문에 정말 고통스러운지에 대해 다른 사람들이 의심하는 것을 경험하게 된다.

2) 개인

장애인의 특성은 이들의 경험에 중요한 결정 요인으로 작용한다. **사회적 정체성의 쟁점**(issues of social identity)은 매우 중요하다. 왜냐하면 사회에서 장애인의 또 다른 지위는 이들의 지위를 형성하기 때문이다. 성(gender)은 다른 차별적인 작용과 반응을 만들어 내는 가장 중요한 변수이다. 남성들은 여성과 비교하여 보다 활동적이고 집안의 독립적인 가장이라는 강력한 성 역할 기대를 가지고 있기 때문에 장애를 지닌 남성은 여성에 비해 더 큰 타격을 받을 수 있다. 또한 여성의 경우 미적인 외모에 대해 엄격한 사회문화적 요구가 부과되기 때문에, 신체적 완벽함을 충족시킬 수 없는 장애를 가진 여성들의 사기는 저하될 수밖에 없다. 게다가 사회경제적 지위와 같은 정체성 측면은 매우 중요하다. 왜냐하면 그 사람의 경제적 자원, 사회적 지위, 그리고 보호를 받을 수 있는 제도를 박식하게 탐색할 수 있는 능력을 통해 스트레스가 감소될 뿐만 아니라 적응을 돕는 많은 장치들을 획득할 수 있기 때문이다.

유색인종과 관련된 인종차별주의 역시 서비스의 질과 서비스에 대한 접근성에 영향을 미친다. 전반적으로 인종적 · 민족적 소수자 구성원의 장애 비율이 높으며, 남성보다 여성의 장애 비율이 높은 것으로 보인다(U.S. Census, 2000). 아프리카계 미국인의 약 26.4%는 어떤 형태로든 장애를 지니고 있다. 미국 원주민이 27%인 것에 비하여 히스패닉이 아닌 백인은 18.3%이다. 이처럼 유색인종의 높은 장애 비율은 다른 요인에 의하여 설명될 수 있다. 반숙련된, 혹은 기술이 필요 없는 일에 종사하는 아프리카계 미국인의 비율이 높기 때문에 이들은 장애를 유발하는 손상을 입을 가능성이 높다는 것이다. 화학적 독성 오염물질, 빛, 온도, 환기의 측면에서 악화된 조건에서 일할 가능성이 높으며 건강 보호에 대한 제한된 접근성과 같은 보다 위험한 생활 조건에 놓여 있기 때문에 이러한 노동계급의 아프리카계 미국인에게 장애가 상대적으로 많다(Bryan, 1999). 이와 비슷한 맥락으로 사회경제적 그리고 문화적 요인들은 라틴계 사람들의 HIV 감염의 비율을 높이는 데 영향을 미친다.

장애인이 **어떤 종류의 관심**(kind of interests)을 갖고 있는지가 장애의 전체 범위에 대한 반응에 영향을 미친다. 예를 들어 척수손상을 입은 사람의 경우 손상 이

전에 극도로 활동적이고 위험한 행동을 자주 했다면 장애 이후의 좌식 생활에 덜 준비되어 있다고 볼 수 있다. 이러한 관심과 흥미의 범위는 중요하다. 왜냐하면 신체적, 인지적, 수동적 그리고 활동적인 방식의 넓은 다양성에 걸쳐서 흥미와 관심을 가진 사람들은 하나의 흥미에 초점을 맞춰 왔던 사람들보다 흥미의 다양성을 지속할 가능성이 더 높을 것이기 때문이다.

장애인이 가지고 있는 **남은 자원**(remaining resources)은 대처 능력에 강력하게 영향을 미친다. 만약 시각 손상을 입은 사람이 사회적 참여, 리더십 기술, 높은 에너지, 감정적 안정성 그리고/또는 강한 직업 동기와 같은 다른 자원이 있다면, 그 사람은 효과적이고 안정적으로 만족스러운 삶을 만들 수 있는 가능성이 더 높다. 유연성 또는 적응성과 같은 **개인적 속성**(personality attributes)은 대처 능력을 향상시킬 것이다.

마지막으로, **개인의 영적 신념 체계**(spiritual belief system)와 **삶에 대한 철학**(life philosophy)은 장애를 이해하고 그에 반응하는 기초를 만들어 낸다. 신에 의한 징벌로 장애를 이해하는 사람과 영적 발전을 위한 기회로 이해하거나 우연한 발생으로 여기는 사람들은 장애에 대한 서로 다른 반응을 보일 것이다. Ososkie와 Schultz(2003)는 자유, 고립, 불안, 의미 그리고 도덕성과 같은 실존적인 쟁점들은 장애를 가진 삶을 경험하는 데 있어서 두드러진 특징이라고 주장했다. 예를 들어 장애를 얻는 것에 대해 다른 사람들이 실존적 불안을 느끼기 때문에 장애인들은 고립을 직면해야 한다. 그렇지 않다 할지라도 장애인들은 누군가에게 신체적 의존을 해야 한다면 자유의 상실감을 느낄 수 있다.

3) 환경

환경이 장애 경험에 미치는 영향을 이해하는 핵심적인 방법 중 하나는 장애를 가진 경우(being disabled)와 불리한 조건에 처한 경우(being handicapped)의 차이를 설명해 보는 것이다. 비록 장애를 가진 사람들은 개인 기능의 관점에서 규정되지만, **불리한 조건**(handicap)은 비장애인으로 구성된 사회에서 장애인이 직면해야 하는 제한과 장애물을 의미한다. 따라서 **장애**(disability)는 개인의 상황인 반면 **불리한 조건**(handicap)은 사회 맥락의 조건이다. 장애인이 경험하는 불리한 조건은 우선 두 가지 상호관련된 원인에서 비롯된다. (a) 사람들이 만들어 낸 물리적 환경의 일부 (b) 사회적 관습, 가치, 기대이다. 예를 들어 하반신이 마비된 젊은 남자가 어떤 가정의 저녁식사에 초대된 경우, 그 집에 올라가는 방법이 오직 계단뿐이라면 불리한 조건을 접하게 된다. 뿐만 아니라 장애인들이 접근할 수 있도록 경사로를 만들 수도 있지만, 건축에서 계단이 가장 좋은 방법이라는 사회적 통념이 존재한다면 장애인은 불리한 조건에 직면할 수밖에 없다. 이러한 불리한 조건은 집, 교통, 여가, 쇼핑, 고용 기회, 일의 접근, 직업 장소와 같은 삶의 모든 면에 영향을 미친다. 환경적 영향에 관한 논의는 두 가지 유형으로 구분될 수 있다. 즉 사회문화적 맥락과 당면 환경 측면이다.

4) 사회문화적 맥락

이 장의 앞부분에서 살펴본 바와 같이 장애인에 대한 나치의 대학살에서부터 시작하여 미묘하게 일상적으로 행해지는 분리, 회피, 불편함, 혹은 장애를 가진 사람들을 향한 동정에 이르기까지 우리는 장애를 사회적으로 평가절하하고 있다. **태도 장벽**(attitudinal barriers)은 장애인을 집단화하고 분류하며 낙인찍고 일시적으로 장애가 없는 사람들이 장애인들을 거절하는 것을 통해 나타난다. 장애인들은 어떤지, 이들은 무엇을 할 수 있는지, 어떻게 도움을 받을 수 있는지, 또는 어떠한 조건이 제공되어야 하는지에 대해 과잉 일반화하여 고정관념을 가지려는 경향은 태도 장벽의 예로 볼 수 있다. 예를 들어 정신지체를 가진 사람들은 성적으로 적극적이어서는 안 된다는 보편적인 정서가 있으며, 심지어 그들은 출산해서는 안 된다는 더 강한 정서도 있다. 장애를 가진 사람들을 수용하는 기관은 종종 배타적인 규칙을 만들고, 장애인을 피해로부터 보호한다는 명목상의 근거로 장애인의 이동과 관계의 자유를 제한한다.

추가로 위에서 설명한 태도 장벽은 장애인에 대한 사회적 구성 개념에 의해 형성되는데, 문화적인 측면 또한 장애인의 경험에 영향을 미치게 된다. 예를 들어 유럽계 미국인 문화는 독립, 개인주의, 생산적인 직업윤리의 중요성을 강조하기 때문에, 미국의 재활 제도 역시 이러한 가치들을 반영한다. 따라서 장애인 가족은 장애인이 누군가의 도움 없이 스스로 활동할 것을 격려한다. 먹고, 자고, 목욕하고, 옷 입는 것 등의 일상적 활동에서 기능적으로 독립하는 것에 중요성을 두게 된다. 또한 어떤 일이 장애인에게 큰 의미가 없거나 재능과 잘 맞지 않는다 할지라도 어디엔가 고용되어 일종의 생산적인 일을 하는 것이 중요하다고 여겨진다. 반면 다른 문화 집단의 경우, 조부모가 혼자 옷을 입거나 식사하는 것이 어려운데도 도움

표 11.1 태도 장벽(Attitudinal Barriers)

합리적 이성에 대한 과대평가	계몽주의 시대였던 17세기 이후 논리적 · 연역적 · 선형적 사고가 매우 중요시되었다. 반면 직관 혹은 우뇌 사고는 평가절하되어 왔다. '정신지체(mentally retarded)'로 낙인찍힌 많은 사람들은 선형적 사고에 한계를 가지고 있을 수 있으나, 종종 비선형적 과정 능력에 대해 재능을 보이기도 하였다(Vash & Crewe, 2004). 그런데도 지적 능력은 부족하나 의사소통 장애물을 뛰어넘어 재능을 가진 젊은 여성의 경우, 사회는 그러한 능력을 거의 인정하지 않았다.
체격에 대한 과대평가	신체적 아름다움뿐만 아니라 기량은 주류 사회에서 매우 높이 평가되었다. 또한 사회가 규정하는 매력의 범위는 종종 제한된 범위의 것이었다. 따라서 오늘날 사회에서 남성은 키가 크고 근육질이며 강건한 사람이 매력적인 것으로 규정되는 반면, 여성은 최소한의 신체지방, 큰 가슴, 섬세하고 조화를 이룬 얼굴이 매력적인 것으로 규정된다. 젊음과 정열적인 활동성 또한 높이 평가되며, 노화는 특별히 여성에게 불리한 것으로 간주되고 신체적 기량은 특히 남성에게 더 강조된다. 장애인들은 이러한 제한된 아름다움의 기준에 부합하지 못한다. 또한 자동적으로 그러한 기준에 미달하기 때문에 타인과 관계를 형성하지 못할 것이라는 정서를 갖게 된다.
영성의 과소평가	물질주의적인 사회에서 장애인이 경험하는 불리한 조건은 영적인 사회에서 경험하는 불리한 조건과는 다르다. 지역공동체의 모든 구성원의 책임감은 물질주의적인 사회에서는 개인주의적인 직업윤리로 인해 감소하게 된다. 이러한 곳에서 인간의 가치는 영적인 본질과 인간애보다 상품과 서비스의 생산품으로 규정된다. 특히 장애인이 사회의 구성원으로서 도움이 될 수 없다는 통념이 생겨나면 개인주의와 물질주의적인 관점에서 부정적으로 평가된다.
피해자에게 책임을 돌리는 것	임의성(randomness)이란 아이디어는 인간이 충분히 받아들이기에는 어려운 면이 있다. 왜냐하면 우리가 자신의 운명을 통제할 수 없다는 것을 의미하기 때문이다. 그래서 우리는 세상이 보편적으로 공평하고, 나쁜 일은 오직 나쁜 사람들에게만 일어난다고 보는 공정한 세상 가설(Just world hypothesis)을 믿고 싶어 한다. 취약한 우리 자신을 보호하기 위해 우리는 불운에 대한 책임을 피해자에게 돌리는 경향이 있다. 우리가 논리적으로 비난을 돌릴 수 없는 경우, 예를 들어 "그러게 스카이다이빙은 위험한 일이라니까." 혹은 "길을 건너기 전에 늘 주의해야지."와 같이 책임을 전가하지 못하는 경우, 우리는 자기파괴에 대해 심리역동적 설명을 할 수도 있다. 그런 경우 우리는 관절염은 내재된 적대감 때문이며, 자궁경부암은 자기증오에 의한 것이고, 천식은 신체화 증상에 의한 것이라고 설명할 수도 있을 것이다.
애도의 무리한 강요	일시적으로 장애가 없는(temporarily able-bodied) 사람들이 지닌 특징은 귀한 것으로 보고, 이러한 특징을 잃었을 때 반드시 슬퍼해야 하는 것으로 가정하는 경향이 있다. 이러한 것을 잃어버렸을 때 애도하지 않는다면 행복의 필수조건으로 여겨지는 힘, 유연성, 매력, 권력, 혹은 부의 특징에 관심이 없는 것이라고 인식될 것이다. 그래서 장애를 가지면 반드시 비극적으로 된다는 생각을 하게 된다. 예를 들어 청각장애인이 청각장애인 공동체에 동화되는 것을 가치롭게 생각하고 평범한 청각장애인이 되고자 특수 기구의 사용을 거절한다면, 그러한 행동은 수동적이고 역기능적인 대응이라고 간주될 수 있다.

을 제공하지 않는다면 이것은 무례한 것으로 여겨질 수 있다. 그러나 현재 이용 가능한 재활 서비스와 철학은 이러한 문화적 부분을 거의 고려하지 않고 있다.

(1) 기술적 수준

장애의 기능적 한계를 극복하기 위해 활용할 수 있는 기술적 도움은 장애 경험에 큰 영향을 미친다. 전동으로 움직이는 리프트, 전화선을 이용한 문자 의사소통, 목소리를 문자로 바꾸어 주는(voice-to-text) 컴퓨터 프로그램, 전기 돋보기, 전동 휠체어 모두 독립적인 삶을 위한 접근성과 기회를 확장시킬 뿐만 아니라 삶의 질적 경험에 영향을 끼친다. 이러한 도움 시설이 별로 없거나 기금이 부족한 경우, 또는 사회정치적 이유 때문에 활용할 수 없게 되면 불리한 조건은 더욱 확대된다.

(2) 정치적 측면

기술적 발달과는 별도로 정치적 철학과 관행은 시간에 따라 달라지고 변화하게 된다. 정치적 측면은 기술적 발달이 어떻게 활용되고 이용 가능한지를 결정한다. 장애인 보호법과 장애에 대한 반차별법은 정치적 관행의 예들이다. 장애를 가족의 경제적 · 양육적 부담으로 보는 것과 반대로 독립적인 삶을 살 수 있도록 직접적으로 자원을 제공해야 한다는 철학은 또 다른 예이다.

5) 당면 환경

개인의 일상 환경에 존재하는 장벽 혹은 자원은 매우 중요하다. 보다 큰 사회문화적 측면에 장애인에게 영향을 미치지만, 장애인을 둘러싼 당면 환경은 각 개인의 경험을 다양하게 만든다.

(1) 가족

부모의 수용, 형제의 지지, 배우자 사이의 관계, 부부애와 같은 가족구조와 역동은 중요하다. 왜냐하면 지역사회에서 가족의 사회적 지위와 권력 같은 변인이 관련되어 있기 때문이다.

(2) 지역사회

장애인이 인식하는 지역공동체의 규모와 위치는 이용 가능한 서비스의 범위와 설비에 영향을 미칠 수 있다. 물론 더 발전되고 더 큰 지역공동체는 더 많은 것을 제공할 수 있지만, 보다 작은 도시에서 많이 나타나는 인간적인 지지는 부족할 수 있다. 많은 재활 서비스 모델은 수많은 의료적 · 교육적 · 심리사회적 · 직업적 자원을 가진 대도시 지역에 맞추어져 있다. 지역공동체는 여러 변화를 이끌어 낼 수 있는데, 학교의 장애 통합(inclusion)과 관련된 쟁점, 이동에 제한을 주는 장벽의 제거, 자원봉사 서비스와 기관의 지지 같은 부분에서 변화를 만들어 낼 수 있다.

(3) 기관

장애인의 경우 치료 시 병원에 짧은 회복 기간 동안 머물렀는지, 재활 혹은 신체적 치료를 위해 장기간 머물렀는지, 혹은 삶의 대부분을 기관에서 거주하였는지에 따라 기관에 대한 경험이 매우 다양할 수 있다. 기관의 기능적 측면을 위해, 기관에 수용된 장애인은 개인적 권한의 포기를 요구받을 수도 있다. 이러한 방식은 기관을 관리하고 운영하는 면에서는 편리성을 주겠지만 기관에 속하지 않은 시민들에게는 참기 힘든 것이다. 예를 들어 많은 요양원에서 장애인은 엄격한 식사 시간, 휴식, 다른 사람들과 어울리는 것, 취침 규칙을 따르게 된다. 이 사회의 십대 청소년들은 제한적인 통행금지 조치에 대해 반항하지만, 이처럼 기관에 수용된 장애인의 사생활과 권한이 체제적으로 박탈되는 것은 당연하게 생각한다. 비록 이러한 정책이 수용된다고 하더라도, 장기적인 관점에서 보면 심리적으로는 해로울 수 있다. 1970년대 후반 이후 대규모의 형태로 주정부에서 운영했던 정신병원에서 정신질환 장애인들이 상당수 퇴원한 사례를 들 수 있다. 많은 이들은 기관에서 나온 이후 지역공동체에 통합되기보다는 노숙자로 전락해 버렸다.

(4) 단체

장애인은 기관 이외에도 일상적으로 필수적인 서비스를 제공하는 기관의 직원과 상호작용해야 한다. 이러한 기관들의 '관료형식주의'에 적응하는 것은 쉽지 않으며 좌절, 권한의 상실, 자원 및 에너지 소모와 고갈의 원인이 될 수 있다. 숙련된 사회적 기술을 가진 사람들의 경우에는 큰 문제가 되지 않지만, 다른 사람의 삶의 방향과 질을 통제할 수 있는 지위에 있는 사람들을 잘 다루며 소통하는 것은 쉬운 일

사례 연구 11.2

Keisha의 하루

47세 아프리카계 미국인이고 독신인 Keisha는 류머티스성 관절염을 앓고 있다. 그녀는 혼자 살고 있고, 아침에 일어나 목욕하고 화장실에 가고 옷을 입고 아침을 먹는 데 무려 두 시간이 걸린다. 그녀는 블라우스 단추를 잠그는 데 걸리는 시간을 15분에서 3분으로 단축해 주는 장치를 발견했다.

그녀의 아파트는 출입하기가 쉬워서 독립적으로 살 수 있다. 그녀는 아파트를 구하느라 오랜 기간이 걸렸는데, 맘에 드는 아파트를 둘러보러 가면 이미 집이 나가 버린 경우가 많았기 때문이다. 그녀는 자신을 도와줄 개인 간병인에게 비용을 지불하느라 빚을 졌다.

Keisha는 운전을 할 수가 없기 때문에 대중교통을 이용해서 직장에 간다. 버스를 이용할 수는 있지만 눈이 오는 겨울에는 버스 정류장에 나갈 수가 없다. 요청하면 오는 차량 서비스(dial-a ride)를 이용할 수 있어 큰 도움이 되지만 그녀가 필요할 때 자발적으로 활용할 수 있는 융통성이 없다. 준비가 늦어진 아침에는 가까이 사는 오빠에게 전화를 걸어 직장까지 데려다줄 수 있는지 연락할 수 있다. 오빠는 항상 도움을 주지만 그녀는 그에게 부담을 주는 것을 원하지 않는다.

그녀의 직장은 입구 옆에 경사로 형태로 된 진입로를 이용할 수 있게 되어 있어서 그녀가 이용하기에 충분하다. 그러나 때때로 인도와 주차장에서 치운 눈을 경사로에 쏟아 놓는 경우에는 곤혹스럽다. 회사는 자동문을 설치하는 것이 너무 비싸다고 주장한다. 그녀는 자신이 일하는 건물에 위치한 여자 화장실에 가지 않고 허락을 얻어 근처의 넓은 임원용 화장실을 사용해 왔다. 그녀는 임원용 화장실을 이용하는 데 다소 어색함을 느낀다. 그녀는 자신의 일을 사랑한다. 자신이 하는 일 그 자체를 좋아한다기보다는 재활 상담자의 도움을 통해 특별한 기술자가 그녀를 위해 만든 책상이 있기 때문이다. 이 책상은 그녀가 독립적으로 일할 수 있도록 특별히 고안된 것으로, 책상에 앉아 필요한 모든 것들을 잡을 수 있게 되어 있다.

그녀의 사촌은 일주일에 한 번 저녁에 식료품 장을 봐서 그녀의 집에 들른다. 아이로니컬하게도 Keisha는 쇼핑카트 도둑을 막기 위해 만든 장벽 때문에 가장 가까운 슈퍼마켓에 들어갈 수 없었다. 그녀가 불만을 제기했음에도 아직까지 아무 변화가 없다. 여가를 위해 그녀는 종종 자신이 사용할 만한 도움 장치들이 있는 개인 컴퓨터를 활용한다. 관절염이 아주 심해지기 전에는 춤추는 것을 좋아했다. 최근에 근처에 있는 댄스 클럽은 그녀가 이용 가능하도록 개조되었다. 그래서 그녀는 '우리가 어떻게 춤추는지 보여 주기' 위해 움직임에 장애가 있는 친구들과 함께 클럽에 갈 예정이다. 처음 그곳에 갔을 때에는 손님들 사이에 동요가 있었지만 지금은 다른 고객과 직원들이 그들에게 익숙해진 것 같았고, 그래서 그녀는 미소로 반응한다.

Keisha는 낙관적이고 매우 쾌활하다. 비록 삶을 독립적으로 살고, 일하고, 여가 시간을 즐기는 데 많은 장애물이 있지만 많이 향상되었다고 느낀다. 몇십 년 전이었다면 그녀는 아마 장애 정도에 따라 장애 시설로 보내졌을 것이다.

(다음 쪽에 계속)

사례 토론

생각해볼 점

1. 한 개인으로서의 Keisha는 누구인지, 그리고 매일의 삶에서 그녀가 힘겹게 싸우고 있는 것은 무엇인지 생각해 보라. 이와 관련하여 가장 중요한 것으로 느껴지는 점들은 무엇인가?
2. Keisha와 상담을 하는 상담자로서 가장 효과적인 상담을 위해 Keisha에 대해 어떤 다른 점들을 고려해야 할까?

이 사례를 생각할 때, Keisha가 하루 동안 독립적으로 기능하기 위하여 극복해야 할 매일의 수많은 장벽들은 매우 중요해 보인다. Keisha가 신체적인 측면뿐만 아니라 정신적으로, 정서적으로 어떻게 좌절, 분노, 당황스러움과 같은 감정들을 다루는지 아는 것은 흥미로운 일이다. 그녀가 매일 맞닥뜨리는 장벽과 관련하여 어떤 것은 적응이 되어 불편함이 경감되고 어떤 것은 그렇지 않다고 느낄 것이다. 그녀에게 도움이 되는 수단들은 컴퓨터를 가지고 보내는 시간과 춤을 추는 것이고, 이것이 그녀에게 성취감을 준다는 사실을 아는 것 또한 중요하다. 하지만 다른 가능한 성취감의 수단들뿐만 아니라 그녀의 관점에서 이것들을 이해하는 것이 중요할 것이다. 또한 균형감을 유지하는 것이 Keisha에게 중요할 것이고, 더 탐색해보는 것이 가치 있을 것이다.

이 아니다. 예를 들어 부부 중의 한 사람이 생활보조금을 수령하는 경우, 그들은 이러한 수입을 잃지 않기 위해 결혼하지 않은 채로 살아야 할 수도 있다. 왜냐하면 단체들은 보조금을 받는 사람이 배우자가 있다면 이들에게 지불하는 것을 꺼릴 수도 있기 때문이다. 따라서 그들은 합법적인 부부로 결혼하기보다 이러한 지원금을 받으며 살아가야 할 수 있다. 왜냐하면 장애를 가진 사람들이 지역공동체에서 살기 위해 단체로부터의 서비스와 기금에 의존하는 것은 일반적인 일이기 때문이다. 그러한 서비스를 받지 못하게 되면 보호 단체에 보내지거나 빈곤을 지속적으로 경험할 수 있음을 의미할 수도 있다. 이처럼 장애인으로서 받을 수 있는 혜택의 수혜 여부는 이들 삶의 질에 중요한 차이를 낳을 수 있다.

(5) 지역적 차이

마지막으로, 지역에 따라 기금, 정치적 관행, 주와 지역 정부 법률, 활용 가능한 서비스에 많은 차이가 있을 수 있다. 그 외에도 어떤 지역은 더 독립적인 삶을 선호하고, 더 독립적인 삶에 접근하기 쉽고, 그러한 삶에 전념하는 반면, 지역, 기후, 건축 스타일과 같은 특징에 따른 차이 또한 존재한다. 산이 많은 주에 사는 사람들은 높은 고도로 인한 영향에 대처해야 한다. 반면 북부의 주에서는 눈이 미칠 수 있는 피해에 대처해야 한다.

4. 장애 정체감

인종 정체감 발달처럼 소외된 집단의 정체감 발달 이론은 많이 있지만, 장애인을 위한 정체감 발달 모델 중에서 널리 인정되는 것은 없다. 그러나 Nash와 Nash (1981)의 청각장애 적응 모델과 같이 특정 장애에 관한 모델은 개발되었다. 이 모델에서 **문화접변**(acculturation)은 미국 수화(American Sign Language)의 학습에 기초하여 청각장애인 문화에 흡수되는 것에 해당된다; **자격**(membership)은 사회적 오명(stigma)을 줄이려는 수단으로 청각장애인 공동체에 참여하는 것을 요구한다; **옹호**(advocating)는 비난하는 다수의 견해를 적극적으로 거절하는 태도이다; **통과**(passing)는 입술 모양으로 말을 해석하는 척하거나 말을 하는 행동을 통해 **규범적인 지위**(normative status)를 성취하는 것이다; 마지막으로 **후퇴**(retreating)는 주류 사회에 통합되지 않고 청각장애인 공동체에서도 거절당한 비주류 위치를 설명하는 것이다. 여러 가지 적응에 관한 다른 소수자의 정체감 모델과 이 모델의 공통점을 쉽게 발견할 수 있다. 그것은 주류 집단의 사회문화적 해석에 의해 낙인찍혀 특수한 집단 정체감을 갖는 것 때문에 발생하게 되는 의식, 적응, 거절 및 소외의 발달 경로가 있다는 점이다.

생각해 볼 질문 11.3

- 당신은 개인의 가치를 나타내는 것으로 개인의 능력을 어느 정도 높이 평가하는가?
- 당신은 장애로 인해 괴롭힘 받거나 억압당하는 사람의 편을 들어본 적이 있는가? 없다면 왜 없는가? 누군가가 이러한 방식으로 당신을 지지해 준 적이 있는가?

Darling(1979, 2003)은 변화하는 환경을 반영하여 장애에 대한 유형분류 체계를 개발하였는데, 이 체계는 장애에 대한 이해가 의학적 모델에서 사회적 모델로 변화한 것에 근거하여 지난 20년간의 연구를 바탕으로 개발하였다. 장애 자녀를 둔 부모에 대한 연구를 기반으로 이 유형분류 체계는 그들의 부모들이 반응했던 방식에 초점을 두었다. 이전의 유형분류 체계에서 Darling(1979)은 주류 사회로의 통합 대 장애 하위문화로의 통합을 근거로 하여 적응의 네 가지 양식을 가정하여 사회학적 이론을 사용하였다. 이 유형분류 체계는 적응의 일곱 가지 양식을 보여주는 것으로 개정되고 확장되었으며, 통합의 측면이 접근(access)과 수용(acceptance)으로 분리되어 확장되었다(Darling, 2003). 이 유형분류 체계는 장애를 가진 사람과 그들의 경험 안에 존재하는 복잡성과 다양성을 이해하는 유용한 방식이기 때문에 우리는 여기서 이것을 자세히 설명하고자 한다.

문화적 다수(cultural majority)는 매력, 성취, 외모, 능력에 대해 다수의 문화적 가치를 수용하거나 또는 이러한 가치에 접근하는 경우를 말한다. 반면 **장애 하위문화**(disability subculture)는 사회적 · 정치적 실천 운동에 근거하여 능력과 성취에 대한 대안적 규준과 가치를 참조한다. 접근과 수용은 분리된다. 왜냐하면 한 개인이 다수 문화의 어떤 영역에 접근할 수는 있지만 장애 하위문화와 동일시하기 위해 문화적 다수의 규준과 가치들을 거부할 수 있기 때문이다.

각각의 양식은 이러한 두 가지의 문화적 가치(문화적 다수 vs. 장애 하위문화) 사이에서 다른 지향성(orientation)과 균형적 행동(balancing act)을 나타낸다. **정상화**(normalization)는 '정상적인' 사람처럼 더 잘 기능하게 해주는 기술 개발을 좋아하면서 신체가 건강한 사람들과 유사하게 다수 사회의 가치를 수용하고 생활양식을 성취하는 사람들을 말한다. 듣는 데 어려움이 있는 사람이 겉으로 드러나지 않게 달팽이관 삽입 수술을 하는 경우가 해당된다. 그들은 자신들을 장애인으로 낙인찍게 하는 것들을 거부한다. 그러나 정상화 집단으로 간주하는 사람들 모두가 장애에 대한 낙인 이미지를 수용하고 그것을 회피하는 것은 아니다. Watson(2002)은 장애가 개인 정체성의 반드시 두드러진 부분은 아니라고 주장하였다. 장애인이 어떠한 참조 기준을 갖고 있느냐에 따라 다루어질 수 있는 것이라고 보았다.

개혁운동가 정신(crusadership)은 문화적 다수의 규준을 수용하지만 그러한 생

예시 11.3
장애 정체감

나는 장애인으로 가득 찬 방에 생애 처음으로 앉아 있어 보았다. 나는 당시 내가 얼마나 긴장했었는지 기억한다. 나는 늘 '일반' 학교에 갔었다; 나는 주류화(mainstreaming)라는 용어가 만들어지기 이전부터 늘 일반 학급에 속해 있었다. 나는 다리를 절룩거렸지만 정상적인 사람들의 세계에서 움직였고, 괜찮았으며, 어떤 도움도 필요로 하지 않았고, 그럭저럭 잘 해낼 수 있었다. 나는 '장애인'이라고 생각하지 않았다. 나는 큰 불평도 없었고, 도움도 필요 없었으며, 나 자신에 대해 연민의 감정도 없었다.

출처: Excerpted from Anne Finger(1990), *Past due: A Story of Disability, Pregnancy and Birth*. (Seattle: WA: Seal Press)

활양식에 접근하지는 않는 사람을 의미한다. 그들은 자기옹호(self-advocacy)와 보다 큰 사회적 운동에 참여함으로써 정상화의 성취를 추진한다. 이 유형의 예로 승마 사고로 마비가 왔던 고인이 된 배우 Christopher Reeve을 들 수 있다. 그는 척추 손상 치료제 개발을 위한 연구 캠페인 활동가로 유명해졌다. 반면 **긍정화**(affirmation)의 단계에서는 개인이 목표를 성취하기 위해 장애 문화와 동일시하지만 이러한 동일시는 일시적인 것이 아니었다. 그들은 장애를 그들의 두드러진 정체성으로 보는 경향이 있고, 정상화를 추구하기보다는 장애를 긍정적인 것으로 개념화하는 경향이 있었다. 이 유형의 예에 해당하는 사람으로는 여배우 Marlee Matlin이 있다. 그녀는 청각장애가 있었고, 항상 그런 것은 아니었지만 그녀의 청각장애는 영화와 텔레비전에서 연기하는 인물의 한 부분이었다. **상황적 식별**(situational identification)은 환경 또는 상황에 근거하여 변화하는 **다중 정체성**(multiple identities)을 유지하는 사람들을 나타내는 가변적인 유형이다. 그러므로 한 개인은 장애가 있는 동료들과 함께 있을 때는 긍정화를 보이는 반면, 다수 문화에서 상호작용할 때는 정상화 가치를 선택할 수 있다. 이 유형은 양가성을 나타낼 수 있고, 정상화 또는 긍정화의 더 안정된 유형 중 하나를 선택하여 정착될 수 있다. 왜냐하면 두 가지 다른 세

표 11.2 장애유형 분류 체계

	통합			
	문화적 다수의 규준과 목표		장애 하위문화의 규준과 목표	
적응의 모델들	접근	수용	접근	수용
정상화	+	+	+/−	−
개혁운동가 정신	−	+	+	−
긍정화	+/−	−	+	+
상황적 식별	+	+	+	+
체념	−	+	−	−
무관심	+/−	−	+/−	−
고립된 긍정화	−	−	−	+

출처: Adapted from Darling, R. B.(2003). "Toward a Model of Changing Disability Identities: A Proposed Typology and Research Agenda." *Disability & Society*, *18*(7), pp. 881–895.

주: +는 접근 또는 수용, −는 접근 못 함 또는 수용하지 않음, +/−는 접근할 수도 있고 그러지 않을 수도 있음.

계에서 살기 위해 균형을 맞추는 행동을 유지하는 것이 어렵기 때문이다.

체념(resignation)은 정상화에 도달하고 싶지만 할 수 없는 사람들로, 장애 하위문화에는 접근하지 않는 상태를 나타낸다. 고립된 지역에 살거나, 가난하거나, 컴퓨터 없이 사는 경우, 다수 문화에 상당히 노출되지만 상대적으로 장애에 대한 긍정화에 대해 배울 수 있는 기회는 적다고 볼 수 있다. **무관심**(apathy)은 심각한 정신장애 또는 학습장애가 있는 개인과 같이 정상화를 위한 기회에 접근할 수 있음에도 정보를 갖고 있지 못한 사람들, 다수 문화와 장애 하위문화 모두의 규준을 인식하지 못하는 사람들을 뜻한다. 마지막으로 **고립된 긍정화**(isolated affirmation)는 장애 하위문화에 대한 접근 없이 긍정화에 도달한 아주 드문 개인들을 뜻한다. 장애 운동의 초기 지도자들은 장애 운동이 널리 알려지기 이전에 이러한 정체성을 옹호하였다. 오늘날 그들 스스로 이러한 정체성에 도달한 사람들이 있지만 그들은 그것을 인식하게 되면서 집단적 장애 하위문화에 합류하는 경향이 있다.

장애 정체성의 발달 과정에 대해 Gill(1997)은 다수 정체성 상태를 받아들이려고 노력하는 맥락에서 개인과 집단 정체성 모두의 결합을 반영하는 통합의 네 가지 유형의 이론을 발달시켰다. 첫째는 '소속감을 느끼는 것(coming to feel we belong)'으로 장애 때문에 소외감을 느끼고 주변화되는 과정 이후에 사회로 통합되는 데 초점을 둔다. 둘째는 '집으로 오는 것(coming home)'으로 장애 공동체와 통합되는 과정을 뜻한다. 셋째는 '하나로 합해지는 것(coming together)'으로 차이점뿐만 아니라 공통점을 통합하는 내적인 과정에 근거한다. 넷째, '드러내는 것(coming out)'은 자기 개념과 관련된 자기 표현의 대인관계적 통합에 집중하였다.

사회적 모델을 비판하면서 Reeve(2002)는 장애의 개념을 외적으로 부과되는 한계와 제한에 맞춰 구성하기 때문에 장애로 인해 생기는 연약함과 불능의 역할을 넘어 장애로 인해 경험하는 문화적 차원을 인식하는 것이 어렵다고 주장하였다. 그녀는 장애를 가진 사람들의 외적인 삶뿐만 아니라 그들이 내적으로 그들 자신에 대해 믿고 느끼는 것의 영향인 장애의 심리정서적 차원들을 주장하였다. 신체적으로 외모가 손상된 젊은 여성의 경우 거리에서 다른 사람이 자신을 쳐다볼 때 수치심을 느끼는 것이 그 예이다. 여기서 그녀는 구경꾼들이 자신을 쳐다보는 그 태도에 마음이 상하기보다는 그녀 자신에 대해 부정적으로 경험하고 느낀 소외감을 내면화한다. 그녀는 아마도 자신이 더 이상 성적인 존재가 아니며 관계를 찾기 위해 사회에 참여할 권리가 없다고 믿음으로써 자아존중감의 부족을 느낄 것이다.

예시 11.4
청각장애 문화

연방정부의 정의에 의하면 청각 소실은 장애로 분류된다. 그러므로 청각에 문제가 있어 들리지 않거나 듣는 데 어려움이 있는 것으로 여겨지는 사람들은 1973년에 제정된 사회복귀법과 다른 관련 법들뿐만 아니라 미국장애인법(ADA)에 해당될 권리가 있다. **청각장애**(deaf)라는 용어는 심각한 청각 소실을 가진 사람들을 언급한다. 소문자 d를 사용하는 것은 그런 사람에 대한 신체적 · 청각적 · 병리적 관점을 반영한다. **듣는 것의 어려움**(hard of hearing)은 신체적 또는 청각적 관점에서 전형적으로 청각 소실을 경험하는 사람들을 언급한다. 그러나 이 집단 안에서 문화적 정체성을 나타나는 경우에는 대문자 D로 그들 자신을 Deaf라고 표현한다. 이 집단의 특성은 다른 문화적 소수 집단 또는 언어적 소수 집단의 사람들과 유사하다. 문화적으로 긍정적인 서비스를 제공하기 위하여 상담자들은 청각장애 문화에 대한 지식을 그들의 정책, 관례, 태도와 통합할 수 있어야 한다.

청각장애 공동체는 꼭 그런 것은 아니지만 대개 청각장애가 있는 사람과 **수화**(signed languages)로 의사소통하는 사람들, 청각장애인을 위한 학교에 다니는 사람들, **청각장애 부모의 아이들**(children of deaf parents), **청각장애 성인의 자녀들**(children of deaf adult), 수화 통역자를 포함한다. 미국에서 미국식 수화는 전형적으로 선호되고, 수화를 제한적으로 사용하면서 말을 하거나 입술을 읽도록 아이들을 가르치는 구화법 때문에 달팽이관 이식은 거부된다.

사례 연구 11.3

Esteban의 사례

20대 중반의 비장애인 Esteban은 다양한 약물 남용의 긴 역사와 함께 혼합된 불안-우울 장애로 상담하러 왔다. 상담 당시에 그는 말짱한 정신임에도 코카인과 메타암페타민(필로폰) 남용의 재발에 취약한 상태였다. 그의 아버지는 학대를 일삼았고 어머니는 암으로 세상을 떠났다. 초기 상담은 우울과 불안뿐만 아니라 약물 절제를 유지하는 데 초점을 맞췄다. 그는 직장을 구했고 승진도 했다. 상담은 잘 진행되었지만, Esteban 자신이 호지킨병(악성 림프종)이 있다는 것을 알았을 때 위기가 찾아왔다. 그의 최초 반응은 상담을 통해 이제 막 삶이 좋아졌는데 수년간의 약물 남용에 대한 벌을 받아 자신의 어머니처럼 젊은 나이에 죽게 되리라는 것이었다. 그는 자신을 잃고 스스로를 고립시켰으며, 의사가 말한 것의 대부분을 감당하지 못했고 치료 계획 역시 잘 이루어 내지 못했다. 상담자는 즉각적으로 국가적 지원과 정보기관을 찾아 관련 문헌의 사본을 요청했다. 상담자는 약물

(다음 쪽에 계속)

에 관한 문헌을 읽고 질병의 세 단계가 있음을 알았으며 예후는 단계에 따라 다양하다는 것을 공부했다. 다음 상담 회기에서, 상담자는 자신이 알게 된 것을 Esteban과 나누었고 약물에 관해 읽으라는 강요 없이 관련 정보를 건넸다. 상담이 끝날 무렵 Esteban은 상담자가 그 자료를 읽어 보았는지 물어보았고, 그녀는 자세한 내용은 얘기하지 않고 긍정적으로 대답했다. 그는 호지킨병의 단계에 대해 논의하고 싶어 했지만 그것에 대해 설명하는 것은 원하지 않았으며, 반드시 하지 않아도 된다는 데 안도했다.

그가 받은 진단이 현실로 나타났을 때, 화학요법과 방사선 치료를 받는 몇 주 동안 그는 상당 부분 일의 조정(accommodations)이 불가피했다. Esteban은 그가 가장 최악의 상태라고 느꼈을 때 해직되고 의료보험을 잃게 되는 것을 걱정했으며 새로운 직업을 찾아야만 한다는 두려움에 휩싸였다. 이 시점에서 상담자는 그의 사업주가 50여 명 이상의 종업원을 가지고 있기 때문에 그 회사가 미국장애인법(ADA)을 준수할 책임이 있다는 것을 알게 되었고, 장애인법에 대해 보다 잘 알게 되었다. 그러나 사업주는 장애에 대한 비밀 보장을 유지해야 하기 때문에 종업원이 요청할 때까지 어떠한 합리적인 조정도 제공할 책임이 없다. 상담자는 Esteban에게 '직업의 본질적 기능', '합리적인 조정', '다른 적임자'와 같은 핵심적인 개념에 관해 교육했다. 많은 사람들처럼, Esteban은 그가 장애를 가진 사람으로 간주될 수 있고 몇몇 보호 정책의 혜택을 받을 수 있다는 것을 알지 못했다. 상담자는 Esteban에게 법률적 자문을 하는 것은 아니지만 중요한 정보를 세심하게 제공해야 한다. 상담자는 Esteban에게 기본적인 정보부터 공부하기 시작하라고 권면했다. 상담자는 또한 Esteban의 관리자에게 이러한 상황을 효과적으로 얘기하는 방법과 관련하여 역할 연기를 연습시켰다. 궁극적으로 그 회사는 Esteban을 해고하려고 했지만, 그는 그동안 준비를 잘해서 회사가 해고에 대해 재고할 수 있도록 했다. 이러한 과정에서 상담자는 Esteban을 지원하고 격려했다.

주: Adapted from Rhonda Olkin, 1999. *What psychotherapists should know about disability* (pp. 151–153). New York: Guilford Press.

사례 토론

생각해 볼 점

1. 상담자가 장애 문제에 대해 자신을 교육시킨 몇 가지 주도적인 방식 중에서 치료적 관계를 촉진했던 방법은 무엇인가? 사례에서 알 수 있듯이 상담자는 장애 문제에 관해 잘 알지 못할 수도 있지만, 내담자를 효과적으로 돕기 위해서는 관련 전문성을 갖출 필요가 있다.
2. Esteban에 관해 읽은 것처럼, 당신은 상담 과정을 통해 그의 장애 정체성을 어떻게 확인할 수 있을까? 그의 정체성이 그의 치료 작업에 영향을 줄 수 있는가?

위의 사례에서 읽은 것처럼, Esteban은 그가 앞으로 겪게 될 일들에 영향을 미칠 수 있는 복잡한 문제를 지니고 있었다. 특히 호지킨병에 대해 어떻게 대응해야 할지는 가장 큰 문제였다. 상담 시나리오에서 상담자는 내담자에게 보다 신뢰할 만한 정보를 제공하기 위해서 주도적으로 장애에 관한 내용을 스스로 학습했다. 사례에서 Esteban의 초기 반응이 "이제 상담을 통해 삶이 막 좋아졌는데 수년간 약물 남용에 대한 벌을 받아 자신의 어머니처럼 젊은 나이에 죽게 될 것이다."라는 점에 주목하는 것이 중요해 보인다. Esteban의 이러한 반응을 그의 문화적 · 종교적 · 영적인 신념의 맥락에서 보다 심도 있게 탐색하는 것은 매우 중요하다. 또한 과거에 불가능해 보였던 장벽들을 Esteban이 어떻게 극복해 왔는지를 탐색하는 것도 중요하다. 그러한 과정에서 그가 습득한 기술들이 현재의 상황에서 문제를 해결하는 데 어떻게 활용될 수 있는지도 파악하는 것 역시 중요하다.

출처: Adapted from Rhonda Olkin (1999), *What Psychotherapists Should Know about Disability* (New York: Guilford Press).

5. 장애와 비장애에 관한 토론

이 장에서 논의되었던 모든 주제와 관련하여, 당신은 다양한 문화적 배경과 세계관을 가진 많은 내담자와의 회기에서 이 정보를 활용하는 방법에 대해 직면하게 되었다. 이 장에서 제시한 생각해 볼 문제의 질문들은 내담자와 장애 및 장애인 차별주의의 경험에 관한 문제들을 토론하는 과정에서 활용될 수 있다. 내담자와 이러한 대화를 시작하는 데 도움을 줄 질문의 일부를 아래에 제시하였다.

- 장애 또는 비장애를 가지고 있다는 것이 어떤 의미인가?
- 당신을 정의할 때 장애 또는 비장애를 어느 정도 포함시키는가? 당신의 개인적이고 문화적인 정체성 안에서 이것은 어느 정도 중요하며, 이러한 구분이 당신이 세계를 바라보고 삶을 살아가는 방식에 어떠한 영향을 미치는가?
- 당신이 가지고 있는 능력 중에서 당연한 능력이라고 생각했던 능력이 있다면 무엇인가?
- 장애 또는 비장애에 근거하여 자신을 어떻게 정의하는가? 그리고 당신의 삶에서 이와 같이 정의하는 데 도움을 준 중요한 사람은 누구인가?
- 장애 또는 비장애에 관한 당신의 관점은 어떻게 강화되거나 또는 도전을 받게 되는가?
- 당신의 문화는 장애 또는 비장애에 관해서 어떻게 생각하는가?
- 당신의 가족과 지역사회는 신념과 관례의 두 측면에서 장애 또는 비장애에 관해서 어떻게 말하는가?
- 권력과 특권에 대한 쟁점이 장애 또는 비장애에 관한 당신의 관점과 장애인 차별주의(ableism)의 개념에 어떠한 영향을 미쳤는가?
- 장애 또는 비장애에 대한 당신의 관점은 당신이 자신을 정의하는 방식에 어떠한 영향을 미치는가?
- 장애 또는 비장애에 대한 관점은 당신이 자신을 정의하는 방식과 타인이 당신을 바라보거나 대우하는 방식에 어떻게 영향을 계속 주고 있는가?
- 당신의 삶에서 각기 다른 순간에 당신과 비슷한 (혹은 당신과 다른) 타인과 상호작용하는 방식에 당신의 장애 또는 비장애에 대한 관점이 영향을 주고 있는가?
- 장애인 또는 비장애인 중에서 자신이 존경하는 사람은 누구인가?
- 당신(내담자)과 나(상담자) 사이에 장애 또는 비장애의 유사점과 차이점은 상

담 과정에서 어떠한 영향을 미치는가?

- 언제 그리고 어떻게 처음으로 장애인 차별주의를 인식하였는가? 초기의 반응은 어떠했으며, 시간이 지남에 따라 당신의 반응은 어떻게 변화되었는가?
- 장애인 차별주의에 대한 당신의 경험은 무엇인가? 그러한 경험이 당신에게 어떠한 방식으로 영향을 미쳤는가? 또한 당신이 장애 문제를 다루는 방식에 어떻게 영향을 미쳤는가?
- 어떤 노력들이 개인, 집단 그리고 사회 수준에서 자신의 삶에 존재하는 장애인 차별주의와 관련하여 긍정적인 사회 변화를 이끌 수 있는가? 그리고 어떤 다른 종류의 노력을 할 수 있는가?
- 당신은 어느 정도까지 사람의 가치에 대한 준거로 사람의 능력을 평가하는가?
- 당신은 장애를 가지고 있다는 이유로 괴롭힘을 당하거나 억압을 받는 누군가를 위해 옹호해 본 적이 있는가? 만약 그런 적이 없다면, 이유는 무엇인가? 누군가가 이와 같은 방식으로 당신을 옹호해 준 적이 있는가?
- 당신이 상담을 하는 과정에서 장애 또는 비장애는 어떠한 영향을 미치는가? 그리고 어떻게 당신에게 가장 도움이 되는 방식으로 이 문제를 해결할 수 있는가?

6. 상담자 준비

장애를 가진 내담자와의 상담에서 상담자의 준비와 역량 중 중요한 측면 하나는—가급적 이러한 문제들에 대해 경험을 가지고 있는 전문가로부터—좋은 수련감독과 자문을 받는 것이다.

장애를 가진 내담자와의 작업에 영향을 줄 수 있는 측면 중 일부를 통해 그러한 내담자와의 작업에서 지켜야 할 10가지 에티켓 규칙 목록을 **표 11.3**에 제시하였다.

1) 평가와 측정

상담뿐만 아니라 의료와 직업 재활 프로그램에서도 장애인에 대하여 다면적인 이해를 하는 것은 중요하다. 그래야만 적절한 목표를 설정하고 목표에 부합하는 적

활동 11.2

장애인 되어 보기

아래 질문들에 관해 생각하고 응답할 시간을 가지시오.

- 당신이 가질 수 있는 가장 도전적인 장애는 무엇인가? 그 특정 장애의 무엇이 그렇게 나쁜가? 그러한 장애를 당신이 가지고 있다는 것을 상상해 보았는가? 당신은 어떻게 대처하겠는가?
- 당신은 어떤 장애가 가장 견디기 쉬운 장애라고 생각하는가? 무엇 때문에 이 장애가 덜 어려운 것 같아 보이는가? 만약 당신이 이 장애를 지니고 있다면 당신의 삶은 어떻게 다르겠는가?
- 만약 당신이 위에서 언급한 장애(가장 어렵거나 쉬운) 중 하나를 가진 내담자와 상담을 하고 있다면 위의 질문을 통해 당신이 대답한 장애에 대한 생각과 신념에 영향을 받지 않고 상담할 수 있는가?

절한 서비스를 선택할 수 있으며 목표의 성취 정도를 정확하게 평가할 수 있다. 인터뷰, 심리측정 검사 및 기능적 평가(functional assessment)는 자주 사용되는 평가 방법으로, 종종 각각의 장점을 극대화하기 위하여 조합하여 동시에 사용하기도 한다. 인터뷰는 상담에서 가장 일반적인 방식이며 이외에도 장애인을 상담하는 경우 검사를 다양하게 사용한다. 예를 들면 신경심리학 검사는 종종 뇌 부상을 당한 사람들을 위한 기능적 장애와 그 영향의 범위를 확인하기 위해 사용된다. 또한 미네소타 다면 성격검사(Minnesota Multiphasic Personality Inventory: MMPI), 벡의 우울 척도(Beck Depression Inventory: BDI), 해밀턴의 불안 척도(Hamilton Anxiety Scale)와 같은 검사는 빈번하게 사용된다(Vash & Crewe, 2004). 이러한 척도 사용에 대한 비판도 존재하는데, 주로 이러한 척도가 신체적 장애를 가진 사람들을 대상으로 타당성이 입증되지 않았다는 점 때문이다. 또한 비정상적인 상황에 놓여 있는 사람들의 특징을 확인하기보다는 병리를 결정하는 수단으로 사용된다는 점에서 비판을 받는다.

재활 분야에서 사용되는 다양한 범위의 기능적 생활 기술을 평가한다. 예를 들어 독립적으로 목욕하기, 머리 손질하기, 식사하는 능력을 포함한다(Chan, Berven, & Thomas, 2004). 직업 재활의 경우 몇몇 영역에서 이 방법을 통해 능력을 평가한다. 기능적 평가 도구(Functional Assessment Inventory; Neath, Bellini, &

표 11.3 장애를 지닌 내담자와의 상담을 위한 10가지 일반적인 규칙 및 에티켓

1. 쳐다보지 마시오.
2. 장애를 가진 내담자에게 당신이 알고 있는 모든 다른 장애인을 얘기하지 마시오.
3. 내담자가 당신의 도움을 필요로 한다고 가정하지 말고, 묻지 않은 채 도움을 주지 마시오.
4. 누가 내담자인지 분명히 하고, 상담에 함께 참여할 수 있는 개인 도우미, 통역사, 가족 구성원들에 대해 얘기하는 것을 어렵게 생각하지 마시오.
5. 내담자가 말한 단어 자체나 그 의미가 이해되지 않았을 때 다시 물어보는 것에 대해 염려하지 마시오.
6. 시각장애를 지닌 내담자에게 "Do you see what I mean?(무슨 말인지 알겠죠?)"처럼 장애에 반하는 단어를 사용하는 것을 너무 염려하지 마시오. 그러나 감정을 불러일으킬 수 있는 단어의 경우에는 주의하시오(예: '절름발이').
7. 허락을 구하지 않고 보조 장치(휠체어, 음성 컴퓨터, 보철 기구, 목발 등)에 손대지 마시오.
8. 비언어적 요소는 종종 장애에 따라 바뀌기 때문에 특정 장애인과의 상호작용을 이해하기 위해 이를 배워야 할 필요가 있다.
9. 더위 또는 추위에 대한 내담자의 민감성 측면에서 치료 공간의 온도에 대해 생각해야 하며, 적응을 도울 수 있는 장비를 구비하시오.
10. 이것은 안내 지침일 뿐 절대적인 원칙이 아니므로 너무 고지식하게 이러한 규정을 따르지는 마시오.

출처: Adapted from Rhonda Olkin (1999), *What Psychotherapists Should Know about Disability* (New York: Guilford Press).

Bolton, 1997)는 여섯 가지 요인을 검사한다. (a) 판단, 동료와의 상호작용, 사회적 지지, 그리고 업무 습관과 같은 적응 행동(adaptive behavior) (b) 학습 능력, 학습 기억, 학습 유형 지각을 포함한 인지능력(cognition) (c) 인내력, 유동성, 운동 속도를 측정하는 신체 능력(physical capacity) (d) 초극한(upper-extremity) 기능에 초점을 둔 운동 기능(motor functioning) (e) 말하기, 듣기, 그리고 언어 기능과 같은 의사소통(communication) (f) 기술, 근무 이력, 특수 근무 환경, 사업주에 대한 수용성과 같은 기술 자격(vocational qualifications).

기능적 평가 이외에도 내담자의 관점을 측정하기 위해 세 가지의 지배적인 장애 모델을 사용할 수 있다. Olkin(1999)은 장애와 관련된 내담자 경험의 다양한 측면을 다루는 몇 가지 질문 세트로 내담자의 장애 유형을 평가한다(**표 11.4** 참조).

2) 치료적 쟁점

평가의 과정은 그 자체로 치료적인 효과를 가져온다. 내담자는 자신의 역사, 상황, 문제를 기술하면서 자신의 능력이나 한계에 관해 파악하게 되고 미래의 가능성을 보기 시작한다. 재활 상담자가 장애인의 사회 복귀를 위해 특별한 훈련을 받아 왔

표 11.4 장애를 가진 내담자 평가 모델

모델	내담자에게 묻는 질문
도덕적 모델 (Moral model)	당신의 장애에 대해서 수치심이나 당혹감을 느낍니까? 당신이 가족에게 불명예를 가져다줬다고 느낍니까? 당신의 장애에 대해서 가능한 한 많이 은폐시키거나 축소시키고자 합니까? 장애는 '나의 문제'이고 내 책임이기 때문에 다른 사람들에게 가급적 적게 요구합니까? 당신의 장애가 눈에 잘 안 띄도록 노력합니까? 당신의 장애가 신앙을 시험하거나 증명하는 방법이라고 생각합니까? 당신의 장애가 당신과 가족이 실패한 것에 대한 징벌이라고 생각합니까?
의학적 모델 (Medical model)	루스벨트 대통령 통치 시기와 비교했을 때, 당신은 장애를 갖고 있는 사람들의 삶이 전반적으로 향상되었다고 생각합니까? 당신은 스스로 할 수 있는 방법을 찾아야만 한다고 믿기 때문에 가능한 한 다른 사람에게 요구를 하지 않으려고 노력합니까? 당신의 장애가 보여지는 부분은 축소하고 당신의 긍정적인 모습이 극대화되도록 옷을 입습니까? 당신은 장애 연구의 주요한 목표가 장애를 예방하고 이미 장애를 가진 사람들에 대한 치료법을 찾는 것이어야 한다고 생각합니까? 당신은 비장애인들의 공동체에 전적으로 융화되는 것이 장애인으로서 최선이라고 생각합니까?
소수자 모델 (Minority model)	당신은 스스로를 장애 소수자 집단의 구성원이라고 생각합니까? 당신은 장애를 가진 다른 사람들과 소속감과 연대감을 느낍니까? 당신은 장애를 가진 사람들의 권리가 충분히 보장되지 않는다고 생각합니까? 정책이나 행정상 입법이 개편될 때, 당신은 장애를 가진 사람들에게 어떤 영향을 미칠 것인지에 대한 관점에서 평가합니까? 당신은 장애 연구의 주요한 목적이 정책, 절차, 기금, 법의 변화를 통해서 장애를 가진 사람들의 삶을 향상시키는 것이라고 생각합니까? 당신은 장애인이 장애인 공동체와 비장애인 공동체에 이중문화적 사람으로서 자유롭게 관여할 수 있는 것이 장애인에게 가장 도움이 된다고 생각합니까?

출처: Adapted from Rhonda Olkin (1999), *What Psychotherapists Should Know about Disability* (New York: Guilford Press).

지만, 다른 상담 전문가들도 장애를 가진 내담자를 잘 상담할 수 있다. 장애인 내담자는 교육적 · 직업적 요구를 채우기 위해 상담을 받을 수도 있고, 개인적인 상담이나 사례 관리를 받을 수도 있으며 가족, 자녀, 결혼에 관련된 상담을 받기도 한다. 장애가 상담과는 관련이 없다고 생각하거나 있어도 큰 상관이 없다고 믿어서 내담자를 거절하지 않는 것이 중요하다.

장애를 갖게 된 사람을 위해 감정적 지지를 제공하는 것은 장애로 인해 생기는 충격, 두려움, 화, 상실에 대처하기 위한 회복의 과정에서 필요하다. 장애를 갖고 태어난 사람들 역시 장애를 깨닫고 사회로부터 직면하게 될 불이익에 대해 깨닫는 과정에서 비슷한 지지가 요구된다. 회복의 단계에서 주요한 치료적 과업은 화와 슬픔을 인정해 주는 반면, 인간으로서의 가치와 낙관적인 미래의 가능성 대해 확신을 주는 것이다. Vash와 Crewe(2004)에 따르면, 다양한 범위의 장애를 지닌 사람들이 적응하는 과정에서 겪게 되는 세 가지의 상실은 (a) 감정 표현 메커니즘의 상실 (b) 기쁨이나 보상 자원의 상실 (c) 신체적 · 경제적 독립의 상실이다. 장애를 갖기 이전의 관심, 활동 및 활동적인 삶에서 즐겼던 여가와 장애를 가진 이후 현재 경험 사이의 괴리감은 자아존중감과 삶의 의미 상실을 초래한다. 가장 문제가 되는 것은 삶의 의미를 상실하는 것이며, 이것을 다루지 못하면 약물 남용과 같은 자기파괴적인 역기능적 수단을 초래할 수 있다. 감정적인 지지를 통해 내담자가 긴장을 배출하는 새로운 방법을 발전시키고 탐색할 뿐만 아니라, 만족감의 자원을 찾고, 신념 체계를 재정립하며 직면할 수 있도록 격려해야 한다. 장애로 인해 의존성이 강해지는 것에 대해 자신이 독립심을 모두 잃었다고 간주하기 쉽다. 또한 장애를 얻게 된 이후에는 온통 혼란과 절망뿐일 것이라는 믿음도 갖기 쉽다.

상담을 통해 적응 과정에서 도움을 줄 수 있는 또 다른 면은 내면의 기술을 훈련하여 도움을 주는 것이다. 이전에 언급했듯이 비장애인은 장애인에 대해 거의 자동적인 불편감과 고정관념을 형성한다. 또한 장애인이 질 높은 생활을 위한 서비스에 접근하기 위해서는 지속적인 노력이 요구된다. 따라서 자기주장 훈련이나 대인관계의 유연성과 사회적 기술을 개발할 수 있다면 장애인에게는 큰 도움이 된다.

적응 과정 이외에도 장애인은 다양한 문제 때문에 상담을 찾게 된다. 이러한 문제에는 우울, 불안, 약물 남용, 신체적 · 성적 트라우마와 같은 주제가 주로 포함된다. 척추손상을 입은 사람들을 연구한 Krause, Kemp 및 Coker(2000)에 따르면 척추손상을 입은 장애인의 거의 절반 가까이가 우울 증세를 보고했다. 장애가 많은 상실을 일으키기는 하지만 장애 그 자체는 우울을 충분히 설명하지 못한다. 왜냐하면 많은 장애를 가진 사람이 우울하지 않기 때문이다. 따라서 상담자가 우울의 원인이 장애라고 가정하여 지나치게 장애에 초점을 두지 않는 것이 중요하다. 왜냐하면 우울의 원인이 될 수 있는 그 밖의 요인들, 예를 들어 생화학적 · 신경심리학적 원인이나 기타 다른 생활 문제가 원인일 수 있기 때문이다. 약물 남용의 관점에서 발생 정도는 비장애인과 비교하여 장애인의 비율이 좀 더 높다는 증거가 있다. 이는 약물 남용으로 인해 장애가 처음으로 생겨날 수도 있고, 장애로 인한 우울감이나 고립감에 대처하기 위한 방법으로 약물이 사용될 수도 있기 때문이다. 이런 경우 점점 약물에 중독될 수 있다.

Ososkie와 Schultz(2003)은 실존분석적 치료법과 관련하여 역동적인 과정에서 "장애를 가진 나의 삶에 있어서 할 수 있는 것이 무엇인가?"라는 질문을 탐색하는 것을 시작으로 삶의 의미를 찾는 것의 중요성을 강조하였다. 이 접근은 현상학적인 과정에 초점을 맞춤으로써 장애 그 자체에 의미를 두는 것이 아니라, 장애를 가진 개인적인 삶의 의미에 초점을 두는 것이 핵심이다. 의미를 발견하지 못하면 개인은 인간성과 정체성의 모든 다른 면에서 상실감을 경험할 수 있다.

Chan, Cardoso 및 Chronister(2009)는 장애를 가진 내담자를 상담할 때 도움이 될 만한 치료적 원리에 대해서 논의했다. 이 원리는 장애를 가진 사람은 복잡한 내면의 삶을 가졌으며, 내담자의 주관적 경험을 탐색할 때 장애인 권리의 관점과 사회구성주적의 관점에서 상담할 필요가 있다는 점을 제시하였다. 장애를 하나의 상실로 간주하는 병리적 접근에 대해 반박하는 것은 중요하다. 즉 장애인의 강점에 초점을 맞추는 것이 필요하며, 적응에 도움이 되고 합리적인 해결책이라면 일반적이지 않은 방법도 사용하는 융통성 있는 접근이 중요하다. 장애인들은 종종 징징거리거나 고집을 부림으로써 문자 그대로 의료적 조치나 약물 치료를 모면하려는 전략으로 사용하기도 한다. 창의적으로 대처하되 너무 목표 중심이 되지 않도록 접근하면 예상치 못한 문제들에 보다 여유 있게 대처할 수 있게 된다. 상담자는 전통적인 상담의 범위를 벗어나서 장애 내담자의 옹호자로서 보다 많은 책임감을 수용할 필요가 있다. 물론 자기결정과 통제 소재(locus of control)와 관련된 쟁점은 명확하게 상담에서 다루어야 한다

✲ 결론 및 시사점

상담자는 장애가 있는 내담자를 상담할 때 장애에 대한 상담자 자신의 인식을 탐색하고 도전해야 한다. 그러지 않으면 상담자는 내담자의 의미 탐험에 있어서 촉진자가 되기보다는 주변인에 그칠 것이다. 다른 사람에 의해 부과된 의미는 별 도움이 되지 못한다. 오히려 내담자가 의미를 탐색하고 자신의 문제를 해결하는 과정에서 해가 될 수 있다.

상담자가 장애와 관련하여 갖게 되는 불편함은 인정해야 하며 수련감독이나 자문의 과정을 통해 탐색되어야 한다. 뿐만 아니라 상담자 자신의 경험, 상실에 부여하는 의미, 분노나 슬픔을 표현하는 방식 역시 탐색되고 이해되어야 한다. 상담자는 장애인 내담자를 돌보는 사람(caretaker)의 역할을 하지 않도록 주의해야 한다. 이와 같은 일방적인 도움은 오히려 내담자에게 피해가 될 수 있다. 또한 상담자가 의존이나 상실에 대한 불편함 때문에 내담자로 하여금 슬픔의 과정을 충분히 해결하지 못한 채 해결책을 찾도록 강요하는 것은 반드시 피해야 한다.

비장애인의 경우 장애 관련 내용이 스트레스나 불편함을 줄 수 있지만, 장애에 대한 주제를 다루는 것은 상담자에게 필수적이다. 장애는 내담자를 상담할 때 내담자의 과거의 일부분으로 다루어질 수 있다. 내담자를 효과적으로 상담하기 위한

방법으로, 장애 긍정 치료(Olkin, 2009)는 상담자가 장애의 모델, 장애 문화의 가치 및 장애인 정체성을 민감하게 이해하고 평가할 것을 요구한다.

✲ 용어

불리한 조건(Handicap): 장애를 가진 사람들이 다른 사람들은 이용할 수 있는 다양한 사회적 체계에 있어서 접근을 방해받게 되는 조건으로, 문화적 · 신체적 · 사회적인 장벽에 직면할 때 발생하는 불편함을 말함. 이러한 불리한 조건은 다른 사람과 비교하여 지역사회의 삶에서 기회의 제한이나 상실을 의미한다.

수화(Sign language): 수화는 소리 패턴을 청각적으로 옮기는 것을 대신하는 언어로, 눈에 보이는 사인 패턴으로 의미를 전달한다. 동시적인 손의 형상을 조합하고, 손이나 팔, 몸의 움직임이나 경향성을 이용하며, 화자는 유창하게 표현하기 위해서 얼굴 표현도 사용함.

장애(Disability): 개인적인 측면에서 주요한 삶의 활동 한 가지 이상을 상당히 제한받게 되는 신체적 · 정신적인 손상, 그와 같은 손상의 기록, 그런 손상을 갖게 된 것으로 간주된 경우를 말함.

장애인 차별주의(Ableism): 정신장애, 정서장애 및 신체장애를 지닌 사람들을 건강, 아름다움, 생산성에 기초하여 만연한 차별과 배제를 통해 억압하는 것을 말함. 이를 통해 신체적 · 정신적 · 인지적 · 감각적 장애를 지닌 사람들에게 적대적인 환경이 형성되고 이들을 비정상적인 사람들로 여기게 됨.

청각장애인의 자녀(Child of deaf adult: CODA): 청각장애 성인의 자녀들은 청각장애 부모나 보호자에 의해 양육된 아이들이다. 많은 CODA는 자신을 청각장애인 문화를 지닌 것으로 간주한다.

태도 장벽(Attitudinal barriers): 장애를 가진 사람들을 분류하고 비난하고 제한시키고 차별하는 환경의 결과로 인해 갖게 되는 고정관념적인 믿음이나 선입견.

✲ 참고문헌

Americans with Disabilities Act of 1990, Public Law 101–336, 42 U.S.C. 12111, 12112.

Bickenbach, J. E. (1993). *Physical disability and social policy*. Toronto: University of Toronto Press.

Blotzer, M. A., & Ruth, R. (1995). *Sometimes you just want to feel like a human being: Case studies of empowering psychotherapy with people with disabilities*. Baltimore: Paul H. Brooks

Bryan, W. V. (1999). *Multicultural aspects of disabilities: A guide to understanding and assisting minorities in the rehabilitation process*. Springfield, IL: Charles C Thomas.

Castafieda, R., & Peters, M. L. (2000). Ableism. In M. Adams, W. J. Blumenfeld, R. Castafieda, H. W. Hackman, M. L. Peters, & X. Zuniga (Eds.), *Readings for diversity and social justice* (pp. 319–323). New York: Routledge.

Chan, F., Berven, N. L., & Thomas, K. R. (Eds.). (2004). *Counseling theories and techniques for rehabilitation health professionals* (Springer Series on Rehabilitation). New York: Springer.

Chan, F., Cardoso, E., & Chronister, J. A. (2009). *Understanding psychosocial adjustment to chronic illness and disability: A handbook for evidencebased practitioners in rehabilitation*. New York: Springer Press.

Darling, R. B. (1979). *Families against society: A study of reactions to children with birth defects.* Beverly Hills, CA: Sage.

Darling, R. B. (2003). Toward a model of changing disability identities: A proposed typology and research agenda. *Disability & Society, 18*(7), 881–895.

Disability Social History Project. (2005). Retrieved from http://www.disabilityhistory.org/dshp.html

Finger, A. (1990). *Past due: A story of disability, pregnancy and birth.* Seattle: WA: Seal Press.

Ford, A. R. (2009). It's not just about racism, but ableism: When talking about diversity, the ableism that students with disabilities face should be part of the conversation. *Diverse Issues in Higher Education, 26*(4), 16.

Gill, C. J. (1997). Four types of integration in disability identity development. *Journal of Vocational Rehabilitation, 9,* 39–46.

Gill, C. J. (2001). Divided understandings: The social experience of disability. In G. L. Albrecht, K. D. Seelman, et al. (Eds.), *Handbook of disability studies* (pp. 351–372). Thousand Oaks, CA: Sage.

Groce, N. (2005). Immigrants, disability and rehabilitation. J. H. Stone (Ed.), *Culture and disability: Providing culturally competent services* (Multicultural Aspects of Counseling Series 21). Thousand Oaks, CA: Sage.

Hillyer, B. (1993). *Feminism and disability.* Norman: University of Oklahoma Press.

Huebner, R. A., & Thomas, K. R. (1995). The relationship between attachment, psychopathology, and childhood disability. *Rehabilitation Psychology, 40*(2), 111–124.

Kaufert, P. L., & Kaufert, J. M. (1984). Methodological and conceptual issues in measuring the longterm impact of disability: The experience of poliomyelitis patients in Manitoba. *Social Science and Medicine, 19,* 609–618.

Kielhofner, G. (2005). Rethinking disability and what to do about it: Disability studies and its implications for occupational therapy. *American Journal of Occupational Therapy, 59*(5), 487–497.

Krause, J. S., & Crewe, N. M. (1991). Chronologic time, time since injury, and time of measurement: Effect on adjustment after spinal cord injury. *Archives of Physical Medicine & Rehabilitation, 72*(2), 91–100.

Krause, J. S., Kemp, B. J., & Coker, J. L. (2000). Depression after spinal cord injury: Relation to gender, ethnicity, aging, and socioeconomic indicators. *Archives of Physical Medicine and Rehabilitation, 81,* 1099–1109.

Ladd, P. (2003). *Understanding deaf culture: In search of deafhood.* Toronto: Multilingual Matters.

Livneh, H. (1982). On the origins of negative attitudes toward people with disabilities. *Rehabilitation Literature, 43*(11), 338–347.

McColl, M. A., & Bickenbach, J. E. (1998). Introduction. In M. A. McColl & J. E. Bickenbach (Eds.), *Introduction to disability.* London: Saunders.

Murphy, R. (1987). *The body silent.* New York: Henry Holt.

Nash, J. E., & Nash, A. (1981). *Deafness in society.* New York: Lexington, Heath.

Neath, J., Bellini, J., & Bolton, B. (1997). Dimensions of the Functional Assessment Inventory for five disability groups. *Rehabilitation Psychology, 42*(3), 183–207.

Olkin, R. (1999). *What psychotherapists should know about disability.* New York: Guilford Press.

Olkin, R. (2009). Disability-affirmative therapy. In I. Marini & M. Stebnecki (Eds.), *The professional counselor's desk reference* (pp.355–369). New York: Springer.

Ososkie, J. N., & Schultz, J. C. (2003). Disability acceptance theories and logotherapy. *International Forum for Logotherapy, 26,* 21–26.

Peters, S. (1993). Having a disability "sometimes." *Canadian Woman Studies, 13,* 26–27.

Reeve, D. (2002). Negotiating psycho-emotional dimensions of disability and their influence on identity constructions. *Disability & Society, 17*(5), 493–508.

Smith, L., Foley, P. F., & Chaney, M. P. (2008). Addressing classism, ableism, and heterosexism in counselor education, *Journal of Counseling and Development, 86*(3), 303–310.

Stone, S. D. (1995). The myth of bodily perfection. *Dis-*

ability and Society, *10*(4), 413–424.

Swain, J., & Cameron, C. (1999). Unless otherwise stated: Discourses of labeling and identity in coming out. In M. Corker & S. French (Eds.), *Disability discourse* (pp. 74–83). Buckingham, UK: Open University Press.

Tollifson, J. (1997). Imperfection is a beautiful thing: On disability and meditation. In K. Fries (Ed.), *Staring back: The disability experience from the inside out* (pp. 106–111). New York: Plume.

Vash, C. L., & Crewe, N. M. (2004). *Psychology of disability* (2nd ed., Springer Series on Rehabilitation). New York: Springer.

U.S. Census Bureau. (2000). Disability Status 2000. Retrieved from http://www.census.gov/prod/2003pubs/c2kbr-17.pdf

U.S. Department of Justice. (1992). A guide to disability rights laws. Retrieved from http://www.ada.gov/cguide.htm

Watson, N. (2002). Well, I know this is going to sound very strange to you, but I don't see myself as a disabled person: Identity and disability. *Disability & Society*, *17*, 509–527.

Counseling & Diversity

CHAPTER 12

다문화 상담 역량

세상을 움직이는 것은 차이의 상호작용에 의해 발생한다. 다름에 의해서 발생하는 밀고 당김에 의해 일어난다. 삶은 다차원적이나 죽음은 단순하다. 차이와 특색을 억압하고 다른 문명과 문화를 없애면 생명은 약화되고 죽음은 촉진된다. 광신적 종교 집단이 그러하듯 모두에게 하나의 문화를 요구하는 생각은 우리를 힘들게 하며 피폐하게 만든다. 이 세상의 모든 관점들이 자취를 감추고 모든 문화들이 사라져 버린다면 생명력이 존재할 가능성이 감소될 것이다.

— 옥타비오 파스 Octavio Paz (*The Labyrinth of Solitude*, 1978)

이제 우리는 여행의 끝 부분에 도착했다. 우리가 여행을 시작했던 때를 회상해 보자. 우리는 기차 여행의 비유를 사용했었다. 다문화 역량을 발달시키고 개선하는 과정의 성향을 고려했을 때, 우리가 최종 목적지에 도착했다고 개념화하는 것은 잘못되고 오만한 것일 수 있다. 이 교재와 당신이 가졌던 다른 경험들은 여행 도중에 거쳐 온 정류장에 불과하다. 문화, 인종, 성별, 성적 지향, 계급, 종교, 장애, 그리고 연령과 같은 정체성의 다양한 부분들에 대한 지식을 얻었다 할지라도, 당신은 실제 이 지식을 사용하는 방법을 무력하게 만드는 것이 무엇인지 잘 느낄 수 있을 것이다.

이 장에서 우리는 문화적 역량의 필요성을 개관할 것이다. 문화적 인식을 넘어 지식과 기술의 영역에 진입하기 위한 내용을 제시할 것이다. 실제로 상담하는 데 있어서 윤리적 · 전문적 쟁점은 고려해야 할 중요한 내용이다. 문화적으로 역량 있는 실천가에게 요구되는 방법으로서 사회적 정의와 옹호의 개념을 소개하고자 한다. 우리는 효과성을 높이기 위하여 몇 가지 실천 모델을 설명할 것이다.

생각해 볼 질문 12.1

- 인종, 문화, 계층, 성별, 성적 지향, 장애 상태, 연령, 그리고 영적 소속의 관점에서 어떤 유형의 내담자와 상담하는 것이 어려울 것이라고 생각하는가? 내담자의 특정 문제 중에서 더 까다롭게 느껴지는 문제들은 무엇인가?
- 위의 질문에 기초하여 당신의 정체성을 고려했을 때, 당신은 어떤 유형의 내담자와 상담하는 것이 어렵다고 생각하는가? 또한 그 이유는 무엇인가?
- 당신은 어떠한 내담자도 상담할 준비가 되어 있는가? 또는 자신의 상담 능력을 최대한 발휘하는 데에 한계가 있다고 생각하는가? 이러한 한계에 대해 당신은 어떻게 설명하며 또한 정당화할 수 있는가?

1. 다문화 상담 역량의 중요성

다문화 역량(multicultural competence)은 다양한 문화적 상황 안에서 효과적이고 민감하게 일하는 능력을 의미한다. **다문화 상담 역량**(multicultural counseling competence)은 서비스를 받는 내담자의 맥락에서 내담자의 문화적 세계관과 행동을 존중하고 인정하며 효과적이고 민감하게 상담하는 일련의 수행 능력이다(President's New Freedom Commission for Mental Health, 2003). 문화적으로 역량 있는 실천가들의 가장 중요한 기술 중 하나는 수용적이고 진실한 방식으로 자신과 문화적으로 다른 내담자의 실제에 관여하는 능력이다. 상대방의 세계관을 동등한 가치로 인정하는 상담자는 내담자를 보다 빠르고 성공적으로 상담의 과정에 참여시킬 수 있다. 소외받는 집단에 소속된 사람들은 이들의 인종과 문화 및 민족성을 인정하지 않거나, 불쾌감을 느끼게 하거나, 판단하거나 거부하는 듯한 메시지를 매우 빠르게 알아차린다. 백인이 아닌 내담자가 상담자를 표현할 때 상호문화적인 관점에서 "그 상담자는 괜찮아요."라고 말한다면 그것은 상담자가 다른 문화적 환경을 수용하는 면에서 유능하다는 것을 의미한다고 볼 수 있다. 이처럼 근본적으로 중요한 기술을 습득하기 위해서는 타인과의 상담에서 진실된 목표를 바탕으로 지속적으로 상담을 실천해야 한다.

널리 알려진 상담의 원리에 따르면 내담자와 신뢰 및 라포(rapport)를 형성하는 것의 중요성은 매우 명확하다. 문화적 차이 때문에 실제로 존재하는 상담자와 내담자 사이의 차이를 연결하는 것은 쉽지 않다. 열악한 지식 기반 및 다문화 실제에 대한 왜곡된 관점 때문에 보다 생산적인 상담을 이뤄내는 것은 어려워 보인다. 예를 들면 임상 장면에서 유색인종의 내담자가 백인 상담자를 즉각적으로 신뢰하는 것은 쉽지 않다. 왜냐하면 이들은 백인 사회에서 유색인으로서 억압을 경험했기 때문이다. 이러한 문화적 차이를 줄이는 것은 문화적으로 역량 있는 상담자들의 전문적인 책임이다.

2. 다문화 상담 역량 모델

문헌에서 제시된 문화적 역량 모델의 세 가지 예시로 1) Pedersen의 문화 및 상호문화 역량 모델 2) Hogan-Garcia의 문화적 다양성 역량 모델 3) Hays의 ADDRESS-

ING 모델이 있다.

1) Pedersen의 문화 및 상호문화 역량 모델

Paul Pedersen은 1991년에 획기적인 논문을 발표하였다. 이 논문에서 그는 문화가 모든 상담에서 핵심적이라고 주장하였다. 그는 문화적 역량에 강조를 둔 문화중심 접근(culture-centered approach)을 제시하였다(Pedersen, 1991). 그 후에 Pedersen은 인식, 지식, 기술의 영역으로 구성된 문화 및 상호문화 역량 모델의 개념적인 틀을 발전시켰다. Pedersen(2003, p. 193)은 다음과 같이 각각의 단계를 기술하였다. 첫째는 인식(awareness)의 단계로 정확한 의견, 태도, 가정을 위한 배경을 제공한다. 둘째 단계는 지식(knowledge)으로 다문화적인 배경에서 적절한 변화와 효과적인 인식을 바탕으로 필요한 사실적인 정보와 기록을 제공한다. 셋째는 기술(skill)의 단계로 다문화적인 바탕에서 효과적인 변화를 위한 지식을 제공하고 인식을 바로 세우도록 돕는 능력을 제공한다.

2) Hogan-Garcia의 문화적 다양성 역량 모델

Hogan-Garcia(2007)는 체제적 변화에 초점을 맞춘 문화적 다양성 역량을 위한 훈련 모델을 개발하였다: "이 모델의 전반적인 주제는 사람 대 사람을 기본으로 하여, 위계적인 사회구조를 보다 협력적인 공동체로 변화시키기 위한 대인관계의 기초를 제공하는 것이다"(p. 4). 훈련의 구성은 네 가지 기술의 개발로 구성되어 있다. 첫 번째 기술은 네 가지 수준의 문화에 대한 이해를 증진시키는 것이다: (a) 개인적 수준 (b) 윤리적 · 문화적 집단 수준 (c) 미국의 주류 혹은 국가적 수준(자국과 국적에 기본을 둔 문화의 체계적 수준과 관계된 정체성) (d) 기관적 수준(체계적이고 구조화된 대인관계적 집단이나 같은 기능을 수행하는 집단). 두 번째 기술은 꼭 획득해야만 하는 효과적인 의사소통을 위한 여섯 가지 장벽에 대한 이해이다. 여섯 가지 장벽은 (a) 비언어적인 의사소통 (b) 언어적인 의사소통 (c) 선입견, 고정관념, 차별 (d) 판단 (e) 스트레스 (f) 규준, 정책, 절차 및 문화적 다양성에 민감하지 않은 프로그램이다. 다음 기술은 문화중심 의사소통 기술을 발전시키기 위한 것이다.

3) Hays의 ADDRESSING 체계 모델

Hays의(2008) **ADDRESSING 체계 모델**은 치료자에게 나이(**A**ge), 발달적 · 후천적 장애(**D**evelopmental and accquired **D**isabilities), 종교(**R**eligion), 민족성(**E**thnicy), 사회경제적 지위(**S**ocioeconomic status), 성적 지향성(**S**exual orientation), 토착적 유산(**I**ndigenou heritage), 국가적 기원(**N**ational origin) 및 성별(**G**ender)에 있어서의 다차원적인 조합을 의미한다. 이 모델은 내담자의 편견을 파악하는 데 유용하며, 내담자가 중요하게 여기는 정체성 중에서 중요한 것으로 여겨지는 특정한 면을 이해하는 데 도움을 준다. 세 가지 면에서 이 모델의 유용성을 파악하면 다음과 같다. 첫째, 상담자는 자신의 편견을 평가하고, 경험이 부족한 영역이 어디인지를 탐색하는 데 이 모델을 사용할 수 있다. 둘째, 이 모델은 인종차별, 성차별 및 다른 형태의 억압 사이의 관련성에 대한 이해를 높여줌으로써 유색인들에게 영향을 미치는 소위 '~주의'에 대한 인식을 향상시키는 데 사용될 수 있다. 셋째, 이 모델을 통해서 특정 인종 집단을 파악함으로써 일반화나 부정확한 편견에 사로잡히는 경향을 줄일 수 있다.

3. 다문화 상담 역량의 세 가지 차원

앞서 언급한 바와 같이 다문화적 상담 역량은 세 가지 차원, 즉 인식, 지식, 기술에서 발전되어 왔다(Arredondo et al., 1996) 물론 각 영역은 불가분하게 다른 두 영역과 연결되어 있다. 당신이 다른 사람에 대해 지식을 가지고 있지 못하다면, 그리고 당신과 그 사람이 어떻게 관계를 형성하는지를 인식하지 못한다면 그 사람과 진정한 치료 관계를 형성하는 것은 불가능하다. 그리고 다른 사람들과 지속적인 관계를 유지하면서 그 사람들과의 차이를 배우지 못한다면 자기 자신이 지닌 편견과 가정을 완전하게 이해하는 것은 불가능하다(Smith, Richards & Granley, 2004) 이제부터는 실제적인 관점으로 세 가지 차원을 각각 살펴보고자 한다.

생각해 볼 질문 12.2

- 실제 상담을 하는 당신에게 있어서 의미 있는 다문화적인 역량은 무엇인가?
- 당신은 내담자와의 상담에 있어서 어떤 측면에서 다문화적인 역량을 보여 줄

수 있다고 생각하는가?
- 당신이 생각하기에 역량(competence)과 효과성(effectiveness) 사이에 차이점이 있다고 생각하는가? 있다면 어떤 점이 차이라고 생각하는가?

1) 인식

모든 수준의 전문적 기술과 훈련에서 상담자는 다양한 사회적 정체성과 그들의 관점이 어떻게 상담 관계와 관련이 있는지 인식해야 한다. 문화적으로 유능한 상담의 결정적 요인으로서 인식(awareness)은 문화적으로 다양한 사람들을 상담하는 상담자에게는 중요한 요소이다(Balkin, Schlosser, & Levitt, 2009). 그러나 인식은 반성과 행위와 비판적 고찰의 복잡한 순환 과정이다. 시인 Audre Lorde(1984)는 획기적인 수필에서, "장인의 도구는 절대로 장인의 집을 허물지는 않는다."라고 경고하였다. 너무도 자주 우리는 위계적이고 지배적인 사회구조 속에서 사회화되기 때문에, 심지어 변화를 위해 일을 할 때조차도 우리 스스로가 억압적인 행위를 하는 경우를 본다. 소외된 집단의 구성원들은 이들을 구원할 '백기사'가 필요하지 않다. 사실 이러한 구원은 그들의 종속적이고 무기력한 지위를 오히려 강화시킬 뿐이다. 따라서 상담자가 내담자를 위해 말과 행동으로 옹호하려는 경우, 오히려 내담자가 미묘하게 드러나는 방식으로 저항해서 놀라고 불쾌함을 느끼는 경우가 있다. 상담자가 이 상황에서 자기성찰을 하지 않는다면 상처를 받고, 내담자의 불손함을 불평하거나 내담자에게 문제가 있다고 생각할 수 있다. Gainor(2005)는 서비스를 받는 사람이 누구인지, 누구의 문제가 상담을 통해 해결될 수 있는지에 대한 근본적인 가치와 가정에 대해 지속적으로 점검해야 한다고 주장한다. 감사함을 기대했던 상담자라면 왜 자신의 노력에 대한 대가로서 감사함을 요구했는지 스스로 자문해 볼 필요가 있을 것이다.

또 다른 측면은 정의와 민감성에 관한 문제를 수용한다고 해서 체제 변화에 대한 저항이 없어지는 것은 아니라는 점이다. 바람직한 변화가 일어나고 선한 의도의 변화가 일어난다 할지라도, 변화는 드러나는 혹은 잘 드러나지 않는 저항에 부딪힐 수 있다. 문화적 감수성과 문화적 인식을 향상시키는 과정에서 많은 학생들은 그들 주변의 영향력 있는 사람들로부터 원래의 감수성과 인식 상태로 돌아오라는 압력을 경험한다. 그리고 그렇게 원래의 상태로 되돌아오지 않으면 처벌을 경험하기도 한다. 인종차별주의자의 농담에 비웃기를 멈췄을 때 이들은 유머 감각을 잃었다고, 정치적으로 변절되었다고 비난받을 것이다. 결국 이러한 변화는 특권을 기반으로 안정화된 체제를 위협한다. 지배 그룹에서 어느 한 사람이 원칙적인 입장을 갖고 특혜받는 것을 거절하면, 그것은 보이지 않던 특권을 모두에게 가시화시킨다.

변화는 상실감을 유발시킨다. 우리가 규칙을 잘 알지 못하는 낯선 영역에서 변화를 추구할 때, 그것으로 인해 오히려 억압이 초래될 수 있다. 따라서 우리는 변화로 인하여 혼란 속에서 유능감을 상실할 수 있다(Evans, 1996). Johnson의 베스트 셀러 『누가 내 치즈를 옮겼을까?(*Who Moved My Cheese?*)』(1998)에서 옹호되었던 것처럼, 변화를 지지하거나 방해하는 태도와 신념에 주목하면서 변화에 대한 우리의 반응을 확인할 때 변화는 촉진될 수 있다.

결과적으로 우리가 지속적으로 성찰하게 되면, 자신에 대해 보다 경각심을 갖게 되고 평소에는 인식하지 못했던 미시적 공격성(micro aggression)에 대해 민감해지게 된다. 그러나 소외된 집단의 사람들이 이런 비난 속에서도 살아남을 수 있고 살아남으며 심지어 번성하는 것처럼, 이와 같은 각성은 결국에는 견딜 만할 것으로 인식된다. 특히 그러한 것을 스스로 점검할 수 있을 때 우리는 맥락에 대한 지식을 소유할 수 있고 결과적으로 보다 효과적으로 대응할 수 있게 된다.

생각해 볼 질문 12.3

- 내담자를 구해야겠다는 필요를 느낀 적이 있는가? 당신은 그것을 어떻게 다루었는가?
- 내담자를 구하는 것과 옹호하며 역량을 강화시키는 것의 차이는 무엇인가?
- 당신이 내담자 또는 당신의 삶에서 어떤 사람의 역량을 강화시켰던 사례는 어떤 것인가?
- 당신 또는 당신과 가까운 다른 사람들이 다루었던 미시적 공격성의 사례에는 어떤 것이 있는가? 당신은 어떻게 그것들을 다루었는가?

2) 지식

훈련 중인 상담 실습생들은 역사, 경제, 정치뿐만 아니라 심리학적 지식을 고려해야만 한다는 생각에 당황한다. 그러나 사람을 돕는 직업의 경우 그 사람이 소속된 맥락을 이해하는 것은 필수적이다. 사회적 생활을 하는 인간 존재는 역사적 · 정치적 · 경제적 체계에 뿌리를 두고 있고, 효과적인 치료 작업은 이러한 복잡성을 고려해야만 한다. 정치적 · 사회적 맥락의 혼돈으로부터 피난처를 구하는 난민의 특

표 12.2 AMCD 다문화 상담 역량

I. 자신의 문화적 가치와 편견에 대한 상담자의 인식		
태도와 신념	**지식**	**기술**
1. 문화적으로 숙련된 상담자는 문화적 자기인식과 자신의 고유 문화유산에 대한 민감성이 필수적이라고 믿는다.	1. 문화적으로 숙련된 상담자는 자신이 속한 인종 및 문화적 유산에 대한 지식이 있다. 또한 그것이 개인적으로, 전문적으로 그들의 정상성과 비정상성에 관한 정의들과 편견들에 어떻게 영향을 미치는지 알며 상담 과정에 대한 구체적인 지식을 가지고 있다.	1. 문화적으로 숙련된 상담자는 문화적으로 다른 집단원을 상담할 때 이해와 효율성을 향상시키기 위해 교육적이고, 도움이 되며, 훈련이 되는 경험들을 탐색한다. 자신들의 역량의 한계를 인식할 수 있기 때문에 그들은 (a) 조언을 찾고 (b) 후속 교육이나 훈련을 받고자 하며 (c) 더 숙련된 개인들이나 자원에 의뢰를 하거나 (d) 이것들을 조합하여 사용한다.
2. 문화적으로 숙련된 상담자는 그들 자신의 문화적 배경과 경험들이 심리적 과정들에 대한 태도, 가치들과 편견들에 어떻게 영향을 미쳤는지를 인식한다.	2. 문화적으로 숙련된 상담자는 억압, 인종차별주의, 차별 및 고정관념을 갖는 것이 어떻게 개인적으로 그리고 그들의 일에 영향을 미치는지에 대한 지식과 이해를 소유하고 있다. 이로 인해 자신의 인종차별주의적인 태도와 신념들과 감정들을 인정한다. 이 기준이 모든 그룹에 적용되기는 하지만, 백인 상담자들에게는 이것이 그들이 간접적으로 혹은 직접적으로 백인 정체성 개발 모델로 요약되는 개인적, 제도적 및 문화적 인종차별주의로 인해 혜택을 받았는지를 이해하는 것을 의미할 수 있다.	2. 문화적으로 숙련된 상담자는 끊임없이 자신을 인종 및 문화적 존재로 인식하고자 노력하며, 비인종차별주의적 정체성을 적극적으로 탐색한다.
3. 문화적으로 숙련된 상담자는 그들의 다문화적 역량과 전문 지식의 한계를 인식할 수 있다.	3. 문화적으로 숙련된 상담자는 다른 사람들에 대한 자신의 사회적 영향력에 대한 지식을 소유하고 있다. 그들은 소통 방식의 차이에 대해 숙지하고 있다. 즉 그들의 방식이 어떻게 유색인들이나 A, B, C 차원에 기초해서 그들과는 다른 타인들과의 상담 과정과 충돌하거나 상담 과정을 강화시켜 줄 수 있는지를 숙지하고 있다.	

(다음 쪽에 계속)

표 12.2 AMCD 다문화 상담 역량 (계속)

I. 자신의 문화적 가치와 편견에 대한 상담자의 인식		
태도와 신념	**지식**	**기술**
4. 문화적으로 숙련된 상담자는 그들 자신과 내담자 사이의 인종, 민족성 및 문화의 관점에서 존재하는 차이들로 인한 불안의 근원을 인식한다.		

II. 내담자의 세계관에 대한 상담자의 인식		
태도와 신념	**지식**	**기술**
1. 문화적으로 숙련된 상담자는 상담 관계에 유해한 것으로 입증될 수 있는, 다른 인종 및 민족 집단에 대한 그들 자신의 부정적 및 긍정적 감정 반응을 인식한다. 이들은 자신의 신념과 태도를 문화적으로 다른 내담자의 신념과 태도와 비교하되 비판단적인 방식으로 비교한다.	1. 문화적으로 숙련된 상담자는 상담하고 있는 특정 집단에 대한 구체적인 지식과 정보를 소유하고 있다. 이들은 자신과 문화적으로 다른 내담자의 생활 경험, 문화유산 및 역사적 배경을 인식하고 있다. 이 역량은 문헌에서 접할 수 있는 '소수 정체성 발달 모델'과 관련성이 높다.	1. 문화적으로 숙련된 상담자는 다양한 민족 및 인종 집단에 영향을 줄 수 있는 정신건강 및 정신적 질병과 관련된 관련 연구나 최신 결과들을 숙지해야 한다. 이들은 더 효과적인 상담을 위해 자신의 지식과 이해 및 상호문화적 기술을 강화시켜 줄 수 있는 교육적 경험들을 적극적으로 탐색한다.
2. 문화적으로 숙련된 상담자는 자신이 다른 인종적 · 민족적 소수 집단에 대해서 견지하고 있을 수 있는 고정관념과 선입견을 인식한다.	2. 문화적으로 숙련된 상담자는 인종, 문화, 민족성 등이 어떻게 인격 형성, 직업 선택, 심리적 불안의 표현, 도움을 구하는 행동 및 상담 접근의 적절성이나 비적절성에 영향을 미칠 수 있는지를 이해하고 있다.	2. 문화적으로 숙련된 상담자는 상담 장면 이외에서도 소수자들에게 적극적으로 관여한다(예: 공동체 이벤트, 사회적 및 정치적 기능, 축하 행사, 우정, 이웃 집단 등). 이를 통해 소수자에 대한 이들의 관점은 단지 학문적이거나 돕는 행위를 넘어선 것이 된다.
	3. 문화적으로 숙련된 상담자는 인종 및 민족적 소수자들의 삶에 영향을 주는 사회정치적 영향력들을 이해하고 그에 대한 지식을 가지고 있다. 이민 문제, 빈곤, 인종차별주의, 고정관념, 무력함이 상담 과정에서 자아존중감과 자아개념에 영향을 미칠 수 있다.	

(다음 쪽에 계속)

표 12.2 AMCD 다문화 상담 역량 (계속)

III. 문화적으로 적절한 개입 전략		
태도와 신념	**지식**	**기술**
1. 문화적으로 숙련된 상담자는 속성과 금기를 포함한 내담자의 종교적·영적 신념과 가치를 존중한다. 왜냐하면 그것들이 세계관, 심리사회적 기능 및 스트레스의 표현에 영향을 미치기 때문이다.	1. 문화적으로 숙련된 상담자는 상담과 치료 요법의 일반적인 특성들(문화 종속, 계급 종속 및 단일 언어)과 그것들이 다양한 문화 집단의 문화가치와 어떻게 충돌할 수 있는지에 대한 명확하고 분명한 지식과 이해를 가지고 있다.	1. 문화적으로 숙련된 상담자는 다양한 언어 및 비언어적 조력 반응에 관여할 수 있다. 이들은 정확하고 적절하게 언어 및 비언어적 메시지를 주고받을 수 있다. 이들은 상담을 위해 하나의 방식이나 접근에 국한하지 않고, 돕는 방법과 접근은 문화에 따라 다양할 수 있다고 인식한다. 상담 방식이 제한적이고 잠재적으로 부적절하다는 것을 느낄 때 이들은 그러한 방법을 수정할 수 있다.
2. 문화적으로 숙련된 상담자는 토착민이 돕는 관행을 존중하고 유색인종 공동체 중에 존재하는 도움 제공 네트워크를 존중한다.	2. 문화적으로 숙련된 상담자는 소수민족들의 정신건강 의료 서비스 이용을 방해하는 제도적인 장벽들을 인식한다.	2. 문화적으로 숙련된 상담자는 내담자를 위해 기관 수준의 개입 기술을 사용할 수 있다. 이들은 내담자가 부적절하게 문제들을 개인화하지 않도록 '문제'가 인종차별주의나 타인의 편견에서 파생되는 것인지를 판단하도록 내담자를 도울 수 있다.
3. 문화적으로 숙련된 상담자는 이중 언어 사용을 높이 평가하고 타 언어를 상담의 장애물로 보지 않는다(단일 언어주의는 문제의 원인이 될 수 있다).	3. 문화적으로 숙련된 상담자는 평가 도구에 내재된 잠재적 편견에 대한 지식을 갖고 있으며 내담자의 문화 및 언어적 특성을 명심하고 절차들을 사용하며 결과를 이해한다.	3. 문화적으로 숙련된 상담자는 필요하다고 생각하는 경우 문화적으로 다른 내담자를 치료하는 데 있어 전통적인 치료사나 종교 및 영적 지도자와 상담하는 것을 반대하지 않는다.
	4. 문화적으로 숙련된 상담자는 다양한 문화적 관점에서 가족 구조, 위계질서, 가치관과 신념에 대한 지식을 가지고 있다. 이들은 특정 문화 집단이 거주하는 공동체나 공동체 내의 자원에 대해 알고 있다.	4. 문화적으로 숙련된 상담자는 내담자가 요구하는 언어로 대화할 책임이 있다. 만약 가능하지 않다면 적절한 곳으로 의뢰한다. 상담자의 언어적 기술이 내담자의 언어와 맞지 않을 때 심각한 문제가 생긴다. 이 경우에 상담자는 (a) 문화적 지식과 적절한 전문적 배경을 가진 통역자를 찾거나 (b) 지식이 있고 능력 있는 이중 언어 사용 상담자에게 의뢰한다.

(다음 쪽에 계속)

표 12.2 AMCD 다문화 상담 역량 (계속)

III. 문화적으로 적절한 개입 전략		
태도와 신념	**지식**	**기술**
	5. 문화적으로 숙련된 상담자는 상담 서비스를 제공받는 집단의 심리적 안녕에 영향을 줄 수 있는 사회 및 공동체 차원과 관련된 차별 관행을 인식한다.	5. 문화적으로 숙련된 상담자는 전통적 평가 및 측정 도구의 사용에 있어 훈련되고 전문적인 기술을 가지고 있어야 한다. 이들은 그 도구들의 기술적인 측면들을 이해할 뿐만 아니라 문화적 한계들을 인식해야 한다. 이러할 때 문화적으로 다른 내담자의 복지를 위해 적절한 도구를 사용할 수 있다.
		6. 문화적으로 숙련된 상담자는 평가를 수행하고 개입을 제공함에 있어 편견들과 선입견에 주의하고, 이들을 제거하기 위해 노력해야 한다. 또한 억압, 성차별, 동성애자에 대한 편견, 엘리트주의와 인종차별주의 문제에 대한 민감성을 길러야 한다.
		7. 문화적으로 숙련된 상담자는 목표, 기대, 법적 권리 및 상담자의 오리엔테이션과 같은 심리적 개입 과정에서 내담자들을 교육시키는 책임을 진다.

출처: Adapted from Arredondo, P., Toporek, M. S., Brown, S., Jones, J., Locke, D. C., Sanchez, J. and Stadler, H. (1996). Operationalization of the Multicultural Counseling Competencies. (Alexandria, VA: AMCD).

수하고 구체적인 경험과 그들의 문화적 기원에 내재된 독특성을 알지 못하면 난민 내담자와 성공적으로 상담하는 것은 어렵다. 특수한 지식을 습득하는 것은 실습생에게 발달 과업이 된다. 많은 경우 상담을 시작할 때 우리는 내담자에 대한 지식을 갖추기보다는 빨리 평가하고 효과적으로 반응할 수 있는 심리 도구들을 가지고 검사한다. 이러한 도구를 사용하는 근본적 이유는 우리가 상담하는 내담자가 다양하기 때문이며, 내담자가 보이는 문제 역시 이러한 다양성의 조합으로 발생하기 때문이다. 어떠한 지식을 사용할 때에도 이러한 지식을 일반화하거나 고정관념화되지 않도록 해야 한다. 치료적 관계가 심화될 때, 우리는 더 많은 것을 조사하여 가지고 있는 지식을 정교하게 만들어야 한다. 그래야만 그러한 지식을 내담자에게 적용할 수 있다.

생각해 볼 질문 12.4

- 역사적으로 억압당한 집단 중에서 당신이 가장 잘 알고 있다고 말할 수 있는 집단은 어느 집단인가? 이들에 대한 역사적 경험, 그들의 현재 경험과 문화에 관한 전반적 지식의 관점에서 말해 보라.
- 당신이 알고 있는 것이 얼마나 정확한가? 그리고 그러한 정확성을 어떻게 알 수 있는가?
- 당신이 알고 있는 것을 어떻게 배웠는가? 당신은 어떻게 더 많은 것을 알아낼 수 있는가?

3) 기술

기술 측면을 개발하는 데 있어서, 상담자는 문화적으로 적절하고 민감한 개입을 발달시키고 사용할 수 있어야 한다. 이 영역에서 기술들은 라포를 형성하는 것을 포함하는데, 이 기술은 문화적 기준에 대한 범위에 민감하게 대응하고 적절하게 문제를 다루며 명명하는 방식을 통해 가능하다. 적절한 평가를 실시하는 것, 증상의 표현과 설명에서 맥락적 요인을 감안하여 이해하고 정확하게 진단하는 것, 내담자의 요구에 적절하게 반응하는 치료를 실시하는 것이 다른 영역에서의 기술들이다. Hays(2009)는 실증적인 상담에 기초하여 다문화적으로 민감하게 접근하는 방법을 10개의 지침으로 정리하여 제시하였다.

생각해 볼 질문 12.5

- 다양한 배경을 가진 내담자들에게 자신 있게 사용할 수 있는 당신만의 특별한 기술 또는 개입은 무엇인가?
- 무엇이 이러한 기술과 개입을 효과적으로 만드는가? 그리고 어떤 내담자를 도울 때 그러한가?
- 당신은 그러한 기술을 어떻게 습득하였는가? 그리고 어떻게 그 기술들이 효과적이라는 것을 알게 되었는가?

4. 사회정의와 옹호

다문화적 상담은 역사적으로 인종과 문화의 경계를 가로지르는 상담에 초점을 맞

사례 연구 12.1

Maria Henderson의 사례

27세의 아프리카계 미국인으로 싱글맘인 Maria는 상담소를 찾았다. 어떻게 오게 됐냐고 묻자, 그녀는 "아홉 살짜리 아들이 다니는 학교의 학교심리학자가 스트레스를 잘 다루는 데 상담을 받는 것이 좋은 방법일 수 있다면서 상담을 권했어요."라고 대답했다. Maria는 "혼자서 아이를 키우는게 힘들어요. 우리 아이가 학교에서 실패를 하고, 계속 싸움에 연루돼서 도대체 내가 어떻게 해야 할 지 모르겠어요. 최근에 부업을 하게 되어 집에 돌아오면 완전히 녹초가 되거든요. 스스로를 돌볼 시간이 없어요. 그래서 요즘은 내 인생이 실패한 것처럼 느껴져요. 지난 2년 동안 몸무게가 40파운드나 늘었어요. 나는 관계를 맺는 것도 어려워 보이구요. 혈압과 같은 그전에는 없었던 모든 종류의 건강 문제를 보이기 시작했어요."라면서 계속해서 설명했다. 그다음의 대화에서 Maria는 자신이 4남매 중 장녀이며, 두 남동생과 아직 고등학생인 여동생이 있다고 했다. 그녀와 형제자매들은 할머니와 이모에 의해 키워졌으며, 가정폭력으로 그녀의 엄마가 죽었을 때 그녀의 나이는 13세였다. 그녀는 친아빠가 누구인지 모르며, 한 명의 남동생만이 같은 아버지에게서 태어났고, 다른 두 명의 동생들은 아버지가 다르다고 했다. 그녀의 남편은 현재 감옥에 있으며, 그녀가 그와 몇 번 만났지만, 남편은 아이에게 부모의 역할을 거의 못 하고 있다.

사례 토론

생각해 볼 점

1. Maria가 보이는 문제의 특징은 무엇이라고 생각하는가?
2. 이러한 내담자를 만나기 전에 알고 있으면 도움이 될 만한 지식이 있다면 무엇일까?
3. 접수 면접 이후에 찾아보면 도움이 될 만한 지식이 있다면 어떠한 것일까?

지식의 영역

만약에 당신이 내담자의 민족적 · 문화적 · 인종적 유산에 주의를 기울이고 인정한다면, 그녀의 혈연 지지 체계, 특히 그녀를 양육했던 여성 친척들을 조사하고 인정하는 것은 중요할 것이다. Maria는 그녀의 아들이 미래에 젊은 흑인 남성이 된다는 것에 대한 커다란 두려움을 가지고 있다. 그녀는 스스로 강해져야 한다는 신념에 의해 부담을 느끼고 있는 것 같다. 그녀의 인종 정체성과 차별 경험을 탐색할 필요가 있을 것이다. 신앙에 근거한 지지 체계를 평가하면 현재 도움이 되는 지지가 무엇인지 확인할 수 있을 것이다. 끝으로 체중 감소와 제2형 당뇨병의 가능성을 측정하기 위해 의학적인 검사를 권하는 것은 중요할 수 있다.

추어 왔다. 즉 인종과 민족적으로 다양한 영역에서 효과적으로 상담하는 능력에 초점을 맞춘 역량의 개발에 중점을 두었다. 그러나 **사회정의 상담과 옹호**(social justice counseling and advocacy)를 위한 운동은 그러한 범위를 넘어서는 것이다. 다문화적 상담 역량과 유사하게, Love(2000)는 체제적 억압에 대해 의도적인 의식을 발달시킬 필요성을 논의하였으며 관련 인식을 고양시켜야 한다고 주장하였다.

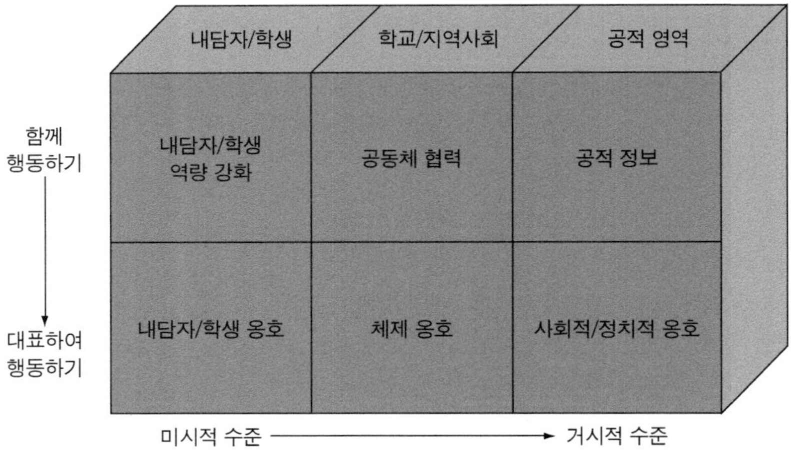

그림 12.1 옹호역량 구조

출처: Adapted from Lewis, J., Arnold, M. S., House, R. & Toporek. R. L. (2002). *Advocacy Competencies: Task Force on Advocacy Competencies*. (Alexandria, VA: American Counseling Association).

그러나 사회정의는 다양한 집단의 사람들을 뒤처지게 하는 체제적 불평등을 근절시키기 위한 행동에 초점을 맞추는 경향이 있다(Vera & Speight, 2007). 이러한 반응은 중립적이지 않으며, 전문가는 사회적 가치, 정책 그리고 억압된 집단으로 하여금 불이익과 무력감을 느끼게 하는 관습을 변화시키는 것을 옹호한다(Goodman et al., 2004).

Manis, Brown 및 Paylo(2009)는 상담의 핵심은 고통을 경감시키려는 열망을 담고 있어야 한다고 주장한다. 내담자의 고통이 차별과 억압이라는 체제적 양식을 통해 개인의 외적인 요소에 의해 발생한다는 것을 깨닫게 되면, 우리는 옹호자로서 역할을 변화시켜 고통받는 내담자들에게 공평한 기회를 제공함으로써 정의를 실현하는 역할을 해야 한다. 사회정의와 옹호를 다문화적 상담과 구분하기 위한 필요성에 부응하여, Lewis, Arnold, House와 Toporek(2002)은 개인적이고 체계적 수준에서 억압의 쟁점을 설명하기 위해 이를 설명하는 구조를 발달시켰다(**그림 12.1**).

생각해 볼 질문 12.6

- 당신에게 사회정의는 무엇을 의미하는가?
- 사회정의가 당신의 삶과 상담의 경험에 있어서 특별하게 의미했던 것은 무

엇인가?

- 당신은 누군가의 역량을 강화시키기 위하여 이들을 옹호했던 경험이 있는가?
- 당신은 누군가의 역량을 강화시키기 위하여 이들을 옹호하고 싶었지만 하지 못했던 경험이 있는가? 왜 당신은 그런 행동을 하지 못했는가? 그러한 경험을 통해 무엇을 배웠는가?
- 개인적 수준에서 당신은 어떠한 변화를 이루어 냈는가? 집단 수준에서 이루어 낸 변화는 무엇인가? 체제적 수준에서 이루어 낸 변화는 무엇인가?
- 개인적, 집단적 또는 체제적 수준에서 당신은 어떠한 변화를 이루어 낼 수 있는가? 그리고 당신은 어떻게 그러한 변화 과정의 일부가 될 수 있는가?

1) 내담자 및 학생 수준의 옹호

이곳에서 제시하려는 두 주제는 역량 강화와 옹호이다. 첫째, 조력전문가(helping professionals)는 내담자가 살고 있는 사회적·정치적·경제적·문화적 맥락에 대한 이해와 내담자의 자기옹호를 촉진하는 것에 기반한 직접적인 상담 전략을 이행한다. 예를 들어 한 조력전문가가 군인이나 군인의 가족에게 상담 서비스를 제공하는 조직에 참여하는 경우가 있을 수 있다. 둘째, 상담자는 학생의 발달을 저해하는, 자원, 접근, 권력의 부족으로 인해 내담자 스스로 다룰 수 없는 외부의 장벽들에 대해 직접적으로 언급해 주어야 한다. 예를 들어 토착적인 치유 방법에 대한 보고서를 제출했다는 이유로 그 학생을 낙제시킨 학교 보건교사에 대해 직접적으로 개입하는 학교 상담자가 이러한 경우에 해당된다.

2) 학교 및 지역사회 수준의 옹호

이 영역에서는 첫째, 푸드뱅크의 자원봉사자에게 문화적 민감성을 훈련하는 프로그램을 예로 들 수 있다. 이 수준의 옹호는 변화를 위해 일하는 지역사회 또는 조직과의 직접적인 작업을 포함한다. 둘째, 접근과 자원의 거시적 수준에 영향을 미치는 변화의 방향을 유지하기 위하여 더 큰 수준의 옹호를 포함한다. 예를 들면 기금 조성, 전과자 고용을 위한 서비스, 재활 프로그램을 지지하기 위해 현재 진행 중인 운동에 참여하는 것이다.

3) 공적 영역의 옹호

첫 번째의 예로 사회적 의식을 높이기 위해 정보를 널리 보급하는 것은 이해를 심화시킨다. 따라서 조력전문가는 지속되는 차별에 대해 대중이 인식할 수 있도록 한다. 예를 들어 이러한 문제에 대해 민감성을 가지고 이슬람교도의 정신건강 문제에 대해 지역신문에 글을 기고해야 한다. 두 번째 예는 간접적으로 소외된 집단의 경험에 조금씩 영향을 미치게 되는 큰 사회적 쟁점에 관한 일에 참여하는 것이다. 예를 들어 건강보험에서 정신건강을 비슷한 수준으로 끌어올리는 노력에 관여하는 것이다. 이를 통해 정신건강 서비스가 동등하게 보험의 적용을 받고, 궁극적으로 서비스에 대한 접근성을 향상시킬 수 있게 된다.

5. 사례 연구

다음에 제시하는 사례들은 여러분이 상담할 때 사용하게 될 인식, 지식, 기술을 복합적으로 함께 생각해 볼 수 있는 좋은 예이다. 다음의 사례 연구를 통해 여러 가지 가능성에 대해 깊이 생각하고, 자유롭게 가설을 만들어 보고, 당신의 생각을 점검해 보아라.

사례 연구 12.2

Betty Cadeau: 미국 원주민 아동

여덟 살인 Betty Cadeau는 부모님, 열세 살의 언니, 열다섯 살의 오빠, 할머니와 함께 살고 있다. 가족은 도시에 살고 있고, 인디언을 위한 정부 보류지로부터 좀 떨어진 곳에 살고 있다. 비록 Betty의 가족은 빈곤 계층보다는 상위에 있으나, 돈이 종종 문제가 된다. 부모님 모두 고등학교를 나오고 최소 임금을 받으며 오랜 시간 일을 한다. Betty의 할머니는 가족의 재정을 좀 더 나아지게 하려는 시도에서 보류지로부터 나왔고, 부모님은 이곳저곳 이동하였다. 그녀는 보류지에 있는 친척 집을 방문하였고, 할머니로부터 전통적인 생활에 관한 이야기를 들었다. 그녀의 할머니가 편찮으셨을 때, Betty는 종종 할머니와 함께 집에 머물러 있었다. Betty는 이때 토착 언어로 할머니와 이야기한다.

Betty는 담임 선생님에 의해 당신에게 의뢰되었으며, 교사에 따르면 Betty는 학교에서 잘 지내지 못한다. 아프리카계 미국인 담임 선생님은

(다음 쪽에 계속)

Betty가 자신의 말을 잘 듣지 않는 것 같고, Betty가 집중을 하고 있는지 도무지 알 수 없다고 이야기한다. 또한 Betty는 거의 수업에 참여하지 않으며 종종 결석한다고 이야기한다. Betty는 학교과제를 종종 다 완성하지 못하며, 숙제를 잘 제출하지 않는다. 교실에서 그녀는 다른 학생들과 관계를 잘 맺지 못하는데, 주로 유럽계 그리고 아프리카계 미국인 학생들과 그렇다.

Betty를 처음 만났을 때 그녀는 조용하였고, 눈을 맞추지 않았으며, 상담자가 그녀에게 이야기를 하는 동안 밑을 보고 있었다. 그녀는 상담에 반응하지 않는 것처럼 보였고 불안해하는 것 같았다. 그녀는 말을 더듬거리며 오랜 침묵으로 말이 중단되곤 하였다.

사례 토론

생각해 볼 점

내담자에 대한 정보에 근거하여, 현재 미국 사회에서 내담자 인종의 지위에 대해 문화적 · 역사적 · 사회정치적 배경을 간략히 설명해 보아라. 다음 아래의 사항에 따라 가장 중요하다고 생각하는 정보를 조직하여 **ADDRESSING** 체계를 사용하는 것을 고려해 보아라.

- (**A**)나이
- (**D**)발달적 그리고 후천적 (**D**)장애
- (**R**)종교
- (**E**)민족성
- (**S**)사회경제적 지위
- (**S**)성적 지향성
- (**I**)토착적 유산
- (**N**)국가 기원
- (**G**)성별

1. 이 내담자와의 상담에서 상담자가 주의해야 할 특정 문화적 주제는 무엇인가? 설명해야 할 필요가 있는 다른 측면이 있는가? 그리고 어떻게 그것을 다룰 것인가? 이 사례 연구에서 사후에도 계속 다뤄야 할 정보는 무엇이며, 왜 그러한가?
2. 당신은 내담자의 인종적 그리고 문화적 정체성 발달을 어떻게 규명할 것이며 이것이 상담자–내담자의 관계에 어떠한 영향을 미치겠는가? 결론에 도달하기 위해 당신은 어떠한 접근을 사용할 것인가? 라포를 어떻게 형성할 것인가?
3. 당신 자신의 인종, 민족성, 문화, 성별, 성적 지향성, 계층, 종교, 장애 등을 탐색해 보아라. 그것은 내담자와의 상담에 영향을 미칠 것이다. 라포를 형성하는 것뿐만 아니라 상담의 어려움이 시사하는 점을 고려해 보아라.

사례 연구 12.3

Susie Dinh: 베트남계 미국인 청소년

16세의 베트남계 미국 청소년인 Susie는 대부분의 학생이 유럽계 미국 학생으로 구성된 고등학교에 다니고 있다. 그녀는 가족과 집에서 살고 있는데 부모는 1970년대 후반 미국으로 이주하였고 Susie는 이주 후 한참 뒤에 미국에서 태어났다. Susie에게 오빠가 있었지만 오빠는 Susie가 태어나기 전에 사망했다. Susie의 가족은 빨래방을 소유하여 운영하고 있으며 Susie는 방과 후의 대부분의 시간

(다음 쪽에 계속)

을 빨래방에서 일손을 도우며 보낸다. Susie는 현재 일주일에 두 번 피아노 과외를 받고 있다. Susie는 친구들의 재촉에 못 이겨 마지못해 상담 교사인 당신을 찾아오게 되었다.

Susie는 슬프다고 고백한다. 학교에서 시간을 함께 보낼 친한 친구가 많지 않고 방과 후에는 놀 시간이 없다. Susie의 모든 친구는 아시아계이고 또한 여학생뿐이다. Susie는 다른 또래들처럼 남자 친구를 사귈 수 없다고 한다. 아버지가 남자 친구 사귀는 것을 허락하지 않기 때문이다. Susie 또한 남자 친구를 사귀지 않을 거라고 말하면서 그렇게 말하는 자신 또한 이해하기 어렵다고 말한다. Susie는 피아노 과외 수업을 좋아하는데 사실 그 이유는 젊은 러시아계 여성 미국인인 피아노 선생님 때문이다. Susie는 피아노 선생님이 자신을 이해하는 유일한 사람이라고 말한다. Susie는 상담 중 대부분의 시간 동안 울 것 같은 기분을 느꼈지만 도대체 자신이 왜 그러한지 이유를 생각해내지 못했다. Susie는 이렇게 말한다. "무슨 비극이 일어난 건 아니에요. 사실, 나를 제외하곤 어떠한 것도 변화하지 않죠." Susie는 부모님이 자신에 대해 걱정하고 있고 공부를 더 열심히 하라고 재촉한다고 말한다. Susie는 부모님이 매우 보수적이라고 여기고 있고 부모님과 다투고 싶지 않으며 미국인으로서 자신의 삶이 어떠한 것인지 부모님은 이해하지 못한다고 느끼고 있다.

사례 토론

생각해 볼 점

내담자에 대한 정보에 근거하여, 현재 미국 사회에서 내담자 인종의 지위에 대해 문화적 · 역사적 · 사회정치적 배경을 간략히 설명해 보아라. 다음 사항에 따라 가장 중요하다고 생각하는 정보를 조직하여 ADDRESSING 체계를 사용하는 것을 고려해 보아라.

- (**A**)나이
- (**D**)발달적 그리고 후천적 (**D**)장애
- (**R**)종교
- (**E**)민족성
- (**S**)사회경제적 지위
- (**S**)성적 지향성
- (**I**)토착적 유산
- (**N**)국가 기원
- (**G**)성별

1. 이 내담자와의 상담에서 상담자가 주의해야 할 특정 문화적 주제는 무엇인가? 설명해야 할 필요가 있는 다른 측면이 있는가? 그리고 어떻게 그것을 다룰 것인가? 이 사례 연구에서 사후에도 계속 다뤄야 할 정보는 무엇이며, 왜 그러한가?
2. 당신은 내담자의 인종적 그리고 문화적 정체성 발달을 어떻게 규명할 것이며 이것이 상담자-내담자의 관계에 어떠한 영향을 미치겠는가? 결론에 도달하기 위해 당신은 어떠한 접근을 사용할 것인가? 라포를 어떻게 형성할 것인가?
3. 당신 자신의 인종, 민족성, 문화, 성별, 성적 지향성, 계층, 종교, 장애 등을 탐색해 보아라. 그것은 내담자와의 상담에 영향을 미칠 것이다. 라포를 형성하는 것뿐만 아니라 상담의 어려움이 시사하는 점을 고려해 보아라.

사례 연구 12.4

Rafael Garcia: 푸에르토리코계 노인

75세인 Rafael은 의료 진료에 대한 불평을 하기 위해 당신이 상담자로 있는 지역사회 클리닉을 찾아왔다. 담당 의사는 그가 신체화 증상을 보였기 때문에 상담 서비스를 의뢰하였다. 그는 호흡이 짧은 것, 잠자기 어려운 것, 심장의 고통에 대해 불평한다. 그는 지팡이에 의지해서 걸으며, 심한 관절염을 앓고 있다. 그는 유창하게 스페인어를 말하지만 영어를 이해할 수 있고, 강한 스페인 악센트로 영어를 구사하며 이 때문에 종종 미안해한다.

이 지역사회에서 잘 알려진 Rafael은 그의 아들, 며느리, 두 명의 손자와 함께 산다. 부인 Lusia와는 몇 년 전에 사별하였으며, 그는 여전히 아내를 그리워하고 아내에 대해 이야기할 때 슬퍼한다. 그들 모두 남태평양 섬에서 미국으로 이주했으며, 종종 그곳에 있는 가족을 방문하곤 하였다. 그의 아들은 여기서 태어났지만, 아들 역시 섬에 있는 친지들과 매우 친밀하였다.

최근 그의 아들 Oscar는 지역 건축회사의 직장을 잃게 되었다. 그의 며느리 Carla는 가족이 계속 불안정하여 밤에 사무실 청소하는 직업을 알아보고 있다고 이야기한다. 그리고 Rafael은 가족에게 며느리가 일하는 것은 좋지 못할 것이라고 판단하였다. 왜냐하면 가족을 부양하는 것은 남자의 역할이라고 믿기 때문이다. 결국 Luisa는 집에 머물며 아이들을 키웠다. Rafael은 손자들에 대해서도 걱정한다. 손자 Luis는 15세로 거리의 나쁜 패거리들과 돌아다니는 것처럼 보이고 12세인 Elena는 거의 스페인어를 구사하지 못한다. 그의 대녀(goddaughter)[1]인 Angela는 내년에 15세가 되는데, 그는 그녀에 대해서도 많이 염려한다. 그는 자녀들이 자신들의 문화를 잃을까 봐 염려하고 그들에게 존경심이 부족하다고 불평한다. 결국 그는 그들의 세상에 설 곳이 없으며, 어느 누구도 자신에게 귀기울이지 않는 것에 대해 탄식한다.

사례 토론

생각해 볼 점

내담자에 대한 정보에 근거하여, 현재 미국 사회에서 내담자 인종의 지위에 대해 문화적 · 역사적 · 사회정치적 배경을 간략히 설명해 보아라. 다음 사항에 따라 가장 중요하다고 생각하는 정보를 조직하여 ADDRESSING 체계를 사용하는 것을 고려해 보아라.

- **(A)**나이
- **(D)**발달적 그리고 후천적 **(D)**장애
- **(R)**종교
- **(E)**민족성
- **(S)**사회경제적 지위
- **(S)**성적 지향성
- **(I)**토착적 유산
- **(N)**국가 기원
- **(G)**성별

1. 이 내담자와의 상담에서 상담자가 주의해야 할 특정 문화적 주제는 무엇인가? 설명해야 할 필요가 있는 다른 측면이 있는가? 그리고 어떻게 그것을 다룰 것인가? 이 사례 연구에서 사후에도 계속 다뤄야 할 정보는 무엇이

(다음 쪽에 계속)

---

1) [역자 주] 대녀(代女)란 기독교에서 대부(代父)나 대모(代母)가 세례식 때 입회하여 종교적 가르침을 주기로 약속하는 여자아이를 말함.

며, 왜 그러한가?

2. 당신은 내담자의 인종적 그리고 문화적 정체성 발달을 어떻게 규명할 것이며 이것이 상담자-내담자의 관계에 어떠한 영향을 미치겠는가? 결론에 도달하기 위해 당신은 어떠한 접근을 사용할 것인가? 라포를 어떻게 형성할 것인가?

3. 당신 자신의 인종, 민족성, 문화, 성별, 성적 지향성, 계층, 종교, 장애 등을 탐색해 보아라. 그것은 내담자와의 상담에 영향을 미칠 것이다. 라포를 형성하는 것뿐만 아니라 상담의 어려움이 시사하는 점을 고려해 보아라.

사례 연구 12.5

David Washington: 아프리카계 미국인 남성

Washington 씨는 40대 중반의 남성으로 진로 상담을 위해 당신을 찾아왔다. 그는 지역의 은행에 경리 부장으로 있는데 승진의 희망이 보이지 않기 때문에 현재 직책에 만족하지 못하고 있다. 그는 자신의 현실이 바로 유리천장(glass ceiling)이라고 말하며 기껏해야 7년이 되면 그 천장 끝에 닿을 것이라고 말한다.

그는 또한 최근에 끝나 버린 장기간의 관계 때문에 마음이 상했고, 그렇게 되어 버린 방식에 대해 큰 슬픔을 느낀다. 그는 또한 이러한 고민을 함께 나눌 사람이 없다고 말한다. 자신은 평생 결혼을 하지 못해서 어머니에게 손주들을 안겨주지도 못할 것이라고 어머니는 불평한다고 말했다. 하지만 그러고 나서 다시 그는 어머니는 자신을 이해하지 못하며 앞으로도 결코 이해하지 못할 것이라고 말한다. 그의 여자 형제들의 자녀들이 어머니를 행복하게 해줄 것이라고 믿었다. 그는 아프리카계 중산층이 사는 지역에 살고, 몇몇 친척들이 근처에 산다.

현재 그의 남녀 조카들이 그와 함께 살고 있고 여자 형제가 아프기 때문에 조카들을 돌보고 있다. 그는 그의 고모(또는 이모, 숙모)가 십대들을 상대하기에 너무 노쇠했지만 식사에 대해서는 그녀가 도움을 준다고 하였다. 한편 그는 십대 조카들에게 시간을 내기 위해 그의 직장 스케줄을 관리하는 것이 정말 어렵다고 말한다. 그는 조카들에게 아버지상을 보여 주고 싶어 하고, 특히 그의 남자 조카에게 그렇다. 왜냐하면 그것은 그 아이가 가져야 할 중요한 역할모델이기 때문이다. 결국 그는 아버지가 계셨다는 점에서 운이 좋았고, 그것 없이는 성공의 반도 이루지 못했을 것이라 생각한다고 하였다. 그는 엄하게 양육되었지만 그것이 흑인들의 삶이다.

사례 토론

생각해 볼 점

내담자에 대한 정보에 근거하여, 현재 미국 사회에서 내담자 인종의 지위에 대해 문화적 · 역사적 · 사회정치적 배경을 간략히 설명해 보아라. 다음 사항에 따라 가장 중요하다고 생각하는 정보를 조직하여 ADDRESSING 체계를 사용하는 것을 고려해 보아라.

- (A)나이
- (D)발달적 그리고 후천적 (D)장애
- (R)종교
- (E)민족성

(다음 쪽에 계속)

- (S)사회경제적 지위
- (S)성적 지향성
- (I)토착적 유산
- (N)국가 기원
- (G)성별

1. 이 내담자와의 상담에서 상담자가 주의해야 할 특정 문화적 주제는 무엇인가? 설명해야 할 필요가 있는 다른 측면이 있는가? 그리고 어떻게 그것을 다룰 것인가? 이 사례 연구에서 사후에도 계속 다뤄야 할 정보는 무엇이며, 왜 그러한가?
2. 당신은 내담자의 인종적 그리고 문화적 정체성 발달을 어떻게 규명할 것이며 이것이 상담자-내담자의 관계에 어떠한 영향을 미치겠는가? 결론에 도달하기 위해 당신은 어떠한 접근을 사용할 것인가? 라포를 어떻게 형성할 것인가?
3. 당신 자신의 인종, 민족성, 문화, 성별, 성적 지향성, 계층, 종교, 장애 등을 탐색해 보아라. 그것은 내담자와의 상담에 영향을 미칠 것이다. 라포를 형성하는 것뿐만 아니라 상담의 어려움이 시사하는 점을 고려해 보아라.

6. 다문화 상담 역량에 관한 토론

이 장에서 논의한 모든 주제들은 당신이 다양한 문화적 배경과 세계관을 가진 내담자들과 상담을 할 때 관련 정보들을 어떻게 활용할 수 있을지에 대해 생각하도록 도전을 준다. 이 장을 통하여 당신에게 제시된 생각해 볼 문제들 또한 다문화 상담 역량의 이슈들에 대해 내담자와 이야기할 수 있도록 돕는 훌륭한 과정적 질문들을 제공한다. 당신의 내담자와 토론하는 것과 관련하여 당신을 도울 수 있는 몇몇 질문들을 아래에 제시하였다.

- 인종, 문화, 계층, 성, 성적 지향, 장애, 연령, 영적 소속과 관련된 우리의 정체성을 고려할 때, 무엇이 내담자와 상담하는 것을 보다 용이하도록 도울까? 이것에 근거하여 무엇이 이러한 도전들을 만들어 낼 수 있고, 어떻게 우리는 당신에게 가장 도움이 되는 방식으로 이것을 다룰 수 있는가?
- 내담자에게 당신의 문화를 존중해 주고 당신의 요구에 반응하고 있다는 것을 보여 주기 위해 상담의 과정에서 내가 무엇을 할 수 있을까?
- 상담할 때 당신의 역량을 강화시키기 위하여 우리는 무엇을 할 수 있을까?
- 당신은 **미시적 공격성**(micro-aggression)이라는 용어에 친숙한가? 당신은 이러한 미시적 공격성을 다루어 보았는가? 그리고 이러한 경험에 대해 이야기하는 것이 도움이 될 것인가?

- 내가 당신의 문화에 대해서 알고 싶고, 그러한 문화적 관점에서 당신이 누구인지 알고자 할 때 가장 중요하다고 생각하는 것은 무엇이라고 보는가?
- 누군가의 역량을 강화하기 위해 그 사람들의 편에 섰던 적이 있었는가? 지금 당신과 함께 나는 그것을 어떻게 할 수 있는가?
- 당신은 누군가의 편에 서기를 원했지만 그렇게 하지 못했던 예를 생각할 수 있는가? 무엇이 당신으로 하여금 그렇게 행동하지 못하게 하였는가? 그 경험을 통하여 당신은 무엇을 배웠는가?
- 개인적인 수준의 변화를 일으키기 위하여 당신은 어떠한 노력을 해왔는가? 집단 수준에서는? 체제적 수준에서는?
- 개인, 집단, 또는 체제적 수준에서 당신은 어떤 변화를 가져올 수 있는가? 그리고 나는 당신이 그러한 변화를 이룰 수 있도록 어떤 점에서 도울 수 있을까?

✲ 결론 및 시사점

우리는 독자들이 '다문화 열차(multicultural express)'에 탑승했다는 여행의 비유를 사용하여 이 책의 처음 과정을 시작했다. 우리는 당신이 가지고 온 짐들의 의미를 탐색하였는데, 그 짐은 그 길을 가는 데 필요한 것이기도 하고 유용하기보다 장애가 되는 것으로 드러난 것이기도 하다. 우리는 또한 새로운 경험에 대한 흥분과 함께 복잡한 감정과 미지의 것을 다루고 가장 친숙한 것, 당신이 문자적으로 또는 상징적으로 집이라고 부르는 것들을 두고 가야 하는 염려를 가지고 이 여행을 시작했다는 사실을 탐색하였다.

우리는 이 여행에서 당신의 경험을 인식하도록 요청하였고, 당신의 감정을 억누르거나 옳다 또는 그르다로 그것에 이름을 붙이지 않도록 격려하였다. 우리는 또한 당신이 이 여행에 가지고 온 것을 살펴보고 다른 승객들을 의식적으로 둘러보도록 촉진하였다. 이것은 당신 주위와 당신 안에 존재하는 경험, 견해, 가치, 태도의 다양성에 대해 당신 자신을 개방하는 것을 의미하며, 다양한 배경을 가진 내담자들과 치료 작업을 하는 것과 당신의 학습 과정 모두에 있어서 정직, 진실성, 일치성의 환경을 조성하기 위해 노력하는 것을 의미한다.

우리는 함께했던 이 여행의 끝에 도달했지만 어떤 면에서는 한 개인으로서 그리고 모든 내담자들의 삶에 힘을 북돋우고 향상시키기 위해 작업을 하는 전문적·다문화적 역량을 가진 상담자로서 당신 앞에 놓인 여행의 시작이라 볼 수 있다. 이 장에서 우리는 지식과 기술의 영역을 지나 인식을 넘어서는 문화적 역량의 필요성에 대해 살펴보았다. 우리는 효과성을 더하는 상담의 몇몇 모델들을 소개하였고, 문화적으로 유능한 상담자로 만드는 도구와 요구들의 한 부분으로 사회정의와 옹호의 개념을 소개하였다.

우리가 시작할 때 언급했던 것처럼 이 여행은 다문화 역량을 연마하고 발전시키는 과정의 전 생애적 특성을 포함한다. 그러므로 당신은 지식과 인식을 모아가는 길을 따라가면서 정류장처럼 거쳐 간 이 책의 주제와 여러 다른 경험들을 살펴보도록 초대받고 도전받았다. 이 인식과 지식은 문화, 인종, 성, 성적 지향, 계층, 종교, 장애, 연령과 같은 정체성의 다양한 측면들에 대해 발견한 것이며, 당신은 이것을 긍정적이고 의도적인 행동으로 옮기도록 또한 초대받았고 도전받았다. 우리는 당신이 이 중요한 여행을 계속하기를 권한다. 그리고 이 길을 따라가면서 지속적인 성장의 과정을 경험하고 내담자들에게도 같은 것을 제공할 수 있다는 희망을 가지며 당신에게 도전을 주고 지지하는 사람들을 의지해 나가기를 요청한다. 여행을 하는 것과 당신이 해놓은 일과 하고 있는 일, 필요로 하는 모든 사람들의 유익을 위하여 앞으로 계속 해나갈 일에 대해 감사를 전한다. 다시 이 여행은 중요한 목적지가 있다: 다양한 세계에서 전문적인 상담자로서 항상 존재하는 효과성이라는 목적지이다.

✲ 용어

다문화 상담 역량(Multicultural counseling competencies): 서비스를 받는 사람의 맥락 안에서 문화적 세계관과 행동을 존중하고 예우하며 사람들이 효과적이고 민감하게 일할 수 있게 하는 일련의 실행들.

다문화 역량(Multicultural competence): 다양한 문화적 맥락 안에서 효과적이고 민감하게 일할 수 있는 능력.

사회정의 상담(Social justice counseling): 다양한 집단의 사람들을 사회에서 소외시키는 체제적 불평등에 대한 반응으로 가장 강경하게 행동하는 것에 초점을 둔 치료적 실행.

ADDRESSING 체계(ADDRESSING framework): 연령, 발달적 · 후천적 장애, 종교, 민족성, 사회경제적 지위, 성적 지향, 토착적 유산, 국가적 기원, 성별의 다차원적 조합으로서 치료자들이 문화적 영향력을 더 잘 인식하고 이해할 수 있게 돕는 문화적 평가의 개념 틀.

✲ 참고문헌

Arredondo, P., Toporek, M. S., Brown, S., Jones, J., Locke, D. C., & Sanchez, J., et al. (1996). *Operationalization of the multicultural counseling competencies*. Alexandria, VA: AMCD.

Balkin, R. S., Schlosser, L. Z., & Levitt, D. H. (2009). Religious identity and cultural diversity: Exploring the relationships between religious identity, sexism, homophobia, and multicultural competence. *Journal of Counseling and Development*, *87*(4), 420–428.

Evans, R. (1996). *The human side of school change: Reform, resistance, and the real-life problems of innovation*. San Francisco: Jossey-Bass.

Gainor, K. A. (2005). Social justice: The moral imperative of vocational psychology. *The Counseling Psychologist*, *33*(2), 180–188.

Goodman, L. A., Liang, B., Helms, J. E., Latta, R. E., Sparks, E., & Weintraub, S. R. (2004). Training counseling psychologists as social justice agents: Feminist and multicultural principles in action. *The Counseling Psychologist*, *32*, 793–837.

Hays, P. A. (2008). *Addressing cultural complexities in practice: Assessment, diagnosis, and therapy* (2nd ed.). Washington, DC: American Psychological Association.

Hays, P. A. (2009). Integrating evidence-based practice, cognitive-behavior therapy, and multicultural therapy: Ten steps for culturally competent practice. *Professional Psychology, Research and Practice*, *40*(4), 354–360.

Hogan-Garcia, M. (2007). *The four skills of cultural diversity competence: A process for understanding and practice* (3rd ed.). Belmont, CA: Thompson Brooks/Cole.

Johnson, S. (1998). *Who moved my cheese? An amazing way to deal with change in your work and in your life*. New York: Putnam.

Lewis, J., Arnold, M. S., House, R., & Toporek, R. L. (2002). *Advocacy competencies: Task force on advocacy competencies*. Alexandria, VA: American Counseling Association. Retrieved from http://www.counseling.org/Files/FDashx?guid=680f251eb3d0-4f77-8aa3-4e360f32f05e

Lorde, A. (1984). The master's tools will never dismantle the master's house. In A. Lorde *Sister outsider* (pp. 110-113). Trumansburg, NY: Crossing Press.

Love, B. J. (2000). Developing a liberatory consciousness. In M. Adams (Ed.), *Readings for diversity and social justice* (pp. 470-474). New York: Routledge.

Manis, A. A., Brown, S. L., & Paylo, M. J. (2009). The helping professional as advocate. In C. M. Ellis & J. Carlson (Eds.), *Cross-cultural awareness and social justice in counseling* (pp. 23-44). New York: Routledge.

Paz, O. (1978). *The labyrinth of solitude: The other Mexico, return to the labyrinth of solitude, Mexico and the United States, the philanthropic ogre*. New York: Grove Press.

Pedersen, P. B. (1991). Multiculturalism as a generic approach to counseling. *Journal of Counseling and Development*, *70*, 6-12.

Pedersen, P. B. (2003). Multicultural training in schools as an expansion of the counselor's role. In P. B. Pedersen & J. C. Carey (Eds.), *Multicultural counseling in schools* (pp. 190-210). Boston: Pearson.

President's New Freedom Commission for Mental Health. (2003). *Achieving the promise: Transforming mental health care in America: Final report* (DHHS Pub. No. SMA-03-3832). Rockville, MD: U.S. Department of Health and Human Services.

Smith, T. B., Richards, P. S., & Granley, H. M. (2004). Practicing Multiculturalism. In T. B. Smith (Ed.), *Practicing multiculturalism: Affirming diversity in counseling and psychology* (pp. 3-16). Boston: Pearson Education.

Vera, E. M., & Speight, S. L. (2007). Advocacy, outreach, and prevention: Integrating social action roles in professional training. In E. Aldarondo (Ed.), *Advancing social justice through clinical practice* (pp. 373-390). Mahwah, NJ: Lawrence Erlbaum.

용어 해설

ㄱ

감정표현 불능증(Alexithymia): 감정을 말로 표현하는 데 무능한 증상.

개인 세계관(Individual worldview): 개인이 세상을 바라보고, 해석하며, 의미를 두는 독특한 방식. 문화적 맥락과 독특한 삶의 경험에 근거한다.

개인 정체성(Personal identity): 한 개인이 자신의 본래 문화나 현재 문화의 맥락 안에서 자신을 정의하는 방식

개인주의(Individualism): 개성, 독립성, 자기의존을 강조하는 성향. 공동의 집단보다 개인의 목적이 우선된다.

게이(Gay): 성적으로 자신의 성에 주로 반응하는 남성.

계급 차별주의(Classism): 사회경제적 지위에 따른 경시와 그에 대한 개인, 대인관계 및 제도적 차별. 계급 차별주의는 빈곤층 또는 노동계급으로 지정된 이들과 비교하여 지위와 특권을 가진 사람들을 지배계급, 상류계급, 또는 부자로 지정한다.

광신적 종교 집단(Cult): (a) 주류와는 다른 공통의 신념을 갖는 집단 (b) 집단을 지도하고 안내하는 특별한 지도자 (c) 구성원들 사이의 강한 응집력 (d) 주류 사회로부터 자신을 분리하는 구성원을 갖는 집단을 언급하는 데 자주 사용된다. 광신적 종교 집단이라는 용어는 부정적인 암시를 갖는다.

그림자(Shadow): 충동적이고 본능적인 인간 경험 중에서 위험하거나 어두운 측면으로 보여지는 자아의 부분을 설명하는 Carl Jung이 제시한 원형.

근접의 노화(Proximal aging): 최근에 생겨난 등 통증 등 최근에 발생한 노화의 결과.

ㄴ

나이(Age): 사람이 태어나서 현재까지 지속된 전체 기간.

난민(Refugee): 전쟁, 기근, 정치적 불안정 또는 인종, 종교, 정치적 견해, 특정 사회집단

에서의 신분으로 인한 박해 때문에 자신의 고국으로 돌아갈 수 없거나 돌아가기를 원치 않아 새로운 나라로 이주한 사람.

남성성 이데올로기(Masculinity ideology): 사회적으로 구성된 남성과 여성의 차이에 근거한 남성성과 남성에 대한 믿음, 태도, 행동에 대한 지지. 이것은 사회에서 남성이 전통적인 남성 역할을 지지하는 정도로 보여진다.

남성에서 여성으로의 성전환(Male-to-female transsexuals: MtF 또는 MTF) 남성으로 태어나서 여성으로 사는 사람들이다. 이는 '여성', '여자'로서의 정체성을 가진 사람들의 넓은 범위에 포함되며 여성으로 성전환을 함으로써 정체성을 형성한다. 성전환 여성을 유전적인 여자 혹은 GG's와 비교하여 Tgirls, 또는 새로운 여성(new women)이라고 부르기도 한다.

내면화된 계급 차별주의(Internalized Classism): 특정 사회계급의 사람들에 대한 계급 차별주의의 수용. 계급 스펙트럼에서 더 낮은 계급에 대해 우월감을 가지거나 더 높은 계급에 있는 사람들에 대해 열등감을 가지는 것을 표현할 수 있다. 개인들은 어떤 사회 계급에 있는 사람들에 대해 편견을 가지는 태도와 행동을 내면화한다.

ㄷ

다문화 상담 역량(Multicultural counseling competence): 내담자를 문화적 맥락에서 민감하고 적절하게 인식하고, 인정하며, 반응하는 상담자의 능력으로, 서비스를 받는 사람의 맥락 안에서 문화적 세계관과 행동을 존중하고 예우하며 사람들이 효과적이고 민감하게 일할 수 있게 하는 일련의 실행들.

다문화 역량(Multicultural competence): 다양한 문화적 맥락 안에서 효과적이고 민감하게 일할 수 있는 능력.

다문화와 다양성(Multicultural & diversity): 다문화주의와 다양성이라는 용어는 서로 혼용되고 있으며 사람의 개인적 정체성에 영향을 미치는 결정적인 특징으로서 인종, 민족성, 문화, 언어, 성적 지향, 성별, 나이, 장애, 사회적 계층 및 종교와 영적 성향의 차원을 모두 포함한다.

다인종 정체성 발달(Multiracial identity development): 하나 이상의 인종적·민족적 유산을 포함하는 자아 개념의 발달. 이 용어는 두 인종 정체성과 상호 교환되어 쓰이기도 한다. 다인종 정체성 모델 요소에서 제시하고 있는 성별, 사회계층, 신체적 특징, 영적 신념과 같은 차원을 포함한다.

다중 유산 정체성 발달 모델(Multiple heritage identity development model): 인종, 정체성, 성적 지향성, 국적, 종교, 영성, 언어, 토착 유산을 포함한 다양한 정체성에 초점을 두는 Henriksen과 Paladino(2009)에 의해서 개발된 모델.

대중적 표현(Exoteric expression): 조직화된 종교와 종교적 신념을 통해 표현되는 외면적이고 개방된 표현.

독신(Celibacy): 성적인 반응에 따라 행동하지 않는 사람들의 삶의 스타일.

동성애자(Homosexual): 이 용어는 같은 성의 누군가에게 매력을 느끼는 사람을 의미한다. 이 용어는 19세기에 유행한 것으로 현재는 부정적인 고정관념과 특성 때문에 덜 사용한다.

동성애 혐오증(Homophobia): 게이나 레즈비언 및 그들과 관련이 있거나 그들이라고 인식되는 누군가를 싫어하고 극도로 두려워하는 것.

동화(Assimilation): 지배적 문화에 완전히 흡수되고 수용되는 것을 목표로 자신의 문화적 근원을 거부하면서 지배적 문화로 이동하는 것.

두 인종 정체성 발달(Biracial identity development): 하나 이상의 문화와 인종적 정체성을 자아의식에 받아들이고 통합하는 과정.

ㄹ

라 라자(La Raza): 영어로 '인종(race)'을 의미. 그러나 이 용어는 문화, 유산, 그리고 정치적 의식을 아우른다.

라틴계/히스패닉계 미국인(Latino/Hispanic American): 멕시코인, 푸에르토리코인(Puerto Rican), 쿠바인, 중남미인, 또는 인종에 관계없이 그 밖의 스페인 문화나 출신의 모든 사람. '히스패닉 또는 라틴계'라는 용어 이외에 '스페인계 출신(Spanish origin)'이라는 용어의 사용도 가능하다.

라틴아메리카계 민족 정체성 발달(Latino ethnic identity development): Ferdman과 Gallegos(2001)에 의해서 단계가 아닌 경향성(orientation)으로 설명되는 라틴계 사람들의 정체성 발달 과정. (a) 라틴계로 통합하는 성향 (b) 라틴계로 인정하는 성향 (c) 라틴계의 하위 집단으로 여기는 성향 (d) '다른 사람'으로 여기는 성향 (e) 구별되지 않는 성향으로 구분된다.

레즈비언(Lesbian): 성적으로 자신의 성에 주로 반응하는 여성.

ㅁ

마치스모(Machismo): 남성 우월주의(male chauvinism).

말단의 노화(Distal aging): 시간이 지나면서 나타나는 청력 감퇴 등의 영향.

말 푸에스토(Mal puesto): 라틴계 문화에서 주문에 의해 야기된 질병 또는 이상 증세.

무성(Asexual): 다양한 이유로 인해 성적인 반응을 하는 성을 갖고 있지 않은 사람.

문화(Culture): 문화란 학습되고 전수된 믿음, 가치 및 관습을 통해 형성된 세계관의 표상으로 종교 및 영적 전통과 심리적 과정을 포함한다. 문화는 한 집단의 역사, 경제, 환경 및 정치적 영향력에 의해 형성된 삶의 방식이다. 모든 개인은 문화적 존재로서 문화적 · 민족적 · 인종적 유산을 지니게 된다.

문화적 세계관(Cultural worldview): 문화 안에서 각 개인들이 가지는 공통된 신념, 인식, 태도, 그리고 가치의 체계.

문화전계(Enculturation): 한 개인이 주요 문화의 지식, 인식, 가치를 받아들여 주요한 문화로 사회화되는 과정.

문화접변(Acculturation): 한 개인이 지배적 문화 또는 제2의 문화의 영향력에 반응하는 과정으로, 본국에서 새로운 국가로 이주하는 적응의 과정. Marin(1992)에 의해서 정의된 다른 문화와의 접촉 이후에 오는 태도 및 행동의 학습과 변화의 과정.

문화 정체성(Cultural identity): 문화적 규범, 신념, 가치, 세계관의 전형, 집단 정체성에 대한 소속감과 일체감.

문화증후군(Culture-bound syndrome): 특정 사회나 문화에서만 나타나는 질병으로 인식되는 정신질환과 신체적 증상의 조합.

미국 원주민(Native American): (때때로 인디언 또는 알래스카 지역 원주민으로 언급되는) 북부 또는 남부 아메리카(중앙아메리카를 포함하여) 사람들에 기원을 둔 모든 사람으로 이들은 부족에 대한 소속감이나 지역 공동체의 인정 및 애착이 강하다.

미시적 공격성(Micro-aggressions): 식별하기 어려운 미묘한 방식으로 발생할 수 있으며 집요한 언어적 · 행동적 · 환경적 공격, 모욕, 무시를 말함. 미시적 공격성은 고의적일 수도, 고의적이지 않을 수도 있으며 적대감(hostility)과 무자비함(intolerance)으로 나타남.

민족상대주의(Ethnorelativism): 문화적 차이를 인정하고 소중하게 여기는 능력.

민족성(Ethnicity): 인종과 문화에 대한 개념처럼 민족성이라는 용어 역시 하나의 합의된 정의가 존재하지 않는다. 그러나 민족성은 집단의 역사, 조상의 기원, 종교, 국적, 언어, 관습 및 전통을 포함하는 특정한 사회적 · 문화적 유산을 공유하는 사람들의 집단적 특성을 가리킨다.

민족 정체성 발달 모델(Ethnic identity development model): 지배 문화의 문화적 가치, 신념, 그리고 행동의 완전한 수용으로부터 자신의 민족성에 근거한 정체성(신념, 관습, 전통, 자신의 본래 문화에 대한 가치)으로 이동하는 것을 설명하는 Phinney (1992)의 모델.

민족중심주의(Ethnocentrism): 자신의 세계관이 규범적이고 보편적이라는 신념.

ㅂ

반유대주의(Anti-Semitism): 유대인에 대한 체제적인 편견과 차별.

백인 특권(White privilege): 백인으로 지칭되는 대상에 근간하여 부여되는 혜택.

백인 패권(White supremacy): 주류 백인들의 경제, 법률, 정치, 그리고 사회적 특권을 위해 만들어진 모든 제도.

보편적 노화(Universal aging): 피부 주름 등 모든 사람이 노화와 함께 경험하게 되는 현상들.

본질주의(Essentialism): 유전적, 생물학적, 그리고 심리사회적 차이에 기반한 남성과 여성의 차이에 초점을 둔 이론적 관점.

부두(Vodou): 의식와 주문을 포함하는 신들과 조상들에 대한 숭배로 때때로 voodoo라고 불린다.

분리(Separation): 지배적 문화의 가치와 정체성은 거부하는 반면 그들의 문화적 가치와 정체성을 유지하는 사람들을 설명하는 방식.

불리한 조건(handicap): 장애를 가진 사람들이 다른 사람들은 이용할 수 있는 다양한 사회적 체계에 있어서 접근을 방해받게 되는 조건으로, 문화적 · 신체적 · 사회적인 장벽에 직면할 때 발생하는 불편함을 말함. 이러한 불리한 조건은 다른 사람과 비교하여 지역사회의 삶에서 기회의 제한이나 상실을 의미한다.

브루헤리아(Brujeria): 스페인어를 사용하는 나라와 미국 내 라틴계 미국인의 지역사회에서 행해지는 마법을 의미함.

ㅅ

사회경제적 지위(Socioeconomic status): 우리 사회 안에서 사람들을 계급으로 나누는 수입, 직업, 교육과 같은 수량화할 수 있는 측정치에 근거한다. SES는 '중산층' 또는 '상류층'과 같이 특정 집단에 속해 있다는 것을 포함하지는 않는다.

사회계급(Social class): 수입, 교육, 직업에 근거한 경제적 위계 안에서 개인의 위치. 사회계급은 특정 집단(예: 중산층, 노동자계급, 또는 상류층)의 일원이라는 것이다. 사회계급 구조들은 사회와 나라마다 다양하다.

사회계급 세계관(Social class worldview): 특정 사회계급 안에 있는 개인의 신념, 태도, 행동.

사회계급 세계관 모델(Social class worldview model: SCW): Liu(2001)와 Liu 등(2004b)이 발전시킨 개념적 틀로서 이것은 재산, 사회계급 행동, 생활양식, 참조 집단, 사회계급의 인식에 대한 개인의 관계를 구성한다. 이 모델은 다음에 제시되는 요소들로 이루어져 있다.

- **물질적 대상과의 관계**(Relationship to material objects): 특정 사회계급을 나타내는 물질의 소유.
- **사회계급 생활양식**(Social class lifestyle): 경제적 자원과 연관된 특정 활동과 행동.
- **사회계급 참조 집단**(Social class referent groups): 친구, 가족 구성원, 동경의 대상인 동료들과 같이 개인의 세계관을 형성하는 것을 돕는 개인적 삶 안에서의 중요 인물들.
- **인식된 계급과 지위의 위치**(Perceived class and status position): 특정 사회경제적 위계 안에서 어디에 속하는지에 대한 주관적 인식.

사회구성주의(Social constructionism): 개인은 사회적 환경의 영향을 받는다는 것을 강조한 포스트모던적 이념의 관점. 이것은 맥락적, 역사적, 그리고 역사적 관점에 초점을 둔다.

사회정의 상담(Social justice counseling): 다양한 집단의 사람들을 사회에서 소외시키는 체제적 불평등에 대한 반응으로 가장 강경하게 행동하는 것에 초점을 둔 치료적 실행.

산테리아(Santería): 아프리카 기원의 쿠바 종교로 요루바족 종교로부터 온 하나의 믿음 체계. 이것은 아프리카인 토착민과 로마 가톨릭의 전통과 관습의 결합이다. 대부분 동물 희생, 조상과의 의사소통, Obatala, Oggun, Chango와 같은 신을 포함하는 카리브 해 지역의 풍습에 따라 행해진다.

성(Gender): 사회적으로 구성된 역할, 행동, 그리고 사회에서 남성과 여성을 정의하는 특성을 포함한 여성 또는 남성으로서의 자기표현.

성 과정(Gender process): Gilbert와 Scher(1999)가 제시한 모델의 한 측면으로 남성과 여성이 서로 상호작용하는 특별한 방법을 의미한다.

성 구조(Gender structure): 기회, 자원과 정책에 대한 접근에 있어서 남성과 여성의 차이에 초점을 둔 Gilbert와 Scher(1999)의 성 모델의 한 측면.

성 담론(Gender discourse): Gilbert와 Scher(1999)에 의해 제시된 모델의 한 측면으로, 우리가 말하는 것, 우리가 사용하는 언어, 남성과 여성에 대한 우리의 생각에 영향을 미치는 것을 말한다.

성 의식(Sexuality): 개인이 관습, 행동, 관계를 포함하여 성적인 존재로서 자신을 표현하는 방식.

성전환(Transsexual): 트랜스젠더보다는 좀 더 의학적인 관점을 반영하며, 성전환이라는 용어는 생물학적인 성보다는 다른 성으로 살고자 오랜 시간 원하는 사람을 말한다. 수술에 의한 성전환은 치료나 호르몬 치료, 전기분해 요법 등 복잡한 과정을 거치게 되며 Harry Benjamin의 기준에 기반을 두고 정해진 시간 동안 새로운 성 역할로 살아가게 된다.

성 정체성(Gender identity): 개인의 생물학적인 특성과 관련될 수도 혹은 관련되지 않을 수도 있는, 자신의 성에 대한 인식. 이것은 남성성과 여성성 및 성적 지향성을 표명하는 것을 구체화할 수 있다.

성차(Gender difference): Gilbert와 Scher(1999)의 성 모델의 한 측면으로, 이것은 우리가 얼마나 남성과 여성이 다른 역할을 하는 것으로 보느냐에 따라 정의된다(예: 여성을 양육자로, 남성은 부양자로).

성차별주의(Sexism): 성별 유형에 따른 경시와 그에 대한 개인, 대인관계 및 제도적 차별. 남성으로 지칭되는 사람들이 여성으로 지칭되는 사람들과 비교하여 지위와 특권을 가지고 있다.

세계관(Worldview): 한 개인이 자신 또는 타인, 그리고 자신의 환경을 바라보는 방식. Lonner와 Ibrahim(2002)은 세계관을 한 개인이 철학, 도덕, 그리고 민족적 · 사회적 · 도덕적 맥락으로부터 자신의 세계를 지각하는 방식으로 정의한다.

수화(Sign language): 수화는 소리 패턴을 청각적으로 옮기는 것을 대신하는 언어로, 눈에 보이는 사인 패턴으로 의미를 전달한다. 동시적인 손의 형상을 조합하고, 손이나 팔, 몸의 움직임이나 경향성을 이용하며, 화자는 유창하게 표현하기 위해서 얼굴 표현도 사용함.

스트레이트(Straight): 이 용어는 반대의 성에 매력을 느끼는 사람을 설명한다.

심오한 표현(Esoteric expression): 의식의 내적인 느낌을 말하며 때로는 깨달음의 영적 상태를 뜻함.

ㅇ

아니마(Anima): 자아의 여성적인 측면을 설명한 Carl Jung이 제시한 원형.

아니무스(Animus): 자아의 남성적인 측면을 설명한 Carl Jung이 제시한 원형.

아시아계 미국인(Asian American): 예를 들면 캄보디아, 중국, 인도, 일본, 한국, 말레이시아, 파키스탄, 필리핀, 태국, 베트남을 포함하는 극동 지역, 동남아시아 또는 인도 대륙의 원주민에 기원을 둔 모든 사람들. 또한 이 범주에 하와이, 괌, 사모아 또는 다른 태평양 섬의 원주민에 기원을 둔 하와이 원주민 또는 다른 태평양 섬의 모든 사람들도 고려된다.

아시아계 미국인 정체성 발달(Asian American identity development): Kim(2001)에 의해 제안된 5단계의 아시아계 미국인의 정체성 발달단계를 설명한 모델. (a) 민족 인식 (b) 백인 동일시 (c) 사회적 · 정치적 의식에 대한 자각 (d) 아시아인이라는 의식으로의 방향 전환 (e) 통합.

아프리카계 미국인(African American): 아프리카의 흑인 인종 집단에 기원을 둔 모든 사람들.

양성(Bi-gender): 남성-여성, 남자-여자 중 하나를 선택하는 것에 반대하며 자신의 성은 '양쪽 성'을 포함한다고 믿는 사람. 몇몇 미국 원주민 문화에서는 양성에 대해 '두 영혼을 지닌(two-spirited)' 사람으로 간주했다. 현재의 도시적인 삶에서는 양성적 사람들은 종종 젠더 퀴어(gender queer), 성 파괴자(gender bender), 제3의 성(third sex), 왜곡된 성(gender pervert)으로 간주된다.

양성(Bisexual): 어떠한 성이든 성적인 반응을 하는 사람.

억압(Oppression): 사회에서 편견과 차별, 그리고 정치적 · 경제적 · 사회적 · 문화적 권력의 접근을 통해 종속된 집단을 지배하는 것. 억압은 특정한 형태의 인종차별, 성차별, 계급 차별, 장애인 차별, 연령 차별, 이성애주의, 반유대주의와 다른 종교 차별 등을 통해 드러난다.

에믹(Emic): 사람들의 차이를 설명하는 독특한 요인의 측면에서 문화를 바라보는 관점.

에스피리티스타(Espiritista): 심령술사를 의미하며 병 또는 개인적인 문제의 치료를 돕기 위해 영혼을 부르는 능력을 가진 정신적인 치료사.

에틱(Etic): 모든 사람들이 공유하고 있는 공통성의 측면에서 문화를 바라보는 관점.

여성에서 남성으로의 성전환(Female-to-male transsexuals: FtM 또는 FTM): 여성으로 태어나서 남성으로 사는 사람들이다. 이는 '남성', '남자'로서의 정체성을 가진 사람들의 넓은 범위에 포함되며 그들의 성 정체성은 성전환, 남성화(transmen), 여성 남자(female men), FTM이라고 할 수 있다. FTM들은 생물학적으로 남자로 태어난 생물학적 남자와는 구별된다.

연대기적 나이(Chronological age): 나이를 시간 흐름으로 기술함.

연령 차별주의(Ageism): 연령에 따른 경시와 그에 대한 개인, 대인관계 및 제도적 차별. 특정 개인을 향해 나이만을 이유로 부정적으로 인식하거나 대하는 것으로, 의도 없이 무의식 속에서 벌어지는 일일 수 있음.

영성(Spirituality): 인간의 존재, 우주 그리고 신체를 뛰어넘는 연결감 또는 전체성을 이해하려는 욕망으로 어느 한 종교에 구속되지 않는다.

오리샤스(Orishas): 권력을 나타내는 남성 전사인 Shango와 다산, 미, 사랑을 나타내는 여성 Oshun과 같이 특별한 역할과 목적을 갖는 아프리카인의 영혼 또는 신.

유대계 미국인(Jewish American): 다수의 유대계 미국인은 아슈케나지(ashkenazi, 중부 · 동부 유럽 유대인 후손)로 보통 중앙 또는 동부 유럽에 기원을 두고 있으며, 피부색소와 체격 측면에서 백인의 생김새에 부합함. 이디시어(Yiddish, 히브리어와 독일어가 결합된)라는 공통의 언어를 사용한다.

유럽계 미국인(European American): 히스패닉에 기원을 두지 않으며, 때때로 백인으로 언급됨. 유럽, 북아프리카, 중동에 기원을 둔 모든 사람.

유색인에 대한 백인 태도(White racial attitudes toward People of Color): 백인이 겪는 유색인종에 대한 태도 변화의 과정에 대한 Helm(1995)의 관점(예를 들면 아프리카계 미국인, 아시아계 미국인, 라틴계 미국인과 인디언). (a) 접촉(contact) (b) 분열(disintegration) (c) 재통합(reintegration) (d) 유사 독립(pseudo-independence) (e) 몰입과 출현(immersion and emersion) (f) 자율성(autonomy)의 단계로 구성된다.

유색인종(People of color): 미국의 경우에는 주로 유럽계가 아닌 사람을 의미한다. 다시 말해 아프리카계 미국인, 히스패닉과 라틴계, 아시아계 및 미국 원주민에 소속된 사람을 뜻한다. 이 용어는 특히 인종차별과 관련된 경험을 공유하고 있다는 점을 강조하는 측면에서 포괄적인 의미를 지닌다.

유색인종 정체성 발달(Identity development for People of Color): Helm(1990, 1995)에 의해서 제안된 아시아계 미국인과 태평양 제도민, 라틴계 미국인, 인디언들의 인종 정체성 모델. 이러한 다양한 집단의 개인들이 내면화, 통합, 만족스러운 자아 개념의 성취를 겪는 과정. 이 과정은 (a) 순응 (b) 불응 (c) 몰입과 출현 (d) 내면화의 연속이다.

웅구조 사바(Uguzo saba): 아프리카 문화의 일곱 가지 원리, 즉 단결, 자결, 협동 작업 및 책임, 협력 경제, 목적, 창의력 및 신앙을 말함.

이민자(Immigrant): 다른 나라에 영구적으로 정착하기 위해 한 나라를 떠나온 사람.

이성애자(Heterosexual): 성적으로 다른 성에 주로 반응하는 사람.

이성애주의(Heterosexism): 성 정체성에 따른 경시와 그에 대한 개인, 대인관계 및 제도적 차별. 이성애자로 지칭되는 사람들은 게이, 레즈비언, 양성애자, 트랜스젠더와 비교해서 규범으로 여겨지고, 지위와 특권을 가지고 있다고 본다.

이중문화적 역량(Bicultural competence): '서로 다른 상황에서 적절하게 사용될 수 있는 사회적 행동의 두 가지 양식'을 효과적으로 사용하는 개인의 능력.

이중문화주의(Biculturalism): 자신의 본래 문화(culture-of-origin)의 관습과 정체성을 유지하면서 지배적 문화의 태도와 관습에 대해 유연하게 균형을 유지하는 것.

인종(Race): 피부색이나 머리 모양과 같은 외적 특징에 따라 개인에게 주어지는 분류 기준이며 이로 인해 일반화나 선입견이 생기게 된다. 인종은 유전적인 내력과 유산에 의해 기초하고 있지만 인종 사이에 존재하는 차이만큼 같은 인종 안에서도 다양성이 존재한다는 실험적 증거가 많기 때문에 생물학적 구인(biological construct)이라기보다는 사회적 구인(social construct)으로 여겨지기도 한다.

인종 정체성 다차원 모델(Multidimensional model of racial identity: MMRI): Sellers와 동료(1998)에 의해서 제안된 자기 개념과 흑인으로서의 개인적 의미에 초점을 둔 인종 정체성 모델. 이 모델은 인종 정체성의 발달적 모델은 아니지만 어떻게 인종 정체성이 다른 상황에서 행동에 영향을 미치는지에 초점을 두었다.

인종 정체성 발달(Racial identity development): 인종에 근거한 정체성 발달과 억압의 경험에 대한 반응. 종종 이러한 발달은 단계의 특징들로 설명되는데 단계가 올라감에 따라 개인들은 더욱 내면화된, 통합된, 그리고 만족스러운 인종에 대한 생각을 형성하게 된다.

인종차별주의(Racism): 인종 구분에 따른 경시와 그에 대한 개인, 대인관계 및 제도적 차별. 백인으로 지칭되는 사람들은 유색인종으로 지칭되는 사람들과 비교하여 지위와 특권을 가지고 있다.

ㅈ

장애(Disability): 개인적인 측면에서 주요한 삶의 활동 한 가지 이상을 상당히 제한받게 되는 신체적 · 정신적인 손상, 그와 같은 손상의 기록, 그런 손상을 갖게 된 것으로 간주된 경우를 말함.

장애인 차별주의(Ableism): 정신장애, 정서장애 및 신체장애를 지닌 사람들을 건강, 아름다움, 생산성에 기초하여 만연한 차별과 배제를 통해 억압하는 것을 말함. 이를 통해 신체적 · 정신적 · 인지적 · 감각적 장애를 지닌 사람들에게 적대적인 환경이 형성되고 이들을 비정상적인 사람들로 여기게 됨.

정체성의 개인 차원(Personal dimensions of identity): 인간이 생각하고, 행동하고, 세상을 바라보는 방식에 영향을 주고 상호작용을 하는 다양한 요인으로 구성된, Arredondo와 Glauner(1992)가 개발한 정체성 모델.

종교(Religion): 어떤 체계화된 신념에 대한 믿음과 헌신의 체계. 그것은 특수한 신념에 기반한 믿음을 표현하고 실천하는 사회적 수단이며 체계적인 구조이다.

종교 차별(Religious discrimination): 종교 양식에 따른 경시와 그에 대한 개인, 대인관계 및 제도적 차별. 미국에서 기독교인으로 지칭되는 사람들은 유대교, 이슬람교, 힌두교, 불교, 조로아스터교의 종교 양식을 가진 이들과 비교하여 지위와 특권을 가지고 있다.

주변화(Marginalization): 본래의 문화와 지배적 문화 모두에 대한 거부. 이러한 사람은 사회적 기능과 수용에 어려움이 있고 문화적 정체성과 자기효능감이 부족할 수 있다.

집단주의(Collectivism): 개인의 목적보다 집단의 이해와 목적을 강조하는 성향. 개인보다 집단이 더욱 중요한 것으로 여겨진다.

ㅊ

책임 소재(Locus of responsibility): 개인이 자신의 행동과 삶의 상황에 대해 소유권을 가질 수 있는 정도.

청각장애인의 자녀(Child of deaf adult: CODA): 청각장애 성인의 자녀들은 청각장애 부모나 보호자에 의해 양육된 아이들이다. 많은 CODA는 자신을 청각장애인 문화를 지닌 것으로 간주한다.

체류자(Sojourner): 자신의 문화적 근원을 유지하고 주류 문화에 단지 표면적인 적응만을 하는 일시적인 거주자.

ㅋ

커밍아웃 (Coming out): 자기 스스로와 다른 사람에게 자신의 성적 지향성을 밝히는 과정.

콴자(Kwanzaa): 응구조 사바(nguzo saba)로 알려진 일곱 가지의 근본적인 원리에 기반한 아프리카의 문화와 역사를 숭배하는 7일간의 축제. 이 기간 동안 사람들은 조상, 공동체 그리고 가족을 기념하기 위해 모인다.

쿠란데로(Curandero): 민간요법 치료사를 의미하며 민간 치료의술을 시행하는 전통 치료사.

쿠란데리스모(Curanderismo): 민간 치료의술을 말하며 질병을 치료하기 위해 허브와 같은 자연적인 의약품을 사용함. 전 미국 사회에서 라틴계 미국인 지역사회와 멕시코처럼 스페인어를 사용하는 국가에서 행해진다.

크로스 드레서(Cross-dresser): 성인임에도 도가 지나쳐서 병적인 용어로 복장도착자(transvestite)로 불리며 다양한 이유로 다른 성의 옷을 입는 걸 더 좋아하는 사람을 의미한다. 이성의 옷을 입는 경우, 반드시 자기 자신의 성을 가진 사람에게 매력적으로 보이기 위해 그런 것은 아니다.

ㅌ

태도 장벽(Attitudinal barriers): 장애를 가진 사람들을 분류하고 비난하고 제한시키고 차별하는 환경의 결과로 인해 갖게 되는 고정관념적인 믿음이나 선입견.

트랜스젠더(Transgender): 남성, 여성으로 태어나서 둘 다의 정체성을 가졌거나 양쪽의 사회적 성을 가진 사람들. 종종 성적 지향성과 관련된 문제를 지닌 것으로 인식되지만, 성전환주의(transgenderism)는 성 정체성 문제와 관련이 있다.

특권(Privilege): 종속 집단 구성원에게는 유보되고, 지배 집단 구성원에게는 특별히 누적된 혜택, 호의 및 면제.

ㅎ

핵심 믿음(Core belief): 근본적인 신념에 기반한 믿음.

혼혈(Mestizaje): 인종의 혼혈(예: 스페인 출신의 스페인계와 토착민의 혼혈, 흑인과 스페인계 출신의 혼혈, 유럽인과 스페인 언어 국가 출신 토착민의 혼혈).

확률적 노화(Probabilistic aging): 관절염처럼 보통 노화와 관련이 있지만 보편적이지는 않은 특징들.

흑인 정체성 형성(Black identity formation): Cross(1971, 1995; Cross & Vandiver, 2001)에 의해 4단계로 구성된 흑인의 정체성 발달 과정으로 개념화됨. (a) 전(前) 만남(preencounter) (b) 만남(encounter) (c) 몰입과 출현(immersion and emersion) (d) 내면화(internalization).

히스패닉(Hispanic): 스페인어권 국가로부터 온 사람을 집단적으로 분류하기 위해 미국 정부가 만들어 낸 용어.

기타

1차적 노화(Primary aging): 나이로 인해 몸에 나타나는 변화(가령 뼈가 더 부서지기 쉬워짐).

2차적 노화(Secondary aging): 노화의 직접적인 과정은 아니지만 노화로 인해 영향을 받는 과정을 말한다(예: 약해진 뼈는 스트레스로 부러진다).

ADDRESSING 체계(ADDRESSING framework): 연령, 발달 장애 및 후천적 장애, 종교, 민족성, 사회경제적 지위, 성적 지향, 토착적 유산, 국가적 기원, 성별의 다차원적 조합으로서 치료자들이 문화적 영향력을 더 잘 인식하고 이해할 수 있게 돕는 문화적 평가의 개념 틀.

Nigresence 이론(Theory of Nigresence): Cross(1971, 1995)가 개발한 모델로, 아프리카계 미국인과 흑인들이 겪는 정체성 형성 과정. 이 이론은 흑인들의 정체성이 지속적으로 지배 사회와 다른 사회적 맥락에 의해서 도전받고 있음을 보여 준다.

찾아보기

[ㅇ]

[ㅈ]

[ㅊ]

[ㅋ]

[ㅌ]

[ㅍ]

[ㅎ]

[기타]

역자 소개

■ **오인수**

서울교육대학교 초등교육 학사
웨스트체스터대학교 학교상담 석사
펜실베이니아주립대학교 상담자교육 박사
전, 사우스캐롤라이나대학교 교육학과 교수
현, 이화여자대학교 교육학과 교수

♣ 저 · 역서 및 논문

아동, 청소년을 위한 학교상담(2015, 시그마프레스)
아동, 청소년을 위한 예방적 개입(2013, 학지사)
특수아상담: 장애아동을 위한 학교상담(2012, 학지사)

다문화 상담
Counseling & Diversity

발 행 일 | 2015년 3월 2일 초판 1쇄 발행
저 자 | Devika Dibya Choudhuri
Azara Santiago-Rivera
Michael Tlanusta Garrett
역 자 | 오인수
발 행 인 | 구본하
발 행 처 | 도서출판 **박학사**
주 소 | 서울시 마포구 월드컵북로5길 33 동아빌딩 2층
전 화 | (02)3142-3764~5
팩 스 | (02)3142-3766
웹사이트 | www.pakhaksa.co.kr
등록번호 | 제10-2230호

정가 20,000원 ISBN 978-89-98521-34-9